De la théorie

du

Continuum

nation-Etat

De la théorie du

Continuum nation-Etat

Avènement d'un nouveau paradigme qui réconcilie les deux théories fondamentales de gouvernance : le modèle conceptuel formel de gouvernance relevant de la cybernétique, couplé au modèle organique ultime de gouvernance qui relève de la théorie de l'évolution des systèmes complexes adaptifs

Manifeste pour la

Modernisation d'Haïti

Jacques Fidel Achille

Ingénieur Mathématicien

Juillet 2018

Edition de Juillet 2018

Copyright © Computis LLC

432 Country View Drive, Warwick RI 02886

ISBN : 978-1-7325413-1-3

A ma mère Christiane Métayer, un exemple extraordinaire d'intelligence, d'intégrité, de courage, et de résilience.

A ma cousine, devrais-je dire ma mère, Gretta Lataillade Roy, un modèle de piété, d'empathie, et d'altruisme.

Cet ouvrage n'aurait pas été possible, sans ma famille. Je suis humblement reconnaissant à mon épouse Mijanielle, mes garçons Fidel$_2$ et Christian, et ma fille Mijanielle$_2$, pour leur affection, leur courage et leur patience à mon égard.

Cet ouvrage est également dédié à tous mes proches et amis, ceux qui m'ont toujours supporté, et qui me respectent autant que je les respecte.

Table des Matières

Prologue

La théorie du continuum nation-Etat étudie les principes du comportement asymptotique des sociétés au voisinage de la complexité ou du chaos. Le concept du continuum nation-Etat désigne l'Etat moderne, l'état de droit, ou la démocratie au sens moderne du terme. Le continuum nation-Etat qualifie un Etat dont la finalité est de garantir le bien-être et la protection de chaque individu sans exclusive aucune. La théorie du continuum nation-Etat introduit d'emblée de nouveaux concepts stratégiques. Le continuum nation-Etat est une évolution du continuum individu-nation. Néanmoins, le concept du continuum nation-Etat se différencie foncièrement de celui d'Etat-nation. Mieux connu et très répandu, ce dernier revêt généralement une connotation plutôt péjorative et contraire aux principes fondamentaux du continuum nation-Etat qui exclut tout sentiment nationaliste ou d'ethno-Etat. Le continuum nation-Etat et l'Etat-nation demeurent fondamentalement distincts. Ainsi se termine tout rapprochement entre le concept du continuum nation-Etat et celui d'Etat-nation.

La théorie du continuum nation-Etat ne charrie aucune charge idéologique à proprement parler. La section (3.1.2.4) qui traite de l'idéologie et des partis politiques tente de manière plus intelligible d'expliquer cette assertion. Ainsi, la théorie du continuum nation-Etat constitue une plate-forme polymorphique abondante et consistante dans laquelle peuvent puiser - *dans la mesure où ils ne se contentent plus de faire de la démagogie ni de la grimace* - les adeptes de slogans vides qui peuvent être sans doute mal ou non articulés, tels que la conférence nationale, le nouveau contrat social, les états généraux, etc.

La présente édition de la théorie du continuum nation-Etat met délibérément l'emphase sur sa formulation descriptive. Cette démarche permet de mieux adresser les exigences du moment ; elle cherche à élever les débats pour casser l'ambiance délétère d'Haïti. La formulation mathématique plus rigoureuse s'adressant à un public plus limité fait l'objet d'une prochaine édition. En effet « *Tout est mathématique* » dit le philosophe et mathématicien allemand Gottfried Wilhelm Leibniz, « *Dieu est le premier et le plus grand des mathématiciens.* » La théorie du continuum nation-Etat est à la politique ce que la « théorie du tout » est la physique, sans ravir au mathématicien français René Thom le mérite d'avoir tenté d'étendre sa « théorie des catastrophes » - *pourtant essentiellement mathématique* -, aux sciences sociales ou descriptives dont la sociologie. A l'instar de toute théorie scientifique, la théorie du continuum nation-Etat pioche profondément dans le puits de la mathématique. Elle tâche notamment de concilier la politique et de nombreuses théories mathématiques plus ou moins récentes. Les sociétés constituent et sont constituées de systèmes complexes. Par conséquent, les théories qui traitent ou qui modélisent à la fois ces systèmes et leur évolution n'en demeurent pas moins complexes.

Cet essai marque l'avènement d'un nouveau paradigme qui réconcilie les deux théories fondamentales de gouvernance : le modèle conceptuel formel de gouvernance qui relève de la cybernétique, couplé au modèle organique ultime de gouvernance qui relève de la théorie de l'évolution des systèmes complexes adaptifs. Haïti en est un cas d'étude précieux, l'auteur y a consacré des dizaines d'années à l'observer et à le comprendre en vue de modéliser son comportement de façon objective. Néanmoins, le modèle se veut universel et s'applique invariablement à d'autres Etats, notamment ceux de l'Amérique latine et de l'Afrique en particulier.

D'une façon générale cependant, les Etats apparemment les plus robustes ne sont guère à l'abri de situations chaotiques. La diversification ethnique des peuples, des nations ou des Etats se révèle pratiquement inéluctable. Face au déferlement de migrants qui arrivent d'Asie et d'Afrique, des Etat Européens qui se montraient jusque-là très stables semblent souffrir aujourd'hui d'une fébrilité non dissimulable.

Aux Etats-Unis par exemple, où l'intégration ethnique fait bien partie des politiques publiques, les minorités ethniques tendent à devenir une majorité de minorités. Les populistes américains jouent la carte des « *blanmannan* ». A Saint-Domingue, ancienne appellation coloniale d'Haïti, le terme créole « *blanmannan* » indique la stature inférieure des petits propriétaires de souches caucasiennes. En plein 21e siècle et au cœur des Etats-Unis, la stature sociale de ces individus semble figée depuis le 16e siècle. Cependant, sans éducation et sans nul droit de posséder des esclaves, ils sont incapables de se rendre compte qu'ils en constituent les nouveaux. Désabusés, ces simples d'esprit sont des proies faciles. Taillables et corvéables à merci, ils pensent avoir été victorieux des élections du 8 novembre 2016. Pour eux cependant, il ne reste que la bible, des armes, et plein d'illusions comme seul trophée. Alors que leurs manipulateurs - *leurs prédateurs* - récoltent le pouvoir, s'octroient de planureux bénéfices et accumulent des millions, voire des milliards de dollars.

L'autre géant nord-américain qui est le Canada dispose du plus grand territoire du globe après la Russie, il est suivi de la chine et des Etats-Unis. Sa superficie fait cinq fois celle du Mexique. Ainsi, cet Etat d'Amérique du Nord dont la population fait seulement un dixième de celle des Etats-Unis et un tiers de celle du Mexique ne peut guère échapper à l'inexorable phénomène de l'entropie politico-démographique.

L'approche systémique

Un système appartient toujours à un système qui lui-même appartient à un système. Dans de la logique aristotélicienne comme en mathématique, la précédente proposition s'appelle un axiome ou un postulat dans une certaine mesure, elle n'est guère démontrable mais elle est nécessaire à l'établissement de toute nouvelle théorie scientifique. En ce sens, la théorie du continuum nation-Etat marque l'émergence d'un nouveau paradigme qui réconcilie les deux théories fondamentales de gouvernance : le modèle conceptuel formel de gouvernance qui relève de la cybernétique, couplé au modèle organique ultime de gouvernance qui relève de la théorie de l'évolution des systèmes complexes adaptifs.

La TROISIEME PARTIE de l'essai traite en détail des principes fondamentaux de la nouvelle théorie. Sur la base de théories scientifiques déjà établies, elle permet de développer de manière originale des idées, des méthodes ou des dispositifs. Elle permet aussi d'effectuer de nouvelles observations pour produire des résultats nouveaux ou inédits, ou de contribuer à définir et à réorganiser un champ de recherches intimement liées à la production de connaissances.

Entre consistance et incomplétude

Le modèle cybernétique est conceptuel ; il est ainsi dit formel. Selon le mathématicien Kurt Gödel, un modèle formel peut être soit incomplet, soit inconsistant. Sur le plan épistémologique, un modèle inconsistant n'est point acceptable, ne reste-il alors que le prisme de l'incomplétude pour contempler la cybernétique en tant que modèle incomplet sans doute, mais consistant.

En effet, la théorie du continuum nation-Etat n'a nulle prétention d'être complète, elle se livre sans complaisance et sans merci à la conquête de la consistance et de la cohérence. Autrement dit elle privilégie la consistance à la complétude. Ce modèle capture, traite et génère plus d'information que nul autre système formel connu.

Modèle organique ultime

Le modèle biologique [*ou vivant*] est le système le plus complexe jusque-là accessible à l'intellection des terriens. Si l'on assimile ce modèle à l'ensemble des grains de sable qui existent sur la planète, et l'on considère que chaque grain de sable désigne un système complexe exclusivement distinct, l'on peut ainsi dire, sans grand risque de se tromper, que les humains sont encore loin, mais très loin de comprendre ou de cerner la complexité du tout premier grain de sable.

Sachant que la mécanique quantique renvoyait déjà dos-à-dos les cerveaux les plus rompus en la matière tels que Niels Bohr,

Albert Einstein, et Erwin Schrödinger, pour n'en citer que ceux-là, alors que l'idée même de la théorie de l'évolution initiée par Darwin provoquait déjà des maux de tête à certains, la biologie quantique risque sans doute de faire bouillir des cerveaux. Le modèle biologique parait à la fois complet et consistant, sans qu'il ne se pose néanmoins aucun paradoxe par rapport aux théorèmes d'incomplétude de Gödel qui se réfèrent aux modèles purement conceptuels ou formels.

Essai ou manifeste ?

Cet ouvrage n'est pas un traité de mathématiques, ni de mécanique quantique, ni d'économie appliquée, encore moins de biologie quantique. Le modèle argumentatif révèle un essai doublé d'un manifeste qui traite de la modernisation ou de la gouvernance d'Haïti. Compte tenu de la réalité et de la complexité des systèmes qu'elle traite, la théorie du continuum nation-Etat fera sans doute l'objet de plusieurs volumes de taille comparable à cet essai. Néanmoins, d'énormes efforts ont été consentis pour le circonscrire dans les limites de huit cents pages. Cette décision répond aux moins à deux préoccupations pertinentes : celle de rendre l'ouvrage abordable, compte-tenu des difficultés économiques des couches cibles notamment, et celle de produire un ouvrage plus ou moins facile à transporter et lire en tout lieu confortablement, compte tenu de son format et de son poids.

Les précédentes préoccupations favorisent du coup l'émergence d'autres contraintes associées à l'étendue et au degré de complexité de la théorie du continuum nation-Etat qui nécessite au minimum une présentation sommaire complète c'est-à-dire transversale pour en assurer une meilleure assimilation. La théorie du continuum nation-Etat touche essentiellement à tout ce qui a trait aux sociétés, voire à l'existence. Elle est ainsi le sujet de tous les sujets. Elle s'intéresse aussi bien aux sciences quantitatives que descriptives, telles que la philosophie, la cybernétique, la mathématique, la biologie, l'économie, l'anthropologie, la sociologie, la physique, pour n'en citer que celles-là. Ainsi lui est-elle irrémédiablement incompatible d'être « hors du sujet ». « *Je suis un homme et rien de ce qui est humain ne m'est étranger.* », dit Térence.

Les principaux blocs du livre

Cet essai comporte ou se subdivise en cinq principales parties. La PREMIÈRE PARTIE traite de la mathématique de façon générale, avec une certaine emphase sur l'analyse notamment, les équations différentielles d'ordre n, avant d'explorer quelques théories mathématiques qui sont susceptibles d'aider le lecteur à mieux appréhender la théorie du continuum nation-Etat. Parmi ces théories mathématiques figurent notamment la théorie de l'information, la théorie des jeux, et la théorie du chaos.

La DEUXIEME PARTIE se consacre à la cybernétique et à la théorie de l'évolution des systèmes complexes adaptifs. Alors que la TROISIEME PARTIE constitue essentiellement l'axe charnier ou la pierre angulaire de l'ouvrage. S'étendant sur plus de trois cents pages, ce chapitre traite de la théorie et du concept du continuum nation-Etat de fond en comble, y compris les différents systèmes que constitue et qui constituent le continuum nation-Etat.

La QUATRIEME PARTIE traite de la gouvernance de façon holistique et systémique, incluant un survol historique du concept. La gouvernance n'est point un système monolithique, il a été introduit dans cet essai un concept nouveau qui est la méta-gouvernance, c'est-à-dire la gouvernance de la gouvernance. Finalement, la CINQUIEME PARTIE introduit un nouvel organisme qui est l'Institut de Cybernétique et de Recherche.

L'Institut se charge de l'institution et de l'évolution de la théorie du continuum nation-Etat. Axé sur l'innovation et la prospection, l'Institut constitue le pont entre la théorie et l'implémentation du continuum nation-Etat. A quoi sert la théorie sans la pratique ?

En dépit de l'éclectisme des sujets abordés dans cet essai, il importe cependant de préciser qu'il ne s'adresse guère à des omniscients. Ainsi s'avère-t-il indispensable, suivant le modèle-type d'essai, de traiter ou de présenter même brièvement l'ensemble des notions ou sujets qui se révèlent nécessaires à la compréhension de la théorie du continuum nation-Etat. A part la philosophie et la mathématique, la plupart des théories qui influencent celle du continuum nation-Etat n'ont été élaborées ou vulgarisées qu'au cours de ce dernier demi-siècle.

Idiots, irrationnels, ou corrompus sphériques ?

Certains écueils sont cependant quasi inévitables car inhérents au modus operandi de la gente que l'on qualifie « *d'élite* » en Haïti. Ces forcenés entendent poursuivre à la fois une chose et son contraire. Pire que des caméléons, ils ne changent guère d'apparat. Ce ne sont pas seulement de vulgaires schizophrènes. L'image qui semble leur coller est celle de la chauve-souris que dépeint Jean de la Fontaine dans la fable intitulée « *La chauve-souris et les deux belettes* » :

> *N'êtes-vous pas Souris ? Parlez sans fiction.*

> *Moi Souris ! Des méchants vous ont dit ces nouvelles.*

> *Grâce à l'Auteur de l'Univers,*

> *Je suis Oiseau ; voyez mes ailes :*

> *Vive la gent qui fend les airs !*

[…]

Moi, pour telle passer ! Vous n'y regardez pas.

Qui fait l'Oiseau ? C'est le plumage.

Je suis Souris : vivent les Rats !

Jupiter confonde les Chats !

Du 17 octobre 1806 à ce jour, en passant par 1915, 1957, 1990, 1994, 2001, 2004, 2006, 2001, etc… leur comportement irrationnel reste invariant.

Souffrez que je vous dérange, ou le principe copernicien

Fritz Zwicky est un astrophysicien, l'un des plus prodigieux cerveaux de la race humaine, il est aussi considéré comme le père de la matière noire. Cependant, un jour il qualifie ses collègues américains « *d'idiots sphériques* ». Un interlocuteur perplexe lui demande : « *Idiot … peut-être, mais pourquoi sphérique ?* ». Il répond alors : « *Parce qu'ils demeurent tout aussi idiots quel que soit l'angle ou la direction suivant lequel vous les considérez* ».

Dans la même veine, Giordano Bruno (1548-1600) un philosophe, mathématicien et poète, ayant entrepris de nombreuses recherches dans le domaine de la cosmologie, persécuté par l'inquisition romaine, contrairement à Galilée, il ne se renie pas. Il maintient que l'univers doit être infini, que les étoiles sont en fait des soleils entourés de leur propre système planétaire, pour cela ils l'ont exécuté. « *Le premier qui dit la vérité, il doit être exécuté* », chante Guy Béart. En effet, le 20 janvier 1600, le pape Clément VIII déclare Giordano Bruno hérétique, l'inquisition catholique le condamne à mort et ils le brûlent vif. Ce cruel supplice ressemble étrangement à celui du « père Lebrun ». Se le rappelle-t-on ?

L'écrivain afro-américain Malcolm Gladwell dirait sans doute que ces individus tels que Giordano Bruno sont des « *outliers* », c'est-à-dire des génies imperturbables mais avant tout et surtout des insoumis, des insolents intraitables et impénitents qui ne se laissent intimider ni harceler par quiconque. Ce sont d'authentiques intellectuels, quand on leur dit qu'ils dérangent, ils répondent tout simplement que c'est le moins qu'ils puissent faire.

Nécessaire inconvénient

L'une des stratégies qui n'échappera sans doute pas à l'attention du lecteur est ce style de rédaction non linéaire. La variété d'idées, voire la diversité des sujets, dans un seul et même paragraphe, risque se révéler vertigineuse. Le choix délibéré de ce style d'argumentation vise à détourner le lecteur, de son insouciance ou de son confort [*inconscient*]. La linéarité est généralement conceptuelle, la réalité relève plutôt du domaine de la non-linéarité ou de la complexité. Ainsi, la terre n'arrête pas de tourner sur elle-même pour tourner autour du soleil ; et la circulation sanguine n'arrête pas son flux au moment des repas.

La différence entre la turbulence et l'équilibre est le temps. Tout l'effort nécessaire au maintien de cet équilibre est aussi une fonction du temps. La notion d'entropie sera introduite un peu plus loin, en vue de clarifier les deux propositions précédentes. La faculté de percevoir l'équilibre en pleine turbulence serait l'apanage des humains, et les prédateurs ne manquent pas d'en profiter ; la théorie du « *crapaud bouilli* » qui est reprise et définie plus loin (réf. 4.5.3) en offre une illustration.

Des agents peu rationnels, trop faibles pour affronter la vérité et voulant à tout prix l'occulter, se cherchent souvent un bouc émissaire. Ils s'accrochent à toute sorte de prétextes ou de tentatives de diversion ou de perversion, ils prennent généralement la tangente en s'insurgeant contre des propos qu'ils jugent graves ou outrageants, plutôt que de s'ériger contre la tyrannie, l'incompétence, la corruption, et d'œuvrer en faveur d'un Etat moderne en Haïti. La notion « d'agent rationnel » introduite dans la section consacrée à la théorie des jeux (réf. 1.3), permet de mieux saisir la précédente assertion. Le temps de « *se tenir par la barbichette* » est maintenant révolu, ceux qui ont toujours mené et qui mènent encore la danse dans la péninsule sont avisés. A l'instar du nouvel ordre mondial, un nouvel ordre social ou national s'impose.

L'infliction, sous contrôle, d'un certain choc à un patient vise généralement à stimuler une réponse en vue d'un diagnostic préliminaire, voire empirique. L'inconfort que le lecteur éprouverait éventuellement entend stimuler une réponse ; non de la colère mais de l'indignation. Cette réponse, *dans ce cas l'indignation*, se perçoit en fait comme une marque d'attention. En effet, les propos utilisés dans la suite de cet essai sont sévères, mais la réalité qu'ils décrivent s'avère plus que grave ; cette réalité est à la limite de l'horreur. Suffit-il d'un minimum de conscience ou d'attention pour réaliser que l'état d'existence infrahumaine qui prévaut en Haïti est indignant, révoltant, voire inacceptable. « *Seuls les paranoïaques survivent* » écrit Andrew Grove, fondateur de la firme Intel qui fut aussi un pionnier des semi-conducteurs. La campagne de révolution totale que soutient la théorie du continuum nation-Etat repose plutôt sur un leitmotiv plus rassurant : *seuls les attentifs survivent…*

De l'opportunité d'une nouvelle théorie politique

La théorie du « *big bang* » est énoncée pour la première fois par un dignitaire ecclésiastique monseigneur George Lemaître, au cours d'une conférence prononcée en 1931. Contrairement à Giordano Bruno qui est brulé vif, contrairement aussi à Galilée qui accepte l'humiliation pour échapper aux flammes des buchers et à Copernic qui se fait excommunier, ce physicien mathématicien belge se voit pourtant courtiser par le Pape Pie XII qui tente plutôt de récupérer la théorie. Mais le monseigneur refuse de mordre à l'hameçon. A une époque où l'église catholique paraissait aussi intrigante que les plus redoutables des services secrets d'aujourd'hui réunis - *CIA, KGB/FSB, MSS, MI6, DST, Mossad, etc.*-, cette explosive explication de la création de l'univers par un prélat suscite quelque suspicion chez les scientifiques de l'époque qui y voit une trop nette ressemblance avec l'histoire de la genèse telle que rapportée dans la Bible. Cependant, près d'un siècle plus tard aujourd'hui, la communauté scientifique s'accorde sur la théorie du *Big Bang*. Les sociétés rentrent désormais dans une nouvelle ère : celle de l'information. Certaines l'embrassent et en profitent tandis que d'autres la subissent et s'en rechignent.

Le degré d'immersion dans l'ère de l'information grâce à l'éducation et à l'innovation indique désormais la démarcation entre l'archaïsme et le modernisme. Cependant, deux décennies depuis l'entrée dans le 21e siècle, face à un parterre de journalistes et d'observateurs, et face aux délégations et chefs d'Etats du monde, certains inconséquents élevés au rang de chef d'Etat déclarent sans la moindre gêne à la tribune des Nations unies que la démocratie [occidentale] ne convient pas aux pays de l'Afrique [ou à Haïti]. Ils ne sont que des prédateurs. En d'autres termes des fauves qui réclament que les brebis demeurent dispersées librement dans la jungle pour qu'ils puissent se les croquer en toute liberté.

Clin d'œil sur la cybernétique

L'ère de l'information semble bousculer ou abattre toute frontière entre la fiction et la réalité. A l'instar du big bang originel, toute chose étant égale par ailleurs, la cybernétique est le big bang de l'ère de l'information où à l'instant t_0 c'est-à-dire au moment de la singularité se bousculent ou s'entrechoquent des idées en guise de particules, et des théories ou des savoirs dont le mathématique, la physique, la biologie, la psychologie cognitive, la théorie de l'information, etc.

Dans un ouvrage intitulé : « La Cybernétique », (de l'anglais : *Cybernetics*) paru en 1948, le mathématicien américain Norbert Wiener énonce les principes de la cybernétique moderne. La Cybernétique désigne la science de la régulation, du contrôle et de la communication à l'intérieur des systèmes [vivants ou non-vivants]. L'on note cependant que l'éthique et la déontologie scientifique ou l'épistémologie semble préférer l'usage de vocables moins équivoques tels que : système bibliologique ou non-biologique. Quel que soit l'optique considérée, la cybernétique (*du grec kubernêtikê, de kubernân, gouverner*) désigne par essence une science du contrôle méthodique et une science de l'information axée sur la connaissance, le pilotage et la maitrise des systèmes complexes.

La cybernétique a remarquablement évolué depuis 1948, elle constitue aujourd'hui un domaine transdisciplinaire. Elle est enseignée dans les universités et sert de cadre de référence à la gouvernance des Sociétés ou des Etats. Cependant, pour de raisons historiques liées à la période dite de la guerre froide, l'application de la cybernétique par les gouvernements demeure un tabou, et comble de suspicion le seul gouvernement qui choisit ouvertement d'appliquer la cybernétique est brutalement interrompu en 1973. Il s'agit de l'expérience du Chili. Salvador Allende accède au pouvoir en 1970 et s'engage à transformer radicalement l'économie chilienne. Pour y parvenir, il compte alors entre autres sur le savoir du professeur britannique Stafford Beer, l'un des pionniers de la cybernétique.

La théorie du continuum nation-Etat ne prône en aucun cas l'adoption du modèle chilien, car beaucoup d'eau a coulé sous les ponts ; les technologies ont évolué, et les idées aussi.

Un secret d'Etat

Très tôt, le département de la défense des Etats-Unis (de l'anglais : *DoD*) que l'on désigne aussi par Pentagone suivant la forme pentagonale de ses locaux, tente vainement de désigner la cybernétique comme un secret d'Etat, mais Wiener qui est avant tout un intellectuel s'oppose à cette phobie, c'est-à-dire cette obsession ou cette peur irrationnelle du savoir, qui aboutit trop souvent à l'obscurantisme. Il en est de même pour la théorie de l'information divulguée par Claude Shannon, autant que pour la théorie des jeux. Ils accusent les Soviétiques de tricherie, de plagiat, et de reprendre la théorie de Shannon tout en remplaçant certains termes qui leur plaisent moins par d'autres apparemment plus flatteurs pour le socialisme. De nombreux chercheurs indiquent que la légendaire réputation qui crédite les pays de l'ex bloc de l'Est d'une structure organisationnelle formidable résulterait plutôt de l'application de la cybernétique.

Guerre de lâches

Toute médaille a néanmoins son revers, la cybernétique est victime de son succès. Depuis l'époque de la guerre froide, certains manœuvriers malhonnêtes mais habiles utilisent la cybernétique comme épouvantail dans la lutte contre la modernisation de certaines sociétés et en faveur de l'abêtissement et de la paupérisation des peuples. Le matraquage est d'abord psychologique, et comme il ne marche pas toujours, la violence la plus ignoble ne tarde jamais à prendre le pas. Les propagandes relatent particulièrement le manque de liberté individuelle dans les Etats socialistes, pendant que les libertés individuelles ne sont garanties nulle part dans les Etats dits du tiers-monde qui sont souvent la cible ou la proie de ces propagandes financées par le département d'Etat Américain et son bras armé qui est la CIA.

Les chambres à gaz des nazis font place aux chambres de torture particulièrement en Amérique latine : « *tu vis et souffres en silence ou tu meurs hurlant sous la torture des arracheurs d'ongles.* » Haïti n'échappe pas non plus à cette brutale réalité de la guerre froide. Les intellectuels soucieux du mieux-être des leurs se réfugient notamment en Amérique du nord et en Europe. Un demi-siècle plus tard, cet exode de cerveaux semble produire les fruits escomptés : analphabétisme, obscurantisme, etc. Fruits succulents pour certains mais amers pour les néo-esclaves d'Haïti. La vendange a désormais un nom, elle s'appelle : « loi HOPE ».

Cela ne signifie nullement que tous ceux-là qui investissent ou qui en profitent, sous la houlette de lobbyistes aux dents longues, sont des prédateurs. En d'autres termes, cette loi américaine est sans doute profitable à quelques individus qui peuvent se tromper de bonne foi, mais des malins aux agendas inavouables n'ignorent point ce qui se trame.

La loi sur le partenariat commercial dans le bassin des Caraïbes CBPA (de l'anglais : *Caribbean Basin Trade Partnership Act*) et de la loi sur l'encouragement des partenariats hémisphériques avec Haïti HOPE II (de l'anglais : *Hemispheric Opportunity through Partnership Encouragement Act*) auraient contribué à accroître les investissements et les exportations de vêtements. La loi de 2010 sur le programme de relance économique d'Haïti HELP (de l'anglais : The Haïti Economic Lift Program Act) prolonge la CBTPA et la HOPE II jusqu'en 2020, tandis que la loi de 2015 sur les prolongations commerciales, prolonge les supposés « avantages » commerciaux accordés à Haïti dans les lois HOPE et HELP jusqu'en septembre 2025.

Les exportations de vêtements en 2016 auraient atteint environ 850 millions de dollars et représenteraient plus de 90 % des exportations et plus de 10 % du PIB d'Haïti. Ces chiffres publiés par l'agence de renseignement des Etats-Unis CIA, parlent d'eux-mêmes. Autrement dit, sans système d'enseignement public de qualité, sans université ni centre de recherches : silence ! Le désastre est en incubation.

Suprématie des systèmes

L'univers observable s'étend aujourd'hui à plus de quatre-vingt-dix milliards d'années-lumière ; il est constitué essentiellement de systèmes, biologiques ou non-biologiques, imbriqués et en interaction. Un système peut représenter : une galaxie, une étoile, une planète, une société, une économie, un réseau d'ordinateurs, une machine, une entreprise, une molécule, un atome, un tissu, un organe, une cellule, un organisme, un citoyen, etc.

La théorie du continuum nation-Etat s'intéresse particulièrement aux sociétés et leur gouvernance. Ces sociétés constituent et sont constitués de systèmes totalement et intimement interconnectés et interdépendants de surcroit qui relèvent de l'évolution des humains. Loin sans faut, ces systèmes ne reflètent pas toujours les valeurs de l'humanité. Au-delà des notions de contrôle, de régulation, et d'équilibre, doivent s'impliquer celles d'égalité et d'équité que requiert la dimension dite humaine des systèmes sociaux. D'où le rôle emphatique de la cybernétique dans la théorie du continuum nation-Etat dont l'objectif ultime est de favoriser l'avènement de sociétés modernes où tous les citoyens deviennent et demeurent égaux.

Un système désigne un ensemble d'éléments en interaction, les interactions entre les éléments peuvent consister en des échanges de matière, d'énergie, ou d'information. Ces échanges constituent une forme de communication à laquelle les éléments réagissent en changeant d'état ou en modifiant leur action ou leur comportement. La communication, le signal, l'information, et la rétroaction sont des notions centrales de la cybernétique et de tous ces systèmes : organismes vivants, machines, ou réseaux de machines.

Lorsque des éléments s'organisent en système, les interactions entre les éléments accordent à l'ensemble des propriétés dont ne possèdent pas les éléments pris séparément. On dit alors que le tout ou l'ensemble est supérieur à la somme des parties. Par exemple, un animal manifeste des propriétés telles que courir, ou guetter, chasser, attaquer, etc., que ne manifestent pas ses différents organes pris séparément. Ces organes constituent des systèmes qui possèdent des propriétés que ne possèdent pas leurs éléments constitutifs tels que les tissus, cellules, etc. De même qu'une machine, par exemple un ordinateur possède des propriétés supérieures à celles de la somme de ses composantes. Il en est de même des sociétés ou du continuum nation-Etat.

Les limites de l'imposture

L'état de déliquescence d'Haïti s'apparente à une conséquence logique qui résulte de l'incompétence et de la corruption des différents régimes qui se succèdent au pouvoir. L'absence totale de vision, de stratégie, de savoir ou d'objectifs rationnels, ne favorisent nullement l'établissement de politiques publiques, ni aucune forme de gouvernance capable de transformer, voire de moderniser le pays. Ainsi, la mascarade semble avoir atteint ses limites en Haïti, elle ne peut plus tromper personne. Elle n'a jamais été productive, et ne réussira jamais.

Si les politiciens de Port-au-Prince ainsi que leurs tuteurs de Washington, d'Ottawa, de Paris ou d'ailleurs, avaient la maîtrise absolue de l'espace et du temps, leur imposture durerait ainsi le temps qu'il reste au soleil pour brûler tout l'hydrogène contenu dans son noyau. Ils ne détiennent malheureusement pas ce privilège. Le temps est donc venu de faire tomber les masques. Démasqués, ils sont capables de réagir avec beaucoup de violence. Ils sont violents en effet, mais la violence trahit souvent d'énormes faiblesses. Comme le dit l'auteur américain d'origine russe Isaac Asimov dans sa série-roman [Cycle de Fondation] : « *La violence est le dernier refuge de l'incompétence.* »

A mesure que la frange radicale et obscurantiste de la société, incluant les ploutocrates et les kleptocrates, s'obstine dans l'irrationnel, à mesure que l'étau se resserre autour des classes populaires, le système s'achemine inexorablement vers le point de singularité sociale. C'est-à-dire le point de déflagration suivi du déferlement d'une violence inouïe qui ne sera profitable à personne, du moins pas avant une cinquantaine d'années. Le cas échéant, personne ne saura prédire l'orientation du nouvel ordre social en Haïti, ce pour les mêmes raisons qu'il aurait été impossible d'orienter ou d'anticiper l'évolution de l'univers au moment du *Big Bang*.

Autrement dit, si l'évolution de la société reste possible même sans aucune réflexion préalable, elle s'avèrerait néanmoins non seulement imprévisible mais lente et fastidieuse. La théorie du continuum nation-Etat, méthode ultime de gouvernance propose une approche holistique, rationnelle et réaliste permettant de mieux appréhender la situation d'Haïti, la contrôler et la transformer de manière rationnelle et dans l'intérêt de tous et sans exclusive aucune.

L'art de la grimace

Depuis plus de trente ans, abstraction faite des années antérieures, les régimes successifs et les marionnettistes tapis dans les officines des commerces et des ambassades ressassent les mêmes sottises en dépit des conséquences désastreuses ou néfastes pour Haïti. Même dans l'hypothèse où leur objectif n'est pas d'annihiler la patrie, car aucun primate ne souhaiterait couper une branche qui le supporte, ils sont littéralement en train de la détruire et chaque seconde qui s'égrène rend plus difficile, voire impossible, la reconstitution du continuum nation-Etat. Ils ne semblent prêter la moindre attention aux conséquences de leurs actions. Autrement dit, pendant plus d'un quart de siècle ces agents exécutent ou répètent sans nul souci ni répit des pratiques improductives que ne sous-tendent aucune vision, ni stratégie, ni objectifs rationnels. Il ne subsiste alors aucun doute, ils ne font que des grimaces.

Comédien ou *chimpanzé* ?

Le chimpanzé est un primate qui excelle dans l'art de la grimace. Aussi existe-t-il aux Etats-Unis le fameux « *test du canard* ». C'est une certaine forme d'abduction humoristique qui s'énonce ainsi : « *S'il ressemble à un canard, s'il nage comme un canard, s'il boite comme un canard, s'il nasille comme un canard, il s'agit sans doute d'un canard … »* Le 31 janvier 1986, juste avant sa chute, la deuxième jambe de la dynastie duvalierienne a vainement tenté de rassurer ses partisans par une malencontreuse métaphore faisant allusion au macaque : « *ke makak la la pirèd* ». Pas besoin de Sigmund Freud pour décoder ce message émergé apparemment du tréfonds du subconscient de ce sinistre individu.

Il y a maintenant cinquante ans depuis la publication par l'écrivain britannique Graham Greene du roman intitulé « *Les Comédiens* ». Un récit à la fois implacable et rocambolesque des exactions du régime de François Duvalier, un tyran brutal et obscurantiste. Il est subrepticement idolâtré par des successeurs aussi hypocrites qu'illettrés qui ne cherchent qu'à en reprendre le flambeau.

Le monde entier aurait certainement été scandalisé si Graham Greene avait plutôt intitulé son roman : « *Les Chimpanzés* ». Il l'a échappé belle en effet. Habilement, Greene a mis en avant des visages ou des personnages (les Brown, Smith, et Jones) qui représentent les comédiens sur le plan dramatique, mais en réalité le rapprochement avec les bouffons duvaliériens *(1957-1990)* et néo-duvaliériens *(1991-20xx)* n'est guère un mystère.

Lors d'une longue interview télévisée face au journaliste britannique Alan Whicker, loin des apparitions et des discours façonnés visant à entretenir le mythe de l'homme fort, Duvalier se révèle un minable bouffon. Toutefois, il semble profiter de l'ambiance de la guerre froide qui exacerbe l'instinct le plus vil des truands de Washington et d'autres capitales occidentales qui ont de l'aversion pour les intellectuels des pays conquis. Les plus récents successeurs de Duvalier ont surtout la malchance d'appartenir à une époque où l'information circule comme les nuages, et où résistance rime avec hashtag (twitter), abstraction faite du nouvel ordre mondial mû par la dynamique des peuples.

A qui profite le mal ?

Deux siècles après l'indépendance conquise de haute lutte et au prix d'ultimes sacrifices ; après tant de temps de trahison, de luttes intestines, d'isolement ou de mise en quarantaine, d'intimidations, d'agressions ou d'occupations militaires, de démagogie, d'hypocrisie, de gabegie, de corruption et d'incompétence, la perle des Antilles devient la lèpre des Antilles. Les mots, les phrases, les paragraphes et les chapitres qui étoffent cet ouvrage sont sans merci à l'endroit de tous les prédateurs et de tous les fossoyeurs de la patrie.

Chaque pion a son importance sur un échiquier. Chaque abeille a sa tâche dans une ruche. Ainsi, chaque individu ou citoyen a son rôle et ses responsabilités dans une société. Il parait ainsi aisé de blâmer d'autres pour ses propres faiblesses et échecs et de n'en assumer aucune responsabilité. Il serait donc tout à fait contre-productif d'ignorer ou de ne pas mettre l'emphase sur l'inconséquence et le manque de caractères de ces Haïtiens qui ont participé activement à la destruction de la patrie. Dans la jungle, les prédateurs ciblent toujours les proies les plus vulnérables ; et l'instinct de prédateur ne varie guère, qu'il s'agisse d'un fauve, d'un hacker informaticien, d'un sociopathe, ou de l'hégémonisme de certains Etats.

Des traitres, des lâches, et des échines fluides, il en existera toujours. L'alternative repose sur un leadership responsable capable de sacrifice ultime, de véhiculer des idées susceptibles d'élever certains sans abaisser d'autres, et d'inspirer la majorité résignée de toutes les couches sociales en vue de faire échec aux prédateurs.

A l'école de Sun Tsu, ou de Machiavel ?

Serait-ce faire l'apologie de Niccolo dei Machiavelli que de le hisser au rang du maître chinois Sun Tsu, auteur de « L'art de la guerre ». Les contradictions existent partout, il suffit de les exploiter à bon escient. Distinguer, reconnaitre, et se rapprocher de ses alliés demeure l'une des stratégies les plus efficaces pour se protéger de ses ennemis. Il serait par exemple, extrêmement maladroit de considérer les Etats-Unis comme un ennemi d'Haïti, quel que soit l'état des relations entre les deux Etats. L'Etat américain n'est pas l'ennemi d'Haïti ; et le peuple américain n'est pas l'ennemi des Haïtiens.

Car même dans l'hypothèse où des groupes d'intérêts américains liés à des membres influents du congrès américain ou au Président américain lui-même et à son administration auraient manifesté certaines hostilités envers Haïti, il n'existe nul doute que les partenaires éventuellement les plus fiables dans de telles circonstances seraient encore d'autres groupes d'intérêts américains, d'autres membres influents du congrès américains, voire le patron du Président américain qui n'est essentiellement autre que le peuple américain. Le cas hypothétique précédent s'appliquerait aussi bien à d'autres Etats comme la France, le Canada, la République dominicaine, l'Israël etc.

Aussi, il serait tout à fait inconsidéré d'assimiler les citoyens haïtiens ou étrangers des couches les plus aisées à des ennemis de la patrie. En d'autres termes, les plus fortunés ne sont guère responsables de la misère des plus démunis, ils ne sont point des ennemis. Aux Etats-Unis par exemple, bastion du capitalisme, mêmes les groupes les plus radicaux sont tous supportés par des milliardaires et patriotes américains. Les milliardaires qui sont sensibles aux idéaux de gauche supportent la gauche, alors que d'autres sensibles aux idéaux de droite supportent la droite. En d'autres termes, dans toute stratégie de combat, il faut prendre le temps de distinguer ses alliés sans cependant se tromper sur la réelle menace que posent ses ennemis. En se désignant des ennemis de manière indiscriminée l'on finit par se créer des ennemis parmi ceux qui étaient prédisposés à être plutôt des alliés.

La traite diplomatique

Certains ambassadeurs sont envoyés à Port-au-Prince en compensation à de généreuses contributions à des campagnes Présidentielles. Lorsque par exemple un ambassadeur envoyé par Washington se révèle incompétent et corrompu comme c'est trop souvent le cas malheureusement, sa première victime c'est d'abord l'Etat américain. La meilleure stratégie pour le combattre est de documenter les actes et prises de position de ces ambassadeurs mercenaires ou de ces émissaires incongrus et malpropres, puis de les dénoncer auprès des instances américaines.

Après un siècle d'occupation déclarée ou non-déclarée, par la plus grande puissance économique et militaire du globe, la corruption et l'incompétence persistent et deviennent la règle en Haïti. Le pays s'enlise dans arbitraire. La panoplie est grimaçante : insalubrité, insécurité, désastre environnemental, analphabétisme, morbidité, misère, despotisme chronique, mascarades électorales, terrorisme d'Etat, etc. Compte tenu de l'impunité et de son caractère officiel, voire ostentatoire, le crime qui se perpétue en Haïti est vraisemblablement autorisé parce que profitant à quelques individus nationaux et étrangers. De cette valse morganatique se forme la Triade.

La Triade est un syndicat obscur qui regroupe les ploutocrates, les diplomates ou les « cacocrates » proprement dits, et les kleptocrates.

- ✓ Les ploutocrates désignent la frange radicale, violente et malsaine de l'oligarchie ; ce sont exclusivement des trafiquants. Ils opèrent sous couvert de négoce dans différents secteurs ou marchés, et leurs activités illicites ou criminelles s'étendent de la contrebande au blanchiment d'argent, en passant par l'évasion fiscale, le kidnapping et le trafic d'êtres humains, sans oublier le trafic d'armes et de narcotique. L'aile modérée [ou saine] de l'oligarchie, devenant progressivement la proie de ces criminels, semble implorer le ciel pour avoir la délivrance.

- ✓ Les « cacocrates » ou les diplomates désignent la sinécure internationale qui opère en Haïti, une kyrielle d'ambassadeurs et d'émissaires mercenaires. Ils sont aussi incompétents que corrompus, ces agents malpropres, disgracieux, mesquins, desservent sans doute les intérêts des Etats ou des agences qu'ils sont censés représenter. Autrement dit, ils s'allient aux ploutocrates pour des gains strictement personnels au détriment d'Haïti, et souvent contre les intérêts de leur propre pays.

- ✓ Les kleptocrates désignent la couche inférieure de cette collaboration morganatique. Ce sont généralement des politiciens véreux, des sagouins et des démagogues ; ils peuplent les franges marginales de la classe moyenne et du lumpenprolétariat. Dans les coulisses, ils sont taillables et corvéables à merci, mais pour dissimuler cette pénible réalité qui est la leur, ils se montrent souvent grandiloquents en public. Jadis sulfureux et peu ou non fréquentables, ces truands deviennent peu à peu le modèle de réussite que convoite une jeunesse non instruite, désœuvrée et sans avenir, ou une population en détresse qui végète dans la misère. Ainsi, le mal se métastase ; et l'amputation de certains membres risque de se révéler nécessaire pour sauver le corps social.

Le syndicat du mal

Une alliance se fonde généralement sur la base d'intérêts communs ou d'affinités. La triade se fonde d'abord sur l'enrichissement illicite ou la corruption, en d'autres termes, sur de l'agent sale. Pour que cela dure cependant, il leur faut s'assurer les arrières, d'où la propension à la cacocratie. Ce néologisme vient du grec *kakos* qui signifie mauvais, et de *kratos* qui signifie pouvoir ou autorité. La cacocratie désigne le gouvernement par les [*plus*] mauvais, ou par les pires. L'intrication qui lie la corruption et l'incompétence, par analogie à l'intrication quantique, constitue un obstacle quasi inexpugnable en termes de contrainte au moindre effort de modernisation d'Haïti.

Pour mieux saisir pourquoi les agents internationaux favorisent la cacocratie en Haïti, l'on peut prendre en exemple l'immixtion russe dans les élections américaines de 2016. Leur objectif a été de faire élire un candidat foncièrement médiocre, mais surtout très sulfureux et au parcours si douteux qu'il n'ose même révéler sa déclaration officielle d'impôt. Les américains sont pris au dépourvu, ils se croyaient en toute bonne foi exceptionnels. Beaucoup se montrent frustrés, gênés et embarrassés, leur démocratie a été piratée ou « hacked ». Contrairement à Haïti, ils s'en sortiront sans doute ; ils disposent encore d'un [vrai] pouvoir judiciaire qui est égal et indépendant des deux autres pouvoirs. Ils disposent encore de patriotes intègres et d'institutions clés que certains qualifie d'Etat profond ou « deep state ».

L'absence de gouvernance, l'inexistence de politiques publiques, la désuétude des structures administratives est une émanation de la Triade qui opère littéralement comme un véritable trou noir dans l'univers politique haïtien. Par leurs agissements inconsidérés, ces disciples de Frankenstein engendrent des situations aux conséquences incalculables qui semblent leur échapper totalement. Haïti se profile comme un Etat en déliquescence alors qu'elle n'est pas en guerre, si non que la majorité de la population semble accepter ses conditions infrahumaines au nom de la foi ou de la dignité.

Entité chaotique non gouvernée, tendant certainement vers une entité chaotique ingouvernable (de l'anglais : *failed State*), Haïti partage l'île avec un autre pays qui pourtant héberge d'énormes intérêts capitalistiques. Haïti se localise à près d'une heure des côtes de la Floride, alors que les rapports pullulent concernant la menace que représenterait Haïti pour les Etats-Unis. Comme dirait Shakespeare : « *il y a quelque chose de pourri [...]* ».

Le festoiement des chacals

La deuxième moitié du vingtième siècle a connu d'innombrables innovations scientifiques et technologiques. La pensé et les théories sont devenues de plus en plus complexes. Parallèlement, l'obscurantisme règne en Haïti. Se succède au timon des affaires du pays, une valse d'individus aussi incompétents que corrompus. Sous fond de populisme et de despotisme, ces pantins et leur gouvernement fantoche semblent détenir leur légitimité des ambassades. Comme il leur arrive trop souvent de s'accoutumer au pouvoir, ceux qui succombent à la tentation de se croire - *légitimes* -

reçoivent vite les corrections et remontrances qu'ils méritent avant de rentrer dans les rangs.

Ces individus [sélectionnés] répondent à des caractéristiques particulières, telles que : passé douteux voire sulfureux, absence de vision, mégalomanie, etc. Sous couvert de mascarades électorales, se perpétue une entreprise sordide qui s'est intensifiée dans les années soixante où les cadres, les ingénieurs et autres professionnels ou intellectuels subissent la prison, l'exécution sommaire pour certains, et l'indigne silence ou l'exile pour d'autres. Nombre de rescapés ou de survivants ont été accueillis à bras ouverts par d'autres Etats qui ont su les apprécier à leur juste valeur. Des Etats, fraichement indépendants de l'Afrique, de l'Europe, de l'Amérique dont les États-Unis et le Canada - *particulièrement le Québec* - en ont été les principaux bénéficiaires.

Estimant avoir gagné la manche des années soixante, les fossoyeurs de la patrie mettent tout en œuvre pour éviter toute reproduction de cette catégorie socio-professionnelle qui constitue le moteur de la pensée, de l'innovation, de la transformation et de la modernisation de toute société. Ce faisant, ils provoquent ainsi l'effondrement de tout un écosystème, où même les cadres intermédiaires ne se renouvellent plus. La dégradation, la vulgarité et la médiocrité outrancière des émissions de la Radio et Télévision Nationales d'Haïti (RTNH) constituent un baromètre suffisamment crédible de ce déclin. Les maîtres d'écoles qui enseignaient aux cours primaires, il y a moins d'un demi-siècle, n'existent plus et ne peuvent pas être reproduits dans les conditions actuelles. L'enseignement pour eux était un sacerdoce, ils étaient intègres, compétents, admirés et respectés de tous. Si cette dégringolade persiste, dans une cinquantaine d'années encore Haïti ne comptera probablement plus un seul vétéran dans le domaine Militaire, de la diplomatie, ou de la gouvernance tout simplement.

La perversité du déclin

Peut-on s'empêcher de constater que les individus non préparés parvenus au timon de l'Etat appellent à la rescousse d'autres qui comme eux, n'ont jamais vu de près un gouvernement fonctionnel. Le danger est que ces funambules et ces imposteurs qui ont participés à tous ces gouvernements dont l'incompétence et la corruption sont les seules caractéristiques mettent au placard les rares cadres, ingénieurs, et autres socio-professionnels qui existent et résistent malgré tout. Les cols blancs des organisations non-gouvernementales, internationales, ou des appendices diplomatiques qui ont concocté ce plan macabre pensent se rattraper en important des cadres via leurs propres agences ou partenaires, dont une kyrielle d'organisations non gouvernementales les unes plus corrompues que d'autres. Ils tentent aussi d'importer de partout ; des cadres et techniciens moyens de l'Asie, des caraïbes et de l'Amérique latine, y compris de la République dominicaine tels que des électromécaniciens, des techniciens de bâtiments, des techniciens en informatique, etc.

L'Etat s'effrite et se détériore au point où il n'est presque plus. Cette déliquescence est sciemment encouragée et maintenu par les embrassades des puissances étrangères dont le partenaire privilégié reste et demeure la Triade. Cette collision malsaine corrompt et pollue toute source d'information et d'analyse, elle influence ainsi toutes les décisions au profit de la pègre d'Haïti et souvent au détriment même de ces dites puissances qui doivent se rendre compte que la force brute n'est plus la panacée, car pour parodier Napoléon ; « *On peut tout faire avec des baïonnettes, sauf s'asseoir dessus.* » Alors elles utilisent l'arme de la corruption. Il s'avère contre-productif, voire dangereux de continuer à traiter Haïti en pays conquis. Si l'histoire ne se répète pas, le présent peut toujours s'en inspirer. Il est temps que ces puissances militaires et économiques révisent leur stratégie vis-à-vis d'Haïti.

Ces pays dits amis, prouveraient leur bonne foi en commençant par désigner de vrais diplomates, d'émissaires et responsables d'agence de coopération qui sont intègres et compétents, cela rendrait moins facile leur recrutement par la pègre locale. Une fois pris dans l'engrenage de la corruption, ces individus deviennent de plus en plus vulnérables puisqu'ils ne sont point à l'abri de chantages. Les câbles diplomatiques et les rapports d'intelligence peuvent ainsi être influencés par la Triade pour servir leur propre cause. La Triade exploite la force de frappe que représentent certaines embrassades pour intimider, terroriser, ou abattre physiquement les citoyens intègres et compétents qui osent manifester leurs intérêts pour le progrès et la modernisation d'Haïti.

Il n'y a aucun doute que ces pays dits amis ont gaspillé des sommes énormes au nom d'Haïti. Force est de constater malheureusement que la situation ne fait que s'empirer. Confirmant son statut d'Etat en déliquescence, Haïti s'enlise inexorable dans la « *somalisation* ». Hormis une révolte ou une révolution armée, ce qui serait horriblement sanglant, certaines ambassades demeure encore et malgré tout une force dissuasive vis-à-vis de la Triade. Est-ce trop exiger que de demander à Washington, à Paris, à Ottawa etc… de s'assurer que leurs ambassadeurs ne figurent point sur la liste de paye de la toute puissante pègre d'Haïti.

L'empereur n'a pas d'habit…

Washington semble constater avec impuissance la transformation du territoire haïtien en plaque tournante du trafic illicite de narcotique. Depuis octobre 1997, le régime (1996-2001) leur concède le droit d'intervenir en territoire haïtien pour combattre le trafic de stupéfiant. Deux décennies après, ils se contentent d'indexer Haïti, assumant implicitement ainsi leur incompétence à endiguer le trafic de la drogue depuis ou via Haïti. Déjà contrôlé par des criminels et trafiquants de tout acabit, l'état déliquescent d'Haïti, en fait aussi le terreau du terrorisme, ce qui affecterait inexorablement beaucoup d'intérêts capitalistiques en République dominicaine et menacerait la stabilité de la région toute entière.

Une simple extrapolation du piètre résultat de Washington dans la lutte contre le trafic de stupéfiant permet d'esquisser le spectre grimaçant de la prise en charge du territoire haïtien par des fanatiques religieux du type Al-Shebab, boko haram, ou de l'Etat islamique qui n'hésiteraient une seconde à dévaler dix à quinze mille kilomètres pour installer leur machine de terreur en Haïti, se rapprochant ainsi des côtes de leur ennemi déclaré.

Imaginez tous ces millions déjà gaspillés en Haïti, imaginez ce qu'a coûté la lutte contre les trafiquants même sans résultat probant, appliquez-y l'exposant le plus élevé qui vous vient à l'esprit pour se faire une idée de ce que coûterait une campagne anti-terroriste en Haïti, le cas échéant. Et pour quel résultat ? L'application de la théorie du « Soft Power » développé par Joseph Nye aurait pu aider Washington à épargner à la fois des centaines de milliards de dollars et surtout des vies humaines avec des résultats plus satisfaisants et durables. Cela requiert tout simplement des diplomates intègres et compétents qui travaillent de concert avec des Haïtiens intègres et compétents pour le progrès, la modernisation et la stabilité d'Haïti et du reste de la région par ricochet.

Le laboratoire de l'horreur

Dans son ouvrage intitulé « *Order out of Chaos* » le physicien d'origine russe Ilya Prigogine, lauréat du prix Nobel de chimie en 1977 préconise qu'il est possible de préserver des systèmes d'ordre même dans un univers bouillonnant de chaos. L'ordre peut découler du chaos, soutient-il en substance. La catastrophe du 12 janvier 2010 a levé le voile sur cette puanteur de médiocrité, d'incompétence et de corruption qu'est devenue Haïti. Albert Einstein pensait que la bêtise humaine était infinie ; les pratiques qui prévalent en Haïti semblent le confirmer.

Ces apprentis-sorciers, se retrouvent hagards et ignorants, colmatant les brèches dans un Titanic sombrant au milieu d'une mer démontée. Ils veulent mettre du cataplasme sur une jambe de bois. Le militant haïtien des droits humains, le légendaire Gérard Gourgues aime bien répéter que : « *[…] même le mal ils le font mal.* »

Les héros d'Haïti se sont sacrifiés pour éradiquer l'esclavage, cette pratique inhumaine, la pire des cruautés, et le plus horrible génocide de tous les temps ; remettant en cause les fondements même de l'humanité. L'esclavage est dit impie, pourtant l'occident-chrétien s'en accommode. Plus d'un siècle et demi après l'éradication de l'esclavage en Haïti, le plus puissant Etat du continent en pratiquait encore sur son territoire. Aussi horribles qu'ils puissent être, aucun autre crime ou génocide n'est comparable à l'esclavage, qu'il s'agisse de l'holocauste ou d'autres formes de génocides.

Au lendemain du 7 février 1986, à l'instar des Juifs après les nazis, certains Haïtiens criaient : « *plus jamais !* » mais, sans aucune résolution, ni disposition particulière. L'holocauste des Haïtiens perdure et semble permanent.

Des nombreux Haïtiens en sont victimes, surtout ceux qui appartiennent à la catégorie socio-professionnelle dite « intellectuelle » ou « supérieure » et qui vulgarisent le savoir ou qui manifestent simplement un certain intérêt pour la culture, l'éducation, et la démocratie. Ils sont portés disparu ou ont été emprisonnés, torturés, assassinés ou condamnés à l'exile. Ces atrocités précipitent ainsi l'effondrement de l'Etat et la chute vertigineuse de la qualité de vie en Haïti. Aujourd'hui, la médiocrité et la corruption se répandent telle la pestilence après la peste.

Prétextant des expériences scientifiques, les nazis se seraient servis de juifs comme cobayes, ces derniers auraient ainsi été soumis à des conditions atroces, dégradantes et inhumaines. Berceau de l'humanité ou des droits humains universels, Haïti serait-elle devenue le grand laboratoire mondial de déshumanisation ?

Les asiatiques, les européens, et les amérindiens ont été tous des africains séparés de quelques dizaines de milliers d'années. Charles Darwin l'avait compris, l'archéologie, l'anthropologie, le séquençage du génome humain et les multiples projets de recherches qui s'ensuivent corroborent la thèse de l'évolution des espèces. L'ignorance attise l'anxiété et fragilise les sociétés. Le savoir et la vérité réduisent l'incertitude et renforcent les cohésions sociales, alors profitons-en, faisons du tiers d'Ile d'Haïti un havre de progrès et de paix dans le monde.

Pourquoi cet ouvrage ?

La découverte de textes anciens de plusieurs milliers d'années qui ont pu être décryptés indique que l'écriture demeure non seulement la forme de communication la plus élaborée, mais aussi la plus durable. Depuis l'invention de l'alphabet et de l'écriture, le comportement de l'individu moderne est rythmé par les deux étapes fondamentales de l'apprentissage : apprendre à lire, et lire pour apprendre. L'aptitude, l'instruction ou l'apprentissage au sens large peuvent conférer le savoir ou le savoir-faire, tandis que l'éducation et certains caractères individuels confèrent la discipline, le professionnalisme et la rigueur intellectuelle. Le savoir est un pouvoir, et tout détenteur du savoir se doit de contribuer à l'avancement de la communauté ou de la société.

Les raisons qui ont concouru à la création de cet ouvrage sont d'ordre multiple. Certaines sont tout à fait intimes et personnelles, dont l'empathie et l'altruisme qui ne sont que les corolaires de l'intelligence. Ces sentiments apparemment innés, voire génétiquement marqués ou inextricables semblent par-dessus tout inéluctables. L'intellection se distingue de l'instinct qui est organique et plus conforme aux principes de la sélection naturelle. Autrement dit l'empathie et l'altruisme ne sont point des sentiments organiques ou ordinaires. Ils sont l'expression de la conscience, et leur triomphe est ainsi manifeste.

Cri d'indignation

La vie en elle-même peut-être une surprise, mais l'avenir se prépare. L'évolution serait aussi vieille que la vie elle-même ; l'habilité d'évoluer ou de s'adapter est une caractéristique intrinsèque du vivant. L'humanité est une étape, pour ne pas dire un état de l'évolution de la sensibilité individuelle, qui semble souvent en conflit avec le principe même de la sélection naturelle que Darwin avec les limites et les préjugés qu'on lui connait présente dans son ouvrage intitulé : « *L'origine des espèces* » (de l'anglais : « *The Origin of Species* »). Pour se maintenir, l'humanité nécessite un effort permanent des humains face aux assauts incessants de l'instinct.

L'espèce [ou la race] humaine semble se différencier des autres espèces du règne animal par la capacité de concrétiser ses cogitations. S'il en est ainsi, cette distanciation ne semble pas être toujours à l'actif du genre humain. Cependant, certains sentiments dont la dignité, l'intégrité et l'héroïsme tendraient à placer les humains au sommet de la pyramide des espèces. Cette assertion ne doit aucunement être assimilée à apologie du spécisme qui pense que l'espèce humaine est supérieure aux autres. Le spécisme [*ou l'espécisme*] est à l'espèce ce que le racisme est à la « race », et ce que le sexisme est au sexe c'est-à-dire une discrimination basée sur l'espèce en faveur des membres de l'espèce humaine (Homo sapiens).

En dépit d'évidences contraires, certains persistent à croire que la terre est plate et que le soleil lui tourne autour, ou que la terre gît au centre de l'univers, alors qu'il existe des centaines de milliards de galaxies dont chacune compterait des centaines de milliards d'étoiles ou de systèmes planétaires. Toute cette attention leur est due, s'imaginent-ils, parce que celui qui aurait créé l'univers les aurait aussi créés à son image. Apparemment le narcissisme ne tue pas.

La fantasmagorie individuelle ou collective aide sans doute face aux vicissitudes de l'existence, mais les responsabilités diffèrent selon que l'on évolue en Haïti ou au Danemark par exemple. Des individus tout-à-fait ordinaires tels que Dessalines, Gandhi, Che, Mandela, etc., se sont érigés contre l'injustice. Dessalines, qui a libéré les Haïtiens de l'esclavage, périt criblé de balles. Si Jésus vivait aujourd'hui en Haïti, il ne serait sans doute resté ni impassible ni complaisant face aux calamités et face à la situation infrahumaine qu'endurent les Haïtiens. Néanmoins, finirait-il criblé ou crucifié demeure vraisemblablement la seule énigme.

L'homme est un animal. Il n'est jamais plus proche de la bête que lorsqu'il agit ou prend des décisions uniquement parce qu'il en a le pouvoir ou les moyens. Quel que soit sa puissance, quel que soit sa fortune, celui qui n'est pas mû par l'empathie et par l'altruisme, ou dont la vie se résume en « *veni, vidi vici* », n'est guère différent du plus primitif des mammifères. Autrement dit, il n'est ni plus ni moins qu'une bête. La cruauté avec laquelle les régimes [et alliés] qui se succèdent au timon d'Haïti traitent les citoyens renvoie une fois encore à l'allusion faite plus haut aux chimpanzés. Ils ne sont pas forcément méchants ce qui traduirait une intention de faire mal, mais ils sont instinctivement ou tout simplement cruels dans la façon dont ils traitent autrui.

Originellement née des suites d'une injustice ordonnée par le pape Nicolas V en 1452, entrainant la séquestration, la torture, l'extermination, l'esclavage, et la dégradation voire la remise en cause de la doctrine même de l'église concernant l'espèce humaine, Haïti demeure encore un laboratoire de cruauté. Cette tragédie a duré près d'un demi-millénaire. Préférant la mort à ces conditions cruelles et infrahumaines, les soldats de l'armée indigène se sont fait justice. Apparemment la bataille contre l'esclavage a été gagnée mais la guerre contre l'oppression et contre la misère doit se poursuivre. Le témoin impassible d'une injustice, s'en rend tout aussi coupable. Cet ouvrage en est un cri d'indignation.

Des ignorants déguisés en expert

L'une des innombrables raisons qui ont influencé cette publication remonterait à l'année 2001. Après avoir décroché un Master en Base de Données et Intégration de Systèmes, je participais au programme de Master en Population et Développement de la Faculté des Sciences Humaines de l'Université d'Etat d'Haïti. Pendant cette même période, je me suis engagé comme volontaire des Nations unies, où il m'a été confié le rôle de coordonnateur de l'Académie Cisco d'Haïti. La Cisco Corporation a été le principal partenaire privé de l'Académie, avec l'appui du Programme de Nations Unies pour le développent (PNUD). L'académie a été hébergée par la Faculté des Sciences de l'Université d'Etat d'Haïti, son objectif a été de fournir une formation certifiée en réseaux permettant aux participants de passer le test d'administrateur de réseaux ayant pour sigle CCNA (de l'anglais : « *Cisco Certified Network Administration* »).

Cette position plutôt bénévole m'a néanmoins permis de rencontrer certains membres du gouvernement et d'organisations non gouvernementales. Certaines formules en vogue telles que : équité du genre, développement durable, ajustement structurel, ou fracture numérique (de l'anglais : *digital divide*) constituaient ou modelaient entre autres la politique d'apaisement du moment. Au-delà de leur utilisation abusive ou en tant que slogans, ces formules découlent de théories parfois assez bien élaborées. Cependant la mauvaise foi des opérateurs et la corruption, si non l'incompétence avec laquelle elles ont été abordées, particulièrement en Haïti, tendraient à leur enlever tout mérite. Il en serait tout autrement, si ces approches avaient été inscrites dans le cadre de politiques publiques qui découlent de stratégies proprement définies par des opérateurs compétents et moins corrompus, pour ne pas dire non-corrompus.

La gouvernance numérique figurait aussi parmi les termes souvent évoqués dans ces rencontres, mais toujours sans contenu aucun. Quand j'essayais d'aller au-delà des simples slogans qui sont seulement bons pour de beaux discours, ils s'empêtraient ; comme dans l'anecdote du mille-pattes qui voulait faire la démonstration de ces mouvements à une grenouille qui lui en avait fait la requête. Aucun vocable n'a été plus présent dans les propos des politiciens et membres des régimes de ces dernières décennies que celui de « e-gouvernance ». La seule certitude qui demeure cependant est qu'à ce jour, les agents qui prétendent implanter la gouvernance numérique en Haïti, n'en ont pas la moindre idée. La « e-gouvernance » ne peut en aucun cas se substituer à la gouvernance, elle n'en est qu'un aspect. Autrement dit, tant que la gouvernance n'est pas instituée en Haïti, parler de « gouvernance numérique » ne relève de la plus vile imposture, vu qu'il n'existe même pas d'administration en Haïti à proprement parler.

De l'indignation à l'action

Avant de mettre fin à cette rubrique, il convient de mentionner une autre raison, non tout à fait ordinaire, qui a aussi favorisé la création de cet ouvrage. L'objectif de cet essai n'est guère de se rechigner, mais une décision consciente de critiquer, de dénoncer sévèrement la corruption, l'incompétence et la médiocrité, et de proposer des conditions rationnelles qui peuvent conduire à la modernisation d'Haïti. Pour parodier Gandhi, la reconstitution du continuum nation-Etat n'est pas le meilleur moyen de moderniser Haïti, mais le seul. L'inaction n'est pas une option, ainsi est né le projet ADN (*du nom de l'acide désoxyribonucléique*). C'est que l'on appelle une trilogie, un projet d'envergure et pour le moins ambitieux qui consiste en trois entités ou projets distincts dont les évolutions sont inextricablement liées.

1) La première entité du projet ADN commence à se matérialiser par la publication du présent ouvrage qui est un essai sur la Gouvernance et sur la Modernisation d'Haïti, intitulé :

   « *De la théorie du continuum nation-Etat* » ou « *Manifeste pour la modernisation d'Haïti* ».

   D'autres ouvrages viendront sans doute détailler ou clarifier davantage certains aspects de la théorie du continuum nation-Etat qui pour des raisons pratiques n'y ont été présentés que sommairement.

2) Le second membre du projet ADN conduit vers la constitution du premier CRITICAL THINK TANK d'Haïti dénommé « *Institut de Cybernétique et de Recherche* ». La cinquième partie de cet essai met une peu plus d'emphase sur la finalité et les objectifs de l'Institut qui est entre autres chargé de la mise en œuvre ou de l'implémentation de la théorie du continuum nation-Etat.

3) Le troisième membre du projet ADN conduit vers l'établissement d'une firme d'infrastructure et d'ingénierie informatique et de cybernétique appliquée ; c'est un projet industriel axé sur l'innovation et la prospection dénommé : COMPUTIS S.A. Le système capitalistique moderne ne peut pas prospérer dans la crasse, ni dans l'obscurantisme, ni dans l'archaïsme ambiants d'Haïti. Autrement dit, l'insalubrité, l'analphabétisme, la corruption, l'absence de gouvernance n'attitrent guère les entrepreneurs ou les investisseurs éclairés et rationnels.

   Un capitaliste est un ignorant malpropre, un grossier arriviste, et un prédateur irrationnel qui s'imagine que l'argent ou le capital est tout. Il ne fait aucun de cas de ses semblables, encore moins de l'environnement. S'il n'y avait qu'eux sur cette planète, les capitalistes vivraient tous dans des déserts ou dans des décharges et se nourriraient d'ordures, de salami bourré d'excréments, et d'eau polluée remplie de métaux lourds. C'est ce qui différencie donc un capitaliste (*Ex. : Donald Trump*) d'un entrepreneur ou d'un investisseur éclairé et rationnel (*Ex. : Bill Gates*).

Dans le souci d'instituer une économie de marché en Haïti, en plus de l'Institut de Cybernétique dont le rôle relève davantage de la modélisation et de la standardisation, COMPUTIS qui est une firme privée, se lance dans un premier temps dans le développement de services et produits indispensables à la modernisation d'Haïti. Son portfolio va ainsi se diversifier au fur et à mesure que le pays se modernise et entre dans le cercle encore restreint d'Etats modernes et industrialisés ou capitalistiques.

J'ai 53 ans maintenant, mais pas une seule seconde je n'ai connu autre chose que la tyrannie en Haïti. J'ai quitté le pays au début de la quarantaine pour m'établir aux Etats-Unis où pendant une dizaine d'années j'ai vécu la démocratie. Non content de la vivre, j'ai aussi entrepris des recherches sur la démocratie en générale, et sur le modèle politique américain comme cas d'étude particulier. Ma conclusion ne m'étonne guère, ce qui me surprends cependant et que je tombe d'accord avec Winston Churchill. Quelles que soient ses imperfections, il n'existe pas mieux que la démocratie.

Au bout d'une trentaine d'année d'expérience en tant que leader dans les domaines du management, de la gouvernance, de l'innovation, et de la modernisation industrielle et technologique, dont une dizaine d'années de succès confirmés aux États-Unis, tant dans le secteur privé que dans le public, je me suis adonné à de longues et laborieuses recherches qui se sont révélées à la fois très onéreuses et physiquement éreintantes. Dans un sens comme dans l'autre les conséquences sont pleinement assumées et avec le courage nécessaire, car le sacrifice en vaut la peine.

Aussi, après des rencontres et échanges avec d'autres experts dans ces différents domaines, je me suis engagé à produire, autrement dit, à concevoir et à développer, le projet ADN. Le fil d'Ariane de cette trilogie est la reconstitution intégrale du continuum nation-Etat qui pourra sans doute aider à introduire et instituer la gouvernance en Haïti. Il faut moderniser Haïti jusqu'à en faire non seulement un meilleur Etat que les Etats-Unis, mais le meilleur sur toute la surface du globe terrestre.

Jean de la Fontaine, dans l'une de ses fables, intitulée « Le loup et l'agneau » écrit : « La raison du plus fort est toujours la meilleure ». Cette assertion n'est point vraie en démocratie, comme elle ne l'est point dans l'état de droit, et encore moins dans le continuum nation-Etat. Je ne demande point aux aliénés de comprendre ni d'accepter ma réplique, elle demeure tout simplement la règle, c'est-à-dire la vérité dans toute société moderne. Cette même vérité qui prévaut concernant la formule mythique de la théorie de la relativité : $E=MC2$. Il n'est pas demandé aux sceptiques de la comprendre ni de l'accepter. Farouchement combattue et ridiculisée pendant des décennies, elle demeure aujourd'hui la vérité qui sous-tend la quasi-totalité des progrès du savoir et des avancements technologiques de ce dernier demi-siècle.

A qui s'adresse cet ouvrage ?

Penseur critique, je revendique le droit de tout questionner sans tabou aucun, et j'invite tout un chacun à ne pas se laisser intimider, ni négocier son opinion. Le manque de propositions complètes ne devrait pas être un prétexte pour se réfugier dans le mutisme ou dans l'indifférence, l'important c'est d'être cohérent. L'exercice du droit de critique, peut inciter d'autres individus imbus de leur savoir et de leur expertise à se faire valoir par des réponses ou par d'autres propositions, grâce justement à vos critiques. Témoin attentif pendant près d'un demi-siècle du déclin vraisemblablement programmé de ma patrie, comment ne pas me sentir interpelé. La théorie du continuum nation-Etat participe de cette conception du citoyen intègre, sensible, et éclairé qui refuse de marchander son opinion.

« *La critique est aisée mais l'art est difficile* », dit l'adage. En réalité, critiquer c'est comparer, avoir des doutes n'est pas suffisant, il requiert à la fois un minimum d'information et de connaissance. Plus important que tout, nul ne peut critiquer objectivement un système tout en étant coincé de l'intérieur de celui-ci. De multiples informations ont été disséminées dans cet essai, offrant ainsi au lecteur l'opportunité d'étendre sa compréhension au-delà de ses observations.

De prime abord cet ouvrage est destiné à tous. Aux étudiants, et à tous ceux qui aspirent à occuper un poste ou jouer un rôle à quelque niveau que ce soit dans l'Administration publique ou dans le secteur privé. La théorie du continuum nation-Etat s'adresse particulièrement à tout citoyen élu ou nommé qui exerce une fonction ou qui occupe un poste, qui est soucieux de la modernisation du pays et qui recherche un guide ou un paradigme de gouvernance basé sur des systèmes de contrôle robustes et efficients, c'est-à-dire un modèle de gouvernance à la fois efficace et peu couteux.

En tout état de cause, quelle que soit la bonne foi de l'auteur ou du lecteur, l'appréhension de certains concepts impose un nombre incompressible de prérequis. Par exemple, de la première à la quatrième de couverture de ce livre figure un vocable récurent qui doit probablement passer inaperçu pour certains. En effet, le terme « complexe » apparait plusieurs dizaines de fois dans cet ouvrage. Contrairement au langage courant, ce terme ainsi que son dérivé « complexité » revêtent des définitions conceptuelles ou formelles souvent très rigides et très significatives ; surtout lorsqu'ils sont utilisés dans des théories mathématiques ou scientifiques.

L'introduction dans ce livre de certaines théories telles que la théorie de l'information, la théorie du chaos, la théorie des jeux, voire la mathématique ou la cybernétique ne vise nullement à démontrer le niveau de culture de l'auteur ; l'objectif consiste à mieux illustrer l'utilisation de certains concepts-clés. C'est surtout là que le bât blesse, car ces théories sont aussi des théories mathématiques comme presque toutes celles qui gouvernent la connaissance ou la science. Une théorie en inspire d'autres ; tels sont les avatars du savoir.

Sans vouloir choquer les auteurs ou les amateurs de romans aussi entrainants que passionnants et qui peuvent quelquefois être aussi facile à lire qu'à comprendre, il importe de remarquer qu'un seul paragraphe d'un essai scientifique peut nécessiter plusieurs lectures incluent la consultation de plusieurs autres ouvrages pour arriver à en saisir le sens. Est-il maintenant temps de revenir aux concepts de « complexe » et de « complexité » ?

Dans le langage courant, le terme complexe s'emploi souvent en lieu et place de « compliqué », alors que la complexité détermine le caractère de ce qui est complexe. En théorie du chaos par exemple, le concept « complexe » va au-delà de ce qui est compliqué ou difficile à comprendre, il désigne plutôt un système qui parait non pas difficile mais plutôt impossible à comprendre ; exemple : la structure ou l'atmosphère de la terre. En théorie du chaos, une complexité est un événement qui émerge d'un système complexe, et qui est tout aussi difficile à prévoir avec précision qu'à contrôler ; exemple : un séisme ou un ouragan.

Apprendre à lire et lire pour apprendre

L'acquisition du savoir requiert quelquefois un temps aussi incompressible que le temps lui-même dans un inertiel défini. Dans la seule matinée du 30 août 2012, le mathématicien Japonais Shinichi Mochizuki, professeur à l'université de Kyoto publie sans fanfare sur le web une série de papiers qui totalise plus de cinq cents pages. Culminant plus d'une décennie de travail solitaire, Mochizuki prétend ainsi avoir résolu la conjecture abc appelée aussi conjecture d'Oesterlé-Masser, un problème vieux d'une trentaine d'années de la théorie des nombres dont aucun mathématicien n'a pu résoudre même partiellement.

A ce jour, le travail de Mochizuki reste dans les limbes mathématiques c'est-à-dire ni rejeté ni accepté par la communauté au sens large. Le professeur Mochizuki estime qu'il faudrait environ 10 ans à un étudiant en mathématiques pour comprendre son travail, alors qu'un de ses collaborateurs estime qu'il en faudrait même à un expert en géométrie arithmétique environ cinq cents (500) heures. Jusqu'à présent, seulement quatre mathématiciens disent qu'ils ont été capables de lire la preuve de Mochizuki dans son intégralité.

PREMIERE PARTIE

De l'ère de l'information

L'âge de l'univers se détermine suivant deux méthodes. Soit à partir de l'âge de l'étoile la plus vieille, ou en remontant l'expansion résultant du *Big Bang*. Avec une marge de 0.4 %, la communauté scientifique s'accorde jusque-là sur l'âge de 13.77 ± 0.059 milliard d'années. L'ère de l'information a marqué le XXe siècle anno Domini. Après l'ère agricole et l'ère industrielle, l'ère de l'information ne montre aucun signe d'essoufflement, elle s'impose et s'étend inexorablement. Après l'explosion de la bulle financière qui a été plus spéculative que scientifique, les technologies de l'information semblent vouloir tout réinventer, y compris la vie elle-même. ITER [du latin, qui signifie chemin], l'un des projets les plus ambitieux au monde dans le domaine de l'énergie, s'avère depuis décembre 2016, plus réaliste que les projets de colonisation de la planète Mars. Le projet ITER entend produire de l'électricité par la fusion. Cette dernière constitue la source d'énergie qui alimente le Soleil et les autres étoiles.

Entre donnée et information

Une donnée est une information brute ou organisée qui représente ou se réfère à des conditions, des idées ou des objets, son domaine est pratiquement infini. Il en existe partout dans l'univers. En informatique, une donnée est une information brute ou analogique convertie et enregistrée sous forme numérique, la rendant apte à la transmission, à la manipulation, ou au traitement automatique. Bien que l'ordinateur quantique ne relève plus de la fiction, compte tenu de la technologie, des ordinateurs qui se commercialisent aujourd'hui, et des modes de transmission courante, l'information demeure sous forme binaire ou bit (de l'anglais : *binary digit*). Une donnée peut faire l'objet d'un ou de plusieurs sujets. Comme toute entité, une donnée comporte un cycle de vie. La gestion du cycle de vie des données est une approche basée sur des règles strictes de contrôle de flux de données d'un système d'information tout au long de leur cycle de vie, c'est à dire du moment de leur création ou de leur stockage initial jusqu'au moment où elles deviennent obsolètes puis éliminées.

Une information est un ensemble de données fiables et régulières, spécifiques, organisées dans un but précis et déterminé, et présentées dans un contexte qui lui confère son importance et sa pertinence, capable de conduire à une croissance de la connaissance ou du savoir c'est-à-dire à une réduction de l'incertitude. L'information est précieuse et puissante, elle peut affecter les comportements, les décisions, ou les résultats. Un ministre des finances dont on informe que les recettes de l'Etat ont diminuées de moitié pour le trimestre précédent, va sans doute essayer d'ajuster ses dépenses pour les mois suivants.

Dans le domaine de la mathématique, une information désigne un ou plusieurs événements possibles parmi un ensemble d'événements. S'il est vrai qu'en théorie, l'information diminue l'incertitude, en théorie de la décision, l'on stipule notamment qu'il ne faut appeler « information » que ce qui est susceptible d'avoir un effet sur des décisions. En pratique, l'excès d'information tel qu'il se présente dans les systèmes de messagerie numérique ou le web peut aboutir à une saturation, et altérer ainsi toute prise de décision.

Certains théoriciens ont tenté vainement de faire accepter l'information comme de la matière, voire de l'énergie. Claude Shannon, l'auteur de la théorie de l'information s'y est vigoureusement opposé. Le genre humain n'a pas inventé l'information, il tente tout simplement de l'appréhender. Dans les sociétés d'aujourd'hui les objectifs sont de plus en plus ambitieux et coriaces, les atteindre, réclame beaucoup de contrôle. Contrôler, requiert beaucoup de communication, c'est-à-dire un échange intensif d'information. Un meilleur contrôle dépend à la fois de la qualité de transmission de l'information, de la vitesse de transmission, du traitement, et de la prise de décision qui en résulte.

Les événements météorologiques causent de moins en moins de victimes dans la mesure où les informations collectées et convoyées par les super ordinateurs de l'Agence américaine d'observation océanique et atmosphérique (NOAA) (de l'anglais : *National Oceanic and Atmospheric Administration*) parviennent à temps aux analystes qui les interprètent et les transmettent aux responsables d'Etat qui usent des moyens à leur disposition pour alerter et assister les populations à risque.

Aussi, étant donné que les ondes de choc à travers l'écorce terrestre se déplacent moins vite que le son et la lumière, des chercheurs tentes d'exploiter ces différences pour voir comment annoncer un séisme, même quelques microsecondes c'est-à-dire quelques millionièmes de seconde avant l'impact fatidique, espérant ainsi sauver de nombreuses vies.

Le train Transrapid de Shanghai, en République de Chine, peut atteindre une vitesse de 432 km/h. C'est une ligne à sustentation magnétique. Littéralement, ce train glisse sur un coussin d'air. Autrement dit, il est suspendu. Cette fusée doit maintenir une distance constante par rapport au rail dans toutes les directions quelles que soit les circonstances, dans le cas contraire c'est l'hécatombe. Ceci est un exemple typique de la notion de contrôle. Contrôler le Transrapid repose sur une puissance de traitement de 15 million instructions par secondes (15 mips).

Si la transmission et le traitement de l'information sont vitaux à tout exercice de contrôle, la qualité ou la précision de l'information elle-même peut en être une source de problème. L'information s'accompagne généralement de métadonnée (de l'anglais : *metadata*) c'est-à-dire de l'information à propos de l'information. Le 23 septembre 1999, après un parcours de 286 jours qui devait le conduire vers la planète Mars, la NASA perd le contrôle d'un vaisseau de 125 millions de dollars. Il arrive que la firme Lockheed Martin qui faisait les calculs, ait envoyé des données relavant du système impérial alors que l'équipe de navigation de la NASA utilisait tout simplement le system métrique.

Après le séisme qui a sauvagement secoué le Japon en 2011, même les sceptiques admettent que la catastrophe nucléaire de Fukushima est en partie due à une cascade de mauvaises décisions prises sur la base d'information incomplète ou mal interprétée. Par exemple, vu que l'eau avait déjà évaporé après la coupure du courant dans la centrale, le tableau de bord montrait le niveau de pression plutôt que celui de l'eau dans le système de refroidissement. Agissant sur la base de l'information dont ils disposaient, les ingénieurs ont entrepris de toute bonne foi des interventions qui se sont avérés catastrophiques.

1.1 : De la mathématique

Cette rubrique tient aussi lieu d'hommage à l'ouvrage « *L'Encyclopédie des Mathématiques* » de la collection « *Les Dictionnaires Du Savoir Moderne* ». L'ouvrage s'étend sur un ensemble de neuf articles, dont le dernier c'est-à-dire le neuvième article intitulé « *L'Application des Mathématiques* » est l'œuvre du professeur René Boirel, docteur ès lettres, et professeur à l'Institut national des sciences appliquées de Lyon. Il est a priori plus facile de se procurer des ouvrages de ce genre à partir d'un répertoire bibliographique anglo-saxon. Cependant, même lorsque l'on arrive à lire et écrire aisément l'anglais, un bel ouvrage encyclopédique et en français, cela réchauffe ; surtout quand on est un francophone né sur une île caribéenne et que l'on vit le rigoureux hiver de Rhode Island, un Etat américain qui fait partie de la communauté dite « Nouvelle Angleterre ».

En effet, la Mathématique est omniprésente, elle permet de mieux appréhender l'existence, d'expliquer l'univers, d'en déduire les origines et d'en projeter l'évolution. Elle permet aux nazis de croire qu'ils pouvaient dominer le monde. Elle permet aussi aux alliés de mettre un terme aux velléités hégémoniques d'Hitler grâce en partie au décryptage de la machine dénommée *« Enigme »* par le mathématicien anglais Alan Turing. Elle permet le développement des RADAR et des systèmes de défense aérienne, sans mentionner la redoutable bombe atomique.

La mathématique permet de décrypter les orbites elliptiques des planètes, de découvrir le boson de Higgs, de poser le rover dénommé curiosité (de l'anglais : *Curiosity*) sur le sol martien. Faudrait-il, entre autres prouesses, mentionner la mission de la sonde *« new horizons »* lancée en janvier 2006 qui met une dizaine d'années pour parvenir presqu'aux confins du système solaire et atteindre l'orbite de Pluton après un périple de plus de deux cent millions de kilomètres. De tout temps, l'humain, en quête de model, de cycles et de motifs, utilise la mathématique pour explorer le monde physique et appréhender les lois de la nature, jusqu'au décryptage du génome humain.

La marche conquérante de la mathématique n'épargne point les sciences dites descriptives, notamment les sciences sociales ou politiques telles que l'anthropologie, l'histoire, la sociologie, la psychologie, l'économie etc. La tentation de recourir aux mathématiques pour analyser et trouver des solutions aux problèmes sociaux s'impose désormais en passage obligé. Le mathématicien Français René Thom y a consacré presque son existence, il a reçu la plus grande distinction récompensant les mathématiciens, c'est-à-dire la médaille « Fields ». En dépit de tout, les recherches de Thom ne semblent avoir généré que des questions. La quête de réponses demeure colossale, autant que la curiosité s'avère compulsive. Chaque nouvelle réponse soulève une myriade de nouvelles questions. Le monde compterait aujourd'hui plus de mathématiciens vivants que tous ceux que la terre a connus au cours des ans. Pourtant, les sociétés ont plus que jamais besoin de mathématiciens.

Grâce aux progrès technologiques, l'univers observable s'étend sur plus de quatre-vingt-dix milliards d'années-lumière et compte des centaines de milliards de galaxies ; tandis qu'une seule galaxie peut contenir des centaines de milliards d'étoiles. Il y a près d'un demi-siècle encore les modèles ou théories mathématiques s'accumulaient, attendant des observations pour les vérifier ou les exploiter. La technologie a tellement évolué, aujourd'hui des phénomènes observés attendent les théories mathématiques qui viendraient les expliquer. Contrairement à la religion, la science ne peut pas se dérober à la vérité ; et cette quête de vérité reste incessante.

Comment, où, et quand est apparue la mathématique ?

La réponse à ces questions est habituellement une contre-question du genre : « *qu'entendez-vous entendez par mathématique ?* ». Une vision plutôt surannée tenterait de se limiter aux notions de déduction logique héritée des Grecs. S'il en était ainsi tout un important et intéressant volume de travail relevant de la mathématique en serait exclu tel que l'analyse leibnizienne où la rigueur des calculs semble l'emporter sur la notion de preuve ; les recherches sur la théorie fractale ; la théorie du chaos ; ou les travaux exploratoires sur la modélisation et la simulation numériques (i.e. par ordinateurs), dont l'apport à l'étude de l'évolution des systèmes complexes adaptifs reste inestimable.

A part la philosophie d'une façon générale, la mathématique constitue la plus ancienne discipline académique connue de l'humanité. Aujourd'hui, la mathématique est devenue une entreprise énorme et complexe, bien au-delà de l'intellection de n'importe quel individu. Ceux qui aujourd'hui décident d'étudier ou d'approfondir la mathématique doivent se limiter à un domaine ou à une branche bien définie de celle-ci. Il nécessite de plus en plus une spécialisation drastique, et énormément d'effort avant de pouvoir contribuer à l'évolution des idées ou de l'esprit mathématique.

1.1.1 : La mathématique comme moteur d'innovations

Certains pays dont les Etats-Unis, La Chine, Le Canada, La Russie, L'Arabie Saoudite, le Venezuela, et le Nigéria pour n'en citer que ceux-là, disposent de ressources naturelles en quantité presqu'inestimable : pétrole, or, diamant, terre rare, et autres ressources naturelles. Cependant, ils n'en profitent pas tous. Certains Etats dont les sous-sols regorgent de richesses sont parfois plus misérables qu'Haïti. Des consultants en économie font la queue à Port-au-Prince et tiennent des colloques à n'en plus finir pour prêcher l'évangile de la compétitivité. Or, pour être compétitif aujourd'hui, un Etat doit pouvoir maintenir et augmenter constamment sa productivité, et le moyen le plus efficient d'y parvenir c'est d'augmenter la qualité de ses ressources humaines.

Après plus de deux cents ans d'indépendance, Haïti ne compte pas un seul campus d'université, et seulement 2 % de sa population complètent leurs études secondaires, compte non tenu de la qualité. Depuis près d'un demi-siècle, les tenants du pouvoir et leurs amis du négoce continuent de scander haut et fort : « *main d'œuvre à bon marché* ». De deux choses l'une, soit ces consultants sont des imposteurs ou des charlatans, soit le pays est contrôlé par une horde de sangliers.

Pour être compétitif, Haïti doit d'abord l'être par le niveau de son éducation, depuis les maternelles jusqu'au dernier échelon de l'université. En matière de compétitivité, partout ailleurs, l'éducation met l'emphase sur ces trois piliers : sciences, technologies, et mathématiques, d'où le sigle STM. Comme on dit souvent : « *commençons par le commencement* ». Dans ce cas, commençons par la mathématique. L'élève haïtien doit recevoir une instruction en mathématique qui est au moins égal au niveau d'instruction le plus élevé dispensé dans des pays comme les Etats-Unis, la France, l'Allemagne, l'Iran, La Russie, le Japon etc.

Au commencement était la logique…

Toute l'infrastructure de la logique qui sous-tend la mathématique se fonde sur les axiomes et les théorèmes. Ces derniers reposent sur deux axes fondamentaux : l'introduction d'objets [mathématiques] d'un côté, et de l'autre la démonstration ou la preuve de la véracité des relations entre ces objets. Les objets mathématiques sont les nombres, les fonctions, les fonctions continues, les fonctions dérivables, les fonctions intégrables, etc. Les relations sont les assertions qui peuvent être soit vraies soit fausses que l'on peut formuler sur ces objets. Les vraies ou théorèmes sont celles que l'on démontre, c'est-à-dire que l'on peut déduire logiquement d'un certain nombre d'axiomes. Les axiomes sont la formulation mathématique des propriétés [évidentes] des êtres auxquels l'on désire appliquer la mathématique.

1.1.1.1 : Théorie des Ensembles

L'Allemand Georg *Ferdinand Ludwig Philipp* Cantor qui est aussi bon violoniste que mathématicien crée la théorie des ensembles vers 1874. La théorie suppose que les ensembles contiennent des éléments, et l'on écrit x $\in$ A pour dire que x est un élément de l'ensemble A. Deux ensembles sont égaux, si et seulement si, ils ont les mêmes éléments. Autrement dit, pour connaitre un ensemble il faut savoir dire quels en sont les éléments. Ainsi :

{a, b, c} = {c, a, b} = {a, b, a, b, c, a, b, a} ; ceci équivaut à un seul et même ensemble qui contient les trois éléments : a, b et c.

Exemple de présentations d'ensemble :

- ✓ *L'ensemble des entiers naturels, N :* $\{0, 1, 2, 3, \ldots\}$;

- ✓ *L'ensemble des entiers, Z :* $\{\ldots, -3, -2, -1, 0, 1, 2, 3, \ldots\}$;

- ✓ *L'ensemble des entiers naturels compris entre 1 et n :* $\{i \in N \mid 1 \leq i \leq n\}$;

- ✓ *L'ensemble de lettres minuscules de l'alphabet, A :* $\{a, b, c, d, \ldots, z\}$; *ou encore*

- ✓ *Des ensembles d'objets divers comme :* $\{roche, papier, ciseaux\}$ *ou* $\{veaux, vaches, cochons, poulets\}$

Une théorie axiomatique des ensembles indique comment procéder à des descriptions admissibles d'ensembles de base, et comment construire ensuite des ensembles plus complexes. Ainsi, l'on peut écrire l'ensemble $A = \{x \in S \mid P(x)\}$, des éléments de S qui satisfont une certaine propriété $P(x)$, formulée sous forme d'énoncé logique. Dans ce cas, la notion d'égalité $A = B$, avec $B = \{x \in S \mid Q(x)\}$, correspond au fait que les propriétés $P(x)$ et $Q(x)$ sont logiquement équivalentes. On dénote $\emptyset$, l'ensemble vide, qui ne contient aucun élément. Le nombre d'éléments ou le cardinal, d'un ensemble fini A, est dénoté $|A|$, ou parfois aussi $\#A$.

Sous-ensembles : Si tous les éléments de B sont aussi des éléments de A, l'on dit que B est un sous-ensemble de A, et l'on écrit $B \subseteq A$. L'on dit aussi que B est une partie de A.

Opérations de base sur les ensembles : Une première opération de base entre ensembles est celle d'intersection, $A \cap B$, entre deux ensembles A et B. C'est l'ensemble des éléments qui sont communs à ces deux ensembles. Plus précisément l'on a $A \cap B = \{x \mid x \in A,$ et $x \in B\}$. Par exemple, on a : $\{a, b, c, d\} \cap \{1, b, 3, d\} = \{b, d\}$.

D'autre part, l'union de A et B est l'ensemble A ∪ B = {x | x ∈ A, ou x ∈ B}. Par exemple {a, b, c, d} ∪ {1, b, 3, d} = {a, b, c, d, 1, 3}

Produit cartésien : Deux couples (a, b) et (c, d) sont égaux, si et seulement si l'on a les deux égalités a = c et b = d. Le produit cartésien de A et B est l'ensemble de tous les couples (x, y), avec x élément de A et y élément de B. Autrement formulé, l'on a

A × B = {(x, y) | x ∈ A et y ∈ B}.

Si l'un des ensembles A ou B est vide, alors le produit cartésien A × B est vide, i.e. :

A × ∅ = ∅ × B = ∅

Relation : Une relation R, entre les ensembles A et B, est simplement un sous-ensemble du produit cartésien A × B, i.e. : R ⊆ A × B. Par exemple, pour A = {a, b, c, d} et B = {1, 2, 3}, l'on a la relation :

R = {(a, 1), (a, 2), (b, 3), (c, 2), (d, 1)}

Fonction : Le terme fonction aurait été introduit par Leibniz. Pendant longtemps la définition de cette notion n'a pas été assez claire. Une fonction était considérée comme une formule impliquant une variable. Aujourd'hui l'on s'accorde plutôt sur le fait de donner une approche abstraite à la notion de fonction, en donnant seulement un critère qui permet simplement de dire quand l'on a affaire à une fonction. Entre autres, cela rend possible la définition de l'ensemble des fonctions de A vers B. Ainsi, l'on considère l'ensemble F[A, B] dont les éléments sont les relations fonctionnelles de A vers B, c'est-à-dire que :

f ⊆ A × B, (i)

$\forall x \ \exists y \ (x \in A, \ y \in B, \ et \ (x, y) \in f), \ (ii)$

$\forall x \ \forall y_1 \ \forall y_2 \ ((x, y_1) \in f, \ et \ (x, y_2) \in f \Rightarrow y_1 = y_2).$

L'on a alors, pour chaque élément f de F[A, B], une fonction f : A → B de source, A et d'arrivée ou but, B. Ainsi, l'on parlera de la fonction f, si la source et le but associé sont clairs dans le contexte.

Bijection : En théorie des ensembles, la correspondance établie par une bijection h : X → Y, entre les éléments de X et ceux de Y, est souvent introduite par une représentation naïve comme celle de la figure suivante. De façon plus précise, on a la définition qui suit. Une fonction h de X vers Y, est une bijection, si on a une fonction inverse h^{-1} : Y → X, pour la composition, i.e. : h^{-1} o h= Id_X; et h o h^{-1} = Id_Y:

Injection : Parmi les propriétés particulières des fonctions, l'injectivité et la subjectivité sont très certainement des notions importantes. Une fonction g : X → Y est dite injective si et seulement si pour chaque élément y de Y, il existe au plus un élément x de X tel que g(x) = y. Autrement dit, la fonction g est un processus qui choisit des éléments g(x) de Y, un pour chaque x dans X, tous distincts, c'est-à-dire qu'un élément ne peut être choisi qu'une seule fois. Une formulation un peu plus technique, mais plus facile à manipuler, de cette distinction prend la forme suivante. Une fonction g : X → Y est injective si et seulement si, pour tout x_1 et tout x_2 dans X $x_1 \neq x_2$ implique $g(x_1) \neq g(x_2)$; ce qui équivaut logiquement à dire aussi que $g(x_1) = g(x_2)$ entraîne forcément $x_1 = x_2$.

Surjection : Une fonction f : X → Y est dite surjective si et seulement si pour chaque élément y de Y, il existe au moins un élément x de X tel que f(x) = y. Autrement dit, f est un processus qui choisit chaque élément y de Y au moins une fois.

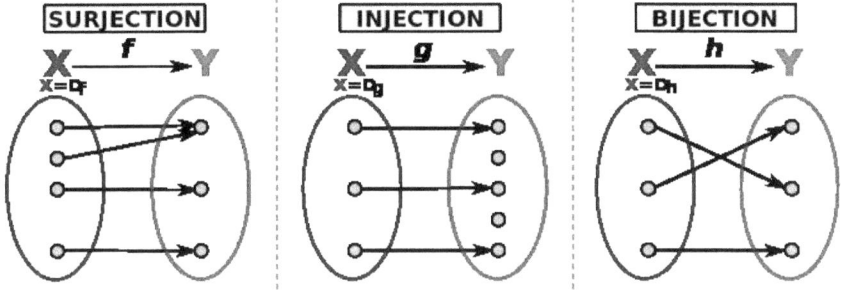

Le paradoxe de Russell : La théorie des ensembles telle que formulée par Cantor n'était pas assez précise. Bertrand Russell l'a mis en évidence en soulignant qu'elle donnait lieu au paradoxe suivant :

L'on considère l'ensemble de tous les ensembles qui ne se contiennent pas eux-mêmes. En formule, c'est $A = \{fx \mid x \notin x\}$.

La question qui se pose est de savoir si $A \in A$ ou $A \notin A$. L'on constate avec Russel que $A \notin A$ implique $A \in A$; et réciproquement ! C'est là le paradoxe, dans la mesure où l'on considère ici la notion d'ensemble à la Cantor. Cette construction n'est plus possible dans les versions modernes de la théorie des ensembles.

Et, pour remédier au paradoxe de Russel, on a échafaudé plusieurs axiomatiques précises pour la théorie des ensembles. L'une des plus connue est celle dite de Zermelo-Fraenkel, de deux mathématiciens allemands Ernst Zermelo et Abraham Fraenkel. C'est dans de tels contextes que les mathématiciens travaillent maintenant.

Les ordinaux et les cardinaux

Ayant énoncé les axiomes de ZF, autrement dit, ayant défini le cadre axiomatique dans lequel l'on travaillera, maintenant, place aux maths. En un premier temps, commençons par apprendre à compter. Il est facile de compter le nombre d'éléments d'un ensemble fini en les énumérant : (zéro, si l'ensemble est vide), un, deux... et l'on s'arrête quand il n'y en a plus. L'on associe ainsi à chaque ensemble fini un entier, qui est son nombre d'éléments. Mais qu'en est-il alors, quand ou si l'on considère un ensemble infini ? Considérons d'abord des ensembles munis d'un ordre permettant une énumération. Soit X un ensemble. Un bon ordre sur X est une relation d'ordre $\leq$ sur X tel que toute partie non vide de X a un plus petit élément.

Exemple : quel que soit l'ensemble ordonné fini, il est bien ordonné. L'ensemble vide en particulier est bien ordonné.

L'ensemble des entiers naturels, avec l'ordre habituel, (N, $\leq$), est bien ordonné. En quelque sorte, c'est le cas modèle d'un ensemble bien ordonné infini : L'ensemble $S(N) = N \cup \{N\}$, où $N > n$ pour tout $n \in N$, est également bien ordonné.

L'ensemble des rationnels (Q, $\leq$) n'est pas bien ordonné.

Un isomorphisme entre deux ensembles bien ordonnés (X, $\leq_x$) et (Y, $\leq_y$) est une bijection qui préserve l'ordre : clairement, l'un est bien ordonné si et seulement si l'autre l'est.

L'éducation et l'influence de la mathématique moderne

L'initiation à la mathématique moderne dès l'école primaire habitue l'individu à utiliser des graphiques pour représenter leurs manipulations sur les ensembles : en particulier, les intersections et les réunions de collections deviennent apparentes par ce moyen.

Ils s'entraînent très tôt à schématiser des situations concrètes. Surtout, et c'est le grand avantage de la mathématique moderne, les apprenants prennent ainsi conscience très vite des relations qui structurent les objets mathématiques. Dès lors, les situations concrètes peuvent être abordées, non plus d'une manière statique, mais dans la perspective de leurs transformations possibles et de leurs correspondances avec d'autres situations. N'est-ce pas une condition pour stimuler l'imagination ? En ce sens, l'initiation à la mathématique moderne peut avoir des conséquences bénéfiques même dans les disciplines littéraires, notamment dans les compositions littéraires où il s'agit d'imaginer des situations et leurs développements possibles.

L'élève, dont l'attention est orientée très tôt vers les relations entre éléments d'ensembles, est plus apte à envisager les données d'un problème sous l'angle de leurs transformations possibles, de leurs variantes et de leurs combinaisons virtuelles, ce qui favorise la découverte des solutions construites à partir de ces données. On peut espérer que des apprenants qui auront reçu un tel enseignement mathématique soient plus actifs en présence d'un problème : au lieu de rester hypnotisés par sa présentation initiale, d'emblée ils cherchent à modifier celle-ci, car ils y voient un faisceau de possibilités opératoires. Il est évident qu'une telle attitude, étendue en dehors du cadre des problèmes à l'ensemble des situations rencontrées, ne peut que stimuler la créativité.

Donc, la mathématique moderne ne développe pas uniquement l'aptitude à déduire rigoureusement : elle donne, avec le sens des relations, une orientation combinatoire à la pensée, qui est entraînée à rechercher systématiquement les multiples variantes d'une situation au lieu de rester enfermée dans une perspective unique.

Agir efficacement, comme innover vraiment, c'est être capable de réaliser ses projets

Si l'on veut former des esprits innovateurs, créateurs, et dotés discernement dont les sociétés ont besoin pour progresser et surmonter leurs difficultés, il faut donner aux jeunes apprenants haïtiens non seulement le sens des relations, mais aussi celui des conditions de réalisation : c'est alors, en effet, qu'ils réussiront à incarner leurs idées neuves dans des innovations effectives. Cela suppose ainsi un individu doté de la faculté de dégager les facteurs qui lui permettent d'aboutir ou de réussir. De ce point de vue, rien ne vaut peut-être la pratique des constructions géométriques.

Rigueur intellectuelle et apprentissage de la géométrie

Si la géométrie euclidienne ne présente plus d'intérêt pour la recherche et s'il convient d'éliminer des programmes certains théorèmes sur les droites remarquables du triangle, auxquels on a sans doute donné trop d'importance dans le passé, il ne faut pas oublier cependant qu'elle a été la grande éducatrice de l'esprit humain. Ne lui a-t-elle pas révélé la méthode pour dégager les conditions de réalisation, appelée justement analyse, car, comme l'indique l'étymologie de ce mot, on remonte alors d'une figure supposée construite à ses conditions de construction, et plus généralement d'un projet à ses conditions de réalisation ?

En ce sens, les problèmes de géométrie élémentaire peuvent constituer, encore à l'heure actuelle, un exercice formateur irremplaçable, par la pratique de la méthode d'analyse qu'implique leur résolution. L'art de la démonstration consiste ici à choisir dans une figure complexe une figure partielle qui prend une signification particulière en fonction du problème à résoudre : il s'agit de discerner, parmi l'éventail des propriétés données, celle qui permet d'amorcer une suite de constructions acheminant vers une solution. Ce qui semble ici se rapprocher très près des choix qu'assume le chercheur ou l'ingénieur, quand il opte pour un itinéraire d'investigation, mais aussi l'homme d'action, quand il adopte une tactique : c'est l'imagination des possibilités opératoires et le sens des conditions de réalisation qui les orientent.

Les futurs techniciens, comme tous ceux qui seront des réalisateurs, doivent être entraînés à penser ainsi. Pour réussir, il ne leur suffit pas de savoir déduire rigoureusement ou de combiner des relations. Il leur faut aussi discerner les conditions de réalisation, ce qui implique un développement de l'imagination opératoire.

La géométrie paraît difficile aux débutants, en raison justement du rôle prépondérant qu'y joue l'imagination opératoire. Pour progresser dans une démonstration, pour résoudre un problème, ne faut-il pas avoir l'idée de tracer telle droite, l'idée de considérer telle figure ? Sans intuition, l'on ne réussit pas dans ce domaine. Pour développer celle-ci et permettre aux élèves de profiter pleinement des constructions géométriques, il faudrait enseigner directement les multiples manières de procéder pour effectuer telle opération géométrique fondamentale. Par exemple, les méthodes principales pour établir l'égalité de deux segments : pour y parvenir, on peut soit les superposer par une transformation appropriée, soit prouver qu'ils sont les côtés d'un triangle isocèle ou les tangentes à un cercle issues d'un même point ou, s'ils sont dans le prolongement l'un, de l'autre, que la perpendiculaire à ces segments élevée par leur extrémité commune est bissectrice d'un angle dont les côtés passent par les autres extrémités, ou encore qu'ils sont soit des droites homologues de figures égales, soit les côtés opposés d'un parallélogramme, à moins qu'ils ne soient la somme ou la différence de segments égaux.

Il faudrait aussi enseigner directement les multiples constructions que rendent possibles les structures géométriques de base. Par exemple, les débutants devraient savoir très vite qu'en présence d'une droite et d'un point on peut considérer aussi :

- la parallèle menée de ce point à cette droite ;

- la perpendiculaire abaissée du point sur la droite ;

- la projection du point sur la droite ;

- le symétrique du point par rapport à la droite ;

- la symétrique de la droite par rapport au point ;

- un cercle passant par le point et tangent à la droite ;

- le cercle ayant pour centre le point et tangent à la droite ;

- etc.

C'est en révélant ces possibilités multiples de déploiement des structures et opérations géométriques qu'on peut former rapidement des élèves capables d'être actifs dans les constructions et les problèmes de géométrie : ils y prendront des initiatives, ce qui leur permettra de s'y intéresser vraiment et de profiter pleinement de cet enseignement, qui les entraîne à pratiquer la méthode d'analyse et, en définitive, à penser leurs projets en termes de conditions de réalisation. En ce sens, apprendre la mathématique, ce serait en réalité l'inventer, c'est-à-dire se replacer au point d'où l'on sent que l'on manœuvre avec les restrictions et les libertés qui définissent l'action mathématique.

Dans cette perspective pédagogique, on verrait disparaître les démonstrations reposant sur des séries d'astuces, qu'on admire sans doute mais qui découragent les élèves quand elles ne sont pas justifiées logiquement. Beaucoup se souviennent, même cinquante ans après comme le philosophe scientifique Emile Meyerson, « *de la difficulté avec laquelle ils retrouvaient les droites à tracer, difficulté qui n'était que la traduction de ce que les figures avaient d'inattendu* ». La démonstration du théorème de Pythagore n'aurait pas été le fameux pont aux ânes si, au lieu du début traditionnel : « *Abaissons la hauteur sur l'hypoténuse et prolongeons-la* », on avait commencé en indiquant les raisons de cette construction. Alors, les élèves n'y auraient pas vu un tour de prestidigitation intellectuelle : ils se seraient rendu compte qu'ils auraient pu en avoir l'idée, à condition de raisonner et de dégager les problèmes généraux, avec leur éventail de solutions possibles, impliqués par le problème particulier considéré et dont dépend sa résolution. De quoi s'agit-il en effet, sinon de démontrer qu'une surface est égale à la somme de deux autres ? Or, pour établir une égalité de la forme A = B + C, on peut soit essayer de réaliser la somme B + C afin de montrer ensuite qu'elle est égale à A, soit diviser A en deux parties susceptibles d'être égales respectivement à B et à C. La deuxième voie étant la plus réalisable dans le cas présent, on s'oriente vers le choix d'une droite qui divise le carré construit sur l'hypoténuse en deux rectangles pouvant être reliés aux petits carrés construits sur les autres côtés, afin d'avoir la possibilité d'établir éventuellement les égalités visées par l'énoncé. Alors, le tracé de la hauteur s'impose ou, du moins, apparaît comme une tentative suggérée par cette orientation de recherche raisonnée : en effet, ne passe-t-elle pas par le sommet de l'angle droit, point commun des deux petits carrés ?

Ainsi donc, l'idée de tracer cette droite vient naturellement à l'esprit quand on replace le début de la démonstration du théorème de Pythagore dans la perspective d'un problème plus général qu'il implique, « *prouver une égalité de la forme A = B + C* », avec l'éventail de ses diverses solutions possibles.

1.1.1.2 : Algèbre

Tout ce qui est dit plus haut peut s'appliquer également à l'enseignement d'autres branches de la mathématique, en particulier l'algèbre. Par exemple, pour démontrer la méthode qui permet de résoudre une équation du second degré, pourquoi commence-t-on traditionnellement en déclarant d'une manière impérative : divisons ou multiplions les deux membres par le coefficient de x^2 ? Les élèves comprendraient mieux et seraient conquis par les possibilités opératoires du calcul algébrique si on profitait de l'occasion pour révéler celles-ci. De quoi s'agit-il, en effet ? On cherche à résoudre une équation du second degré alors qu'on ne sait encore résoudre que celles du premier degré. On va donc essayer de se ramener à la résolution d'expressions du premier degré, en transformant l'équation du second degré. Pour cela, on va tenter de mettre cette dernière sous la forme du produit de deux expressions du premier degré ou sous la forme du carré d'une expression du premier degré.

La première voie ne donnant rien, on cherche donc à faire apparaître un carré parfait : c'est pour cela qu'on a l'idée soit de multiplier, soit diviser les deux membres par le coefficient a de x^2. Dans le premier cas, on obtient le carré a^2x^2. Dans le second cas, on dégage x^2. Et l'on continue à transformer l'équation jusqu'à ce qu'apparaisse le carré d'une expression du premier degré, en exploitant notamment la relation classique $(a + b)^2 = a^2 + b^2 + 2\,ab$.

On peut d'ailleurs raisonner autrement pour cheminer méthodiquement vers la résolution d'une équation du second degré. En effet, résoudre une équation, n'est-ce pas essentiellement déterminer x ?

Dès lors, cette résolution se rattache au problème plus général : déterminer un nombre x qui entre dans telles relations. Il s'agit donc, au fond, d'arriver à écrire x = n. Comme l'indique le physicien français Henry Bouasse dans son Cours de mathématiques générales, poser x = n ne fait que changer de notation. On pose donc x = n + m, et on substitue :

$n^2 + m^2 + 2nm + np + mp + q = 0$. Cette équation doit être satisfaite identiquement. On a deux arbitraires, n et m ; On va s'en servir au mieux : après avoir calculé l'une de ces quantités, l'autre doit être calculable par une équation du premier degré que, par hypothèse, on sait résoudre.

On écrit : $(2\,n + p)\,m + n^2 + m^2 + np + q = 0$.

On pose n = - p/2, ce qui permet de faire disparaître m et de calculer

$$m^2 = p^2/4 - q \text{ et } m = +/- \sqrt{p2/4 - q} \; ,$$

D'où $x = - p/2 = +/- \sqrt{p2/4 - q}$

Ici, l'on utilise les propriétés mêmes du symbolisme algébrique, qui permet, par des substitutions judicieuses, d'écrire sous différentes formes des expressions équivalentes.

L'individu auquel on dévoile ainsi le soubassement logique des constructions qui le déconcertent, en replaçant les problèmes particuliers dans la perspective des problèmes plus généraux qu'ils impliquent avec leurs diverses solutions possibles, non seulement n'est pas rebuté par cette discipline, mais encore se passionne très vite pour elle. Le grand principe pédagogique n'est-il pas, en mathématiques comme ailleurs, de faire prendre conscience aux individus que ce qu'ils apprennent est à leur portée et qu'ils sont capables d'obtenir quelque succès dans les domaines étudiés ?

Ainsi, en plus des théorèmes, l'on apprend la façon dont il convient de raisonner pour trouver les démonstrations elles-mêmes, et c'est cela qui est éminemment formateur et qui donne le goût de la mathématique, et qui révèle que les constructions ou combinaisons sur lesquelles elles reposent peuvent être à la portée tous.

1.1.1.3 : Calcul différentiel et intégral

Le nombre dérivé d'une fonction $f : \mathbb{R} \rightarrow \mathbb{R}$ en un point x_0 désigne généralement la limite, lorsque h tend vers 0, du taux d'accroissement $(f(x_0 + h) - f(x_0))/h$. Cette définition reste valable pour les fonctions $f : \mathbb{R} \rightarrow F$ qui prennent leurs valeurs dans un espace vectoriel normé quelconque F, elle ne peut cependant pas être étendue aux fonctions dont la variable est un vecteur, parce que la division par un vecteur h est absurde. Lorsque les vecteurs sont des éléments de $\mathbb{R}^n$, l'idée classique consiste à fixer toutes les variables sauf une puis à dériver la fonction par rapport à la variable restante. Autrement dit, on étudie la dérivée de la fonction suivante, et une telle dérivée s'appelle une dérivée partielle.

$$f_i : t \in \mathbb{R} \rightarrow f(x_1; \ldots, x_i\text{-}1, t, x_{i+1}, \ldots, x_n) \in F$$

Une fonction peut admettre des dérivées partielles en un point sans pour autant avoir un comportement régulier en ce point. D'un point de vue pratique, cependant, l'emploi des dérivées partielles est suffisant dans bien des cas. L'on admet que si toutes les dérivées partielles sont des fonctions continues, alors la fonction elle-même a les propriétés de régularité attendues. Ainsi, l'on a pendant longtemps pu se limiter à cette notion de dérivée partielle et beaucoup d'ingénieurs, encore aujourd'hui, ne connaissent et n'utilisent qu'elle.

La notion de limite

La limite d'une fonction, c'est en gros « vers quoi tend » la fonction. Le plus simple est de prendre un exemple : la fonction inverse :

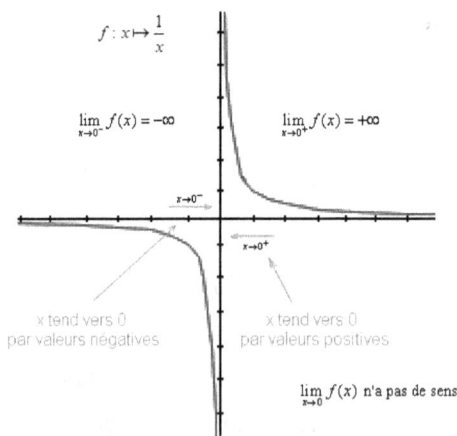

Exemple

$f : x \mapsto \dfrac{1}{x}$

$\lim\limits_{x \to 0^-} f(x) = -\infty$ $\lim\limits_{x \to 0^+} f(x) = +\infty$

$x \to 0^-$

$x \to 0^+$

x tend vers 0
par valeurs négatives

x tend vers 0
par valeurs positives

$\lim\limits_{x \to 0} f(x)$ n'a pas de sens

L'on voit bien que quand x tend vers 0^+, la fonction tend vers $+\infty$. L'on peut tout aussi bien remarquer que quand x tend vers $+\infty$, la fonction tend vers 0, c'est-à-dire qu'elle se rapproche de plus en plus de l'infini sans jamais la toucher.

Et bien on appelle cela une limite, puisque la fonction « tend vers » quelque chose. On note cette limite de la façon suivante :

$$\lim_{x \to +\infty} \left(\frac{1}{x} \right) = 0$$

Et on prononce cela « limite quand x tend vers plus l'infini de 1 sur x égal 0 ».

Pour l'instant l'on retient juste la notation et cette notion de dérivé partielle et de limite, les références figurant dans la bibliographie permettront sans doute de digérer les différents concepts et une meilleure appréhension des équations différentielles.

1.1.2 : Application de la mathématique

Dans *L'Encyclopédie des Mathématiques* de la collection *« Les Dictionnaires Du Savoir Moderne »*, le professeur René Boirel indique que l'évolution de la mathématique rend possible celle des théories physiques et mécaniques. Ces théories ne sont en principe que la coordination mathématique des mesures. Ptolémée aurait-il pu rendre compte des mouvements célestes observés à son époque, sans la géométrie du cercle ? Kepler utilise les propriétés de l'ellipse pour imaginer une nouvelle représentation plus précise de la trajectoire des planètes. Apollonius de Perge, plus de deux siècles avant Jésus-Christ, étudie les sections coniques, c'est-à-dire les courbes obtenues en sectionnant un cône de révolution par un plan. Il découvre, entre autres, le théorème qui indique que l'aire du parallélogramme construit sur deux demi-diamètres conjugués est constante et égale au produit des demi-axes de l'ellipse. Ce résultat devait permettre à Newton, vingt siècles plus tard, de s'apercevoir que les lois de Kepler expliquaient le mouvement des planètes en termes d'une accélération centrale en r^{-2}, selon la loi de l'attraction universelle.

Et que serait l'optique sans la géométrie ou la trigonométrie ? Si Snellius n'était pas imbu des notions trigonométriques, il n'aurait sans doute pas pu énoncer la loi des sinus. La géométrie est également à la base de la mécanique cartésienne, où les machines simples s'expliquent par figures et mouvement.

Mathématiques et mouvement

La découverte de l'analyse infinitésimale joue un rôle décisif dans le rapide développement de la mécanique, de l'astronomie et des grandes théories de la physique au cours du XVIIIe siècle.

L'esprit humain, selon Boirel, pour penser la trajectoire d'un mobile, commence par la décomposer en une série de stations immobiles séparées les unes des autres par des distances aussi petites que possible. Dès lors, si ces distances sont infinitésimales, c'est-à-dire plus petites que toute quantité donnée à l'avance, telle est justement la définition de l'algorithme différentiel dx, il devient possible, en employant les notions du calcul différentiel, de penser d'une manière très précise le mouvement saisi dans sa dynamique même : la dérivée c'est la vitesse, tandis que l'accélération est la dérivée seconde.

Cette méthode pour mathématiser le mouvement s'applique à l'étude de tout phénomène en évolution. Sous cet angle, la puissance du calcul différentiel est indéniable : si l'on connaît une relation dans l'infiniment petit évanouissant qui définit l'état d'un phénomène à l'instant t, on peut penser toute son évolution et, par suite, il devient possible de la contrôler efficacement. En ce sens, écrire l'équation différentielle d'un phénomène, c'est à la fois comprendre sa dynamique et le maîtriser. Quant au calcul intégral, il permet l'évaluation des aires délimitées par une courbe algébrique $f(x)$ et, par conséquent, celle des grandeurs physiques Susceptibles d'être représentées par une aire. L'aire comprise entre la courbe représentative d'une fonction $f(x)$ et les parallèles à l'axe des y passant par les points d'abscisses a et b est l'intégrale définie de la différentielle $f(x)$ dx dans l'intervalle (a, b) .

Les relations fonctionnelles

D'une manière générale, la mathématique est un outil pour le physicien qui cherche à coordonner les résultats d'opérations de mesure : grâce à elles, il met en évidence des relations fonctionnelles entre phénomènes. La plupart des lois physiques ne sont-elles pas de la forme $y = f(x)$? A toute valeur donnée d'une variable x, elles font correspondre une valeur déterminée d'une grandeur mesurable y. La plus simple de ces liaisons fonctionnelles est la fonction linéaire, où x et y ne figurent qu'au premier degré, jamais à une puissance supérieure ni non plus au dénominateur : elle exprime une relation de proportionnalité directe entre deux grandeurs. Tel est le cas des allongements subis par un ressort, qui sont proportionnels aux charges qui les produisent, ou encore la proportionnalité entre l'espace parcouru et la durée du mouvement, quand ce dernier est uniforme$(e = vt)$.

Quant à la proportionnalité inverse entre deux variables, elle est exprimée par la fonction homographique, qui se représente par une hyperbole dont l'équation est y $= \dfrac{K}{X}$

Telle est la forme mathématique que revêt notamment la loi de Mariotte : le volume V d'un gaz parfait étant, à température constante, inversement proportionnel à sa pression P, la relation se présente ainsi :

$V = \frac{K}{P}$ ou PV = k, représentée par une hyperbole équilatère.

Beaucoup de phénomènes physiques ont des lois de cette forme. Par exemple, dans une lentille sphérique, la convergence $\frac{l}{f}$ est inversement proportionnelle au rayon de courbure R ; de même, la capacité d'un condensateur électrique est inversement proportionnelle à la distance e des armatures.

Un autre type de liaison fonctionnelle joue un rôle très important en physique : c'est celui de la proportionnalité à l'inverse carré, qui s'écrit $y = \frac{k}{x^2}$. Telle est la relation qui permet notamment d'évaluer la force de gravitation entre deux masses m et m'en fonction de leur distance :

$F = k \left(\frac{mm'}{d^2} \right)$

Une autre relation est très utilisée : la proportionnalité au carré, appelée aussi (fonction quadratique) ou (parabolique), car elle se représente par une parabole dont l'équation peut s'écrire justement :

$y = kx^2$.

Sont de cette forme : la loi des espaces parcourus dans la chute des corps, la loi de l'énergie d'un corps en mouvement, qui est fonction du carré de la vitesse $w = \left(\frac{1}{2} \right) mv^2$, celle de la résistance de l'air qui, pour les vitesses moyennes, est également fonction du carré de la vitesse

$$R = kSv^2 \quad .$$

On rencontre souvent aussi dans les sciences physiques la relation de proportionnalité à la racine carrée $y = k\sqrt{x}$: c'est ainsi que la vitesse d'un corps qui tombe est fonction de la racine carrée de sa hauteur de chute ; la période d'un pendule est fonction de la racine carrée de sa longueur.

Quant à la fonction exponentielle $y = a^x$, où l'une des grandeurs varie en progression géométrique quand l'autre varie en progression arithmétique, elle exprime une croissance ou une décroissance très rapide. Par exemple, les variations de la pression maximale de la vapeur d'eau en fonction de la température suivent une loi approximativement exponentielle croissante pour les températures élevées, tandis que la décroissance de la pression atmosphérique en fonction de l'altitude suit une loi exponentielle décroissante.

S'il s'agissait d'exprimer la relation inverse, où une grandeur varie en progression arithmétique tandis que l'autre, considérée comme argument, varie en progression géométrique, le physicien utiliserait la fonction logarithmique $y = \log_a x$ qui est l'inverse de la fonction exponentielle. Ici, la grandeur considérée comme fonction varie beaucoup plus lentement que la variable.

Toujours selon le professeur Boirel, pour l'étude des phénomènes périodiques, qui se reproduisent identiquement à eux-mêmes dans le temps, l'usage des fonctions circulaires est tout indiqué : en effet, dans ce cas, les grandeurs caractéristiques varient tantôt dans le même sens, tantôt en sens inverse. Ces phénomènes se représentent donc par des courbes dont la formule comprend des lignes trigonométriques : sinus, cosinus, tangente, etc. La plus simple est la sinusoïde, $y = a \sin x$, qui joue un grand rôle dans les mouvements pendulaires, les phénomènes vibratoires, lumineux ou sonores en particulier, les courants alternatifs, la propagation des ondes hertziennes, etc. A ce propos, on sera peut-être étonné d'apprendre que les imaginaires, créés au XVe siècle par Tartaglia et Cardan pour résoudre l'équation du troisième degré et désignés par le symbole i équivalent à $\sqrt{-1}$, permettent de simplifier l'étude des phénomènes périodiques réels : en effet, ces derniers sont représentés par des fonctions trigonométriques, et celles-ci sont liées aux nombres imaginaires (notés i), en particulier par la formule d'Euler, $e^{ix} = \cos x + i \sin x$. Il est souvent avantageux de substituer ainsi des exponentielles imaginaires aux lignes trigonométriques exprimant un phénomène ondulatoire : les calculs correspondants s'en trouvent simplifiés.

Ainsi, selon Boirel, ces nombres imaginaires, employés d'abord avec réticence par les mathématiciens, sont devenus au XIXe siècle des instruments indispensables pour penser les phénomènes périodiques. De plus, les vecteurs, qui devaient jouer un si grand rôle dans les applications de l'analyse mathématique à l'étude des forces, ont été introduits en analyse par la théorie des imaginaires. Comment ne pas être étonné devant l'ampleur des conséquences qu'a eues l'invention des imaginaires pour l'exploration de la réalité physique ? Et cela d'autant plus que, comme le souligne Poincaré, ceux qui les ont créés ne se doutaient guère du parti qu'on en tirerait pour l'étude du monde réel : le nom qu'ils leur ont donné le prouve suffisamment.

Telles sont les principales fonctions et les algorithmes qu'utilisent les sciences physiques.

La représentation graphique

Les courbes représentatives de ces fonctions constituent une traduction graphique, qui manifeste nettement le sens de l'évolution des phénomènes dont les états sont coordonnés par ces relations. Dès l'aube des temps modernes, Descartes recommandait l'usage de semblables représentations : supports de l'attention, elles stimulent l'imagination.

Outre ces représentations graphiques de lois fonctionnelles, les sciences physiques ont souvent recours à l'aide précieuse que peuvent leur apporter les diagrammes, qui sont de véritables descriptions des phases d'un phénomène, ou encore les abaques, ces tableaux graphiques à plusieurs entrées qui comprennent des familles de courbes correspondant à un phénomène et tels qu'une simple lecture remplace toute une série de calculs. Ces diverses représentations graphiques peuvent être rendues encore plus riches de signification par un choix judicieux de coordonnées et d'échelles.

Pour les sciences physiques : un arsenal de relations fonctionnelles

Ce qui est dit plus haut est valable également pour la chimie, la biochimie et la physiologie : elles aussi coordonnent des résultats de mesures à l'aide des fonctions mathématiques. En chimie, en biologie comme en physique, les enregistrements graphiques sont utilisés. En particulier, ils font apparaître avec netteté l'amplitude et le rythme de certains phénomènes organiques : tels sont les cardiogrammes, sphygmogrammes, électroencéphalogrammes, précieux auxiliaires de la médecine.

Ainsi, c'est l'ensemble des sciences de la nature qui bénéficie des avantages du symbolisme mathématique. Le rôle de la mathématique dans les sciences de la nature ne se limite pas à cette fonction de coordination des phénomènes mesurables : en effet, de ces relations émergent des conséquences qui révèlent des phénomènes non encore observés. Autrement dit, la mathématisation du réel n'est pas uniquement une opération postérieure à l'observation : elle peut la précéder.

L'abstraction mathématique : instrument de découverte expérimentale

Ainsi, le Professeur Boirel indique que l'existence et les caractéristiques de la planète Neptune ont été déduites par Le Verrier des irrégularités que présentait l'orbite d'Uranus par rapport à l'orbite théorique calculée d'après les lois de Newton. Ces dernières avaient d'ailleurs été découvertes non pas par observation astronomique, mais par l'analyse des relations mathématiques exprimant les lois de Kepler.

Bien plus, des transformations effectuées dans les expressions mathématiques des lois afin de les rendre plus symétriques, plus harmonieuses, c'est-à-dire plus belles pour le mathématicien, peuvent recevoir, par la suite, une confirmation expérimentale. Dans ce cas encore, la mathématique devance d'une manière étonnante l'expérience.

C'est ce qui s'est produit notamment quand Maxwell, poussé par son goût pour les formules symétriques, eut l'audace d'ajouter aux équations de l'électrodynamique un terme qui, trop petit pour produire des effets appréciables avec les méthodes anciennes, devait recevoir une signification expérimentale vingt ans plus tard.

La mathématisation du réel révèle des analogies de structure

A ce niveau, la mathématisation du réel permet non seulement de devancer l'expérience, mais encore d'apercevoir des analogies de structure entre des phénomènes en apparence disparates, qu'on n'aurait pas soupçonnées sans ce révélateur que constituent les similitudes entre formules mathématiques : Maxwell n'est-il pas parvenu ainsi à unifier dans une vaste construction mathématique les phénomènes électromagnétiques et les phénomènes lumineux ?

Ce triple rôle, indique R. Boirel, que joue la mathématique dans les sciences de la nature - *coordination des mesures, instrument de découverte, révélateur de structures communes* - permet d'affirmer que la science est bien « fille de la mathématique ».

Technique et mathématique

A fortiori, selon le professeur Boirel, il en est de même pour les techniques à fondement scientifique. C'est pourquoi la mathématique occupe une place centrale dans la formation d'un ingénieur.

Sans géométrie descriptive, pas de plans précis. La mécanique rationnelle, le calcul différentiel et intégral guident l'édification des barrages. Et, sans nombres complexes, que ferait l'électrotechnicien ? En effet, il s'avère que les imaginaires permettent des simplifications heureuses dans les calculs relatifs aux phénomènes ondulatoires et, par suite, dans ceux concernant les courants alternatifs. Si la réalisation de la première machine Gramme ne nécessitait pas des connaissances mathématiques très approfondies, par contre, ce n'est qu'un ingénieur à haute formation mathématique, comme Tesla, qui pouvait concevoir le moteur asynchrone à champ tournant.

La théorie des fonctions analytiques de Cauchy est à la base de l'aérodynamique : en ce sens, elle conditionne la construction aéronautique. L'idée des profils « laminaires », dont la résistance à l'avancement est minime, n'a-t-elle pas été suggérée par des développements mathématiques très abstraits ?

Comme les sciences physiques, les recherches techniques font usage des graphiques et surtout d'abaques, à tel point qu'une science des abaques, la nomographie, a été constituée par Maurice d'Ocagne pour rendre encore plus puissant cet instrument de représentation des phénomènes intervenant dans les dispositifs techniques.

Les applications de la mathématique stimulent son progrès

Ces applications classiques de la mathématique ont eu des répercussions sur la recherche mathématique elle-même. La théorie des équations différentielles aux dérivées partielles ainsi que le calcul des variations, se sont développés au XVIIIe siècle sous l'impulsion des problèmes que posait l'expression mathématique des phénomènes astronomiques et physiques étudiés à cette époque.

Les travaux de Riccati, d'Euler, de Clairaut, et de Legendre sur les équations différentielles sont inséparables de problèmes de mécanique. L'étude mathématique des phénomènes de conductibilité de la chaleur dans un conducteur a conduit Fourier à entreprendre l'approfondissement systématique des fonctions discontinues non développables en série de Taylor. Pour établir les équations thermologiques, il a dû forger un nouvel instrument mathématique, les fameuses séries qui portent son nom et qui devaient bouleverser l'analyse mathématique.

De même, des ingénieurs ont été amenés à créer les outils mathématiques dont ils avaient besoin pour traiter certains problèmes techniques. C'est ainsi qu'a été conçue l'équation des télégraphistes pour exprimer la déformation du courant dans les câbles transatlantiques ; elle a été résolue par W. Thomson (Lord Kelvin).

C'est également pour faciliter les calculs des électrotechniciens que Heaviside a eu l'idée du calcul symbolique. Les bureaux d'études et les laboratoires l'ont utilisé avant qu'il ait droit de cité en mathématiques pures, ce qui n'a été possible qu'à la suite de travaux contemporains qui l'ont fondé rigoureusement. Donc, si la mathématique imprègne la société moderne où convergent ses applications classiques, on peut dire aussi que leur développement subit le contrecoup des problèmes qui se posent dans les sciences physiques ou dans l'industrie.

1.1.2.1 : Les applications courantes

L'emprise de la mathématique sur les sociétés industrielles modernes s'étend encore plus loin, jusqu'à l'organisation non seulement de l'activité économique, mais encore de la vie sociale par l'intermédiaire des sciences humaines, qui les utilisent de plus en plus. Mais, d'abord, leur importance pour les sciences théoriques comme pour les applications techniques s'est encore accrue : sans des développements relativement récents de la mathématique, la science contemporaine ne serait pas ce qu'elle est. Les théoriciens ont puisé dans l'arsenal mathématique des notions qui datent de moins d'un siècle ou qui ont été approfondies depuis peu.

Probabilités et statistiques

Les modèles particulaires de la matière font appel aux statistiques et aux probabilités. S'il est vrai que les phénomènes matériels sont formés de particules en mouvement qui s'entrechoquent ou interagissent, leurs propriétés observables doivent être, en effet, la manifestation globale, statistique, des mouvements et chocs de ces particules. Selon cette perspective, qui a été adoptée par les fondateurs des théories cinétiques, les propriétés observées sont le résultat des mouvements incoordonnés de ces innombrables particules : dès lors, c'est le calcul des probabilités qui est à la base de leur interprétation rationnelle.

Probabilités et statistiques : indispensables aujourd'hui pour le physicien des particules

Ainsi, cette discipline mathématique, qui s'était constituée aux XVIIe et XVIIIe siècles, un peu en marge des recherches classiques, sous la forme d'une théorie des jeux de hasard, a vu s'élargir considérablement son champ d'application avec les conceptions cinétiques: les notions de pression, de température, de chaleur spécifique, etc., s'éclairent quand on les envisage comme résultant du mouvement et des chocs des particules, et cela quel que soit l'état de la matière considérée, qu'il s'agisse de gaz, de liquides ou de solides. Dès lors, les probabilités et les statistiques sont un fil d'Ariane précieux pour explorer les aspects corpusculaires de la matière.

Cette expansion des théories cinétiques de la matière a mis en évidence des problèmes inédits, qui ont motivé un nouveau développement du calcul des probabilités. Par exemple, l'étude du mouvement brownien, constitué par une agitation chaotique de particules, n'a-t-elle pas suscité les travaux aboutissant à l'équation de Capmann-Kolmogoroff et à la conception des probabilités en chaîne ?

Le calcul vectoriel

Quant à la théorie des champs et aux conceptions relativistes, qui caractérisent aussi la physique contemporaine, elles reposent sur le calcul tensoriel et les espaces riemanniens. Déjà, les travaux d'hydrodynamique concernant le mouvement des fluides et la théorie de l'élasticité élaborée pour interpréter le mouvement interne des solides avaient mis en évidence, dès le début du XIXe siècle, certaines structures mathématiques dont l'ensemble une fois codifié devait constituer plus tard le calcul vectoriel, qui applique les opérations algébriques aux grandeurs orientées.

C'est surtout la théorie de Maxwell, unifiant les phénomènes électromagnétiques dans une conception fondée sur les champs et leur propagation de proche en proche, qui a habitué les physiciens à utiliser le calcul vectoriel. Or celui-ci devait être généralisé par le calcul tensoriel ; il s'est produit pour ce dernier calcul un peu ce qui a eu lieu au XVIIIe siècle pour les équations différentielles à la suite de leur application à des problèmes concrets : la relativité ayant révélé aux physiciens les possibilités de ce calcul, ils l'ont appliqué aux diverses branches de la physique, ce qui a posé des problèmes stimulants pour les mathématiciens ; ceux-ci lui ont alors donné des bases rigoureuses.

Ce nouveau symbolisme employé systématiquement, jusque dans les domaines physiques considérés comme classiques, a mis en évidence des relations et des analogies insoupçonnées jusqu'alors entre des phénomènes en apparence hétérogènes.

Il en est de même pour la conception des espaces pluri dimensionnels: sans Gauss, qui, en introduisant l'usage des coordonnées curvilignes, a jeté les bases de la théorie générale des surfaces, sans la théorie des espaces de Riemann généralisant l'emploi des coordonnées curvilignes et fondant rigoureusement la métrique d'un espace continu à un nombre quelconque de dimensions, sans les travaux de Levi-Civita, aussi, Einstein n'aurait pu élaborer la relativité généralisée, ainsi appelée parce qu'on y tient compte des mouvements accélérés et du caractère absolu des accélérations.

La relativité généralisée : un stimulant pour les mathématiciens

Selon cette théorie, en effet, une masse matérielle donne aux régions voisines de l'espace-temps une courbure, de sorte que localement l'espace-temps est une surface courbe à quatre dimensions.

Cela a permis d'expliquer l'anomalie observée dans l'avance du périhélie de Mercure par rapport aux prévisions newtoniennes la masse du Soleil courbant l'espace-temps E autour de lui, les trajectoires spatio-temporelles des planètes sont des géodésiques, ou lignes courbes du plus court chemin entre deux points, tracées dans E. En faisant les calculs correspondants, on trouve effectivement une avance de 42" par siècle du périhélie de Mercure.

La relativité généralisée a habitué les physiciens théoriciens à utiliser les espaces pluridimensionnels ; et ces applications, en montrant leur intérêt pratique, ont incité des mathématiciens tels Elie Cartan et Hermann Weyl à en approfondir l'étude.

Calcul matriciel et équations intégrales

Quant à la physique des quanta, qui est peut-être l'aspect le plus étonnant de la science contemporaine, elle doit son développement à d'autres théories mathématiques de création récente : le calcul matriciel et les équations intégrales. Certes, au début, cette conception discontinue du mouvement des particules et du rayonnement ne faisait appel qu'à des notions mathématiques classiques, bien connues des physiciens. Mais tout changea quand N. Bohr introduisit dans la théorie des quanta le principe de correspondance, qui nécessitait l'emploi de certaines théories de mécanique analytique, généralement ignorées des physiciens.

Avec la mécanique quantique de W. Heisenberg, qui repose sur les matrices algébriques, ce sont des notions mathématiques de création plus récente, motivées par l'étude des transformations linéaires, qui deviennent un instrument indispensable en physique théorique.

Le calcul matriciel y joue un rôle de plus en plus grand. Le physicien Israélien Yuval Ne'eman a même utilisé des matrices pour représenter d'une manière commode les interactions entre particules atomiques. Le prix Nobel de physique, le professeur américain Murray Gell-Mann devait tirer de ces considérations mathématiques l'hypothèse des quarks, ces particules à partir desquelles toutes les autres pourraient être construites.

Comme pour le calcul tensoriel, les applications des matrices à la physique ont suscité le développement du calcul matriciel. Notamment, on a été amené à forger la notion de dérivée d'une matrice par rapport à une autre matrice.

Ces progrès du calcul matriciel ont étendu son emprise bien en dehors de la physique des quanta, jusqu'en électrotechnique, où il permet de résoudre élégamment les problèmes relatifs ; aux quadripôles ou aux filtres électriques, et jusque dans l'industrie : utilisé d'abord en aéronautique, il a envahi progressivement les bureaux d'études.

Le développement de la physique des quanta a été conditionné aussi par celui de la théorie mathématique des équations intégrales, due surtout aux travaux de Fredholm. Celle-ci fournit de puissants moyens d'investigation théorique applicables à divers domaines : leur perfectionnement est stimulé par les problèmes que la nouvelle physique des quanta pose au mathématicien.

La théorie des groupes

Cette branche de la mathématique, de création relativement récente, est devenue l'auxiliaire de la mécanique ondulatoire, qui représente l'état des particules élémentaires par certaines fonctions d'onde.

Le calcul de ces fonctions pour un système atomique à plusieurs constituants devient rapidement inextricable quand le nombre de ces constituants croît. Des considérations de symétrie permettent de trouver, grâce à la théorie des groupes, certaines caractéristiques globales des fonctions d'onde où l'on peut déduire les propriétés du système étudié, sans avoir à connaître exactement les fonctions d'onde.

Cette branche très abstraite de la mathématique, qui les unifie par certaines structures fondamentales de transformation qu'on retrouve aussi bien en analyse qu'en géométrie, a donc des applications pratiques pour la physique atomique : sans elle, on ne pourrait pas prévoir rapidement les comportements des atomes complexes. En ce sens, les industries de l'atome dépendent de la théorie des groupes.

C'est également sur la théorie des groupes qu'est fondée la cristallographie moderne : elle permet de comprendre la raison profonde de l'organisation des cristaux. Quand on pense à l'importance de ces derniers dans la matière solidifiée, on reste stupéfait devant la puissance d'une théorie purement mathématique pour éclairer le réel, qui résulte d'un assemblage

De même, sans la très abstraite théorie des fonctions et valeurs propres des équations différentielles aux dérivées partielles, qui démontre l'existence des états stationnaires relatifs notamment aux phénomènes vibratoires et détermine la forme des fonctions qui les représentent, les spécialistes des télécommunications ne pourraient pas étudier avec précision la propagation des ondes électromagnétiques très courtes à l'intérieur de tubes métalliques dits guides diélectriques, pour lesquels ils emploient aussi les fonctions de Bessel de Laplace, les polynômes de Legendre.

Les abstractions de l'analyse mathématique sont devenues aujourd'hui des moyens au service du progrès non seulement théorique, mais aussi technique. Ainsi, les résultats mathématiques en apparence les plus éloignés du réel sont utilisés actuellement dans les laboratoires, pour la recherche fondamentale comme pour la recherche appliquée.

Il a été constaté, au cours des cinquante dernières années, un décalage croissant entre l'enseignement classique de la mathématique, qui préparait traditionnellement aux études scientifiques ou techniques supérieures, et l'outillage mathématique dont avaient besoin effectivement les chercheurs. Une réforme des programmes est devenue nécessaire : il a fallu y introduire des théories mathématiques réservées jusqu'alors à des spécialistes et qui sont maintenant indispensables pour suivre le progrès scientifique.

C'est ce qui a favorisé l'émergence en France par exemple, d'abord dans les classes préparatoires aux grandes écoles puis dans les classes terminales des lycées, les mathématiques modernes, qui envahissent actuellement tout l'enseignement secondaire et sont même enseignées dès l'école primaire.

1.1.2.2 : Les applications dites modernes

Parmi les nouvelles disciplines mathématiques enseignées actuellement, il convient de distinguer, d'une part, ce qu'il conviendrait d'appeler la mathématique à applications modernes, mais de création plus ancienne, telles que le calcul vectoriel, les matrices, le calcul des probabilités, l'algèbre de Boole, l'analyse combinatoire, la topologie, et, d'autre part, les mathématiques modernes à proprement parler, qui sont une présentation axiomatique des diverses branches de la mathématique unifiées autour de la théorie des ensembles. C'est pourquoi on désigne justement celles-ci par l'expression de « mathématique moderne ». Sous sa forme bourbakiste du moins, cette axiomatisation de la mathématique date de quelques décennies à peine.

Nous avons dit l'importance du calcul vectoriel, des matrices, des statistiques et probabilités pour la physique contemporaine. Or ces branches de la mathématique ont des applications actuelles non seulement dans les sciences de la nature, mais encore dans les sciences humaines.

En économie, en politique

Imagine-t-on aujourd'hui qu'un économiste, un sociologue ou un psychologue puisse ignorer les statistiques et le calcul des probabilités ? Ne serait-ce que pour bien comprendre la signification des résultats élaborés à l'aide de ces instruments pour traiter les informations, leur connaissance est indispensable. Le jour où le chevalier de Méré, après une nuit passée à jouer aux dés, vint demander à Pascal : En combien de coups peut-on espérer faire sonner, c'est-à-dire amener deux 6, avec deux dés ? il ne se doutait pas qu'il allait être à l'origine d'une nouvelle discipline mathématique appelée à bouleverser, trois siècles plus tard, pour l'homme d'action, l'approche de la réalité sociale et la préparation des décisions. Il aurait été bien étonné si on lui avait annoncé qu'un mathématicien français, Augustin Cournot, préconiserait en 1838, dans ses N Recherches sur les principes mathématiques de la théorie des richesses, l'utilisation du calcul des probabilités dans le domaine économique, et qu'il inviterait les polytechniciens de l'époque à perfectionner ses modèles de concurrence.

Les travaux de Cournot ont été développés à la fin du XIXe siècle par les économistes de l'école suisse, Walras et Pareto. Plus récemment, l'économétrie américaine a révélé leur portée : la théorie des jeux s'est transformée en une théorie mathématique des comportements économiques. Telle est la raison qui a motivé, tardivement, l'introduction des probabilités dans les programmes d'économie politique.

Des travaux de Condorcet aux sondages d'opinion

De même, les travaux mathématiques de Condorcet sur les décisions obtenues par vote sont restés longtemps inaperçus : il a fallu presque un siècle et demi pour qu'on s'aperçoive de la profondeur de cette œuvre. Aujourd'hui, à la suite des récentes consultations électorales, nul ne conteste l'efficacité du calcul des probabilités et des statistiques pour prévoir l'orientation globale d'un vote à l'aide des sondages d'opinion en fonction d'un échantillonnage judicieux et surtout pour estimer dans une fourchette très limitée les divers pourcentages obtenus, à partir des premiers résultats partiels après la clôture du scrutin.

L'aide à la décision

Le calcul des probabilités est également utile pour la préparation des décisions dont dépendent les réalisations qui s'effectuent progressivement dans le temps : le succès repose alors, en effet, sur une juste appréciation de l'évolution future des situations présentes.

L'industriel, l'économiste, le politique ou, plus généralement, le stratège dans tous les domaines doit choisir entre plusieurs manières d'agir en présence de conjonctures en cours d'évolution : il ne peut donc pas connaître avec certitude ce que ces dernières seront effectivement devenues quand ses décisions auront des conséquences. Dans ces conditions, la réussite d'une stratégie repose sur une estimation de probabilités.

Descartes se souvient manifestement d'expériences survenues dans sa vie de mousquetaire en reconnaissant que la règle d'évidence - *on ne doit fonder le jugement que sur des certitudes et non sur des probabilités* - qu'il pose comme principe directeur de la vie intellectuelle est impraticable dans l'action. Ne souffrant souvent d'aucun délai, l'action est une vérité très certaine, affirme-t-il. Lorsqu'il n'est pas en notre pouvoir de discerner les [plus] vraies opinions nous devons suivre les plus probables.

Résoudre un problème de décision, c'est en effet prendre le risque de choisir entre des solutions où la part du probable peut être réduite sans qu'on puisse l'éliminer entièrement au profit des certitudes. Cette situation inconfortable, que connaît bien l'homme d'action, n'a-t-elle pas été symbolisée par le jeu des échecs, où chaque coup modifie la partie, dont l'évolution dépend aussi des décisions ultérieures de l'adversaire. Ces décisions ne peuvent être que supposées ?

Pour évaluer d'une manière plus précise ces pyramides de probabilités sur lesquelles repose le succès d'une entreprise, autrement dit pour clarifier les données motivant une décision, des instruments mathématiques ont été conçus et développés récemment : leur ensemble constitue ce qu'on appelle la recherche opérationnelle, parce que ces travaux ont été stimulés par ; la préparation de certaines opérations militaires pendant la Seconde Guerre mondiale.

Des probabilités à la recherche opérationnelle

Il s'agit d'une mathématisation des facteurs essentiels qui entrent en jeu dans les problèmes d'organisation militaire, économique, industrielle. Elle utilise non seulement le calcul des probabilités, mais aussi des branches récentes de la mathématique, telles que la théorie des graphes : ces ensembles de points, joints entre eux par des lignes ou des flèches symbolisant une certaine relation, peuvent représenter en effet des localités, des ateliers, des entrepôts, les étapes d'une production, etc. Notamment, la méthode d'organisation appelée le P.E.R.T. (de l'anglais : *Process Evaluation and Review Tasks*) est devenue en quelques années un puissant moyen pour planifier les diverses tâches que comporte la réalisation d'un projet important : celles-ci sont pensées clairement dans leurs relations mutuelles à l'aide de graphes. Par exemple, un succès astronautique repose sur la coordination préalable d'activités multiples. Cette méthode fournit, en quelque sorte, une carte des événements : elle indique les étapes à parcourir ; surtout, elle permet d'en contrôler méthodiquement la réalisation.

La recherche opérationnelle a mis au point également des modèles mathématiques pour rendre plus rationnelle la gestion des stocks, où il faut tenir compte à la fois de la demande d'articles, du réapprovisionnement nécessaire et des coûts de stockage, de lancement et de pénurie. De même, les problèmes que posent la dépréciation, l'usure et le renouvellement des équipements peuvent être pensés et clarifiés par ces méthodes, qui permettent d'élaborer des modèles mathématiques pour les phénomènes économiques mis en jeu par les investissements correspondants.

Également, les problèmes d'optimisation motivés par le souci d'améliorer le rendement d'une entreprise peuvent être traités de cette manière. Déjà, en 1776, Monge, alors professeur à l'école du Génie de Mézières, n'étudiait-il pas mathématiquement la façon, la moins onéreuse d'organiser les travaux de déblais et remblais ?

Toutes ces méthodes mathématiques du traitement des informations économiques ou sociales reçoivent aujourd'hui une aide considérable des ordinateurs.

L'ordinateur et la mathématique

Les ordinateurs ont mis en honneur certaines branches de la mathématique qui, jusqu'alors, n'étaient cultivées que par des spécialistes : notamment la numération binaire et la logique de Boole. Du coup, leur connaissance devient indispensable pour tous ceux qui ont à utiliser (programmer) les ordinateurs. C'est la raison pour laquelle, dans certains pays, les apprenants sont désormais initiés dès l'école primaire à la numération binaire : l'ère de l'information connait alors une ascension vertigineuse grâce à l'informatique, c'est-à-dire du traitement des informations par machines.

D'une curiosité mathématique...,

La numération binaire, qui était, il y a peu de temps encore, une sorte de curiosité mathématique, est devenue l'instrument par excellence permettant de traduire dans le système des signaux électriques ou électroniques en expressions numériques : en effet, la numération binaire ne comprend que le chiffre 0 et le chiffre 1, auxquels on peut faire correspondre respectivement la fermeture et l'ouverture d'un circuit électrique ou électronique. Dans un appareillage de ce type, le passage du courant exprime techniquement le chiffre 1, tandis que son interruption est l'équivalent technique du chiffre 0.

En un sens, les ordinateurs sont essentiellement des systèmes complexes d'interrupteurs qui fonctionnent des milliers de fois par seconde et sont, par suite, susceptibles de traduire très rapidement en termes d'ouverture et de fermeture des circuits tous les nombres et les opérations faites sur eux. Ils peuvent donc effectuer ces dernières en un temps record.

… à une logique du tout ou rien

Le courant passe ou ne passe pas : les ordinateurs incarnent dans leurs circuits la logique de Boole. Celle-ci, qui, à l'époque de sa création, au XIXe siècle, n'avait intéressé personne, sinon quelques rares spécialistes, tant cette théorie très abstraite des propositions logiques semblait alors pure spéculation, est ainsi mise au premier plan de l'actualité par l'invention des ordinateurs. Elle est à la base même de leur construction et, par extension, de l'informatique.

Les performances des ordinateurs ont amplifié considérablement les applications du calcul des probabilités et des méthodes statistiques. L'ordinateur et son arsenal mathématique ont fait leur entrée dans la gestion des entreprises : c'est pourquoi la mathématique a une telle importance à l'école des Hautes Etudes Commerciales (HEC), à l'École Supérieure des Sciences Économiques et Commerciales (ESSEC), comme dans les diverses écoles supérieures de commerce.

L'ordinateur et les sciences de l'homme

On a même construit des machines pour résoudre les problèmes de décision de l'économiste. Il vaudrait mieux dire d'ailleurs « machines destinées à résoudre les problèmes de probabilité dont dépendent les choix entre plusieurs stratégies ». En effet, si elles fournissent des indications utiles à l'homme d'action, elles ne le déchargent pas de ses responsabilités et ne le dispensent aucunement de prendre une décision : il est certes mieux informé par ces ordinateurs, mais il lui reste en définitive à apprécier la valeur respective des diverses solutions proposées et à en choisir une.

En somme, ces machines à décider éclairent sur le choix sans l'imposer : par l'analyse des conditions dont l'enchevêtrement complexe commande le succès d'une organisation industrielle, commerciale ou économique, elles dégagent les solutions qui ont le plus de chances d'être efficaces, vu la conjoncture et son évolution probable, sans désigner pour autant celle qui sera effectivement la meilleure, car la réalité du futur reste inconnue, même s'il est entrevu comme possibilité.

Il en est de même des machines pour élaborer un diagnostic : en effet, l'ordinateur et ses mathématiques ont fait récemment leur entrée aussi dans les sciences de l'homme, notamment en médecine. Puisqu'un diagnostic repose essentiellement sur la comparaison des signes recueillis chez le malade avec les symptômes décrits dans les traités de pathologie, il peut être considéré comme l'aboutissement d'un raisonnement rigoureux. Dans ces conditions, on comprend qu'une rationalisation intégrale du diagnostic médical ait pu tenter les mathématiciens. Notamment, un médecin passionné de mathématiques, M. F. Paycha, aidé par un ingénieur du Génie maritime, M. Abraham, a inventé des formules permettant d'apprécier la probabilité d'un diagnostic en fonction de la qualité et du nombre des signes observés. Dès lors, la réalisation d'une machine programmée en vue de la mise en action de formules semblables devenait possible. Mais il faut bien se rendre compte qu'un tel ordinateur ne résout que les problèmes de probabilité surgissant à l'occasion du diagnostic à établir, en fonction des informations qu'on lui aura fournies. Or ces dernières n'ont pas une signification en elles-mêmes, considérées isolément : leur signification réelle dépend de leur intégration dans l'ensemble des symptômes. Cette connaissance du malade perçu comme un tout incombe au médecin. Mais l'ordinateur peut, en éclairant son jugement, l'aider considérablement pour son diagnostic.

Dans les sciences de l'homme, ce n'est pas seulement la connaissance de l'organisme humain qui relève maintenant de l'ordinateur : c'est l'ensemble de la recherche en sciences humaines qui lui est redevable de ses succès actuels.

La linguistique, notamment, ne peut s'en passer : les statistiques sur l'emploi des mots et tournures dans un groupe de textes à telle époque mettent en évidence les structures d'une langue à une phase de son évolution. Ce sont les statistiques faites avec l'aide d'ordinateurs qui ont permis le renouvellement de l'analyse des textes.

Mieux que toute autre méthode, elles révèlent les emprunts, les textes apocryphes, voire les auteurs multiples cachés sous un nom unique. Le progrès de la formalisation mathématique dans des domaines considérés jusqu'à ces dernières années comme réservés aux littéraires n'est-il pas un signe des temps ?

Toute discipline qui recueille et interprète des informations relève des techniques mathématiques de traitement des informations, autrement dit de l'informatique.

En particulier, que seraient aujourd'hui la sociologie, la démographie sans statistiques et privées d'ordinateurs ? C'est pourquoi des cours de mathématiques ont lieu à l'heure actuelle dans les Unité d'Enseignement et de Recherche (UER) de lettres et sciences humaines.

L'ordinateur rend d'autres services aux disciplines qui traitent des informations : il combine rapidement ces dernières et permet d'apercevoir toutes les variantes d'une situation et ses divers développements possibles.

Il rend manifeste la puissance des méthodes combinatoires. Raymond Lulle en avait posé les bases dès le XIIIe siècle dans son « Grand Art », où il décrit une véritable machine logique pour former de nouvelles propositions par combinaison ordonnée de signes inscrits sur des cercles concentriques mobiles les uns par rapport aux autres.

Mais c'est surtout Leibniz qui donne une armature mathématique à ce projet par l'analyse combinatoire. Dans son ouvrage « *Ars combinatoria* », il prophétise qu'elle guiderait dans le futur l'étude, à l'aide de machines logiques, des multiples possibilités découlant d'une situation en cours de variation. L'ordinateur permet en effet la réalisation de ce projet leibnizien.

Sous cet angle, l'informatique utilise un autre type de mathématiques modernes, qui découle certes des travaux de Leibniz, mais qui n'a reçu sa pleine expression que dans le cadre de la théorie des ensembles. En ce sens, l'informatique est fille de la mathématique moderne autant que de la mathématique à applications modernes.

Le rêve leibnizien de combinatoire universelle est devenu aujourd'hui réalité par la médiation de la théorie des ensembles. En effet, cette dernière envisage des systèmes d'éléments ou ensembles caractérisés principalement par les relations qu'ont entre eux les éléments. L'analyse combinatoire consiste essentiellement à faire varier la position des éléments constituants les uns par rapport aux autres d'une manière ordonnée : elle trouve donc dans la théorie des ensembles un cadre approprié qui lui donne une portée plus générale, car, dans cette perspective, on ne s'occupe que des relations entre les éléments, indépendamment de la nature propre de ces derniers.

C'est justement pour cette raison que la théorie des ensembles unifie les différentes branches de l'analyse et de la géométrie autour de structures fondamentales, qui se retrouvent identiques quelle que soit la nature des êtres mathématiques considérés et d'où découlent leurs propriétés respectives : ces structures rendent compte, en définitive, de leurs transformations possibles et des constructions qu'on peut organiser à partir d'eux. Dès lors, on comprend qu'avec la théorie des ensembles « les mathématiques » soient devenues la mathématique.

Dans la mathématique moderne, l'accent est mis sur les relations

Dans cette nouvelle perspective, les relations constituent ou unissent les objets qui étaient traditionnellement étudiés pour eux-mêmes : droites, cercles, angles, nombres, fonction, etc. Elles étaient auparavant secondes par rapport aux êtres mathématiques : comme eux, elles étaient de nature numérique, géométrique, fonctionnelle, etc. Avec la mathématique, au contraire, ce sont les relations considérées en elles-mêmes, étudiées pour elles-mêmes, qui ont la priorité.

Une théorie des relations et des opérations s'est donc constituée avec un symbolisme précis, dont le champ d'application est multiple. Comme il est dit dans Bourbaki : C'est sans doute la possibilité de ces extensions successives dans lesquelles la forme des calculs restait la même alors que la nature des êtres mathématiques soumis à ces calculs variait considérablement qui a permis de dégager peu à peu le principe directeur de la mathématique moderne, à savoir que les êtres mathématiques pris en eux-mêmes importent peu ; ce qui compte, ce sont leurs relations.

Dans une telle perspective, les considérations d'ordre, en particulier entre des éléments constituants, deviennent primordiales. C'est pourquoi la théorie des ensembles étend à toutes les branches de la mathématique classique et, plus généralement, à toute structure les opérations de l'analyse combinatoire, qui font varier la disposition des éléments les uns par rapport aux autres d'une manière ordonnée.

On conçoit alors que la connaissance de « la mathématique » soit indispensable au développement de l'informatique, vaisseau déterminant dans l'épanouissement ou l'universalisation de l'ère de l'information.

Par sa puissance combinatoire, l'ordinateur peut non seulement étendre l'apperception des possibles, qui demeure souvent limitée pour l'intelligence humaine, mais encore stimuler par ce moyen l'imagination. En ce sens, l'informatique et, par suite, la mathématique moderne qui en est le fondement sont susceptibles de contribuer au développement de la créativité.

C'est ce que confirment certaines expériences toutes récentes faites dans des laboratoires de recherche, où l'on a fait dialoguer chercheurs et ordinateurs pour élaborer des hypothèses de travail.

D'ailleurs, sans faire usage d'ordinateurs, le seul emploi du symbolisme de la mathématique moderne facilite le déploiement de la pensée combinatoire et, par suite, de l'imagination créatrice.

Mais ce n'est pas uniquement dans l'organisation de la vie économique ou la recherche scientifique et technique que les symboles de la mathématique moderne se révèlent féconds. Ils présentent un grand intérêt aussi pour les sciences humaines.

Les ensembles et les sciences humaines

En effet, jusqu'à présent, les applications de la mathématique classiques dans ce domaine restaient limitées principalement à des enquêtes statistiques, d'ailleurs utilisées souvent avec réticence car les faits sociaux se réduisent difficilement, et toujours imparfaitement à du quantitatif.

Le quantitatif passe au second plan

Or, une opération se définit dans la mathématique moderne en dehors de toute référence quantitative : n'apparaît-elle pas, dans la perspective des ensembles, comme la mise en correspondance d'un élément appartenant à l'ensemble des résultats et d'un couple ordonné dont les termes appartiennent à l'ensemble des éléments sur lesquels on opère ?

Au profit des propriétés structurales

C'est justement cet éloignement de la quantité au profit des structures et des relations d'ordre qui explique le succès de la mathématique moderne dans les sciences humaines. Elle constitue pour celles-ci une typologie de structures susceptibles d'éclairer les rapports entre éléments au sein des ensembles sociaux. A la suite des travaux de Kurt Lewin et de Jacob Moreno sur les interactions sociales qui structurent la vie d'un groupe, les notions de la mathématique moderne ont été de plus en plus utilisées en psychosociologie. Les graphes, notamment, mettent en évidence les relations entre individus ou entre sous-groupes. Ainsi, même les sympathies ou antipathies liant les hommes au sein d'une société, qui paraissaient échapper, comme les manifestations essentiellement qualitatives de l'affectivité, à l'emprise de la mathématique quantitative, sont susceptibles à l'heure actuelle d'une approche mathématique par la grâce de la mathématique moderne.

Kurt Lewin proposait, pour l'analyse des relations affectives et sociales, la notion de champ total englobant : le sujet humain avec ses tendances et les sollicitations de l'environnement. S'inspirant déjà de la topologie, K. Lewin analysait ce champ total en termes de voisinages, d'enveloppements, d'intersections, de séparations, de frontières comprenant notamment les barrières psychiques ou inhibitions et interdictions de toutes sortes.

Puis Alex Bavelas décrivit ces totalités au moyen de graphiques, qui sont des cas particuliers de la théorie des graphes, et mit en évidence des structures de réseaux. Dans le prolongement de ces recherches, l'interprétation mathématique de la dynamique des petits groupes se développe avec succès ; et c'est bénéfique en retour pour la théorie des graphes, dont certains chapitres actuels viennent en droite ligne des études sur les réseaux de communication ou de l'analyse sociométrique.

Ethnologie..., topologie..., calcul matriciel, etc.

Dans une autre perspective, celle de l'anthropologie culturelle, qui étudie les sociétés élémentaires au sein desquelles les processus psychologiques sont indissociables des structures linguistiques, économiques, juridiques, C. Lévi-Strauss est parvenu à retrouver dans les diverses organisations de la parenté des structures algébriques de réseaux et de groupes de transformation, qu'il a pu dégager avec l'aide de mathématiciens tels André Weil et Georges-Théodule Guilbaud. Bien plus, les mythes eux-mêmes recueillis par l'ethnologie, font l'objet, dans le cadre de l'anthropologie culturelle, d'une étude structurale dont la mathématique moderne et les techniques de l'informatique fournissent les instruments : C. Lévi-

Strauss recourant à l'analyse combinatoire dégage la logique qui commande l'organisation interne d'un mythe et ses diverses variantes générales, même quand elles sont cachées par des sédiments culturels particuliers. Ainsi, on peut analyser, à l'aide du calcul matriciel, les variantes d'un mythe : il y a une série significative d'éléments qui changent d'une manière ordonnée d'un mythe à l'autre. Dès lors, des mythes en apparence très éloignés les uns des autres se révèlent unis en profondeur par des structures identiques dont ils procèdent.

Ces directions de recherche en sciences humaines rejoignent celles de la linguistique structurale. Ferdinand de Saussure a fondé celle-ci lorsqu'il a défini le langage comme système de signes à base de distinctions et d'oppositions interdépendantes : le rapport linguistique fondamental étant une correspondance entre le signe et le sens, l'ensemble des significations d'une langue forme un système de distinctions et d'oppositions, qui en permet la compréhension.

Dès lors, la linguistique, dans la mesure où elle assimile le langage à un code, devait trouver une aide précieuse dans les techniques de l'informatique et, par suite, dans la mathématique moderne. Notamment, quand on s'est intéressé, à la suite de Noam Chomsky, à la génération des structures syntaxiques, on a tenté de trouver une formalisation logico-mathématique des transformations, linguistiques qui possèdent un pouvoir régulateur.

Ensembles et biologie

Ces mathématiques conçues pour la linguistique ont des applications en dehors des sciences humaines, partout où l'on peut interpréter les phénomènes en termes de codes et de signaux. C'est le cas en particulier de la biologie, depuis la mise en évidence du code génétique.

La biologie utilise maintenant ces nouveaux moyens d'investigation issus de la mathématique moderne, après s'être cantonnée longtemps dans l'exploitation des méthodes statistiques. Jusqu'à ces dernières années, en effet, une des principales applications de la mathématique à la biologie, en dehors des relations fonctionnelles propres à la physiologie ou à la biochimie, était la biométrie, autrement dit les recherches statistiques regroupant des ensembles de mesures faites sur des populations d'êtres vivants.

Inaugurées par les études du mathématicien belge Quételet sur la taille des conscrits, elles ont été développées et étendues à diverses espèces animales par Galton, Pearson et Volterra.

Récemment encore, la biologie reposait sur les statistiques

La biométrie, pour définir rigoureusement les espèces, leurs variétés et leur filiation, les caractérise par une distribution de fréquences statistiques. Elle substitue aux relations qualitatives de ressemblances et de différences, mises en évidence par les classifications de l'histoire naturelle, un système de corrélations métriques.

La génétique mendélienne est également d'essence statistique : les caractères héréditaires, que l'américain Thomas H. Morgan localisa dans les gènes, ne se répartissent-ils pas comme les pièces de monnaie au jeu de pile ou face ? Dans cette perspective, il convient alors de parler d'une loterie de l'hérédité.

La génétique moléculaire relève de plus en plus de la mathématique moderne

Mais, si l'hérédité est essentiellement un message chimique écrit avec un alphabet moléculaire, les opérations de codage et décodage reposant sur la combinatoire des ensembles deviennent fondamentales. Ses processus n'apparaissent-ils pas, dans cette perspective, structuralement semblables à la traduction d'un message d'une langue dans une autre par l'intermédiaire d'un code, où les signes, comme dans tout langage, ne prennent un sens que par leur combinaison ?

Sous cet angle, la combinatoire des ensembles est inscrite au cœur même de la vie. La mathématique moderne éclaire ainsi la logique du vivant.

On se rend compte de l'ampleur des applications de la mathématique aujourd'hui. Elle joue un rôle qui tend à devenir prépondérant dans tous les domaines de la recherche, qu'il s'agisse de sciences physiques, de biologie, de technologie, d'économie politique ou de sciences humaines. En ce sens, elle conditionne désormais directement l'avenir des sociétés modernes, à tel point que l'on puisse dire « *échec ou math* ».

Mathématiques pures et mathématiques appliquées

Ces applications de la mathématique résultent-elles simplement de l'utilisation des résultats acquis par les mathématiciens et employés tels quels pour aborder les problèmes pratiques ? Autrement dit, la mathématique appliquée est-elle une application directe de la mathématique pure ?

L'application de la mathématique pure à des phénomènes concrets n'est, le plus souvent, ni immédiate ni directe

On conçoit habituellement la mathématique appliquée comme l'application de la mathématique pure à des phénomènes concrets, dont on veut donner une représentation rationnelle et une expression numérique calculable. Mais il faut bien en convenir : le plus souvent, cette application n'est ni immédiate ni directe. Elle exige de l'ingéniosité non seulement pour adapter les méthodes générales aux cas particuliers, mais aussi pour inventer les méthodes d'application proprement dites. Ce sont ces dernières qui constituent, en effet, l'essentiel de la mathématique appliquée.

Les calculs numériques

Notamment, pour effectuer un calcul numérique, le physicien, comme l'ingénieur, devra souvent employer des méthodes différentes des solutions théoriques. S'il s'agit, par exemple, de calculer une intégrale, on ne peut dans la majorité des cas concrets utiliser les méthodes classiques : la notion d'intégrale implique, en effet, l'accroissement infiniment petit de la variable, ce qui n'est pas le cas en pratique. En particulier, avec un ordinateur où ces accroissements ne peuvent être que finis et, par conséquent, discontinus, il faut avoir recours à d'autres méthodes de calcul numérique, dites par différences finies, pour calculer une valeur approchée de l'intégrale. Le technicien pourra même préférer à une méthode rigoureuse, parce que bien fondée théoriquement, un procédé de calcul plus rapide, surtout s'il permet d'obtenir des résultats significatifs.

De plus, les fonctions dont disposent habituellement physiciens, ingénieurs et économistes sont empiriques : elles sont données soit par l'enregistrement d'une courbe continue, soit par un tableau de valeurs discrètes, où la variable n'est pas forcément en progression arithmétique. La détermination approchée d'une intégrale revient, dans le premier cas, à l'évaluation de l'aire comprise entre la courbe enregistrée, l'axe des x et les verticales passant par les points extrêmes.

Dans le cas où seuls sont connus certains points de la courbe représentant le phénomène étudié, pour calculer l'intégrale définie correspondante, on a recours, par exemple, à la méthode des, trapèzes, où l'on remplace la courbe entre deux points par un segment de droite. Quand il faut différentier, comme il y a souvent dans l'enregistrement d'un phénomène des variations irrégulières dues à l'appareillage ou à des phénomènes secondaires, des vibrations, par exemple, on est bien obligé de substituer à la notion de dérivée, qui perd ici toute signification, celle du taux de variation définie par référence à une courbe stylisée obtenue à partir de la courbe expérimentale en négligeant ses irrégularités.

Les modèles mathématiques

Ainsi, dans beaucoup de cas, l'expression mathématique qui exprime un phénomène ne permet pas des calculs numériques aisés. Or à quoi sert de donner une traduction symbolique d'une expérience ou du fonctionnement d'un moteur si l'on ne peut l'utiliser, parce qu'on ne sait pas effectuer les calculs correspondants ?

Pour établir un modèle pratique, il faut parfois séparer des propriétés simultanées

C'est pourquoi la tâche de la mathématique appliquée est d'élaborer non seulement des méthodes de calcul, mais aussi et surtout des instruments de traitement mathématique des phénomènes permettant d'aboutir à des expressions calculables. Notamment, il est rare que les montages techniques ou les variations économiques s'expriment sous forme d'équations différentielles simples : le mathématicien spécialisé dans la recherche appliquée tente alors d'élaborer un modèle représentatif suffisamment approché des phénomènes étudiés et exprimable par des équations plus faciles à résoudre que celles d'un système plus satisfaisant peut-être au point de vue théorique, mais difficilement utilisable par les praticiens. Pour cela, il essaye de concevoir une modification dans la structure du phénomène considéré, qui laisse intactes ses caractéristiques principales et rende possible une transcription mathématique plus simple. Une telle représentation, tout en n'étant qu'approchée, exprime les propriétés essentielles qu'il s'agit de calculer. Par exemple, dans l'étude de la propagation de la chaleur, on rencontre des expressions compliquées provenant de ce qu'on doit alors tenir compte de deux propriétés simultanées : la matière emmagasine de la chaleur, mais aussi elle la laisse s'écouler. Dès lors, si l'on veut un modèle de ces phénomènes permettant des calculs numériques plus simples, il faut séparer leurs propriétés simultanées. Comme il est indiqué dans un ouvrage de mathématiques appliquées, on substitue à un conducteur continu, pourvu de la double qualité de récepteur de chaleur et de conducteur, un ensemble discontinu de récepteurs et de conducteurs de chaleur régulièrement espacés. On fait ainsi apparaître des expressions mathématiques qui rendent possibles les calculs numériques. Déjà Aristote n'affirme-il pas que sur le plan de la représentation mathématique du monde physique, « on peut arriver à d'excellents résultats en posant comme séparé ce qui n'est pas séparé » ?

On se rend compte de toute l'ingéniosité qu'exige l'art de l'ingénieur, à ce stade d'élaboration théorique : pour imaginer un modèle mathématique représentant avec fidélité un phénomène technique, il faut être bon physicien autant que mathématicien.

Il en est de même pour l'économiste qui construit un modèle permettant de simuler un phénomène économique et d'étudier son évolution dans le temps à l'aide d'un ordinateur : il faut combiner judicieusement les hypothèses afin de représenter de la manière la plus approchée la réalité qu'on veut calculer, ce qui implique une connaissance précise des processus mis en jeu.

Les algorithmes employés dans les calculs numériques ne doivent pas être trop sensibles aux erreurs initiales

Le mathématicien spécialisé dans la recherche appliquée doit tenir compte aussi de l'influence sur le résultat final des hypothèses simplificatrices qui ont été nécessaires pour construire tel modèle utilisé. De ce point de vue, il est important pour lui de distinguer, avant tout calcul, ce qui est essentiel de ce qui ne l'est pas. S'il peut sembler intéressant de négliger les termes qui paraissent petits, il ne faut pas oublier qu'ils ont parfois une influence considérable, de sorte que leur suppression changerait profondément la nature des équations exprimant le phénomène correspondant. Par exemple, dans les problèmes d'hydrodynamique de la viscosité, on ne peut négliger les forces de viscosité, malgré leur faible amplitude, sous peine de commettre de graves erreurs : elles régularisent, en effet, les vitesses en s'opposant au développement des distorsions. Donc, avant de faire une simplification en supprimant un terme dans les équations du modèle utilisé, il faut examiner soigneusement son influence réelle, et cela d'autant plus que, souvent, la seule présence du terme considéré comme négligeable est beaucoup plus importante que sa grandeur.

Le mathématicien qui est spécialisé dans la recherche appliquée se heurte à une autre difficulté : les mesures qu'il s'agit pour lui de coordonner en un système comportent toujours une marge d'erreur. Il importe, par conséquent, que les algorithmes employés dans les calculs numériques ne soient pas trop sensibles à des erreurs initiales. Sous cet angle, l'intégration et l'usage des équations intégrales sont souvent préférables aux équations différentielles. En effet, une erreur commise dans l'évaluation d'une grandeur se répercute en croissant dans les dérivées successives de celle-ci, alors que l'intégration en diminue au contraire l'influence. La supériorité de l'intégration sur la différentiation en mathématiques appliquées provient aussi, plus fondamentalement, de ce que, dans ce domaine, on se trouve toujours en présence de situations concrètes particulières : or les caractéristiques qui définissent celles-ci sont automatiquement introduites dans le calcul intégral sous forme de conditions initiales, alors qu'il est difficile de les faire apparaître dans une expression différentielle qui est éloignée des cas particuliers par suite de sa généralité.

C'est pourquoi, pour rendre compte par exemple de l'évolution d'un système physique, il est préférable de l'exprimer sous la forme du bilan énergétique des échanges avec l'environnement du temps t_0 au temps t, ce qui permet l'utilisation avantageuse du calcul intégral: le point de vue newtonien, où l'on identifie le système physique considéré à un système de forces définies respectivement par des relations du type $f = my$, est plus classique, mais il aboutit à des équations différentielles souvent difficiles à résoudre.

Les modèles analogiques permettent souvent une résolution par des procédés purement physiques

Toujours en vue de simplifier les calculs, le mathématicien spécialisé dans les recherches appliquées, a recours aussi à des modèles analogiques : il substitue à un phénomène, dont l'étude mathématique est délicate, un autre phénomène de nature toute différente, mais qui présente avec lui une analogie de structure et dont l'étude mathématique est plus facile. Notamment, les analogies entre les montages électriques et les systèmes mécaniques permettent, dans beaucoup de cas, de substituer à la résolution d'équations difficiles une résolution par des procédés purement physiques. Des modèles analogiques sont employés par exemple en construction aéronautique, où l'on étudie mathématiquement la structure d'une aile d'avion à l'aide d'un circuit électrique qui lui est équivalent par ses caractéristiques structurales.

Même lorsqu'on est amené ainsi à reconnaître la spécificité de la mathématique appliquée et sa relative autonomie en ce qui concerne l'élaboration des modèles représentatifs facilitant les calculs numériques, on a tendance à penser cependant qu'elles ne sont sur le plan théorique que des conséquences de la mathématique pure et qu'elle s'y intègre pleinement, dès que le mathématicien a réussi à justifier rationnellement les constructions symboliques utilisées dans les sciences appliquées. Or, même dans ce cas, un hiatus doit être maintenu entre mathématiques pures et mathématiques appliquées sur le plan de la signification de leurs symboles respectifs.

L'autonomie de la mathématique appliquée

Les travaux de Heaviside notamment révèlent cette double autonomie de la mathématique appliquée : ni leur découverte ni même leur signification ne coïncident pas toujours avec celles des structures théoriques qui les justifient. Pour faciliter les calculs des électroniciens, Heaviside a imaginé un nouveau système d'écriture des expressions différentielles, qui est devenu le calcul symbolique : il a fait ses preuves dans la pratique avant d'être fondé sur des bases théoriques solides. Or, quand on écrit à l'aide des symboles de Olivier Heaviside les équations différentielles qui définissent, par exemple, un servomécanisme ou encore le guidage d'une fusée soumise à l'action d'un faisceau radar, les formules obtenues ont une signification différente pour le pur mathématicien et pour l'ingénieur. Dans la perspective du premier, elles peuvent s'écrire algébriquement de plusieurs façons, toutes équivalentes. Il n'en est pas de même du point de vue technique, car une relation en calcul symbolique exprime un montage physique déterminé : dès lors, il ne convient pas de changer sa forme sans précautions.

La « fonction échelon unité » représente les phénomènes physiques transitoires

Heaviside a aussi imaginé la fonction échelon unité pour représenter les phénomènes physiques transitoires qui se produisent pendant un intervalle de temps très bref au cours du déclenchement d'autres phénomènes : c'est le cas, par exemple, du passage d'un courant électrique dans un circuit au moment de la manœuvre du commutateur, quand l'intensité passe brusquement de la valeur 0 à la valeur i, selon une courbe en S qui n'est jamais la même, car l'état transitoire se modifie à chaque nouveau déclenchement puisque les étincelles de contact ou de rupture transforment les caractéristiques des plots du commutateur. La fonction échelon unité est une idéalisation mathématique commode de la fonction correspondant à la courbe en S, essentiellement variable et insaisissable :

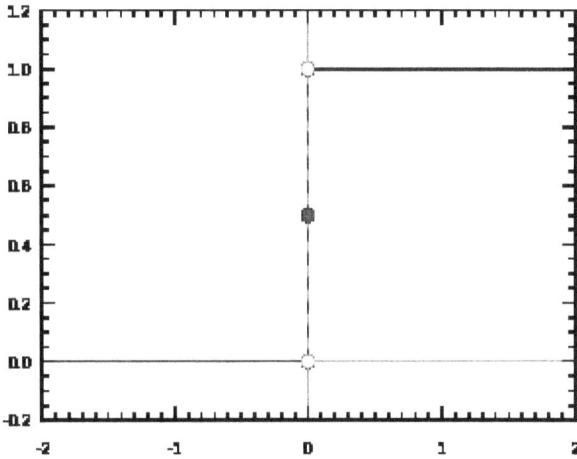

C'est donc la fonction H (discontinue en 0) prenant la valeur 1 pour tous les réels positifs et la valeur 0 pour les réels strictement négatifs.

Elle est la limite de la fonction représentée par cette courbe en S quand la période transitoire tend vers 0. Son nom vient précisément de ce qu'elle passe brusquement du niveau 0 au niveau + 1. Puisque cette fonction est nulle pour t < 0 et égale à 1 pour t > 0, cette discontinuité caractéristique pose un problème pour le mathématicien : quelle est sa valeur pour t = 0 ? Est-ce 0, + 1 ou une valeur intermédiaire ? Or habituellement, en mathématiques pures, on pense les discontinuités comme des limites de fonctions continues. Par suite, on a imaginé une fonction continue permettant par un passage à la limite de retrouver la fonction échelon unité. Selon cette interprétation, la fonction échelon unité a la valeur ½ pour t = 0.

Or cela n'a aucune signification pour le physicien ou l'ingénieur : pour eux, en effet, l'action commence à l'instant zéro, et à cet instant l'effet de l'action est nul ; il ne peut donc avoir la valeur ½. Ainsi une fonction, d'abord imaginée par les physiciens pour représenter des états transitoires observés au laboratoire puis idéalisée par Heaviside pour les besoins des calculs de l'ingénieur en la fonction échelon unité, est transformée par le mathématicien qui interprète sa discontinuité en un pur être de raison, vidé en définitive de sa signification physique initiale. Ce hiatus se retrouve dans l'étude des dérivées de la fonction échelon unité, dites fonctions de Dirac et appelées aussi fonctions percussionnelles, parce qu'elles expriment un brusque changement d'état en modifiant les conditions initiales d'un phénomène physique. Or elles sont très utilisées en électronique, comme en mécanique, où l'ingénieur ne doit jamais oublier leur signification concrète aux diverses phases des calculs, sous peine d'erreurs grossières.

On se rend bien compte ici que des visées divergentes différencient fondamentalement la mathématique appliquée de la mathématique pure. Le pur mathématicien s'intéresse aux structures idéales, à leurs transformations et combinaisons virtuelles, qui suggèrent des développements théoriques pris comme fin en soi. Le spécialiste de la mathématique appliquée tente de discerner les adaptations, possibles des notions théoriques aux problèmes concrets et les aptitudes des phénomènes à une stylisation permettant l'utilisation de théories mathématiques. Dans ces Conditions, c'est la fidélité à l'expérience qui oriente la mathématique appliquée, tandis que le souci de rigueur anime la mathématique pure.

Dans la recherche mathématique appliquée, l'expérience l'emporte sur la logique formelle

Ces visées respectives de la recherche pure en mathématiques et des recherches appliquées non seulement délimitent deux domaines mathématiques différents, mais encore définissent deux types d'objets en mathématiques. On s'en rend compte quand on compare les interprétations de la fonction échelon unité et des fonctions de Dirac, par la mathématique pure et la mathématique appliquée. Plus que d'interprétations différentes d'une même structure rationnelle, il s'agit chaque fois en réalité de deux objets différents. L'un a des origines physiques : il est la stylisation d'un phénomène et il n'a une signification que par référence à ce dernier. L'autre est une essence pure considérée en soi, sans être référée à des origines concrètes ou à une situation expérimentale. Même quand les objets respectifs de la mathématiques pure et de la mathématiques appliquée sont identiques au point de vue formel, c'est-à-dire quand ils ont les mêmes caractéristiques et sont rigoureusement superposables par leur structure rationnelle, ils diffèrent encore par leurs significations : l'objet de la mathématique appliquée est inséparable de son domaine d'application ; on y distingue notamment les quantités négligeables et les termes significatifs, on tient compte des valeurs initiales concrètes.

Si, dans la perspective de la récente théorie des distributions de Laurent Schwartz, la fonction échelon unité et celles de Dirac apparaissent situées dans un ensemble structural qui les éclaire, l'ingénieur qui les utilise ne peut faire abstraction de leurs références physiques.

Ainsi, le domaine de la recherche mathématique appliquée est celui où l'expérience l'emporte en définitive sur la logique formelle. Les relations mathématiques y ont une signification concrète, qu'elle soit physique ou économique, voire humaine, qu'on ne doit jamais oublier sous peine d'aboutir à des échecs sur le plan pratique. Alors que les notions de la mathématique pure ont une signification toute rationnelle, celles de la mathématique appliquée se réfèrent toujours à des situations ou à des opérations effectuables sur ces dernières. Sous cet angle, leur signification est surtout technico-rationnelle.

1.1.2.3 : La mathématique et le réel

Ce qui précède, montre l'ampleur et la variété des applications de la mathématique, mais également leurs difficultés. Quelles sont les raisons de ces succès, mais aussi des résistances que semble opposer le réel à une totale mathématisation ? Comment se fait-il, demandait Heaviside, qu'un être physique représenté par un vecteur n'ait pas toutes les propriétés des vecteurs ?

Telles sont les principales questions auxquelles doit répondre une philosophie de la mathématique. Cette correspondance entre structures mathématiques et réalité, qui à la fois s'étend sans cesse et n'est toujours qu'approchée, doit résulter de la nature profonde de la mathématique et des phénomènes auxquels on les applique.

Traditionnellement, rationalistes et empiristes s'affrontent

Le rationalisme, qui en fait un produit de l'activité rationnelle en soulignant le caractère idéal des notions mathématiques et leur nécessité, paraît triompher aisément de l'empirisme, qui y voit de simples abstractions extraites directement du réel. Mais il se heurte à de grandes difficultés dès qu'il cesse de considérer la mathématique en elle-même pour tenter d'expliquer comment ces purs produits de l'esprit s'appliquent au réel.

Dans la perspective empiriste, au contraire, cet échange de services entre la mathématique et la physique se conçoit aisément, puisque la mathématique ne fait que rendre au monde ce qu'elle lui a emprunté. Mais, alors, on met entre parenthèses les caractéristiques des notions, mathématiques idéales et leur enchaînement nécessaire.

Si l'on admet que les notions géométriques aient pu être suggérées par certaines données de la perception, comment la mathématique pure pourrait-elle être extraite directement de l'expérience sans faire intervenir l'activité de l'esprit ? Mais, si on en fait un produit de la pensée, comment la réalité matérielle pourrait-elle avoir des affinités avec des structures purement rationnelles ?

Selon l'Allemand Richard Dedekind, le nombre est une émanation immédiate des lois pures de la pensée. Mais, alors, comment peut-il écrire que les nombres servent de moyens pour saisir plus aisément et avec plus de précision la diversité des choses ? Dedekind se contente de juxtaposer ces deux affirmations sans expliquer leur liaison effective.

Il laisse subsister entier le problème qu'Einstein avait le courage de poser : « Comment est-il possible que la mathématique, qui est un produit de la pensée humaine et indépendante de toute expérience, puisse s'adapter d'une si admirable manière aux objets de la réalité ? La raison humaine serait-elle donc capable, sans avoir recours à l'expérience, de découvrir seulement par la pensée les propriétés d'objets réels ?

Il ne peut y avoir de moyen terme entre un pur produit de la pensée et le monde, à moins d'admettre une sorte d'harmonie entre eux fondée dans l'absolu. Mais, alors, on ne voit pas comment cette affinité profonde de la mathématique et du réel ne permettrait qu'une application approchée des premières au second, si étendue soit-elle.

Une conception adéquate de la mathématique doit rendre compte non seulement de la concordance entre cette science et des secteurs sans cesse plus nombreux de la réalité, mais aussi du caractère approché de la mathématisation réussie, voire de l'échec auquel ont abouti les tentatives pour donner une expression mathématique à certains phénomènes.

Il est regrettable que la plupart des philosophies rationalistes aient posé le problème de mathématique appliquées en oubliant cette contrepartie. Mais pouvaient-elles faire autrement ? Entre un pur produit de la pensée et la matière, il ne saurait y avoir qu'une hétérogénéité complète ou une harmonie préétablie totale.

Pour penser les aspects divers des rapports entre la mathématique et les sciences physiques, notamment, il ne faut donc pas commencer par poser abstraitement l'un en face de l'autre, l'esprit et le monde. Mais alors, comment éviter la tentation empiriste en les rapprochant ? Si l'on peut donner à des secteurs très étendus du réel une expression mathématique et si celle-ci n'est toujours qu'approchée, ne serait-ce pas parce que les notions mathématiques ont été conçues à partir d'une stylisation d'opérations concrètes sur la matière ? On comprendrait alors qu'elles puissent s'y appliquer, mais toujours imparfaitement, puisque toute stylisation implique idéalisation. Qui dit stylisation dit activité intellectuelle qui stylise, ce qui est à l'opposé de l'empirisme, sans être pour autant un retour pur et simple aux thèses rationalistes, car qui dit stylisation dit aussi stylisation d'un donné qui s'y prête et la motive.

Et à partir de quel donné pourrait-on obtenir, par stylisations successives, le nombre, concept opératoire par excellence, et les notions qui en sont dérivées par de nouvelles stylisations faites sur les opérations effectuées avec lui, sinon à partir d'opérations concrètes effectuées sur des objets quelconques, puisque le nombre s'applique justement à des objets quelconques ? Les opérations qui permettent la superposition d'objets réels semblent pouvoir jouer ce rôle. En effet, elles sont à la base aussi bien de la mesure que de la constitution des collections.

La mathématique la plus abstraite a un soubassement d'opérations concrètes

Cette conception de la mathématique, qui rejoint les perspectives de l'épistémologie génétique de J. Piaget et celles de Gonseth aide à comprendre les rapports de cette science et du réel : chaque fois qu'une stylisation des opérations faites sur un phénomène est réalisable selon ce modèle, c'est-à-dire, en définitive, lorsque le phénomène présente des aspects mesurables, un lien s'établit naturellement entre le réel et la mathématique.

Les bases de l'arithmétique ont leur origine dans des opérations manuelles. C'est indéniable. L'addition et la multiplication s'y réfèrent directement : ne désignent-elles pas la répétition d'un acte simple de préhension, qui met en rapport la main et un objet quelconque ? Non seulement la numération décimale est dans le prolongement des dix doigts sur lesquels on compte, mais encore la théorie des ensembles elle-même ne peut se passer de références corporelles, qui lui donnent un sens.

La correspondance biunivoque est une stylisation de l'échange un contre un. La formation de sous-ensembles, leur réunion, leur ordination, etc., ont une signification parce que ce sont d'abord des opérations effectuées par la main. Quant à la permutation d'éléments symétriques, ne présuppose-t-elle pas, en plus de mouvements de la main, la symétrie corporelle ?

Bien plus, c'est toute l'analyse qui repose, en définitive, sur l'activité du corps en prise sur l'environnement. Ses notions n'ont-elles pas été construites à partir des opérations arithmétiques qui leur ont légué leurs réminiscences corporelles ? Comme le remarquait le français Émile Meyerson dans la formule d'Euler e^{ix} = cos x + i sin x, un imaginaire figure comme exposant. Cela est assurément impossible à transporter directement dans le réel. Mais un exposant est la caractéristique d'une puissance, laquelle se ramène à une multiplication qui, à son tour, n'est qu'une addition abrégée, de telle sorte que nous voici en présence de nos cailloux dont on se servait pour compter autrefois, dans les échanges commerciaux.

Puisque les nombres naturels entrent comme composants, ne serait-ce qu'à titre de scalaires ou de coefficients, dans les différentes formes du nombre généralisé, les références corporelles de l'arithmétique hantent les plus hautes spéculations mathématiques, en leur donnant une signification opératoire.

Pour un être complètement immobile, il n'y aurait ni espace ni géométrie, selon Poincaré

Il n'y a pas de géométrie sans référence à l'activité de la main qui trace des figures : leur définition par le mouvement d'un point n'y renvoie-t-elle pas directement ? Et comment définit-on l'égalité géométrique, sinon par la superposition, c'est-à-dire par une opération manuelle ? Bien plus, l'espace orienté s'enracine dans l'expérience vécue du corps ordonnant l'environnement perçu selon l'avant et l'arrière, le haut et le bas, la droite et la gauche.

Il n'est pas jusqu'à la topologie, cette théorie des ensembles géométriques, qui implique directement l'activité corporelle : ne repose-t-elle pas sur les notions d'ordre, d'emboîtement, de frontières, etc., qui toutes renvoient à des opérations effectuées originairement par la main ?

Ainsi, la mathématique de l'ordre, comme la mathématique de la quantité, se réfèrent à des opérations corporelles s'exerçant sur l'environnement. Dès lors, sous leur revêtement abstrait, elles sont liées encore au monde. En ce sens, Jean Cavaillès a pu écrire : « Le sensible n'est pas abandonné : ce n'est pas le quitter que d'agir sur lui. Tout objet abstrait obtenu, par exemple, par thématisassions est un geste sur un geste..., sur un geste sur le sensible primitif. Le champ thématique n'est donc pas situé hors du monde, mais est transformation de celui-ci ».

Cet enracinement de la mathématique dans le corps en prise sur l'environnement est le fondement, en définitive, de la mathématique appliquée : il rend compte des succès, mais aussi des difficultés que rencontrent les tentatives de mathématisation du réel.

Elles réussissent dans la mesure où les phénomènes considérés, leurs relations et, surtout, les opérations qu'on peut effectuer sur eux se prêtent à une stylisation du même type que celle réalisable avec les opérations corporelles de superposition ou de mise en ordre des objets qui nous entourent. En particulier, les sciences physiques sont des stylisations de la matière. Le physicien réalise en laboratoire des phénomènes stylisés se rapprochant le plus possible de la loi idéale qui les définit, grâce à un montage technique qui écarte l'influence des phénomènes concomitants susceptibles de les perturber.

De même, le chimiste opère sur des corps qu'il s'efforce de rendre pratiquement purs, en éliminant autant qu'il le peut les autres substances qui y sont présentes. En ce sens, les sciences de la nature sont la réalisation progressive, par des techniques appropriées, d'un projet de stylisation des phénomènes par mise en évidence de circuits de transformations et d'évolutions idéales. En elles-mêmes, ces stylisations du monde physique diffèrent certes de la stylisation mathématique : tandis que la mathématique se développe à partir des opérations qui modifient l'ordre ou la disposition d'objets quelconques ; les sciences physiques sont essentiellement une stylisation d'opérations techniques qui transforment les phénomènes.

La stylisation d'opérations concrètes rapproche le monde réel des spéculations mathématiques

Des échanges sont possibles entre ces stylisations, bien que leurs visées initiales soient différentes, justement parce qu'elles sont, les unes comme les autres, fondamentalement des stylisations d'opérations concrètes ; la symbolisation mathématique désignant les opérations les plus générales effectuables avec des objets quelconques, on conçoit qu'elle puisse être utilisée par tout autre stylisation d'opérations plus particulières, dans la mesure où l'on peut retrouver dans celles-ci les schémas plus généraux des opérations mathématiques. Notamment lorsque les notions physiques, chimiques ou biologiques sont définies à partir de mesures, elles ont une signification mathématique : celle d'opérateurs qui indiquent le sens de l'évolution d'un phénomène stylisé grâce à un appareillage approprié et suggèrent un programme virtuel d'actions techniques à réaliser sur lui.

Ainsi, la liaison entre la mathématique et les sciences de la nature, difficilement concevable quand on considère séparément le monde, qu'étudient les secondes, et les concepts idéaux des premières, s'éclaire dès qu'on prend conscience que toutes ces sciences reposent sur des stylisations d'opérations concrètes, qui rendent possibles leurs relations. Dans cette perspective, on comprend à la fois que certaines structures mathématiques puissent anticiper le réel et que ce dernier résiste aussi à l'emprise des stylisations idéales.

Les lois de la physique expérimentale, qu'on a réussi à exprimer sous forme mathématique, peuvent être traitées directement selon les normes de cette stylisation. Mais les conséquences ainsi déduites mathématiquement n'ont une signification physique que si elles sont effectivement vérifiées dans les opérations de mesure.

On comprend également, dans cette perspective, qu'il y ait dans beaucoup de cas une étonnante harmonie entre les besoins de la physique et l'état d'avancement des recherches mathématiques, qui faisait dire à Hermite : « Je crois [...] qu'une découverte analytique survient à un moment nécessaire pour rendre possible chaque nouveau progrès dans l'étude des phénomènes du monde réel qui sont accessibles au calcul ».

Certes, cette corrélation provient d'abord de ce que les problèmes posés par la physique sont énoncés habituellement en fonction du développement atteint par la mathématique. Surtout, dans la science contemporaine à forte charpente théorique, les faits nouveaux sont appréhendés la plupart du temps dans le prolongement d'une théorie qui suggère les expériences correspondantes. De plus. Les instruments utilisés dans ces dernières sont la réalisation matérielle de théories physiques édifiées à l'aide des structures mathématiques connues.

Dès lors, l'expression symbolique des problèmes posés par les nouveaux phénomènes étudiés découle du progrès mathématique antérieur. Il est donc naturel, dans ces conditions, que souvent l'histoire de la physique ne pose que les problèmes que les mathématiciens contemporains peuvent résoudre ou, du moins, qui sont tels que les méthodes indispensables pour leur résolution sont appelées en quelque sorte par certains développements mathématiques déjà esquissés.

« Le démon empirique et le génie rationaliste sont à égalité de finesse » *(Bachelard)*

Mais cet optimisme a un fondement plus profond : il repose, en définitive, sur un lien essentiel entre les sciences de la nature et la mathématique, qui provient de ce que les unes comme les autres se sont développées à l'ombre du corps de l'homme en prise sur son environnement. En effet, le physicien repère des structures matérielles susceptibles d'agir les unes sur les autres : ceci ne revient-il pas, en dernière analyse, à penser tout phénomène par référence aux modes d'action du corps sur les objets qui l'entourent ? Ainsi, les actions physiques, en tant qu'elles sont en ce sens des homologues ou, du moins, comme un écho lointain des actions corporelles, doivent normalement pouvoir être exprimées par le symbolisme mathématique, puisque ce dernier est fondamentalement une stylisation de la coordination des opérations corporelles de préhension d'un objet quelconque. L'insertion du corps parmi les contacts matériels fonde l'assurance qu'il est toujours possible de faire apparaître, dans un phénomène, des structures agissant les unes sur les autres un peu à la manière du corps sur son environnement et susceptibles, par conséquent, d'être stylisées selon un modèle mathématique. C'est sur cet ancrage du corps dans le monde que repose finalement la certitude à priori, qui est à la base de la physique, d'une correspondance entre les phénomènes matériels étudiés et une représentation mathématique.

1.1.2.4 : Les applications pédagogiques de la mathématique

Si la mathématique est une pyramide de stylisations effectuées à partir d'opérations corporelles sur l'environnement, faire de la mathématique, c'est apprendre à styliser les situations concrètes et les opérations faites sur elles, indique le professeur René Boirel. En ce sens, la mathématique, qui est un auxiliaire indispensable au physicien, à l'ingénieur comme à l'homme d'action contemporain, constituent également une discipline de l'esprit irremplaçable.

La mathématique, école de rigueur

C'est un lieu commun. Les professeurs y voient le fondement de leur vocation : l'enseignement de la mathématique a une signification pour eux dans la mesure où ils contribuent à l'épanouissement intellectuel des élèves. Ils forment des intelligences au sens propre du terme : ils leur donnent une structure, alors qu'elles n'étaient que virtualités, en leur apprenant à penser rigoureusement et à utiliser leurs capacités.

Le professeur de mathématiques enseigne non seulement des résultats et une technique opératoire, mais aussi, plus profondément, une méthode, la pratique de la déduction et des combinaisons rigoureuses, avec l'art de résoudre les problèmes. C'est pourquoi sa vocation l'oriente, en définitive, vers la transformation de son cours en un véritable « Discours de la méthode ».

D'abord apprendre à résoudre un problème, mais aussi à bien le poser

Tel est certainement le grand bénéfice d'une formation mathématique : celui qui a été entraîné à cette discipline de l'esprit a pris l'habitude de substituer aux difficultés confuses, rencontrées dans la vie pratique, des problèmes définis clairement.

La transformation d'une difficulté en problème la modifie profondément et, surtout, restructure la manière dont l'homme réagit en sa présence. Il ne la voit plus uniquement comme une gêne paralysante : grâce à cette vision claire de la situation obstacle devenue problème à résoudre, il l'envisage d'une façon plus objective et lui donne son importance réelle : c'est à cette condition qu'il peut adopter une attitude positive indispensable à la recherche d'une solution. Visant celle-ci, il essaye de combiner des moyens en vue de la dégager ; autrement dit, il n'est plus entièrement dominé par son embarras. C'est justement lorsqu'un handicap n'est pas envisagé comme problème qu'il peut y avoir conduite d'échec et, à la limite, névrose : l'individu est paralysé en présence d'une difficulté qu'il n'a pas réussi à penser sous la forme d'un problème à résoudre méthodiquement. En ce sens, on peut dire que le salut de l'homme est dans la conversion des soucis en problèmes.

Dès lors, la mathématique, école par excellence pour apprendre à résoudre et, d'abord, à poser clairement les problèmes, peuvent contribuer efficacement à l'équilibre psychologique de l'homme d'action devant les difficultés, en disciplinant son intelligence. Ayant pris l'habitude de dégager dans une situation l'essentiel de l'accessoire, il disperse moins ses efforts. Sachant par expérience combien est importante la quatrième règle de Descartes : « Faire partout des dénombrements si entiers et des revues si générales que je fusse assuré de ne rien omettre », il a le souci, quand il pose un problème, de n'oublier aucune donnée essentielle.

Or il se peut qu'un facteur primordial entrant dans la définition d'une situation concrète ne soit pas quantifiable. Dès lors, cette attitude de recherche prudente de toutes les données, acquise au cours des études mathématiques, conduit à ne pas s'enfermer dans le cadre étroit des seuls éléments chiffrés : reconnaître tous les aspects majeurs d'une situation, qu'ils soient quantifiables ou non, c'est cela la rigueur authentique, dont la rigueur mathématique n'est qu'un cas particulier ; elle relève autant de l'esprit de finesse que de l'esprit de géométrie.

Sur la lancée des habitudes prises au cours des études mathématiques, un esprit ainsi formé fait donc l'inventaire systématique des données : il interroge leurs propriétés opératoires qui peuvent être utilisées comme moyens pour parvenir à une solution. Il examine aussi les diverses manières de procéder pour la construire. Au lieu de se figer dans une direction unique de recherche, il choisit, parmi d'autres possibles, la voie de solution qui lui paraît la plus efficace dans le cas présent, compte tenu de l'ensemble des données.

1.1.2.5 : Le nouvel ordre de pensée

Un enseignement de la mathématique, selon Boirel, axé de cette manière sur la résolution des problèmes et la découverte méthodique des constructions à effectuer pour progresser vers un résultat est plus qu'une présentation de propriétés remarquables : il constitue une véritable formation de l'esprit. Il habitue à envisager les situations sous l'angle de leurs combinatoires possibles et des conditions qu'elles offrent pour réaliser des projets.

En ce sens également, la mathématique n'est pas seulement une discipline de l'esprit, bien qu'abstraites, elle peut contribuer efficacement à former des attitudes intellectuelles bénéfiques pour l'action. Les discussions actuelles sur la pédagogie de la mathématique ne concernent pas uniquement l'enseignement de cette science et celui des autres sciences qui en utilisent son langage ; c'est l'avenir même de la société moderne qui est en jeu. En effet, ce n'est que si les hommes sont créatifs, autrement dit si on leur a appris à être actifs en présence des situations, qu'ils seront pleinement des hommes à l'ère des super machines de l'informatique. Mais, n'y est-on pas déjà ?

Les applications pédagogiques de la mathématique sont peut-être moins spectaculaires que leurs applications techniques, mais c'est d'elles que dépend, en définitive, la mise au service de l'homme de leurs utilisations pratiques.

La mathématique ne forme pas seulement le raisonnement : elle implique une esthétique qui affine la sensibilité. Poincaré n'écrivait- il pas : « On peut s'étonner de voir invoquer la sensibilité à propos de démonstrations mathématiques qui, semble-t-il, ne peuvent intéresser que l'intelligence. Ce serait oublier le sentiment de beauté mathématique, de l'harmonie des nombres et des formes, de l'élégance géométrique. C'est un vrai sentiment esthétique que tous les vrais mathématiciens connaissent. Et c'est bien là de la sensibilité. »

Ce n'est pas étonnant, puisque la mathématique est un mode de stylisation et que l'art est un style ajouté à la nature. Cette racine commune à l'activité artistique et aux mathématiques n'a-t-elle pas été entrevue par les Grecs, par Platon, notamment, qui identifiait Beauté, Nombre et Idée ?

Les propriétés esthétiques des figures géométriques et d.es courbes mathématiques sont indéniables. Remarquées très tôt, elles sont exploitées notamment par les mosaïques géométriques des Grecs et les polygones des Arabes, où une même ligne forme par ses entrelacements des étoiles, des carrés et jusqu'à des pentagones. Plus près de nous, des peintres abstraits puisent leur inspiration dans les combinaisons de courbes et de volumes pour exprimer l'aspiration à un ordre absolu. De même, c'est par des compositions géométriques que l'artiste français Victor Vasarely obtient les effets optiques de l'op'art (*optical art*) qu'il a créé.

Que de courbes mathématiques sont gracieuses en effet ! La cycloïde, notamment, n'a-t-elle pas été appelée l'Hélène de la géométrie ? Quant à la spirale logarithmique, souvent utilisée dans l'art du meuble ou en architecture, Bernoulli avait demandé qu'on la gravât sur son tombeau avec l'inscription : « Cette spirale merveilleuse me plaît si étonnamment par ses propriétés singulières et admirables que je puis à peine me rassasier de sa contemplation. »

Dans ces conditions, on comprend que Leibniz, reprenant la formule platonicienne de saint Augustin « le nombre est vivant dans l'Art », ait pu affirmer : L'Art est la plus haute expression d'une arithmétique intérieure et inconsciente. Une intuition du même type a guidé bien des artistes, peintres ou architectes, dès l'Antiquité, dans leurs recherches de rapports qui commanderaient l'agencement des structures esthétiques. C'est notamment le cas du fameux nombre d'or. Cette proportion, qui caractérise les côtés d'un rectangle agréable à regarder, où la grande dimension est à la petite comme la somme des deux est à la grande, soit $\frac{a}{b} = \pm\frac{b}{a}$, était déjà connue des Égyptiens et des Grecs. Ce rapport doit son succès, semble-t-il, au fait qu'il est à l'image même de la vie : il permet d'engendrer une infinité de figures semblables les unes à partir des autres. En particulier, si l'on joint à un rectangle d'or un carré, le nouveau rectangle obtenu est également un rectangle d'or, et ainsi de suite indéfiniment.

Plus récemment, Le Corbusier a imaginé, à partir des propriétés du nombre d'or, un Modulor, c'est-à-dire un système de mesure pour la mise en proportions harmonieuses des ouvrages d'architecture. Les mesures du Modulor constituent une suite de Fibonacci dans laquelle chaque terme, obtenu en multipliant le précédent par le nombre d'or, est la somme des deux termes qui le précèdent. Les architectes et les artistes de la célèbre école d'architecture allemande Bauhaus, ont également utilisé de semblables proportions.

Si les arches des ponts sont gracieuses, n'est-ce pas parce que les courbes qui ont des propriétés mécaniques appréciées en résistance des matériaux sont en même temps agréables à regarder ? C'est pourquoi l'esthétique industrielle se fonde sur de semblables correspondances pour concevoir de belles structures techniques.

Quand on sait le rôle croissant que joue le design dans les sociétés modernes, on se rend compte que ce nouvel aspect de l'environnement technologique est également conditionné par la mathématique. Sous cet angle, l'esthétique industrielle apparaît comme une autre application actuelle de la mathématique. En définitive, celle-ci est partout présente dans les sociétés industrielles, au commencement et au cœur même de leurs progrès, car sans mathématique, pas de science ni de technologie avancée. Et elle contribue à orienter l'avenir, puisque d'une formation mathématique adéquate dépend l'essor d'une véritable modernisation des techniques.

1.2 : De la théorie de l'information

La théorie de l'information est l'une des rares disciplines scientifiques dont l'origine ou la genèse demeure très peu disputée. Il reste un peu moins aisé cependant de la distinguer de la théorie des communications. Pour certains, la théorie des communications est une évolution de la théorie de l'information, tandis que pour d'autres, elle en est tout simplement une des disciplines. Cette distinction doit probablement revêtir un caractère plus significatif à certains niveaux, néanmoins, la compréhension de la théorie du continuum nation-Etat ne nécessite guère, pour l'instant, un tel degré d'immersion dans la théorie de l'information. Autrement dit, dans ce contexte cet antagonisme risque donc d'être futile. L'article créant la théorie de l'information, publié par Claude Shannon en 1948 dans le journal technique de Bell system s'intitule : « *Une théorie mathématique des communications* ».

Il s'agit en effet d'une théorie mathématique décrivant les aspects les plus fondamentaux des systèmes de communication des systèmes d'information, et la notion d'efficience y est primordiale. Grâce à différentes méthodes dont la probabilité et les automates finis, la théorie de l'information consiste à élaborer et à étudier ces modèles, y compris leurs principales composantes telles que la destination, la source, le canal de transmissions, etc. La notion de système d'information ou de communication reste très étendue, il va sans dire que ceci n'en demeure pas moins vrai pour de la théorie de l'information. C'est ainsi que Claude Shannon établisse les bases contemporaines de la théorie de l'information, du codage et de la communication, tout en fournissant un ensemble de méthodes permettant d'améliorer ces systèmes.

Ainsi, le modèle de base de Shannon comporte trois composantes : un expéditeur ou une source, un canal, et un récepteur. Le modèle typique comporte les éléments de codage et de décodage, ainsi que le bruit (dans le canal). La source peut être de nature infiniment diverse et variée. Il peut s'agir par exemple d'une voix, d'un signal électromagnétique ou d'une séquence de symboles binaires. Le canal peut être une ligne téléphonique, une liaison radio, un support magnétique ou optique. La transmission peut se faire dans l'espace ou dans le temps. Le codeur représente l'ensemble des opérations effectuées à la sortie de la source c'est-à-dire en amont de la transmission. Ces opérations peuvent être par exemple la modulation, la compression, le brouillage, l'ajout de redondance pour combattre les effets du bruit, ou encore l'adaptation à des contraintes qui peuvent être d'origine ou de nature aussi diverse que variée. Ces opérations ont pour but de rendre la sortie de la source compatible au canal. Enfin le décodeur doit être capable, à partir de la sortie du canal, de restituer de façon acceptable l'information fournie par la source.

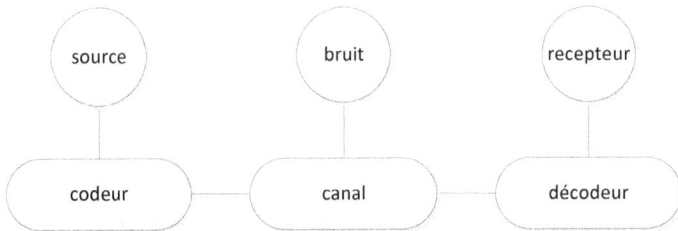

Systèmes de communication

La théorie de l'information ne cherche guère à définir la notion d'information, autant que l'arithmétique ne cherche point à définir la notion de nombre. L'une des caractéristiques fondamentales de cette théorie est l'abstraction de la sémantique. La théorie de l'information est indifférente à la signification du message convoyé. Bien que le sens du message pourrait être considéré comme essentiel dans la caractérisation de l'information. En ce sens, les préoccupations de la théorie de l'information seraient semblables à celles d'un messager dont la seule fonction est de transférer un objet ; l'anecdote appropriée serait par exemple le cas d'une personne atteinte d'anomie qui transporterait du parfum.

1.2.1 : Les Applications de la théorie de l'information

Dans le domaine des communications, la théorie de l'information répond à deux questions fondamentales : quelle est la compression ultime des données, et quel est le taux de transmission ultime de la communication. La théorie de l'information a aussi contribué fondamentalement à faire avancer la physique statistique (la thermodynamique), l'informatique (la complexité de Kolmogorov ou la complexité algorithmique, l'inférence statistique), et finalement les probabilités et la statistique (l'exposant d'erreur), etc.

1.2.1.1 : Technologie de la communication

Dans les années quarante (1940), les ingénieurs jugeaient impossible, de transmettre des informations (débit positif) avec une probabilité d'erreur négligeable. Shannon a surpris la communauté de la communication en déterminant la probabilité d'erreur nulle ou proche de zéro pour des débits de communication inférieurs à la capacité du canal. Cette capacité peut être calculée simplement à partir des caractéristiques du bruit dans le canal. Les processus aléatoires comme la musique et les discours ont une complexité irréductible en dessous de laquelle le signal ne peut pas être comprimé. Pour désigner ce phénomène, Shannon emprunta le terme « entropie » de la thermodynamique. Si l'entropie de la source, estimait-il, est inférieure à la capacité du canal, une communication pratiquement sans erreur est possible. La théorie de l'information représente encore les points extrêmes de l'ensemble des tous les schémas de communication possibles, comme le montre la figure suivante :

De la théorie du continuum nation-Etat

Cybernétique Appliquée

Limite de compression des
donnés

Limite de compression de la
transmission

minimum I(X,X')

Représentation des points extrêmes en théorie de l'information

La compression minimale des données I (X, X') se trouve à l'extrémité de tout modèle de communication. Toute compression de données nécessite un taux au moins égal à ce minimum. A l'autre extrémité, la transmission maximale I (X, Y), représente la capacité du canal. Ainsi, toute configuration de modulation et de compression de données réside entre ces limites.

La théorie de l'information procure ainsi des moyens permettant d'atteindre les limites de la communication. Cependant, ces communications aux configurations théoriquement optimales, aussi agréables qu'elles puissent paraître, peuvent se révéler souvent impraticables. L'avantage c'est surtout le processus de modulation et de démodulation, plutôt que ce codage aléatoire et la règle de décodage approximative suggérée par Shannon dans le théorème de capacité du canal. L'avancement des circuits intégrés et la conception de code permettent désormais de récolter certains des bénéfices de la théorie de Shannon. Le caractère pratique des calculs a finalement réussi grâce à l'avènement des turbo codes ou codes correcteurs. Un bon exemple d'application des idées de la théorie de l'information est l'utilisation des codes correcteurs d'erreurs sur des disques compacts et les DVD.

Certains travaux récents sur les aspects de la théorie de l'information se portent sur la théorie de l'information sur les réseaux : la théorie de débit simultané de communication entre de nombreux expéditeurs et de nombreux récepteurs en présence d'interférences et de bruit.

1.2.1.2 : Informatique théorique

La théorie de la complexité attribuée au mathématicien russe Andrey Kolmogorov, revient également aux mathématiciens américains Gregory John Chaitin et Ray Solomonoff. Cette théorie indique que la complexité d'une chaîne de données (x) se définie par la taille (l) du plus court programme informatique (p) qui, soumis à une machine universelle (U) détermine ou produit cette chaîne de données :

$$\begin{cases} K_u(x) = & \min \quad \mathrm{l(p)} \\ & p \colon U(p) = x \end{cases}$$

Ainsi, la complexité est la longueur de description minimale. Cette définition de la complexité en informatique est désormais universelle, c'est-à-dire indépendante de l'ordinateur. La complexité de Kolmogorov constitue la base de la théorie de la complexité descriptive. Approximativement, la complexité K de Kolmogorov est égale à l'entropie H de Shannon, si la séquence est tirée au hasard d'une distribution d'entropie H. Ainsi, le lien entre la théorie de l'information et la complexité de Kolmogorov est parfait. Néanmoins, la complexité de Kolmogorov semble supplanter la notion d'entropie de Shannon. Elle désigne la compression ultime de données et conduit à une procédure logique d'inférence.

Il existe une relation complémentaire satisfaisante entre complexité algorithmique et complexité de calcul. On peut penser aux calculs de complexité (complexité temporelle) et à la complexité de Kolmogorov (complexité descriptive) en tant que deux axes correspondant au temps d'exécution du programme et à la longueur du programme. La complexité de Kolmogorov se concentre sur la minimisation de la longueur du programme, et la complexité de calcul se focalise sur la minimisation du temps d'exécution.

Entre Informatique théorique et Communication

La réalisation d'ordinateurs plus grands et plus puissants à l'aide de composantes plus réduites, fait face à la fois aux limites de calcul aussi bien qu'à celles de communication. Le calcul est limité par la communication et la communication est limitée par le calcul. Les deux s'entrecroisent, et donc tous les développements de la théorie de la communication grâce à la théorie de l'information influence directement l'informatique théorique.

1.2.1.3 : Thermodynamique

La mécanique statistique est la branche de la physique reliant les propriétés des corps à l'échelle courante (ou macroscopique) à celles de leurs constituants microscopiques (atomes, molécules, etc.). Elle est le berceau de l'entropie et de la seconde loi de la thermodynamique. Fondamentalement l'entropie croît, il en découle la seconde loi de la thermodynamique.

1.2.1.4 : Théorie de probabilité et de statistique

Les notions fondamentales de mesure ou de quantité en théorie de l'information telles que l'entropie, l'entropie relative, et l'information mutuelle, sont définies en fonction des distributions de probabilité. Elles caractérisent ainsi le comportement de longues séquences de variables aléatoires permettant ainsi d'estimer la probabilité d'événements rares et de déterminer le meilleur exposant erreur dans les tests d'hypothèses.

1.2.1.5 : Epistémologie

Selon le philosophe Anglais William d'Occam (1280-1349), l'explication la plus simple est souvent la meilleure. Il estime que la multiplication des causes ou des hypothèses au-delà du nécessaire ne favoriserait guère la recherche. De leur côté, les mathématiciens Solomonoff et Chaitin estiment que la procédure de prédiction universelle fiable résulte d'une combinaison pondérée de tous les programmes déterminant des données, et de l'observation des prochains résultats. De plus, cette inférence fonctionne dans de nombreux problèmes ne relevant pas nécessairement de la statistique. Une telle procédure permettrait par exemple de prévoir les chiffres consécutifs du nombre π. Appliquée au marché boursier, cette procédure permettrait de rechercher essentiellement toutes les règles régissant le marché boursier et d'en aboutir à une extrapolation optimale. A l'instar des travaux de Newton, une telle procédure aurait pu aboutir aux lois de la physique. Cependant, compte tenu du temps que cela nécessiterait, cette étendue d'inférence est impraticable dans la réalité. Par exemple il prendrait sans doute des siècles voire un temps infini, rien que pour tenter de prédire tout ce qui se passera « demain » (i.e. dans 24 heures).

1.2.1.5 : Economie

Les investissements répétés dans un marché financier stable se traduisent par une croissance exponentielle de la richesse. Le taux de croissance de la richesse est le double du taux d'entropie d'une bourse. Les similitudes entre la théorie de l'investissement optimal dans les marchés boursiers et la théorie de l'information sont légion. La théorie de l'investissement continue sans relâche d'explorer cette dualité et semble bien en profiter.

1.3 : De la théorie des jeux

La théorie des jeux est l'étude formelle du conflit et de la coopération. C'est l'étude formelle de prise de décision où des acteurs doivent prendre des décisions susceptibles d'affecter les intérêts d'autres acteurs. Certains concepts de la théorie des jeux s'appliquent chaque fois que les décisions ou actions des agents sont interdépendantes. Ces agents ou joueurs peuvent être des individus, des groupes, des entreprises ou toute combinaison de ceux-ci. Les concepts de la théorie des jeux offrent un langage permettant de formuler, de structurer, d'analyser et de comprendre des scénarios stratégiques.

Dans cette perspective, cette rubrique tente d'introduire les principes de base de la théorie des jeux ; cette introduction se veut à la portée de tous, incluant ceux qui n'ont pas nécessairement de notions en économie ou en mathématiques. En dépit de tout cependant, il convient de reconnaître qu'à l'instar des autres théories mathématiques, la théorie des jeux maintient un langage assez select :

Le jeu

Un jeu est une description formelle d'une situation stratégique.

Le gain

Un gain est un nombre, aussi appelé utilité, qui reflète l'opportunité d'un résultat [pour un joueur], pour quelque raison que ce soit. Lorsque le résultat est aléatoire, les récompenses sont habituellement pondérées en fonction de leurs probabilités. Le gain attendu stimule l'attitude du joueur quant aux prises de risque.

L'information parfaite

Un jeu est dit à information parfaite, si à n'importe quel point dans le temps, seulement un acteur à la fois peu entreprendre une action et si aussi cet acteur connaît ou est au courant toutes les actions ou décisions prises tout au cours du jeu.

Le joueur

Un joueur est un agent qui prend des décisions dans un jeu.

La rationalité

Un agent est dit être rationnel s'il cherche à jouer d'une manière qui maximise son propre gain. L'on assume que la rationalité de tous les acteurs est une connaissance commune.

La forme stratégique

Un jeu en forme stratégique, également appelé forme normale, est une représentation compacte du jeu dans lequel les joueurs choisissent simultanément leurs stratégies. Les gains obtenus sont présentés dans une table avec une cellule pour chaque combinaison stratégique.

La stratégie

Dans un jeu en forme stratégique ou normale, une stratégie est l'une des actions réputées probable d'un joueur. Dans un jeu étendu, une stratégie est un plan complet d'action, une pour chaque instant de décision du joueur.

La connaissance commune

Une proposition est considérée comme une connaissance commune si tous les joueurs en sont bien imbus, et si chaque joueur sait que tous les joueurs savent qu'il en est imbu. La structure ou les règles du jeu est souvent présumée être une connaissance commune.

La stratégie dominante

Une stratégie est dominante pour un joueur, si elle rapporte toujours un gain supérieur à celui de toutes les stratégies à sa disposition, indépendamment des décisions ou actons prises par les autres joueurs. Une stratégie est dite faiblement dominante si elle rapporte toujours un gain au moins égal à celui des autres stratégies à sa disposition.

Le jeu extensif

Dans un jeu extensif (ou jeu de forme extensive), le déroulement ou le processus du jeu se présente sous une forme arborescente. L'arborescence indique l'ordre dans lequel les joueurs posent des actions ou prennent des décisions, et les informations dont dispose chaque joueur à tout instant de décision.

La stratégie mixte

Une stratégie mixte est une randomisation active, sur la considération de certaines des probabilités, qui détermine la décision du joueur. En tant que cas particulier, une stratégie mixte peut être le choix déterministe de l'une des stratégies pures considérées.

L'équilibre de Nash

Un équilibre de Nash, également appelé équilibre stratégique, est une liste de stratégies, dont une pour chaque joueur, tel qu'aucun joueur ne peut modifier unilatéralement sa stratégie et obtenir un meilleur gain.

Le jeu à somme nulle

Un jeu est dit à somme nulle si pour tout gain, la somme des gains de tous les joueurs est zéro. Dans un jeu à somme nulle où il n'y a que deux joueurs, le gain d'un joueur est la perte de l'autre joueur, les intérêts sont ainsi diamétralement opposés.

1.3.1 : Qu'est qu'un jeu

Le jeu désigne l'objet d'étude de la théorie des jeux, c'est un modèle formel d'une situation interactive. Il implique généralement plusieurs joueurs ; un jeu ou il n'existe qu'un seul joueur est généralement considéré un problème de décision. La définition formelle du jeu implique des joueurs, leurs préférences et toute information y relative, les décisions et actions stratégiques à leur disposition, et la manière dont ceux-ci influencent les résultats.

Un jeu peut aussi être décrit formellement suivant différents niveaux de détails disponibles. Un jeu de coalition ou jeu coopératif ne comporte qu'une description sommaire, précisant seulement quels gains chaque groupe potentiel ou coalition peut obtenir dans la coopération de ses membres. Cependant, le processus par lequel les coalitions se forment n'est ni détaillé ni explicite. Par exemple, les joueurs peuvent être de plusieurs partis au parlement. Chaque parti dispose de pouvoirs différents fondés sur le nombre de sièges occupés par les membres du parti. Le jeu décrit ainsi quelle coalition de partis peut établir une majorité, mais n'indique pas, par exemple, comment conduire le processus de négociation pour réaliser le vote en bloc d'un accord, parce que ceci constitue un autre niveau de détails.

La théorie des jeux dits coopératifs étudie les jeux de coalition en ce qui concerne la quantité relative de pouvoir ou d'influence détenue par les différents acteurs, ou comment une coalition efficiente doit répartir ses pouvoirs. Cela s'applique plus naturellement aux situations survenant en science politique ou en relations internationales, où des concepts comme le pouvoir sont les plus prédominants. Par exemple, Nash a proposé une solution pour la répartition des gains sur la base d'accord, dans un problème de négociation qui dépend uniquement des avantages relatifs des conditions (de négociation) des deux parties. La puissance d'un camp est déterminée par les résultats généralement insignifiants obtenus lorsque les négociations s'arrêtent. Le modèle de Nash répond bien au processus coopératif puisqu'il n'établit aucun calendrier spécifique d'offres et de contre-offres, mais plutôt se concentre uniquement sur les résultats du processus de négociation.

En revanche, la théorie des jeux dits non-coopératifs traite de l'analyse des choix stratégiques. Dans le paradigme de la théorie des jeux non-coopératifs, les détails de l'ordonnance et de la chronologie des décisions (des joueurs) sont cruciaux pour déterminer le résultat d'un jeu. Contrairement au modèle coopératif de Nash, le modèle non coopératif de négociation désigne un processus spécifique où le joueur qui doit faire une offre à un moment donné, est déterminé ou connu. La notion de « non coopératif » indique explicitement cette branche de la théorie des jeux qui modélise les processus où les joueurs font des choix allant dans le sens de leurs propres intérêts. La coopération est toujours possible, elle se produit même très souvent dans des modèles de jeu non coopératif lorsque les joueurs estiment qu'elle favorise mieux leur intérêt propre.

Certaines fois, différents courants de la théorie ne s'entendent pas sur des hypothèses. Cependant, l'hypothèse centrale admise par les multiples variantes de la théorie des jeux est que les joueurs sont réputés rationnels. Un joueur rationnel est celui qui choisit toujours une action produisant le résultat qu'il préfère ou qui lui est favorable, compte tenu des décision ou actions possibles de ses adversaires. Le but de l'analyse théorique des jeux, alors, est de prédire comment le jeu sera joué par des joueurs rationnels, ou, inversement, de prodiguer des conseils concernant la meilleure façon de jouer [le jeu] contre des adversaires qui sont réputés rationnels. Cette hypothèse de rationalité peut être assouplie et les modèles qui en résultent ont été appliqués plus récemment à l'analyse du comportement sous observation. Ce type de théorie des jeux peut être considéré comme plus descriptif par rapport à l'approche prescriptive exposée plus haut.

1.3.1.1 : Forme matricielle, et forme extensive des jeux

La forme stratégique ou matricielle, aussi appelée forme normale, est le type de jeu de base étudié en théorie des jeux non coopératifs. Un jeu sous forme stratégique répertorie les stratégies de chaque joueur, et les résultats obtenus à chaque combinaison possible de stratégie. Le résultat est représenté par un gain distinct pour chaque joueur ; c'est un nombre, également appelé utilité, qui mesure le résultat sur la base du degré de récompense ou de satisfaction du joueur.

La forme extensive, également appelée arbre de jeu, est plus détaillée que la forme stratégique du jeu. C'est une description complète de la façon dont le jeu se joue au fil du temps. Elle comprend l'ordre dans lequel les joueurs prennent des décisions, les informations dont les joueurs disposent au moment où ils doivent prendre ces décisions et les moments où toute incertitude dans la situation est résolue. Un jeu sous forme extensive peut être analysé directement, ou peut être converti en un équivalent du model stratégique.

1.3.1.2 : Dominance

Puisque tous les acteurs sont supposés être rationnels, ils prennent des décision ou actions susceptibles d'aboutir au gain qu'ils convoitent ou qu'ils préfèrent le mieux, compte tenu de la décision ou action possible de leurs adversaires. Dans le cas extrême, un joueur peut voir deux stratégies **A** et **B** de sorte que, étant donné toute combinaison de stratégies des autres joueurs, le gain résultant de **A** est meilleur à celui résultant de **B**. Ainsi, la stratégie (**A**) domine la stratégie (**B**). Un joueur rationnel ne choisit jamais de jouer une stratégie dominée. Dans certains jeux, l'analyse de la dominance des stratégies découle du fait que les acteurs rationnels ne peuvent choisir qu'une et seulement une seule de leurs stratégies. La rubrique suivante illustre quelque peu ce concept.

1.3.1.3 : Le dilemme du prisonnier

Le dilemme du prisonnier désigne un jeu sous forme stratégique ou matricielle entre deux joueurs. Chaque joueur dispose de deux stratégies : « Avouer » et « Nier », qui sont respectivement libellées « **A** » et « **N** » pour le **joueur I,** et « **a** » et « **n** » pour le **joueur II.** En d'autres termes, les lettres majuscules représentent les stratégies du joueur I et les minuscules représentent celles du joueur II.

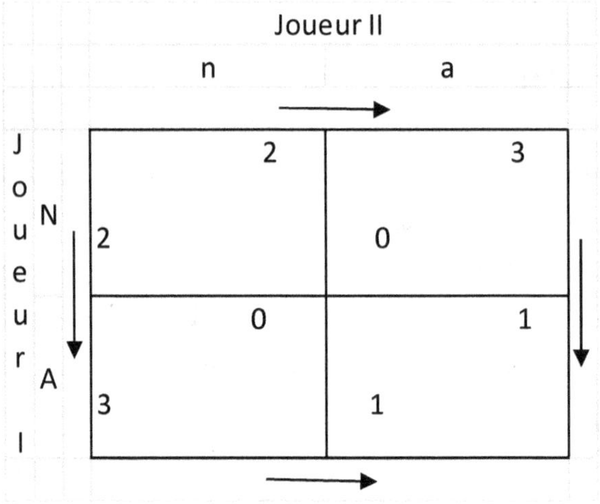

Figure 1.3.1.a

Les gains obtenus dans ce jeu sont indiqués par la figure 1.3.1.a. Le joueur I choisit une des cases de la rangé A ou de la rangé N, et simultanément le joueur II choisit une des cases de la colonne a ou de la colonne n. La combinaison de stratégies (A ; a) correspond à un gain égal à 1 pour chacun des joueurs, et la combinaison (N ; n) rapporte à chaque joueur un gain égal à 2. La combinaison (A ; n) donne un gain 3 pour le joueur I et 0 pour le joueur II, et quand le couple (N ; a) est choisi, le joueur I obtient 0 et le joueur II obtient 3.

Un jeu sous forme stratégique [entre deux joueurs] peut être toujours représenté par un tableau comme celle de la figure1.3.1.a ; avec des rangées représentant les stratégies du joueur I et des colonnes représentant les stratégies du joueur II. Dans certains jeux cependant, un joueur peut avoir plus de deux stratégies.

Chaque combinaison de stratégie définit un couple ou une paire [de gains], par exemple (0 ; 3) pour (N ; a), comme indiqué dans les cellules respectives du tableau. Chaque cellule du tableau indique le gain obtenu par le joueur I en bas à gauche, et le gain du joueur II s'inscrit en haut à droite. Cette représentation échelonnée ou décalée des gains a été établie par le professeur Thomas Schelling, elle met en exergue la transparence et la symétrie du jeu [entre les deux joueurs]. La symétrie indique que le jeu reste inchangé lorsque les joueurs sont inversés, ce qui correspond à une réflexion le long la diagonale représentée en pointillé sur la figure 1.3.1.b. L'on note que dans la forme stratégique, il n'y a pas de rang [ordre] entre le joueur I et II puisqu'ils agissent simultanément, c'est-à-dire sans connaître la décision ou action de l'autre. C'est ce qui favorise la symétrie observée.

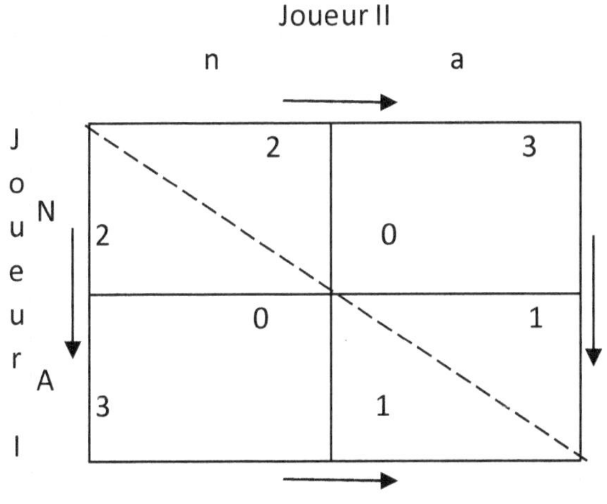

Figure 1.3.1.b

Le jeu de la figure 1.3.1.b montre des annotations impliquant la structure de récompense. La ligne pointillée indique la symétrie du jeu. Les flèches verticales [à gauche et à droite] indiquent la stratégie préférée du joueur I lorsque le joueur II joue la colonne de gauche ou celle de droite, respectivement. De même, les flèches horizontales situées en haut et en bas indiquent la stratégie préférée du joueur II quand le joueur I joue la rangé d'en haut ou celle d'en bas.

Dans le jeu du dilemme du prisonnier, la stratégie « Avouer » domine la stratégie « Nier ». La stratégie **A** du joueur I domine la stratégie **N**, car si le joueur II choisit la stratégie **n**, alors le gain du joueur I est 3 en choisissant **A** et 2 en choisissant **N** ; si le joueur II choisit **a**, alors le joueur I reçoit 1 pour **A** par opposition à 0 pour **N**. Les préférences du joueur I sont indiquées par le pointage vers le bas des flèches de la figure 1.3.1.a. Donc, **A** est en effet toujours meilleur et domine **N**. De la même manière, la stratégie **a** domine **n** pour le joueur II.

Aucun joueur rationnel ne choisirait une stratégie dominée, puisqu'il s'en sortirait toujours mieux en optant pour la stratégie dominante. Le résultat unique de ce jeu, comme il est recommandé aux joueurs cherchant à maximiser leur bénéfice (utilité), est donc le couple (A ; a) pour lequel le gain est (1 ; 1). Ce qui pourrait paraître quelque peu paradoxal, car ce gain est inférieur à celui que chaque joueur obtiendrait en choisissant l'option (N ; n) pour lequel le gain est (2 ; 2).

La fictive histoire que symbolise le scénario du jeu intitulé : « le dilemme du prisonnier » est celle de deux prisonniers suspectés d'une série de crimes graves. Un jour ils sont arrêtés pour une infraction moindre. Il n'existe aucune preuve ou évidence judiciaire les liant aux crimes plus graves, alors les enquêteurs tentent d'inciter les prisonniers à témoigner l'un contre l'autre en leur proposant une réduction de peine. Si l'un d'eux témoigne, il sera récompensé par l'immunité (récompense égale à 3), alors que l'autre écopera une longue peine de prison (peine = perpétuité, i.e. récompense =0). Si les deux témoignent, leur punition sera moins sévère (peine=5 ans, i.e. récompense : 1 pour chacun). Toutefois, s'ils coopèrent, c'est-à-dire l'un et l'autre nie tout, ils ne seront emprisonnés que brièvement pour violation de propriété privée (peine = 1 an, i.e.

récompense : 2 pour chacun). Indubitablement, la stratégie qui leur est mutuellement bénéfique est de collaborer en se promettant l'un et l'autre de tout nier. Cependant un bandit reconnait qu'il ne peut pas se fier à la promesse d'un autre bandit. Témoigner, procure un gain plus élevé, peu importe ce que décide l'autre prisonnier, par contre le témoignage entraîne une récompense inférieure pour les deux, lorsqu'ils adoptent la même stratégie. C'est bien ce qui constitue leur dilemme.

Le jeu du dilemme du prisonnier se pose dans divers contextes où les défections, trahisons, ou refus de collaborer entraînent généralement des résultats moins favorables. Ces exemples incluent entre autres, la course aux armements, un procès au lieu d'un règlement à l'amiable, la pollution de l'environnement ou une compétition commerciale basée sur les réductions de prix, dans tous les cas où le résultat peut être préjudiciable aux joueurs. Sa justification théorique [en tant que jeu] sur le plan individuel est parfois prise en considération dans les traités et les lois, ce qui généralement favorise la coopération.

Les spécialistes de la théorie des jeux ont tenté de s'attaquer à l'inefficience évidente du résultat du dilemme du prisonnier. Par exemple, le jeu change fondamentalement, s'il se joue plus d'une fois. Dans un jeu à répétition, les modèles de coopération tendent à s'établir comme comportement rationnel quand la peur de la punition à moyen ou long terme l'emporte sur le gain à court terme résultant de la défection.

1.3.2 : Historique et application de la théorie des jeux

L'un des premiers exemples d'analyse formelle en théorie des jeux remonte à l'étude d'un duopole par le mathématicien français Antoine Auguste Cournot (1838). Le mathématicien Émile Borel a aussi produit une théorie formelle des jeux en 1921, néanmoins reprise et renforcée par John von Neumann en 1928 dans une publication intitulée « la théorie des jeux de société » (de l'anglais : *theory of parlor games*). Cependant, la théorie mathématique des jeux n'arrive à s'imposer comme une discipline scientifique intégrale qu'après la publication en 1944 du monumental volume intitulé « *Théorie des jeux et comportements économiques* » (de l'anglais : *Theory of Games and Economic Behavior*) par le mathématicien von Neumann et l'économiste Oskar Morgenstern. Ces derniers ont fourni une grande partie de la terminologie de base de la théorie des jeux, incluant les configurations et les méthodes d'approche de problèmes.

John Nash révèle que les jeux finis comportent toujours un point d'équilibre où tous les joueurs finissent par décider de leur choix et action en fonction de ce qui convient le mieux à leurs intérêts, compte tenu de l'éventail de choix indépendants dont disposent leurs adversaires. Ainsi ce concept central de « *non-coopératif* » en théorie des jeux est devenu la référence en matière d'analyse. Tout au long des années 1950, la théorie des jeux s'élargit théoriquement et s'applique aux problèmes liés aux sciences politiques et aux stratégies de guerre en particulier. A partir des années 1970, la théorie des jeux entraîne une révolution en termes de théorie économique. Elle s'applique aussi bien en sociologie qu'en psychologie, elle permet notamment d'établir les liens entre la théorie de l'évolution et la biologie. La théorie des jeux reçoit une attention particulière vers 1994 avec l'attribution du prix Nobel d'économie au trio : Nash, John Harsanyi, et Reinhard Selten.

Vers la fin des années quatre-vingt-dix, la théorie des jeux s'est trouvé une application lucrative d'une très grande envergure, la conception de ventes à l'encan ou de ventes aux enchères.

D'éminents théoriciens des jeux sont été impliqués dans la conception des enchères pour l'attribution de droits d'usage de bandes du spectre électromagnétique dans l'industrie des télécommunications mobiles. Cette innovation a rapporté des milliards de dollars, aux États-Unis et en Europe particulièrement.

1.3.2.1 : Théorie des jeux et systèmes d'information

La cohérence, la robustesse et les fondements mathématiques de la théorie des jeux en font un outil idéal pour la modélisation et la conception automatisée de processus décisionnels dans des environnements interactifs. Par exemple, le contrôle de gestion efficiente de la régulation d'appel d'offres par des serveurs d'applications pour un site de vente aux enchères, ou des négociations automatisées, sans aucune possibilité de tricher, pour l'achat de bande passante de communication. Les systèmes informatiques gérant l'automatisation de décisions stratégiques renforcent la nécessité de systèmes de contrôle efficaces et robustes pour éviter tout abus et toute fraude. La théorie des jeux est la discipline qui répond mieux à ces exigences.

En termes d'outil mathématique pour le preneur-de-décision, la méthodologie que fournit la théorie des jeux pour structurer et analyser les problèmes de prise de décision stratégique constitue son atout le plus redoutable. Le processus de modélisation formelle d'une situation en un jeu exige du preneur-de-décision d'énumérer explicitement les joueurs et leurs options stratégiques, et d'examiner leurs préférences et leurs éventuelles réactions. La discipline impliquée dans la construction d'un tel modèle a déjà le potentiel d'offrir au preneur-de-décision une vision plus claire et plus large des situations. Il s'agit d'une application « prescriptive » de la théorie des jeux, dont l'objectif consiste à améliorer ou renforcer le processus de de prise de décision stratégique.

1.4 : De la théorie du chaos

Le concept du chaos est l'un des sujets de recherche les plus passionnants, et de plus en plus rependus ces dernières décennies. Habituellement, chaos est synonyme de désordre ou de confusion. Au sens scientifique, chaos implique un certain désarroi, mais en théorie du chaos le concept appartient à un registre tout à fait différent. La théorie du chaos étudie la façon dont les systèmes (objets, phénomènes, processus etc.) évoluent ; la transformation (changement) et le temps (durée) figurent parmi les éléments constituant le fondement du chaos. Le temps (climat) ou les prévisions météorologiques, la moyenne du Dow-Jones industriel, le prix des commodités et la taille des populations d'insectes, par exemple, changent tous avec le temps. Ces systèmes agissent généralement comme un groupe, une séquence d'éléments ou un ensemble de données chronologiquement ordonnées. Sur le plan qualitatif, l'intérêt se porte sur le comportement à long terme d'un système. Comment déterminer, par exemple, si l'enregistrement minutieux de tous les changements survenus au fil du temps permet de mieux appréhender un système.

En effet, suivant le paradigme, le concept de chaos diffère. L'espace ou la distance peut se substituer au temps, permettant ainsi de distinguer entre la notion de chaos spatial et celle de chaos temporel. Certains systèmes sont plus susceptibles que d'autres d'aboutir au chaos ; ils sont dits déterministes, non linéaires, ou dynamiques. Sur la base de ces qualités, il existe néanmoins une définition raisonnable du chaos : c'est une évolution sur le long terme qui est durable et apparemment désordonnée, répondant à des critères spéciaux en mathématiques et qui se produit dans un système non linéaire déterministe. Ainsi, la théorie du chaos désigne les principes et les opérations mathématiques qui sous-tendent le chaos. Les prochains paragraphes fournissent un sommaire de quelques notions selectes utilisées en théorie du chaos :

1.4.1 : Non linéarité

La non-linéarité indique que la sortie n'est pas directement proportionnelle à l'entrée, ou qu'un changement dans une variable ne produit pas un changement proportionnel ou une réaction dans la ou les variables associées. En d'autres termes, les valeurs d'un système à la fois ne sont pas proportionnelles à celle d'une période antérieure. Une autre définition, pour le moins circulaire, est que la notion de non-linéaire se réfère à tout ce qui n'est pas linéaire. Il en existe d'autres définitions mathématiques plus formelles, mais rigides, et complexes, qui seraient de nature à décourager certains lecteurs. Par exemple, une équation non linéaire est une équation impliquant deux variables, soit x et y dont les degrés sont soit supérieur ou inférieur à 1 ; jamais égal à 1 cependant. Bien que la définition de la notion de « non linéaire » semble intuitivement explicite, les experts peinent encore à en trouver une définition globale acceptable pour tous. Ceci n'en est pas moins vrai pour d'autres termes mathématiques courants, tels que : nombre, système, ensemble, point, infini, aléatoire, et certainement chaos.

La non-linéarité semble obéir au principe apparemment simple du tout ou rien, comme le gel de l'eau par exemple. Il ne se produit pratiquement rien tant que la température reste supérieure à zéro degré centigrade (0° C). A toute température en-dessous de ce seuil, l'eau gèle. Aussi, le graphe d'une relation non linéaire décrit généralement une courbe, alors que le graphe d'une équation linéaire décrit une ligne droite. Une équation linéaire (y = ax + b) désigne une équation dans laquelle les variables sont directement proportionnelles, ce qui signifie qu'aucune variable n'est dotée d'aucune autre puissance que 1.

1.4.1.1 : Dynamique

La dynamique implique la force, l'énergie, le mouvement ou le changement. Un système dynamique se meut, change, ou évolue dans le temps. Ainsi, le concept de chaos constitue le fondement de la dynamique des systèmes ou l'étude des phénomènes qui varient avec le temps ; de la dynamique non linéaire, de l'étude du mouvement non linéaire, ou de l'évolution. Les mouvements, les changements ou l'évolution sont des critères fondamentaux de l'existence ou de la vie, ils déterminent le quotidien, attirent toutes les curiosités, notamment celle de prévoir comment va se comporter un système à long terme, ainsi que leurs éventuelles implications telles que changement climatique : inondation, exode, tension sociales, escalade hors frontières, guerres etc…

Les systèmes dynamiques relèvent de deux catégories, selon que le système perd de l'énergie ou non. Le système conservateur ne connait aucun frottement, il n'enregistre aucune perte d'énergie avec le temps. En revanche, un système dissipateur génère des frictions, il perd de l'énergie au cours du temps et tend généralement vers une certaine condition asymptotique, susceptible de conduire au chaos.

1.4.1.2 : Multidisciplinarité du chaos

Pratiquement, tout ce qui évolue avec le temps peut être chaotique tels que les épidémies, la production de pollen, les populations, l'incidence des feux de forêt ou des sécheresses, les changements économiques, le volume de glace dans l'arctique, le taux ou le volume de précipitation, etc. Le chaos, objet d'innombrables recherches scientifiques, est aussi étudié dans beaucoup de domaines : physique, mathématiques, communications, chimie, biologie, physiologie, médecine, écologie, hydraulique, géologie, ingénierie, sciences de l'atmosphère, océanographie, astronomie, système solaire, sociologie, littérature, économie, histoire, relations internationales, etc. C'est ce qui lui confère sa reconnaissance interdisciplinaire. Le chaos constitue le lieu de convergence des différents domaines d'étude ou de recherches scientifiques.

1.4.1.3 : Proéminence incertaine

Les opinions divergent à propos de l'importance du chaos dans le monde réel. Il existe d'un côté ceux qui rejettent l'idée du chaos comme une curiosité mathématique, ils estiment que le concept est peut-être bien réel mais retiennent que jusqu'à présent les preuves sont plus illusoires que scientifiques. D'autre estiment que le concept du chaos est probablement surévalué, voire fictif. Les adhérents à ce dernier groupe, notamment de nombreux spécialistes du chaos, soutiennent que le chaos étant un modèle mathématique (itérations d'équations non linéaires), il ne se limite qu'à des études de laboratoire sous forme d'expériences étroitement contrôlées. Personne, soulignent-ils, ne l'a encore étudié grandeur nature dans le monde physique ou réel.

Au bout du compte, il existe aussi un groupe découlant de la frange exubérante et extatique. Ce groupe euphorique soutient que le chaos est la troisième révolution scientifique du XXe siècle, selon eux il supplanterait même la théorie de la relativité et la mécanique quantique. Ces opinions s'appuient probablement sur les rapports de chercheurs identifiant le chaos dans les réactions chimiques, le temps, le mouvement des astéroïdes, le mouvement des atomes dans un champ électromagnétique, les lasers, l'activité électrique du cœur et du cerveau ; aussi bien que les fluctuations de population, de la faune et de la flore, le marché boursier, et même dans les cris des nouveau-nés. Certains de ces adeptes enthousiastes, estiment qu'il existe maintenant des preuves substantielles, quoique non rigoureuses, que le chaos est la règle plutôt que l'exception dans la dynamique newtonienne. Joseph Ford par exemple, professeur de physique à l'Institut de Technologie de la Georgie, déclare que « peu d'observateurs doutent que le chaos soit omniprésent dans toute la nature ».

La vérification ou la réfutation de telles assertions nécessitent évidemment beaucoup de recherches ; c'est en effet comme une couleuvre essayant d'avaler sa queue. En dépit de ces divergences, la théorie du chaos se fraye légitimement une place en tant que sujet d'étude, et figure dans divers programmes d'universités et écoles supérieures.

1.4.1.4 : Causes du chaos

Le chaos, comme indiqué précédemment, peut naître simplement par l'itération d'équations mathématiques. Les conditions nécessaires à l'émergence du chaos dans la réalité, ne sont pas assez connues. En d'autres termes, si le chaos se développe dans la nature, la raison n'est généralement pas toujours déterminée. Trois causes probables ont été cependant retenues :

- L'augmentation d'un facteur de contrôle en une grandeur suffisamment élevée pour que le comportement chaotique, sous forme de désordre apparent, s'installe. Des calculs mathématiques et des expériences contrôlées en laboratoire confirment cette hypothèse liée à l'initiation du chaos. Ces exemples sont des itérations d'équations de diverses sortes, impliquant par exemple : le chauffage sélectif de fluides dans de petits récipients ou les expériences de Rayleigh-Benard, et les réactions chimiques oscillantes ou les expériences de Belousov-Zhabotinsky. Il est probable que ces mêmes causes influencent les systèmes physiques naturels dans le monde réel. Les professeurs de l'université d'Etat de Washington, Alan A. Berryman et Jeffrey A. Millstein pensent que les écosystèmes naturels ne deviennent normalement chaotiques, mais l'influence ou l'interférence humaines semble être déterminante par exemple : l'extermination des prédateurs ou l'augmentation du taux de croissance d'un organisme grâce à la biotechnologie, etc.

▪ L'interaction non linéaire de deux ou plusieurs opérations physiques distinctes. Le double pendule, c'est à dire un pendule suspendu à l'extrémité inférieure d'un autre pendule, contraint de se déplacer dans un plan, en constitue un exemple classique. En mettant deux pendules identiques en tandem, ils se produite une démonstration dramatique de croissance distincte des conditions initiales intrinsèques au mouvement chaotique.

▪ L'effet du bruit environnemental constamment présent sur des mouvements autrement réguliers. Le phénomène représentant un tel bruit influence la tentation d'analyser ou d'associer le chaos à une série chronologique.

1.4.2 : Enjeux de l'analyse du chaos

Les raisons fondamentales qui poussent vers la recherche du chaos dans l'analyse et dans l'observation d'un ensemble de données ne manquent pas :

• La recherche du chaos par l'analyse des données peut indiquer si les fluctuations apparemment aléatoires représentent un système ordonné déguisé. Si la séquence s'avère chaotique, il existe une chance de découvrir la loi qui la gouverne ainsi que l'émergence de nouveaux savoirs garantissant une meilleure compréhension du concept.

• L'identification du chaos peut conduire à une plus grande précision dans les prédictions à court terme. Selon J. Doyne Farmer, professeur de mathématique à Oxford, et son collègue John J. Sidorowich, du centre des études non linéaires de Los Alamos National Laboratory, la plupart des prévisions sont actuellement faites par des méthodes linéaires. La dynamique linéaire ne pouvant produire le chaos, les méthodes linéaires ne sauraient produire de bonnes prévisions pour les séries chronologiquement chaotiques. Combinant les principes du chaos, notamment les méthodes non linéaires, Farmer et Sidorowich ont constaté que leurs prévisions pour de courtes périodes sont environ 50 fois plus précises que celles obtenues en utilisant des méthodes linéaires standard.

• L'analyse du chaos peut révéler des délais de prévisions fiables et peut ainsi permettre d'identifier les conditions limites temporelles des prévisions à plus long terme. Il est très utile, dans le cas d'un système chaotique, de savoir la limite temporelle de fiabilité d'une prévision, dans la mesure où toute prédiction pour une période postérieure s'avère inutile. Comme l'a dit James A. Yorke, professeur de mathématique à l'université de Maryland (USA) : « Cela vaut la peine de savoir à l'avance quand vous ne pouvez pas prédire quelque chose ».

• Reconnaître le chaos faciliterait la modélisation. Un modèle est une représentation simplifiée d'un processus ou d'un phénomène. Les modèles physiques (ou à l'échelle) sont des répliques miniatures d'un système réel ou conceptuel, par exemple un modèle d'avion. Les modèles mathématiques ou statistiques expliquent un processus en termes d'équations ou de statistiques. Les modèles analogiques permettent de simuler un processus ou un système en utilisant des paramètres physiques analogues un à un d'un autre système : longueurs, surfaces, intensités, tensions, etc. Enfin, les modèles conceptuels sont des représentations qualitatives ou prospectives d'un processus. Certains attribuent souvent l'évolution irrégulière aux effets de nombreux facteurs ou variables externes, et tentent de modéliser cette évolution à l'aide de la statistique ou de la mathématique. D'autre part, seules quelques variables ou des équations déterministes peuvent décrire le chaos.

De nombreux domaines et disciplines scientifiques profitent des avantages généralement qualitatifs découlant de la découverte et du développement de la théorie du chaos.

1.4.2.1 : Appréhension de l'aléatoire

Une équation simple et déterministe peut créer une série chronologique très irrégulière ou non systématique, incitant à reconsidérer et à réviser l'idée longtemps considérée d'une nette séparation entre déterminisme et aléatoire. Pour en expliquer cela, il importe de se pencher sur la signification de la notion d'aléatoire, parce qu'en résumé, il n'en existe aucun lien. La notion d'aléatoire a été longtemps assimilée à ce qui est désorganisé, problématique, dépourvu d'ordre apparent ou de modèle. Cependant, cette perspective semble être mise en déroute par toute une liste assez longue d'événements aléatoires indiquant des associations de formes ou comportements laissant l'impression d'une certaine sélection, voire de certaines règles. Le terme « aléatoire » semble avoir récolté un minimum de consensus autour des critères suivants :

- Toutes les valeurs possibles ont une chance égale de sélection ;

- Une observation donnée n'est pas susceptible de se reproduire ;

- Toute observation ultérieure est imprévisible ;

- Certaines, sinon toutes les observations sont difficiles à calculer.

La notion d'aléatoire peut aussi désigner des moyens ou événements basés strictement sur un tirage au sort, où les effets déterministes demeurent négligeables. Cette définition implique, contrairement au gros bon sens, que tout ce qui est aléatoire comporte en quelque sorte un déterminisme inhérent, aussi minime soit-il. Même le tournoiement d'une pièce de monnaie lancée en l'air varie selon une certaine influence ou forces associées. Ainsi, est-il juste de faire valoir qu'il n'existe pas de véritable événement aléatoire, sans aucun déterminisme ou influence extérieure. En d'autres termes, les deux termes « aléatoire » et « déterministe » ne s'excluent pas mutuellement ; tout événement aléatoire peut être également déterministe et les deux termes peuvent caractériser la même séquence de données. Cette notion signifie également que la notion d'aléatoire peut comporter des degrés différents. Dans ce contexte, aléatoire implique un déterminisme négligeable.

Certains attribuent toute apparence aléatoire à l'interaction de processus complexes ou d'effets de forces externes inconnues ou non mesurées. Ainsi analysent-ils systématiquement les données à l'aide des statistiques. La théorie du chaos montre qu'un tel comportement peut être attribuable à la nature non linéaire du système plutôt qu'à d'autres causes.

1.4.2.2 : Technologie des systèmes dynamiques

La reconnaissance et l'étude du chaos favorisent toute une nouvelle technologie liée à la dynamique des systèmes. La technologie s'enrichit collectivement de nombreuses nouvelles techniques (qualitativement meilleures), la dynamique non linéaire, l'analyse des séries temporelles, la prévision sur le court et sur le long terme, la quantification des comportements complexes et la caractérisation numérique des objets non-euclidiens. En d'autres termes, l'étude du chaos a développé des procédures qui s'appliquent à de nombreux types de systèmes complexes, pas seulement chaotiques. En conséquence, la théorie du chaos permet de décrire, d'analyser et d'interpréter des données temporelles - chaotiques ou non - de façon nouvelle, différente, et vraisemblablement meilleure.

1.4.2.3 : Systèmes dynamiques non linéaires

La théorie du chaos provoque une résurgence dramatique d'intérêts pour les systèmes dynamiques non linéaires. Elle contribue ainsi à l'accélération d'une nouvelle approche en science et dans le domaine de l'analyse numérique en général. Alors, il n'est guère surprenant que la Fédération Internationale des Analystes Non Linéaires (de l'anglais : *International Federation of Nonlinear Analysts*, fnaworld.org) soit seulement créée en 1991. Ce qui diminue quelque peu le rôle apparent des processus linéaire. Les scientifiques réfléchissaient par exemple aux processus de la Terre en termes newtoniens, c'est-à-dire, considérés comme étant raisonnablement prévisibles, dans la mesure où les lois appropriées et la condition présente sont déterminées. Cependant, la non linéarité de nombreux processus, ainsi que la dépendance sensible associée aux conditions initiales, rend très difficile voire impossible de faire des prévisions fiables. Autrement dit, la théorie du chaos révèle surtout l'impossibilité de faire des prévisions ou des prédictions précises à long terme. Dans certains cas, elle indique également comment des situations arrivent-ils à se produire. La théorie du chaos apporte des perspectives plus claires et une compréhension du monde tel qu'il est.

1.4.2.4 : Contrôle du chaos

La théorie du chaos révèle des circonstances dans lesquelles il serait désirable d'éviter le chaos, de guider un système hors de chaos, et de concevoir un produit ou un système capable aussi bien de se diriger vers le chaos ou de s'en prémunir, de stabiliser le phénomène ou le contrôler, de l'encourager ou l'améliorer, voire de le cultiver et de l'exploiter. Ces objectifs sont d'ailleurs activement poursuivis par des chercheurs. Il existe déjà un ensemble de théories sur la manière de contrôler le chaos ; le professeur Alan Andrew Berryman énumère un éventail d'idées permettant d'éviter le chaos en écologie. La physiologie est l'un des domaines où les chercheurs s'estiment encouragés par la théorie du chaos ; l'étude des maladies, de la dépression mentale, des troubles nerveux, l'étude du cerveau et du cœur, révèlent que de nombreuses caractéristiques physiologiques indiquent un comportent chaotique parfois chez des individus en bonne santé, mais encore plus régulièrement chez des sujets en moins bonne santé. Le chaos se manifeste avec une plus grande efficacité dans les processus de mélange par exemple, contrairement à la perception. Enfin, la théorie du chaos se révèle aussi très utile dans le cryptage des messages numériques.

1.4.3 : Développement historique

Le terme « chaos » remonte à la mythologie grecque. Il désignait alors le vide primordial de l'univers avant l'avènement, pour ainsi dire, des choses et des êtres, d'une part ; et la perception du gouffre des abysses de l'au-delà, d'autre part. Un peu plus tard, il désignait plutôt l'état initial de la matière ou de l'existence. Depuis des siècles et dans le domaine de la religion notamment, la notion de chaos se voit attribuer beaucoup de significations différentes, voire ambiguës. Dans le langage courant [d'aujourd'hui], il signifie habituellement une condition de confusion totale, dominée par un manque absolu d'ordre ou d'organisation. En 1974, le professeur australien Robert May, est reconnu comme le premier à assimiler le chaos au comportement non linéaire déterministe, par probité intellectuelle cependant, il insiste toujours et tient plutôt à en accorder la paternité à l'ingénieur mathématicien James Yorke.

1.4.3.1 : Fondation

L'apparition d'éléments et de fragments de texte rapprochent la notion de chaos à celui du déterminisme par des scientifiques notamment des mathématiciens semble remonter aussi loin que le XIXe siècle. C'est le cas par exemple, des hypothèses qui sous-tendent le concept de « condition initiale » et de son imprévisibilité sur le long terme. En 1873, le célèbre physicien britannique James Clerk Maxwell déclare que « *[...] Lorsqu'une variation infiniment petite de l'état présent peut entraîner une variation finie de l'état du système dans un temps fini, on dit que l'état du système est instable, et rend impossible la prédiction d'événements futurs, dans la mesure où l'état actuel est simplement approximatif, et imprécis* ».

Selon le mathématicien français Jacques Hadamard, une erreur ou un écart dans les conditions initiales peut rendre imprévisible le comportement à long terme d'un système. En 1908, le mathématicien français, physicien et philosophe Henri Poincaré s'injecte dans le débat, il indique que les différences même infinitésimales dans les conditions initiales peuvent éventuellement conduire à des différences incommensurables, ce qui rend impossible, toute prévision objective. A partir du début du XXe siècle, la notion générale de sensibilité aux conditions initiales avait disparu du radar jusque dans les années soixante, avec l'entré dans l'arène scientifique du mathématicien et météorologue américain Edward Lorenz dont le concept baptisé vulgairement « effet papillon » a été repris partout à travers le monde. L'on y revient au cours des prochains paragraphes, notamment avec l'attracteur étrange de Lorenz (fig. 2.4.2).

Développé au XIXe siècle, le concept d'entropie constitue aussi une notion fondamentale dans le domaine de la théorie du chaos. D'éminents scientifiques de cette période soutiennent et défendent le concept, dont le Français Sadi Carnot, l'Allemand Rudolph Clausius, l'autrichien Ludwig Boltzmann, pour n'en citer que ceux-là. L'autre concept important de cette époque a été l'exposant de Lyapunov qui permet de quantifier la stabilité ou l'instabilité d'un système dynamique; parmi les principaux contributeurs figurent le mathématicien Russo-Suédois Sofya Kovalevskaya et le mathématicien Russe Aleksandr Lyapunov.

Au cours du vingtième siècle, de nombreux mathématiciens et scientifiques ont contribué au développement de la théorie du chaos telle qu'elle est devenue aujourd'hui. A partir des années cinquante (1950), certains biologistes manifestent énormément d'intérêts pour la théorie du chaos. Cependant, la communauté scientifique s'accorde à reconnaitre que l'intérêt vivide actuel pour la théorie du chaos provient en grande partie d'un article publié en 1963 par le professeur Edward Norton Lorenz de l'Institute de Technologie du Massachusetts (MIT). Tentant de modéliser la météo à partir d'ordinateurs, Lorenz tente un jour de simuler un modèle dérivé. Il lance le programme, puis quitte la salle pour se rafraichir pendant sa pause. Revenu quelques instants plus tard pour inspecter les « deux prochains mois » de prévision météo, il s'étonne alors de constater à quel point que les prévisions pour les étapes ultérieures s'écartaient radicalement de celles du test original antérieurement réalisé. Il réalise ainsi qu'il avait omis de placer autant de décimales dans les variables du programme [informatique] de simulation en comparaison au précédent test. Ainsi la notion de

« *dépendance sensible aux conditions initiales* », a depuis émergé comme une caractéristique principale de la notion de chaos. Il importe de retenir cependant, que la théorie du chaos est le fruit de l'effort de collaborations de nombreux scientifiques appartenant à diverses disciplines, notamment des mathématiciens et des physiciens.

La réconciliation

Il a fallu atteindre le début des années 1970 pour recoller les morceaux épars de la théorie du chaos en une discipline scientifique consistant. Ceci a notamment été favorisé par les ordinateurs rapides devenus non seulement disponibles mais plus abordables, sans oublier l'importance fondamentale et combien cruciale de la mathématique et particulièrement du concept de la non-linéarité. Les progrès en informatique ainsi que l'accessibilité à des ordinateurs rapides favorisent l'étude de la non-linéarité et du chaos. Les ordinateurs peuvent réitérer des calculs et des opérations extrêmement complexes sans monter le moindre signe de fatigue, ils y excellent et le font mieux, et de loin plus vite, et plus précis que tous les humains les plus doué réunis. La théorie du chaos est aujourd'hui intrinsèquement soudée à l'informatique et à de nombreuses autres disciplines susmentionnées.

DEUXIEME PARTIE

De la Cybernétique

Résolus de vivre libre ou de mourir, les héros de l'armée indigène ont sans doute sauvé l'humanité des cruautés de l'occident-chrétien. Sans le sacrifice de ces vaillants soldats haïtiens, Barack Obama, Président américain et leader de l'occident *(2008-2016)*, aurait pu être plutôt dans les champs, le torse et le dos balafrés par les coups de fouet des sauvages. Cependant, si d'autres en profitent, le peuple haïtien en pâtit ; car pour lui la pendule de l'humanité s'est arrêtée nette au 17 octobre 1806 où la trahison et la cruauté ont pris le dessus. Deux siècles plus tard, il en résulte un Etat en déliquescence totale, une société en léthargie que dévorent des politiciens prédateurs et sans scrupules, ainsi que d'autres chacals d'agences locales et internationales.

Les notions ou concepts évoqués dans la théorie du continuum nation-Etat sont souvent présents dans les discours, débats ou colloques sur Haïti ; parfois, avec beaucoup de rigueur tant scientifique qu'académique. Ceci confirme qu'un individu peut disposer de tous les ingrédients nécessaires pour réaliser un gâteau aux carottes sans jamais y parvenir, tant qu'il ne dispose ni de la bonne recette, ni de l'aide d'un pâtissier qui en a déjà réalisé un, voire plusieurs gâteaux. Les principaux opérateurs qui dominent l'arène politico-économique d'Haïti peuvent persister dans leur démarche morbide pendant deux autres siècles encore ; les résultats seraient toujours et aussi désastreux. A l'instar des flibustiers, ils ignorent les principes fondamentaux de gouvernance. Il est donc venu le temps, particulièrement aux individus des classes privilégiées, de choisir entre continuer à nager dans la marre puante de la corruption et de l'incompétence, ou s'élever et naviguer sur les flots de la gouvernance.

Certains répètent, sans trop y penser sans doute, que le pays ne sortira pas de cette situation abjecte, tant que la raison des raisons qui l'y ont conduit n'est pas élucidée. Si l'on se réfère cependant à la théorie ou au principe de l'incertitude introduit en 1927 par le physicien allemand Werner Heisenberg, une telle assertion comporterait une faiblesse majeure ; la théorie de l'incertitude stipule en effet que plus l'on détermine avec précision la position de certaines particules, moins l'on a de précision sur leur trajectoire et vice versa. En vertu du principe de la condition initiale soutenu par la théorie du chaos, la situation calamiteuse d'Haïti remonterait à plus d'un demi-millénaire, aussi loin que la découverte des côtes de l'Afrique de l'Ouest ; en considérant notamment l'ordonnance de 1452, du pape Nicholas V, adressé au roi Alphonse V du Portugal, qui confirme le droit du Portugal et de l'Espagne de « *conquérir et asservir les païens* ».

L'humain se révèle davantage rationalisant que rationnel, le passé l'intéresse autant que l'avenir. Le passé s'analyse alors que le futur se construit. L'accumulation d'échecs dans le passé, rend le présent encore plus urgent pour l'avenir. Appréhender le passé, et saisir l'urgence du présent pour assurer l'avenir ne sont ni mutuellement exclusifs, ni forcément consécutifs.

Les Sociétés ou les Etats sont des systèmes complexes, leur gouvernance n'en demeure pas moins complexe. La cybernétique est la théorie générale de la régulation, du contrôle et de la communication à l'intérieur des systèmes ; les organismes vivants ou les entités biologiques complexes constituent le modèle de référence dans le domaine de la cybernétique. Le professeur britannique, Stafford Beer introduit le concept de système viable (de l'anglais : *viable system model*) dans son ouvrage publié en *1972*, intitulé : « *Le cerveau de l'organisation* » (de l'anglais « *Brain of the firm* »). Il le définit alors ainsi : « *[…] un system viable est un système autonome, c'est à dire un system doté d'une finalité, et qui est capable de se reproduire.* »

L'homéostasie est un processus physiologique permettant de maintenir globalement et simultanément tous les paramètres clés de l'organisme, tels que la température du corps [d'un animal homéotherme] ou le taux de sucre dans le sang, en gardant leurs valeurs entre les limites normales ou favorables. Dans le cas des humains, par exemple ce processus est essentiel à la vie, son disfonctionnement peut se solder par des maladies telles que l'hypertension ou le diabète. La cybernétique récupère le concept et l'étend au-delà des frontières de la biologie. Ainsi les concepts tels que « homéostasie » et « boucle de rétroaction négative » sont pratiquement équivalents.

La rétroaction demeure l'un des principes fondamentaux de la cybernétique ou de la théorie des systèmes. Ce principe génère et traite d'innombrable quantité d'information. En l'absence de régulation et de fluidité, l'abondance engendre l'inconfort et le chaos. Par conséquent, la technologie du numérique, particulièrement l'ingénierie des systèmes joue un rôle fondamental dans l'application de la cybernétique en tant que système formel de gouvernance.

De la Cybernétique

La théorie de l'information et la cybernétique sont étroitement liées. L'informatique, science du traitement automatique de l'information, est devenue une ressource essentielle et déterminante en matière de gouvernance. Celle-ci requiert une infrastructure technologique de pointe, à la fois sophistiquée et appropriée telle que le « *Cloud Computing* » qui permet d'optimiser les ressources informatiques en créant des serveurs et des réseaux virtuels faciles à configurer, à déployer, et à gérer en quantités astronomiques. Ces infrastructures reposent sur des « Datacenter » géants et robustes, scrupuleusement configurées et protégés, munis de systèmes d'applications gouvernés par des algorithmes complexes assurant une circulation fluide, efficace et bien régulée de l'information à tous les niveaux, et en tout point du continuum nation-Etat.

2.1 : Historique

La cybernétique s'intéresse aux principes abstraits de l'organisation ou de la gouvernance dans les systèmes complexes. Elle ne se préoccupe pas tant de savoir en quoi consistent les systèmes, elle fait ainsi abstraction des boîtes noires (de l'anglais : *black box*). Elle se focalise plutôt sur leur comportement ou accomplissement en raison de leur finalité. Elle décortique le modèle des systèmes, la façon dont ils collectent et traitent l'information, et le système de contrôle leur permettant de poursuivre et d'atteindre leurs objectifs tout en compensant ou en neutralisant des perturbations d'ordre divers.

Le terme cybernétique apparaît pour la première fois dans l'Antiquité avec le philosophe grec Platon, et plus tard au XIXe siècle, avec le mathématicien et philosophe français André-Marie Ampère qui définit la cybernétique comme « la science de la gouvernance efficiente ». Le concept a eu ses lettres de noblesses avec le mathématicien Norbert Wiener dans un livre paru en 1948, intitulé : « *Cybernétique, ou l'étude de contrôle et de communication à l'intérieur de l'animal et ou de la machine* ». Wiener élabore ce que l'on appelle aujourd'hui la théorie générale de la régulation, du contrôle et de la communication à l'intérieur des systèmes complexes, grâce au confluent des recherches entreprises durant la seconde guerre mondiale, et de certaines avancées de la période de guerre en systèmes de contrôle tels que le servomécanisme, le système de contrôle d'artillerie anti-aérienne, et la contemporanéité de développement de théories mathématiques dont cette de la communication [ou de l'information] élaborée par le mathématicien américain Claude Shannon.

La théorie de l'information, la théorie du contrôle, et l'ingénierie des systèmes ont évolué et sont aujourd'hui devenus des disciplines autonomes. La cybernétique se distingue surtout par l'emphase mise sur le contrôle et la communication non seulement dans les systèmes mécaniques ou artificiels, mais aussi dans les systèmes évolués, les systèmes naturels tels que les organismes vivants et les sociétés qui déterminent et fixent eux-mêmes leurs objectifs, indépendamment de la volonté de leurs créateurs.

La cybernétique moderne est issue d'une série de rencontres interdisciplinaires tenues vers la fin des années quarante (1940), jusqu'au début des années cinquante (1950), qui a réuni un certain nombre d'intellectuels de la période d'après-guerre, notamment Wiener, John von Neumann, Warren McCulloch, Claude Shannon, Heinz von Foerster, W. Ross Ashby, Gregory Bateson et Margaret Mead. Connus sous le nom des « Conférences de Macy » sur la cybernétique, ces évènements ont été hébergés par la Fondation Josiah Macy. Focalisé initialement sur les machines et les animaux, la cybernétique s'est rapidement élargie de manière à englober les études sur le cerveau telles que les travaux de Bateson et d'Ashby, et celles sur les systèmes sociaux telles que la gestion cybernétique de Stafford Beer, rejoignant ainsi l'idée originale de Platon et d'Ampère qui privilégie la notion de régulation, de contrôle et de communication à l'intérieur de la Société ou de l'Etat.

La cybernétique présente une affinité parfaite avec l'école de la théorie générale des systèmes (GST) (de l'anglais : *General Systems Theory*). Cette dernière est fondée à peu près à la même époque par Ludwig von Bertalanffy comme une tentative de construire une science unifiée basée sur les principes communs qui régissent les systèmes intelligents, ouverts, et évolutifs. La théorie générale des systèmes étudie les systèmes dans tous leurs aspects et généralités, alors que la cybernétique s'intéresse particulièrement à l'aspect de contrôle et de poursuite ou d'accomplissement d'objectifs en fonction de leur finalité, c'est-à-dire des systèmes fonctionnels dotés d'une certaine forme de contrôle de management intégré. La question de l'étanchéité des frontières ou de l'étendue relative de ces domaines suscite encore des discussions cependant, chacun de ses domaines s'assimile à une démarche formelle et globale dans le but de forger une théorie transdisciplinaire.

L'une des plus importantes contributions de la cybernétique demeure sans doute l'émergence et l'explication de la notion de finalité ou du comportement orienté-objectif ; une caractéristique intrinsèque de l'intelligence et de la vie, en termes de contrôle et de communication. Les boucles de rétroaction négative qui s'évertuent à atteindre et à maintenir des objectifs sont considérés comme des modèles de base en matière d'autonomie qui une caractéristique propre des organismes ou des systèmes complexes car leur comportement, quoique résolu, n'est pas strictement déterminé par des influences environnementales ou par des processus internes de dynamique. Ils sont dans une certaine mesure des acteurs indépendants jouissant du libre-arbitre.

Les travaux actuels dans le domaine de la robotique et des agents autonomes ne sont possibles que grâce à la cybernétique. Compte tenu des progrès technologiques de la période d'après-guerre, les pionniers de la cybernétique en ont profité pour explorer les limites et les similarités entre les systèmes technologiques et biologiques. Grâce à la théorie de l'information, aux circuits numériques [même précoces], et à la logique booléenne, ils sont parvenus à simuler le cerveau à l'aide des systèmes numériques, l'intelligence à l'aide de l'information, et le corps à l'aide de machines.

La cybernétique a exercé une influence déterminante sur l'émergence et le développement de diverses sciences modernes, telles que la théorie du contrôle, l'informatique, la théorie de l'information, la théorie des automates, l'intelligence artificielle et les réseaux de neurones artificiels, les sciences cognitives, la modélisation et la simulation informatique, les systèmes dynamiques, la science de vie artificielle, etc. Les principaux concepts sur lesquels reposent ces domaines tels que la complexité, l'auto-organisation, l'autoreproduction, l'autonomie, les réseaux, l'adaptation ou l'évolution, et le connexionnisme ont d'abord été explorés dans le cadre de la cybernétique durant les années quarante et cinquante. L'architecture des ordinateurs, la théorie des jeux, et les automates cellulaires par von Neumann ; l'analyse des auto-organisations par Ashby et von Foerster ; les robots autonomes par Braitenberg ; et les réseaux de neurones artificiels, les perceptrons, et les classificateurs par McCulloch, en sont de manifestes exemples.

2.1.1 : Evolution de la cybernétique

La cybernétique s'intéresse dès le début aux similitudes entre les machines et les systèmes vivants autonomes. Depuis de cette période d'après-guerre, la fascination exercée par les nouvelles technologies de contrôle et de l'information favorise l'émergence du paradigme d'ingénierie où c'est le concepteur [i.e. le créateur] du système qui détermine la tâche et le comportement du système. Toutes ces disciplines, dont la science informatique et l'ingénierie de contrôle deviennent totalement indépendantes, la cybernétique éprouve ainsi le besoin de se distinguer clairement de ces approches plutôt « mécanistes », en insistant plutôt sur l'autonomie, l'auto-organisation, la cognition et le rôle de l'observateur dans un système de modélisation. Cette autre école de pensée qui présente une articulation plus ou moins parfaite et cohérence depuis les années soixante-dix (1970) est surtout connue comme la cybernétique du second ordre.

La nouvelle école stipule que jusque-là, toutes les connaissances des systèmes sont véhiculées par des représentations simplifiées ou des modèles ignorant implicitement les aspects du système qui sont sans rapport direct avec l'application pour laquelle le modèle a été conçu. Les propriétés des systèmes doivent être distinctes de celles de leurs modèles qui eux-mêmes dépendent de leurs créateurs, préconise-t-elle. En revanche, un ingénieur travaillant avec un système mécanique, connaît presque toujours sa structure interne et son comportement avec un lustre de précision, et a ainsi tendance à faire peu de cas de la distinction entre système et modèle, agissant ainsi comme si le modèle était le système.

En d'autres termes, la cybernétique [du premier ordre], étudierait le système comme s'il s'agissait d'un objet ou d'une machine dont la valeur ne dépasse guère la somme des valeurs des pièces qui la composent, et qui peut être soit librement observé, manipulé et démonté. La cybernétique [du second ordre] qui étudie plutôt un organisme ou un système social reconnaît d'autre part ce système comme un agent à part entière qui est en interaction avec un autre agent qui pourrait par exemple être un observateur. Conformément à la mécanique quantique, l'observateur et l'observé ne peuvent pas être séparés dans ce cas, et le résultat des observations dépendra de leur interaction. L'observateur est ainsi un système cybernétique essayant de construire le modèle d'un autre système cybernétique. Pour comprendre ce processus, il est besoin d'une cybernétique de la cybernétique, c'est-à-dire une méta-cybernétique, rangée plus haut dans l'école du second ordre.

L'emphase mise sur les questions épistémologiques, psychologiques et sociales, par l'école de cybernétique dite du second ordre, sert toutefois de complément au courant réductionniste qui profite des importants progrès en science et en technologie pour s'émanciper. Ils paraissent avoir péché cependant, ils insistent sans doute un peu trop sur la nouveauté de l'approche du second ordre. Il importe de noter que la plupart des fondateurs de la cybernétique moderne, dont Ashby, McCulloch et Bateson semblent explicitement ou implicitement accorder autant d'importance dans leur approche à l'autonomie, à l'auto-organisation et la subjectivité de la modélisation. Par conséquent, ils peuvent difficilement être dépeints comme réductionnistes, ou tout simplement d'appartenir à l'école du premier ordre. Deuxièmement, les porte-drapeaux intellectuels de l'école du second ordre dans les années soixante-dix, dont Heinz von Foerster, Gordon Pask et Humberto Maturana, étaient eux-mêmes directement impliquées dans le développement de la cybernétique dit du premier ordre des années cinquante et soixante. En effet, l'observation historique de la cybernétique révèle un développement continu vers l'autonomie et l'influence de l'observateur, et non une nette rupture entre les générations ou les approches. En réalité, toutes les perspectives de la cybernétique dite du second ordre demeurent fermement ancrées dans les bases ou dans les fondements de la cybernétique.

Il est à noter également que la ferveur idéologique qui imprègne le mouvement du second ordre, semble être plutôt contre-productive dans certains cas. L'accent mis sur la complexité irréductible des diverses interactions système-observateur et sur la subjectivité de la modélisation aurait favorisé l'abandon des approches formelles et de la modélisation mathématique en général pour se confiner à un discours philosophique ou quasi littéraire. Il est ironique de constater que l'une des simulations informatiques les plus élégantes de l'école du second ordre, soutenant que le modèle affecte le système même qui est censé le modéliser, n'a pas été créé par un cybernéticien à proprement parler, mais par un économiste Brian Arthur. Par ailleurs, certains estiment que la fascination de la cybernétique du second ordre, notamment le concept d'autoréférence, où l'observateur observe l'observateur qui l'observe, favorise un détachement potentiellement sans doute dangereux de situations ou de phénomènes concrets.

2.1.1 : La cybernétique aujourd'hui

En dépit de son rôle historique inestimable, la cybernétique [pure] peine encore à s'établir comme une discipline académique autonome. Ses praticiens sont relativement, peu nombreux et non mieux organisés. Il existe peu de centres de recherche qui se focalisent sur le sujet, et encore moins de programmes académiques. Plusieurs raisons peuvent en être responsables, y compris la complexité intrinsèque et le côté abstrait de ce domaine interdisciplinaire, le manque d'ouvrages récents et surtout le manque de publications régulières, les flux et reflux des modes scientifiques, et sans doute, l'excès de pouvoir apparent du mouvement du second ordre.

La croissance rapide de disciplines [dérivées] plus spécialisées et orientées application, telles que l'informatique, l'intelligence artificielle, les réseaux neuronaux et les technologies de contrôle tendent à détourner l'enthousiasme ou l'intérêt, non seulement des ingénieurs mais surtout des investisseurs ou des bailleurs de fonds, de la discipline-mère c'est à dire la cybernétique. Ce qui accentue la difficulté à maintenir la cohérence d'un domaine interdisciplinaire aussi vaste, affectant d'une manière générale la vulgarisation des sciences des systèmes, y compris la Théorie Générale des Systèmes (TGS).

Quand l'hystérie s'éveille

Un autre facteur de réclusion, est cette chape de plomb, sorte de vestige de la guerre froide, qui semble vouloir ensevelir, voire vilipender la cybernétique. En dehors du cercle fermé d'ingénieurs et de journalistes avisés, personne ne semble faire le rapprochement entre la cybernétique et le coup d'état brutal et sanglant contre le Chili et Salvador Allende en 1973. Fomenté par la CIA, commandité et financé par l'oligarchie, et exécuté par les militaires, ce carnage révèle l'hystérie ou l'attitude irrationnelle de Washington face à l'autonomie des Etats de la sous-région. « Il ne fallait pas que les peuples sachent », dirait Herbert Pagani.

La cybernétique a été considérée secret-défense par le département américain de la défense appelé aussi Pentagone. La vulgarisation de la cybernétique par Wiener n'a pas été sans heurt, il en a payé un prix très sévère. Il a été l'objet de harcèlement, d'isolation et de toute sorte de tracasseries imaginables par le gouvernement qu'il a servi. D'autres disciplines affines à la cybernétique, telles que la théorie de l'information et la théorie des jeux ont longtemps été considérés secret défense.

Les théories pavent souvent la voie au développement scientifique et technologique, ainsi qu'à la conception ou à la création de nouvelles machines, et de nouveau systèmes, dont le simple essai ou usage ne manquerait pas d'éveiller la curiosité d'autres scientifiques pour qui l'ingénierie inversée ou la rétro conception constitue le sport préféré.

Cybernétique Appliquée

Réincarnation ou résurgence

Les théories fondamentales de la cybernétique ont été assimilées par d'autres disciplines qui continuent encore d'influencer les développements scientifiques. Des principes cybernétiques importants semblent avoir été occultés ou dissimulés, afin de réapparaître [ou d'être réinventés] dans différentes disciplines. Parmi les exemples, figurent les réseaux neuronaux inventés d'abord par la cybernétique dans les années quarante et cinquante puis repris à la fin des années soixante, avant resurgir à la fin des années quatre-vingt, l'interaction autonome par la robotique et l'intelligence artificielle dans les années quatre-vingt-dix, et les effets de la rétroaction positive dans des systèmes complexes redécouverts par des économistes dans les années quatre-vingt-dix.

La cybernétique constitue une source intarissable, où puisent certaines des théories les plus récentes. L'émergence du mouvement des systèmes complexes adaptatifs favorisée par la pensée d'auteurs tels que John Holland, Stuart Kauffman et Brian Arthur, et certains domaines connexes de la vie artificielle utilise la puissance des ordinateurs modernes pour simuler et ainsi expérimenter et développer de nombreuses théories de la cybernétique. La bannière de la cybernétique a été reprise dans différents domaines, dans de multiples contextes, au-delà des frontières des Etats et des disciplines, sans obligatoirement mettre en exergue les notions de finalité et de contrôle. C'est le cas par exemple de la modélisation mathématique et informatique des systèmes complexes.

L'utilisation excessive du préfixe « cyber » semble corroborer la philosophie de la cybernétique. L'idée répandue, voulant que les systèmes se définissent par leurs relations abstraites « fonctions et flux d'information » plutôt que par leurs composantes physiques « briques et mortier », commence à façonner les perceptions, mais d'une manière encore superficielle. Cette motivation semble davantage liée au snobisme qu'à une compréhension profonde du sujet. Ceci est motivé principalement par la croissance explosive des technologies axées sur l'information, y compris l'informatique, l'Internet, la réalité virtuelle, la robotique etc. Vu que les applications de ces technologies deviennent de plus en plus complexes, profondes, et abstraites, un cadre conceptuel de référence tel que la cybernétique est nécessaire aux utilisateurs et aux ingénieurs pour mieux appréhender ces évolutions.

La Cybernétique comme cadre de référence théorique reste un sujet d'étude pour quelques groupes engagés, tels que *Principia Cybernetica Project* qui tente d'intégrer la cybernétique et la théorie de l'évolution, et aussi la Société Américaine de Cybernétique qui développe et alimente l'approche du second ordre. Le mouvement ou la pensée socio-cybernétique poursuit activement une compréhension cybernétique des systèmes sociaux. Les programmes cybernétiques de recherche consacrés à l'autopoïèse, à la théorie des systèmes dynamiques et de contrôle, et autres, semblent se multiplier un peu, ainsi que les applications en sciences de gestion, ou de la thérapie psychologique. Des centres de recherche, dispersés, notamment en Europe centrale et orientale sont toujours consacrés à des applications techniques spécifiques, comme la cybernétique biologique, la cybernétique médicale et l'ingénierie cybernétique, mais ont plutôt tendance à garder un contact plus étroit avec leur champ d'application qu'avec le large développement théorique de la cybernétique. De son côté, la théorie générale de l'Information a aussi évolué dans une quête de représentations formelles ne reposant plus strictement sur la théorie classique des probabilités.

Il y a ainsi des progrès importants dans la construction d'une théorie sémiotique de l'information, où les questions de la sémantique et la signification des signaux sont prises en compte. Certains s'interrogent sérieusement sur les limites du mécanisme et du formalisme de modélisation interdisciplinaire en particulier, et des sciences en général. Les questions se portent ainsi sur ce qui pourraient être les limites ultimes de la connaissance ou du savoir, en particulier telle qu'exprimée dans les modèles mathématiques et informatiques. L'enjeu serait de savoir si l'on peut, en principe, construire des modèles, formels ou non, qui puissent aider à comprendre toute la complexité du monde ambiant ou réel.

2.2 : Solution optimale

Tout objectif se trouve soumis à aux moins deux paramètres, ou deux contraintes majeures : temps et ressources. L'optimisation consiste à réaliser les objectifs dans le plus court délai possible, tout en économisant le maximum de ressources, sans lésiner sur la qualité de la production. Dans la vie courante, les gens font de l'optimisation, lorsqu'ils cherchent à élaborer leur emploi du temps, à optimiser leurs espaces de rangement, ou encore le trajet qu'ils auront à parcourir pour se rendre quelque part, etc. En mathématique, la meilleure solution se recherche au sein d'un domaine initial. Cette solution est souvent soumise à des contraintes qui correspondent à des obligations ou des souhaits à respecter.

L'optimisation est une discipline pointue réunissant à la fois deux autres disciplines : la mathématique et de l'informatique. Elle cherche à modéliser, à analyser, et à résoudre analytiquement ou numériquement les problèmes consistant à déterminer quelles sont, la ou les solution(s) satisfaisant un objectif quantitatif tout en respectant d'éventuelles contraintes. En fait, l'optimisation cherche à améliorer une performance en se rapprochant d'un point optimum. L'optimisation joue un rôle important en recherche opérationnelle qui est un domaine à la frontière entre l'informatique, la mathématique et l'économie. L'intérêt se manifeste dans la mathématique appliquée qui demeure fondamentale pour l'industrie et l'ingénierie, en analyse et en analyse numérique, ainsi qu'en statistique pour l'estimation du maximum de vraisemblance d'une distribution. Il en est de même en recherche de stratégies dans le cadre de la théorie des jeux, ou encore en théorie du contrôle et de commande.

L'optimisation mathématique utilise aussi le vocable de fonction objectif pour désigner une fonction servant de critère pour déterminer la meilleure solution à un problème d'optimisation. Elle associe une valeur à une instance d'un problème d'optimisation. Le but du problème d'optimisation est alors de minimiser ou de maximiser cette fonction jusqu'à l'optimum, par différents procédés comme l'algorithme du simplexe :

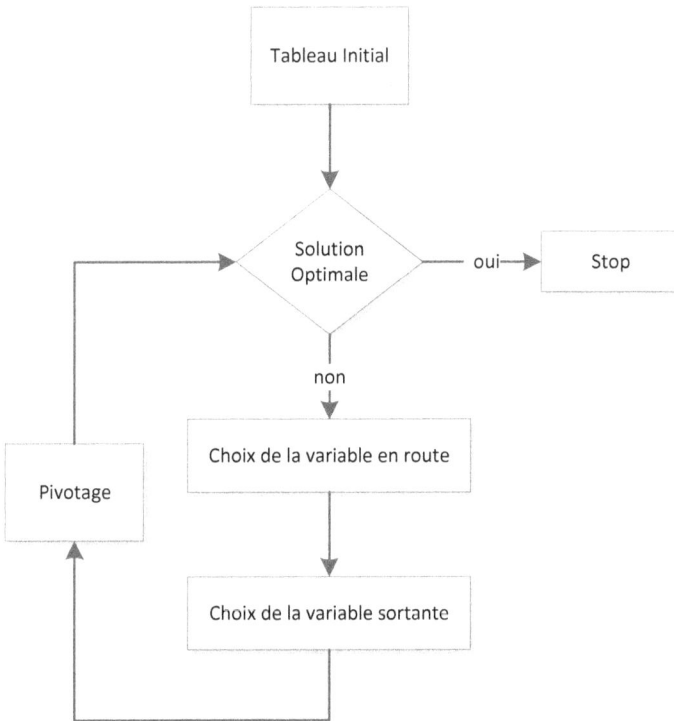

```
        ┌──────────────┐
        │ Tableau Initial │
        └──────────────┘
               │
               ▼
          ◇ Solution ◇ ──oui──▶ ┌──────┐
          ◇ Optimale ◇          │ Stop │
               │                └──────┘
              non
               │
               ▼
     ┌────────┐   ┌──────────────────────────┐
     │ Pivotage │   │ Choix de la variable en route │
     └────────┘   └──────────────────────────┘
                              │
                              ▼
                  ┌──────────────────────────┐
                  │ Choix de la variable sortante │
                  └──────────────────────────┘
```

L'algorithme du simpexe

Dans les réseaux de télécommunication, par exemple, une fonction-objectif couramment utilisée pour calculer des chemins optimaux au travers d'un réseau informatique est le nombre de routeurs traversés. La fonction-objectif considérée associe à chaque chemin dans le réseau le nombre de routeurs que ce chemin traverse. Le but est de trouver ainsi un chemin qui minimise cette fonction.

2.2.1 : Existence et de l'unicité des solutions

Le théorème fondamental de Cauchy-Lipschitz garantit l'existence et l'unicité de solutions d'équations différentielles sous des conditions très peu contraignantes. L'on ne démontrera pas ici ce théorème car la preuve peut être facilement trouvée dans tous les ouvrages consacrés aux Equations Différentielles, ou sur le blog d'auteur associé à ce livre. Ce théorème a d'abord été montré par Cauchy puis généralisé par Lipschitz. Certains auteurs évoquent le théorème de Picard-Lindelof, le théorème de l'existence ou le théorème du point fixe de Picard, mais toutes ces théories se fondent sur les équations différentielles.

2.2.1.1 : Enoncé du théorème fondamental

Soit U un ouvert de $\mathbb{R} \times \mathbb{R}^m$ et $f : U \to \mathbb{R}^m$.

L'on considère une équation différentielle du premier ordre sous forme normale :

$$\begin{cases} \dfrac{dy}{dx} = f\big(t;\, y(t)\big), \\ \qquad ou \\ y' = f\big(t;\, y(t)\big) \\ \qquad tel\ que \\ \big(t, y(t)\big) \in U \end{cases} \qquad (1)$$

L'équation (1) admet donc une infinité de solutions. C'est un phénomène général ; une équation différentielle admet presque toujours une infinité de solutions.

On considère un point $(t_0\,;\, y_0) \in U$.

Le problème de Cauchy correspondant à cette équation est la recherche des solutions y de (1) tels que $y(t_0) = y_0$.

$$\begin{cases} \dfrac{dy}{dx} = f\big(t, y(t)\big) \\ y(t_0) = y_0 \end{cases} \qquad (1.1)$$

Une solution du problème de Cauchy (1.1) sur un intervalle ouvert I de $\mathbb{R}$, avec la condition initiale $(t_0, y_0) \in U$ et $t_0 \in I$ est une fonction dérivable $y : I \to \mathbb{R}^m$ telle que :

1) pour tout $t \in I$, $(t, y(t)) \in U$,

2) pour tout $t \in I$, $y'(t) = f(t, y(t))$,

3) $y(t_0) = y_0$.

D'où le théorème : Supposons f continue sur un ouvert U de $\mathbb{R} \times \mathbb{R}^m$ et $(t_0 ; y_0)$ un point fixé de U. Soit y une fonction définie sur un intervalle ouvert I de $\mathbb{R}$ tel que $t_0 \in I$. Alors y est solution du problème de Cauchy (1.1) sur I, si et seulement si :

1) pour tout $t_0 \in I$, $(t, y(t)) \in U$,

2) y est continue sur I,

3) pour tout $t0 \in I$,

$$y(t) = y_0 + \int_{t_0}^{t} f\big(s, y(s)\big)\,ds \qquad (1.2)$$

2.2.1.2 : Théorème d'existence et d'unicité

Soit $f : U \to R$ une fonction définie sur un domaine ouvert $U \subseteq \mathbb{R}^m$ et $y' = f(t, y(t))$ l'équation différentielle associée. Si la fonction f est continûment dérivable alors, pour tout $(t_0, y_0) \in U$, il existe un intervalle ouvert I contenant t_0 et une unique solution $y(t)$ de l'équation différentielle définie sur I et vérifiant la condition initiale $y(t_0) = y_0$.

Si l'on attache son attention aux graphes des solutions, représentés dans un plan (t, y), le théorème précédent affirme que par tout point (t_0, y_0) passe une unique courbe $(t, y(t))$ qui est le graphe d'une solution de l'équation différentielle et qui est définie sur un intervalle I qui contient l'instant initial t_0. Le graphe d'une solution s'appelle aussi une trajectoire de l'équation différentielle.

2.2.1.3 : Unicité

Ce théorème garantissant l'unicité de la solution correspondant à une condition initiale y_0 donnée, l'on peut donc parler de *la* solution de condition initiale y_0. Autrement dit, à deux conditions initiales différentes correspondent forcément deux solutions différentes ou distinctes pour toutes les valeurs antérieures et postérieures de t. Géométriquement, cela signifie que deux trajectoires partant de deux points initiaux différents ne peuvent ni se couper ni même se toucher.

2.2.1.4 : Cas non autonome

Le théorème précédent se généralise au cas des équations différentielles dépendant du temps qu'on appelle équation différentielle non autonome, $y^0 = f(t, y)$. Dans ce cas, on demande seulement à f d'être une fonction continue sur son domaine comme fonction des deux variables t et y et d'être continûment dérivable comme fonction de y uniquement. Le point initial (t_0, y_0) doit en outre appartenir au domaine de définition de f.

En fait ce théorème reste vrai aussi lorsque $y \in \mathbb{R}^m$, c'est-à-dire dans le cas de systèmes de m équations différentielles.

2.2.1.5 : La période d'explosion

Il convient de remarquer que le théorème précédent n'affirme rien sur la taille de l'intervalle d'existence d'une solution qui peut donc être petit ; c'est la raison pour laquelle on parle de solution locale et de théorème d'existence et d'unicité local.

Le fait que les solutions puissent cesser d'exister au-delà d'un certain intervalle de temps I est lié au phénomène d'explosion qui est bien illustré par l'exemple suivant.

Considérons la solution de l'équation différentielle $y^0 = y^2$ de condition initiale $y(0) = 10$. Il est facile de voir qu'elle vaut $y(t) = \frac{1}{0.1 - 1}$ et qu'elle n'est donc pas définie au-delà de $t = 0.1$ car elle présente une asymptote verticale en ce point. Et ce sera vrai aussi pour n'importe quelle autre solution de condition initiale y_0 qui ne sera pas définie au-delà de l'instant $t = 1/y_0$.

Ce phénomène d'explosion est la signature d'un comportement non linéaire car l'on peut aisément montrer (en examinant la forme de la solution explicite par exemple) que pour une équation différentielle linéaire $y^0 = a(t)y + b(t)$, si les fonctions $a(t)$ et $b(t)$ sont définies pour tout t, alors l'intervalle I peut être choisi égal à $\mathbb{R}$ tout entier. En général, on choisit pour I le plus grand intervalle possible (avant explosion). Par exemple l'intervalle $]-\infty, 1/y0[$ dans le cas des solutions de l'équation $y^0 = y^2$ de condition initiale $y(0) = y_0$. La solution s'appelle alors une « solution maximale ».

2.2.2 : Dépendance à la condition initiale et à un paramètre

Comme chaque solution $y(t)$ est caractérisée par sa condition initiale (t_0, y_0), l'on peut considérer la solution comme une fonction de la condition initiale également y(t, t₀, y₀). A t₀ et t fixes dans I, l'application $y_0 \to y(t, t_0, y_0)$ est bien définie d'après le théorème précédent, et on peut montrer qu'elle est continûment dérivable. En d'autres termes, la valeur à l'instant t d'une solution $y(t)$ est donc une fonction très régulière de sa valeur à l'instant t₀.

Lorsque l'équation différentielle dépend d'un paramètre a, c'est-à-dire lorsque f(y, a) est une fonction d'un paramètre, comme c'est le cas de l'équation linéaire $y^0 = ry$ ou de l'équation logistique $y^0 = ry(1 - y/K)$ qui dépendent des paramètres r et K, l'on peut aussi voir de quelle façon la solution $y(t)$, correspondant à une condition initiale fixée (t_0, y_0), va dépendre de [ce ou] ces paramètres. L'on peut s'assurer que, lorsque la fonction $a \to f(y, a)$ est continûment dérivable alors la solution $a \to y(t, a)$ l'est également.

2.2.2.1 : Déterminisme et Chaos

Le théorème de Cauchy-Lipschitz montre qu'un phénomène régit par une équation différentielle est parfaitement (et uniquement) déterminé dès que l'on connait sa condition initiale. Ce déterminisme, qui est en fait la capacité du modèle à prévoir, prévalait à l'époque de Cauchy et de ses successeurs qui pensaient que la seule limite que l'on avait à pouvoir tout prédire était l'éventuelle incapacité dans laquelle on était temporairement de connaitre les équations différentielles régissant les lois de la nature. Poincaré qui, un peu plus tard, remet en cause ce paradigme à l'occasion de son étude du système solaire. Il écrit :

> *« Une cause très petite, qui nous échappe, détermine parfois un effet considérable que nous ne pouvons pas ne pas voir, et alors nous disons que cet effet est dû au hasard.*

Si nous connaissions exactement les lois de la nature et la situation de l'univers à l'instant initial, nous pourrions prédire exactement les lois de la nature et la situation de l'univers à tout instant ultérieur. Mais, alors même que les lois naturelles n'auraient plus de secret pour nous, nous ne pourrions connaitre la situation qu'approximativement. Si cela nous permet de prévoir la situation ultérieure avec la même approximation, c'est tout ce qu'il nous faut, nous disons que le phénomène a été prévu, qu'il est régi par des lois ; mais il n'en est pas toujours ainsi, il peut arriver que de petites différences dans les conditions initiales en engendrent de très grandes dans les phénomènes finals ; une petite erreur sur les premières produirait une erreur énorme sur les derniers. La prédiction devient impossible et nous avons le phénomène fortuit. »

Le théorème de Cauchy-Lipschitz indique bien qu'une prévision parfaite est possible, mais uniquement sous réserve de connaitre parfaitement la condition initiale. Mais certains systèmes dynamiques sont rapidement imprévisibles pour la raison qu'indique Poincaré. L'on utilise alors le terme de chaos pour décrire de telle situation.

2.3 : Concept relationnel

En substance, la cybernétique semble s'intéresser davantage aux propriétés de systèmes qui ne se définissent pas par leur structure concrète, matérielle, ou par leurs composantes. Ceci favorise la description de systèmes pourtant très différents physiquement tels que les circuits électroniques, les cerveaux et autres organismes à partir des mêmes concepts, en se basant sur l'isomorphisme. L'abstraction des aspects physiques ou des composantes des systèmes tout en préservant leur structure essentielle et leurs fonctions, requiert de considérer les relations c'est-à-dire la façon dont les composantes se distinguent-elles ou se connectent-elles les unes aux autres, voir la façon dont l'une se transforme-t-elle en l'autre.

Pour répondre à ces questions, la cybernétique utilise des concepts d'ordre très élevé ou étendu tels que l'ordre, l'organisation, la complexité, la hiérarchie, la structure, l'information, et le contrôle, en étudiant leur manifestation dans des systèmes de types différents. Ces concepts sont d'ordre relationnels ; ils permettent d'analyser et de modéliser formellement différentes propriétés abstraites de systèmes ainsi que leur dynamique, favorisant ainsi l'ascension vers d'autres niveaux d'exploration ; par exemple, est-ce que la complexité tend à augmenter ou non avec le temps ?

2.3.1 : Différence et Relation

L'attrait fondamental des concepts relationnels réside principalement dans deux notions : différence et distinction. En général, la cybernétique ne s'intéresse pas à un phénomène en soi, mais généralement à la différence entre sa présence, son absence, et son rapprochement aux différences relatives à d'autres phénomènes. Cette philosophie remonte à Leibniz et s'exprime de manière très succincte par Bateson dans sa célèbre définition de l'information : « une différence qui fait la différence ». Tout observateur commence nécessairement par conceptualiser, séparer, ou distinguer l'objet d'étude c'est-à-dire le système du reste de l'univers considéré, ou de l'environnement en d'autres termes. Il convient ensuite de pousser l'observation ou l'étude à un stade plus détaillé, jusqu'à établir la distinction entre la présence et l'absence des diverses propriétés [aussi appelé dimensions ou attributs] des systèmes.

Par exemple, un système comme la boule de billard peut avoir des propriétés comme une couleur particulière, un poids, une position ou une accélération à un instant t. La présence ou l'absence de chacune de ces propriétés peut être représentée par une variable booléenne binaire [à deux valeurs] : « oui », le système possède la propriété, ou « non », il ne l'a pas. Le mathématicien anglais, Georges Spencer Brown, dans son livre intitulé « Les lois de la forme », met au point une étude assez détaillée, d'analyse et d'algèbre des distinctions, et montre que cette algèbre, bien que découlant d'axiomes beaucoup plus simples, demeure isomorphe à la plus traditionnelle algèbre Booléenne.

2.3.2 : Variété et Contrainte

Même une approche binaire peut se généraliser en une propriété ayant plusieurs valeurs discrètes ou continues ; dans le cas de la boule de billard par exemple, quelle couleur ou quelle position ou accélération. La conjonction de toutes les valeurs de toutes les propriétés qu'un système a ou n'a pas à un moment donné, détermine son état. Par exemple, une boule de billard peut avoir une couleur rouge, une position x et une accélération p. En général, les variables utilisées pour décrire un système ne sont ni binaires, ni indépendantes. Ex : une cerise d'un type particulier peut, selon son degré de maturité, être petite et verte, ou grande et rouge [désignant deux états : taille et couleur], alors, les variables de couleur et de taille sont complètement dépendantes les unes des autres, et la variété totale s'avère plutôt supérieure aux variétés que l'on obtient lorsque les variables sont prises en compte séparément.

Plus généralement, si la variété réelle des états que le système est susceptible afficher est plus petite que la variété des états potentiellement concevables, alors le système est dit limité ou contraint. La contrainte C peut être défini comme la différence entre une variété maximale et réelle : $C = V_{max} - V$. La contrainte est ce qui réduit l'incertitude au sujet de l'état du système, elle permet ainsi de faire des prédictions non négligeables. Reprenons l'exemple de la cerise, si elle est petite, il est donc logique de prédire qu'elle est aussi verte. Les contraintes permettent également de modéliser formellement les relations, les dépendances ou les couplages entre différents systèmes, ou entre les différents aspects des systèmes. En modélisant différents systèmes, ou différents aspects ou dimensions d'un système donné, l'état combiné est le produit cartésien des états individuels : $S = S_1 \times S_2 \times... S_n$. La contrainte du produit permet de traduire la dépendance mutuelle entre les états des sous-espaces, comme dans l'exemple de la cerise où l'état dans l'espace-couleur détermine l'état dans l'espace-taille, et vice versa.

2.3.3 : Entropie et Information

La variété et la contrainte se mesurent sous une forme plus générale grâce aux probabilités. Dans l'hypothèse où l'état s d'un système n'est pas précisément connu, mais seulement la distribution de probabilité P(s) que le système serait dans un état s, la variété peut alors s'exprimer à travers la formule de l'entropie tel qu'elle est définie par Boltzmann en mécanique statistique :

$$H = -\sum_{s \varepsilon S} P(s).\log P(s) \qquad\qquad (1)$$

H atteint la valeur maximale si tous les états sont équiprobables, autrement dit, s'il n'existe aucune indication permettant de présumer qu'un état est plus probable qu'un autre. Il est donc naturel dans ce cas, que l'entropie H se réduit à la variété V. Encore une fois, H exprime l'incertitude ou l'ignorance sur l'état du système. Il est clair que H = 0, si et seulement si la probabilité d'un certain état est 1, alors que celle de tous les autres états est 0. Dans ce cas, l'observateur à la certitude maximale ou possède toute l'information nécessaire sur l'état dans lequel se trouve le système.

Comme indiqué plus haut, la contrainte est ce qui réduit l'incertitude c'est-à-dire la différence entre l'incertitude maximale et l'incertitude réelle. Cette différence peut également s'interpréter d'une autre manière c'est-à-dire comme de l'information. Claude Shannon choisit historiquement la variable H pour mesurer la capacité de transmission d'information d'un canal de communication. En effet, si les informations sur l'état du système sont connues [par le biais d'observations ; par exemple], en excluant ou en réduisant la probabilité d'un certain nombre d'états, l'incertitude au sujet de l'état du système diminue du coup.

L'information I reçue d'une observation équivaut au degré auquel l'incertitude est réduite : $I = H_{avant} - H_{après}$. Si l'observation obtenue détermine complètement l'état du système $H_{après} = 0$, alors l'information I se réduit à l'entropie initiale ou l'incertitude H.

Bien que sa théorie soit connue néanmoins comme la théorie de l'information, Shannon désavoue l'utilisation du terme information pour décrire cette mesure I, car elle est purement syntaxique et ignore la signification du signal, contrairement à l'école de la cybernétique du second ordre. H est constamment utilisé comme mesure d'un certain nombre de concepts relationnels d'ordre supérieur ou très élevé, y compris la complexité et l'organisation. Importe-il aussi de souligner que l'entropie, les corrélats de l'entropie, et les corrélats du dixième théorème de Shannon ou de la seconde loi de la thermodynamique s'utilisent notamment en biologie, en écologie, en psychologie, en sociologie, et en économie.

Il existe d'autres méthodes permettant de mesurer l'état d'un système, qui n'adhèrent pas à la condition d'additivité de la théorie des probabilités où la somme des probabilités doit être égale à 1. Ces méthodes, qui découlent de concepts inspirés de la théorie des systèmes flous (de l'anglais : fuzzy) et de la théorie des possibilités, favorisent d'autres alternatives en matière de théorie de l'information. En y ajoutant par exemple la théorie des probabilités, ces méthodes sont aussi appelées : Théorie Généralisée de l'Information (TGI). Tandis que les méthodes TGI sont toujours en cours de développement, l'approche probabiliste de la théorie de l'information - à la Shannon - continue de régner dans le domaine des applications.

2.3.4 : Modélisation dynamique

Compte tenu de la description statique des systèmes, il est néanmoins possible de modéliser leur dynamique et leurs interactions. Un processus ou un changement d'état du système peut être représenté comme une transformation :

$$T : S \rightarrow S : s(t) \rightarrow s(t+1)$$

La fonction T par définition est une application dans le jargon de la mathématique, ce qui signifie qu'un [ou plusieurs] état initial $s(t)$

correspond toujours à un seul état s(t+1) : [*1 :1*] ou [*1 : n*]. Le changement peut être représenté plus généralement comme une relation R ⊂ S × S, ce qui permet mieux la modélisation des transformations [1 : n] ou [n : n], où un même état initial peut conduire à différents états finaux. Le passage d'états [s] à une distribution de probabilité P(s) permet ainsi de représenter les processus indéterministes par une fonction : M : P (s, t) → P (s, t + 1). M est un processus stochastique, ou plus précisément, une chaîne de Markov, qui se représente par une matrice des probabilités de transition :

$$P\ (s_j(t+1)\ |\ s_i\ (t)) = M_{ij} \in [0, 1].$$

Compte tenu de ces représentations de processus, il est désormais possible d'étudier la dynamique de la variété qui est un thème central de la cybernétique. Il est évident qu'une transformation [1 :1] conserve toutes les distinctions entre les états, qu'il s'agisse ainsi de la variété, de l'incertitude, ou de l'information. De même, une transformation [n : 1] efface les distinctions et réduit ainsi la variété, tandis qu'une transformation indéterministe [1 : n] augmente la variété et, partant, l'incertitude. Avec une transformation générale [n : n], représentée par un processus de Markov, la variété peut augmenter ou diminuer, selon la distribution de probabilité initiale et la structure de la matrice de transition. Par exemple, une distribution avec une variété zéro ne peut pas diminuer en variété, elle augmente en général, tandis qu'une distribution avec une variété maximale a en général tendance à diminuer.

Avec quelques petites extensions, cette représentation dynamique peut être utilisée pour modéliser les interactions entre les systèmes. Un système A, affecte un système B si l'état de B au temps [t + 1] dépend de l'état de A au temps [t]. Ceci peut se représenter aussi comme une transformation :

$$T : S_A \times S_B \rightarrow S_B : (s_A(t), s_B(t)) \rightarrow s_B(t+1)$$

Ici, s_A joue le rôle d'entrée pour B. En général, B est non seulement affecté pas un système extérieur A, mais affecte à son tour un autre [ou probablement le même] système C. Ceci peut se représenter par une autre transformation :

$$T' : S_A \times S_B \rightarrow S_C : (s_A(t), s_B(t)) \rightarrow s_C(t+1)$$

Ici, s_C joue le rôle de sortie pour B. Pour l'observateur extérieur, B est un processus qui transforme l'entrée en production. Si l'observateur ne connaît pas les états de B et par conséquent les transformations précises T et T', alors B agit comme une boîte noire. En expérimentant avec l'ordre des entrées $s_A(t)$, $s_A(t+1)$, $s_A(t+2)$ ... et en observant la séquence correspondante de sorties $s_C(t+1)$, $s_C(t + 2)$, $s_C(t + 3)$..., l'observateur peut tenter de reconstituer la dynamique de B. Dans de nombreux cas, l'observateur peut déterminer un état S_B afin que les deux transformations deviennent déterministes, sans être en mesure d'observer directement les propriétés ou les composants de B.

Cette approche peut facilement s'étendre pour devenir une théorie complète d'automates ou d'ordinateurs, elle est pour la plupart le fondement de l'informatique moderne. Ceci illustre encore une fois comment la modélisation cybernétique peut produire des prédictions utiles en regardant uniquement les relations entre variables, tout en ignorant les composants physiques du système.

2.4 : Processus circulaire ou réciproque

Dans le paradigme classique newtonien, les causes sont suivies d'effets dans une séquence simple c'est-à-dire linéaire. La cybernétique en revanche, s'intéresse aux processus où un effet influence en retour la même cause qui l'a vu naître ; c'est ce que l'on appelle une boucle rétroactive [ou de rétroaction] (de l'anglais : feedback loop). En science, cette circularité n'est pas toujours facile à gérer, elle favorise généralement des problèmes conceptuels de nature sévères tels que les paradoxes logiques d'autoréférence. La cybernétique indique que si la circularité est modélisée de manière adéquate, elle peut aider à comprendre certains phénomènes fondamentaux tels que l'auto-organisation, la finalité ou le comportement orienté-objectif, l'identité, voire la vie proprement dite. Ce qui apparemment échappe au paradigme newtonien. L'analyse de von Neumann qui considère la reproduction comme le résultat de processus circulaires d'auto-construction, est reconnue comme le précurseur de la découverte du code génétique. En outre, les processus circulaires sont en fait omniprésents dans des systèmes complexes et resautés tels que les organismes vivants, l'écologie, l'économie, l'Etat et autres structures sociales.

2.4.1 : Applications autonomes

Dans le domaine de la mathématique simple, la circularité peut se traduire par une équation qui représente la manière dont certains phénomènes ou variables y est pointée par une transformation ou processus f, sur lui-même :

$$y = f(y) \qquad (2)$$

Selon ce que représentent y et f, l'on peut ainsi distinguer différents types de circularités. En considérant une illustration concrète où y représente une image, et f le processus par lequel une caméra est pointée sur l'image. L'image est ainsi enregistrée et transmise à un écran [de télévision ou d'un moniteur]. La relation circulaire $y = f(y)$ représente alors la situation où la caméra pointe vers l'image affichée sur son propre moniteur. Paradoxalement, l'image dans cette situation est à la fois la cause et l'effet du processus, elle est objet et représentation de l'objet. Dans la pratique, une telle boucle vidéo va sans doute produire une variété de motifs visuels abstraits, souvent avec des symétries complexes.

Sous sa forme discrète, l'équation (2) devient $y_{t+1} = f(y_t)$. Ces équations sont intensivement étudiées sous forme de correspondance [de l'anglais : mapping] itératives ; elles sont à la base de la dynamique chaotique et de la géométrie fractale. Il en existe une autre variante qui est l'équation bien connue en mécanique quantique et en d'algèbre linéaire :

$$ky = f(y) \qquad (3)$$

Le nombre réel ou complexe k est une valeur propre de f, et y en est un état propre. L'équation (3) se réduit à l'équation de base (2), si k=1, ou si la définition de y dépend d'un facteur qui est une constante.

Si $k = e^{(2\pi i \, m/n)}$, alors $f^n(y)$ est de nouveau égal à y, par racine de l'unité. Ainsi, les valeurs propres mais virtuelles peuvent être utilisées pour modéliser des processus périodiques où un système revient à un même état antérieur après avoir subi un nombre n d'états intermédiaires.

Par exemple, « Cette déclaration est fausse », est une affirmation autoréférentielle équivalente au paradoxe du menteur, elle illustre la notion de périodicité. En supposant que l'affirmation est vraie, alors il faut conclure que c'est faux. En supposant qu'elle est fausse, alors il faut conclure que c'est vrai. Ainsi, la vérité peut osciller entre le vrai et le faux et peut probablement être mieux conçue comme ayant l'équivalent d'une valeur virtuelle ou imaginaire. Grâce à l'analyse, l'algèbre des distinctions de Spencer Brown, le biologiste chilien Francisco J. Varela en a proposé une, très similaire, qui adressent le problème des déclarations autoréférentielles.

2.4.2 : Auto-organisation

L'application la plus directe de la circularité est là où $y \in S$, ou représente un état de système dans l'espace-état S, et où « f » est une transformation dynamique ou un processus. L'équation (2) précédente stipule alors que y est un point fixe de la fonction f, c'est-à-dire un point d'équilibre ou état absorbant du système dynamique. En d'autres termes, dès que le système parvient à l'état y, il se stabilise ainsi et ne change plus. Cela peut s'assimiler à la situation où y représente un sous-espace de l'espace-état, c'est-à-dire, $y \subset S$. Ainsi, tout état de ce sous-espace de l'espace-état tend vers, ou correspond à un autre état de ce sous-espace : $\forall x \in y : f(x) \in y$. En supposant que y ne comporte aucun sous-ensemble présentant les mêmes propriétés, cela signifie que y est un attracteur ou un ensemble-limite de la dynamique. Le domaine des systèmes dynamiques étudie les attracteurs en général, ces derniers peuvent adopter n'importe quelle forme ou dimension, y compris la dimension zéro (dimention-0) correspondant à l'état d'équilibre discuté plus haut. La dimension-1 correspondant à un cycle limite où le système connait plusieurs fois la même séquence d'états et la forme fractale généralement considérée comme attracteur étrange.

Un attracteur y est en général entouré d'un bassin $B(y)$, c'est-à-dire un ensemble d'états en dehors de y, dont l'évolution aboutit nécessairement à l'intérieur :

$$\forall \ s \in B(y), \ s \notin y, \ B(y), \ \exists \ n \ tel \ que \ f^n(s) \in y$$

Dans un système déterministe, chaque état appartient soit à un attracteur, soit ou à un bassin. Dans un système stochastique, il y a une troisième catégorie d'états qui peuvent se retrouver parmi les multiples attracteurs. Quand un système atteint un attracteur, il peut ne plus atteindre d'états en dehors de l'attracteur. Cela signifie que l'incertitude - ou l'entropie statistique - H sur l'état du système a diminué ; l'on peut établir avec certitude qu'il n'existe nul état en dehors de l'attracteur. Cette réduction spontanée de l'entropie ou, de manière équivalente, une augmentation en ordre ou de contrainte, peut être considérée comme un modèle plus général d'auto-organisation.

Fig. 2.4.2 : L'attracteur étrange de Lorenz.

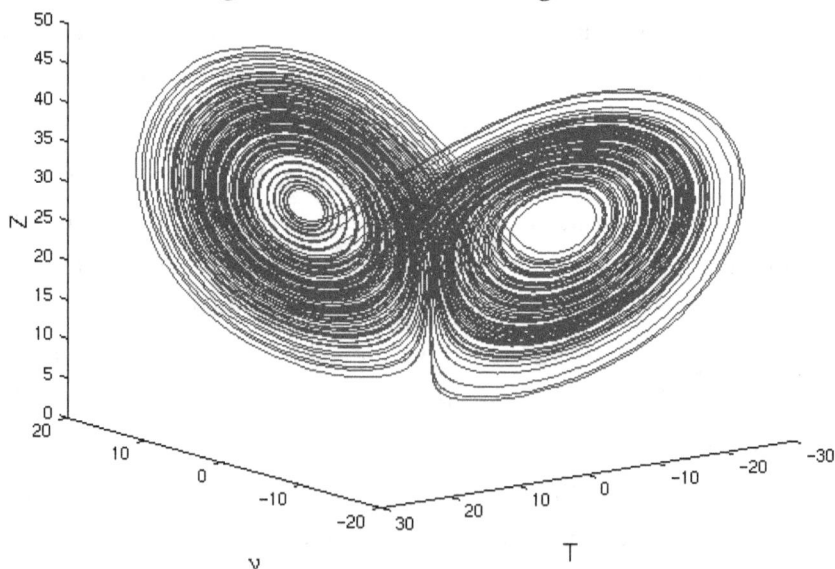

Tout système dynamique qui comporte des attracteurs, finit pratiquement dans l'un de ces attracteurs, perdant ainsi sa liberté de connaître nul autre état. C'est ce que William Ross Ashby appelle le principe de d'auto-organisation. Ashby note également que si le système se compose de différents systèmes - ou sous-systèmes -, alors la contrainte créée par l'auto-organisation implique que les sous-systèmes finissent par devenir interdépendants ou mutuellement adaptés. La magnétisation en constitue un exemple typique ; un ensemble d'aiguilles magnétiques initialement pointées dans des directions aléatoires [entropie maximale] finissent par tous se retrouver dans la même direction [entropie minimale ou adaptation mutuelle]. Von Foerster note que l'auto-organisation peut améliorer les perturbations [ou les bruits] qui encombrent généralement l'état du système, ce qui accélère la descente du système vers le bassin et l'entraine à laisser les attracteurs peu profonds pour en atteindre de plus profonds. Dans ces cas précis, l'ordre semble provenir de la perturbation ou du chaos.

2.4.3 : Systèmes fermés

La notion d'attracteur peut s'étendre à l'hypothèse où y représente l'espace-état dans son intégralité [ensemble plein]. L'équation (2), plus haut, représente alors la situation où tout état de y correspond à un autre état de y par f. Plus généralement, f représente un groupe de transformations plutôt qu'une seule [transformation]. Si la fonction f représente la dynamique possible du système avec l'espace-état y, sous des paramètres externes à valeurs différentes, alors le système est dit fermé sur le plan organisationnel ; autrement dit, il est susceptible de demeurer invariant sous l'action de n'importe quelle transformation dynamique possible. Cette exigence de fermeture est implicite dans les modèles mathématiques traditionnels de systèmes. La Cybernétique en revanche, étudie la fermeture explicitement ; elle stipule que le système peut être ouvert et fermé simultanément pour différents types de propriétés f_1 et f_2. La fermeture fournit aux systèmes une identité sans équivoque, elle favorise ainsi de manière explicite la distinction entre ce qui est à l'intérieur et ce qui se trouve en dehors du système.

En maintenant le système dans un sous-espace d'attracteurs, l'auto-organisation constitue ainsi un moyen de réaliser la fermeture. Un autre moyen de réaliser la fermeture consiste à étendre l'espace-état y dans un plus grand ensemble y* afin que, de manière récursive y* englobe toutes les images par f, des éléments de :

$$y : \forall\, x \in y : x \in y^* \; ; \forall\, x' \in y^* : f(x') \in y^*$$

Il s'agit de la définition traditionnelle d'un ensemble * par récursivité, ce qui est fréquemment utilisé en programmation orientée objet [science informatique] pour générer les éléments d'un ensemble y* en appliquant itérativement les transformations à tous les éléments d'un ensemble y de départ.

L'autopoïèse [auto-production] constitue un exemple plus complexe de fermeture, c'est le processus par lequel un système de manière récursive produit son propre réseau de composantes physiques, régénérant ainsi en permanence les composantes essentielles à sa propre organisation face à l'usure. L'on note cependant que cette fermeture [organisationnelle] n'est pas identique à fermeture thermodynamique ; le système autopoïétique est ouvert à l'échange de matière et d'énergie avec son environnement, mais il est autonome, et responsable de la façon dont ces ressources sont organisées. Les biologistes chiliens Maturana et Varela indiquent que l'autopoïèse est la caractéristique des systèmes vivants.

Une autre caractéristique fondamentale de la vie, c'est-à-dire la reproduction autonome peut être perçue comme un cas particulier d'autopoïèse, où les composantes autoproduites ne servent pas à reconstruire le système, mais plutôt à assembler ou créer une copie de celui-ci. La reproduction et l'autopoïèse sont susceptibles d'avoir évolué à partir d'un cycle auto-catalytique, un cycle fermé sur le plan organisationnel des processus chimiques tels que la production de chaque molécule participant dans le cycle est catalysée par une autre molécule dans le cycle.

2.4.4 : Cycle de rétroaction

En plus d'examiner directement un état y, il est aussi possible de se focaliser sur l'écart $\Delta y = (y - y_0)$ de y par rapport à certains états donnés y_0 [par exemple l'équilibre], et les relations rétroactives (feedback) desquelles cette déviation dépend à son tour. Dans le cas le plus simple, cela se représente sous la forme :

$$\Delta y \, (t + \Delta t) = k \, \Delta y(t) \qquad (3)$$

En fonction du signe du facteur [de dépendance] k, l'on peut alors distinguer deux cas spécifiques.

Rétroaction négative

Si une déviation positive au temps t [augmentation par rapport à y_0] conduit à un écart négatif [diminution à l'égard de y_0] à l'étape t_1 suivante, le feedback est négatif ($k < 0$). En faisant par exemple abstraction de certains détails, si l'on admet qu'une population de plus en plus nombreuse de lapins mangent aussi une quantité d'herbe qui est proportionnellement de plus en plus élevée, l'on peut en déduire en conséquence qu'une quantité d'herbe de moins en moins suffisante reste disponible pour les nourrir. Ainsi, une augmentation du nombre de lapins au-dessus de la valeur d'équilibre entraine, par une diminution de l'approvisionnement en herbe, une diminution du nombre de lapins à la prochaine étape de temps t_1.

Réciproquement, une diminution de la population de lapins entraîne une augmentation [ou abondance] de l'herbe, favorisant donc à nouveau une augmentation du nombre de lapins. Dans ce cas, toute déviation de y_0 est supprimée, et le système revient spontanément à l'équilibre. L'état d'équilibre y_0 est stable et résiste ainsi aux perturbations. La rétroaction négative est omniprésente comme mécanisme de contrôle dans des machines de toutes sortes, dans les organismes vivants ; c'est le cas par exemple, de l'homéostasie et le cycle de l'insuline, des écosystèmes, de l'équilibre offre/demande en économie, pour n'en citer que ceux-là.

Rétroaction positive

La situation inverse, où une augmentation de l'écart produit encore des augmentations se définit comme une rétroaction positive. Par exemple, une grande quantité de personnes infectées par le virus de la grippe entraine une plus grande concentration de virus dans l'air à cause des éternuements par exemple, causant ainsi davantage d'infections. Un état d'équilibre soumis à des rétroactions positives devient nécessairement instable. Par exemple, l'état d'une population où personne n'est infecté est un équilibre instable, puisqu'il suffit qu'une personne soit infectée pour que l'épidémie se propage. Des rétroactions positives produisent une croissance galopante, voire explosive, qui ne s'arrête que seulement lorsque les ressources nécessaires auront été complètement épuisées.

L'épidémie de grippe par exemple, ne s'arrête de répandre qu'après que toutes les personnes qui sont susceptibles d'être infectées auront été infectées. D'autres exemples de telles rétroactions positives sont la course aux armements, l'effet boule de neige, le rendement croissant en économie, les réactions en chaînes conduisant à des explosions nucléaires, etc. La rétroaction négative demeure la condition essentielle pour la stabilité, les rétroactions positives sont responsables de la croissance, l'auto-organisation et l'amplification de faibles signaux. Dans les systèmes hiérarchiques complexes, les niveaux supérieurs [ou élevés] des rétroactions négatives restreignent généralement la croissance des niveaux inférieurs des rétroactions positives.

Les concepts de rétroaction positive et de rétroaction négative s'appliquent facilement aux réseaux de relations à causalités multiples. Un lien de causalité entre les deux variables, A → B, exemple, personnes infectées → virus, est positif si une augmentation [ou une diminution] dans A produit une augmentation [ou une diminution] de B. Il est négatif, si une augmentation entraîne une diminution et vice versa. L'on peut attribuer un signe à chaque boucle d'un réseau de causalité, en multipliant les signes [+ ou -] de chacun des nœuds de la chaîne. Cela fourni un moyen simple de déterminer si cette boucle produit de la stabilisation [rétroaction négative] ou un processus d'emballement [rétroaction positive]. En plus du signe des jonctions causales, il faut également prendre en compte le retard ou le décalage entre la cause et l'effet. Par exemple, la population de lapin ne commence à augmenter que plusieurs semaines, après que la quantité d'herbe ait augmenté. Ces retards peuvent conduire à une certaine oscillation, ou à un cycle limite, autour de la valeur d'équilibre.

Cette valse entrelacée de boucles de rétroaction positive et négative, suivant certains intervalles, constitue le domaine d'étude mathématique de la dynamique des systèmes, un vaste programme très complexe de modélisation de systèmes biologiques, sociaux, économiques et psychologiques. Les plus connues des applications de la dynamique des systèmes est probablement le programme de limites ou halte à la croissance (de l'anglais : Limits to Growth) popularisé par le Club de Rome, qui continue ainsi le travail de l'ingénieur américain Jay W. Forrester qui a été un pionnier de la simulation informatique. La Dynamique des systèmes a depuis été rendu populaire par les jeux [vidéo] informatiques comme SIMCITY développé par l'américain William Ralph Wright, et les logiciels d'applications STELLA développé par l'australien Robert Webb.

2.5 : Finalité et contrôle

L'innovation, sans doute la plus remarquable de la cybernétique, reste avant tout, son apport à l'explication et à l'intelligibilité de concepts telle la finalité ou la propriété orientée objectif. Un système autonome, comme un organisme ou une personne, se caractérise par la poursuite de ses propres objectifs, en résistant aux obstacles de l'environnement qui ont souvent pour effet de le dévier d'une situation ou d'un état favorable.

2.5.1 : Propriété orientée-objectif

L'attitude orientée objectif implique la régulation [ou contrôle] des perturbations. Une pièce ou une salle dont la température est régulée par un thermostat en constitue un exemple classique simple. Le réglage du thermostat détermine l'état de la température ou le but visé, c'est-à-dire le but favorable ou recherché. Des perturbations peuvent être provoquées par des changements de la température extérieure, des fuites, l'ouverture des fenêtres ou des portes, etc. La tâche du thermostat consiste à minimiser les effets de ces perturbations et de maintenir ainsi la température dans la pièce autant que possible constante par rapport à la température envisagée ou désirée.

Sur un plan plus fondamental, l'objectif d'un système autonome ou auto-poïétique c'est la survie, c'est-à-dire l'entretien essentiel ou indispensable à sa propre organisation. Cet objectif se développe dans tous les systèmes vivants grâce à la sélection naturelle ; ceux qui ne peuvent pas organiser leur survie, ils disparaissent tout simplement. En plus de cet objectif principal, le système comporte divers objectifs subsidiaires, comme se réchauffer ou se garder chaud, s'alimenter ou se trouver des aliments qui contribuent encore indirectement à la survie de ces systèmes. Les systèmes artificiels, tels que les thermostats et les pilotes automatiques, ne sont pas autonomes ; leurs objectifs primaires sont construits et implantés en eux par leurs concepteurs. Ils sont allo-poïétiques (du grec : *allos*) c'est à dire que leur fonction consiste à produire quelque chose d'autre qu'eux-mêmes.

Le comportement orienté objectif exprime simplement la suppression des écarts par rapport à l'état d'un objectif invariant qui est la finalité. A cet égard, l'objectif est semblable à un équilibre stable, auquel le système revient après chaque perturbation. Le comportement orienté objectif et la stabilité sont caractérisés par l'équifinalité, où différents états initiaux conduisent au même état final, ce qui implique la destruction de la variété. La grande différence est qu'un système stable retourne automatiquement à son état d'équilibre, sans effectuer aucun travail, ou aucun effort. Mais la propriété orientée objectif d'un système doit intervenir activement pour atteindre et maintenir son objectif, dans le cas contraire point d'équilibre.

Le concept de contrôle en cybernétique peut paraître essentiellement conservateur, son but est de résister à tous les écarts par rapport à un état favorable. Mais dans la réalité, cette démarche peut s'avérer très dynamique voire progressive, en fonction de la complexité de l'objectif. Par exemple, si l'objectif est défini comme la distance par rapport à une cible en mouvement, ou le taux d'accroissement d'une quantité donnée, alors la suppression de déviation par rapport à l'objectif implique des changements constants. Le cas de missiles à tête chercheuse qui doivent atteindre un avion ennemi se déplaçant à toute vitesse, en constitue un exemple assez remarquable.

La finalité d'un système peut également appartenir à un sous-espace-état acceptable, semblablement à un attracteur. Les dimensions qui définissent ces états sont appelées variables essentielles, elles doivent être maintenues dans un intervalle limité compatible à la survie du système. Par exemple, la température corporelle d'une personne doit être maintenue approximativement entre 35 et 40° C. D'une manière plus générale, l'objectif peut être considéré comme un gradient ou une fonction-objectif définie suivant l'univers des états possibles définissant le degré de valeur ou de préférence d'un état par rapport à un autre. Dans ce cas, le problème du contrôle devient un exercice courant d'optimisation ou de maximisation propre à la fonction-objectif.

2.5.2 : Mécanisme de contrôle

Alors que les perturbations contenues dans une relation de contrôle peuvent provenir soit de l'intérieur, par exemple des erreurs de fonctionnement ou de fluctuations quantiques, soit de l'extérieur du système, par exemple attaque par un prédateur ou des changements de température. Sur le plan fonctionnel les perturbations doivent être traitées comme si elles venaient tous de la même source [externe]. Pour atteindre son objectif en dépit des perturbations, le système doit avoir un moyen de bloquer leur effet sur les variables essentielles. Il existe trois méthodes fondamentales de parvenir à une telle régulation : la temporisation (de l'anglais : buffering), la rétroaction (de l'anglais : feedback), et la prévention ou l'anticipation (de l'anglais : feedforward).

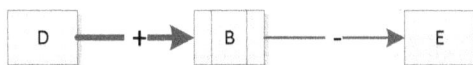

La temporisation

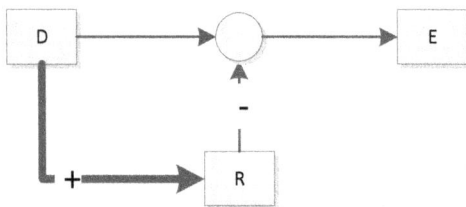

L'anticipation

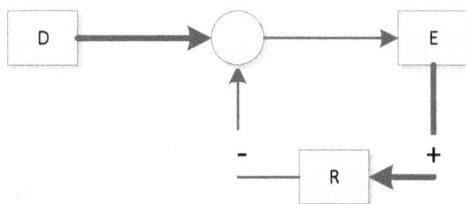

La rétroaction

Fig. 2.5a: Les mécanismes de base de la régulation

Note : Les mécanismes de base de la régulation. De haut en bas : la temporisation, rétroaction, l'anticipation. Dans chaque cas, l'effet des perturbations D sur les variables essentielles E est atténué, soit par un tampon passif B, soit par un régulateur actif R.

Processus de contrôle par temporisation

La temporisation désigne l'absorption passive ou l'atténuation des perturbations. Par exemple, les murs d'une salle sous contrôle thermostatique peuvent constituer ou jouer le rôle de tampon, ainsi plus les murs sont épais, mieux la salle est isolée, alors moins les fluctuations de la température de l'extérieur affectent ou influencent la température de [l'intérieur] de la salle. Entre autres exemples, l'on peut citer le rôle des amortisseurs de chocs (de l'anglais : *shock absorber*) dans un véhicule, ou d'un réservoir qui approvisionne en eau un village de façon régulière et indépendamment des variations pluviométriques. Ainsi, la temporisation présente un mécanisme similaire à celui d'un état d'équilibre stable, qui consiste à dissiper les perturbations sans aucune intervention active. L'inconvénient est qu'elle peut seulement amortir les effets de fluctuations non coordonnées ; elle ne peut pas orienter systématiquement le système vers un état de non-équilibre, ni même maintenir un tel état. Si l'on vit à Port-au-Prince par exemple, quel que soit le niveau d'étanchéité ou d'isolation des murs ou des parois, seuls, ils sont incapables de maintenir la pièce à une température inférieure à la moyenne de la température extérieure.

Processus de contrôle par anticipation

La rétroaction et l'anticipation nécessitent de l'action de la part du système en vue de supprimer ou de compenser l'effet de fluctuation. Par exemple, le thermostat peut contrebalancer une hausse de température en mettant automatiquement en marche le dispositif de climatisation. Le contrôle anticipatif supprime la perturbation avant qu'elle arrive à affecter les variables essentielles du système. Cela exige la capacité d'anticiper les effets de perturbations sur la finalité ou sur les objectifs du système. Si non le système ne saurait pas quelles fluctuations externes à prendre en compte, ou à considérer comme perturbations, ou comment compenser efficacement leur influence avant qu'elles affectent le système. Ceci requiert que le système de contrôle soit en mesure de collecter d'avance c'est-à-dire au plus tôt, des informations sur ces fluctuations.

Le contrôle anticipatif peut par exemple s'appliquer à une salle sous contrôle thermostatique en installant un capteur de température à l'extérieur de la salle, qui alerte ou indique au thermostat toute tendance à la hausse de la température extérieure, afin de mettre en marche la climatisation avant que la perturbation extérieure n'affecte la température de l'intérieur [de la sale]. Dans de nombreux cas, cette forme de mécanisme se révèle très difficile à mettre en œuvre, ou simplement peu fiable. Par exemple, le thermostat peut arrêter la climatisation de la pièce, dans l'anticipation d'une chute de la température de l'extérieur, sans cependant être capable de se rendre compte que dans le même temps, quelqu'un dans la salle a allumé le four produisant d'énorme quantité de chaleur capable de provoquer une élévation exagérée de la température qui est de loin supérieur à celle de l'extérieure. Aucun capteur ou processus d'anticipation ne peut fournir toutes les informations sur les effets futurs face à une infinie de variétés de perturbations possibles, ainsi le processus contrôle anticipatif demeure sujet à l'erreur. Dans le meilleur des cas, les erreurs peuvent être peu nombreuses, mais le problème est qu'elles s'accumulent à long terme et finissent éventuellement par détruire le système.

Processus de contrôle par rétroaction

Le moyen d'éviter une accumulation éventuellement dangereuse, consiste à utiliser en lieu et place de l'anticipation, un autre processus de contrôle qu'on appelle la rétroaction. Elle consiste à compenser toute erreur ou tout écart par rapport à l'objectif dès sa détection. Le processus contrôle par rétroaction est aussi appelé régulation par suppression d'erreurs, étant donné que l'erreur est utilisée pour déterminer l'action de contrôle. Ainsi, le thermostat relève la température à l'intérieur de la pièce, et déclenche la climatisation chaque fois que le relevé indique une température supérieure à la température-objectif [ou cible] ; ou à toute augmentation par rapport à un certain point de référence. L'inconvénient du rétrocontrôle est qu'il doit tout d'abord permettre, la déviation ou l'erreur de se produire avant de pouvoir adopter une quelconque mesure, sinon il ne saurait pas quelles mesures prendre. Par conséquent, le rétrocontrôle est par définition imparfait, alors que l'anticipation (*feedforward*) demeure en théorie ou en principe sûre, mais pas dans la pratique.

La raison pour laquelle le contrôle par rétroaction se révèle encore très efficace c'est la continuité, car les déviations par rapport à l'objectif général ne se manifestent pas en même temps, ils ont tendance à augmenter lentement, laissant au contrôleur la chance d'intervenir à un stade précoce c'est-à-dire lorsque l'écart est encore faible. Par exemple, un thermostat sensible peut lancer la climatisation dès que la température atteint un dixième de degré au-dessous de la température-objectif. Dès que la température revient au niveau favorable, le thermostat arrête la climatisation, il maintient ainsi la température à l'intérieur d'un intervalle très réduit ou limité.

Cette adaptation très précise explique pourquoi les thermostats n'ont pas besoin en général de capteurs à l'extérieur, et peuvent fonctionner purement en mode rétroaction ou feedback. Le contrôle par anticipation demeure toujours nécessaire dans les cas où les perturbations sont soit discontinue ou se développent si rapidement que toute réaction [de rétroaction] se produirait trop tard. L'on pourrait citer en exemple la dangereuse analogie suivante : si un individu réalise qu'une personne pointe une arme à feu en sa direction, il ferait mieux de sortir de la ligne de feu immédiatement, au lieu d'attendre la détonation pour réagir ou esquiver le projectile.

2.5.3 : Variété requise

La notion de contrôle ou de régulation désigne fondamentalement une réduction de la variété. Les perturbations favorisent un niveau élevé de variétés qui affectent ainsi l'état interne du système dont le but est de rester aussi près que possible de l'état objectif, c'est-à-dire de préserver ou maintenir une très une faible variété. Dans un certain sens le contrôle empêche la transmission de variété, de l'environnement [c'est-à-dire de l'extérieur] au système. Ce qui contraste avec le processus de transmission d'information dont le but est de préserver au maximum la variété.

Dans le processus de régulation active [feedforward et/ou feedback], chaque perturbation de D doit être compensée par une réaction appropriée du régulateur R (fig. 2.5a). Si R réagit de la même manière à deux perturbations différentes, il en résulterait deux valeurs différentes pour les variables essentielles, ainsi la régulation serait imparfaite. Cela signifie que pour bloquer complètement l'effet de D, le régulateur doit être en mesure de produire au moins autant de contre actions qu'il y a de perturbations dans D. Par conséquent, la variété de R doit être au moins aussi grande que la variété de D. Si par ailleurs, il est pris en compte la réduction constante de la variété K grâce à la temporisation, le principe peut se présenter plus précisément sous la forme :

$$V(E) \geq V(D) - V(R) - K \qquad (4)$$

William R. Ashby appelle ce principe : loi de variété requise. En matière de contrôle ou de régulation active, la variété, seul peut détruire la variété. Ce qui conduit à une observation quelque peu paradoxale, qui stipule que le régulateur doit avoir une variété d'actions suffisamment large afin de d'assurer une variété suffisamment restreinte des résultats pour les variables essentielles E. Ce principe a des conséquences importantes dans certaines situations pratiques. Par exemple, étant donné que la variété d'un système peut potentiellement être confrontée à des perturbations illimitées, il convient toujours d'essayer de maximiser sa variété interne [ou diversité], afin de se prémunir adéquatement contre toute situation, prévisible ou imprévisible.

2.5.4 : Composantes d'un système de contrôle

Ayant déjà examiné la notion de contrôle de façon plus générale, il importe de considérer les composants et les processus qui constituent un système de contrôle tel qu'un simple thermostat, un organisme complexe, ou une plus concrète organisation. En cybernétique, ces composantes sont d'ordre fonctionnel ; elles peuvent correspondre ou non à des unités structurelles.

L'architecture générale d'un système de contrôle représente un cycle de rétroaction avec deux entrées : l'objectif, qui représente les valeurs favorables des variables essentielles du système, et les perturbations, qui représentent l'ensemble des processus de l'environnement qui tout en échappant au contrôle du système peuvent cependant en affecter les variables. En premier lieu, le système observe ou détecte les variables qu'il souhaite contrôler, sachant qu'elles ont la propriété d'affecter son état favorable. Cette étape de perception crée une représentation interne de la situation extérieure. Les informations contenues dans cette représentation doivent alors être traitées afin de déterminer, d'abord de quelle manière elles peuvent affecter l'objectif, puis la meilleure réaction pour maintenir et sauvegarder l'état objectif.

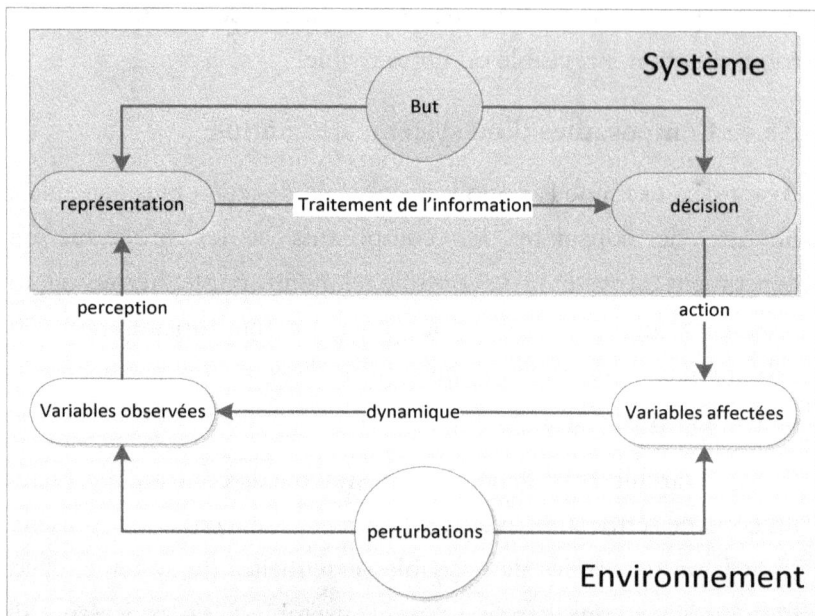

Fig. 2.5b: les composantes de base d'un système de contrôle

En fonction de cette interprétation, le système décide alors de l'opportunité ou de la convenance d'une action. Cette action affecte une partie de l'environnement, ce qui se répercute sur les autres parties de l'environnement à partir des processus normaux de causalité ou de la dynamique de l'environnement considéré. Ces dynamiques sont influencées par un ensemble des variables inconnues, appelées perturbations. Cette interaction dynamique affecte entre autres les variables que le système garde sous observation. Tout changement dans ces variables est encore perçu par le système, ce qui déclenche ainsi de nouvelles interprétations suivies de décisions et d'actions fermant ainsi la boucle de contrôle.

Ce modèle général du contrôle peut inclure la méthode de temporisation, la méthode proactive ou anticipative et la méthode rétroactive de régulation. La temporisation est implicite en dynamique, ce qui détermine dans quelle mesure les perturbations affectent les variables observées. Ces dernières doivent en principe inclure les variables essentielles que le système voudrait garder sous contrôle (*Feedback ou régulation sur la base de contrôle d'erreurs*) afin d'éviter toute accumulation d'erreurs. En général, cette méthode d'observation comprend également diverses variables non essentielles qui fonctionnent ainsi comme un régime d'alerte à la perturbation anticipée. En d'autres termes, c'est la régulation par la méthode d'anticipation.

Les composantes de ce régime d'alerte peuvent être aussi simples ou aussi complexes qu'il est nécessaire. Dans le thermostat, la perception est tout simplement une détection variable unidimensionnelle de la température de la salle. Le but est ainsi la température-objectif que le thermostat tente d'atteindre ou de maintenir. Ce traitement de l'information est un banal processus qui permet de décider si la température perçue est supérieure à la température-objectif ou non. Enfin, l'action consiste soit à refroidir la salle si la température est plus élevée, ou à ne rien faire dans le cas contraire. La variable affectée est la quantité de chaleur dans la salle. La perturbation peut être la quantité d'air chaux échangée avec l'extérieur. La dynamique est le processus par lequel le climatiseur situé à l'intérieur, et l'échange d'air chaud entre l'intérieur et l'extérieur déterminent la température intérieure.

Pour obtenir un exemple plus complexe, l'on pourrait considérer par exemple un Conseil d'Administration dont l'objectif est de maximiser le revenu à long terme d'une entreprise. Ses actions sont constituées de diverses initiatives telles que la campagne de publicité, le recrutement de managers, la mise en service de nouvelles lignes de production, la gestion efficiente des frais administratifs, etc. De toute manière, cela affecte le fonctionnement général de l'entreprise. Mais, ce fonctionnement est également affecté par des facteurs qui peuvent échapper au contrôle du Conseil d'Administration, tels que l'environnement ou la situation économique, les activités des concurrents, les exigences des clients, etc. Ces perturbations et les initiatives du Conseil déterminent ensemble le succès de l'entreprise, ce qu'indiquent des variables telles que la quantité de commandes, le coût de production, les retards de production, la réputation de l'entreprise, etc. Le Conseil, en tant que système de contrôle, interprète chacune de ces variables en fonction de ses objectifs d'optimisation [ou de maximisation] de profits, et décide de certaines mesures en vue de corriger tout écart par rapport aux objectifs.

La boucle de régulation est complètement symétrique. Si l'on fait pivoter sur 180° le schéma de la fig. 2.5.b, l'environnement devient système alors que la perturbation devient l'objectif, et vice versa. Par conséquent, le régime peut être considéré comme deux systèmes interdépendants, où chacun essaie d'imposer son objectif à l'autre. Si les deux objectifs sont incompatibles, il s'agit d'un modèle de conflit ou de concurrence, dans le cas contraire, l'interaction peut s'installer dans un équilibre mutuellement satisfaisant, fournissant un modèle de compromis ou de coopération.

Mais la notion de contrôle, implique généralement qu'un système plus puissant est capable de supprimer toute tentative par l'autre système d'imposer ses préférences. Pour ce faire, une asymétrie doit s'introduire dans la boucle de régulation, où les actions du système [contrôleur] doivent avoir davantage d'effet sur l'état de l'environnement [contrôlé] et non l'inverse. Ce processus peut également être considéré comme une amplification du signal qui transite par le système de contrôle, où de faibles signaux perceptuels qui transportent des informations et une quantité quasi négligeable d'énergie conduisent à des actions puissantes qui génère aussi beaucoup d'énergie. Cette asymétrie s'obtient en affaiblissant l'influence de l'environnement, par exemple par la temporisation de ses actions et en renforçant les actions du système, en lui fournissant par exemple une source d'énergie ou un système de climatisation de très forte puissance ou capacité. Ces deux cas sont illustrés par le thermostat. Par exemple, les murs offrent l'isolation nécessaire contre les perturbations extérieures et l'alimentation en énergie [électrique] offre la capacité de produire suffisamment de puissance pour maintenir la climatisation. Aucun contrôle thermostatique ne serait possible dans une salle sans murs ou sans apport d'énergie. Les mêmes exigences s'appliquent par exemple aux premières cellules vivantes, qui avaient besoin d'une membrane protectrice pour temporiser les perturbations et de la nourriture afin de produire à leur tour de l'énergie.

2.5.5 : Hiérarchie du contrôle

Dans les systèmes complexes de contrôle tels que les organismes ou les sociétés, les buts et objectifs sont généralement disposés suivant une hiérarchie où les buts de niveau supérieur contrôlent les paramètres d'entrée des buts subsidiaires. Par exemple, la survie qui constitue un but principalement supérieur implique en toute logique le maintien d'une hydratation suffisante qui constitue un but d'ordre inférieur, cet enchainement active un but subsidiaire qui est de boire un verre d'eau. Cette étape active à son tour un autre but qui est de porter le verre aux lèvres. Au bout du compte, cela implique de garder le mouvement de la main de façon ferme et régulière afin de ne pas renverser l'eau et atteindre ainsi le but ultime du processus.

En ajoutant une couche supplémentaire au régime de contrôle (fig. 2.5b), il en résulte une hiérarchisation du contrôle comme indiqué à la fig. 2.5c. Le but_1 initial devient le résultat d'actions prises pour atteindre le but_2 de niveau supérieur. Par exemple, le but du thermostat de maintenir la température indiquée peut être subordonné à un but d'ordre supérieur qui est de garder la température agréable pour les personnes présentes sans gaspillage d'énergie. Cela peut s'accomplir en ajoutant un capteur infrarouge capable de percevoir la présence de gens dans la salle. Autrement dit, si la salle est occupée et de régler alors le thermostat à une température inférieure à T_1, sinon de lui affecter la valeur de la plus haute température T_2. Ces couches de contrôle peuvent être ajoutées arbitrairement en subordonnant le but au niveau n aux actions du niveau n + 1.

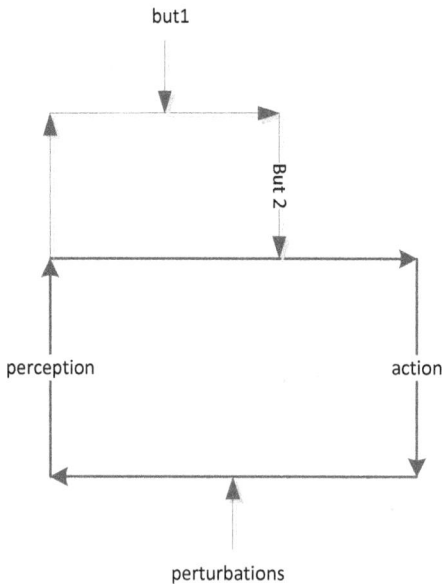

Fig. 2.5c: hierarchie du contrôle

Une boucle de contrôle permet de réduire la variété des perturbations, mais n'est généralement pas en mesure d'éliminer toutes les variétés. L'ajout d'une boucle de régulation au-dessus de la boucle originale peut éliminer la variété résiduelle, et si cela ne suffit pas, un autre niveau hiérarchique peut s'avérer nécessaire. Le nombre de niveaux requis dépend donc de la capacité réglementaire des boucles de contrôle individuel : plus la capacité est faible, plus la hiérarchisation est nécessaire. Il s'agit en d'autres termes de la loi d'Arvid Aulin à propos de la hiérarchie requise. Aulin est un mathématicien et l'auteur de l'ouvrage intitulé *« The Foundations of Mathematical System Dynamics »*, qui traite de la théorie fondamentale des processus récursifs en sciences sociales et en économie particulièrement.

En revanche, la multiplication des niveaux risque de produire un impact négatif sur l'efficacité globale de la régulation car en augmentant le nombre d'étapes ou de niveaux que les signaux de perception et d'action doivent franchir, ils peuvent être ainsi affectés par davantage de bruit, de corruption ou de retard. Si possible donc, il est préférable de maximiser la capacité réglementaire de chaque couche et ainsi réduire le nombre de couches requises. Ce principe comporte des applications importantes pour les organismes sociaux, qui ont tendance à multiplier le nombre de niveaux burcaucratiques. La tendance actuelle favorisant l'aplatissement des hiérarchies peut s'expliquer par les capacités de réglementation croissantes des individus et des organisations, en raison d'une meilleure éducation, du management et du soutien technologique adéquat.

Pourtant, quand la variété devient vraiment trop grande à réguler pour un organisme donné, un niveau plus élevé de contrôle doit être envisagé en vue de permettre davantage de progrès. L'expert en cybernétique, le soviétique Valentin Turchin devenu citoyen américain en 1977, appelle ce processus une transition de méta système, il l'a proposé comme unité de base [ou quantum] de l'évolution des systèmes cybernétiques. Une transition de méta système désigne l'émergence à travers l'évolution, d'un niveau supérieur d'organisation ou de contrôle. Ce processus est responsable de la complexité fonctionnelle croissante qui caractérise ces développements fondamentaux comme les origines de la vie, les organismes multicellulaires, le système nerveux, l'apprentissage, la culture humaine, etc.

2.6 : Cognition

Le contrôle n'est pas seulement dépendant de la variété requise des actions dans le régulateur. En réponse à une perturbation donnée, le régulateur doit également savoir quelle action adopter. Dans le cas le plus simple, une telle connaissance peut désigner une bijection de l'ensemble de perturbations perçues D sur l'ensemble R des mesures réglementaires f : D → R, qui fait correspondre à chaque perturbation, la mesure [la plus appropriée] capable de la supprimer. Par exemple, le thermostat fait correspondre la perception « température trop élevée » à l'action « déclencher climatiseur », et la perception « température assez confortable » à l'action « ne pas déclencher climatiseur ». Cette connaissance peut aussi s'exprimer comme un ensemble de règles de production de la forme suivante : si condition perturbation perçue, alors action. Ces connaissances sont incarnées dans différents systèmes de différentes manières. Par exemple, par la multiplicité de façons dont les concepteurs connectent les composants dans des systèmes artificiels, dans les organismes vivants par l'intermédiaire de structures évoluées telles que les gènes, ou par l'apprentissage et la progression de la connectivité entre les neurones du cerveau.

2.6.1 : Connaissance requise

En l'absence de connaissance, le système n'a généralement aucun choix que d'essayer aveuglément des actions, jusqu'à ce qu'il tombe par hasard sur l'action qui finalement élimine la perturbation. Plus la variété des perturbations [*et donc des actions requises*] est grande, moins il est probable qu'une action sélectionnée au hasard atteigne l'objectif, ou assure la survie du système. Par conséquent, toute augmentation de la variété des actions doit s'accompagner d'une augmentation de la contrainte ou d'une sélectivité dans le choix d'action appropriée c'est-à-dire d'une croissance de la connaissance.

Cette exigence favorise ou répond à la loi de la connaissance requise. Puisque tous les organismes vivants sont également des systèmes de contrôle, la vie implique donc de la connaissance, comme le dit Humberto Maturana : « vivre c'est apprendre ».

En pratique, pour les systèmes de contrôle complexes, les mesures ou actions de contrôle ne sont ni aveuglement prises, ni complètement déterminées, elles s'apparentent plutôt à des suppositions qui ont une probabilité raisonnable d'être correctes, mais sans garantie de succès. Les rétroactions ou feedback peuvent aider le système à corriger ses propres erreurs, avant même d'atteindre le point de destruction. Ainsi, toute activité orientée objectif devient équivalente à l'heuristique en matière de résolution de problème.

Sur le plan heuristique, cette connaissance incomplète peut désigner l'incertitude conditionnelle d'une action de R, considérant une perturbation dans D : $H(R|D)$. Cette incertitude peut se déterminer par l'équation précédente, mais en utilisant les notions de probabilités conditionnelles $P(r|d)$. En outre, $H(R|D) = 0$ représente le cas de zéro incertitude c'est-à-dire la connaissance complète où l'action est complètement déterminée par la perturbation. $H(R|D) = H(R)$ représente l'ignorance totale. Le mathématicien Arvid Aulin indique que la loi de la variété requise (4) peut aussi inclure la connaissance ou l'ignorance en y ajoutant simplement la clause d'incertitude conditionnelle qui reste implicite dans la formulation non probabiliste de la loi d'Ashby :

$$H(E) \geq H(D) + H(R|D) - H(R) - K \qquad (5)$$

Autrement dit, la variété dans les variables essentielles E, peut se réduire : 1) en augmentant la temporisation K ; 2) en augmentant la variété d'action $H(r)$; ou 3) en diminuant l'incertitude $H(R|D)$ sur l'action à choisir pour une perturbation donnée, c'est-à-dire en accroissant la connaissance.

2.6.2 : Relation de modélisation

Dans le model de connaissance ci-dessus, l'objectif est implicite dans la relation de condition-action, puisqu'un objectif différent nécessiterait, dans les mêmes conditions, des actions différentes. La connaissance scientifique ou objective, conçoit cependant, des règles qui sont indépendantes de tout objectif particulier. Dans les systèmes de contrôle d'ordre supérieur qui agissent sur des objectifs de système d'ordre inférieur, les connaissances se réduisent généralement à une fonction de prédictions. Par exemple : qu'arriverait-t-il si telle condition se manifeste, ou qu'une action est exécutée ? Selon la réponse à la question, le système de contrôle peut alors choisir la meilleure action, ou l'action la plus appropriée pour atteindre son objectif actuel.

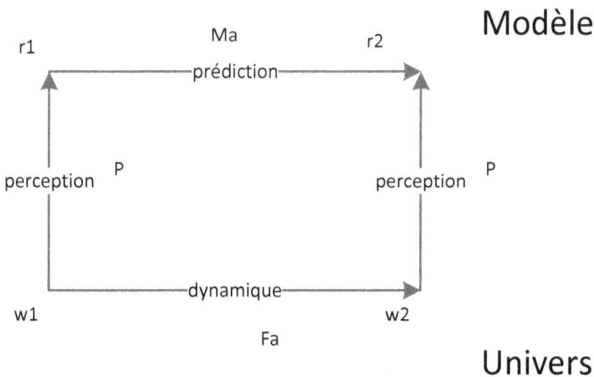

Fig. 2.5d: relation de modélisation

Cette compréhension de la connaissance peut se formaliser en retournant au concept de modèle. L'on peut maintenant introduire la notion d'endo-modèles ou de modèles résidant au sein des systèmes, par opposition à l'utilisation précédente d'exomodèles ou de modèles de systèmes. La figure 2.5d montre un modèle [dit endo-modèle] qui peut être considéré comme un agrandissement de la partie anticipation ou pro-action du système général de contrôle de la figure 2.5b, sans tenir compte de l'objectif, des perturbations, et des actions.

Un modèle émane d'un système dont on modélise et qui représente ici l'univers, avec l'espace-état $W = \{w_i\}$ et la dynamique $F_a: W \to W$. La dynamique représente l'évolution temporelle de l'univers comme indiqué dans la figure 2.5b, peut-être sous l'influence d'une action a par le système. Le modèle lui-même est constitué des états du modèle interne ou représentations $R = \{r_j\}$, et une fonction de modélisation ou un ensemble de règles de prédiction $M_a: R \to R$. Les deux sont couplés par une fonction de perception $P: W \to R$ qui fait correspondre les états de l'univers à leurs représentations dans le modèle. La prédiction M_a se réalisera si elle parvient à anticiper ce qui va arriver à la représentation R sous l'influence de l'action a. Cela signifie que l'état prédit pour le modèle $r_2 = M_a(r_1) = M_a(P(w1)$ doit être égal à l'état du modèle créé par la perception de l'état actuel de l'univers w_2 après le processus de F_a :

$$r_2 = P(w_2) = P(F_a(w_1)).$$ Par conséquent, $P(F_a) = M_a(P)$.

Ainsi les relations P, M_a et F_a doivent être commutative par rapport à M pour être un bon modèle pouvant prédire le comportement de l'univers W. L'ensemble du système peut être considéré comme une relation homomorphe des états de l'univers aux états du modèle, si bien que leur évolution dynamique se trouve préservée. Dans un sens, même les règles les plus primitives [condition-action] susmentionnées peuvent être interprétées comme une sorte de relation homomorphe des événements [perturbations] dans l'univers vers les mesures prises par le système de contrôle. Cette observation a été développée officiellement par

Roger C. Conant et W. Ross Ashby dans leur document classique intitulé : « *tout bon régulateur d'un système doit être un modèle du système* ». Toutefois, la notion de compréhension du modèle ici devient plus raffinée en supposant que le système de contrôle peut envisager diverses prédictions des états $M_a(r_1)$ sans réellement exécuter aucune action a. Ainsi, l'on récupère en quelque sorte le sens d'un modèle en tant que représentation dans le sens indiqué ci-dessus (réf. 2.1.1) et dans la science en général, où les observations servent essentiellement à confirmer ou infirmer les prédictions tout en évitant autant que possible toute intervention sur le phénomène modélisé.

Une remarque importante s'impose donc par rapport à l'implication de cette compréhension sur l'épistémologie [ou la philosophie de la connaissance]. A première vue, la définition d'un modèle comme une relation homomorphe de l'univers semblerait impliquer qu'il y a une correspondance objective entre les objets de l'univers et leurs représentations symboliques dans le modèle. Cela ramène au « *réalisme naïf* » qui voit la vraie connaissance comme un parfait reflet de la réalité extérieure, indépendante de l'observateur. Le morphisme, ici cependant, ne conserve aucune structure objective du monde que le type et l'ordre des phénomènes tels qu'ils sont perçus par le système. Un système cybernétique perçoit seulement ce qui pointe vers les perturbations potentielles de ses propres objectifs. Il est dans ce sens intrinsèquement subjectif. Il ne se soucie pas, ni n'a accès à ce qui existe [objectivement] dans le monde extérieur. La seule influence que ce monde extérieur a sur le modèle du système est de souligner quels modèles fournissent des prédictions inexactes. Considérant qu'une prédiction inexacte entraîne un mauvais contrôle, il sert aussi de signal d'alerte indiquant au système de construire un meilleur modèle.

2.6.3 : Apprentissage et Modélisme

L'épistémologie cybernétique est essentiellement constructiviste, les connaissances ne peuvent être absorbées passivement depuis l'environnement, elles doivent être activement construites par le système lui-même. L'environnement ne peut pas instruire [ou informer] le système, il élimine tout simplement les modèles qui ne sont pas adéquats en éliminant ou en punissant les systèmes qui en usent. Au niveau le plus élémentaire, le modélisme se déroule par des variations et des sélections successives, ou en termes d'essais et d'erreurs successifs.

L'on pourrait donc en offrir une illustration en se basant sur un organisme aquatique primitif dont la structure de contrôle serait une version légèrement plus sophistiquée qu'un thermostat. Par exemple, cet organisme doit pour survivre, rester dans la zone de température idéale en se déplaçant vers le haut pour atteindre des couches d'eau plus chaudes ou vers le bas pour atteindre les couches plus froides si nécessaire. Sa perception est une variable de la température unique avec 3 états :

X = {trop chaud, trop froid, convenable}

Sa variété d'action se compose des 3 états :

Y = {aller vers le haut, allez vers le bas, ne rien faire}

La connaissance du contrôle de l'organisme se compose d'un ensemble de paires de {perception, action} ou d'une fonction $f : X \rightarrow Y$. Il y a $3^3 = 27$ fonctions possibles, cependant, seulement la plus optimale consiste en des règles comme : trop chaud $\rightarrow$ descendre ; trop froid $\rightarrow$ monter ; et convenable $\rightarrow$ ne rien faire. La dernière règle pourrait éventuellement être remplacée soit par convenable $\rightarrow$ aller vers le haut, ou convenable $\rightarrow$ aller vers le bas.

Cela se traduirait par un peu plus de dépense d'énergie, mais en combinaison avec les règles précédentes, il conserverait toujours l'organisme dans une boucle de rétroaction négative autour de la température idéale. Les vingt-quatre (24) autres combinaisons possibles perturberaient les feedbacks de stabilisation, ce qui entraînerait une course frénétique, ce qui [de fatigue] finirait par tuer ou anéantir l'organisme.

Comment imaginer que les différentes règles éventuelles sont codées dans les gènes de l'organisme, et que ces gènes évoluent grâce à des mutations aléatoires chaque fois que l'organisme produit des descendants. Chaque mutation qui génère l'une des 24 combinaisons avec des rétroactions - *feedback* - positifs est éliminée par la sélection naturelle. Les trois combinaisons initiales de rétroaction négative demeureront toutes, mais en raison de la concurrence, la plupart des combinaisons efficaces en termes d'énergie prendront la relève. La variation interne des règles de contrôle, ainsi que la sélection naturelle de l'environnement conduisent finalement à un modèle fonctionnel.

L'on note que l'environnement n'a pas indiqué à l'organisme comment construire le modèle, l'organisme a dû le découvrir par lui-même. Cela peut sembler toujours simple dans le modèle ci-dessus qui compte 27 architectures ou combinaisons possibles, mais il suffit d'observer que pour des organismes plus complexes il existe généralement des millions de perceptions possibles, et des milliers d'actions possibles, permettant ainsi de conclure que l'univers des modèles possibles ou des architectures de contrôle est absolument astronomique. Les informations provenant de l'environnement qui précise qu'une action particulière ou la prédiction est soit réussie ou non est beaucoup trop limité pour permettre de choisir le modèle idéal parmi les modèles potentiels.

Par conséquent, la charge de mettre au point un modèle adéquat est en grande partie attribuée au système lui-même, qui devra s'appuyer sur l'heuristique interne, les combinaisons de composantes préexistantes et des critères subjectifs pour apprécier et construire efficacement des modèles qui sont susceptibles de fonctionner.

La sélection naturelle des organismes est évidemment une méthode très peu productive en matière de développement des connaissances, bien qu'elle soit responsable de la plupart des connaissances que les systèmes vivants ont pu accumuler grâce à l'évolution qui s'est produite dans leurs gènes.

Des organismes plus intelligents [ou complexes] développent un moyen plus efficace de construire des modèles que l'on appelle : apprentissage. Dans l'apprentissage, des règles différentes rivalisent entre-elles au sein de la structure de contrôle de l'organisme même.

Selon leur habilité à prévoir, ou à contrôler les troubles [perturbations], les règles sont mises en application i.e. récompensées de façon différentielle. Celles qui reçoivent le plus d'attention *ou qui sont le plus souvent mises en application* en viennent finalement à dominer celles qui en général réussissent moins. Cela peut être considéré comme une application du contrôle à un méta niveau ou une transition de méta système, où maintenant le but est de réduire au minimum la différence perçue entre l'observation et de prévision, et où les actions consistent à varier ou altérer les composantes du modèle.

Différents formalismes ont été proposés pour modéliser ce processus d'apprentissage, commençant par l'homéostat d'Ashby qui, pour une perturbation donnée ne cherche pas un univers d'actions possibles, mais un univers de jeux possibles de règles : perturbations → action. Les méthodes les plus récentes incluent les réseaux neuronaux, et les algorithmes génétiques. Dans les algorithmes génétiques, les règles varient au hasard et de façon discontinue, par l'intermédiaire d'opérateurs tels que la mutation et de recombinaison. Dans les réseaux neuronaux, les règles sont représentées en variant continuellement les connexions entre les nœuds correspondant aux capteurs et effecteurs de structures cognitives intermédiaires. Bien que ces modèles d'apprentissage et d'adaptation soient originaires de la cybernétique, ils sont maintenant devenus des spécialités indépendantes, à l'aide des labels tels que machine d'apprentissage (de l'anglais : machine learning), et découverte de connaissances (de l'anglais : knowledge discovery). Par ailleurs, il serait juste de rendre hommage aux canadiens qui semblent dominer haut la main le champ de l'intelligence artificielle, plus particulièrement grâce au développement de la technologie « deep learning ». Les deux géants américains Microsoft et Google semblent bien admettre ou reconnaître la domination canadienne en confiant leurs recherches dans le domaine à des groupes canadiens établis et évoluant au Canada.

2.6.4 : Constructivisme ou épistémologie constructiviste

La vue d'ensemble adoptée par la cybernétique, traduit l'idée que les systèmes vivants sont des systèmes de contrôle complexes et adaptatifs engagés dans des relations circulaires avec leurs environnements. La cybernétique se préoccupe de problèmes profonds tels que la nature de la vie, le cerveau et la société ; il est naturel qu'elle en soit arrivée aux questions de philosophie, et d'épistémologie en particulier.

Comme indiqué plus haut, étant donné que le système n'a pas accès à la façon dont le monde est [en réalité], les modèles demeurent des constructions subjectives, c'est-à-dire des réflexions non objectives de la réalité extérieure. Au-delà de ce qu'ils peuvent savoir ou ne pas savoir, pour les systèmes cognitifs, ces modèles constituent effectivement leurs environnements. Comme l'indiquent von Foerster et Maturana, dans le système nerveux il n'y a pas de distinction a priori entre une perception et une hallucination : les deux sont simplement des modèles d'activation neuronale. Une interprétation extrême de ce point de vue pourrait entraîner le solipsisme ou l'incapacité à distinguer les idées autoproduites [*rêves, imaginations*] des perceptions induites par l'environnement extérieur. Ce danger du relativisme complet, dans lequel tout modèle est considéré comme aussi bon que n'importe quel autre, peut être évité par les exigences de cohérence et d'invariance.

Tout d'abord, bien qu'aucune observation ne puisse prouver la véracité d'un autre modèle, les modèles et les différentes observations peuvent mutuellement se confirmer ou s'entraider, ce qui augmente leur fiabilité conjointe. Plus une connaissance s'avère cohérente au regard de toutes les autres informations disponibles, plus fiable est-elle. Deuxièmement, les percepts apparaissent plus réels, lorsqu'ils varient moins entre les observations. Par exemple, un objet peut être défini comme l'aspect d'une perception qui reste invariante lorsque le point de vue de l'observateur change. Dans la formulation de von Foerster, un objet est un état propre d'une transformation cognitive. Il existe en outre l'invariance des observateurs ; si différents observateurs s'accordent sur un percept ou un concept, ce phénomène peut être considéré comme réel par consensus. Ce processus de parvenir à un consensus sur des concepts communs s'appelle : « construction sociale de la réalité ». La théorie de conversation de Gordon Pask fournit un modèle formel sophistiqué de ce genre d'interaction conversationnelle qui se termine sur la base d'un accord sur les significations partagées.

En voici une autre conséquence du constructivisme : puisque tous les modèles sont fabriqués par certains observateurs, cet observateur doit être inclus dans le modèle pour qu'il soit complet. Cela vaut en particulier dans les cas où le processus de modélisation affecte le phénomène qui est modélisé. Le cas le plus simple est lorsque le processus d'observation lui-même perturbe le phénomène, comme dans la mesure quantique, ou l'effet-observateur en sciences sociales. Un autre cas, c'est où les prédictions du modèle peuvent perturber le phénomène. Les exemples abondent ; il y a les prophéties auto-réalisatrices (de l'anglais : self-fulfilling), ou des modèles de systèmes sociaux dont l'application dans le système de pilotage modifie le système lui-même et donc invalide le modèle. En guise d'illustration pratique de ce principe, le théoricien de la complexité Brian Arthur a simulé le comportement apparemment chaotique de systèmes semblables à la bourse, où des agents tentent continuellement de programmer le comportement futur du système auquel ils appartiennent et utilisent ces prédictions comme base de leurs propres actions. La conclusion est que les différentes stratégies prédictives s'annulent mutuellement, de sorte que le comportement à long terme du système devient intrinsèquement imprévisible. L'on note que William B. Arthur est aussi l'auteur du problème du bar d'El Farol (de l'anglais : El Farol Bar problem).

La façon la plus logique de minimiser les incertitudes semble être la construction de méta modèle, ce qui représente les différents modèles possibles et leurs relations avec les observateurs et les phénomènes qu'ils représentent. Comme suggéré par exemple par le professeur américain Stuart Umpleby, une des dimensions d'un méta modèle peut être le degré auquel une observation affecte ou influence le phénomène qui est observé, avec l'observation du classique observateur-indépendant à une extrémité et l'observation quantique plus proche de l'autre extrême.

Cependant, un méta modèle est encore un modèle construit par un observateur, il doit se représenter lui-même. Il s'agit ainsi d'une forme élémentaire d'autoréférence. Généralisant à partir des restrictions épistémologiques fondamentales tels que le théorème du mathématicien autrichien Gödel et le principe d'incertitude du physicien allemand Werner Karl Heisenberg, l'écrivain suédois Lars Löfgren formule un principe de complémentarité linguistique qui implique que toutes ces autoréférences doivent être partielles: les langues ou modèles ne peuvent pas inclure une représentation complète du processus par lequel leurs représentations sont reliées aux phénomènes qu'ils sont censés décrire. Même si cela ne signifie qu'aucun modèle ou méta modèle ne puis jamais être complet, un méta modèle propose toujours une méthode beaucoup plus riche et plus souple pour en arriver à des prévisions ou pour résoudre les problèmes que génère n'importe quel objet spécifique. La cybernétique dans son ensemble pourrait être définie comme une tentative de construire un méta modèle universel qui aiderait à construire des modèles d'objet concret pour un système spécifique ou une situation.

2.6.5 : Perversion de la théorie du contrôle

Il serait sans doute inapproprié, voire contreproductif de clore ce chapitre sans débroussailler ou sans décortiquer le concept de contrôle. En cybernétique, la notion de contrôle demeure un thème récurrent et dominant. *« [...] l'important n'est pas le contrôle, mais une réaction appropriée »*, dit le mathématicien Alan Mathison Turing, pionnier des théories informatiques. Turing se révèle ainsi un précurseur du concept de variété proposé et développé plus tard par William Ashby dans son ouvrage intitulé : « Introduction à la cybernétique ».

La notion de contrôle implique celle de contrainte. La contrainte est ce qui réduit la variété, comme indiqué plus haut. Dans sa définition la plus réduite, un algorithme est un solveur de contrainte. Cependant, de manière plus intelligible, un algorithme est une suite finie et non ambiguë de règles opératoires, ou d'instructions, dont l'application permet de résoudre un problème énoncé au moyen d'un nombre fini d'opérations. L'algorithme est un concept essentiellement mathématique ; le mot vient du nom du mathématicien arabe Al-Khwarizmi, et s'est transformé au Moyen-âge pour devenir *Algoritmi* en latin. En informatique, un algorithme peut se traduire en un programme exécutable par un ordinateur, grâce aux langages de programmation. Si la cybernétique constitue un cadre de référence pluridisciplinaire, la théorie du contrôle demeure la matérialisation la plus explicite de cette pluridisciplinarité car elle est revendiquée et exploité dans des domaines très divers.

« La Nature est pour nous un art mystérieux,

Le hasard, une fin qui se cache à nos yeux,

Manifeste pour la modernisation d'Haïti
De la Cybernétique

Sur un trouble apparent le grand ordre se fonde

Des maux particuliers, nait le bonheur du monde. »

Etonnamment, le quatrain précédent semble résumer assez fidèlement ce chapitre sur la cybernétique. C'est pourtant un extrait de l'œuvre du poète Alexander Pope intitulé *« Essai sur l'homme »* publiée vers 1734. Comme semble l'insinuer le poète, les théories scientifiques les plus profitables à l'humanité peuvent être détournées à de sinistres fins. Par exemple, la bombe atomique, les armes biologiques, etc. Et en science sociales, de telles perversions ne sont pas moins dévastatrices ; ceci étant dit, il est temps de jeter un éclairage sur le concept de la théorie du contrôle dans le domaine des sciences sociales.

En sociologie, la théorie du contrôle stipule que les individus s'abstiennent de comportements déviants parce que divers facteurs leur permettent de contrôler leurs impulsions à briser les normes sociales. Développés par des penseurs tels que le sociologue Travis Hirschi auteur du livre intitulé *« Les causes de la délinquance »* publié en 1973, et le criminologue Walter Reckless, la théorie du contrôle tente d'expliquer pourquoi tout le monde n'agit pas suivant des pulsions déviantes. Certains contrôles sont internes, comme la morale, la conscience et la motivation de réussir. Tandis que d'autres sont externes, comme les croyances ou la religion, les parents, les amis, et les lois. Par exemple, la crainte d'être avili ou la présence des agents de sécurité dans un magasin risquent d'inhiber le désir de voler. La théorie du contrôle attribue le comportement non-déviant à la socialisation ou aux liens sociaux. Par exemple, les enfants qui ont été socialisés ou qui entretiennent des liens solides avec d'autres seraient moins susceptibles de se comporter de manières déviantes.

TROISIEME PARTIE

Du continuum nation-Etat

Le tout premier paragraphe de cet essai débute avec la définition suivante : « *La théorie du continuum nation-Etat étudie les principes du comportement asymptotique des sociétés au voisinage de la complexité ou du chaos.* » Le lecteur qui espérait en apprendre davantage de cette nouvelle théorie dès l'introduction, a certainement dû jusque-là ronger son frein. Que l'on se rassure cependant, cette TROISIEME PARTIE de l'ouvrage s'étend sur plus de trois cents pages et se consacre essentiellement à la théorie du continuum nation-Etat.

D'emblée, la notion d'asymptote semble néanmoins mériter un peu d'attention. On appelle asymptote d'une ligne courbe, une autre ligne droite ou courbe dont elle s'approche sans cesse sans pouvoir jamais se toucher. Sans rentrer dans la géométrie analytique, simplement dit, une situation asymptotique désigne celle où la branche infinie d'une courbe flirte avec une autre ligne qui porte ainsi le nom d'asymptote ; à mesure que les deux lignes tendent vers l'infini, la distance entre elles tend vers zéro. Ainsi, si

$\lim\limits_{x \to c} f(x) = \infty$ avec c, alors la courbe [*curve, en anglais*] représentative de la fonction f admet une asymptote verticale d'équation x = c, comme indiqué à la figure suivante :

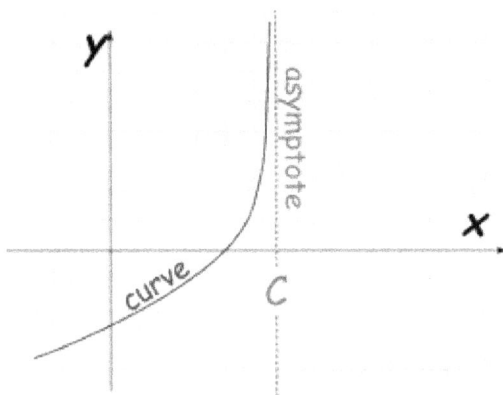

Fig. 3.0 Asymptote

Si Marx y avait pensé…

Les théories du philosophe allemand Karl Marx s'intéressent aux sociétés, ou à l'économie politique particulièrement. Sa pensée, préjuge-t-il, s'appliquerait mieux dans les pays industrialisés de l'époque tels que l'Allemagne, l'Angleterre, ou la France par exemple. Ironie du sort, les idées marxiennes ont eu des échos favorables surtout dans des Etats peu industrialisés, pauvres et surtout ruraux. Si Marx y avait pensé alors, aurait-il sans doute proposé une toute différente stratégie ? Il disait par exemple que la démocratie pave la voie au socialisme. Mais qu'est-ce que la démocratie ? Le socialisme phagocyte-il la démocratie ? Jean-Paul Sartre a raison de déclarer que Marx, c'est-à-dire sa pensée, est l'horizon indépassable de notre temps. Mais Marx est sans doute parti trop tôt. Les livres deux et trois du Capital que publie son camarade Friedrich Engels, seraient après tout un recueil de notes et de brouillons récupérés après sa mort.

Des guerres claniques et sectaires ô combien meurtrières à la colonisation et à l'esclave des Africains, sans mentionner les atrocités des terroristes du ku klux klan ainsi que le comportement exécrable de réactionnaires et de fondamentalistes chrétiens ou des néoconservateurs, l'héritage de l'occident chrétien grimace encore. Si l'on fait abstraction des autres religions - *dont l'islam charriant sa charia et sa horde de fondamentalistes qui glorifient la terreur,* - pour scruter les cruautés d'individus ou de groupes qui se réclament du christianisme : Jésus n'est point chrétien, compte de tout le bien qu'on en dit. Toute proportion gardée, si l'on tient aussi compte de l'horreur des régimes qui se réclament du marxisme ou du socialisme : Marx n'est point marxiste si l'on en juge par son caractère et par ses propres écrits.

Loin sans faut, cet essai n'est point une critique du marxisme, et encore moins celle du léninisme ou du maoïsme. L'on peut néanmoins s'en référer aux analyses produites par de nombreux experts du marxisme et de la pensée marxienne tels que Georgi Plekhanov, Louis Althusser, Antonio Gramsci, Emile Durkheim, pour n'en citer que ceux-là.

La logique des cas défavorables…

Contrairement à la théorie de marxienne, la théorie du continuum nation-Etat considère ou privilégie les cas les plus défavorables à son application. Dans la définition précédente de l'asymptote illustrée par la figure 3.0, Haïti désignerait un vecteur se déplaçant sur la branche infinie d'une trajectoire ou courbe, tout en se rapprochant de la complexité ou du chaos qui est assimilé à une asymptote.

La notion de limite

Confronté à une séquence d'évènements quelconque, l'individu rationnel s'intéresse généralement et tout naturellement à la question de l'évolution du phénomène observé. Va-t-il finir par se stabiliser dans un certain état, se répéter indéfiniment, ou va-t-il afficher un comportement d'apparence plus ou moins aléatoire ? Si l'on considère par exemple le mouvement de la terre autour du soleil, l'on constate que les positions de celle-ci se répètent après environ 365 jours, l'on dit alors que ce mouvement est périodique. Si l'on regarde un pendule, avec le frottement il finira toujours par se rapprocher de plus en plus de la position d'équilibre [tête en bas], l'on dit que ce mouvement converge vers une position d'équilibre.

Ce genre de questions ne se pose pas uniquement à propos de phénomènes physiques, il s'applique aussi à des « *constructions mentales* ». Au lieu d'abonder dans des analyses trop mathématiques, essaie-t-on de se montrer un peu plus indulgent. L'on se déplace alors du domaine purement abstrait pour considérer le très banal exercice suivant, mais qui se glisse rapidement du banal à l'abstrait.

Si par exemple l'on remplit à moitié un verre, puis l'on remplit encore à moitié la partie restée vide. Si l'on répète cette opération encore et encore, c'est-à-dire suivant un nombre illimité de fois (voir fig. 3.0a), va-t-on finir par remplir tout le verre ? En mathématique ou dans le domaine du calcul infinitésimal, la conclusion est sans appel, mais graphiquement, l'on semble bien se douter de la conclusion.

Si l'on se focalise un peu sur le problème, l'on constate que l'espace resté vide dans le verre est de plus en plus petit et on le remplit à chaque fois de moitié. Il reste ainsi à savoir si le verre finira ou non par se remplir, dans la mesure où l'on répète l'opération pendant un nombre infini de fois.

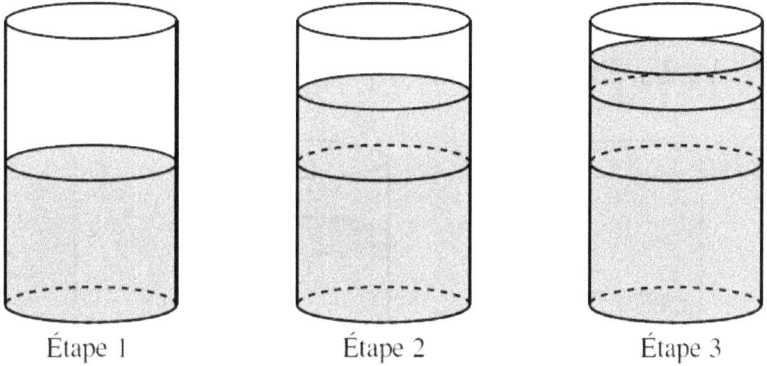

Fig. 3.0a

En langage pseudo mathématique, le problème peut se traduire comme suit. L'on commence par remplir le verre à moitié, donc $\frac{1}{2}$ est plein et $\frac{1}{2}$ est vide. A la seconde étape, l'on remplit la moitié du volume vide, c'est-à-dire la moitié de la moitié du verre c'est-à-dire $\frac{1}{4}$. Ainsi, $\frac{1}{2} + \frac{1}{4}$ du verre est plein et $\frac{1}{4}$ est vide. Ensuite, à la troisième étape, l'on remplit $\frac{1}{2}$ de ce qui est vide, c'est-à-dire que l'on ajoute $\frac{1}{8}$ de liquide, ce qui donne que $\frac{1}{2} + \frac{1}{4} + \frac{1}{8}$ du verre est plein tandis que $\frac{1}{8} = \frac{1}{2^3}$ est vide (voir fig. 3.0b).

Si l'on continue de la sorte, l'on se rend compte qu'à la $n^{\text{ième}}$ étape, la portion $\frac{1}{2} + \frac{1}{4} + \frac{1}{8} + \cdots + \frac{1}{2^n}$ du verre est pleine et $\frac{1}{2^n}$ reste encore vide.

Que faut-il conclure dans ce formalisme ? C'est-à-dire à la question de savoir si l'on finira ou non par remplir le verre. L'on constate simplement que la partie pleine se rapproche de la totalité du verre, c'est-à-dire que $\frac{1}{2} + \frac{1}{4} + \frac{1}{8} + \cdots + \frac{1}{2^n}$ se rapproche de 1 lorsque n devient infiniment grand. De manière plus succincte, l'on écrit que la « somme infinie » de tous les $\frac{1}{2^n}$, quand n = 1,2, ..., vaut 1 ; ainsi :

$$\frac{1}{2} + \frac{1}{4} + \frac{1}{8} + \cdots + \frac{1}{2^n} + \cdots = 1$$

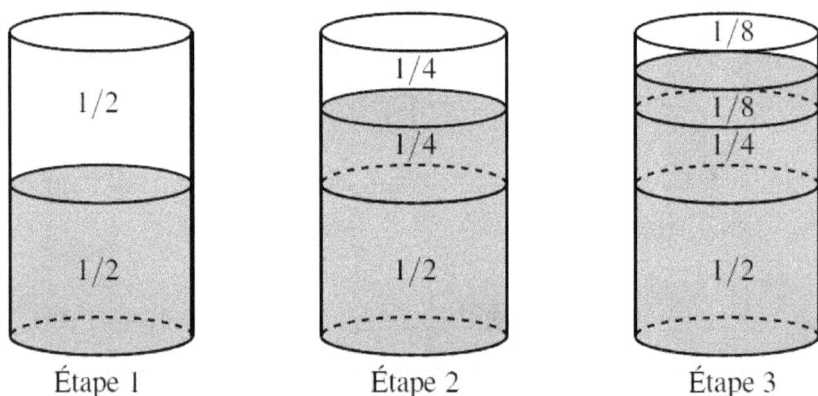

Fig. 3.0b

L'exercice précédent pourrait considérer le remplissage successif de 1/3, de 1/4, ou de n'importe quelle proportion, la conclusion serait tout à fait similaire. L'on admet que la courbe et l'asymptote ne se toucheront jamais, aussi bien que le verre ne sera jamais totalement rempli.

Alors d'où vient cette référence à la complexité ou au chaos ?

Le rapprochement entre ces observations et la condition dite asymptotique du comportement des sociétés au voisinage de la complexité ou du chaos renvoi à un éventuel éclatement des frontières entre la réalité et la perception. Alors que le robot ou l'intelligence artificielle tient strictement compte de la réalité, c'est-à-dire aux données infinitésimales ou aux résultats mathématiques, un agent humain même rationnel est souvent influencé par sa perception. Le marché bousier en fournit une belle illustration lorsque ces deux catégories d'agents (robots et humains) sont en collaboration ou en compétition. Ainsi la théorie du continuum nation-Etat réconcilie les deux théories fondamentales de gouvernance : le modèle conceptuel formel de gouvernance qui découle de la cybernétique, couplé au modèle organique ultime de gouvernance qui découle de la théorie de l'évolution des systèmes complexes adaptifs. L'on reviendra plus loin sur cette proposition.

Nouvelle théorie, nouveau paradigme

La théorie du continuum nation-Etat s'inspire en partie de la théorie quantique tandis que le tout nouveau concept du continuum nation-Etat est nommé d'après le concept du continuum espace-temps. Soutenant que l'espace ni le temps ne sont point absolus, le téméraire et populaire physicien Albert Einstein s'affranchit ainsi des limites de la gravitation universelle du sir Isaac Newton, bousculant du coup une suprématie vieille d'un quart de millénaire dans le domaine de la physique.

$F = G \frac{m_1 m_2}{r^2}$, *où les forces s'exprime en newton (N) ; les masses m en kg et la distance r en mètres.*

G est la constante de gravitation universelle G = 6,67.10^{-11} SI (unité du système international)

Les forces d'attraction gravitationnelle sont de même direction, de sens opposés et de même valeur

Dans le paradigme newtonien, l'espace et le temps désignent des entités indépendantes, absolues. Ainsi convenait-il de mentionner la position d'une particule en faisant abstraction du référentiel. Dans le paradigme post-newtonien, le temps comme l'espace obéit à la gravité. Dans une situation gravitationnelle donnée, l'espace se courbe et le temps s'accélère, la courbature de l'espace-temps révèle ainsi l'indissociabilité de l'espace et du temps. La physique post-newtonienne unifie les deux concepts en une structure intégralement intriquée à quatre dimensions dont trois pour l'espace et une pour le temps, dénommée continuum espace-temps.

La théorie du continuum nation-Etat participe de cette approche holistique ou systémique née du paradigme cybernétique ou post-newtonien. Suivant ce modèle, la notion d'Etat et celle de nation sont indissociables, elles influent l'une sur l'autre. C'est-à-dire que toute action sur l'une affecte l'autre, et toute action en un point quelconque affecte l'ensemble. La biologie, autant que l'économie ou la politique relèvent de systèmes dits complexes. Le continuum nation-Etat étant un système biologico-économique ou politico-biologique, il figure ainsi parmi les systèmes les plus complexes de l'univers observable. La modélisation ou l'abstraction du continuum nation-Etat favorise ainsi l'analyse des politiques publiques, et la compréhension ou l'étude de modes d'organisation politique telle que la tyrannie, l'aristocratie, la démocratie, etc.

Qu'en est-il alors de l'individu ?

Le continuum nation-Etat constitue une évolution du continuum individu-nation. L'individu est dans la nation comme la nation est dans l'individu. C'est l'individuation patriotique. Inventé par le psychiatre suisse Carl Jung (1875-1961), le concept d'individuation relève de la psychologie analytique. Dans la théorie du continuum nation-Etat, ce concept a nettement évolué, il relèverait davantage du concept mieux connu en physique désigné par « l'intrication quantique ». Ainsi, l'individuation fait abstraction totale du caractère ou du faciès de l'individu. La différence entre les individus ne fait aucune différence. C'est l'égalité la plus stricte, la plus parfaite, et la plus fonctionnelle. Il en résulte que l'individu ou le citoyen s'identifie spontanément et naturellement à l'Etat. Si l'Etat est menacé, l'individu se sent tout aussi menacé, il le défend, et vice versa. Autrement dit, si l'individu est menacé, l'Etat le défend. «*Nous serons attaqués ce matin...Je ne veux garder avec moi que des braves* », dixit le fondateur de la patrie Jean Jacques Dessalines.

Cette modélisation permet sans doute de prévenir et de contrôler toutes velléités de monopoliser l'Etat au détriment de la nation ou de l'individu. Elle permet aussi de mieux saisir et d'analyser le délabrement ou la déliquescence d'Haïti, où l'Etat s'est fait prédateur face à l'individu qui y voit un ennemi, déclenchant ainsi un cercle vicieux de méfiance, de violence, et de turbulence : action-réaction.

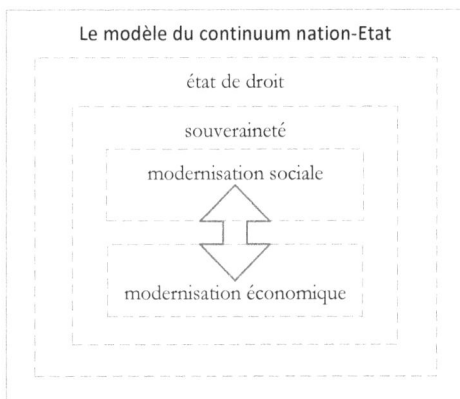

Fig. 3.0 : modèle du continuum nation-Etat

De la théorie simple des types

Lors du congrès international de mathématique tenu à Paris en 1900, le mathématicien Allemand David Hilbert (1862-1943) expose sa vision et une liste de problèmes mathématiques alors non résolus. Il imprime ainsi une impulsion décisive au développement de la mathématique et de la logique au cours des années, voire des décennies qui suivent. Dans la série des challenges d'Hilbert, le second consiste à démontrer que la mathématique est cohérente.

De nombreux mathématiciens saisissent l'opportunité et en profitent pour se sous le feu de la rampe et surtout pour contribuer à l'enrichissement ou à l'évolution de la logique et de la philosophie de la mathématique. Parmi les plus illustres figure aujourd'hui le Britannique Bertrand Russel (1872-1970), il est l'auteur des trois volumes de l'ouvrage intitulé « *Principia Mathematica* ».

Un autre mathématicien, nom moins illustre, qui est l'Austro-Hongrois Kurt Gödel (1906-1978) alors étudiant en mathématique, élabore en 1931 les théorèmes d'incomplétude. Gödel avance que le deuxième challenge d'Hilbert ne peut être démontré sans sortir du domaine de la mathématique, il propulse ainsi la notoriété du concept de métalangage qui se base sur la « *théorie simple des types* » de Bertrand Russell.

Le métalangage désigne le langage de description d'un autre langage formel ou informatique. Il définit les concepts du domaine considéré, sans être dans le domaine lui-même. Ainsi, un système d'information comporte deux couches d'information, la méta-information et l'information proprement dite. La méta-information désigne de l'information à propos de l'information ; elle constitue de l'information à part entière et n'en demeure pas moins importante. Ce modèle s'observe par ailleurs dans tous les systèmes complexes.

En effet, la gouvernance d'un système comporte deux couches, la méta-gouvernance et la gouvernance proprement dite. La méta-gouvernance désigne la gouvernance de la gouvernance. La méta-gouvernance fait partie intégrante du système, autrement dit de la conception, de la structure et du comportement du système.

La méta-gouvernance détermine l'espace objectif, c'est-à-dire l'ensemble des objectifs possibles, tandis que la gouvernance oriente la poursuite de l'objectif favorable ou de la finalité. La méta-gouvernance constitue l'interface entre la gouvernance et le système considéré. La résultante de leur interaction s'apparente à une fonction logique de type « et ». Ainsi, si l'une ou l'autre échoue, le résultat est un échec, d'où : $1x0 = 0x1 = 0x0 = 0$. Si l'objectif poursuivi n'appartient pas à l'espace objectif du système, la gouvernance est vouée à l'échec. Néanmoins, le cas contraire ne constitue nullement une garantit d'accomplissement. Seule une gouvernance efficiente qui résulte d'une harmonieuse interrelation avec la méta-gouvernance, où l'objectif poursuivi appartient à l'espace objectif, détermine le succès du système, d'où : $1x1=1$.

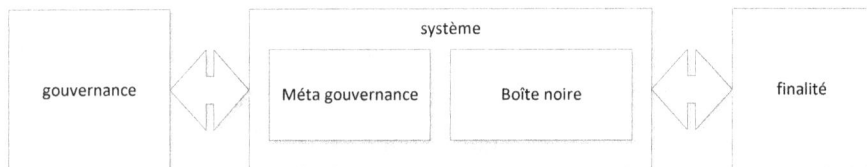

Fig. 3.0b : Abstraction ou modélisation du processus de gouvernance

Etant un système complexe adaptif, le continuum nation-Etat s'auto organise, évolue, et s'adapte. L'emphase est mise plus loin sur l'aspect non-linéaire du continuum nation-Etat. En tant que système à part entière, le continuum nation-Etat est néanmoins doté d'un cycle de vie ou d'évolution qui comporte trois stades distincts : naissant, viable et accompli.

Toute ressemblance entre les principaux stades de l'évolution du continuum nation-Etat et la classification générale des Etat sur la seule base de leur économie n'est que fortuite. Cette classification est surtout l'apanage des institutions de la conférence de Breton Woods. Peut-on vraiment s'en passer ? La réponse est malheureusement non. Qu'en est-il alors ?

Abstraction faite des Etat dits en déliquescence, qualifiés aussi de moins avancés ou de sous-développés, les Etats sont généralement répartis en trois catégories, ceux dits en développement, ceux possédant une économie dite émergeante, et ceux jouissant d'une économie développée. Il n'existe pratiquement nulle définition intelligible voir consistante de la classification générale derrière laquelle se rangent l'Organisation des nations unies ou les agences telles que la Banque mondiale et le Fond monétaire international.

L'évolution du continuum nation-Etat

Le stade naissant du continuum nation-Etat implique au minimum la mise en place de structures fondamentales garantissant un Etat moderne, c'est-à-dire l'état de droit (réf. : 3.2.1.2). Le continuum nation-Etat est moderne, ou il n'est point. Le continuum nation-Etat est viable, s'il est à la fois moderne et autonome. L'autonomie du continuum nation-Etat désigne le seuil de développement économique garantissant au moins un produit intérieur brut per capta de douze mille dollars, à parité pouvoir d'achat. L'étape de viabilité franchie, le continuum nation-Etat pénètre un nouveau stade où il devient éventuellement accompli.

L'accomplissement du continuum nation-Etat désigne le seuil de développement économique garantissant au moins un produit intérieur brut per capta de trente mille dollars, à parité pouvoir d'achat. Contrairement aux deux premiers stades de l'évolution du continuum nation-Etat, le troisième ne comporte pratiquement aucune borne supérieure. A l'instar des concepts d'éternité, de perfection, etc., le stade dit accompli du continuum nation-Etat, tend plutôt vers un état ou une certaine condition asymptotique.

Le concept d'individuation confère une propriété non supplémentaire mais plutôt fondamentale à la théorie du continuum nation-Etat, qui est celle de pouvoir s'adapter à des échelles diverses. En effet cet ouvrage se focalise sur la gouvernance des Etats. Néanmoins cette théorie convient aussi bien à des organismes ou des institutions de taille plus réduite comme les organismes ou sociétés privés ou non-gouvernementaux. Les images vectorielles illustrent assez bien cette propriété. L'image vectorielle est dépourvue de matrice. Elle est créée à partir d'équations mathématiques, et chaque forme dépend des paramètres hauteur, largeur et rayon donnés à des vecteurs. A l'inverse de l'image matricielle composée de pixels, l'image vectorielle peut être redimensionnée sans pour autant perdre en qualité. Ces considérations doivent sans doute faire l'objet d'un autre ouvrage consacré à la gouvernance des organismes non-gouvernementaux ou privés suivant les principes de base de la théorie du continuum nation-Etat.

3.1 : De l'infrastructure du continuum nation-Etat

Sur le plan strictement abstrait, le continuum nation-Etat est doté de certaines propriétés dont une identité, une structure, et des comportements orientés finalité. La finalité du continuum nation-Etat est la modernisation de l'Etat. Cette finalité coiffe un sous-espace de systèmes dont les finalités sont : l'état de droit, la souveraineté, la modernisation sociale, et la modernisation économique. Les détails de ces propositions s'étalent un plus loin (réf : 3.2), car le présent segment se focalise sur la présentation de la fiche signalétique du continuum nation-Etat.

Différents courants de pensée ou différentes écoles se sont prononcés sur des concepts tels que la nation, l'Etat, etc. Il ne fait cependant aucun doute qu'ils suscitent encore d'innombrables et d'incessantes controverses théoriques, voire doctrinales. Au-delà de leur caractère polysémique, ou relativiste certaines fois, il demeure néanmoins important, notamment pour le lecteur, de savoir à quoi s'en tenir. N'en déplaise au philosophe français Raymond Aron qui dit : « *Quand on a l'impression de comprendre, l'on doit toujours s'inquiéter.* »

Fiche signalétique du continuum nation-Etat

Toute proportion gardée, la fiche signalétique d'un système est semblable à la carte d'identité d'un individu, d'un organisme ou d'une société quelconque. Le continuum nation-Etat d'Haïti est doté des propriétés suivantes.

Une identité : Haïti

L'identité du système, abstraction faite de la dénomination, est invariable, aussi l'identité d'un citoyen reste invariable même s'il a la faculté de changer de nom ou autres coordonnées. Ainsi, dans certaines procédures juridico-administratives, indiquer ou décliner ses nom et prénoms ou y apposer son paraphe tient souvent lieu d'attestation. La dénomination suit l'identité, non l'inverse. Plusieurs citoyens peuvent partager un même nom, celui-ci est pour ainsi dire accessoire.

Une Structure :

1) L'Etat
2) La nation

La structure détermine l'interaction ou la relation entre les différentes composantes (propriétés ou variables) du continuum nation-Etat. En vertu de la dynamique des systèmes, tout comportement du continuum nation-Etat est une conséquence de sa structure. Autrement dit, sa structure détermine à la fois son accomplissement ou son échec.

La notion d'Etat tel qu'indiqué plus haut, dans le contexte de la structure du continuum nation-Etat, réfère à l'Etat dans son état primitif qui revêt une connotation plutôt extrêmement réduite. C'est-à-dire un territoire peuplé et indépendant, compte tenu de ses ressources et de ses limites territoriales. Cependant, dès que le système est proprement constitué et en marche, le concept d'Etat évolue et connait des propriétés et des comportements propres qui rappellent, s'il en était besoin, que les composantes d'un système complexe adaptif sont aussi des systèmes complexes adaptifs.

La constitution, par exemple, évolue avec les feedbacks résultant de l'interaction entre les différentes composantes du continuum nation-Etat. Il en va de même des pouvoirs politiques ou constitutionnels tels que le législatif, l'exécutif et le judiciaire, c'est-à-dire que leurs comportements aussi évoluent.

Le vocable de nation ou de société, tel qu'il est précédemment mentionné, entend mettre l'emphase sur ce qui constitue à la fois l'Etat et les pouvoirs, c'est-à-dire les individus ou les citoyens. Ces derniers sont membres à part entière de la société, et non de la société civile seulement. Les citoyens ou les représentants de la société qui font partie des pouvoirs publics et d'autres institutions ou organismes doivent se montrer tout aussi concernés et indignés quand les pouvoirs faillissent ou qu'ils s'éloignent de leur finalité ou de leurs comportements [favorables]. Autrement dit, l'individu est le fondement de la nation, de l'Etat ou des pouvoirs. Rien de tout cela n'existerait sans l'individu. « *Ô grand astre ! Quel serait ton bonheur, si tu n'avais pas ceux que tu éclaires ?* », écrit Nietzsche dans son livre intitulé : « *Ainsi parlait Zarathoustra* ». L'individu doit être imbu de ses pouvoirs dans l'enclos de ses responsabilités, cet équilibre n'est pas seulement nécessaire, c'est une condition sine qua non.

L'individu est au service de l'Etat, autant que celui-ci est au service de l'individu, il le protège et le défend. Un Etat faible, médiocre, pitoyable, failli reflète tout simplement la faiblesse, médiocrité, le misérabilisme et la faillite de l'individu. Conformément à la théorie de l'évolution des systèmes complexes adaptifs, dans son rôle d'agent ou d'acteur, l'individu est à la fois un observateur et un observé.

3.1.1 : De l'Etat

Le concept du continuum nation-Etat repose sur une prémisse fondamentale qui implique l'existence de l'Etat conformément aux notions de fonctionnalité, d'utilité ou de finalité (de l'anglais : *purpose*). Autrement dit, l'Etat n'existe que s'il est utile. Le cas initial ou le cas le plus naturel se rapporte à l'Etat dans son état primitif. Le cas le plus favorable désigne celui d'un Etat moderne. Au-delà de ces états, il existe le cas le plus défavorable, c'est-à-dire celui de l'Etat déliquescent, c'est un cas exceptionnel, et en vertu de la théorie du chaos, c'est ce qu'il conviendrait d'appeler une complexité. En termes normatifs, l'Etat déliquescent suscite ou renforce l'incertitude quant à son existence. D'où la pertinente interrogation sur l'existence ou la non-existence de l'Etat en Haïti : quel en est l'état de l'Etat ?

Les mots les plus fréquemment utilisés sont généralement polysémiques, alors que les vocabulaires scientifique, juridique et technique se caractérisent surtout par des définitions non équivoques. La polysémie est la propriété d'un terme qui comporte plusieurs sens. La notion d'Etat en est une illustration classique. L'Etat constitue une entité fondamentale dans la théorie du continuum nation-Etat. Au-delà de sa dimension historique, et au-delà des approches idéologiques, la notion d'Etat revêt un aspect essentiellement théorique et son existence comme entité s'analyse suivant des critères dits sociologiques que sous-tendent des données naturelles, et des critères dits fonctionnels que sous-tendent des données d'ordre juridique et institutionnel.

3.1.1.1 : Des critères sociologiques

Les critères sociologiques qui se rapportent à l'Etat ne s'inventent pas, ils reposent sur des données naturelles qui du coup les définissent. Ils sont généralement d'ordre historique, parfois dormant, leur éruption peut surgir après des centaines voire des milliers d'années. En effet, les bases préliminaires de l'Etat sont : un territoire et un peuple.

Le territoire

La notion d'Etat est antérieure à l'ère de la Société Des Nations (SDN) et des Nations Unies (ONU). Dans le cadre actuel des règlements internationaux, tout Etat dispose d'un territoire strictement défini et bien délimité. Toute dispute ou conflit au nom d'une partie ou de l'ensemble du territoire peut-être de nature à saper la légitimité de l'Etat suivant qu'il s'agit d'une Etat historiquement établi ou d'un nouvel Etat.

Considérations

Haïti dispose d'un territoire, il est estimé à vingt-sept mille sept cent cinquante kilomètres carrées (27,750 km^2).

La population

Sur le plan historique, la reconnaissance d'une communauté comme un peuple ou comme une nation requiert des caractéristiques ethniques communes, une culture et une langue commune, sans mentionner une population stable et plus ou moins constante.

Considérations

La communauté haïtienne est forte d'une douzaine de millions d'habitants dont une incontournable majorité (plus de 95 %) d'Afro-Haïtiens, sans négliger la remarquable minorité d'Euro-Haïtiens. Grâce à la magie de l'immigration, le pays s'en est ethniquement enrichi de citoyens venus de tous les continents, notamment des Arabes, des Juifs, etc. S'y ajoutent de plus en plus, les voisins hispaniques de la sous-région latino-américaine.

Les deux autres caractéristiques requises pour compléter la fiche signalétique de la nation haïtienne sont le vodou qui se reflète dans la culture et le folklore national, et le créole qui demeure l'unique langue commune et nationale.

3.1.1.2 : Des critères fonctionnels

A l'instar des critères sociologiques qui ne s'inventent pas, il en existe d'autres que certains érudits peinent à accepter mais qui demeurent une expression avérée du devenir ou de l'existence d'un Etat souverain et moderne. Ils peuvent être à la foi d'ordre historique et fonctionnel comme la constitution, le drapeau, l'hymne national, l'armée, la monnaie, la reconnaissance, etc. Aussi, au-delà de l'hypocrisie de certaines agences internationales ou d'un certain dirigisme, au-delà de certaines perceptions ou idéologies qui préconisent en quelque sorte l'éviscération de l'Etat, ces entités ou symboles étatiques sont communs à tous les Etats hormis quelques-uns, dont :

✓ L'Angleterre qui n'a pas une constitution formellement écrite mais qui garantit la souveraineté du parlement en la matière.

✓ Le Costa-Rica qui n'a plus d'armée mais qui maintient un partenariat très étendu avec la plus grande puissance militaire mondiale qui, pour dissuader les voisins de harceler son protégé, entreprend de spectaculaires incursions dans le territoire costaricain avec plusieurs milliers de soldats. Il importe de noter que la population du Costa-Rica compte environ 4.5 million d'habitants, et sa force de police est plus nombreuse et de loin mieux préparée et équipée que celle d'Haïti.

Les critères d'ordre fonctionnel [ou historique] qui fondent un Etat se résument comme suit.

3.1.1.2.1 : La Constitution

La constitution garantit entre autres, un mode d'organisation sociale territorialement défini, et un ensemble d'institutions caractérisées par la détention du monopole de l'édiction de la règle de droit et de l'emploi de la force publique. Il existe à ce jour très peu d'Etats qui ne sont pas dotés d'une constitution formellement écrite. On n'en compte que cinq dont, quatre sont des démocraties d'une part comme l'Angleterre, le Canada, la Nouvelle Zélande [et l'Israël], et de l'autre côté, il y a l'Arabie Saoudite.

Considérations

Haïti, Etat indépendant depuis 1804, a eu sa première constitution en 1805, soit huit ans après l'une des plus solides constitutions du monde c'est-à-dire celle des Etats-Unis. Conformément aux lois de la physique, Haïti est prise dans l'orbite de son super voisin qui - *agissant iniquement et irrationnellement à la poursuite d'intérêts immédiats -* ne cesse de perturber l'atmosphère du second Etat le plus vieux de l'hémisphère occidental.

3.1.1.2.2 : Le drapeau

Le drapeau constitue l'emblème d'une nation, il est une pièce d'étoffe généralement attachée à une hampe. Il a très fréquemment la forme d'un rectangle. Il est la forme figurée du nom, et peut se décliner en un blason, un sceau ou une livrée. Il permet, grâce à ses couleurs et à son emblème, de se distinguer dans le cadre de rassemblements pacifiques, sportifs, ou guerriers. Sa destruction ou sa prise peut signifier la dissolution ou la capture de la personnalité juridique qu'il représente.

Considérations

Le drapeau d'Haïti est présentement rouge et bleu organisé en deux bandes horizontales. Les armoiries sont : Le palmiste surmonté du bonnet de la liberté et ombrageant de ses Palmes, un trophée d'armes avec comme légende : *« L'Union fait la Force »*.

Participant pour la première fois aux Jeux olympiques d'été de 1936 à Berlin en Allemagne, le Liechtenstein et Haïti se sont aperçus que leur drapeau était exactement le même. Le minuscule Etat européen y a depuis 1937 rajouté une couronne dorée.

3.1.1.2.3 : L'hymne national

L'hymne national peut être prévu dans la Constitution, il peut être aussi édicté par une loi ou tout simplement par tradition.

Considérations

L'hymne national d'Haïti s'appelle *« La Dessalinienne »*. Il est composé en 1904 pour le centenaire de l'indépendance sous le gouvernement de Nord Alexis, les paroles sont de Justin Lhérisson et la musique de Nicolas Geffrard.

3.1.1.2.4 : L'Armée

L'armée nationale est l'héritière des drames géopolitiques qu'a connus la nation, et cela se traduit notamment dans la géographie du déploiement de ses forces. Pour certaines armées s'ajoute à la tâche première et officielle de défense des frontières, et le rôle implicite d'en maintenir l'unité contre des tendances séparatistes. Dans les Etats archaïques, l'armée joue directement un rôle politique en prenant en main la conduite de la nation, ce qui donne trop souvent lieu à des dérives graves et extrêmes. Dans ces sociétés la tyrannie et la cruauté sont souvent la règle, l'armé est au service exclusif des couches ou des classes privilégiées par autocratie ou népotisme interposé.

Considérations

A l'instar des nations les plus puissantes d'aujourd'hui, Haïti s'est forgé par le fer, le feu et le sang. Pour des raisons qui sont reprises en détail plus loin, après l'assassinat du fondateur de la patrie, l'armé d'Haïti [*armée indigène*] a subi les inconséquences des autocrates et des séparatistes.

En 1915 à la plus grande déception des Haïtiens, la souveraineté a été mise à mal, suivi de deux autres invasions : en 1994 où les Forces Armée d'Haïti (FADH) sont littéralement démantibulées, et en 2004. Les militaires haïtiens agissaient plutôt comme une bande de truands, ils ont ainsi trahi la patrie. Aujourd'hui Haïti n'a point d'armée.

3.1.1.2.5 : La monnaie

Certains s'étonnent que la monnaie figure parmi les critères fondamentaux d'existante d'un Etat. Leur questionnement est sans doute légitime, vu qu'il existe bien d'autres Etats qui subsistent sans elle, tels que le Salvador qui ne regrette pas d'avoir abandonné sa monnaie. La monnaie a pris au cours de l'histoire les formes les plus diverses dont entre autres l'or et l'argent. La monnaie est aujourd'hui presque entièrement dématérialisée et circule majoritairement sous des formes scripturales, notamment sur support numérique comme le bitcoin.

Considérations

Haïti garde toujours sa monnaie qui est la gourde depuis 1873. Pour des raisons purement matérielles ou spéculatives les pièces d'un centime [de gourde] ne sont plus produites, car la pièce en elle-même vaudrait plus que sa valeur fiduciaire. Plutôt que de poser et de trouver une solution au problème comme l'on fait d'autres Etats, l'on se contente de faire des acrobaties pour tout arrondir au multiple de cinq, certains arrondissent déjà à la gourde. Sans tenir compte de l'impact de telle pratique sur l'économie nationale.

3.1.1.2.6 : La reconnaissance

De la dialectique des armes à l'arme de la dialectique, très peu a changé depuis 1804. De la Société des Nations de 1920 aux Nations Unies de 1945 en passant par la convention panaméricaine de Montevideo de 1933, la reconnaissance des Etats voisins et de la communauté des Etats en général semblent supplanter la déclaration d'indépendance.

Considérations

Le rôle capital d'Haïti dans la refondation de l'humanité semble être occulté pour des raisons qui sont analysées plus loin. Il est cependant indéniable qu'Haïti a participé à presque toutes les conventions impliquant la communauté des nations.

3.1.1.2.7 : Des pouvoirs publics

Dans les Etat modernes, le pouvoir se divise en trois branches égales et indépendantes dont les compétences et les responsabilités sont définies par la constitution. Il s'agit du pouvoir législatif, du pouvoir exécutif et du pouvoir judiciaire. La division de la responsabilité gouvernementale en branches distinctes prévient l'exercice par une branche des fonctions essentielles d'une autre. L'intention est d'empêcher la concentration du pouvoir et de favoriser la reddition des comptes.

Considérations

Toute proportion gardée, la différence entre un Président haïtien et un tyran médiéval est simplement la couronne. Le Président haïtien, généralement bête et arriéré, assimile la séparation des pouvoirs à une injure. L'un d'eux (2006-2011) n'a même pu contenir sa colère de ne pouvoir limoger un Premier ministre dont la légitimité relève du parlement. Haïti vit toujours à une élection près de l'avènement d'un nouveau Caligula.

3.1.1.3 : Des fonctions régaliennes

Les constitutionnalistes appellent fonctions régaliennes de l'Etat, les grandes fonctions souveraines qui fondent l'existence même de l'Etat et qui ne font en principe l'objet d'aucune délégation. Elles sont aussi appelées prérogatives régaliennes et réfèrent à la notion de souveraineté.

Les entités juridiques et institutionnelles qui définissent les critères fonctionnels se regroupent sous l'appellation de « gouvernement » pris au sens américain [*ou états-unien*] du terme. Le gouvernement inclut alors les trois pouvoirs de l'Etat : le législatif, l'exécutif et le judiciaire, et les fonctions de l'Etat sont de trois ordres : régalien, social et économique.

Le terme régalien dérive du latin *regalia*, droits du souverain. D'où l'origine du concept de fonction régalienne qui désigne les marques de souveraineté dont dispose l'Etat. Entre autres fonctions régaliennes, figurent la sécurité intérieure et la défense nationale. Est-il farfelu de rappeler que la théorie du continuum nation-Etat assimile aussi celle de la régulation, du contrôle et de la communication à l'intérieur de ce système complexe que constitue l'Etat.

L'analyse du concept de souveraineté fait généralement émerger quatre fonctions régaliennes. Certains politologues ou des économistes contestent néanmoins la quatrième :

1. Assurer la sécurité périphérique par la diplomatie et par la défense du territoire ;
2. Assurer la sécurité intérieure et le maintien de l'ordre public avec notamment les forces de police ;
3. Définir le droit et rendre la justice ;
4. Définir la souveraineté économique et financière, notamment en émettant de la monnaie.

3.1.1.3.1 : La défense nationale

La défense nationale repose sur la diplomatie dont la tâche entre autres est de prévenir les guerres ou d'y mettre fin, et sur l'armée dont la tâche consiste à surveiller et protéger l'intégrité du territoire et livrer la guerre quand elle en reçoit l'ordre.

Considérations

En 2018, Haïti ne dispose d'aucune force de défense, alors que son voisin immédiat dépense près d'un pour cent (1 %) de son produit intérieur brut (PIB) pour assurer sa défense. Haïti n'a signé aucun traité ou alliance de défense qui l'aiderait en cas d'agression militaire, alors que son proche voisin ferait partie des partenaires hors OTAN des Etats-Unis.

Note : L'Organisation du Traité Atlantique Nord (OTAN) fondée en 1949 dont le siège est à Bruxelles en Belgique, regroupe des Etat européens et nord-américains. Elle répondait à la stratégie du pacte de Varsovie qui regroupait l'Union Soviétique et des Etat d'Europe de l'Est.

3.1.1.3.2 : La sécurité publique

La sécurité publique est tributaire de la défense nationale. En dépit de la complexité des politiques publiques en matière de sécurité publique et de sa transversalité, la police et la justice en constituent les fondements. La tâche primordiale de la police est d'assurer la protection des vies, des biens, et des libertés publiques et individuelles.

Considérations

Malgré l'anglicisme boiteux - protéger et servir - affublé à la police par les occupants étrangers, force est de constater que la police d'Haïti reflète la déliquescence de l'Etat. C'est l'exemple typique d'un système dont l'échec est imputable au modèle ou à la conception.

3.1.1.3.3 : Souveraineté économique et financière

Les fonctions régaliennes sont tributaires de l'autonomie financière que la monnaie à elle seule ne saurait garantir. Sauf dans les régions qui sont immensément riches en ressources naturelles, cette autonomie est fonction de la croissance de productivité de l'Etat.

Considérations

Les recettes d'Haïti sont plus de dix fois inférieures à celles de son voisin de l'Est. La taille des deux populations étant similaire, il va sans dire que l'économie haïtienne laisse à désirer. A proprement parler, elle n'en est même pas une et sa vraie nature est révélée plus loin (réf. : 3.2.4.3.1).

3.1.1.3 : De l'existence de l'Etat

Le concept du continuum nation-Etat implique l'existence de l'Etat dans toute l'acception du terme. Le tableau suivant s'inspire en partie du rapport d'indice de fragilité des Etats, publié par le THINK TANK américain Fonds pour la Paix (FFP) (de l'anglais : *Fund for Peace*) et par le magazine de politiques internationales (de l'anglais : *Foreign Policy*) fondés par Samuel Phillips Huntington qui est professeur de science politique et auteur de l'ouvrage intitulé « *Le Choc des civilisations* ».

Les rapports internationaux adoptent généralement un vocabulaire à la « *je te tiens, tu me tiens par la barbichette* ». Ainsi, le concept de pays « *sous-développés* » est remplacé par celui de pays « *en voie de développement* ». Cette voie paraît cependant infinie pour certains pays comme Haïti. L'intention qui anime cet ouvrage consiste entre autres à se démarquer c'est-à-dire ne pas s'embarrasser de clichés politiques. La société haïtienne semble être en léthargie. Elle ne se réveillera pas au son harmonieux des « *Quatre saisons* » de Vivaldi exécuté sur un Stradivarius, mais plutôt aux détonations assourdissantes de coups de canon, de chocs électriques et de douches froides. A l'instar du rapport d'indice de fragilité des Etats, avec un score de 38/100, le tableau suivant (tableau 3.1.1) confirme qu'Haïti est un Etat déliquescent. Il convient de noter que ce score sévère indique 36 points qui réfèrent à des entités naturelles ou symboliques, contre seulement 2 points qui réfèrent à des fonctions régaliennes.

L'état de l'Etat			Haïti
Critères	Pondération	Score	Score pondéré
Critères Sociologiques			
Données Naturelles			
Territoire	10	1	10
Peuple	10	1	10
Critères Fonctionnels			
Entités et Symboles			
Constitution	5	0.5	2.5
Drapeau	1	1	1
Hymne National	1	1	1
Armée	10	0	0
Monnaie	3	0.5	1.5
Reconnaissance	10	1	10
Finalités			
Etat de droit	20	0	0
Souveraineté	10	0	0
Modernisation Sociale	10	0.1	1
Modernisation Economique	10	0.1	1
	100	6.2	38

Tableau 3.1.1 : L'état de l'Etat.

Note : Les détails algorithmiques du tableau 3.1.1 débordent le cadre de cet ouvrage, il convient toutefois de mentionner que cette adaptation qui semble mieux refléter la réalité haïtienne est supportée par une compilation de données de sources multiples et diverses.

Entre existence et finalité

Dans le contexte réductionniste on évoque la notion d'objectif, mains dans le paradigme cybernétique l'objectif réfère plutôt vers des concepts plus étendus et plus dynamiques tels que la fonctionnalité, l'utilité ou la finalité.

L'allégorie de la mangue

Un étudiant qui vit à Port-au-Prince retourne dans son village pour les fêtes de fin d'année. Il apprend que sa mère lui réserve la plus belle mangue qu'elle a ramassée durant l'automne. Lorsqu'il ouvre le placard, il ne trouve qu'une mangue pourrie, en pleine « déliquescence », dégoulinante et infestée de vers et de moucherons. Il se dirige vers sa mère pour lui dire que : « *la mangue qu'elle lui a laissée est toute pourrie, il ne peut donc pas la déguster.* » Néanmoins, sans même lui laisser le temps de dire un seul mot, sa mère lui demande s'il a aimé la « mangue », il lui répond alors : « … *j'ai dû malheureusement la déposer [i.e. la mangue] dans la poubelle.* » Au sens fonctionnel du terme, il n'y a plus de mangue. Pourtant ils ne peuvent s'empêcher d'utiliser le terme « mangue », parce que ce terme constitue le seul référent qui les lie dans cette réalité extralinguistique.

Un Etat ou une société qui vit dans la précarité la plus abjecte ; sans corps de défense, sans diplomatie, sans justice, en perte totale de souveraineté ou sous tutelle, dans la tyrannie, la corruption, les mascarades électorales à répétitions, l'immoralité, l'insécurité, l'obscurité, l'insalubrité, l'ignorance et l'analphabétisme, la misère etc., et qui semble s'y conforter, est une profanation de l'humanité. C'est en ce sens que toute démarche qui vise la modernisation d'Haïti implique la reconstitution du continuum nation-Etat. « *Je parle pour ne pas être complice* » dit Zola. Il est venu le temps de s'indigner, en Haïti. Que tous ceux qui se sentent indignés se fassent entendre.

Les règles du jeu

Compte tenu des règlements en cours de la FIFA, soient deux équipes A et B qui disputent la finale d'une coupe du monde de football. Au bout des quatre-vingt-dix minutes du temps règlementaire malgré la persistance de l'égalité entre les deux équipes, l'arbitre décide d'accorder la victoire à l'équipe A, parce qu'au cours des quatre dernières rencontres entre ces deux équipes, se défend-t-il, l'équipe A en a remportée trois. Il ne fait pratiquement aucun doute que dans une telle situation aucun coin des vestiaires ou des loges officielles du stade ne pourrait servir de sanctuaire à cet arbitre, le stade, voire la ville accueillant la rencontre disparaitraient instantanément des vues des satellites orbitaux.

Si le scénario précédent parait invraisemblable, c'en en fait par qu'il est invraisemblable dans le domaine du football international. En Haïti, ces pratiques malsaines c'est-à-dire arbitraires définissent le fonctionnement même de « l'Etat ». En théorie des jeux, Haïti ne réunit même pas les critères de définition formelle du jeu. Le constat est objectif. La définition formelle du jeu indique une situation où tous les acteurs sont imbus de la structure et des règles du jeu, et chaque acteur est aussi au courant que tous les acteurs sont imbus de la structure et des règles du jeu.

3.1.2 : De la Nation

Généralement, une nation désigne une population vivant sur un même territoire et unie par une même histoire, culture, langue, voire origine ethnique. Dans la pratique, grâce surtout aux mouvements migratoires et à l'annexion ou à la fédération, des nations peuvent regrouper des communautés diverses qui sont en même temps très diversifiées. Une nation organisée dispose ainsi d'une entité politique, elle constitue alors un Etat.

Le continuum nation-Etat exclut tout sentiment nationaliste ou d'ethno-Etat. La théorie du continuum nation-Etat rejette toute classification raciste de l'espèce humaine. Comme il serait illogique de prétendre bannir certains mots, néanmoins dans un bref élan de résistance juste l'espace de ce livre, la notion de couleur pour désigner un groupe humain ne s'emploi qu'uniquement dans des citations dont il convient de rapporter textuellement. Durant cette brève diète lexicale, les principaux groupes ethniques s'identifient d'abord aux divisions continentales telles que l'Afrique, l'Asie, l'Europe, et parfois l'Amérique. Par exemple, la population d'Haïti est constituée de quatre-vingt-quinze pour cent (95 %) d'Afro-Américains [ou Afro-Caribéens], et d'autres communautés d'Euro-Américains, d'Asio-Américains, etc. Ils sont Haïtiens dans toute l'acception du terme, quelle que soit leur origine.

La classification des individus suivant la notion de race répond à des velléités hégémoniques qui recherchent une certaine hiérarchisation maladroite des membres de l'espèce. Les thèses racistes sont adressées et dénoncés tout au cours de cet essai. Cet exercice est d'autant plus nécessaire que ces constructions sociales vieilles de plusieurs centenaires et apparemment bien assimilées, empoisonnent et orientent le comportement de beaucoup d'innocents, engendrant ainsi une boucle de rétroactions positive qui perpétue une perception certainement défavorable d'individus ou de peuples afro-ethniques qui sont souvent considérés comme simples d'esprit, paresseux, sauvages, inaptes d'entendement, voire cruels. L'intériorisation de ces grossières manipulations se manifeste en Haïti par la régurgitation de clichés créoles tels que « *gwo blan, ti nèg nwè* », ou d'autres sottises de la mène espèce. La controverse de Valladolid n'est pas un simple accident de l'histoire.

3.1.2.1 : Du Créole

Le créole constitue la seule langue nationale d'Haïti. Certains, dont Frank Etienne, en contestent la dénomination de « créole ». Selon eux, il serait préférable que la langue haïtienne porte le nom de « haïtien ». Les préoccupations de Frank et des autres ne sont pas sans fondements, elles peuvent être débattues en temps et lieu car ce sujet déborde la cadre de cette rubrique qui voudrait adresser le développement du créole sur le plan syntaxique, grammaticale, lexicale, encyclopédique etc. Avant d'y parvenir néanmoins, peut-être serait-il plus sage de développer plus sérieusement le créole haïtien, de sorte qu'il devienne la référence académique et universellement reconnu du créole. Ainsi le créole d'une façon générale deviendrait une affaire haïtienne sans tambour ni trompette.

L'alphabet officiel du créole date de janvier 1980. En dépit de l'officialisation du créole par de la constitution de 1987, il n'en existe pratiquement aucune avancée significative formelle. Depuis la création de l'académie du créole, elle semble désormais sombrer dans la morbidité organique qui sclérose les pouvoirs publics en Haïti. Cet état de fait ne met nullement en doute la bonne foi ni la compétence de certains des membres de l'académie du créole, autant que la déliquescence de la justice haïtienne n'entache guère l'intégrité du juge Jean Serge Joseph qui a dû subir d'horribles menaces et harcelé à mort par un Président (2011-2016) et ses comparses.

Considérations

La loi portant création de l'académie du créole haïtien (Le Moniteur no. 65) indique que l'académie constitue la référence dans le domaine du créole haïtien. L'article 12 de la même loi lui fait obligation de rendre publics les résultats des travaux et recherches entrepris. Ainsi la mission essentielle de l'académie serait :

De mener des recherches linguistiques approfondies devant rendre compte du créole haïtien tel qu'il est, y compris son histoire et son évolution. Le créole par définition n'est pas uniquement haïtien, elle appartient à beaucoup de communautés dont l'histoire ressemble un peu à celle d'Haïti. Ainsi pour revenir aux préoccupations de Frank Etienne, l'académie doit étendre ses recherches linguistiques sur toutes ces communautés et faire du créole une affaire planétaire. Ainsi, l'histoire sans doute en attribuera le mérite à Haïti.

Ces recherches ouvriraient la voie à d'autres travaux tous aussi scientifiques devant établir les règles, et rendre le créole accessible à tous. L'académie doit dans cet esprit encourager, financer et créer des grammaires, des dictionnaires lexiques, et des dictionnaires encyclopédiques. Autrement dit, il faut un alphabet ou un abécédaire cohérent du créole. Il doit être maintenu le plus simple et plus ouvert ou universel possible. Le conservatisme aide parfois. Mais lorsque conservatisme se confond avec inertie, paresse, voire snobisme, il devient fatal. La déliquescence avérée d'Haïti est en partie une conséquence de cette inertie, la peur de remettre en question, la peur d'attaquer, voire de recommencer quand il se révèle que l'on emprunte une mauvaise direction ou que l'on s'écarte de tout objectif favorable ou de toute solution.

L'alphabet officiel du créole haïtien comprend 32 éléments : a, an, b, ch, d, e, è, en, f, g, i, j, k, l, m, n, o, ò, on, ou, p, r, s, t, ui, v, w, y, z. Métaphoriquement, le créole porte les traces d'ADN de multiples autres langues ou dialectes. Haïti n'a pas choisi d'être dans l'hémisphère occidental, cependant il y est. Les langues évoluent, elles accueillent ou empruntent de nouveaux mots et en délaissent d'autres. L'alphabet aussi se métamorphose. Le créole haïtien est né et a grandi du français, sans compter les autres langues dont elle subit tous les jours l'influence telles que l'espagnol, l'anglais, le portugais, etc. Alors que toutes ces langues partagent l'alphabet classique romain, les Haïtiens tentent de s'isoler avec un alphabet fait sur mesure. L'alphabet classique latin ou romain comprends 26 lettres : *a, b, c, d, e, f, g, h, i, j, k, l, m, n, o, p, q, r, s, t, u, v, w, x, y, z.*

L'alphabet classique romain présente de multiples avantages. Au-delà de sa simplicité, il est stable et plus facile à comprendre et à mémoriser par des étrangers ou étudiants qui sont plus ou moins familiers avec l'alphabet gréco-latin universel. Il s'adapte mieux aux technologies de l'information ou à l'informatique. Il est ainsi plus susceptible de favoriser la globalisation du créole et de traverser le temps.

L'alphabet officiel du créole haïtien comporte des symboles innommables et qui ne figurent nulle part en tant qu'élément de l'alphabet, tels que : c dans (ch) et u dans (ou). Peut-être qu'il aurait été plus cohérent de remplacer « ch » par « sh » et « ou » par « u ». Au-delà de ces anomalies, il se pose des contraintes technologiques qui quoique loin d'être insurmontables exigeraient énormément de ressources, telles que de nouveaux algorithmes, voire la modification des références et de certaines normes. Ceci exigerait d'abord et déjà un alphabet stable.

Par exemple, considérant l'ordre des symboles dans l'alphabet officiel du créole haïtien, comment instruire à un ordinateur de classer par ordre alphabétique les mots suivants :

- ✓ Bouki
- ✓ Bobin
- ✓ Bourik
- ✓ Bosal
- ✓ Bosi

Grâce à l'alphabet classique romain exposé plus haut, il ne subsiste plus aucun doute que le classement alphabétique par ordinateur serait plus facile. Utilisant les algorithmes existants, et n'importe quel langage de programmation informatique, le résultat du tri serait le suivant :

1. Bobin

2. Bosal

3. Bosi

4. Bouki

5. Bourik

Les langues évoluent constamment, y compris par exemple l'anglais et le français. Grâce au développement du savoir, de la science, ou de la technologie etc., elles intègrent régulièrement de nouveaux concepts ou de nouveaux mots d'origines ou de cultures très diverses. Ces langues anciennes qui ont l'avantage d'être très développées son moins enclin à développer de nouveaux sons qui même rares reste cependant possibles. La créole n'a pas encore de dictionnaires lexiques académiques officiellement reconnus, encore moins de dictionnaires encyclopédiques. Les linguistes haïtiens et d'autres amateur ou expert du créole ont certainement du chemin à parcourir avant d'arriver à une formalisation ou à une académisation du créole haïtien.

Gare à la démagogie surtout !

L'on doit cependant mettre en garde contre un certain « créolisme » tendant à opposer le créole à d'autres autres langues dont le français particulièrement. Cette démarche ne peut être que contreproductive. Au contraire, il faudrait s'assurer que tout élève haïtien passe son Certificat d'Etude Primaires sachant s'exprimer aisément non seulement en créole, mais en français, en anglais et en espagnol. Ces élèves qui sont destinés à devenir des professeurs ou des chercheurs en mathématique, en sciences humaines, en biologie, en physique, en chimie etc. sont indispensables à la formalisation de la langue nationale d'Haïti. La poésie est merveilleuse, mais des poètes haïtiens qui ont fréquentés de vraies universités et de bonnes écoles de science sociales et politiques produiront des chef-d'œuvres encore plus fabuleux. D'un autre coté Haïti doit compter sur de vrais universitaires et de vrais scientifiques pour mieux transposer ou vulgariser la connaissance en créole.

3.1.2.2 : Des classes sociales

Le concept de classe sociale demeure au centre des polémiques qui divisent les sociologues, les politologues, les économistes et autres dont le métier est de produire des représentations du monde social. La théorie des classes et les luttes de classes sont identifiées à la pensée marxiste si longtemps hégémonique dans le champ intellectuel ou idéologique. Quel que soit le statut du marxisme, force est de constater que depuis près de deux siècles, il n'existe pas une réflexion développée autour de la question des classes sociales qui ne reprend ou ne réinterprète la distinction canonique héritée de la théorie marxienne. Dans le lexique des sciences sociales contemporaines, l'usage du concept de « couche dominante » tend à se démarquer à la fois de celui de « bourgeoisie » associé à la théorie de Karl Marx, et de celui « d'élite(s) », affilié aux théories de la stratification sociale sous leurs diverses formes.

Au-delà des clivages idéologiques, il existe trois méthodes de définition des catégories sociales : subjective, sociologique et économique. Les trois grandes catégories sociales généralement notées sont : les classes populaires, les classes moyennes, et les classes privilégiées. D'une catégorie à l'autre, les frontières ne sont pas toujours visibles, voire étanches. Dans les Etats où les données sont disponibles comme c'est le cas aux Etats-Unis, les rapports moyens sont respectivement dans l'ordre de trente pour cent (30 %), soixante-cinq pour cent (65 %), et cinq pour cent (5 %). La notation du pluriel que revêt le terme classe traduirait aussi une certaine élasticité ou une certaine fluidité dans certains cas.

Les classes populaires comportent une composante dite défavorisée, et une composante dite populaire. Les classes moyennes comportent une composante dite inférieure qui en fait les deux tiers, et une composante dite supérieure pour l'autre tiers. Les classes privilégiées comptent une composante dite aisée et une composante dite privilégiée.

En termes d'inégalité sociale, Haïti pourrait servir d'étalon sur le plan mondial. Les classes populaires, généralement défavorisées qui regroupent entres autres les masses urbaines et les paysans, représentent au moins quatre-vingt-cinq pour cent (85 %) de la population, alors que les classes moyennes représentent près de dix pour cent (10 %) contre moins de cinq pour cent (5 %) pour les classes privilégiées. Il existe cependant en Haïti un phénomène paradoxal qu'il convient d'appeler des « riches démunis » ou des « classes privilégiées à l'envers ».

Les riches idiots d'Haïti

Il est admis par exemple qu'en cas d'accident vasculaire cérébral (AVC), l'individu risque de perdre vingt pour cent de chance de récupération après chaque minute passée sans intervention adéquate. Car après chaque minute, il perd environ deux millions de neurones, ces cellules du cerveau étant particulièrement sensibles à la privation en oxygène (hypoxie), elles meurent au bout de cinq minutes et peuvent entrainer la mort de l'individu ou laisser de sérieuses séquelles même après une certaine récupération. Néanmoins, dans le minuscule Etat américain de Rhode Island, le temps moyen de réponse en cas d'urgence (9-1-1) est de quatre (4) minutes pour des quartiers résidentiels de classe moyenne supérieure. Appartiendraient à cette catégorie ceux ayant un revenu annuel aussi modeste que cent cinquante mille dollars ou plus.

Certains des membres des classes privilégiées d'Haïti ont sans doute des revenues de l'ordre de plusieurs centaines de milliers voire des millions de dollars. Cependant, s'ils se trouvent terrassés par une crise cardiaque ou un traumatisme très sévère, leur sort n'est sans doute pas plus enviable que celui d'un sans-abri de n'importe quel coin de Rhode Island.

Comment comprendre que ces nantis puissent se complaire dans cette sorte de suicide fatidique, compte-tenu que l'être vivant le moins complexe qui soit est animé de l'instinct de survie, sans quoi la théorie de l'évolution des espèces n'aurait absolument aucun sens. Cette attitude en elle-même, ne constituerait-elle pas un signal de détresse provenant de subconscient de cette catégorie d'Haïtiens. Alors que des expériences scientifiques montrent que même des plantes subissant des agressions répétées arrivent à envoyer des signaux de détresse aux autres plantes qui ainsi évoluent après décodage de ces signaux pour se protéger de l'éventuelle menace.

Considérations

Le destin de la faction rationnelle et modérée des classes privilégiées d'Haïti demeure lié à celui des intellectuels. Les premiers pâtissent inexorablement du comportement radical et de l'inconséquence de leurs pairs, alors que les derniers font les frais des pseudo-intellectuels et des technocrates ou des politiciens. Tant que ces privilégiés continuent d'ignorer le déficit de communication qui persiste entre elles et la majorité d'exclus des classes moyennes et populaires, elles font à leurs dépens le jeu macabre des extrémistes et des imposteurs. Les événements survenus en Somalie, en Irak, en Lybie, en Syrie pour n'en citer que ceux-là, émergent généralement de l'agissement irrationnel de quelques inconséquents. L'initiative doit venir des patriotes intellectuels en coordination avec les individus éclairés et modérés des couches privilégiées pour construire une coalition contre l'incompétence, contre la corruption, et pour la reconstitution du continuum nation-Etat.

Au-delà des idées et des actions, il faut un système de pensée lié à un système de valeur favorable à la production d'idées, de théories, et de stratégies

Depuis la création du nouvel Etat (1804), des citoyens ou des groupes de la société ont tout donné, jusqu'à l'ultime sacrifice certaine fois, pour préserver ou reconstituer le continuum nation-

Etat. Non seulement leurs efforts paraissent vains, mais la société semble s'éloigner de plus en plus de ce noble objectif. Le manque ou l'absence de précision dans les positions ou revendications semble sceller leur sort.

Pour renverser cette constante, il ne suffit pas de s'élever contre un tyran pour le remplacer par un autre, ou de lancer des revendications, certaines judicieuse mais souvent sans contenu ou sans consistance. Cela a été par exemple le cas en 1915, 1946, 1986, 1991,1994, 2004, ou après le 12 janvier 2010 pour n'en mentionner que ceux-là. La nation doit consacrer le temps et les ressources nécessaires pour bien documenter ces revendications et ses désidératas. La même énergie qu'elle exhibe lorsqu'elle est en colère contre quelqu'un ou contre une quelconque décision doit aussi se manifester pour exiger qu'on lui donne ce qu'elle désire. Ainsi, au lieu de demander une révision constitutionnelle, il faut produire des propositions de révisions constitutionnelles. Il est plus facile d'aboutir à une proposition de révision consensuelle au bout d'une convention nationale, si les principales parties possèdent un portfolio articulé et consistante de leur vision. Autrement dit, il leur manque un système de pensée lié à un système de valeur, favorable à l'élaboration de théories, de doctrines et de stratégies modernes.

Le nouveau préambule de la constitution

Le Peuple Haïtien a proclamé cette Constitution pour garantir la reconstitution du continuum nation-Etat, où l'émergence d'une société moderne. En d'autres termes, garantir les droits inaliénables et imprescriptibles à la vie, à la liberté et à la poursuite du bonheur ; conformément à son Acte d'indépendance de 1804 et à la Déclaration Universelle des Droits de l'Homme de 1948.

3.1.2.3 : Des Intellectuels

Dans ce contexte, le vocable « intellectuel » est plutôt un concept. L'introduction de cette rubrique vise à se démarquer du galvaudage habituel ou de l'usage intempestif voire abusif de ce concept en Haïti. Cet encart vise également à mettre l'emphase sur l'importance et la vraie signification de la notion tout le long de cet essai.

Les dictionnaires classiques définissent ainsi le terme intellectuel : « *[…] dont la profession, l'activité principale fait exclusivement appel au travail intellectuel.* ». Cette définition laconique ne satisfait guère la signification que la théorie du continuum nation-Etat voudrait conférer au concept d'intellectuel. En revanche, la définition de Jean-Paul Sartre des Intellectuels semble un peu trop provocatrice : « *[…] personnes qui ayant acquis quelque notoriété par des travaux qui relèvent de l'intelligence abusent de cette notoriété pour sortir de leur domaine et se mêler de ce qui ne les regarde pas* ».

Les prochains paragraphes de cette rubrique reprennent presqu'in extenso un article de l'encyclopédie en ligne Larousse. Ces différentes approches ne concordent pas toutes mais ratissent pour le moins hors du cadre de référence ordinaire :

La référence à la notion d'intellectuel comme entité ou groupe sociologique est relativement récente : le substantif « intellectuel » prend une grande importance après l'article d'Émile Zola paru dans l'Aurore le 14 janvier 1898, intitulé « *Manifeste des intellectuels* » ; c'est une vigoureuse prise de position en faveur de la révision du procès Dreyfus, signée par Léon Blum, Lucien Herr, Anatole France, Gustave Lanson, Marcel Proust, etc. La réponse que leur fait Maurice Barrès met plus encore en lumière le fait que la notion d'intellectuel est prise par le public comme notion «

critique » : « *Ces aristocrates de la pensée tiennent à affirmer qu'ils ne pensent pas comme la vile foule* » (le Journal, 1er février 1898).

Ainsi, l'intellectuel se définit non seulement par rapport au manuel, c'est-à-dire par la nature du travail, mais d'emblée comme porteur d'une vérité critique à l'égard d'une situation ou d'une idéologie dominante qu'il conteste, voire à l'égard d'une classe sociale à laquelle il appartient. Selon les marxistes, dans des circonstances déterminées, fonction de la lutte des classes, l'intellectuel peut mettre ses connaissances au service des travailleurs, il peut leur apporter des armes théoriques qui contribuent à leur émancipation et, enfin, il peut aider à la constitution des intellectuels organiques du prolétariat.

Karl Marx écrit : « *Enfin, au moment où la lutte des classes approche de l'heure décisive, le processus de décomposition inhérent à la classe dominante de la vieille société tout entière prend un caractère si violent et si aigu qu'une petite fraction de la classe dominante s'en détache et se rallie à la classe révolutionnaire, celle qui tient l'avenir entre ses mains. De même que jadis une partie de la noblesse passa à la bourgeoisie, de nos jours une partie de la bourgeoisie passe au prolétariat, et en particulier cette partie des intellectuels bourgeois qui ont atteint l'intelligence théorique de l'ensemble du mouvement de l'histoire* » (Manifeste du parti communiste).

Lénine adopte la même analyse : « *Les ouvriers [...] ne pouvaient pas avoir encore la conscience sociale-démocrate. Celle-ci ne pouvait leur venir que du dehors. L'histoire de tous les pays atteste que, par ses seules forces, la classe ouvrière ne peut arriver qu'à la conscience trade-unioniste [...] Quant à la doctrine socialiste, elle est née des théories philosophiques, historiques, économiques élaborées par les représentants instruits des classes possédantes, par les intellectuels* » (Que faire ?).

Enfin, Gramsci se range au même point de vue, en écrivant : « *Il est certainement important et utile pour le prolétariat qu'un ou plusieurs intellectuels adhèrent à titre individuel à son programme, à sa doctrine, se fondent dans le prolétariat et se sentent devenir partie intégrante* » (La Costruzione del partito comunista).

Mais comment définir la place que tiennent les intellectuels dans la société ? Constituent-ils une classe ? Les marxistes s'opposent à cette thèse : « *Les intellectuels ne forment pas une classe indépendante, mais chaque classe a ses intellectuels* », écrit Gramsci (Cahiers de prison). Cependant, les intellectuels, de par leur éducation, risquent de ne se lier aux travailleurs que dans un but de direction, oubliant ainsi la mise en garde de Marx : « *La doctrine matérialiste qui veut que les hommes soient des produits des circonstances et de l'éducation, que, par conséquent, des hommes transformés soient des produits d'une autre circonstance et d'une éducation modifiée oublie que ce sont précisément les hommes qui transforment les circonstances et que l'éducateur a lui-même besoin d'être éduqué* » (Thèse 3 sur Feuerbach). Voici ce qu'en pense Lénine : « *Le rôle des intellectuels consiste à rendre inutile l'existence de dirigeants spécialisés, intellectuels* » (Ce que sont les amis du peuple).

La place croissante occupée par les détenteurs du savoir au sein des sociétés modernes a provoqué une révision de ces thèses. L'évolution de la société entraîne la multiplication d'intellectuels qui ne peuvent, par définition, disposer de ce pouvoir critique que le XIXe siècle leur demandait d'avoir, puisque le savoir de ces managers ou de ces technocrates est lié au pouvoir, au point de se confondre avec lui.

Karl Popper adopte une perspective morale individuelle : il voue l'intellectuel à une forme insidieuse et irrémédiable d'immoralité individualiste : « *Quand on a goûté aux fruits de la raison, exercé ses facultés critiques et assumé le poids de ses responsabilités personnelles, on ne retourne pas à la magie tribale. Plus on s'efforcera de revenir à ces temps héroïques, plus sûrement on se livrera à l'inquisition, à la police secrète, au gangstérisme romantique »* (la Société ouverte et ses ennemis, 1945).

3.1.2.4 : De l'idéologie et des partis politiques

Dans le dictionnaire Larousse, le parti se définit comme suit : *« organisation structurée dont les membres mènent une action collective dans la société aux fins de réaliser un programme politique. »* La notion d'organisation structurée semble se départir de la réalité des partis en Haïti. L'ambiance à l'intérieur des partis reflète la gestion morbide du pays. La création de parti n'est qu'un pacte morganatique entre le leader et ses ouailles. Chaque fois que des membres montent en popularité à l'intérieur du parti, c'est autant de nouveaux partis qui se créent. En ce qui relève du programme politique de ces partis, c'est un principe dont ils ne s'embarrassent guère.

En réalité un parti aurait dû être l'affaire de doctrine, de vision ou de positionnent idéologique. Il est compréhensible que les pays ethniquement morcelés assistent à l'émergence de partis sous une base ethnique ou religieuse. En Haïti heureusement, les principales couches sociales gardent entre-elles malgré tout, des liens historiques plus ou moins solides qui transcendent souvent les critères ethniques, religieux ou autres. Même si les différences ethniques sont parfois évoquées à des fins démagogiques par des prédateurs et des sociopathes en mal de pouvoir, la coalition de 1804 semble traverser le temps, elle s'observe aisément à travers le métissage des familles dans presque tous les foyers du pays. Aussi, les minorités de souches caucasiennes, orientales ou autres sont mieux intégrées en Haïti que n'importe quelle minorité de tout autre Etat du globe. Aussi, il existe le créole comme langue nationale, le folklore et la culture nationale qui tiennent à la fois du vodou et du christianisme en général. A part le catholicisme présent depuis la colonie, l'influence d'autres sectes du christianisme et particulièrement le protestantisme ne cesse de grandir depuis l'occupation américaine de 1915. Apparemment, la géopolitique marque indiscutablement son territoire.

Sur le plan ethnique, Haïti présente un profil similaire à celui d'autres pays occidentaux, si l'on inverse les proportions démographiques. Aussi, en termes de diversité ethnique ou religieuse, Haïti semble jouir d'un avantage comparatif par rapport, entre autres, à l'Israël ou à l'Inde, où les différents groupes s'affrontent et collaborent au parlement pour arriver à créer un gouvernement fonctionnel. A l'instar des autres pays occidentaux, les différences entre les factions haïtiennes devraient être surtout d'ordre idéologique. Aujourd'hui, Haïti compte plus d'une centaine de partis politiques et presqu'autant de candidats à la présidence. Où se situe donc le problème ?

Pris sur le plan strictement idéologique, nul besoin d'être mathématicien pour comprendre que le domaine est fini. Les possibilités se confinent dans le triplet : {gauche, droite, « droite-et-gauche »}. Le néologisme « droite-et-gauche » n'existe pas dans le répertoire lexical français, il est une traduction littérale du créole « *dwategòch* » qui permet de qualifier toute forme d'ignorance, d'extrémisme, ou de populisme. Alors que le créole comporte des termes tels que *dwategòch, devan dèye, tèt anba, lanvè landwat* pour qualifier des situations distinctes, le français semble moins nuancé en la matière, le terme le plus usité serait : « *à l'envers* ».

La gauche et la droite ne sont pas toujours réconciliables, elles ont quand-même ceci de commun : une vision articulée et cohérente, le souci de défendre et maintenir la souveraineté de l'Etat, une attitude rationnelle en toute circonstance, et surtout le sens de la décence. L'extrémisme d'autres tares sociales de la même espèce, se situent pratiquement à l'antipode des notions précédemment énumérées. Contrairement aux idéaux de gauche ou de droite, l'extrémisme est à la portée de tous. Pour être de gauche ou de droite, il faut d'abord un système de pensée et de valeur moderne, alors que le fonds de commerce des extrémistes se limite à la démagogie ou au populisme. En ce sens, il est impropre de parler d'extrémisme de gauche ou de droite, comme il n'est pas moins inapproprié, ni moins ridicule, de parler de centre droit, ou de centre gauche.

Ce silence tumultueux …

Qu'ils y aient été chassés, où qu'ils s'y soient volontairement retirés par dégoût, les intellectuels haïtiens ne se mêlent point de la politique. Ainsi, sans la participation des intellectuels, il ne peut exister aucun système de pensée articulé ni cohérent. L'ignorance se transforme en vertu, tous les concepts se trouvent galvaudés ; c'est la culture de l'ignorance. Dans un contexte de misère et d'insalubrité, les idées de droite ne font généralement pas bonne recette en politique, elles deviennent radioactives. Les prédateurs populistes se déclarent plutôt de « centre droit », de « centre gauche », ou même de gauche, mais sans contenu idéologique consistant ni substance aucune. A l'instar de la thèse de « *l'opinion publique n'existe pas* » soutenu par Pierre Bourdieu, contrairement à la religion, l'idéologie ne saurait être accessible à tous, dans la mesure où tout le monde n'est pas forcément capable d'avoir une pensée articulée et cohérente. La pensée ne relève pas seulement de l'habitude mais aussi de l'aptitude.

Autrement dit, les extrémistes ou les populistes sont des démagogues, de fieffés prédateurs, des sociopathes. Suivant la proie qu'ils guettent ils peuvent se déclarer de centre gauche, de centre droit ou de gauche. Néanmoins, la patience est souvent l'apanage des prédateurs, ils excelleraient dans la pratique de la théorie du crapaud bouilli (réf. : 4.4.3), une théorie qui conviendrait mieux aux sujets décérébrés. Or, les intellectuels constituent à la fois le cerveau et le système neveux de la société. Les prédateurs de la société, notamment les extrémistes, les populistes, les placent ainsi toujours parmi les premières cibles à abattre.

Derrière le masque

Toute pensée floue dont l'articulation présente des incohérences irréconciliables et qui manifeste du refus à la critique ou à toute forme de transparence, annonce la gestation de l'obscurantisme. Il va du despotisme au totalitarisme en passant par la tyrannie. La tyrannie qu'on assimile à « *l'extrémisme de gauche* » est le régime ou l'oligarchie se confond avec l'Etat et où tous les moyens de production sont aux mains de l'Etat, au profit exclusif de l'oligarchie. La tyrannie qu'on assimile à « *l'extrémisme de droite* » est un régime où l'oligarchie possède tous les moyens de production, et elle utilise l'Etat comme force brute de répression pour maintenir ses privilèges.

Il coûte après tout un peu moins cher aux candidats de se présenter aux élections sous la bannière d'un parti, ce qui semble en partie constituer le fonds de commerce de certains partis, s'il faut ainsi les désigner. En général les candidats n'ont aucun sentiment d'appartenance ou d'attachement au parti en dehors de la simple formalité de l'affiliation, même le nombre des années n'y change rien. Le Président [*d'Haïti*] a toujours été en mesure d'acheter le nombre de parlementaires, voire de chefs de partis qu'il désire. Le rapport qui existe entre le pouvoir et les partis relève strictement du principe des vases communicants.

Ceux qui supportent l'obscurantisme en Haïti sont des Frankenstein. Ils ne sont pas capables de contenir, ni de contrôler le monstre qu'ils créent. Le monstre se retournera tôt ou tard contre eux. On semble s'étonner que les partis ne fassent guère de recette dans la population, notamment parmi les jeunes ayant au moins fait des études secondaires ou des socio-professionnels en général. Avant son implosion, le Parti Unifié des Communiste Haïtiens (PUCH) avait attiré nombres de membres et de sympathisants de ce segment susmentionné de la population. Car pour eux ce parti semblait véhiculer une certaine pensée, grande a été cependant leur déception de le voir sombrer dans la promiscuité ambiante de l'après 1986.

Certains partis dont la FUSION - *des socio-démocrates* -, l'OPL qui passe de l'Organisation Politique Lavalas à l'Organisation de Peuple en Lutte, Fanmi lavalas, Tèt Kale, pour n'en citer que ceux-là, arborent des noms et slogans qui ne veulent absolument rien dire dans quelle que soit la langue, encore moins en français ou en créole. Après tout, c'est peut-être mieux que des noms à consonnance théocratique du genre : Parti [quelque chose] chrétien, ou Parti [quelque chose] de Dieu.

L'OPL et la FUSION semblaient autrefois présenter un profil d'organisation plus ou moins structurée qui aurait pu attirer de nouveaux membres ou sympathisants sans utiliser le levier du pourvoir. Néanmoins, le manque de caractère affiché par certains ou anciens membres de la hiérarchie de ces partis est tout simplement dégoutant, voire nauséeux. Ils ne font montre d'aucun principe, leur indécence ne semble connaître aucune limite. Ils ont accepté sans vergogne la suppression du second tour des élections de 2006, lorgnant un partage [du gâteau] comme ils se plaisent de le répéter.

Se disant de gauche, ils s'empressent de rejoindre au pouvoir un sociopathe, un Président foncièrement incompétent et corrompu, qui éliminerait froidement ses adversaires et ses propres conseillers jugés trop embarrassants. Se disant de gauche, ils applaudissent et participent à la destruction ou à la perversion d'institutions telles que l'armée, la police, les entreprises de l'Etat, sans mentionner l'enseignement public et tant d'autres. Souvent, après un parcours mitigé d'activistes, confrontés à la précarité grimaçante de la retraite, ils plient l'échine et acceptent des postes pour lesquels ils ne sont nullement qualifiés dans des gouvernements qui n'ont rien de différent de ceux qu'ils ont combattu dix ou vingt ans plus tôt.

Le retour du négrier

Le philosophe Karl Marx dédaigne le lumpenprolétariat et les lumpen-intellectuels. Un vocable mieux convenable à désigner le politicien haïtien émerge désormais : lumpen-politicien. Il n'existe de camouflet plus affligeant à la prouesse combien héroïque de 1804, que lorsque des agences internationales embarquent ces politiciens comme des dans des négriers vers l'Afrique du Sud ou le Rwanda pour leur inculquer la nation de démocratie.

Ces politiciens font souvent à Mandela pour justifier leur comportement de sagouin. Ils semblent vouloir occulter l'intégrité et l'attachement aux principes si chers à Nelson Mandela qui rejette toute proposition de libération [de ses geôliers] qui l'obligerait à renoncer à la lutte armée. « *[…] si à ma sortie de prison, mon peuple se trouve confronté aux mêmes injustices qui m'ont conduit à la lutte armée, je n'hésiterais pas à reprendre les armes.* » rétorque Madiba.

Ceux-là qui vilipendaient Mandela lorsqu'il combattait l'apartheid, se sont arrangés pour fabriquer à l'attention de certains individus, un Mandela plutôt flexible, malléable et conciliant, c'est-à-dire un Mandela plutôt prêt à toute sorte de concession pour avoir la paix. Cette propagande semble résonner pourtant avec les lumpen-politiciens d'Haïti. Demeurant fidèle à sa légendaire réputation d'homme intègre, Nelson Mandela part volontairement en retraite après un mandat présidentiel. Pourtant, la plupart des politiciens sud-africains ressemblent comme deux gouttes d'eau à leurs homologues haïtiens, c'est-dire incompétents, et corrompus.

Plus d'un quart de siècle après l'apartheid, un citoyen sud-africain sur deux, vie dans la misère ou en dessous du seuil de pauvreté. Les successeurs de Mandela n'en font guère la fierté. Après la débâcle de l'éhonté Thabo Mbeki, c'est l'avènement de Jacob Zuma qui compte à lui seul plus d'épouses qu'il n'y a de joueurs dans une équipe de basket-ball. Il semble les collectionner comme certains en font pour des automobiles. Au pouvoir, il les entretient au frais de l'Etat sud-africain. Au 21e siècle, que peut bien signifier pour lui l'égalité des genres ? Entre autres scandales, il a détourné plus de vingt millions de dollars pour restaurer sa maison. Dénoncé, il dit être dans ses droits. Poussant l'immoralité à son point culminant, il défie toutes les juridictions jusqu'à l'intervention de la cour suprême de l'Afrique du sud qui confirme que l'acte constitue un vol. Devant sa persistance à s'agripper au pouvoir sans aucune vergogne, il est finalement chassé par ses paires. Mais sont-ils meilleurs, ceux-là ? Sous peu les Afrikaners reprendront le pouvoir sous couvert de légitimé électorale ou populaire. L'on croyait qu'ils avaient volé une page du livre de la politique haïtienne, apparemment ils en ont pris tout un chapitre.

L'autre modèle, que les agences internationales qui opèrent en Haïti offrent aux politiciens haïtiens, n'est ni plus ni moins que le fameux Paul Kagamé. Ils vantent largement les progrès réalisés à

Rwanda avec Kagamé. D'après Bill Clinton, Kagamé figure parmi les plus grands leaders du temps. Toute situation contrastant avec celle qui prévalait entre Avril et Juillet 1994 est forcément une marque de progrès là-bas. Faut-il en donner crédit à Kagamé pour les progrès réalisés ? Oui. En toute honnêteté, abstraction faite des années antérieures, un Paul Kagamé comme Président d'Haïti serait peut-être mieux que ces trente dernières années de mardi-gras passé sous la férule des « chaloskas » au pouvoir.

Mais, le fermier nourrit toujours son bétail avant l'abattage. La réalité du Rwanda parait ainsi plus tragique que ce que les « *bienveillants* » de la communauté internationale semblent présenter aux Haïtiens. Paul Kagamé n'agit pas en leader responsable, ni un démocrate. Il s'accroche au pouvoir comme une sangsue, sans égard pour la construction de la démocratie dans son pays. Président depuis 2000, il contrôle cependant le pays depuis la victoire de ses troupes armées en 1994. Il fait modifier la constitution pour se maintenir au pouvoir jusqu'en 2034. Cela lui ferait quarante (40) de règne. Il n'y a rien de louable, ni de moderne, dans une telle attitude. Cela ne serait guère étonnant qu'il impose sa fille Ange Kagamé ou l'amant de celle-ci comme Président en 2034. Il emprisonne et torture ses opposants, il assassine certains de ses collaborateurs pour avoir osé le critiquer. Kagamé est un tyran comme Haïti en regorge.

Mais sérieusement, pour qui prennent-ils les Haïtiens ?

Dans le rapport d'indice de développement humain de 2014, l'Afrique du Sud et le Rwanda figurent respectivement en 118ᵉ et 151ᵉ positions. Qu'est-ce qui permet à ces « bienfaiteurs » de penser que Zuma et Kagamé sont les modèles qui conviennent à Haïti ?

Qu'en est-il de la Norvège, de l'Australie, de la Suisse de la Hollande, du Danemark, des Etats-Unis, de l'Allemagne etc. qui occupent les premiers rangs du rapport d'indice de développement humain ? Juge-t-ils les Haïtiens peu aptes, ou pas assez évolués pour les modèles de démocraties occidentales, sous prétexte qu'ils auraient une paire de chromosomes en plus ?

Qui peut indiquer avec certitude que si Haïti n'existait pas, l'esclavage des Africains n'aurait pas été une pratique courante aujourd'hui encore ? Pendant plus d'un siècle, Haïti a été tenu en échec, harcelé, humilié, parce qu'on croyait que le maintien de l'esclavage restait encore possible même après la révolution de 1804. Haïti a établi la preuve que les humains peuvent être différents les uns des autres, mais ils sont tous indubitablement égaux. Haïti devrait être à tous les Afro-Américains, y compris les Afro-Caribéens pour ne pas dire aux Africains en général, ce que l'Israël est aux juifs du monde entier, et non l'inverse.

L'effort de désacralisation de la prouesse de 1804 est plus vivace que jamais. Ce n'est sans doute pas un hasard, si au cours de la commémoration du 210e de l'indépendance d'Haïti, l'on a offert le spectacle humiliant et déshumanisant exploitant une des victimes du terrorisme d'Etat en Haïti. Ayant subi la séquestration, de sévères bastonnades et d'autres formes de torture, cet individu, qui pourtant a consenti d'énormes sacrifices à un moment de la lutte contre la tyrannie duvaliérienne, a été montré souriant et heureux, sur la place d'armes de Gonaïves, flanqué de deux de ces bourreaux, dont l'un récemment décédé fut Président « à vie » et l'autre, un ex-général-Président ayant activement contribué à démantibuler l'Etat d'Haïti. Ce général avait poussé son cynisme jusqu'à exhiber à la télévision nationale le visage tuméfié, complètement méconnaissable, de trois de ses victimes. Il ne doit pas son talent de boucher qu'à la fameuse « Ecole de Assassins », car en 1964, son maître fit réunir même des écoliers en vue assister au meurtre de deux jeunes haïtiens : Marcel Numa, Louis Drouin.

Aujourd'hui, le monde se découvre, horrifié devant les cruautés injustifiables de l'Etat Islamique, tout en ignorant que pendant longtemps les tyrans haïtiens, bénéficiant de l'aide ou de la complicité de certaines ambassades occidentales, ont infligé des sévices aussi cruels, voire pires à ceux qui s'érigent contre la tyrannie et contre l'oppression. L'opinion publique internationale et sans doute la peur d'embarrasser Washington et d'autres capitales occidentales, étaient peut-être les seules raisons ayant dissuadé ce général d'enfermer ces victimes dans une cage d'acier, les arroser d'essence et les brûler vif sous les feux des caméras de la Télévision Nationale d'Haïti.

Néanmoins, cette ancienne victime de la torture qui s'est prêté à cette parade macabre a plus tard été fait premier ministre avant de tomber en disgrâce. Ce faisant, il ne réalise sans doute pas qu'il a tout simplement cautionné non seulement la torture mais toute sorte d'abus et de violation de droits humains. En est-il fier ?

Considérations

Les partis et groupements politiques concourent à l'expression du suffrage. Il importe qu'ils se forment et exercent leurs activités librement. Ils doivent respecter les principes de la souveraineté nationale et de la démocratie. La balkanisation des partis politiques s'avère contreproductive, elle pollue la démocratie, d'où la nécessité de disposer de politiques publiques appropriées en matière d'association et de regroupements politiques. Les paragraphes suivants ne constituent nullement un énoncé de politique, car ceci doit faire l'objet d'études plus élaborées qui produiront sans doute un énoncé de plusieurs centaines, voire de milliers de pages :

- Aucun parti, association ou groupement politique ne peut participer aux élections, et ne peut par conséquent y présenter de candidat, sans soumettre une liste d'adhérents dont le nombre équivaut à au moins dix pour cent (10 %) des votes exprimés aux dernières élections Présidentielles, ou cent mille (100,000) selon le cas le plus favorable au parti ou au groupement politique concerné.

- Chaque candidat indépendant doit soumettre une liste de sympathisants dont le nombre équivaut à dix pour cent (10 %) au moins des votes exprimés aux dernières élections pour le poste qu'il brigue. Cette soumission doit se renouveler à chaque nouvelle inscription du candidat.

- L'Office National de Coordination des Elections se dote de moyens technologiques appropriés lui permettant de vérifier instantanément les listes d'adhérents et de sympathisants.

- De nombreuses régulations, incluant d'autres conditions de reconnaissance, de fonctionnement, et tous les avantages et privilèges réservés aux partis et groupements politiques, sont couvertes par des politiques publiques.

3.1.2.5 : De la Communauté Internationale

En réalité la communauté internationale détient le pouvoir suprême de coercition en Haïti, les autres pouvoirs s'y prosternent. Toute analyse de la communauté locale reste incomplète tant que la communauté internationale n'est pas prise en compte. Cette communauté internationale s'établit en trois strates, nourrissant des intérêts bien distincts dans le pays. La strate la plus agressive, la plus pernicieuse se compose d'ambassades, notamment celles des Etats dit amis d'Haïti. Puis, les organisations internationales comme l'Organisations des Nations-Unies (ONU), l'Union Européenne (UE), l'Organisation des Etat Américains (OEA), et certains programmes et agences spécialisés tels que la Banque Mondiale (BM), le Fond Monétaire Internationale (FMI), la Banque Interaméricaine de Développement (BID), l'Agence américaine de développement International (USAID), l'Agence Canadienne de Développement International (ACDI) etc., marquent la deuxième strate en termes d'influence. La troisième se compose d'organisations non-gouvernementales (ONG) dont certaines plus perverses que d'autres.

La communauté internationale est accusée à tort ou à raison de tous les maux du pays. Cette communauté internationale a certainement évolué, ainsi que leur compréhension d'Haïti, mais les blessures se cicatrisent difficilement. Pendant plus de deux siècles, le boycott, l'isolation et les agressions militaires à l'encontre d'Haïti ont été légion. Pour certains, il fallait ou faut-il à tout prix punir « le petit » Etat rebelle.

Le professeur américain Henry Louis Gates assimile les turbulences sociales haïtiennes à un refus systématique de l'oppression. Autrement dit, la rébellion haïtienne se trouverait sur deux fronts, d'une part contre les agressions étrangères et de l'autre contre la pègre locale que constitue la Triade. L'inégalité sociale et l'oppression sont en elles-mêmes des causes d'instabilité. Les perturbations récurrentes sont en fait conformes à l'entropie édictée par la deuxième loi de la thermodynamique. Le physicien allemand Rodolphe Clausius y définit l'entropie comme la fonction d'état qui caractérise l'état de « désordre » d'un système.

Dans ces conditions, la stabilité ne s'obtient que par un compromis entre les protagonistes, ou par la violence. Généralement, la violence prévaut, comme en 1783, 1803, 1861, correspondant respectivement aux guerres de d'indépendance des Etats-Unis et d'Haïti, et à la guerre civile américaine. L'intervention des américains de 1915 en Haïti a interrompu un ordre naturel de résolution de conflit, en se rangeant du côté du groupe qu'ils qualifient pourtant « d'élite immorale et répugnante ». Le départ des troupes en 1934 fait place à un système bipolaire, où l'inégalité des armes et des moyens penche vers un groupe, et où l'inégalité du nombre va nettement en faveur d'un autre.

La seconde loi de la thermodynamique semble une fois de plus se vérifier en Haïti. Un siècle plus tard, après la débâcle des Force Armées d'Haïti, l'inégalité des armes semble avoir changé d'orientation, pendant que la guerre de communication à travers la bande FM et des chaînes de télévisions hertziennes change nettement d'orientation avec l'émancipation du créole. La déflagration semble imminente, et la communauté internationale n'a point de solution, car elle fait partie du problème. Le psychologue américain Robert Rosenthal parlerait ainsi de l'effet Pygmalion. Les infructueuses interventions militaires de ces dernières années montrent que cette communauté internationale est à court d'idées. Néanmoins, le nettoyage ethnique n'est plus possible. Il est moralement impossible d'effacer une dizaine de millions de personnes sur un territoire aussi exigu. Les méthodes coercitives qui semblent se pratiquer, notamment l'exclusion ne sont que des catalyseurs, la réaction risque de se révéler encore plus fatale.

De 1915 jusqu'à l'avènement du « nouvel ordre mondial », l'Etat Haïtien s'est retrouvé piégé dans l'orbite de Washington. La domination américaine s'est quelque peu assouplie en surface, avec l'entrée au club d'autres Etats dits amis d'Haïti. Beaucoup de ces diplomates ne cachent pas leur indignation face à l'inertie américaine. Quelque soient les circonstances, il importe de retenir que l'échec des deux centenaires d'Haïti est imputable d'abord aux Haïtiens c'est-à-dire à la nation ou à la société haïtienne dans son ensemble.

Considérations

Le douloureux événement survenu le 12 janvier 2010 a permis même aux plus sceptiques ou aux plus indifférents de se rendre à l'évidence qu'Haïti est un Etat totalement déliquescent. Le seul groupe à n'avoir manifesté aucune sympathie en la circonstance a été le régime (2006-2011) et ses allés. La mascarade électorale qu'ils ont tentée plus tard n'a été que la partie visible de leur ignominie. Les câbles diplomatiques publiés par Wikileaks n'ont fait que confirmer l'aversion de la communauté internationale pour les agents de ces régimes et des classes privilégiés en général qu'elle supporte toujours paradoxalement.

Il incombe aux Haïtiens conséquents, et aux Haïtiens seulement de s'assurer que le pays soit dirigé et représenté par des citoyens qualifiés, compétents, et intègres, d'une part. D'autre part, de démasquer et refouler ces imposteurs envoyés en Haïti comme experts par certaines capitales occidentales, et par des organisations internationales dont Haïti est membre depuis 1945 comme les Nations unies, ou depuis 1953 telles que la banque mondiale et le fond monétaire international, et de contraindre ainsi ces instances à traiter Haïti avec le respect qui lui revient. En d'autres termes, ces organismes doivent dépêcher des émissaires qualifiés, compétents qui seront à la hauteur de leurs [nouveaux] homologues haïtiens.

La modernisation de l'Etat, incluant l'indépendance et l'égalité des pouvoirs est une condition sine qua non à l'éradication du Présidentialisme. Les individus corrompus et incompétents qui se succèdent au timon des affaires de l'Etat depuis près d'un demi-siècle, abstraction faite des années antérieures, ne sont que des agents de destruction aux pouvoirs exorbitants que des segments de la communauté internationale manipulent parfois aux grés des circonstances et des leurs intérêts immédiats.

3.1.2.6 : De la Presse

Il existe de nombreuses communautés afro-ethniques qui peuplent d'autres villes ou d'autres territoires à travers le monde, bien au-delà du continent africain. Parce que certains humains étaient considérés comme du bétail - *i.e. non chrétien par le Pape Nicholas V* -, ils ont été enlevés, puis déportés et vendus en Amérique, le continent. Des villes américaines telles que Flint dans l'Etat de Michigan, Ferguson dans le Missouri, New Orléans en Louisiane, Baltimore au Maryland, Washington DC etc., sont généralement gouvernées par des membres d'autres groupes ethniques qui constituent une minorité par rapport à la population locale.

Quelques soient ses imperfections, les Etats-Unis restent une démocratie, probablement l'une des plus dynamiques du globe. Pourtant, certains groupes afro-ethniques qui constituent plus de 70 % de la population de leur ville, ne sont guère représentés dans les instances locales de gouvernement ou de police. Ces afro-américains semblent s'accommoder de toutes les injustices. Quand ils ne votent pas - *comme c'est souvent le cas* -, la minorité [*ethnique*] en bénéfice et saisit ainsi le contrôle de la localité à leurs dépens. Quand ils votent cependant, les élus auxquels ils s'identifient sur le plan ethnique, s'avèrent généralement aussi incompétents que corrompus. Lorsqu'ils en ont finalement ras-le-bol, ils déferlent dans une colère inouïe et une violence quasi instinctive, pour se calmer quelques instants plus tard, souvent de manière presqu'aussi instinctive.

Le comportement susmentionné des afro-américains et celui observé en Haïti sont très similaires. Les réponses aux adversités ou à l'oppression sont souvent mal articulées, mal coordonnées et les actions finissent souvent en queue de poisson et leurs effets sont toujours très éphémères. Autrement dit, ils s'unissent dans la douleur, mais dès que la menace s'éloigne, ils se dispersent ou s'entretuent. Même après de nombreuses années de recherche personnelle sur ce sujet, objectivement il ne semble émerger aucune réponse intelligible. Si Haïti parvient à émerger de sa situation qui est pour le moins déliquescente, il sera peut-être profitable aux autres communautés qui, il y a moins d'un siècle, se retournaient vers Haïti lorsqu'elles avaient besoin de réponse.

La seule distinction entre ces communautés et celle d'Haïti, est que cette dernière a su au moins une fois, s'organiser, développer une stratégie, construire une armée, conduire une guerre et en sortir victorieuse pour en créer un nouvel Etat. Ce temps paraît bien révolu. Les Haïtiens demeurent fondamentalement non-violents, mais imprédictibles. Il n'existe aujourd'hui aucun signe, aucune manifestation de sentiments permettant de croire que les Haïtiens souhaiteraient s'engager dans une lutte armée. Certains se montrent néanmoins très courageux, voire héroïques, ils s'exposent pourtant sans un fusil face aux mitraillettes et sous les balles des néo commandeurs. C'est le cas par exemple de certains membres d'organismes de défense de droits humains, mais aussi et surtout de certains individus extrêmement courageux de la presse haïtienne.

Haïti est peut-être le seul Etat non démocratique, où les tyrans n'arrivent pas à se défaire totalement de la liberté d'expression. Malgré la tyrannie, cette liberté semble résister aux assauts. La balkanisation de la bande FM en constitue un signe éloquent. Quelques minutes d'écoute de certaines des stations de radio de Port-au-Prince feraient pousser des cornes à n'importe tyran africain. L'étonnement, voire la stupéfaction dont font montre certains journalistes ou émissaires africains face à cet héroïsme haïtien en dit beaucoup. Mais, à côté de ce mal courage, la question demeure la suivante. Comment raviver, cultiver et exploiter l'extraordinaire courage des Haïtiens pour parvenir à la démocratie ou à la reconstitution du continuum nation-Etat ?

De nombreux individus dans la presse répètent qu'un autre Haïti est possible. Oui, cela fait au moins trente ans, abstraction faite des années antérieures, que les Haïtiens rêvent d'un autre Haïti. S'il tarde tant, c'est parce qu'aucune stratégie véritable, ni aucun mode de contrôle, n'a été établi en vue d'y parvenir. Depuis 1987, malgré ses lacunes et faiblesses, la constitution est tout ce qui les préserve encore de ces tyrans qui voudraient tous devenir « Président à vie ». Les tyrans n'arrivent pas à prendre pied, mais la tyrannie persiste, avec à chaque cycle un tyran tout neuf. Pendant ces quinze dernières années on tente de les distraire afin de leur ravir la constitution ou de la saboter comme il l'on fait en 2011. *« Tant va la cruche à l'eau, qu'à la fin elle s'emplit. »*, écrit de Beaumarchais. Si les pourfendeurs de la constitution de 1987 parviennent à s'en défaire, la lutte pour la démocratie aura pris un sérieux revers, y remonter peut s'avérer extrêmement difficile, voire très sanglant.

Le courage de cette presse haïtienne est légendaire, mais la nonchalance en son sein risque de se révéler fatale. Certaines attitudes ne peuvent que fragiliser la liberté d'expression, et paver la voie à d'autres abus. Lorsque la presse se plie face au conseil électoral qui lui fait injonction de ne publier aucun résultat mêmes partiel, ceci est une violation de l'article 28.1 de la constitution de 1987 qui précise que cet exercice ne peut être soumis à aucune autorisation, ni censure sauf en cas de guerre. Or, Haïti n'est pas encore en guerre.

Il convient aussi de mettre en garde ceux qui se disent neutres, ou qui disent toujours rechercher l'équilibre. Le devoir du journaliste, c'est d'être indépendant et objectif. Rechercher l'équilibre à tout prix ne peut que l'éloigner de l'objectivité. Toute notion d'équilibre entre l'oppresseur et l'opprimé implique la perpétuation de l'oppression. Seule la vérité, c'est à dire l'objectivité profite à l'opprimé.

Quand les droits et libertés fondamentaux sont réduits à leur plus simple expression, lorsque certains individus de la presse se sentent acculés ou directement menacés, ils réagissent de toutes leurs forces. Si stratégiquement l'étau se relâche pour calmer les tensions, il importe de reconnaître que la tyrannie et l'exclusion ne cessent de progresser. *« L'attaque est la meilleure défense »*, dit l'adage. La presse ne doit plus attendre le prochain coup avant de se défendre. Elle doit être stratégiquement proactive. Tel un bon joueur d'échec, la presse doit prévenir non seulement le prochain, mais des myriades de coups possibles. Rationnellement, l'issue est d'œuvrer pour la modernisation d'Haïti. Si les droits et libertés fondamentaux de tous les individus ne sont pas garantis, la liberté d'expression sur laquelle se fonde la presse n'est que du sable mouvant.

La théorie du continuum nation-Etat, ainsi que l'Institut de Cybernétique qu'elle annonce, sont désormais soumis à l'appréciation de tous et de la presse en particulier. Il lui revient de les critiquer ou d'en suggérer des amendements, s'il y a lieu. Néanmoins, à défaut d'alternative intelligible, il lui revient surtout de supporter la stratégie de reconstitution du continuum nation-Etat qui garantit l'avènement de cet Haïti moderne que l'on ne cesse de scander ou dont on rêve sans jamais produire, voire s'accorder sur la moindre définition ; abstraction faite de la constitution du 29 mars 1987.

Considérations

L'état de droit étant un domaine fini, ainsi la liberté d'expression ne saurait se limiter à un simple vœu constitutionnel. Des politiques publiques en la matière s'imposent.

La modernisation des infrastructures de communication grâce à la technologie de l'information et de la communication est indispensable au développement économique du secteur, mais aussi et surtout à sa gouvernance, incluant la régulation et le contrôle. La Belgique à une superficie et une population équivalente à celles d'Haïti. Le marché de la publicité en Belgique représente trois milliards d'euros, c'est près de quarante pour cent du produit intérieur brut (PIB) actuel d'Haïti. La modernisation d'Haïti ne peut être que profitable à la presse dans le mesure où elle arrive à s'y adapter. La numérisation des radios et des télévisions favorise amplement la gouvernance du secteur grâce notamment à :

- ✓ L'enregistrement des émissions, soit pour les archives ou toutes autres circonstances telles des litiges devant les tribunaux etc. ;

- ✓ L'estimation de l'auditoire en temps réel ;

- ✓ L'analyse de l'audimat pour des études d'ordre économique ou socio-politique.

Gouvernance de l'information

L'Office de Gestion et de Classification des Dossiers Publics attribue un niveau de sécurité aux citoyens leur pouvant d'accéder aux documents publics.

Tout document ou dossier Public doit comporter des métadonnées : un numéro de référence, un titre, un sommaire, une date de création, et un niveau de sécurité, si le document ou le dossier a été déjà examiné par l'Office de Gestion et de Classification des Dossiers Publics.

a) Même si le document ou le dossier ne peut être rendu public, les métadonnées doivent être disponibles à la presse ou toute organisation reconnue qui en fait la demande ;

b) Dans certains cas, dépendamment du niveau de sécurité du document ou du dossier, le titre et/ou le commentaire peut être censurés.

Note : De plus amples détails sur l'Office de Gestion et de Classification des Dossiers Publics, sont disponibles dans la proposition de révisions constitutionnelles (réf. : Article 40.1 à 40.3).

3.2 : De la finalité du continuum nation-Etat

Un système complexe adaptif possède une caractéristique ou un comportement qui détermine ou qui est déterminé par sa finalité. Ainsi, la finalité est une propriété du système, elle en constitue un sous-espace de l'espace-état. Poursuivant leur finalité, les systèmes évoluent, se reproduisent, se prolifèrent, et deviennent de plus en plus complexes ; abstraction faite du cycle de vie et d'autres limites spatio-temporelles. Autrement dit à l'instant t_{i+1}, le système est différent de ce qu'il était à l'instant t_i.

Un seul pépin d'orange arrive à produire un tronc, des branches, des feuilles, des fleurs, des oranges etc., pendant de nombreuses années. Un comportement similaire s'observe pour un zygote, dans le cas d'un humain par exemple. Ce processus de transformation n'est pas toujours observable ou perceptible en temps réel ou à l'œil nu. Cette évolution s'assimile souvent à l'émergence de motifs, conformément à la théorie des graphes.

Les galaxies, les systèmes solaires, la vie et les organisations sociales qui en résultent, constituent les systèmes observables les plus complexes. Aussi ingénieux qu'ils soient, les systèmes complexes ont un cycle de vie et sont aussi sujets à l'échec. La réussite ou l'échec d'un système dépend de sa conception ou de sa structure. Pour réussir, les agents ou composantes du système doivent se présenter et se comporter suivant certaines dispositions bien définies, d'où l'importance de l'ordre - *ou de la procédure* - et de la hiérarchie. La notion de hiérarchie dont il est question ici, réfère plutôt à une logique post-newtonienne, c'est-à-dire à une logique non linéaire. L'émergence de systèmes plus complexes crée un niveau de hiérarchie. Par exemple, les tissues émergent de l'organisation des cellules, les organes émergent de l'organisation des tissus, etc.

Quel que soit son type, toute bicyclette possède un comportement ou une caractéristique commune. Par exemple, lorsque le cycliste pédale, elle transforme l'énergie musculaire en énergie cinétique qui génère du mouvant dans les roues favorisant ainsi le déplacement. Une bicyclette de course et une bicyclette de montagne possèdent la même structure de base sur le plan abstrait, mais dans la réalité le comportement commun qui est de se déplacer quand le cycliste pédale demeure, même si d'autres fonctionnalités ou propriétés peuvent y être ajoutées. Dans une bicyclette de course, le rayon des roues peut être deux fois plus grand que celui des roues d'une bicyclette de montagne par exemple. Des considérations similaires s'appliquent à divers types de véhicules, ou à divers types de de systèmes généralement.

Le continuum nation-Etat - *dans son ensemble* - agit donc comme un système, ses propriétés dépendent de l'interaction entre ses composantes telles que la nation, l'Etat, la constitution, les pouvoirs, etc. Le comportement du système permet de mieux l'appréhender, mais cette proposition ne tient que dans les limites du chaos, de la complexité, ou de la catastrophe [selon René Thom]. L'interaction entre des variables [dynamiques] produit un comportement. Quand il est favorable, le comportement tend vers une finalité. En d'autres termes, la finalité du système représente un état favorable et peut aussi déterminer un sous-espace favorable de l'espace-état. Ainsi, la finalité fondamentale du continuum nation-Etat est la modernisation de l'Etat que sous-tend un sous-espace de systèmes dont les finalités sont les suivantes :

- L'état de droit ;
- La souveraineté ;
- La modernisation sociale ;
- La modernisation économique.

L'analyse de la finalité ou de l'objectif poursuivi

Qu'est-ce qu'une bicyclette aux roues rectangulaires ou triangulaires, à part peut-être un meuble ou une œuvre d'art ? Si elle ne peut pas se comporter comme une bicyclette, elle n'en est sûrement pas une ; abstraction faite de son cycle de vie. Lorsque le cycliste pédale, la bicyclette lui permet de se déplacer tant que les composants peuvent interagir convenablement entre eux. A l'instar du vélo ou de la bicyclette, le continuum nation-Etat se caractérise par son comportement.

La suite de cette section présente en détail les composantes ou les principaux systèmes qui déterminent le comportement du continuum nation-Etat, ainsi que leurs comportements ou caractéristiques respectifs.

La reconstitution du continuum nation-Etat ou la modernisation de l'Etat est sans doute la solution, c'est-à-dire l'état ou l'espace-état favorable à une évolution agréable d'Haïti. Cette disposition implique au minimum des lois ou des révisions constitutionnelles favorables à des méthodes d'analyse, de reddition de comptes, d'évaluation, de rectification systématique et continue des politiques ou des stratégies, et des politiques publiques dotées des systèmes de contrôle de management qui reposent sur le développement d'algorithmes complexes et intelligents et des systèmes informatiques complexes adaptifs.

En d'autres termes, l'institution de la gouvernance est une condition initiale à la modernisation d'Haïti.

Il incombe aux pouvoirs publics d'initier la politique de modernisation des différents secteurs et de définir les orientations stratégiques qui adressent toutes les priorités, grâce à des politiques publiques intelligiblement conçues et formellement établies. Les pouvoirs publics impliquent non seulement le conseil des ministres, mais aussi le parlement dont le rôle est de débattre et de valider le cas échéant les objectifs et orientations définis, et devant lequel le gouvernement rend compte de la mise en œuvre des politiques publiques, et de l'évaluation de leur impact ou de leur efficacité à intervalles réguliers qui en aucun cas ne doit excéder douze mois.

L'analyse des politiques favorise la planification stratégique et fait émerger généralement une meilleure compréhension des priorités du secteur. L'analyse des priorités favorise le développement de programmes dotés de planification stratégique et de gouvernance appropriée. Les détails des politiques et des stratégies ou de la gouvernance des secteurs débordent malheureusement l'objectif de cet ouvrage, qui ne se limite à n'en présenter qu'une vue sommaire. La présentation des différents systèmes - domaines ou secteurs - du continuum nation-Etat suivent la grille thématique suivante :

Abstraction

Au-delà de leurs propriétés, les différents systèmes qui relèvent du continuum nation-Etat sont similaires sur le plan abstrait. En vue de réduire les répétitions, leur présentation est charpentée aussi simplement que possible suivant le profil des principaux domaines ou secteurs.

Généralités

Les Généralités constituent une manche d'introduction qui présente une définition descriptive, exploratoire, ou universelle du domaine en question, incluant dans certains cas, un rappel de l'étymologie ou un survol historique du concept.

Position du problème

La rubrique intitulée « Position du problème » n'est pas à proprement une analyse de l'existant mais l'état [abstrait] du problème (de l'anglais : *problem statement*), en se basent parfois sur quelques indicateurs clé. Le système existant [en Haïti] a échoué. Des analyses détaillées et suffisamment bien élaborées de l'existant sont produites régulièrement par des organismes tels que le Fond monétaire international, la Banque mondiale, et l'Agence centrale de renseignement des Etats-Unis, pour n'en citer que quelques-uns. Ces études sont publiées sous divers formats tels que des ouvrages en version papier, des chiffriers numériques, des documents PDF (de l'anglais : *Portable Document Format*), et des bases de données disponibles sur les sites web de ces agences.

Quelles que soient leurs origines, le constat d'échec relaté dans ces différentes études reste sans appel. La réinvention de la roue n'a rien de productif. Aussi, en dehors de quelques références sommaires, cet essai n'entend guère se confiner dans une exhibition de tableaux, de graphes ou de statistiques, qui sont généralement bien connus de tous. La théorie du continuum nation-Etat préconise en effet un autre paradigme. Compte tenu de la déliquescence du système existant, il est tout à fait pertinent d'en faire abstraction. Le système [existant] s'assimile ainsi à une boîte noire (de l'anglais : *black box*), où l'analyse des entrées (de l'anglais : *income*) et celle des sorties, respectivement résultat et absence de résultat (de l'anglais : *outcome*), permettent amplement d'en caractériser ou d'en déduire l'état.

Métaheuristique

La métaheuristique est une méthode générique de résolution de problèmes combinatoires. La résolution de ces problèmes implique l'analyse d'un nombre exponentiellement grand de combinaisons. Ce sont généralement des algorithmes stochastiques itératifs qui progressent vers un optimum global, c'est-à-dire l'extremum global d'une fonction par échantillonnage d'une fonction objectif. Il est donc crucial de concevoir des approches intelligentes, capables de contenir ou de contourner l'explosion combinatoire afin de résoudre ces difficiles problèmes en un temps acceptable.

Les algorithmes génétiques s'inspirent de la théorie de l'évolution et des règles de la génétique qui expliquent la capacité des espèces vivantes à s'adapter à leur environnement par la combinaison des mécanismes suivants :

- ✓ La sélection naturelle permet aux individus les mieux adaptés à leur environnement de survivre plus longtemps et favorise ainsi une plus forte probabilité de se reproduire ;
- ✓ La reproduction par croisement permet à l'individu d'hériter des caractéristiques de ses parents, de sorte que le croisement de deux individus bien adaptés à leur environnement a tendance à créer un nouvel individu bien adapté à l'environnement ;
- ✓ La mutation favorise la propriété que possèdent certaines caractéristiques de pouvoir apparaître ou de disparaître de façon aléatoire, elle favorise ainsi l'introduction de nouvelles capacités d'adaptation à l'environnement, des capacités qui peuvent s'amplifier ou se proliférer grâce aux mécanismes de sélection et de croisement.

Optimisation

Les algorithmes génétiques reprennent ces mécanismes pour définir une métaheuristique de résolution de problèmes d'optimisation combinatoire. L'idée est de faire évoluer une population de combinaisons, par sélection, croisement et mutation. La capacité d'adaptation d'une combinaison est ainsi évaluée par la fonction-objectif à optimiser.

Toute solution converge vers la stratégie optimale qui permet d'atteindre la finalité fondamentale d'un système, tel que le continuum nation-Etat, ou le domaine ou le secteur considéré. La notion de « finalité fondamentale » fait abstraction da la myriade d'objectifs généraux ou fondamentaux et des enjeux qui les sous-tendent. Par exemple, l'accomplissement de la Couverture Sanitaire Universelle dans le domaine de la Santé, favorise du coup la réalisation de nombreux objectifs dont :

✓ Le maintien d'individus en bonne santé ;

✓ De meilleurs rendements scolaires ;

✓ Des comportements socio-économiques policés et rationnels ;

✓ La stabilité socio-politique ;

✓ De solides bases pour la prospection, l'innovation et l'invention industrielles ;

✓ L'emploi de qualité lié à la croissance de la productivité ;

✓ L'augmentation de la qualité et de l'efficience des services publics ;

✓ Etc.

Ainsi, la théorie du continuum nation-Etat confirme s'il en était besoin que le service public n'est jamais gratuit, et n'est jamais déficitaire in fine. Elle préconise un modèle ou un système de gouvernance intelligiblement conçu, et qui est fonction de la finalité et des objectifs poursuivis.

▪ Modélisation

La Modélisation du système ne s'intéresse guère au système existant. Le comportement d'un system relève de sa conception. Les avions et les oiseaux volent, les sous-marins et les animaux vivant dans la zone abyssale des océans restent longtemps submergés, parce qu'ils ont été conçus ou ont évolué favorablement à ces fins (de l'anglais : *purpose*).

Si au bout de plusieurs décennies et parfois aux prix d'énormes ressources, le système haïtien affiche des indicateurs nettement ou largement inférieurs aux standards internationaux, il va sans dire qu'il n'a pas été conçu de manière à poursuivre et atteindre la finalité que jaugent ces indicateurs.

Loin de tenter coûte que coûte de réinventer un nouveau système, il convient de reprendre le modèle universel lorsqu'il en existe un, ou de concevoir un modèle basé sur des indicateurs ou des standards objectifs. De nombreux THINK TANK privés ou non lucratifs et certaines agences internationales disposent d'énormes ressources à cet effet, et leurs travaux sont souvent du domaine public. Cependant, quel que soit le modèle retenu, il doit être transformé en fonction de contraintes qui, si elles ne sont certainement pas propres à Haïti, sont néanmoins rares pour ne pas dire inexistantes dans les sociétés modernes.

Le modèle économique

Le continuum nation-Etat est le modèle de l'Etat moderne. Suivant son cycle d'évolution, il doit franchir le stade naissant pour atteindre le stade dit viable, et éventuellement le stade dit accompli. A mesure que le système évolue, l'antériorité entre le modernisme et la viabilité du système s'avère aussi fluide que celle qui existe entre la modernisation sociale et la modernisation économique, c'est-à-dire complexe, d'où l'apport du paradigme cybernétique. Les premiers instants de l'évolution marquent autant le processus de viabilité que celui de la modernisation.

Un système viable est un système autonome. Ainsi la viabilité d'un Etat est aussi tributaire de son modèle économique. Toute proportion gardée, un système viable est semblable à un avion ayant atteint le stade de croisière, où il peut être alors mis sous pilotage automatique. Autrement dit, le continuum nation-Etat est considéré viable à partir d'un seuil économique déterminé. Le produit intérieur brut per capita est un indicateur standard qui permet d'évaluer l'économie d'une Etat, mais pas nécessairement son degré de modernisation.

- **Conditions initiales**

Les conditions initiales désignent des dispositions [minimales] de base qui sont destinées à favoriser la gouvernance du système, et l'accomplissement des objectifs poursuivis dans un secteur ou un domaine déterminé.

- **Viabilité**

La viabilité expose une analyse succincte de faisabilité en termes de finalité poursuivie dans le domaine considéré. Elle se projette suivant deux axes principaux qui sont l'infrastructure et le financement :

a) L'infrastructure

L'infrastructure peut être rigide, en ce sens qu'elle est constituée de briques, de mortier, d'acier et d'autres matériaux. Elle concerne alors des immeubles, des véhicules, de matériel et réseau relevant des technologies de l'information et de la communication, et d'équipements divers.

L'infrastructure peut être souple, en ce sens qu'elle implique les ressources humaines [qualifiées], les lois et les politiques publiques, les algorithmes et logiciels que nécessitent les technologies de l'information et de la communication, etc.

b) Le financement

Le financement reflète des objectifs globaux qui se fondent sur la projection d'indicateurs économiques standards issues généralement de moyennes, voire d'extrapolations. Il se fonde de manière systématique et inconditionnelle sur la poursuite de la finalité fondamentale du continuum nation-Etat dont le cycle de vie ou d'évolution comporte trois stades distincts : naissant, viable et accompli. L'étape qui marque la stabilité ou l'autonomie du continuum nation-Etat implique un seuil de produit intérieur brut per capita de douze mille dollars, à parité pouvoir d'achat. A ce stade dit viable, le continuum nation-Etat se consolide, et son évolution vers le stade dit accompli dont le produit intérieur brut per capita est au moins de trente mille dollars à parité pouvoir d'achat, devient alors plus rassurant.

Pour ce qui est de l'échéance, l'accomplissement d'un système pour le moins viable ou autonome constitue l'un des objectifs globaux du continuum nation-Etat, vers 2030-2045. Pour atteindre ce niveau de produit intérieur brut au cours du prochain quart de siècle, Haïti nécessite une série de prêts et d'investissements massifs. Néanmoins, ces objectifs ne se réaliseront pas sans l'accomplissement préalable d'un modèle crédible de stabilisation et de modernisation d'Haïti. Le dilemme en est ainsi constitué.

En effet, Haïti disposera d'une économie autonome dans moins d'un quart de siècle, l'échéance préférable serait de quinze ans, car plus courte elle est, mieux cela vaudra. Compte tenu de la complexité du système, au-delà de cette période, le chaos risque de prévaloir. A ce rythme, en appliquant intelligiblement la théorie du continuum nation-Etat, Haïti entrera dans le cercle encore restreint des économies dites développées dans un demi-siècle. Ainsi, le temps est essentiel, ou « *time is of the essence* » comme disent les Américains. Ce dicton n'a jamais été plus vrai que dans le cas d'Haïti aujourd'hui.

L'intervalle ou la période de projection 2030-2045 est significatif. La borne inférieure n'indique guère le début du processus. L'an 2030 devient une période charnière dans l'évolution du continuum nation-Etat. Autrement dit, si vers 2030 l'état de droit n'est pas déjà institué conformément à la théorie du continuum nation-Etat, toutes les autres échéances de transformation ou de modernisation d'Haïti vont s'effriter.

	Projection/Objectifs vers 2030-2045
Population	12,578,313
PIB per capita (Parité Pouvoir d'Achat)	$ 12,000.00
Produit Intérieur Brut (PPA)	$ 150,939,756,000.00
PIB per capita (Standard)	$ 5,119.21
Produit Intérieur Brut (Standard)	$ 64,391,087,025.00
Recettes publiques	$ 32,195,543,512.50
Budget National	$ 28,975,989,161.25

Fig. 3.2 : Projection et objectifs globaux vers 2030-2045.

Loin de constituer le tableau de bord du continuum nation-Etat, ni d'en résumer les objectifs, le tableau précédent est un baromètre qui indique l'effort nécessaire pour maintenir certains objectifs vers 2030-2045. Il prend en compte non seulement la population en 2017 (10, 983, 274) mais aussi une projection de la population vers 2045 (13,902, 879), et en retenir la moyenne (12,443,076.50). Etant donné que cette moyenne est très proche de la projection de la population d'Haïti vers 2030 (12,578,313), alors il parait tout à fait opportun d'utiliser la population P2030 = 12,578,313 pour déterminer le seuil d'accomplissement économique nécessaire vers 2030-2045.

L'année 2017 constitue l'an zéro du continuum nation-Etat. Le prochain quinquennat semble déjà être totalement perdu. Il convient d'en tirer les conséquences le plus tôt possible afin de mieux préparer 2022. Il serait contre-productif de déplacer l'an zéro uniquement dans le but de gagner du temps. En d'autres termes, si malgré l'annonce d'un quinquennat exécrable ou catastrophique, les citoyens continuent de se lamenter plutôt que d'agir rationnellement et courageusement, indubitablement 2045 se faufile déjà en chimère.

3.2.1 : De l'état de droit

L'état de droit désigne un espace fini, les relations fonctionnelles ou applicatives sont formellement établies. En d'autres termes, les pouvoirs sont limités ; notamment ceux du législatif, de l'exécutif et du judiciaire. Les modes d'engagements sont définis de manière non équivoque. Le continuum nation-Etat est fonction de l'état de droit. Si l'Etat dispose du monopole de la coercition légitime [*selon Max Weber*], cette légitimité n'est néanmoins jamais implicite, elle doit être établie chaque fois qu'elle est invoquée. La notion d'état de droit et celle d'Etat moderne sont indissociables. Selon Emmanuel Kant, *« L'Etat a pour objectif la protection des libertés des individus par une action soumise au droit. »*

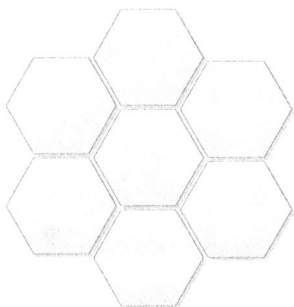

fig. 3.2.1 : Projection abstraite de l'état de droit

La figure 3.2.1 projette une représentation abstraite de l'état de droit, où toute personne physique ou morale est représentée par le symbole de l'hexagone. Ce modèle met l'emphase sur deux des propriétés de l'état de droit. Primo, toutes les personnes sont égales, notamment devant la loi. Secundo, personne ne peut étendre ses droits et pouvoirs sans empiéter sur ceux de l'autre. En dehors de l'état de droit, il ne règne que la tyrannie ou l'anarchie. L'état de droit implique la soumission de l'Etat au droit. L'Organisation des Nations Unies définit ainsi l'état de droit :

« Un principe de gouvernance en vertu duquel l'ensemble des individus, des institutions et des entités publiques et privées, y compris l'État lui-même, ont à répondre de l'observation de lois promulguées publiquement, appliquées de façon identique pour tous et administrées de manière indépendante, et compatibles avec les règles et normes internationales en matière de droits de l'homme. ».

3.2.1.1 : Position du problème

Plus de deux cents ans après la plus glorieuse révolution de toute l'histoire de l'humanité, la communauté haïtienne semble encore peiner à passer de peuplade à une société, voire une société moderne.

L'acte brutal et insensé du 17 octobre 1806 demeure un trait caractériel d'individus, notamment anciens libres et esclaves, qui se regroupent et s'organisent pour éliminer une menace commune c'est-à-dire les colons, avant de se retrancher derrière leur position ante.

« Ce n'est pas de la bienveillance du boucher, du brasseur ou du boulanger que nous attendons notre dîner, mais plutôt du soin qu'ils apportent à la recherche de leur propre intérêt », dit Adam Smith que l'on considère comme le précurseur de l'économie moderne. L'intérêt personnel [et non la cupidité] pousse les gens à répondre aux besoins des autres dans une économie de marché. Des cupides et des malhonnêtes, il en existe dans toutes les sociétés. Quand des agents de la société ou de l'Etat profitent de biens qui légitimement ne leur reviennent pas, cela relève de la cupidité, ce qui va à l'encontre du fonctionnement rationnel d'une économie de marché.

En théorie des jeux, le concept de jeux à somme nulle évoque un jeu à deux [joueurs] où la somme des fonctions de récompense est nulle. Autrement dit il n'y a ni création, ni destruction de biens. Dans ce type d'interaction stratégique, les intérêts des joueurs sont opposés donc le conflit est total et il n'y a pas de coopération possible. Quand un cambrioleur oblige sa victime à choisir entre « le viol et la mort », cette proposition ne constitue pas une transaction libre, car elle ne procure aucun bénéfice mutuel et prive l'autre personne de son libre arbitre.

Le physicien américain Julius Robert Oppenheimer est un personnage fascinant, complexe et séduisant, il est rentré dans l'histoire presqu'autant par ses défauts que par son prodigieux talent, sans mentionner ses réalisations. En tant que directeur du laboratoire de Los Alamos, Oppenheimer assume l'entière responsabilité de la construction de la bombe atomique et en partie aussi pour avoir entravé l'effort des scientifiques qui ont désespérément cherché à empêcher l'usage de la bombe.

Conscient de ce qu'il a fait et terrifié par l'avenir que cela augurait, il a plus tard lutté pour le contrôle international des armes nucléaires et s'est battu énergiquement pour empêcher le développement de la bombe à hydrogène.

Il serait sans doute contreproductif de comparer les conséquences du capitalisme sauvage à l'usage de la bombe atomique. Les deux restent néanmoins équitablement radioactives tant sur le plan moral, socio-économique que sur le plan environnemental ou physique. Personne ne saurait nier cependant l'apport essentiel de l'économie et de la physique nucléaire au développement de certaines sociétés et de l'humanité d'une certaine façon. Le mathématicien John Nash pense ainsi rectifier la pensée d'Adam Smith, en stipulant que le marché en profite lorsque chaque agent pense non seulement à ses propres intérêts, mais aussi aux intérêts du groupe ou de la communauté.

Les situations ou les agents agissent en fonction de leurs propres intérêts et aussi ceux de la communauté corroborent une notion fondamentale si non indispensable en théorie des jeux, qui est celle de la rationalité. Adam Smith sans aucune notion de rationalité entre les agents produit simplement Haïti, c'est-à-dire des individus qui sont toujours en conditions D - pour débrouillardise -, des truands et des sociopathes déguisés en politiciens, des trafiquants et des capitalistes malpropres ignorants et pathétiques déguisés en entrepreneurs ou en investisseurs. Néanmoins, Adam Smith pris sous l'angle rationnel conformément à la théorie des jeux, produit le Danemark, la Norvège, la Suède etc., autrement dit des individus, des politiciens, et des entrepreneurs ou des investisseurs propres, rationnels, intelligents et heureux.

3.2.1.2 : Conditions initiales

Suivant le langage select de la biophysique moléculaire, l'état de droit constitue la soupe primordiale ou pré-biotique du continuum nation-Etat. Il est le plus étendu, le plus complexe et le plus exigeant de tous les systèmes du continuum nation-Etat. Sa réussite dépend de l'harmonie entre les principaux systèmes du continuum nation-Etat. En vertu de la théorie des ensembles qui est un domaine de la mathématique, l'état de droit s'assimile à un ensemble dans lequel sont inclus - ou évoluent - tous les autres systèmes, dont la souveraineté, la modernisation sociale, et la modernisation économique. Les caractéristiques propres de l'état de droit sont entre autres les suivantes :

- Suprématie de la constitution, dans le plus strict respect de la hiérarchie de contrôle ;
- Indépendance et égalité des pouvoirs constitutionnels ou politiques ;

- Garantie constitutionnelle sans équivoque, de l'égalité des citoyens, du respect de la dignité et des libertés individuelles.

Dans l'état de droit, les règles et les principes constitutionnels se matérialisent et se préservent par la gouvernance fondée sur des politiques publiques intelligiblement conçues et formellement administrées, qui garantissent les libertés individuelles, l'égalité des citoyens sans exclusive aucune, et qui favorise l'administration effective de l'indépendance et de l'égalité des pouvoirs conformément aux prescrits constitutionnels, etc.

3.2.1.2.1 : De la révision constitutionnelle

L'Autrichien Hans Kelsen (1881–1973) est considéré comme l'un des pères fondateurs de la philosophie du droit et de l'Etat moderne. L'ouvrage programmatique sur la Théorie pure du droit qui lui confère sa notoriété est probablement le plus étudié. Certains aspects de sa théorie, dont le principe de hiérarchie des normes ont donc des implications extrêmement profondes dans les États modernes. Objectivement, la constitution demeure la norme supérieure dans la hiérarchie des normes, cette affirmation étant renforcée par le développement de mécanismes qui permettent d'en assurer le respect à travers le contrôle de la constitutionnalité des lois. La constitution apparaît comme le texte fondateur, c'est-à-dire le texte le plus important d'une société politique, celui dans lequel sont établies les bases du contrat social entre les individus. Elle affirme les fondements de l'Etat, expose les institutions majeures, les différents pouvoirs et présente le corpus des droits et des libertés.

Depuis leur déclaration d'indépendance en 1787, les Etats-Unis n'ont connu qu'une seule constitution, celle-ci a connu de multiples amendements - ou révisions - en vue de s'accommoder de l'évolution de la société américaine, compte tenu de l'évolution de la communauté mondiale. La constitution américaine a été préservée en dépit des luttes intestines, dont la guerre civile de 1861 qui a duré 4 quatre ans, et causé plus de six cent mille (600,000) victimes.

Haïti a connu plus d'une vingtaine de constitutions depuis sa déclaration d'indépendance en 1804. Cette situation semble refléter la turbulence interne. Il en résulte un Etat en totale déliquescence. La tyrannie demeure factuelle et persistante malgré la résistance. En dépit de ses faiblesses, la constitution de 1987 semble fournir un support moral et légitime à une certaine forme de résistance. *« Celui qui vous enlèvera cette constitution voudra vous rendre esclaves. »*, dirait Léger-Félicité Sonthonax, l'ex-commissaire français à Saint-Domingue. Cette constitution demeure une épine aux pieds des agents des ambassades et d'autres agences internationales qui siègent à Port-au-Prince. Violer la constitution d'un Etat, aussi faible que cet Etat puisse être, risque de se révéler difficile à surmonter moralement. Les citoyens du monde observent et opinent. Ces agents redoutent l'opinion publique internationale autant qu'ils dédaignent l'opinion publique haïtienne.

La tyrannie semble se consolider malgré tout. Les promoteurs de l'obscurantisme persistent et signent, le peuple résistent et souffre. La constitution est le seul contrat social qui soit. Elle nécessite de sérieuses révisions, non dans le but de l'affaiblir, ou pour réunir tous les pouvoirs aux mains d'un Président, mais dans le but de la renforcer, de garantir l'égalité et l'indépendance des pouvoirs, et de promouvoir l'état de droit. L'acte délibéré de sabotage de la constitution perpétrée en 2011, participe d'une démarche de spectre plus large visant à annihiler tout espoir de reconstitution du continuum nation-Etat. Les prédateurs sont encore à l'affût.

Quelques mois après le séisme du 12 janvier 2010, alors que les cadavres étaient encore coincés sous les décombres, la société semble avoir cautionné le sabotage de la constitution fromentée par un Président (2006-2011) qui n'a jamais caché ses velléités tyranniques et qui en maintes occasions déclare que *« [...] la constitution constitue une source d'instabilité. »* Il juge inconcevable qu'il ne puisse limoger quelqu'un qu'il a nommé. Il parlait alors du Premier ministre, car les ministres sont régulièrement renvoyés sans aucune forme de procédure, contrairement à l'esprit de la constitution. Passé maître des électorales frauduleuses, ce Président a tenté de placer son protégé comme son successeur, en 2011. Pour des motifs dont elles seules ont le secret, des ambassades et d'autres agences internationales ont stoppé son obsession de s'accrocher au pouvoir. Même s'il est maintenant décédé, ses complices demeurent encore en liberté. La raison de cette impunité ou de cette amnistie tacite semble s'inscrire dans le cadre du complot visant à annihiler l'Etat et vider la constitution de toute semence de souveraineté et de liberté.

La banalisation du mal

A l'instar du sabotage susmentionné de la constitution, la controverse autour de la nationalité du Président (2011-2016), les crimes notoires de conseillers électoraux et de politiques haïtiens en général restent toujours impunis, il n'existe aucune instance capable de s'en saisir, à part sans doute l'ambassade des Etats-Unis d'Amérique à Port-au-Prince. Ce qui semble corroborer la thèse de déliquescence de l'Etat d'Haïti soutenue dans la rubrique intitulée : *« De l'existence de l'Etat » (Réf. :3.1.1.3)*

A Port-au-Prince, ces criminels sont notoires, certains en font publiquement l'éloge, leur conduite semble cependant recevoir moins d'attention que s'ils avaient pissé dans un coin de rue d'une des villes de Rhode Island par exemple. Tout en condamnant ou tout en rejetant la peine de mort pour quelque cause que ce soit, on doit néanmoins mentionner que dans toute société non moribonde, ces individus seraient jugés, condamnés, voire exécutés dans certains cas.

La punition spectaculaire et odieuse de Nicolae Ceausescu en 1989 n'est sans doute plus possible en Roumanie, vu qu'elle a choisi la modernisation, conduisant ainsi à l'abolition de la peine de mort. Il existe encore de nombreux Etats qui sans doute seraient moins cléments à l'égard d'agents des pouvoirs publics qui agissent de connivence avec des agents étrangers pour affaiblir et fragiliser leur pays. Des Haïtiens, au timon des pouvoirs publics, s'attèlent manifestement à fragiliser Haïti, ils contribuent chaque jour un peu plus à démanteler toute chance de reconstituer le continuum nation-Etat. En Chine et en Russie, ces traitres auraient été fusillés, en Arabie Saoudite ils auraient été décapités, en Iran ils auraient été pendus, et aux Etats-Unis ils auraient probablement été condamnés à perpétuité, jadis, ils auraient été exécutés à la chaise électrique comme le furent Julius and Ethel Rosenberg en 1953.

La démocratie n'est pas une suite de mascarades électorales, elle exige des élections libres, équitables, transparentes et périodiques, sans compter l'égalité et l'indépendance des pouvoirs. Même établie, une démocratie demeure très fragile, tant qu'elle n'est pas fondée sur des programmes de politiques publiques qui font reposer la puissance publique sur un système de loi tutélaire et des institutions publiques capables de se maintenir et de se protéger contre toute forme de déprédation. Il importe de renforcer la constitution, c'est-à-dire, de mieux définir ou préciser les attributions du pourvoir exécutif et du Président en particulier, tout en étendant les prérogatives des pouvoirs législatif et judiciaire, sans oublier celles des citoyens en inscrivant les pétitions et les referenda comme méthodes directes de participation et de contrôle.

Note :

Il n'existe pratiquement aucune société où de tels crimes de lèse-patrie seraient acceptés ou accueillis avec autant de désinvolture et de faiblesse qu'en Haïti. Encore une fois, la théorie du continuum nation-Etat ne supporte nullement l'apologie de la peine de mort, aucun Etat dit moderne ne devrait avoir recours à ces pratiques médiévales. Toute forme d'exécution reste et demeure une cruauté, une barbarie, les cas susmentionnés tendent uniquement à mettre l'emphase sur l'énormité de crimes qui pourtant laisse totalement passives la société haïtienne et ses institutions, alors que les prisons regorgent d'innocents dont certains meurent littéralement de faim. Ce traitement, relaté entre autres par des médias américains en 2017, se révèle encore plus cruel qu'une exécution, car celle-ci n'aurait peut-être duré que quelques fractions de seconde.

Malgré tout, aucune explication ne saurait justifier une exécution. Le cas des Rosenberg ne peut même pas s'expliquer de façon rationnelle. Malheureusement, les Etats-Unis demeurent le seul Etat méritant l'épithète de « moderne », et qui s'adonne encore à de telles barbaries, au point où d'autres Etats modernes, notamment européens, leur imposent un embargo sur des produits dont certains sont indispensables à l'anesthésie générale pratiquée avant certaines interventions chirurgicales. Les Etats-Unis détournent ces produits pour exécuter des prisonniers, dont certains clament leur innocence jusqu'à ce qu'ils soient tués ; compte non tenu de tous ceux qui ont été trouvé non coupable après leur exécution.

3.2.1.2.1.1 : Des Lois

La notion de loi est mentionnée des dizaines de fois dans la constitution de 1987. Aucune section de la constitution n'est réservée aux lois ou aux diverses appellations des lois, à part quelques articles au Chapitre II qui est consacré au pouvoir législatif. Il n'existe pas d'état de droit sans systèmes de loi ni sans régulations, la constitution n'est qu'un pamphlet autrement. Le manque de précision à propos de concepts tels que : loi organique, politique publique, arrêté, décret, accord [international], traité, convention, etc., constitue une faiblesse majeure de la constitution de 1987. Le terme de « loi organique » n'y est mentionné qu'une fois, dans l'Article 212 qui mentionne la création, la localisation et le fonctionnement des Universités et des Ecoles Supérieures publiques et privées. Tous les secteurs méritent d'être formellement et intelligiblement régulés, si tant est que les pratiques discrétionnaires restent acceptables dans des sociétés modernes, elles ne conviennent guère à Haïti où le vice érigé en vertu s'inscrit dans cet informel qui masque mal l'incompétence.

Dans les sociétés modernes, toutes les lois répondent en principe à la même définition. C'est un acte adopté par le Parlement, selon la procédure législative dans les domaines de compétence résultant de la constitution et soumises aux mêmes exigences. Elles varient en fonction des objectifs sans se départir du strict respect de la constitution. Une loi peut selon les cas, définir des normes ou délivrer des autorisations, etc. Une même loi peut d'ailleurs cumuler de multiples objectifs, spécialement dans le cadre des politiques publiques qui est un système de loi. Dans le domaine fiscal par exemple, une politique publique qui détermine une norme lorsqu'elle fixe le barème de l'impôt sur le revenu des personnes physiques, et donne une autorisation, en permettant au gouvernement de le prélever.

En revanche, d'autres vocables telles que : loi-cadre, loi d'orientation, de programmation, etc., ne sont pour l'essentiel que de simples appellations qui marquent une intention sociopolitique bien plus qu'une réalité juridique

De la loi organique

La France est l'un des Etats ou la loi organique est une loi complétant la constitution afin de préciser l'organisation des pouvoirs publics. Dans la hiérarchie des normes, une loi organique est placée en dessous de la constitution mais au-dessus des lois ordinaires. Ainsi, les lois organiques favorisent une rédaction à trous, ou une rédaction lacunaire de la constitution qui contribue à la pérennité de celle-ci. En effet, lorsqu'une disposition constitutionnelle est de nature à changer avec le temps, une loi organique est ainsi prévue pour déléguer au Parlement le pouvoir de la modifier, si tant est qu'une loi organique est à la Constitution ce qu'un décret d'application est à une loi.

Par exemple, compte tenu du statut particulier des parlementaires, chacun des corps du pouvoir législatif dispose du privilège de rédiger des lois organiques particulières dite lois organiques parlementaires. Elles établissent dans le respect de la constitution le fonctionnement des corps législatifs, ainsi que des différentes instances administratives y relatives.

De la loi-cadre

Une loi-cadre - ou une loi d'orientation - permet de définir les grands principes ou les grandes orientations d'une réforme dont la réalisation dans les détails est conférée au pouvoir réglementaire. C'est un texte législatif au contenu très général qui sert de cadre à des textes d'application - et à des décrets. Elle décrit un programme avec des objectifs et des engagements. Par exemple, une loi-cadre pose les principes généraux d'une réforme ou les grandes orientations d'une politique à suivre dans un domaine donné. En ce qui a trait aux politiques publiques, une loi-cadre confère au pouvoir exécutif le privilège de les développer dans le détail et de les mettre en œuvre en usant de son pouvoir réglementaire.

Du décret et du décret-loi

Il est possible de définir le décret comme l'acte signé par le Président ou le Chef de l'Etat dans un domaine qui ne ressortit pas à la compétence législative. On distingue le décret réglementaire qui édicte des mesures à portée générale et impersonnelle, par exemple un décret relatif à une déclaration de l'état d'urgence en cas de catastrophe, et le décret individuel qui affecte la situation juridique d'une personne déterminée, tels les décrets portant nomination. Toutefois, étant un acte administratif, le décret est toujours susceptible d'être attaqué par la voie contentieuse devant les tribunaux.

Dans tous les cas, le décret réglementaire doit être pris en conseil des ministres, il est simplement un outil autorisant la mise en application momentanée d'un code de loi ou de politique publique antérieurement établi, c'est-à-dire voté par le parlement et promulgué par l'exécutif. C'est ce point qui permet fondamentalement de bien distinguer ce qui sépare le décret [ordinaire] du décret-loi. Dans tous les cas suscités le décret est synonyme d'arrêté.

Le décret-loi généralement courant en Haïti est tout à fait incompatible à l'état de droit. Certainement, tout est dans la mesure. Le décret-loi ressort du pour législatif, sauf dans le cas indiqué à l'article 136.2 de la proposition de révision constitutionnelle.

Position du problème

Les dictionnaires Larousse définissent la réforme comme un changement de caractère profond, radical apporté à quelque chose, en particulier à une institution, et visant à améliorer son fonctionnement. La réforme constitutionnelle – ou loi constitutionnelle - est une loi adoptée par une procédure spécifique et qui traite généralement de la nature, de l'étendue et de l'exercice des pouvoirs d'un Etat. Elle est une loi de révision de la constitution qui en modifie, abroge ou complète des dispositions. La révision – ou l'amendement - de la Constitution est régie par l'article 282 de la constitution haïtienne de 1987. Toute loi constitutionnelle doit être adoptée en termes identiques par les deux assemblées qui constituent le Parlement. Il y a lieu d'ajouter la tenue de référendum populaire à l'article.

Malgré ses nombreuses imperfections, la constitution de 1987 reste l'unique réalisation de ces trente dernières années en Haïti. Elle doit néanmoins son avènement à la politique d'apaisement - *à la Arthur Neville Chamberlain* - qui prévalait au lendemain de la révolte populaire de 1986. La tempête étant passée, une telle réalisation demeure peu probable aujourd'hui, à moins d'une robuste mobilisation populaire.

Après les mascarades électorales de 2006 où le droit à un second tour lui a été ravi, le professeur Leslie F. Manigat exprimait ainsi son indignation : « *[...] le chien retourne à son vomissement.* » Certains ne s'étaient pas fait prier pour le vilipender, sous prétexte que ses propos étaient choquants. Plus d'un quart de siècle depuis l'adoption de la constitution de 1987 dont l'esprit semblait refléter un désir de modernisation, le Présidentialisme de facto mais non constitutionnel continue de phagocyter la patrie. Il n'existe en Haïti nul affrontement entre nantis et non nantis, encore moins entre des factions ethniques. La démarcation réside désormais entre les réactionnaires ou les néoconservateurs aliénés d'une part, et les patriotes désireux de construire un Haïti moderne. Les réactionnaires prônent aujourd'hui un retour à un Présidentialisme formel ou constitutionnel. D'autres, apparemment de bonne foi, semblent malheureusement s'y engouffrer. Dire que les promoteurs de ce projet macabre servent du bouillon réchauffé à la nation, relèverait de l'euphémisme. A l'instar de la Turquie de Recep Tayyip Erdoğan, ou de l'Egypte de Abdel Fattah al-Sissi, ces réactionnaires voudraient contraindre les Haïtiens à manger littéralement ce qu'ils ont déjà rejeté.

Si ces termes paraissent choquants, c'est parce que la réalité qu'ils expriment est tout simplement choquante. Il n'en existe pas de termes plus doux pour le dire.

Ceux qui se trompent de bonne foi, ceux qui ont la mémoire courte ou le cerveau sclérosé devraient prêter un peu plus d'attention au spectacle nauséabond offert à Washington depuis janvier 2017 par un présidentialisme intempestif, extrêmement corrosif et dépravé. Qu'ils s'imaginent l'avènement d'un pareil régime en Haïti. Car, contrairement aux Etats-Unis, Haïti est un pays où l'on assassine impunément des intellectuels, des journalistes, voire de simples dissidents ; un pays où il n'existe plus aucune institution, ni justice, ni opposition à proprement parler ; un pays qui ne possède pas non plus ce que certains qualifieraient d'institutions de l'Etat profond (de l'anglais : *deep state*), telles que le Bureau Fédéral d'Investigation (de l'anglais : FBI), et la Centrale d'Intelligence des Etats-Unis (de l'anglais : CIA).

Autrement dit, toute idée de nouveau contrat social, d'états généraux, de conférence nationale, ou de convocation d'une nouvelle assemblée constituante, peu importe la désignation, garantit dans le meilleur des cas l'abrogation des articles les plus favorables à l'établissement d'un Etat moderne en Haïti, ou l'abrogation de la constitution de 1987 sans autre forme de procès, la suite en est moins certaine. Une telle démarche risque de conduire au présidentialisme dans toute sa laideur ou à une constitution qui ne vaudra pas mieux que le papier du journal « Le Moniteur » publiant sa promulgation. Si ces gérontes de la politique haïtienne, appuyés par leurs tuteurs des ambassades et d'autres agences internationales, vont jusqu'à commettre cette fatale erreur, c'est qu'ils ne comprennent qu'un langage : la violence. Alors, qu'ils se souviennent de ce dicton créole : « *bat chyen an, tann mèt li.* ».

Au-delà de la crise, c'est une complexité

Il n'est jamais aisé de simplifier des situations aussi complexes que celle que connait Haïti aujourd'hui. En revanche, il prend une pensée complexe pour comprendre une situation complexe, selon le sociologue français Edgar Morin. La conduite des affaires haïtiennes de ces trente dernières années, abstraction faite des années antérieures, trahit l'absence d'un système de pensée. Avec tous les risques que cela comporte, l'exercice de simplification semble le plus approprié dans ce contexte. Existe-t-il de meilleurs langages que la mathématique pour exprimer cette simplification ? La mathématique permet d'expliquer, de représenter ou de modéliser l'infiniment simple, aussi bien que l'infiniment complexe. Dans la deuxième partie [du livre] consacrée à la cybernétique, figure une rubrique qui traite entre autres de la notion de la solution maximale. Les théories relatives à l'évolution des systèmes complexes adaptifs ont été succinctement évoquées dans la deuxième partie du livre, car les détails dépassent le cadre de cet ouvrage.

Le problème haïtien s'assimile au problème de Cauchy

La modélisation des systèmes complexes dépasse le champ de la pensée linéaire car l'état du système à l'instant t est aussi une variable de son évolution. Cette non-linéarité n'est mieux saisie que par les équations différentielles d'ordre **n**, par exemple l'équation différentielle de premier ordre $y' = f(y(t), t)$. Ce qui suit, se limite à une illustration simplifiée du théorème de Cauchy-Lipschitz.

Le problème de Cauchy prend la forme d'équation différentielle. La première tâche consiste à vérifier que le problème admet au moins une solution. En général un tel problème admet un nombre infini de solutions ; les cas contraires ne seront pas considérés ici. La tâche subséquente consiste à déterminer une solution qui vérifie une certaine condition initiale pouvant prendre plusieurs formes selon la nature de l'équation différentielle. Pour une condition initiale adaptée à la forme de l'équation différentielle, le théorème de Cauchy-Lipschitz assure l'existence et l'unicité d'une solution au problème de Cauchy.

Dans une équation différentielle d'ordre 1 ou C^1, de la forme $y'(t)=f(t, y(t))$, la condition initiale adaptée est la donnée d'une valeur initiale pour la fonction inconnue y, et prend la forme d'une équation $y(t_0)=y_0$. Les hypothèses du théorème de Cauchy-Lipschitz exigent une certaine régularité de la fonction f.

Exemple :

L'équation différentielle (2) suivante :

$y' = y - x$ (2), peut aussi s'écrire comme suit, compte tenu de la condition initiale.

$$\begin{cases} \dfrac{dy}{dx} = y - x \\ \quad y(0) = \dfrac{2}{3} \end{cases} \qquad (2)$$

Elle admet une seule et unique solution vérifiant la condition initiale, qui est la suivante :

$$y = (x + 1) - \frac{1}{3}e^x \qquad (2.1)$$

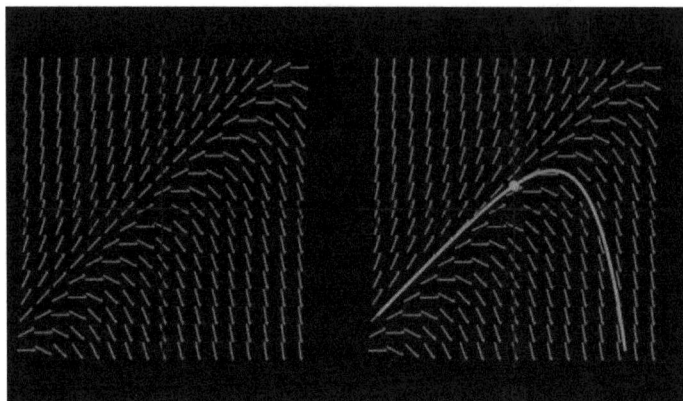

Les figures 3.2.1a et 3.2.1b présentent respectivement un graphe montrant un échantillon des solutions possibles, et un graphe montrant la courbe de la solution unique parmi un échantillon de solution possible.

A l'instar du problème de Cauchy, il existe d'innombrables solutions au problème haïtien. Ainsi, les différences se dissipent, les distinctions se précisent, lorsque la condition initiale de la courbe de résolution du problème est établie. Par exemple, en posant la réforme constitutionnelle, comme la condition initiale, dans le domaine fini de l'état de droit, la reconstitution du continuum nation-Etat, ou la modernisation d'Haïti s'imposerait comme la solution maximale au problème haïtien. En réalité la solution d'un problème dans un domaine aussi complexe i.e. la gouvernance dépend des deux extrémités c'est-à-dire : les conditions initiales d'un côté, et les objectifs poursuivis de l'autre. Dans le but de maintenir ou de préserver l'intelligibilité de ce segment, la notion de solution s'assimile exceptionnellement à celle d'objectifs pour suivis. Autrement dit, la solution porte le nom de l'objectif qui la sous-tend. Il va sans dire que les objectifs poursuivis doivent être déterminés au préalable.

La notion de condition initiale, représente tout l'intérêt principal du paragraphe précédent. A chaque condition initiale s'oppose une solution, telle que : nouveau contrat social, conférence ou dialogue national, « *koupe tèt boule kay* », intervention militaire, etc., constitueraient autant de conditions initiales. Étant donné que la condition initiale reflète la trajectoire de la solution, ainsi : révolution armée, occupation américaine, occupation dominicaine, protectorat de l'ONU, régime totalitaire, chaos, etc., représenteraient quelques-unes des innombrables solutions possibles. Il incombe aux promoteurs de ces solutions de déterminer leur condition initiale adaptée, et surtout d'en assumer pleinement la responsabilité. La modernisation d'Haïti demeure la solution préconisée par la théorie du continuum nation-Etat, il va sans dire que la réforme constitutionnelle dans le domaine fini de l'état de droit, en est la condition initiale adaptée.

La réforme constitutionnelle est une condition initiale, elle demeure nécessaire mais pas suffisante. Cependant, la stratégie de réforme constitutionnelle constitue en soi une démarche extrêmement laborieuse, ainsi, fait-il l'objet d'une campagne essentiellement consacrée à la réforme constitutionnelle. Le site web dont la gestion de contrôle est assurée par des serveurs d'applications informatiques dotées d'algorithmes complexes et intelligents permet de recueillir la participation de tous, experts et citoyens concernés. Un nouvel ouvrage sera aussi consacré à cette campagne dont l'objectif est de toucher plus d'un million de citoyens, et de faire adopter le texte final des révisions à la fin de la plus prochaine législature. En d'autres termes, les propositions de révisions constitutionnelles suivantes constituent seulement un aperçu de la stratégie de réforme constitutionnelle.

Conditions initiales

Avant toute autre démarche, la première qui vaille est le rétablissement intégral de la constitution de 1987. La parodie de révision de 2011 doit être déclarée nulle et non avenue, sans préjudice des poursuites judiciaires contre les auteurs et complices de ce crime de trahison contre l'Etat d'Haïti. Si non, les prédateurs attaqueront de nouveau, et ne se lasseront peut-être que lorsqu'ils seront certains qu'Haïti aura atteint le stade irréversible d'une entité chaotique ingouvernable.

Des philosophes tels que Jean Bodin, Charles-Louis de Secondat dit Montesquieu, Karl Marx, Thomas Hobbes, John Locke, Hans Kelsen, et d'autres, ont contribué à l'élaboration de la théorie générale de l'Etat. Le thème récurrent à travers les ans reste la notion de contrôle. Les temps changent, les sociétés évoluent, de nouveaux concepts émergent, parmi eux celui de l'Etat moderne. Définir la modernité n'est facile ni du point de vue philosophique, ni du point de vue des théories constitutionnelles.

La notion de modernité revêt des significations différentes, parfois contradictoires selon l'usage, courant ou scientifique. L'usage qui en est fait dans le cadre de cet ouvrage relève davantage d'une analyse dichotomique entre le concept d'Etat antique, archaïque ou médiéval, et celui d'Etat moderne.

La théorie du continuum nation-Etat met en exergue deux concepts fondamentaux, celui de la cybernétique et celui de la modernité. Aucun Etat moderne ne saurait s'en défaire. L'approche holistique de la gouvernance, encore moins l'universalité des libertés et du bien-être publics individuels, n'a jamais été le souci de l'Etat médiéval. L'Etat moderne rime avec l'état de droit. Le principe de base de l'état de droit demeure celui de l'égalité de tous devant la loi. En Haïti, la tyrannie demeure la règle, certains évoquent la notion de démocratie ou d'état de droit uniquement à des fins de propagandes, tandis que d'autres semblent se tromper de bonne foi en les répétant. Certains fonctionnaires de pouvoir (élus, politiques, juges) s'arrogent des droits qui ne figurent dans aucun texte de loi, tout en ignorant les actuelles lois. Ceci est une définition en français facile de la tyrannie.

Près d'un cinquième ou vingt pour cent du XXIe siècle s'est déjà écoulé, pourtant Haïti garde encore les pratiques médiévales. « *C'est dans le vide de la pensée que s'inscrit le mal* », écrit Hannah Arendt. Le système de pensée que matérialise la théorie du continuum nation-Etat préconise entre autres priorités, de considérer certaines dispositions ou certaines révisions constitutionnelles pour initier la modernisation du pays.

3.2.1.2.1.2 : Ebauche du projet de révision constitutionnelle

Le Tableau suivant ne présente qu'un extrait de l'ébauche du projet de proposition de révision constitutionnelle. Seulement quelques-uns des articles amandés ou ajoutés y figurent. Les commentaires qui justifient ou qui expliquent le bien-fondé des différents amendements font l'objet d'un projet plus élaboré de révision constitutionnelle qui sera publié ultérieurement.

PROPOSITION DE REVISION CONSTITUTIONNELLE
LA CONSTITUTION DE LA RÉPUBLIQUE D'HAÏTI
2021 LA PREMIERE REPUBLIQUE **2021**
PREAMBULE
Le Peuple Haïtien proclame la présente Constitution : ✓ Pour garantir les droits inaliénables et imprescriptibles à la vie, aux libertés fondamentales, et à la poursuite du bonheur,

conformément à l'Acte d'Indépendance d'Haïti de 1804 et à la Déclaration Universelle des Droits de l'Homme de 1948 ;

✓ Pour instaurer un système politique qui garantit l'indépendance et l'égalité des pouvoirs : le Judiciaire, le Législatif, et l'Exécutif ;

✓ Pour instaurer un système de gouvernance qui garantit l'état de droit, la souveraineté, la modernisation sociale, et la modernisation économique ;

✓ Pour garantir l'unité nationale et l'égalité entre tous les citoyens, en éliminant toute discrimination basée sur des critères ethniques ou régionaux, par l'acceptation de la communauté de langues et de culture et par la reconnaissance du droit au progrès, à l'information, à l'éducation, à la santé, au travail et au loisir pour tous les citoyens.

DE LA RÉPUBLIQUE D'HAÏTI

SON EMBLEME - SES SYMBOLES

CHAPITRE I

DE LA RÉPUBLIQUE D'HAÏTI

ARTICLE Premier

Haïti est une République souveraine, indivisible, laïque, démocratique et sociale. Elle assure l'égalité devant la loi de tous les citoyens sans distinction d'origine, d'ethnicité, de sexe, ou de religion. Elle respecte toutes les croyances. Son organisation est décentralisée.

La ville de Port-au-Prince est sa Capitale et le siège de son Gouvernement. Ce siège peut être déplacé en cas de force majeure.

CHAPITRE II

DU TERRITOIRE DE LA RÉPUBLIQUE D'HAÏTI

TITRE II

DE LA NATIONALITÉ HAÏTIENNE

ARTICLE 11

Possède la Nationalité Haïtienne d'origine, tout individu né d'un père ou d'une mère de nationalité Haïtienne.
ARTICLE 11.1
La Loi établit les conditions dans lesquelles un individu peut acquérir la nationalité haïtienne.
ARTICLE 11.2
La loi établit la procédure permettant à un individu de renoncer à sa nationalité haïtienne.
ARTICLE 11.3
Tout Haïtien est soumis à l'ensemble des droits, devoirs et obligations attachés à sa nationalité haïtienne.
ARTICLE 11.4
Aucun Haïtien ne peut faire prévaloir sa nationalité étrangère sur le Territoire de la République d'Haïti.
Titre III
DU CITOYEN - des DROITS et DEVOIRS FONDAMENTAUX
CHAPITRE I
DE LA QUALITÉ DU CITOYEN
ARTICLE 16
La jouissance, l'exercice des droits civils et politiques constituent la qualité du citoyen. La suspension et la perte de ces droits sont réglées par la loi.
ARTICLE 17.1
La loi définit les moyens de promotion et de renforcement de l'équité du genre.
ARTICLE 18
Les Haïtiens sont égaux en droits, sous réserve des avantages conférés aux Haïtiens d'origine.
CHAPITRE II
DES DROITS FONDAMENTAUX
SECTION A
DROIT A LA VIE ET A LA SANTÉ

SECTION B
DE LA LIBERTÉ INDIVIDUELLE
SECTION C
DE LA LIBERTÉ D'EXPRESSION
ARTICLE 29
Le droit de pétition est garanti. Il est exercé personnellement par un ou plusieurs citoyens par l'intermédiaire de l'Office de la Protection du Citoyen.
ARTICLE 29.1
Les objectifs d'une pétition peuvent-être de deux ordres : a) Administratif, qui vise à questionner la gestion ou le comportement d'un organisme public ou privé ; b) Electoral, qui vise à obtenir des élections anticipées de contestation, pour rappeler ou remplacer un élu. Dans les deux cas, la loi établit la procédure de dépôt et de traitement d'une pétition.
ARTICLE 29.2
Tout organisme public ou privé faisant l'objet d'une pétition administrative réunissant au moins **deux mille cinq cents** signatures est contraint sous peine de poursuite judiciaire, de fournir une réponse officielle et publique à la pétition dans un délai de **quinze** jours, à compter de la date à laquelle le nombre requis de signatures a été obtenu.
ARTICLE 29.3
Passé ce délai, ou si l'organisme refuse d'obtempérer, les pétitionnaires peuvent demander à l'Office de la Protection du Citoyen d'acheminer leur pétition directement au sénat ou à la chambre des députés. Si au contraire l'organisme a répondu à la pétition mais ne satisfait pas l'attente des pétitionnaires, ces derniers doivent réunir au moins **cinq mille** signatures afin de pouvoir saisir le sénat ou la chambre des députés.
ARTICLE 29.4

Le sénat ou la chambre des députés une fois saisi, doit diligenter une audition publique dans un délai de trente jours. Les responsables des organismes publiques ou privés en question doivent se présenter et répondre directement aux questions, ils peuvent cependant se faire accompagner de conseillers ou de juristes.

La procédure peut aboutir à un non-lieu. Dans le cas contraire cela peut conduire à une destitution, s'il s'agit d'un fonctionnaire passible de la haute cour de justice, il sera traduit devant cette juridiction. Une enquête judiciaire s'enclenche automatiquement, quel que soit le statut du concerné qu'il s'agisse de responsables publics ou privés.

ARTICLE 29.5

Si la pétition réclame des élections pour rappeler ou remplacer un élu, elle doit réunir un nombre de signatures au moins supérieur à **cinquante pour cent** du nombre de voix obtenues par l'élu aux dernières élections. La pétition doit réunir tous les critères de validité avant le mi-mandat de l'élu.

L'Office de la Protection du Citoyen donne suite à la pétition en l'acheminant directement au Conseil Electoral.

Tout élu, par exemple un cartel municipal, un sénateur etc., faisant l'objet d'une pétition, est contraint sous peine de poursuite judiciaire, de présenter sa démission de manière officielle et publique dans un délai de **quatre-vingt-dix** jours à compter de la date où le nombre requis de signatures a été obtenu, ou **quatre-vingt-dix** jours avant la prochaine biennale électorale.

Passé ce délai, l'élu pétitionné perd l'avantage de pouvoir se présenter aux élections de rappel.

Le Conseil Electoral, une fois saisi, ordonne à l'Office de Coordination des Elections de diligenter des élections de rappel à la plus proche biennale électorale, conformément à la loi, pour remplacer l'individu ou le cartel contesté par la pétition, pour le reste du mandat à courir.

ARTICLE 29.6

La loi définit l'administration d'élections de rappel ou de contestation.

SECTION D

DE LA LIBERTÉ DE CONSCIENCE
SECTION E
DE LA LIBERTÉ DE RÉUNION ET D'ASSOCIATION
ARTICLE 31.1
Les partis et groupements politiques concourent à l'expression du suffrage. Ils se forment et exercent leur activité librement. Ils doivent respecter les principes de souveraineté nationale et de l'état de droit :   a) Aucun parti ou groupement politique ne peut participer aux élections et ne peut par conséquent y présenter aucun candidat sans préalablement soumettre une liste exclusive d'adhérents ou de membres équivalant au moins **dix pour cent** des votes exprimés aux dernières élections présidentielles, ou à **cent mille** membres, selon le cas le plus favorable pour le parti ou le groupement politique concerné ;   b) Chaque candidat indépendant doit préalablement soumettre une liste exclusive de sympathisants équivalant au moins à **dix pour cent** des votes exprimés aux dernières élections pour le poste qu'il brigue ;   c) Les listes doivent se renouveler à chaque inscription ;   d) L'Office National de Coordination des Elections se dote de moyens technologiques appropriés lui permettant de vérifier instantanément les listes qui lui sont soumises ;   e) La loi détermine les conditions d'accréditation et de fonctionnement des partis et groupements politiques, ainsi que les avantages et privilèges qui leurs sont réservés.
SECTION F
DE L'EDUCATION ET DE L'ENSEIGNEMENT
SECTION G
DE LA LIBERTÉ DU TRAVAIL
SECTION H
DE LA PROPRIÉTÉ
SECTION I
DROIT A L'INFORMATION
ARTICLE 40.1

La loi détermine la procédure d'accès et de publication des dossiers publics.

ARTICLE 40.2

Il est créé un organisme dénommé Office de Gestion et de Classification des Dossiers Publics, qui est responsable de la gouvernance des dossiers publics.

ARTICLE 40.3

La loi définit le fonctionnement et les attributions de l'Office de Gestion et de Classification des Dossiers Publics.

SECTION J

DROIT A LA SÉCURITÉ

CHAPITRE III

DES DEVOIRS DU CITOYEN

TITRE IV

DES ÉTRANGERS

Titre V

DE LA SOUVERAINETÉ NATIONALE

CHAPITRE I

DES COLLECTIVITÉS TERRITORIALES ET DE LA DÉCENTRALISATION

SECTION A

DE LA SECTION COMMUNALE

ARTICLE 63.1

Toute décision du conseil d'administration de la section communale doit être prise à l'unanimité de ses membres.
Le conseil d'administration de la section communale est assisté dans sa tâche par une assemblée de la section communale.
Le conseil d'administration de la section communale n'a d'autres pouvoirs que ceux que lui confèrent la constitution et les lois de la République.

ARTICLE 64

L'Etat a pour obligation d'établir au niveau de chaque section communale les structures propres à la modernisation sociale et la modernisation économique.

En vue d'assurer une prestation équitable des services publics dans les sections communales, le conseil d'administration de la section communale veille à la performance des services publics dans sa section et soumet rapport et recommandation à l'assemblée communale qui adresse le problème en coordination avec l'assemblée départementale.

ARTICLE 65

Pour être membre du conseil d'administration de la section communale, il faut :

1) être haïtien ;

2) être âgé de vingt-cinq ans accomplis ;

3) jouir de ses droits civils et politiques ;

4) n'avoir jamais été condamné à une peine afflictive et infamante.

5) résider dans le pays, et dans la section communale à représenter depuis au moins deux années ;

6) avoir reçu décharge de sa gestion si on a été comptable des deniers publics ;

7) s'acquitter régulièrement de ses obligations fiscales et de sa déclaration définitive d'impôts, dans le délai fixé par la loi.

SECTION B

DE LA COMMUNE

ARTICLE 66.1

Le Président du Conseil porte le titre de Maire.

Les deux autres membres portent le titre de :

a) Maire-adjoint aux affaires sociales

b) Maire-adjoint aux affaires économiques

ARTICLE 66.2

Toute décision du Conseil Municipal doit être prise à l'unanimité de ses membres.

ARTICLE 69

Le mode d'organisation et de fonctionnement de la Commune et du Conseil municipal sont déterminés par la loi. Le conseil d'administration de la section communale n'a d'autres pouvoirs que ceux que lui confèrent la constitution et les lois de la République.
ARTICLE 70
Pour être élu membre d'un Conseil municipal, il faut : 1) être haïtien; 2) être âgé de vingt-cinq ans accomplis; 3) jouir de ses droits civils et politiques; 4) n'avoir jamais été condamné à une peine afflictive et infamante; 5) résider dans le pays, et dans la commune à représenter depuis au moins deux années; 6) avoir reçu décharge de sa gestion si on a été comptable des deniers publics; 7) s'acquitter régulièrement de ses obligations fiscales et de sa déclaration définitive d'impôts, dans le délai fixé par la loi; 8) avoir déposé au greffe du Tribunal de Première Instance de son domicile, l'inventaire notarié de tous ses biens, meubles et immeubles, et en soumettre une copie conforme au Conseil Electoral ; 9) remplir toutes les conditions établies par la loi électorale en la matière.
ARTICLE 71
Chaque Conseil Municipal est assisté d'une administration communale.
ARTICLE 71.1
Les cadres et techniciens de l'administration communale sont des membres à part entière de l'Administration Publique Nationale.
ARTICLE 71.2

En vue d'assurer une prestation équitable des services publics dans les communes, chaque commune est pourvue d'organes techniques communaux. Le conseil d'administration de la communale veille à la performance des services représentant les ministères dans sa section et soumet rapport et recommandation à l'assemblée départementale qui adresse le problème en coordination avec l'Administration centrale.

ARTICLE 74

Le Conseil Municipal veille à la gestion des biens fonciers du domaine privé de l'État situés dans les limites de sa Commune.

ARTICLE 74.1

La gestion des biens fonciers du domaine privé de l'État est assurée par les organismes compétents conformément aux lois de la République.

ARTICLE 74.2

Les biens fonciers du domaine privé de l'État ne peuvent être l'objet d'aucune transaction sans l'avis préalable de l'Assemblée municipale concernée.

SECTION C

DE L'ARRONDISSEMENT

SECTION D

DU DÉPARTEMENT

ARTICLE 79

Le membre du Conseil départemental n'est pas forcément tiré de l'Assemblée mais il doit :

1) être haïtien ;

2) être âgé de vingt-cinq ans accomplis ;

3) résider dans le pays, et dans le département à représenter depuis au moins deux années;

4) jouir de ses droits civils et politiques;

5) n'avoir jamais été condamné à une peine à la fois afflictive et infamante;

6) avoir reçu décharge de sa gestion si on a été comptable des deniers publics;

7) s'acquitter régulièrement de ses obligations fiscales et de sa déclaration définitive d'impôts, dans le délai fixé par la loi;

8) avoir déposé au greffe du Tribunal de Première Instance de son domicile, l'inventaire notarié de tous ses biens, meubles et immeubles, et en soumettre copie conforme au Conseil Electoral ;

9) remplir toutes les conditions établies par la loi électorale en la matière.

ARTICLE 80

Le Conseil départemental est assisté dans sa tâche d'une Assemblée départementale formée :

a) d'un représentant de chaque assemblée municipale ;

b) des députés, des sénateurs du département ;

b) du délégué départemental.

ARTICLE 80.1

Le délégué, ainsi que les sénateurs du département disposent du droit véto qui ne peut être relevé que par une majorité de deux tiers de l'Assemblée.

Dans le cas des sénateurs, le véto doit être cependant supporté par tous les sénateurs du département, et ils doivent tous être présents au moment de la délibération.

ARTICLE 81

Le Conseil départemental élabore en collaboration avec l'administration centrale, le plan de modernisation du département, et le soumet à l'assemblée départementale.

SECTION E

DES DÉLÉGUÉS ET VICE-DÉLÉGUÉS

SECTION F

DU CONSEIL INTERDEPARTEMENTAL

ARTICLE 87.1

Le représentant, choisi par les membres des assemblées départementales sert de liaison avec l'Exécutif.

Il doit être membre d'assemblée municipale.

ARTICLE 87.2

L'Exécutif, associe le Conseil Interdépartemental, dans l'étudie et la planification des stratégies de modernisation et de politique publique.

ARTICLE 87.5

La loi détermine l'organisation et le fonctionnement du Conseil Interdépartemental.

CHAPITRE II

DU POUVOIR LÉGISLATIF

SECTION A

DE LA CHAMBRE DES DÉPUTÉS

ARTICLE 91

Pour être élu Député, il faut :

1) être haïtien d'origine, et n'avoir jamais renoncé à sa nationalité haïtienne ;

2) ne détenir aucune autre nationalité ;

3) être âgé de vingt-cinq ans accomplis ;

4) jouir de ses droits civils et politiques ;

5) n'avoir jamais été condamné à une peine afflictive et infamante;

6) résider dans le pays, et dans la circonscription électorale à représenter depuis au moins deux années;

7) avoir reçu décharge de sa gestion si on a été comptable des deniers publics;

8) s'acquitter régulièrement de ses obligations fiscales et de sa déclaration définitive d'impôts, et dans le délai fixé par la loi;

9) avoir déposé au greffe du Tribunal de Première Instance de son domicile, l'inventaire notarié de tous ses biens, meubles et immeubles, et en soumettre copie conforme au Conseil Electoral ;

10) remplir toutes les conditions établies par la loi électorale en la matière.

ARTICLE 92

Les députés sont élus pour DEUX ans et sont indéfiniment rééligibles.

ARTICLE 92.1

Ils entrent en fonction le deuxième lundi de janvier et siègent en DEUX sessions annuelles. La durée de leur mandat forme une législature.

Au cas où les élections ne peuvent aboutir avant le deuxième lundi de janvier, les députés élus entrent en fonction immédiatement après la validation du scrutin et leur mandat de

DEUX ans est censé avoir commencé le deuxième lundi de janvier de l'année de l'entrée en fonction.

ARTICLE 92.3

Le renouvellement de la Chambre des députés se fait intégralement tous les DEUX ans.

SECTION B

DU SÉNAT

ARTICLE 96

Pour être élu sénateur, il faut :
1) être haïtien d'origine, n'avoir jamais renoncé à la nationalité haïtienne;
2) ne détenir aucune autre nationalité;
3) être âgé de TRENTE ans accomplis;
4) résider dans le pays, et dans le département à représenter depuis au moins DEUX années;
5) jouir de ses droits civils et politiques;
6) n'avoir jamais été condamné à une peine afflictive et infamante pour un crime de droit commun;
7) avoir reçu décharge de sa gestion si on a été comptable des deniers publics;
8) s'acquitter régulièrement de ses obligations fiscales et de sa déclaration définitive d'impôts, et dans le délai fixé par la loi;
9) avoir déposé au greffe du Tribunal de Première Instance de son domicile, l'inventaire notarié de tous ses biens, meubles et immeubles, et en soumettre copie conforme au Conseil Electoral ;
10) remplir toute autre condition établie par la loi électorale en la matière.

SECTION C

DE L'ASSEMBLÉE NATIONALE

ARTICLE 98.3

Les attributions de l'Assemblée Nationale sont:
1) de recevoir le serment constitutionnel du Président de la République;
2) de ratifier toute décision, de déclarer la guerre quand toutes les tentatives de conciliation ont échoué;
3) d'approuver ou de rejeter les traités et conventions

internationales;

4) d'amender la Constitution selon la procédure qui y est indiquée;

5) de ratifier la décision de l'Exécutif de déplacer le siège du Gouvernement dans les cas déterminés par l'Article Premier de la présente Constitution;

6) de statuer sur l'opportunité de l'Etat de siège, d'arrêter avec l'Exécutif les garanties constitutionnelles à suspendre et de se prononcer sur toute demande de renouvellement de cette mesure;

7) de recevoir à l'ouverture de chaque session, le bilan des activités du Gouvernement.

SECTION D
DE L'EXERCICE DU POUVOIR LÉGISLATIF

ARTICLE 112

Les lois organiques parlementaires, et d'autres lois d'orientation internes du sénat et de la chambre des députés, ainsi que leurs processus de révision doivent être définies et publiées dans le Moniteur.

ARTICLE 119

Tout projet de loi doit être voté Article par Article.

ARTICLE 121.3

Si les objections sont réfutées par la Chambre qui a initialement voté la loi, elle est renvoyée à l'autre Chambre avec les objections.

ARTICLE 127

Toute pétition adressée au Pouvoir Législatif doit donner lieu à une procédure réglementaire permettant de statuer sur son objet.

SECTION E
DES INCOMPATIBILITÉS
SECTION F
DES LOIS

ARTICLE 132

Pour préserver la pérennité de la constitution et éviter des amendements trop fréquents voire intempestifs maintenir l'harmonie de la hiérarchie des normes, pour garantir l'application de la constitution en respectant à la fois son esprit et sa lettre, l'adoption de multiples lois s'imposent.
ARTICLE 132.1
La loi organique est une loi qui complète la Constitution et qui détermine l'organisation des pouvoirs publics.   Dans la hiérarchie des normes, une loi organique se place directement en dessous de la Constitution et au-dessus des lois ordinaires.   Une loi organique ne peut en aucun cas être contraire à la constitution.   Une loi Organique est nécessaire pour introduire toute politique publique.
ARTICLE 132.2
Une loi organique parlementaire détermine exclusivement le fonctionnement interne d'un corps du pouvoir législatif.   Une loi organique parlementaire est une loi votée uniquement par les membres du corps qu'elle régit. Ce corps peut être soit le Sénat, la Chambre des députés, ou l'Assemblée nationale.   Un fois votée à la majorité requise, pour être effective, la loi organique parlementaire doit être acheminée au journal official « Le Moniteur » par le corps concerné aux fins de publication dans le plus prochain numéro de ce journal.   Cette loi reste effective jusqu'à la prochaine révision suive d'une publication officielle. Chaque assemblée parlementaire est contrainte de respecter à la lettre la loi organique qui la régit.   Tout parlementaire, toute autre personne physique ou morale dont les intérêts sont laissés par l'inconstitutionnalité, ou par la violation d'une loi organique parlementaire peut recourir à la justice jusqu'à l'épuisement de sa requête. La décision judiciaire qui en découle doit-être respectée et appliquée illico.   Note : *Cet article constitue un des maillons de l'état de droit ou la suprématie de la justice dans les règlements de conflit sociaux.*
ARTICLE 132.3

Une loi-cadre ou une loi d'orientation qui définit en détail les grands principes ou les grandes orientations de stratégies de réforme ou de politique publique ayant été préalablement l'objet d'une loi organique.

La loi cadre est le prolongement ou l'orientation d'une loi organique.

Dépendamment de son étendu ou de sa complexité, une loi organique peut nécessiter plusieurs lois cadres.

ARTICLE 132.4

Il se distingue deux types de décret : le décret ordinaire ou règlementaire, et le décret-loi.

a) Dans tous les cas, le décret réglementaire se décide en conseil des ministres, il est simplement un outil autorisant la mise en application momentanée de lois ou de politiques publiques formellement établies, c'est-à-dire votées par le parlement et promulguées par l'exécutif.

b) Le décret-loi est incompatible à l'état de droit, donc en principe contraire à la constitution. Le décret-loi est autorisé exclusivement dans le cas indiqué à l'article 136.2 de la proposition de révision constitutionnelle.

CHAPITRE III

DU POUVOIR EXÉCUTIF

SECTION A

DU PRÉSIDENT DE LA RÉPUBLIQUE

ARTICLE 134

Le Président de la République est élu au suffrage universel direct à la majorité absolue des votes. Si cette majorité n'est pas obtenue au premier tour, il est procédé à un second tour, ainsi de suite.

Seuls peuvent se présenter au tour subséquent les DEUX candidats ayant recueilli le plus grand nombre de voix au précédent tour.

Si plus de DEUX candidats arrivent ex aequo en première place, seuls les candidats arrivant en première place, participent au tour suivant.

En cas de retrait de candidats plus favorisés, en vue de garantir la participation de deux candidats au moins au tout suivant, le ou les candidats ayant obtenu le plus grand nombre de voix est ou sont invités à se présenter au tour suivant.

ARTICLE 134.1

La durée du mandat Présidentiel est de QUATRE ans. Cette période commence et se terminera le 7 février suivant la date des élections.

ARTICLE 134.2

Le Président de la République ne peut bénéficier de prolongation de mandat. En aucun cas, il ne peut briguer un TROISIEME mandat.

ARTICLE 135

Pour être élu Président de la République d'Haïti, il faut :
1) être haïtien d'origine, et n'avoir jamais renoncé à sa nationalité haïtienne;
2) ne détenir aucune autre nationalité;
3) être âgé de TRENTE-CINQ ans accomplis au jour des élections;
4) jouir de ses droits civils et politiques;
5) n'avoir jamais été condamné à une peine afflictive et infamante;
6) résider dans le pays depuis au moins QUATRE années;
7) avoir reçu décharge de sa gestion si on a été comptable des deniers publics;
8) s'être acquitté régulièrement de ses obligations fiscales et de sa déclaration définitive d'impôts, et dans le délai fixé par la loi;
9) avoir déposé au greffe du Tribunal de Première Instance de son domicile, l'inventaire notarié de tous ses biens, meubles et immeubles, et en soumettre copie conforme au Conseil Electoral ;
10) remplir toutes les conditions établies par la loi électorale en la matière.

SECTION B
DES ATTRIBUTIONS DU PRÉSIDENT DE LA RÉPUBLIQUE
ARTICLE 136.1
Le Président doit respecter à la lettre, la constitution et les lois de la République.
ARTICLE 136.2
En aucun cas le Président ne peut ni adopter ni signer de décret-loi, sauf et seulement en cas de catastrophe majeure empêchant le fonctionnement du parlement. Tout décret-loi devient automatique nul et de nul avenu dès que le parlement se reconstitue.
ARTICLE 136.3
Le Président de la République ne peut faire aucune nomination dans l'Administration publique sans l'approbation du sénat, sauf dans les cas indiqués aux articles 136.4 et 136.5.
ARTICLE 136.4
Le Président de la République dispose du privilège de créer son cabinet. Les Membres du cabinet du Président de la République sont les conseillers du Président. Aussi :   a) La loi régit le fonctionnement du cabinet du Président de la République ;   b) Le Président de la République nomme les membres de son cabinet par arrêté du Président de la République ;   c) La Cabinet est dirigé par un chef de cabinet, conformément à la loi.
ARTICLE 136.5
Le Président de la République dispose du privilège de créer son Secrétariat Privé. Les membres du Secrétariat Privé du Président de la République se charge de la correspondance du Président, de son agenda, de ses discours etc.
ARTICLE 136.6
Le Secrétariat Général de la Présidence est un organe de l'Administration d'Etat, il est administré par un Secrétaire Général, et un Secrétaire Général Adjoint conformément à la loi.
ARTICLE 136.7

Les ministères étant définis par la loi, l'effectif du cabinet du Président ne peut en aucun cas excéder DIX fois le nombre de ministères, autrement dit, le nombre de conseillers du Président de la République doit respecter un ratio inférieur ou égal à DIX par rapport aux nombres de ministères légalement définis.

ARTICLE 136.8

Les ministres, les secrétaires d'Etat sont nommés par arrêtés Présidentiels, après décision prise en collaboration entre le Président de la République et le Premier ministre, et après approbation du sénat.

ARTICLE 136.9

Le Président a pour obligation de s'assurer que les élections se tiennent dans les délais prévus par la constitution.

La date des élections étant déterminée par la constitution et la loi électorale, aucun arrêté Présidentiel n'est nécessaire pour annoncer ou convoquer des élections.

ARTICLE 137

Le parti politique ayant la majorité au Parlement choisit son Premier ministre en consultation avec le Président de la République.

A défaut de cette majorité, le Président de la République choisit le Premier ministre en consultation avec le Président du Sénat et celui de la Chambre des députés.

ARTICLE 137.1

Le Président de la République a le privilège de mettre son véto sur le choix du Premier ministre par le parti ayant la majorité au Parlement.

ARTICLE 137.2

Dans tous les cas le choix du Premier ministre doit être ratifié par le Parlement.

En cas de véto du Président de la République, une majorité de DEUX TIERS (2/3) dans chaque chambre est nécessaire pour casser le véto.

ARTICLE 142

Après approbation du Sénat, le Président de la République nomme par arrêté délibéré en Conseil des Ministres, les Secrétaires Généraux, les Directeurs Généraux de l'Administration d'Etat, les Délégués et Vice-Délégués des départements et arrondissements, des Conseils d'Administration des Organismes Autonomes.

ARTICLE 149

En cas de vacance de la Présidence de la République pour quelque cause que ce soit, l'assemblée nationale se réunit toute affaire cessante pour prendre acte de la vacance, et appliquer à la lettre la loi organique régissant la matière, suivant l'ordre de succession établi.

ARTICLE 149.1

L'ordre de succession est indiqué dans une loi organique, plaçant le Président du sénat, le Président de la chambre des députés, et le Premier ministre en première, deuxième et troisième position respectivement. Viennent ensuite les ministres du gouvernement, dans l'ordre apparition de leur département ministériel.

ARTICLE 149.2

Le Président intérimaire désigné renonce à tout autre poste en acceptant de prêter serment en qualité de nouveau Président de la république.
Le processus se poursuit jusqu'à ce qu'un Président soit désigné ou jusqu'à épuisement de la liste de succession figurant dans la loi organique de succession Présidentielle.

ARTICLE 149.3

Si aucun des individus indiqués dans la loi organique de succession Présidentielle n'est qualifié pour être Président, ou s'ils désistent tous, alors, le Conseil des Ministres, sous la présidence du Premier ministre, exerce alors le Pouvoir Exécutif jusqu'à l'élection d'un autre Président.

ARTICLE 149.4

Le scrutin pour l'élection du nouveau Président de la République pour le temps qui reste à courir, se tient conformément à l'article 193.5.
Ce Président est réputé avoir complété un mandat Présidentiel.

ARTICLE 152

Le Président de la République reçoit du Trésor public une indemnité mensuelle à partir de sa prestation de serment, conformément à la Loi Budgétaire.

SECTION C

DU GOUVERNEMENT

ARTICLE 157

Pour être nommé Premier ministre, il faut
1) être haïtien d'origine et n'avoir jamais renoncé à sa nationalité haïtienne;
2) ne détenir aucune autre nationalité;
3) être âgé de TRENTE ans accomplis;
4) jouir de ses droits civils et politiques et n'avoir jamais été condamné à une peine afflictive et infamante;
5) résider dans le pays depuis au moins QUATRE années;
6) avoir reçu décharge de sa gestion si on a été comptable des deniers publics.
7) s'être acquitté régulièrement de ses obligations fiscales et de sa déclaration définitive d'impôts, dans le délai fixé par la loi ;
8) avoir déposé au greffe du Tribunal de Première Instance de son domicile, l'inventaire notarié de tous ses biens, meubles et immeubles, et en soumettre copie conforme au Sénat.

SECTION D

DES ATTRIBUTIONS DU PREMIER MINISTRE

ARTICLE 158

Le Premier ministre en accord avec le Président de la République élabore la politique générale du prochain gouvernement et se présente devant le Parlement afin d'obtenir un vote de confiance sur sa déclaration de politique générale. Le vote a lieu au scrutin public et à la majorité absolue de chacune des DEUX Chambres. Dans le cas d'un vote de non confiance par l'une des DEUX Chambres, un nouveau Premier ministre est désigné suivant la procédure définit à l'article 137. Si le Parlement accorde un vote de confiance au Premier ministre il est immédiatement investi des pouvoirs que lui confèrent la constitution et les lois de la République.

ARTICLE 158.1

Le Premier ministre, en accord avec le Président de la République, choisit les autres membres du Gouvernement et les soumet au sénat.

Chaque Ministre, chaque secrétaire d'Etat doit se présenter individuellement devant le Sénat afin d'obtenir son approbation. Tout individu n'ayant pas reçu l'approbation du Sénat doit être remplacé conformément à la procédure.

ARTICLE 158.2

Le Premier ministre dispose du privilège de créer son Cabinet. Les Membres du Cabinet du Premier ministre sont les Conseillers du Premier ministre. Aussi :

1. La loi régit le fonctionnement du Cabinet du Premier ministre.

2. Le Premier ministre nomme les membres de son cabinet par arrêté du Premier ministre.

3. Le Cabinet est dirigé par un chef de Cabinet, conformément à la loi.

ARTICLE 158.3

L'Office du Premier ministre est un organe de l'Administration d'Etat, il est administré par un Secrétaire Général, et un Adjoint, conformément à la loi.

ARTICLE 158.3

Le Premier ministre a pour obligation de réaliser les élections dans les délais prévus par la constitution.

La démission du Premier ministre est automatique et immédiate, si les élections ne sont pas réalisées dans le délai imparti par la constitution, sauf en cas de catastrophe majeure empêchant la tenue d'élections régulières. Il est alors remplacé par un ministre désigné par délibération du Conseil des Ministres.

Dans tous les cas, l'Assemblée Nationale se réunit d'office, ou est convoquée à l'extraordinaire par le Président de la République en vue d'adopter une loi fixant de nouvelles échéances pour la tenue des élections.

ARTICLE 159

Le Premier ministre fait exécuter les lois. En cas d'absence, d'empêchement temporaire du Président de la République ou sur sa demande, le Premier ministre préside le Conseil des Ministres.

ARTICLE 159.1

ABROGÉ

ARTICLE 160

Le Premier ministre ne peut en aucun cas procéder à des nominations ou révocations dans l'Administration d'Etat, sauf dans les cas prévus à l'article 158.2.

ARTICLE 165

En cas de démission, ou en cas d'incapacité permanente dûment constatée du Premier ministre, ou de son retrait du poste pour raisons personnelles, le sénat se réunit toute affaire cessante pour prendre acte de la vacance, et appliquer à la lettre la loi organique régissant la matière, suivant l'ordre de succession intérimaire établi.

L'ordre de sélection indiqué dans la loi organique de succession du premier ministre est la suivante : le secrétaire général de la primature, le secrétaire générale adjoint de la primature, et une suite de ministres du gouvernement dans l'ordre apparition de leur département ministériel.

SECTION E

DES MINISTRES ET DES SECRÉTAIRES D'ETAT

ARTICLE 167.1

Aucun ministère ne peut être crée, et ne peut non plus exister, si la loi organique propre à cet organisme n'a pas été votée par le Parlement.

ARTICLE 167.2

Aucun Ministre ne peut faire de nomination dans l'Administration publique, sauf dans le cas indiqué à l'article 167.3.

ARTICLE 167.3

Tout Ministre dispose du privilège de créer son Cabinet. Les Membres du Cabinet du Ministre sont les Conseillers du Ministre. Aussi :

1. La loi régit le fonctionnement du Cabinet du Ministre ;

2. Le Ministre nomme les membres de son cabinet par arrêté ministériel ;

3. Le Cabinet est dirigé par un Chef de Cabinet, conformément à la loi

ARTICLE 167.2
Tout Ministère est administré par un Secrétaire Général et un Secrétaire Général Adjoint.

ARTICLE 171.2
Pour être nommé Ministre, il faut : 1) être haïtien ; 2) ne détenir aucune autre nationalité ; 3) résider dans le pays ; 4) être âgé de trente (30) ans accomplis ; 5) jouir de ses droits civils et politiques ; 6) n'avoir jamais été condamné à une peine afflictive et infamante ; 7) avoir reçu décharge de sa gestion si on a été comptable des deniers publics ; 8) s'être acquitter, le cas échéant, de ses obligations fiscales et de sa déclaration définitive d'impôts chaque année, dans le délai fixé par la loi.

SECTION F
DE L'ADMMINISTRATION PUBLIQUE

ARTICLE 172
L'Administration Publique est l'instrument par lequel l'État concrétise sa finalité et ses objectifs. Pour garantir sa bonne marche, elle doit être structurée de manière à être gérée avec honnêteté et efficacité. La loi détermine le fonctionnement de l'Administration Publique.

ARTICLE 172.1

L'Administration Publique est constituée de l'ensemble des Organes, Institutions et Services Publics créés par la Constitution et les lois de la République.
L'Administration Publique comprend :
a) L'Administration d'État
b) L'Administration Territoriale

ARTICLE 172.3

L'Administration d'État Comprend :

a) L'Administration Centrale ;

b) Les organes du Pouvoir Législatif ;

c) Les organes du Pouvoir Judiciaire ;

d) Les Organismes Publics Indépendant.

ARTICLE 172.3

L'Administration Centrale comprend :
a) Les organes du Pouvoir Exécutif
b) Les Services de Sécurité Nationale et de Défense
c) Les Services de Sécurité Publique et de Police
d) Les Etablissement Publics Commerciaux

ARTICLE 172.4

Avant d'être nommé, à quelque niveau que ce soit dans l'Administration d'Etat, il faut :
1) être âgé de dix-huit (18) ans accomplis ;
2) résider dans le pays ;
3) avoir reçu décharge de sa gestion si on a été comptable des deniers publics ;
7) s'être acquitté, le cas échéant, de ses obligations fiscales et de sa déclaration définitive d'impôts, régulièrement et dans le délai fixé par la loi ;
8) avoir rempli toutes les conditions établies par la loi sur l'Administration d'Etat, en la matière.

CHAPITRE IV

DU POUVOIR JUDICIAIRE

ARTICLE 174

Les juges sont nommés pour une période indéterminée. Ils peuvent être remplacés en cas d'aliénation physiques ou mentale dûment déterminée. Cet article concerne : a) les juges de la Cour de Cassation b) les juges des Cours d'Appel ; c) les juges des Tribunaux de Première Instance ; d) les juges des Tribunaux de Spéciaux. La loi détermine le fonctionnement interne du corps judiciaire.
ARTICLE 175
Par arrêté délibéré en Conseil des Ministres, le Président de la République désigne les juges. Aucun juge ne peut entrer en fonction sans l'approbation du Sénat.
CHAPITRE V
DE LA HAUTE COUR DE JUSTICE
TITRE VI
DES INSTITUTIONS INDÉPENDANTES
CHAPITRE I
DES INSTITUTIONS ELECTORALES
SECTION A
DU CONSEIL ÉLECTORAL
ARTICLE 191
Le Conseil Electoral joue un rôle de régulation et de contrôle. La Conseil Electoral veille au respect de la constitution et des lois de la République relatives à la gouvernance des élections.
ARTICLE 191.1
Les décisions du Conseil Electoral sont d'effet immédiat ou rentrent en application sans délai aucun, sauf en cas d'arrêt ou de jugement contraire d'un tribunal ou d'un juge.
ARTICLE 191.2
Toute décision ou action du Conseil Electoral peut être contestée devant des tribunaux ordinaires par les candidats ou toute personne physique ou moral à laquelle la décision ou l'action porte préjudice.

Tout délit ou infraction enregistré au cours de la période électorale relève du Parquet et des tribunaux ordinaires.

ARTICLE 192

La Conseil Electoral comprend dix (10) conseillers, nommés conformément aux articles du chapitre IV de la présente constitution.

(C'est-à-dire qu'ils doivent remplir toutes les qualités requises pour être juge.)

ARTICLE 193

Les élections se tiennes obligatoirement tous les deux ans. Elles se divisent en deux classes distinctes :
1. Les élections de classe A
2. Les élections de Classe B
Ainsi, la classe des Elections est alternée tous les deux ans.

ARTICLE 193.1

LES ELECTIONS DE CLASSE A :

1. Les Législatives

    a. 1/3 du Sénat

    b. La Chambre des Députés

2. Les Territoriales

ARTICLE 193.2

LES ELECTIONS DE CLASSE B :

1. Les Législatives

    a. 1/3 du Sénat

    b. La Chambre des Députés

2. Les Présidentielles

ARTICLE 193.3

Il n'y a pas lieu de réaliser d'élections en dehors des biennales électorales mentionnées dans l'article 193.

ARTICLE 193.4

En cas de vacance dans les collectivités territoriales survenue moins de deux ans après leur élection, alors de nouvelles élections territoriales partielles se tiendront exceptionnellement aux prochaines Biennale Electorale B.   Le mandat des nouveaux élus ne dure que les deux années qui restent à courir.
ARTICLE 193.5
En cas de vacance de la Présidence de la République survenue moins de deux ans après son élection, alors de nouvelles élections Présidentielles se tiendront exceptionnellement aux prochaines Biennale Electorale A.   Le mandat du nouveau Président est ainsi élu ne dure que les deux années qui restent à courir.
SECTION B
DE L'OFFICE NATIONAL DE COORDINATION DES ELECTIONS
ARTICLE 195
L'Office National de Coordination des Elections a pour attributions de :   a) Appliquer la constitution et les lois de la République ;   b) Assurer la gouvernance des élections en toute indépendance sur tout le territoire de la République ;   c) Proclamer les résultats du scrutin.
ARTICLE 195.1
L'Office National de Coordination des Elections est coiffé par :   a) un Secrétaire Général ;   b) un Conseil d'Administrions de dix (10) membres, à raison d'un membre par conseil départemental.
ARTICLE 195.3
Tout membre du Conseil d'Administrions de l'Office National de Coordination des Elections siège en qualité de membre d'un Conseil Départemental.
ARTICLE 195.4
La loi détermine le fonctionnement de l'Office Nationale de Coordination des Election.
CHAPITRE II

DES MEDIAS PUBLICS
ARTICLE 198
La loi détermine le fonctionnement des médias publics :   a) La Radio Nationale d'Haïti   b) La Télévision Nationale d'Haïti   c) Le Quotidien National d'Haïti   d) Les Presses Nationales d'Haïti
CHAPITRE III
SECTION A
DE L'OFFICE D'INSPECTION GENERALE DE L'ADMINISTRATION PUBLIQUE
SECTION B
DE LA COUR SUPÉRIEURE DES COMPTES ET DU CONTENTIEUX ADMINISTRATIF
ARTICLE 200
L'Autorité de Contrôle Administratif et Judiciaire des politiques publiques est un organisme indépendant dont les principales missions sont de contrôler, de certifier, d'évaluer et juger quand il y a lieu.
ARTICLE 200.1
L'Autorité de Contrôle Administratif et Judiciaire des politiques publiques comprend :   a) La Cour des Comptes ;   b) Les Divisions d'Inspection Générale des ministères.
ARTICLE 200.2
La Cour des Comptes est une instance de contrôle juridictionnel en matière de politiques publiques.   Les membres de cette cour sont des juges à part entières.
ARTICLE 200.3

La Division d'Inspection Générale est une instance de contrôle administratif en matière de politiques publiques. Il en existe une incorporée à chaque ministère. Elle a pour finalité de :

a) Contrôler l'administration des politiques publiques ;
b) Certifier ou attester du respect ou du non-respect des politiques publiques, tous les trimestres ;
c) Evaluer l'efficience ou la performance des politiques publiques, et d'en proposer s'il y a lieu les révisions nécessaires.

ARTICLE 200.4

L'Autorité de Contrôle Administratif et Judiciaire des politiques publiques participe à l'élaboration du Budget et est consultée sur toutes les questions relatives à la législation sur les Finances Publiques et sur tous les Projets de Contrats, Accords et Conventions à caractère financier et commercial auxquels l'Etat est partie. Elle a le droit de réaliser les audits dans toutes administrations publiques.

ARTICLE 200.5

La loi établit le fonctionnement de L'Autorité de Contrôle Administratif et Judiciaire des Politiques Publiques et des organismes qui la composent.

CHAPITRE IV

DE LA COMMISSION DE CONCILIATION

CHAPITRE V

DE LA PROTECTION DU CITOYEN

ARTICLE 207

Il est créé un office dénommé OFFICE DE LA PROTECTION DU CITOYEN dont le but est de recevoir toute initiative de pétition, de vérifier le nombre de signataires requis par la loi, et d'assurer les suites nécessaires.

ARTICLE 207.1
L'Office est dirigé par un citoyen qui porte le titre de PROTECTEUR DU CITOYEN. Il est désigné par le Président de la République. Ce choix doit être approuvé par le sénat, son mandat de sept (10) ans, non renouvelable.
CHAPITRE VI
DE L'UNIVERSITÉ - DE L'ACADÉMIE - DE LA CULTURE
TITRE VII
DES FINANCES PUBLIQUES
ARTICLE 222
Une loi organique détermine la loi de Finance. Une loi organique détermine le Budget de la République. Toute violation du Budget doit déclencher une mise en examen automatique pour crime. Toute rectification du budget doit adresser des dépenses non encore effectuées. Ainsi, toute rectification du budget exige une révision de loi du budget par les deux chambres du parlement. En aucun cas, il ne peut exister de rectification de budget a posteriori.
ARTICLE 223
Des lois organiques déterminent les organismes qui assurent la gouvernance des Lois de finances, du Budget, et la comptabilité publique.
TITRE VIII
DE LA FONCTION PUBLIQUE
ARTICLE 234
La fonction publique constitue l'un des moyens dont dispose l'Administration en vue d'atteindre ses objectifs. La fonction publique, comprend l'ensemble des agents des pouvoirs publics occupant des fonctions ou des emplois à durée déterminée ou indéterminée dans l'Administration publique conformément à l'article 172 et suivants de la présente ébauche de proposition de révision constitutionnelle.
ARTICLE 234.1

Il se distingue sept (7) catégories de fonctionnaires :

- Catégorie 1 : Fonctionnaires de Pouvoir,
- Catégorie 2 : Fonctionnaires Exécutifs,
- Catégorie 3 : Fonctionnaires Exécutifs Organiques,
- Catégorie 4 : Fonctionnaires de la Sécurité,
- Catégorie 5 : Fonctionnaires publics [ordinaires],
- Catégorie 6 : Fonctionnaires Territoriaux,
- Catégorie 7 : Fonctionnaires Contractuels.

NOTE :

Les détails concernant les diverses catégories de fonctionnaires sont repris plus loin dans cet ouvrage. Certains articles, tels que l'article 234.1 par exemple, n'ont guère leur place dans une constitution, ils doivent plutôt être l'objet de loi organique conformément à article 132 et suivants de cette ébauche de proposition de révision constitutionnelle.

DE LA LUTTE CONTRE LA CORRUPTION

ARTICLE 234.2

Tout élu ou fonctionnaire appartenant aux trois premières catégories doit faire sa déclaration de patrimoine, au début et à la fin de son mandat ou de sa fonction. Toute dérogation au présent article est passible de trois (3) à douze (12) mois de prison ferme, sans préjudice des autres poursuites légales.

ARTICLE 234.3

Tout élu ou fonctionnaire appartenant aux trois premières catégories doit faire régulièrement sa déclaration définitive d'impôts, tous les ans dans le délai imparti par la loi.

ARTICLE 234.4

Au cours d'une année (12 mois) aucun élu ou fonctionnaire appartenant aux trois premières catégories ne peut recevoir de cadeau supérieur à son salaire annuel. Cette restriction s'applique dès la prise de fonction jusqu'à la fin de la cinquième année suivant la fin de sa fonction.

ARTICLE 234.5

Tout élu ou fonctionnaire appartenant aux trois premières catégories, reconnu coupable de corruption, d'abus ou d'excès de pouvoir ou de détournement de fonds, par un tribunal compétent, est passible d'une peine allant d'un an minimum à un jour pour chaque gourde détournée ou reçu illégalement.
ARTICLE 243.6
Tout élu ou fonctionnaire appartenant aux trois premières catégories, destitué pour corruption est alors interdit de briguer un poste électif ou de fonctionnaire d'Etat pour une période de DIX, la durée de la peine s'ajoute à la période d'interdiction après son éventuelle condamnation.
ARTICLE 243.7
Tout élu ou fonctionnaire, appartenant aux trois premières catégories, destitué perd indistinctement tout privilège attaché au poste ou à la fonction qu'il a ainsi déshonoré.
TITRE IX
CHAPITRE I
DE L'ECONOMIE - DE L'AGRICULTURE
CHAPITRE II
DE L'ENVIRONNEMENT
TITRE X
DE LA FAMILLE
TITRE XI
DE LA FORCE PUBLIQUE
ARTICLE 263
La Force Publique se compose de DEUX organismes distincts : 1. Les Forces Armées d'Haïti 2. La Police Nationale d'Haïti.
CHAPITRE I
DES FORCES ARMÉES
ARTICLE 264
Les Forces Armées d'Haïti comprennent les Forces de Terre, de Mer, de l'Air et des Services Techniques. Les Forces Armées d'Haïti sont constituées pour garantir la défense et l'intégrité du territoire de la République
ARTICLE 265

Les Forces Armées d'Haïti sont apolitiques. Leurs membres ne peuvent faire partie d'un groupement ou d'un parti politique et doivent observer la plus stricte neutralité.
ARTICLE 266
Les Forces Armées d'Haïti ont pour attributions :   1. Défendre le pays en cas de guerre ;   2. Protéger le Pays contre les menaces venant de l'extérieur ;   3. Assurer la surveillance des frontières terrestres, maritimes et aériennes ;   4. Prêter main forte sur requête motivée de l'Exécutif, à la Police au cas où cette dernière ne peut répondre à sa tâche ;   5. Aider la nation en cas de désastre naturel ;   6. Outre les attributions qui lui sont propres, les Forces Armées d'Haïti peuvent être affectées à des tâches civiles.
ARTICLE 267.1
Tout militaire en activité de service, pour se porter candidat à une fonction élective, doit obtenir sa mise à la retraite ou sa démission au moins UN an avant de s'inscrire comme candidat.
ARTICLE 267.3
Le militaire n'est justiciable d'une cour militaire que pour les délits et crimes commis en temps de guerre ou pour les infractions relevant de la discipline militaire.
CHAPITRE II
DES FORCES DE POLICE
TITRE XII
DISPOSITIONS GÉNÉRALES
ARTICLE 275.3
Aucune instance du pouvoir Exécutif ne peut déclarer d'autres jours de congés que ceux prévus par la loi, sauf en cas de catastrophe majeure.
TITRE XIII
AMENDEMENTS A LA CONSTITUTION
ARTICLE 284.3
1) Après décision de l'Assemblée Nationale à la majorité des deux (2/3) tiers des suffrages exprimés, l'amendement ainsi adopté doit être soumis à un référendum populaire.

2) Si l'amendement n'obtient pas l'adhésion de la majorité populaire, il est automatiquement déclaré nul et non avenu. 3) Toute abrogation ou tentative d'abrogation, tout amendement ou tentative d'amendement de la constitution en dehors des articles prévus sous le titre XIII constitue un crime de haute trahison.
TITRE XIV
DES DISPOSITIONS TRANSITOIRES
ARTICLE 285
Sont considérés nuls et non avenus : a) La loi constitutionnelle portant amendement de la constitution de 1987 et publiée dans le journal Le Moniteur au numéro 58 du vendredi 13 mai 2011, ainsi que les arrêtés y relatif publiés dans le journal Le Moniteur aux numéros 72 et 96. b) Cet acte d'amendement frauduleux est considéré comme un crime de haute trahison pour ceux qui avaient la charge de respecter et faire respecter la constitution, et comme un complot contre la sûreté de l'Etat pour tous ceux qui ont participé à ce crime.
ARTICLE 285.1
La justice doit agir avec la dernière rigueur afin d'éviter toute réédition ou tentative de réédition de crimes similaires.
ARTICLE 286
Afin de réguler la tenue des élections selon les prescrits de la constitution, si plus d'un tiers du sénat doit être renouvelé, une loi électorale de transition doit être voté par le parlement en vue d'ajuster le mandat des certains sénateurs en fonction de leur classement dans les résultats finaux, à quatre ou deux ans.
TITRE XV

Tableau 3.2.1.2.1.2 : proposition de révision constitutionnelle

3.2.1.2.2 : Des Pouvoirs

Le principe du « *trias politica* » ou de la séparation des pouvoirs émane de l'œuvre de Charles-Louis de Secondat, baron de La Brède et de Montesquieu, philosophe social et politique français du XVIIIe siècle. Son ouvrage « *De l'esprit des lois* » est considéré comme l'une des grandes œuvres de l'histoire de la théorie politique et de la jurisprudence. La Déclaration universelle des droits de l'homme, et beaucoup de constitutions dans le monde s'en inspire. Selon ce modèle, l'autorité politique de l'Etat est divisée en pouvoirs législatif, exécutif et judiciaire. Pour promouvoir le plus efficacement la liberté, ces trois pouvoirs doivent être séparés et agir de manière indépendante, indique Montesquieu.

> « *La démocratie et l'aristocratie ne sont point des États libres par leur nature. La liberté politique ne se trouve que dans les gouvernements modérés. Mais elle n'est pas toujours dans les Etats modérés ; elle n'y est que lorsqu'on n'abuse pas du pouvoir ; mais c'est une expérience éternelle que tout homme qui a du pouvoir est porté à en abuser ; il va jusqu'à ce qu'il trouve des limites. Qui le dirait ! La vertu même a besoin de limites.*
>
> *Pour qu'on ne puisse abuser du pouvoir, il faut que, par la disposition des choses, le pouvoir arrête le pouvoir. Une constitution peut être telle que personne ne sera contraint de faire les choses auxquelles la loi ne l'oblige pas, et à ne point faire celles que la loi lui permet.* »

Charles de Secondat de Montesquieu

De l'esprit des lois

3.2.1.2.2.1 : Du Pouvoir Législatif

Dans un Etat moderne, le pouvoir législatif joue un rôle prééminent. Les traditions despotiques des monarques et des présidents-tyrans ayant trop longuement été la règle, les démagogues continuent toujours d'y chercher refuge. Si la branche judiciaire se confine certaine fois dans un rôle correctionnel ou punitif, le pouvoir législatif est plus efficace dans son rôle de régulateur, autrement dit de préventif. Par nature, l'exécutif est un monstre, il faut les deux autres pouvoirs pour le ternir en laisse. *« Tout pouvoir implique des responsabilités »,* dit Voltaire. Dans de nombreux Etats du globe, en dépit des pouvoirs dont il dispose, le corps législatif ne se montre pas toujours à la hauteur des attentes de la société. La corruption ou l'excès de pouvoir empoisonne trop souvent la vie publique.

Position du problème

Le corps législatif haïtien manque souvent de légitimité, lorsqu'il ne se réduise tout simplement à une caisse de résonnance du pouvoir exécutif et de ses commanditaires. L'absence d'élection régulière pour renouveler les chambres semble implicitement arranger tous les acteurs, qu'il s'agisse de agences internationales, des ambassades, de la frange radicale de l'oligarchie, ou des politiciens. Dans un pays, où les abus de pouvoir et tout autre type d'abus contre les plus faibles sont légions, où les juges sont aussi incompétents que corrompus, la garantie d'immunité attise la convoitise.

L'immunité dont bénéficient les membres du corps législatif en Haïti, attire surtout les truands. Alors que Manuel Noriega, Président du Panama est arrêté et extrait de son palais, puis jeté en prison aux Etats-Unis, un premier ministre haïtien (2004-2006) dont le neveu se trouvait dans le collimateur de la DEA (de l'anglais : *Drug Enforcement Administration*) ne s'embarrassé guère de principe et lui conseille de se faire élire sénateur en vue échapper à d'éventuelles poursuites. D'après des câbles diplomatiques révélés par Wikileaks, la tactique serait payante. Les connections dépasseraient même le cadre de l'immunité parlementaire, certains sans aucun scrupule se rendent régulièrement dans une ambassade pour lui faire leurs rapports.

Note : *Il importe, en toute bonne foi, de rappeler que la publication des câbles par Wikileaks a aussi révélé que le sénateur susmentionné (sans le nommer) avait été victime de la dangereuse et perverse collusion qui existe entre des ploutocrates et des ambassadeurs (cacocrates) accrédités à Port-au-Prince.*

Ceci relève des subtilités juridictionnelles, voire des contradictions entre certaines agences extraterritoriales. Des barons mexicains de la drogue, arrêtés aux Etats-Unis, ont été relâchés dans des conditions troublantes, ils semblent tous avoir travaillé secrètement pour une certaine agence renseignement. L'affaire des Contras [*Nicaragua-Reagan*] qui s'est ébruitée au début des années quatre-vingt prouve que le même avion contracté par la CIA et qui délivre des armes et des munitions au Contra, délivre aussi en retour de la cocaïne aux Etats-Unis. Comment alors s'étonner qu'Haïti soit toujours sur la liste des pays-trafiquants, deux décades après que le Président haïtien (1996-2001) outrepassant ses pouvoirs ait accordé pleins droits à Washington pour traquer et déporter les trafiquants, à l'intérieur des limites territoriales haïtiennes.

Indépendamment du caractère ou de l'intégrité des individus qui le composent, le corps législatif demeure une institution essentielle, voire indispensable à la reconstitution du continuum nation-Etat. Même aux Etats-Unis, où il existe une vibrante démocratie, ce sont les groupes d'intérêt représentés par des lobbyistes - *féroces et corrompus* – qui font pirouetter les députés et sénateurs. En fait, ils y mettent le prix. En Haïti, il existe des signes évidents que des groupes similaires ne se contentent pas de contrôler le corps législatif, cela leur semble coûteux, voire trop couteux - *trop d'interlocuteurs ou d'intermédiaires* -. Ces groupes s'associent plutôt au chef de l'exécutif et neutralisent les parlementaires en utilisant certaine fois la politique de l'usure, c'est-à-dire en ignorant - *ou en violant* - la constitution qui exige des élections régulières tous les deux ans.

Conditions initiales

Contrairement à la méthode cavalière et peu orthodoxe employée pour éliminer les forces Armées d'Haïti, lorsque des institutions s'avèrent vitales pour le continuum nation-Etat, il importe de se débarrasser des indésirables c'est-à-dire des incompétents et des corrompus tout en préservant les institutions. S'il fallait écarter toutes les institutions qui se trouvent gangrenée par l'incompétence et la corruption la présidence, la Primature, la police, la justice etc., n'existeraient plus. Pour rendre le parlement utile - *voire non nuisible* - à la société, il faut le repenser, le réformer ou le renforcer par une révision constitutionnelle si nécessaire, et par l'élaboration de politiques publiques appropriées.

Loi organique interne

Les lois organiques internes du sénat et de la chambre des députés, ainsi que leurs processus de révision, nécessitent d'être définies et rendues public. Elles pourraient contenir entre autres, les dispositions suivantes :

- L'état des présences de chaque parlementaire doit être public ;
- L'état de vote de chaque parlementaire doit être public ;
- Etc.

- Le Sénat et la Chambre des députés constituent l'instance de contrôle la plus puissance dont la nation dispose. Il est impérieux que leur indépendance soit garantie.
- Chaque parlementaire dispose du privilège de se doter d'un cabinet privé. Dont le nombre, les compétences et les traitements sont déterminés par les lois régissant la matière.
- Le dossier de chaque parlementaire et de chaque membre de son cabinet relève de l'office du parlement, incluant indistinctement tout traitement : salaire, assurance, logement etc.

Secrétariat Général du Parlement

A l'instar du pourvoir Exécutif, le pouvoir législatif exerce une fonction essentiellement politique. Dans les sociétés modernes, ces deux branches de l'Etat ne s'entendent pas toujours sur tout, elles s'affrontent parfois par des décisions ou par des stratégies politiques interposées. Le processus de délibération est indispensable en démocratie. Il convient de préserver l'indépendance et l'égalité du pouvoir Législatif vis-à-vis du pouvoir Exécutif qui souvent initie les hostilités lorsqu'il est acculé. La vocation constitutionnelle du Législatif est de contrôler l'Exécutif. Toute collusion entre ces deux branches ou tout débordement de pouvoir dans un sens ou dans l'autre risque de fragiliser l'Etat.

Dénommé aussi Secrétariat Général du Pouvoir Législatif, le Secrétariat Général du Parlement est un organe de l'Administration d'Etat. Il représente l'Office ou l'Organe exécutif du parlement, à l'instar de l'Office de la présidence par exemple. Son fonctionnement est régi par de nouvelles lois organiques, avec quelques accommodations aux règlements internes des chambres, dans le but de maintenir l'indépendance du pouvoir Législatif. Son secrétaire général et son secrétaire général adjoint sont désignés par le Président [d'Haïti] et soumis à la ratification des deux chambres du parlement. Les autres postes doivent être comblés suivant les lois régissant l'Administration publique. Le secrétaire général et le secrétaire général adjoint de l'Office du Parlement rapportent directement aux commissions des deux chambres formées à cet effet, conformément aux lois organiques parlementaires.

Le parlement haïtien n'a jamais su se hisser à la hauteur de ses responsabilités. Contrairement aux pratiques courantes, les parlementaires sont interdits de toute implication directe dans la gestion de fonds publics. Cette tâche incombe désormais au Secrétariat Général du Pouvoir Législatif. Ils ne doivent avoir accès qu'à leur salaire et traitement clairement indiqués dans des lois organiques.

Il incombe à l'Office du Parlement de veiller au bon fonctionnement des organes du pouvoir législatif, sans directement influencer l'ordre législatif. Il s'occupe de la logistique dans son acception la plus étendue : sécurité, mobiliers et équipements, immobilier, transport, budget, administration, ressources humaines, etc.

Les dispositions précédentes ne doivent en aucun cas porter atteinte à l'indépendance du pouvoir législatif. Il importe de prémunir ou de protéger le pouvoir législatif, particulièrement les sénateurs et les députés contre toute pratique de gestion directe de deniers publics, qui serait de nature à fragiliser l'exercice du pouvoir législatif. Autrement dit, la gestion de deniers publics demeure l'apanage du pouvoir exécutif, qui est tenu d'en rendre compte au parlement, et devant la justice s'il y a lieu.

Les principaux organes du pouvoir législatif sont le sénat, la chambre des députés. Sans en être un organe, une institution indépendante comme l'Autorité de Contrôle Administratif et Judiciaire des politiques publiques est indispensable au parlement dans son rôle de contrôle du pouvoir exécutif dans la mesure où le parlement lui-même n'exercice aucun rôle administratif en dehors de ses prérogatives, comme indiqué plus haut.

Les étudiants finissants en science politique, sociales, ou juridiques des universités publiques doivent compléter douze (12) mois d'internat. Les règlements internes du sénat et de la chambre des députés définissent la procédure pour conduire les premières interviews.

Note :

Sur le plan de la gouvernance, les affaires internes du Sénat et de la Chambre des députés ne demeurent pas moins archaïques que celles des autres instances de l'Etat. La débâcle ou le sabotage de la révision constitutionnelle de 2010-2011 en est indicateur. Toute décision du parlement doit être consignée [*copie conforme*] aux archives de l'office du parlement avant d'être acheminée s'il y a lieu à l'Exécutif pour les suites nécessaires.

L'utilisation judicieuse des méthodes de gouvernance, et l'apport de la technologie de l'information favorisent entre autres, le contrôle des présences, le contrôle de management de votes, des e-mails, un espace de stockage de données, un espace blog personnel, etc. Sans oublier le programme de pétition citoyenne.

3.2.1.2.2.2 : Du Pouvoir Judiciaire

Le pouvoir judiciaire est exercé par une Cour de Cassation, les Cours d'Appel, les tribunaux de première instance, les tribunaux de paix et les tribunaux spéciaux. Contrairement à certains pays modernes, l'instance chargée d'interpréter la constitution et de trancher certains conflits semble manquer toujours à l'appel. A défaut, cette tâche incombe à la Cour de Cassation.

Si l'Etat était un match de football, le pouvoir judiciaire en serait l'arbitre qui aide à régler les différends, et qui sanctionne s'il y a lieu les contrevenants. Le pouvoir exécutif et le pouvoir législatif sont souvent comme les joueurs [dans le jeu] qui essayent de marquer des points contre l'autre. Le pouvoir judiciaire est là pour clarifier les règles et s'assurer que de chaque partie se comporte d'une manière convenable.

A l'instar de la théorie de Montesquieu, le pouvoir judiciaire rentre dans le cadre du processus de contrôle et de contrepoids entre les trois branches de l'Etat. Chacun des trois pouvoirs détient les moyens de s'empêcher l'un et l'autre de devenir trop puissant ou d'abuser de son pouvoir. Les prérogatives du pouvoir judiciaires lui confèrent un pouvoir spécial qui est le contrôle judiciaire. Dans les pays modernes, les deux autres pouvoirs balancent le pouvoir judiciaire en déterminant ses membres. L'exécutif les nomme et le législatif les ratifie, un juge dont toutes les décisions tombent en appel ou devant les instances supérieures aurait sans doute du mal à convaincre une majorité du sénat de sa compétence, s'il a été désigné à un post plus élevé.

Position du problème

Comme les deux autres pouvoirs de l'Etat le pouvoir judiciaire parait totalement dysfonctionnel. Son administration demeure archaïque et inefficace. Beaucoup de juges sont aussi incompétent que corrompus. La dégradation du niveau académique et moral des juges semble s'accélérer au cours des dernières décennies. Le séisme du 12 janvier semble malheureusement avoir emporté quelques-uns des juges qui avaient du caractère. Il demeure aussi évident que les juges ne sont pas exempts des abus de pouvoir du gouvernement et du Président [d'Haïti] particulièrement. Les décisions rendues par la plus haute instance du pouvoir judiciaire, c'est-à-dire la cour de cassation sont ignorées sans que les contrevenants ne soient inquiétés. L'un des cas les plus révoltants sont la décision dans l'affaire CEP contre Siméus où non seulement le Président de la cour a été limogé (de manière irrégulière) par le Président *intérimaire* d'Haïti (2004-2006), mais à un niveau moindre, le CEP n'a pas obtempéré à la décision de la cour.

Un peu plus tard, il y a eu l'affaire André Michel /Newton Saint-Juste, deux jeunes avocats, seuls mais tenaces, défiant tout un système symbolisé par la famille Présidentielle. Inédit. Pataugeant dans un népotisme vulgaire, le Président (2011-2016) nomme son épouse et son fils aîné à des postes leur donnant accès au trésor public. Il se dit offusquer et troubler par la décision du juge Jean Serge Joseph qui décide de poursuivre une plainte tout à fait légitime. Des milliards de dollars se gaspillent au nom de la modernisation d'Haïti. Alors qu'un juge se fait harceler et insulter dans l'exercice de ses fonctions par le chef de l'exécutif. Les menaces et intimidations auraient provoqué la mort du juge, d'après les témoignages de personnalité assez crédibles et proches du juge, parmi elles : un juriste et ancien sénateur, et une militante proche du mouvement syndical.

Un modèle à suivre

L'initiative des Maîtres Michel et Saint-Juste constitue un fait extraordinaire en Haïti où l'insouciance et le « *bon dieu bon* » restent l'unique réponse à la dégringolade de l'Etat. En se portant candidats, ils ternissent quelque peu l'acte héroïque qu'ils ont posé. En dépit de tout, ils ne demeurent ni plus ni moins que des héros. Le martyr Enol Florestal qui a volontairement endossé la plainte, lui aussi est un héros. Il a été jeté arbitrairement en prison pendant des mois, les abus et les tortures qu'il a endurés, les persécutions et les harcèlements judiciaires dont a été victime M. Michel, ajoutés au triste sort du juge Joseph, sont des preuves éloquentes, s'il en était besoin, que ces jeunes hommes ont consenti de sérieux sacrifices en s'en prenant à ce système pourri que la société semble tolérer malgré tout.

La faiblesse du système s'avère l'une des profitables révélations des actions de Me Michel et de Me Saint-Juste. En réalité, à part l'intimidation ou les attentats physiques telles que l'emprisonnent arbitraire et les assassinats, tant du gouvernement que des compagnies privées, le système ne semble disposer d'aucune réponse légale. Le système est si fragile, lorsque qu'il se sent acculé il déraille et tend à s'enliser, ou à commettre davantage de bêtises. Si la pression lui est maintenue, il ne fait aucun doute que le système s'écroulera de son poids propre.

L'une des raisons pour lesquelles Haïti est un Etat déliquescent, c'est sans doute parce qu'il n'y a pas suffisamment de ces jeunes hommes et femmes tels que ceux mentionnés ci-dessus, contrairement aux Etats-Unis, par exemple. Le Président américain issu des élections de 2016 est sur le point de suffoquer sous une avalanche de plaintes dont les dossiers qui sont méticuleusement montés par des juristes incluant des chercheurs et des professeurs d'universités rompus aux pratiques judiciaires. Autrement dit, si de plus en plus de citoyens, notamment de jeunes professionnels autant que d'experts charriant de nombreuses années de pratiques, s'engagent à attaquer le système sur tous les fronts, les changements arriveront plus rapidement que certains ne le pensent.

Conditions initiales

Les candidats aux postes vacants de juges de la Cour de Cassation, et de la Cour d'Appel et d'autres instances judiciaires doivent faire la déclaration de leur patrimoine en même temps que la soumission de leur dossier de candidature, incluant leur déclaration définitive d'impôts régulièrement effectués, et dans le délai fixé par la loi. Le conseil supérieur de la justice (CSPJ) doit être pourvu de ses propres membres, désignés par le Président [d'Haïti] par arrêté délibéré en Conseil des Ministres et approuvé par le Sénat. La cour de cassation et la cour supérieure de la justice sont égales et indépendante dans leurs attributions respectives. Les membres des deux cours ne sont susceptibles d'aucun contrôle sans une décision préalable de la haute cour de justice. Ainsi, l'élaboration et mise en œuvre de politiques publiques visant l'institution immédiate de la haute cour de justice s'avère impérieuse.

Les autres membres du pouvoir judiciaire relève du CSPJ. Cependant, en vue de garantir à tous un jugement impartial, lorsque des décisions du CSSPJ sont contestées par celui qui en est l'objet, à la requête de ce dernier, le dossier est transmis à la haute cour de justice pour les suites nécessaires.

La fonction de juges ne doit être soumise à aucune échéance. Ceci permet d'éviter les harcèlements venant généralement de l'exécutif à l'approche de fin de mandats des juges. La performance des juges sera déterminée en fonction de dossiers reçus/traités et du nombre de jugements maintenus ou cassés en instance supérieure. La performance des juges doit être prise en compte pour tout cas de promotion.

Il est impératif de reconsidérer le statut du juge de paix. Tout officier de police devrait disposer d'un bloc strictement contrôlé et être habilité à dresser des procès-verbaux à chaque intervention, dont copie est remise au concerné le cas échéant. Autrement dit, le policier remplit la fonction de constat du juge de paix, sauf dans le cas où le justiciable réclame la présence expresse d'un juge de paix.

Note : Pour de plus amples détails sur ces conditions initiales, voir section (réf. 3.2.1.2.1)

3.2.1.2.2.3 : Du Pouvoir Exécutif

Selon la constitution de 1987, le pouvoir exécutif est exercé par le Président [d'Haïti], et le gouvernement dont le premier ministre est le chef. Le terme « exécutif » vient du latin « *exsequor* » qui signifie : poursuivre, continuer, achever, mener à bout, exécuter, ou effectuer. L'exécutif est entre autres, chargé d'élaborer et de conduire la politique de l'Etat. Il dispose de pouvoirs spécifiques, parfois qualifiés de discrétionnaires, avec des décisions prises directement sans le consentement du parlement, notamment dans les cas de crise ou d'urgence nécessitant une action rapide. Dans d'autres cas, généralement pour des raisons d'ordre stratégique ou de sécurité nationale, des délibérations du pouvoir exécutif ne sont pas nécessairement accessibles au public ou aux médias, mais le parlement exerce en toute circonstance son droit de contrôle.

Position du problème

Malgré les contraintes introduites par la constitution de 1987 en vue d'atténuer, de contrôler les pouvoirs de l'exécutif, ou du Président [d'Haïti] particulièrement, l'archaïsme de l'exécutif demeure un dilemme que certains estiment insurmontable. La débâcle de l'exécutif est d'abord imputable à la constitution. En dépit des qualités qu'on lui reconnait, les faiblesses de la constitution résulte d'une rédaction peu professionnelle voire médiocre, tant au niveau de la forme que du fond. Compte tenu de la mauvaise foi manifeste des agents publics, la constitution et la constitution seulement peut servir de canevas ou de guide de conduite pour les pouvoirs politiques ; viennent ensuite des lois organiques, les politiques publiques, notamment les lois cadres nécessaires à l'instauration de la gouvernance en Haïti.

Manifeste pour la modernisation d'Haïti

Du continuum nation-Etat

Dans les sociétés modernes ou les élites sont essentiellement constituées des patriotes avisés et prêts à tout, même à l'ultime sacrifice pour défendre les principes, une dizaine d'articles directeurs suffisent à une constitution. Certains pays, dont l'Angleterre qui est considérée comme l'une des plus solides démocraties du monde, n'ont même pas de constitution formellement écrite. Dans les sociétés archaïques, médiévales, où l'exclusion et le clientélisme institutionnels sont la norme, il est impératif que la constitution soit la plus détaillée, la plus précise, et la plus contraignante possible pour prévenir les excès de pouvoirs.

L'indépendance fonctionnelle des trois pouvoirs est essentielle à la régulation, au contrôle et à la communication au sein du continuum nation-Etat. Le Présidentialisme - despotisme - ou la tyrannie qui perdure en dépit des timides efforts de certains, n'est nullement un accident. C'est une tactique qui fragilise et déstabilise l'Etat, mais qui reste extrêmement profitable à court terme à ceux qui la pratiquent. L'état de droit ne s'obtient pas par des mascarades électorales, où la Triade tend la main à un populiste, ou manipule les votes à la Houdini pour faire émerger le candidat qui lui semble [le plus] favorable.

Dans les sociétés modernes, certaines personnalités du gouvernement, ou issues d'autres pouvoirs peuvent opposer une résistance inexpugnable aux pratiques non-orthodoxes de l'exécutif. En Haïti cependant, greffant la précarité au manque de caractères de certains, les obscurantistes disposent toujours des bras qu'il faut pour accomplir leur sale besogne. Trop contents de trouver une position, les premiers ministres, les ministres, et les directeurs généraux posent peu ou pas de conditions avant d'entrer au gouvernement. Souvent victimes d'abus de pouvoir venant du Président [d'Haïti], ces politiques ou ces supposés autorités de l'Etat ne semblent avoir aucune connaissance de leurs propres droits. Malgré les pouvoirs énormes qui leur sont conférés par la constitution (1987), les membres du judiciaire et du législatif en particulier ne semblent opposer aucune résistance aux dérives tyrannique, despotiques voire criminelles du Président [d'Haïti], ainsi s'exposent-ils aussi malencontreusement aux d'abus d'autorité.

Conditions initiales

La constitution haïtienne de 1987 demeure encore un outil fondamental pour la modernisation de l'Etat. Malgré ses nombreuses faiblesses, des agents locaux et étrangers tentent de l'affaiblir davantage afin de permettre libre cours au présidentialisme ou au despotisme. Pour prévenir ou corriger de telles dérives les première démarches ou recommandations passe nécessairement par une révision de la constitution.

Contrôle des abus de pouvoir

L'institution de la gouvernance s'avère une condition initiale pour endiguer les abus de pouvoir. La gouvernance implique l'adoption d'un paradigme basé sur des politiques publiques, et non sur les initiatives populo-démagogiques telles que : Petit Projet de la présidence (PPP), Institut National de la Réforme Agraire (INRA), Ecole Pour Tous (EPT), Programme de Scolarisation Universelle Gratuite et Obligatoire (PSUGO), Ti Maman Chérie, Crédit Rose etc.

Le conseil des ministres est l'instance délibérante de la gouvernance. Le Président [d'Haïti] ou le Premier ministre ne peut en aucun cas limoger un membre du gouvernement ou toute personne ratifiée par le sénat. Un individu confirmé par le sénat ne peut être contraint d'abandonner son poste, sauf en cas de fautes graves, le cas échéant l'Office de la haute cour de justice se saisit de l'affaire.

Le conseil des ministres (encore moins le Président [d'Haïti]) ne peut en aucun cas adopter ni signer de décret-loi, sauf et seulement en cas de catastrophe majeure empêchant le fonctionnement du parlement ; le cas échéant tout décret-loi devient automatiquement caduc dès que le parlement se reconstitue *(Proposition de loi constitutionnelle : article 136.2)*.

Note : Les lois organiques et les politiques publiques déterminent l'organisation et le fonctionnement des organes du pouvoir exécutifs. De plus amples détails sur les conditions initiales, sont disponibles à la section consacrée à la révision constitutionnelle.

De la sanctification de la constitution

Depuis les turbulences de 2004 qui ont abouti à la déportation de celui qui était alors Président [d'Haïti], et au déferlement de violence qui a embrasé le centre commercial de Port-au-Prince, certaines personnalités qui auraient dû être des guides, pour ne pas dire des sages, se trompant sans doute de bonne foi, se sont laissé aller jusqu'à réclamer une nouvelle constitution. La tentation de créer une nouvelle constitution à chaque turbulence encourage et invite à violer la constitution. Toute constitution ainsi crée porterait les germes de sa destruction.

Si après décès pour quelque cause que ce soit (maladie, accident, meurtre etc.) il était possible de prélever l'ADN de l'individu et de le recréer à l'identique (y compris ses souvenirs, ses défauts et ses qualités), les conséquences morales seraient sans proportion aucune. Ceci ne constitue nullement un endossement de la position hypocrite de certaines institutions - *généralement occidentales et religieuses* - sur ce sujet. Le caractère sacré de la vie encourage et commande les sociétés modernes à tout entreprendre en vue de protéger et de préserver la vie des citoyens. Le fait de savoir que la disparition d'un semblable ou d'un proche est irréversible valorise davantage chaque seconde passée en sa compagnie, et alimente la flamme de sentiments dont aucun concept, aucun mot ne peut expliquer.

Toute proportion gardée, il en est de même, du caractère sacré et de l'inviolabilité de la constitution. Le slogan « *konstitisyon se papye bayonèt se fè* », traduit s'il en était besoin la désacralisation de la constitution. Haïti a connu plus d'une vingtaine de constitutions alors que le plus vieil Etat du continent et le plus puissant du monde n'en a connue qu'une. Le 7 février 1986 devait augurer un ordre nouveau dans le système politique haïtien, après plus de 30 ans d'anti-gouvernance, ce rêve devient un interminable cauchemar.

Au lendemain de février 1986, trois décennies s'avéraient amplement suffisantes pour remettre le pays sur les rails de la modernisation. Cependant chaque quinquennat passé sans aucun effort de reconstitution du continuum nation-Etat contribue à éloigner cette échéance de façon vertigineuse. Le mépris de la constitution de 1987 expliquerait en partie l'Etat de déliquescence de l'Etat. L'absence de politiques publiques, la répétition de mascarades électorales et des événements souvent sanglant qui s'en suivent, les dilapidations de fonds publics, les incarcérations illégales et les exécutions sommaires, les déclarations publiques intempestives rejetant l'anti-gouvernance sur la constitution, sont autant de signes avant-coureurs de l'amendement inconstitutionnel perpétré en 2011. La sanctification de la constitution de 1987 est la condition primordiale pour instituer l'état de droit. Toute velléité de fragiliser davantage la constitution ou d'en créer une nouvelle, n'alimente que le feu des fourneaux incinérant les constitutions.

3.2.2 : De la souveraineté

La souveraineté est le principe de l'autorité suprême. En matière politique, la souveraineté est le droit absolu d'exercer une autorité - *législative, judiciaire, et exécutive* - sur un territoire. D'après les dictionnaires Larousse, la souveraineté est le pouvoir suprême reconnu à l'État, qui implique l'exclusivité de sa compétence sur le territoire national – *c'est* la *souveraineté interne* - et son indépendance absolue dans l'ordre international où il n'est limité que par ses propres engagements – *c'est la souveraineté externe.*

L'article 58 de la Constitution haïtienne de 1987 dispose que la souveraineté nationale réside dans l'universalité des citoyens. Les citoyens exercent directement les prérogatives de la souveraineté par :

a)   L'élection du Président [de la République] ;
b)   L'élection des membres du Pouvoir législatif ;
c)   L'élection des membres de tous autres corps ou de toutes assemblées prévues par la constitution et par la loi.

Au-delà des prérogatives populaires, la souveraineté interne implique des forces armées nationales répondant adéquatement aux menaces et aux exigences de défense et de protection du territoire, sans mentionner le rôle non négligeable de la dissuasion. Dans des Etats modernes, les forces armées militaires dépendent directement du pouvoir exécutif, tout en étant scrupuleusement contrôlées par le pouvoir législatif. En matière de politique publique, notamment de sécurité publique ou d'intervention en cas de flagrants délits et de prévention des crimes, les forces armées de police opèrent généralement sous contrôle de l'exécutif ou du ministère de la justice. Néanmoins tous cas d'arrestation ou de détention doit être déféré à la justice dans le délai imparti par la constitution et la loi.

La souveraineté externe qui relève de la politique extérieure, est exercée par une flopée d'organes diplomatiques rattachés au ministère des affaires extérieures. L'appareil diplomatique dépend directement du pouvoir exécutif et est aussi activement contrôlé par le pouvoir législatif, il représente souvent un important rempart en matière de défense nationale, si non le dernier rempart avant de passer à la dialectique des armes. Aux cours des hostilités armées, l'arme de la dialectique ne se tai point. Autrement dit, pendant que les soldats s'entretuent, les diplomates se coupent les cheveux quatre.

Dans l'espace fini de l'état de droit, la souveraineté est inextricablement liée à la modernisation sociale et à la modernisation économique. Si l'on se rappelle que le continuum nation-Etat étant une évolution du continuum individu-nation, on comprend mieux l'influence, voire la proéminence de l'individu ou du citoyen en ce qui a trait à la souveraineté de l'Etat. La souveraineté implique directement certains systèmes ou certains domaines, tels que :

- La justice,
- Les relations extérieures,
- L'intérieure,
- La défense,
- La sécurité publique,
- L'administration
- Etc.

3.2.2.1 : De la Justice

La protection des droits, la poursuite et la répression des crimes en toute équité, constitue l'essentiel de la finalité de la justice. Il n'existe aucune raison de douter que tout système de justice aspire à accomplir honorablement et proprement sa finalité en appliquant scrupuleusement et de manière impartiale les lois. Il demeure néanmoins que des lois tout-à-fait injustes existent. Alors qu'est-ce que l'état de droit si les lois sont injustes ?

L'état de droit désigne le principe de gouvernance en vertu duquel l'ensemble des individus, des institutions et des entités publiques et privées, y compris l'État lui-même, ont à répondre de l'observation de lois promulguées publiquement, appliquées de façon identique pour tous et administrées de manière indépendante, et compatibles aux règles et normes internationales en matière de droits de l'homme.

Les régimes se succédant au pouvoir en Haïti demeurent les premiers prédateurs de la justice - *droits, biens, vies et libertés* -, ils la veulent faible et maintenue dans la précarité dans le but de la manipuler et l'instrumentaliser contre de potentiels adversaires, ou contre tous ceux qui seraient perçus comme une menace quelconque. Beaucoup d'organisations disent travailler à la modernisation de la justice haïtienne, plus d'un quart de siècle plus tard, près des trois quarts des gens en prisons, y sont illégalement.

La finalité première du ministère de la justice est d'élaborer et de mettre en œuvre la politique de justice de l'Etat à travers des programmes sous-tendus par des politiques publiques dûment élaborés et rigoureusement implémentés. Il assure la protection des victimes d'infraction, qu'il aide et défend au nom de la société, il dirige la politique pénale, lutte contre la criminalité organisée, garantit l'accès équitable au droit et à la Justice, etc. Il prépare les textes de lois et les règlements dans certains domaines, incluant la justice civile, la justice pénale, etc. Avec l'évolution des sociétés, le système de justice doit être aussi dynamique qu'évolutif, proche des citoyens, accessible, efficace et soucieux de l'intérêt public.

L'Etat de droit ne saurait se réduire à un slogan ni à un ensemble de mesures éparses ou arbitraires. Le ministère de la justice assure la primauté du droit au sein de la société et y maintenir un système de justice qui soit à la fois digne de confiance et intègre afin de favoriser le respect des droits individuels et collectifs. Ce ministère organise la logistique de la Justice, incluant : le personnel, les équipements, l'infrastructure immobilière et technologique, l'informatique et les systèmes information, etc.

3.2.2.1.1 : Position du Problème

Les abus de pouvoir, le harcèlement judiciaire et autres intimidations du même genre, l'emprisonnement arbitraire, etc., s'érige en norme en Haïti. Les plus puissant s'en usent sans retenu. Les abus s'exercent de certains particuliers à d'autres, de certains des groupes dominants à d'autres des couches défavorisées, ou de membres influents du pouvoir à des citoyens qui refusent d'accepter la tyrannie.

La justice reste l'apanage des juges, elle est administrée (dispensée) par le pouvoir judiciaire. Généralement corrompus et incompétents, les juges ne sont pas à l'abri de la tyrannie du pouvoir exécutif. Ils sont souvent l'objet d'abus de pouvoir, incluant des menaces et des intimidations émanant du Président [d'Haïti] et de ses complices. Le pouvoir législatif [*non moins corrompu*] ayant failli à sa tâche de contrôle, il n'existe aucune politique publique, aucune gouvernance budgétaire qui puisse aider à juguler ces dérives. Laissant ainsi libre champ à l'exécutif qui utilise le levier de la bourse pour intimider les juges, en récompensant certains et punissant d'autres.

Toute la propagande qui se fait au nom de la réforme de la justice au cours de ce dernier quart de siècle, et tous les prédateurs ou imposteurs vivant de ces soi-disant réformes obéissent aux lois des systèmes. Les systèmes se maintiennent, se reproduisent et se défendent. De façon nominale, la police est l'auxiliaire de la justice mais la présidence et ses alliés en font une force armée au service de la tyrannie. L'usage abusif des juges de paix dénote l'archaïsme voire la barbarie de la société d'Haïti. Dans la nuit du 12 au 13 novembre 2014, une vedette de la radio diffusion, en proie à une crise d'asthme s'est écroulé avant de pouvoir récupérer sa pompe. Les services d'urgence ou de secours n'existant pas, il n'a y probablement eu aucun effort pour le ressusciter. Il a fallu plutôt attendre un juge de paix sans aucune expertise médicale ni appareils appropriés pour « *prononcer la mort* » du personnage en question. Combien de ces individus inertes et déclarés mort dans ces conditions horribles, sont finalement abandonnés à une mort cruelle ou jetés à la morgue sans autre forme de procès.

Le ministère de la justice est un ministère régalien ; autrement dit ces attributions rentrent dans le cadre des fonctions régalienne. Quand la souveraineté nationale est mise à mal, la justice en pâtit. La gouvernance du système judiciaire n'est pas assurée en Haïti. Il n'existe aucune politique publique en matière de justice dans le pays. La plupart des codes de lois sont archaïques, surannés. Les infrastructures sont délabrées et les ressources humaines inadéquates.

3.2.2.1.2 : Métaheuristique

La finalité de la Justice consiste à moderniser le secteur, garantir l'égalité des individus au regard de la loi, sans discrimination aucune. Cela implique entre autres, de rendre justice à tout justiciable sans considération de rang, de sexe, de religion, de pouvoir, de fortune, etc. Cette finalité est tributaire de finalités de rang plus élevé du continuum nation-Etat, telle celle qui consistent à élever la Justice au rang de pouvoir égal et indépendant des deux autres. Cette démarche implique ainsi une révision de la constitution de 1987.

« *La justice reflète l'ordre* », selon le philosophe grec Platon. Dans un Etat moderne, la police est le gardien immédiat de l'ordre. Ainsi, la Justice et la Police constituent des services publics dans toute l'acception du terme, c'est-à-dire des disponibles et accessibles à tous, dans l'intérêt général.

Modélisation

Conformément à la théorie du continuum nation-Etat, le système judiciaire doit émaner d'un pouvoir égal et indépendant des autres pouvoirs. A toutes les instances, le mandat du juge est désormais illimité. Le juge demeure inamovible tant qu'il ne transgresse ni la morale ou ni la loi. L'indépendance ou la modernisation de la justice implique également la modernisation de la police.

3.2.2.1.2.1 : Conditions initiales

A l'instar de tous les autres systèmes observés, celui de la justice se trouve sclérosé par l'incompétence et la corruption. La référence à une pathologie aussi sévère que la sclérose risque de paraître hyperbolique, mais la réalité de la société haïtienne n'en demeure pas moins sévère. La sclérose en plaque par exemple est une maladie où la gaine d'isolation des cellules nerveuses du cerveau et de la moelle épinière [*myéline*] est endommagée. Ils en résultent des lésions altérant la capacité des différentes parties du système nerveux à communiquer entre elles ; suivent alors les symptômes physiques et mentaux. Dans les sociétés modernes la justice constitue le système nerveux central, l'état de droit repose sur l'efficacité de la justice, et les politiques publiques n'ont aucune garantie en dehors de l'état de droit.

La gouvernance du système judicaire requiert au minimum, l'élaboration d'une politique judiciaire dont les détails ne peuvent émerger qu'à travers l'élaboration des politiques publiques cohérentes en matière de justice. Les problèmes sont légions, mais les réponses se font toujours attendre. Les arrestations arbitraires, les détentions préventives prolongées, la problématique des juges de paix et celui des huissiers, pour n'en citer que ceux-là, constituent autant de problèmes que la démagogie et le populisme ne pourront jamais résoudre.

La proposition de révision constitutionnelle [réf. :3.2.1.2.1] préconise entres autres que la nomination des fonctionnaires appartenant aux trois premières catégories, notamment le Ministre de la Justice et les Commissaires du Gouvernement, nécessite l'approbation du Sénat [d'Haïti]. Ces dispositions permettent de contrôler l'influence de l'exécutif sur le judiciaire, dans la mesure où ces fonctionnaires ne pourront pas être limogés abusivement. Le parquet de Port-au-Prince à lui seule a connu une dizaine de Commissaires du Gouvernement en un temps moindre que le laps de temps que dure le mandat du Président d'Haïti [*2011-2016*].

Suite indicative mais non exhaustive de conditions initiales

Cette section présente une suite indicative mais non exhaustive d'organismes, de programmes sous-tendus par des politiques publiques devant constituer l'ossature de la politique judiciaire et de la gouvernance du secteur :

Du ministère de la justice

La justice étant avant tout un service public, il incombe au Ministère de la justice de veiller à la bonne marche des organes du Pouvoir Judiciaire en vue garantir la dispensation et à la distribution équitable de la justice, sans directement influencer l'ordre [*juridictionnel*] judiciaire. Le Ministère s'occupe, entre autres, de la logistique dans son acception la plus étendue : Sécurité, Mobiliers et équipements, immobilier, transport, budget, administration, ressources humaines, etc.

Les dispositions précédentes ne doivent en aucun cas porter atteinte à l'indépendance du pouvoir judiciaire. Il importe de prémunir ou de protéger le pouvoir judiciaire, particulièrement les juges contre toute pratique, devant relever du pouvoir exécutif, qui serait de nature à fragiliser l'exercice de la justice. Autrement dit, la gestion de deniers publics demeure l'apanage du pouvoir exécutif, qui est tenu d'en rendre compte au parlement, et devant la justice le cas échéant.

Les principaux organes du pouvoir judiciaire sont les cours et tribunaux. Ils sont dotés d'un secrétariat allégeant le travail des juges sur le plan de la gestion des dossiers et de la paperasserie en générale, y compris les archives. A la fin des leurs études, des étudiants en sciences sociales ou politiques des universités publiques doivent compléter au moins douze (12) mois d'internat. Les juges des instances les plus élevées ont le privilège de conduire les premières interviews et avoir du coup la chance d'en choisir les meilleurs internes.

Le Conseil Supérieur du Pouvoir Judiciaire (CSPJ) n'est qu'une imposture comme il est généralement coutume en Haïti, les problèmes ne sont jamais posés convenablement ; des agents étrangers et haïtiens au cerveau engourdi recourent toujours aux saupoudrages. Ils se cherchent des occasions leur permettant de liquider des fonds et d'en préparer des rapports favorables ; un organisme par-ci, souvent sans loi organique, et une loi par-là, mais jamais de politiques publiques adéquates.

Le ministère de la justice doit élaborer et mettre en œuvre des politiques publiques adéquates en matière de gouvernance du pouvoir judiciaire, sans influencer les décisions judiciaires. La gouvernance doit se porter strictement sur le plan de la logistique en vue de rendre plus agréable et mieux disponible ce service public qui est la justice.

Il convient par exemple de disposer de politiques publiques adéquates pour construire, équiper, maintenir et entretenir les tribunaux en fonction de la taille de la population à desservir, y compris des systèmes d'information à la pointe de la technologie, des systèmes audio-visuels, des véhicules etc...

Pour rendre par exemple utile le CSPJ, il faut qu'il soit un conseil indépendant dont les membres sont nommés sous la base de loi organique propre et de politiques publiques formellement établies. La tâche fondamentale du CSPJ est d'assurer l'inspection des instances judiciaires. Lorsque le CSPJ reçoit des plaintes contre un juge, il statue d'abord sur le bien-fondé de la plainte et réclame le cas échéant une enquête approfondie du ministère de la justice par l'organe de l'Office National d'Investigations avant de rendre un arrêt sur la basé exclusivement sur des faits.

Du Ministre de la Justice

Le ministre de la justice est désormais le principal conseiller légal et officiel du pouvoir Exécutif, y compris le conseil des ministres. Pour être spécifique, le ministre de la justice conseille entre autres le Président et le Premier ministre [d'Haïti], mais il ne peut en aucun cas recevoir d'ordre d'eux dans le cadre de dossiers judiciaire. L'exécutif n'est pas tenu de suivre les conseils du ministre de la justice, le cas échéant, les signataires de toute décision y relative en portent personnellement la responsabilité, dans la mesure où le ministre de la justice soumet officiellement un mémorandum faisant formellement part de son désaccord à ses collègues du conseil des ministres.

Des Juges

Le juge est un magistrat qui remplit une fonction de jugement et non d'arbitrage dans une plaidoirie, qui est donc chargé de trancher les litiges opposant des parties, ou des plaideurs, qui peuvent être des collectivités revêtues par la loi de la personnalité juridique, dite personnalité morale, dans le cadre d'une procédure dont la mise en œuvre constitue le procès. Il existe plusieurs catégories de juges. La décision du juge est appelée généralement jugement devant les tribunaux, et arrêt devant les cours supérieures.

Les juges haïtiens sont à la fois corrompus et incompétents, les quelques exceptions qui subsistent ne peuvent que corroborer cette assertion. Souvent, ils n'ont ni la formation ni la qualité nécessaire pour être juges. Certains n'ont même pas le niveau d'instruction adéquat. En nombre insuffisant, leur salaire nominal reste dérisoire, ne bénéficiant d'aucun respect, mal-aimés, non protégés, ils sont abandonnés à merci des criminels qui jouissent souvent de la complicité du pouvoir exécutif. Leur emploi reste très précaire, certains sont limogés sans aucune considération ; d'autre à cause de la limite de leur mandat sont l'objet de chantage au moment de considérer leur reconduction.

Par arrêté délibéré en Conseil des Ministres, le Président [d'Haïti] désigne les juges. Aucun juge ne peut entrer en fonction sans l'approbation du Sénat. Ceci vaut autant pour les juges de la Cour de Cassation et des Cours spéciales que pour ceux des Cours d'appel, des Tribunaux de Première Instance, et des Tribunaux de Paix.

Tout juge doit avoir une formation académique de base juridique, et au minimum trois (3) années d'expérience en qualité de juriste, et affilié à un des barreaux [d'Haïti] ; ce pour favoriser le processus d'intégration et promotion des juges d'une cour à une autre.

La promotion d'un juge ne peut se faire qu'avec son consentement, et sur la base de sa performance suivant des critères objectifs tels que : nombre d'année dans la magistrature, formation continue, nombre moyen de jugements ou d'arrêts rendus n'ayant pas été cassé par une autre instance.

Tous les juges sont nommés pour une durée indéterminée, ils sont passibles de la haute cour de justice.

Du Ministère Public

Le Ministère Public est responsable de l'exercice coordonné de l'action publique. A cette fin, le procureur définit la politique présidant à la poursuite des infractions. Le Ministère public reçoit les plaintes et les dénonciations d'infractions pénales.

Il est chargé de conduire la procédure préliminaire, puis de soutenir l'accusation lors du procès. Le parquet reste une agence fondamentale dans le déploiement de la politique judiciaire. Le

Commissaire du Gouvernement n'étant plus soumis aux caprices du Ministre de la justice - ou du Président [d'Haïti] -, les parquets, particulièrement celui de Port-au-Prince sont en mesure de d'administrer la justice dans toute sa plénitude.

Des Tribunaux

Des Tribunaux de Paix

Les Tribunaux de paix constituent le premier palier de l'organisation judiciaire haïtienne. Il en existe presque un par commune. Chaque tribunal de paix est composé d'un juge, d'au moins un suppléant juge, et d'un greffier. Dans tout cas relevant de la compétence du juge de paix, ce dernier se pose en juge conciliateur en vue d'amener les parties à trouver un arrangement pour éteindre le conflit qui les oppose.

Chaque officier de police peut aussi faire office de juge de paix dans la mesure où il est toujours muni d'un bloc strictement règlementé de formulaires de procès-verbal, moyennant qu'il soit en service et en uniforme. De plus amples détails sont disponibles dans la rubrique consacrée à la Police Nationale d'Haïti.

Des Tribunaux de Première Instance

Il existe dix-huit Tribunaux de première instance répartis à travers les dix départements géographiques [d'Haïti]. Il en faudrait un par commune.

Les Tribunaux de première instance pour jugent les affaires civiles, elles peuvent aussi sanctionner les troubles à l'ordre social, résultant de la violation des clauses de la loi pénale. Dans ce cas, il s'agit de juridictions pénales.

Des Cours d'Appel

Tout justiciable insatisfait du jugement rendu en première instance peut obtenir, sous certaines conditions, que le litige soit jugé une nouvelle fois, en droit et en fait, par une juridiction de degré supérieur dans le ressort de laquelle se trouve le tribunal qui a statué. Cette juridiction est saisie du litige par l'effet dévolutif de la voie de recours, l'appel, exercée à l'encontre du jugement querellé. Le nombre de juges préposés à une cour d'appel doit tenir compte de la taille de la population justiciable.

De la Cour de Cassation

La Cour de Cassation perche au sommet de la pyramide judiciaire haïtienne. Elle serait l'équivalent de la Cour Suprême des Etats-Unis d'Amérique, toute proportion gardée.

Les cas de détention préventive prolongée que continue de dénoncer en vain les agents du système constituent une manifestation typique de la corruption et de l'incompétence. Rendre justice à qui justice est due nécessite des objectifs cohérents et des politiques publiques adéquates, sous-tendus par un système de pensée et un système de valeur. Le décret paru dans le Moniteur numéro 67 du 24 août 1995 s'avère très éloigné du compte.

Du Corps National de Police

Il incombe aux pouvoirs publics de garantir la sécurité publique et d'éviter les altérations de l'ordre social. La sécurité publique implique que les citoyens d'une même région puissent cohabiter en harmonie, où chacun respecte les droits individuels d'autrui. En ce sens, la sécurité publique est un service universel puisqu'il importe de protéger l'intégrité physique de tous les citoyens et de leurs biens, sans exclusive. Pour ce faire, il existe les forces de sécurité publique telles que la police [*et au besoin la gendarmerie*], qui travaillent pour et en collaboration avec le pouvoir judiciaire.

Les forces de sécurité publique se veulent de prévenir tout genre de délits et de les réprimer une fois en cours. Il leur appartient également de poursuivre les délinquants et de les livrer à la Justice, qui se chargera d'établir les punitions correspondantes conformément à la loi. La sécurité publique dépend aussi de l'efficacité de la police, du fonctionnement du Pouvoir Judiciaire, des politiques publiques et des conditions sociales. Le débat par rapport à l'incidence de la pauvreté sur la sécurité publique demeure polémique, bien que la plupart des spécialistes établisse un rapport entre le taux de pauvreté et la quantité de délits.

- Réforme de la police
  - o Arrêt la prolifération d'unité à l'intérieure de la police sans une politique de sécurité définie. Abandon des pratiques alimentant le chaos au sein de cette institution déjà inefficace et corrompue. Révision de la loi créant la police nationale.
  - o La dénomination ridicule des grades tels qu'Agent1, Agent2, etc... dénote une peur irrationnelle de tout ce qui ressemblerait à l'armé, alors que des militaires étrangers pavoisent sur le territoire national. La notion de grades militaires tels que *sergent, lieutenant, capitaine etc...* étant universelle aux forces armées, elle garantit l'harmonie et le respect spontané de la hiérarchie, la proposition de révision constitutionnelle préconise la formalisation de poste de Directeur Général de la Police qui n'est pas tenu d'être préalablement membre de la police.

o Le niveau minimum d'instruction pour s'inscrire dans la force de police doit être le diplôme d'études secondaires I (DES1). La promotion dans la police se fait suivant une combinaison pondérée incluant : expérience, performance, niveau d'étude et éducation continue.

o En fonction de multiples éléments de contrôle introduit de façon systémique, la police peut s'affranchir des abus de pouvoir du Président [d'Haïti] et de ses complices, et ainsi jouer plus effacement son rôle de serviteur et de protecteur. Tout officier de police en service et en uniforme peut remplir la tâche préliminaire des juges de paix, muni de bloc-notes strictement contrôlés, et de caméra le cas échéant il dresse des procès-verbaux.

Obligation de créer des lois préalables à la création de toute nouvelle unité ou dénomination au sein de la police nationale.

Office National d'Enquête Judiciaire

Toute proportion gardée, l'Office Nationale d'Enquête Judiciaire serait l'équivalent du Bureau Fédéral d'Investigations des Etats-Unis d'Amérique. L'office travail pour le compte du ministère de la justice et des parquets. Chaque ministère et organisme est pourvu de ses propres services d'inspections et d'Audit, lorsque des anomalies ou des fautes ou négligences sont révélées, ces dossiers sont acheminés aux parquets pour les suites nécessaires. Une enquête peut éventuellement conduire à d'autres, cependant l'incursion dans la vie privée d'une personne physique ou morale doit être préalablement autorisée par un juge, dans le strict cadre de l'état de droit.

Comme tout autre organisme public, l'Office est indépendant, ses officiels et ses enquêteurs sont responsables de leurs décisions. Des programmes sous-tendus par des politiques publiques déterminent le fonctionnement organique et le mode d'engagement de l'Office Nationale d'Enquête Judiciaire.

Politique carcérale

La politique carcérale d'un Etat reflète aussi le degré d'institution de l'état de droit. Des politiques publiques doivent déterminer les conditions de détention, tout en bannissant ou évitant des traitements jugés inhumains ou dégradants, à travers des programmes tels que :

- o Programme pénitentiaire Régulier (Départemental)
- o Juvéniles - Filles
- o Juvéniles - Garçons
- o Femmes
- o Hommes
- o Programme pénitentiaire de Haute sécurité (National)
- o Femmes
- o Hommes

3.2.2.1.2.2 : Viabilité

La déliquescence factuelle d'Haïti et les conditions de vie misérable de la majorité de sa population résultent d'une amplification chaotique de multiples conditions. Par exemple, Haïti est un Etat défavorisé et instable. Est-il défavorisé parce qu'instable ou instable par que défavorisé ? Dans ce contexte la notion de stabilité et celle de viabilité demeurent inextricablement liées. Dans une économie de marché le produit intérieur brut per capita indique ou mesure la viabilité. Conformément à la théorie des jeux, l'économie de marché implique l'édiction formelle des règles du jeu, et la garantie qu'elles sont les mêmes pour tous. L'état de droit indique l'institution des règles du jeu dans un Etat moderne. L'apport de capitaux [*investissements, prêts*], traduit la confiance du marché dans la justice.

L'institution de la modernisation nécessite des recours fréquents à la justice, quoique le nombre de requêtes judiciaires tend à diminuer à mesure que la modernisation progresse. En tant que service publique, la justice disposera des ressources nécessaires pour absorber la demande tout en s'assurant que les justiciables soient traités avec dignité.

Chaque commune nécessite des complexes bien aérés et confortables, incluant des espaces de garages, abritant les tribunaux, les stations de polices et autres organismes relevant du ministère de la justice.

Les ressources humaines essentielles de la justice sont des juges. Les ressources humaines accompagnant les juges, incluant la logistique relèvent du ministère de la justice.

Haïti nécessite au moins 150 juges par million d'habitants. Elle en a aussi besoin d'au moins 350 officiers de police par 10,000 habitants. En d'autres ternes Haïti aura besoin d'environ 1,890 juges et 44,000 officiers de polices vers 2030-2045.

Haïti consacrera au moins trois pour cent de son produit intérieur brut à la justice, soit environ 1.9 milliard de dollars, vers 2030-2045. A mesure que l'Etat se modernise, que l'état de droit s'établit, et que l'éduction s'offre à tous, les procédures judicaires deviendront moins longues et moins coûteuses. Le triple effet, de la croissance de la productivité de l'innovation et de la confiance des banques et des investisseurs du monde entier dans l'Etat, sera sans nul doute profitable à l'évolution favorable du continuum nation-Etat.

3.2.2.2 : Des Relations Extérieures

Le ministère des relations extérieures est l'instance chargée d'élaborer et de mettre en œuvre la politique extérieure de l'Etat. Il est responsable des contacts avec d'autres Etats, informe le Président et le gouvernement [d'Haïti] sur l'évolution de la conjoncture internationale et la situation des autres Etats, par le biais de correspondances de nature politique, économique, culturelle ou de coopération des différentes représentations diplomatiques. En d'autres termes, il assure la conduite et la coordination des relations internationales : représentation auprès des gouvernements étrangers, négociations diplomatiques, signature d'accords et toute démarche internationale au nom de la patrie, y compris des actions des autres ministères à l'égard de l'extérieur. Ce ministère assure aussi la protection des intérêts de la patrie à l'étranger et l'assistance aux ressortissants nationaux hors du territoire, via les consulats. Les contacts d'Etat à Etat peuvent avoir lieu au niveau des organisations internationales comme l'ONU, l'OEA etc., pour l'entretien d'intérêts d'ordre généralement stratégique.

3.2.2.2.1 : Position du problème

Le concept même d'affaires diplomatiques ou d'affaires extérieures s'avère antinomique dans le cadre de l'orientation de l'Etat d'Haïti au cours de ce dernier quart de siècle. Les affaires haïtiennes ou la politique haïtienne étant prise en charge par l'extérieur, quel en serait alors le sens des affaires extérieures ? Dans la dégringolade vertigineuse de l'Etat d'Haïti, un individu sans aucune qualification a été parachuté ministre des affaires étrangère, puis Premier ministre et à la fois ministre du plan. Sans surprise aucune, il s'est révélé totalement incompétent, sans parler de la corruption. Il a déclaré lui-même sans aucune gêne vouloir transformer (i.e. réduire) les affaires diplomatiques à une diplomatie d'affaires.

Le statut d'Etat déliquescent (ou pourri) affiché par Haïti dans le plus récent rapport d'indice de fragilité des Etats publié 2016 par l'organisation Fonds pour la Paix (*Fund for Peace*) n'est guère surprenant, ni un hasardeux, il reflète l'aboutissement logique de l'entreprise malsaine supportée en Haïti par les plus puissants Etats de la communauté internationale, à travers leurs ambassades et d'autres agences. Dans cet Etat déliquescent, les fonctions dites régaliennes s'évaporent littéralement. Autrement dit cet Etat n'a plus aucune souveraineté. Il en résulte que la première ligne de défense de la souveraineté c'est-à-dire la diplomatie, s'est écroulée.

3.2.2.2.2 : Métaheuristique

La finalité des relations extérieures consiste à moderniser le secteur, garantir la souveraineté et l'influence d'Haïti sur l'échiquier international. A l'instar d'un piteux individu, un Etat misérable n'inspire généralement que de la pitié ; d'autres semblent se donner une bonne conscience en manifestant le désir de lui tendre la main. Au cours de ces trois dernières décennies, abstraction faite des années antérieures, la charité s'érige en stratégie, et Haïti semble s'y complaire. Lorsqu'Haïti se montrera déterminé à se moderniser, le choc sera brutal et sans merci, les « *heureux bienfaiteurs* » d'aujourd'hui lui montreront les dents.

Modélisation

La bataille doit se mener sur plusieurs fronts simultanément mais en parfaite coordination en vue d'une part, du recouvrement la souveraineté, et constituer une armée nombreuse, moderne et efficiente, de constituer des équipes de spécialistes en droit international capable de défendre vigoureusement les intérêts d'Haïti directement auprès du puissant voisin du nord, et de celui de l'Est, puis aux tribunes internationales. D'autre part, d'entreprendre de fructueuses négociations avec certains partenaires en vue de créer une dizaine universités publiques, de contracter de prêts et investissements massifs, et de conquérir l'industrie du tourisme.

Les contraintes sont particulièrement de taille dans ces domaines. Les experts disponibles sont rares, effacés et se font vieux, alors que les imposteurs sont omniprésents, violents, intrigants et acquis par l'ennemi.

3.2.2.2.2.1 : Conditions initiales

Inventé par Humberto Maturana et Francisco Varela, l'autopoièse (du grec : auto, soi-même, et poièsis : production, création) désigne la propriété d'un système de se produire lui-même en permanence et en interaction avec son environnement, et ainsi de maintenir sa structure malgré l'évolution, c'est-à-dire la transformation ou le changement de ses composantes ou des systèmes qui le composent. Pour arriver à ces fins, dans les sociétés médiévales aucun moyen n'est écarté, y compris la violence la plus féroce. Il n'existe aucun doute que la situation infecte d'Haïti est une émanation du système, la question qui se pose reste la suivante : s'y complet-il ? Si le système aspire à l'ordre, au progrès, au bonheur, à la beauté de l'environnement, à la modernisation sociale, et à la modernisation économique, il convient alors de reconnaitre que le pays en est arrivé là, à cause de l'incompétence des uns et de la corruption des autres. Aussi est-il impérieux que l'intelligentsia s'érige et se transforme en allié objectif des plus fortunés pour redresser la barque nationale.

Si en revanche, le système se complet dans le chaos, l'exclusion, la paupérisation, l'environnement hideux, la crasse et la misère, il est inévitable que ses intérêts se heurtent à toutes propositions de transformation ou de changement. Dans ce cas, il n'existe qu'une solution, l'affrontement, c'est-à-dire la guerre. L'histoire montre que la soumission de victimes pour quelque raison que ce soit, ne peut être que temporaire, cela peut prendre une génération voire plusieurs siècles, ils reviendront tôt ou tard à la charge pour réclamer leurs droits.

La proposition de révision constitutionnelle présentée plus haut préconise entre autres, la confirmation de chacun des ministres par le Sénat [d'Haïti]. Ainsi le ministre est offert la garantie de stabilité nécessaire en vue concentrer les ressources requises à l'élaboration de politique [extérieure], et au développement de programmes sous-tendus par des politiques publiques en matière de relations extérieures.

Suite indicative mais non exhaustive de conditions initiales

Cette section présente une suite indicative mais non exhaustive d'organismes, de programmes sous-tendus par des politiques publiques devant constituer l'ossature de la politique extérieure et de la gouvernance du secteur :

THINK TANKS

En plus des structures administratives régulières du ministère des affaires extérieures, il convient de créer des THINK tanks, et des structures académiques dont la finalité est de contribuer à l'avancement et la modernisation de la diplomatie en Haïti, par exemple :

- L'Institut des Relations Haïtiano-Dominicaines

Avec attention spéciale aux dominicains d'origines haïtiennes et aux afro-dominicains en général (inspiré du modèle Israélien).

Haïti a sa propre identité autant que la République dominicaine a la sienne. Cette assertion n'est pas moins vraie dans le cas des Etats-Unis et du Canada, ou des pays de l'union européenne. Tout en demeurant indépendants et souveraines, les Etat d'Haïti et de la République dominicaine doivent arriver à un marché commun sur l'île. Nul besoin de maitriser le concept d'entropie ou de la dynamique des systèmes pour comprendre qu'ils doivent avant tout éliminer l'abysse politico-économique qui les sépare. Autrement dit, entres d'autres exigences, Haïti se doter d'armée respectable et d'un produit intérieur brut (PIB) d'une centaine de milliards de dollars. En suivant le modèle du continuum nation-Etat, Haïti peut y parvenir dans un demi-siècle.

Alors et seulement alors, que des diplomates, hommes/femmes d'Etat et hommes/femmes d'affaires éclairé(e)s des deux voisins pourront entamer les négociations donnant lieu à un nouveau marché commun, une monnaie commune, une force de défenses commune, et la libre circulation des citoyens. Ainsi, avec près de vingt-cinq (25) millions d'Habitants et des centaines de milliards de dollars de PIB, la nouvelle union ferait trembler toute la Caraïbe, l'Amérique Latine, voire l'Amérique toute entière.

L'Institut des Relations Haïtiano-Américaines (Nord)

Avec attention spéciale aux Américains et Canadiens d'origines haïtiennes, afro-américains, afro-canadiens, ou afro-caribéens en général (inspiré du modèle Israélien).

Avec la modernisation, Haïti peut dans un demi-siècle devenir non seulement un meilleur Etat que les Etats-Unis et le Canada, mais le meilleur Etat de la Terre. Ainsi le flot migratoire pourraient s'approcher de zéro, voire se renverser dans la mesure où des Haïtiens même issus de plusieurs générations d'immigrants décideraient de rentrer au bercail. La parité serait alors possible entre Haïti et les Etats dont les ressortissants sont dispensés de visa par Haïti. Sur la base d'accords rationnel, Haïti comptera moins sur l'économie primaire (le café, le vétiver) pour capitaliser son économie quartenaire (le savoir ou la connaissance : *matière grise*).

- L'Institut des Relations Haïtiano-Francophones

  Avec attention spéciale à la France et le Québec (Canada), la Belgique, la Suisse, surtout en matière d'éducation, incluent l'université et la recherche.

- L'Institut des Relations Haïtiano-Caraïbéennes/Latines

  Attention spéciale à tous les Etats des Caraïbes et de l'Amérique Latine, incluant Cuba. Les deux géants nord-américains et la République dominicaine étant pris en charge comme indiqué plus haut.

- L'Institut des Relations Haïtiano-Africaines

  Attention spéciale à tous les états de l'Afrique qui optent pour la modernisation. Haïti n'a rien à tirer des relations avec des Etats paria dont les gouvernements ne se soucient par de leur peuple.

- L'Institut des Relations Haïtiano-Européennes

  Attention spéciale à tous les états de l'Europe. Ceux de la francophonie, étant pris en compte comme indiqué plus haut.

- L'Institut des Relations Haïtiano-Orientales/Océaniques

Attention à tous les états de l'orient, incluant le proche et le moyen orient. Avec attention spéciale pour la Chine, le Coré du Sud, l'Inde, mais aussi et surtout l'Israël.

- L'Institut de Coopération Internationale

Cet Institut doit surtout se consacrer au développement et à l'harmonisation des rapports entre Haïti et les agences internationales telles que : l'OEA, la CARRICOM, l'UE, l'ONU, le FMI, la Banque Mondiale, L'OMC, l'OMS, l'AIEA, etc... (La référence à l'AIEA sera clarifiée plus loin).

Des relations diplomatiques avec la Russie et la Chine

Le principe de la diversification des portefeuilles est connu de tous, mais tous ne l'appliquent pas toujours. Depuis les séries de turbulences enregistrés dans les marchés boursiers à travers toute les économies mondiales, les investisseurs ont découvraient qu'il n'existait pas d'investissement refuge. Cette situation tend à prouver qu'il est une règle à laquelle on ne doit jamais déroger : la diversification.

Le principe de la diversification s'observe particulièrement dans la théorie de l'évolution des systèmes complexes adaptifs. Dans une ruche, lorsque la reine disparaît pour quelque cause que ce soit, les ouvrières commencent un processus de construction de cellules de la taille d'une reine dans la ruche. A l'intérieur de ces grandes cellules orientées verticalement, les travailleurs savent nourrir les reines potentielles d'une nourriture spéciale appelée « gelée royale » et en faire d'autres reines.

La notion de diversification est fondamentale à l'évolution des espèces, et les humains ne semblent pas en reste. Ce qu'en anatomie certains prendraient pour une banalité naturelle paraît cependant plus naturel que banal. Le fait d'avoir deux unités pour certains organes semble participer de cette logique de diversification, par exemple : deux yeux, deux oreilles, deux paires de membres etc. Dans le domaine des relations internationales la diversification n'en demeure pas moins importante.

Après plus d'un siècle de relations léonines avec des puissances mondiales ou régionales, Haïti est aujourd'hui le pays le plus pauvre de l'hémisphère, les seuls pays dans le monde qui lui sont semblables sont ceux qui se trouvent en situation de guerre permanente. Il n'y a aucun doute que les premiers responsables sont d'abord les Haïtiens, cependant les tyrans et les kleptocrates haïtiens semblent toujours bénéficier de la faveur de ces Etats dits amis à travers leurs ambassades et d'autres agences. Il est tout aussi factuel que les Haïtiens réputés intègres et compétents n'ont jamais reçus le support de ces Etats, ils sont souvent physiquement éliminés. C'est dont à ce prix qu'Haïti est devenu un Etat déliquescent. La modernisation d'Haïti requiert entre autres de reconsidérer le portfolio de nos relations étrangères. La Russie et la Chine sont des puissances mondiales avec lesquelles Haïti peut compter dans certains domaines. Des relations intégrales sont recommandées avec ces puissances, incluant la coopération dans des secteurs tels que : l'économie, l'infrastructure, la défense etc...

SUITES :

- Coordination intersectorielle de la politique extérieure ;

- Des ambassades et consulats d'Haïti ;

- Assistance aux expatriés ;

- Actes d'état civil ;

- Documents officiels ;

- Immigration ;

- Coopération externe ;

- Promotion des produits et services d'Haïti ;

- Promotion touristique ;

- Etc.

322.2.2.2 : Viabilité

A l'instar de la théorie des jeux, les acteurs internationaux sont supposés rationnels. Le plan Marshall a sans nul doute favorisé l'avancement de l'Europe, mais ce projet visait d'abord à réduire l'expansion du socialisme en Europe, et à se créer une marché viable favorable au développement de l'économie américaine. Pour les Etats-Unis, un Haïti moderne contribuerait plus aisément à endiguer le trafic de stupéfiant, éliminer le spectre terroriste. Pour la République dominicaine, cette modernisation contribuerait à renforcer la sécurité des deux Etats, réduire la contrebande et rendre plus harmonieux les relations des deux populations. Dans un cas comme dans l'autre cette évolution garantirait des échanges commerciaux de plusieurs dizaines de milliard de dollars.

Les structures de briques et mortiers ne sont pas aussi cruciales en relation internationales qu'elles le sont dans d'autres secteurs tels que l'éducation, la santé, la défense etc.

Dans les relations internationales, lorsque des intérêts sont en jeux, les amateurs font place aux experts. Pour se défendre et faire valoir son point de vue Haïti a besoin de nombreux experts en droit international, des experts en stratégie et dans l'art de la guerre. Le rapatriement négocié d'Haïtiens travaillant pour d'autres Etats, voire l'appel à des experts étrangers, sera sans doute nécessaire.

Il y a près de sept (7) ans, le 5 octobre 2011, le magazine foreignpolicy.com, a publié un article intitulé : « Le prix de l'échec, ou combien l'effondrement de la Somalie coûte-t-il au monde. » Les auteurs John Norris, et Bronwyn Bruton estimaient déjà le coup à plus de 55 milliards de dollars, alors qu'aujourd'hui encore tout parait obscur pour la Somalie. L'Iraque et l'Afghanistan coûte déjà près d'une dizaine de billions - *un billion = mille milliards* - de dollar aux Etats-Unis seulement, compte non tenu des pertes en vies humaines - *une dizaine de milliers dont plus de 3000 à New-York* - et du coût social et économique de récurrents attentats terroristes.

Au cours de ces trente dernières années, Haïti aurait couté autant, sinon plus au monde. Tous les indicateurs montrent qu'Haïti est un Etat fragile, très fragile. Point besoin d'être un expert pour comprendre qu'Haïti risque d'entrainer avec elle d'autres Etats de la région, à commencer par son voisin le plus proche. Ceux qui en pensent le contraire se leurrent.

Le travail est déjà moitié fait pour les diplomates qui auront à défendre le bienfondé de la modernisation d'Haïti au reste du monde.

Haïti consacrera au moins 1 % de son produit intérieur brut à la politique extérieure, soit 619 millions de dollars, vers 2030-2045.

3.2.2.3 : De l'Intérieur

La finalité du ministère de l'Intérieur est d'élaborer et de diriger la politique administration du territoire, et la politique de sécurité intérieure de l'Etat. Cette finalité vise également à favoriser l'harmonisation de la modernisation sociale et économique des territoires. En d'autres termes, l'intégration optimale de l'appui organique du ministère de la défense, l'aménagement du territoire en coordination avec les collectivités territoriales, l'organisation d'élections libres, équitables, transparentes et périodiques demeurent les axes prioritaires de la politique intérieure.

Cette politique se précise et se concrétise par l'élaboration et la mise en œuvre de politiques publiques, visant notamment à aménager ou réaménager le territoire, favoriser le développement d'infrastructure et l'implantation ou la création d'entreprises, exécuter les programmes locaux ou nationaux d'appui à l'investissement public ou privé, mettre en œuvre des programmes d'appui à l'emploi de qualité ou à l'intégration socio-économique dans les zones dites défavorisées, etc. La diversité des domaines relevant de sa compétence, fait du ministère de l'intérieur l'interlocuteur privilégié des acteurs politiques, économiques et sociaux des différents départements géographiques ; tels que les collectivités locales, les entreprises, et les organisations professionnelles ou syndicales, etc.

3.2.2.3.1 : Position du Problème

Le ministère de l'intérieur n'a pas été seulement improductif et inefficace, il a joué un rôle macabre dans l'établissement du terrorisme [*d'Etat*] en Haïti, au moins tout au cours de ce dernier demi-siècle. La tendance et les pratiques semblent demeurer, même si elles ont été moins féroces avec la présence des forces des

Nations Unies sur le territoire. La tenue de mascarades électorales persiste, et semble recevoir quelque coup de pouce de la communauté internationale ; avec le support logistique des forces des Nations Unies, prétendant maintenir la stabilité en Haïti depuis plus de dix (10) ans. Serait-ce de l'incompétence ... de la corruption ?

3.2.2.3.2 : Métaheuristique

La finalité de l'Intérieur consiste à moderniser le secteur, garantir l'indépendance et l'autonomie des territoires. Cette démarche implique, entre autres, la modernisation et l'aménagement efficient des territoires. L'indépendance et l'autonomie des différents territoires se noient trop souvent dans l'opacité du vocable de territoire [*au singulier*].

Modélisation

La déliquescence de l'Etat reflète celle des territoires. Les contraintes sont d'abord naturelles, Haïti occupe seulement un tiers de la deuxième plus grande île des Antilles, près de trois quarts des reliefs sont des montagnes. Moins de 2 % de forêts. D'après un des rapports du Fond Monétaire International - *numéro 08/115* -, Haïti ne disposera que de mille mètres cubes d'eau par habitant et par an, vers 2025. Le laxisme de ces trente dernières années, abstraction faites des années antérieures, fait de la gouvernance des territoires, le plus redoutable des challenges.

La gouvernance des territoires s'inscrit dans le cadre systémique de la modernisation d'Haïti. Toute action ou négligence en point d'un territoire influence le comportement des autres territoires. D'où le nécessité de concevoir des politiques publiques dûment ratifiées par les organes législatifs.

La gouvernance du territoire nécessite entre autres l'indépendance de la justice, ce qui en aucun cas n'est garantie dans la constitution de 1987, justifiant ainsi la proposition de révision constitutionnelle et autres dispositions présentées à la section consacré à l'état de droit (réf. :3.2.1).

La gouvernance des territoires implique entre autres la protection des ressources naturelles, la sécurité des territoires dans le respect scrupuleux des libertés individuelles.

3.2.2.3.2.1 : Conditions initiales

Entre autres priorités, l'aménagement du territoire s'impose comme une gageure. Devant l'état de fait, ou l'anti-gouvernance qui prévaut en Haïti, tout semble se faire à l'envers même après plusieurs siècles de connaissance disponibles dans le domaine. Haïti est le seul si non l'un des rare pays de l'hémisphère occidentale où des villes bien tracées fondées depuis près de trois cents ans se métamorphosent de but en blanc [*en moins de 10 ans dans certains cas*] en bidonvilles, tandis que divers espaces ruraux ou agricoles se transforment aussi en bidonvilles à la face des régimes successifs et de leurs alliés des classes privilégiées.

Suite indicative mais non exhaustive de conditions initiales

Cette section présente une suite indicative mais non exhaustive d'organismes, de programmes sous-tendus par des politiques publiques devant constituer l'ossature de la politique intérieure et de la gouvernance du secteur :

De l'aménagement des territoires

Il existe une distinction fondamentale entre les zones à bâtir et le reste du territoire. L'aménagement du territoire désigne des politiques publiques consistant à planifier et coordonner l'utilisation du sol, l'organisation du bâti, ainsi que la répartition des équipements et des activités dans l'espace géographique.

Les zones à bâtir sont planifiées par les collectivités territoriales et approuvées par le ministère de l'intérieur. Encadrées par des spécialistes du ministère de l'intérieur, les collectivités territoriales sont ensuite responsables de la police des constructions dans les zones à bâtir. Alors qu'en revanche, les constructions hors des zones à bâtir devraient être régies très strictement par des politiques publiques tombant sous contrôle des ministères concernés tels que celui de l'Infrastructure etc.

Liées à l'évolution de cadre de vie de chacun et de la société en général, les questions d'aménagement portent sur des aspects complexes et interdépendants, qui peuvent sembler contradictoires : gestion de la demande de logements et d'espaces de loisirs, évolution de la mobilité, de l'agriculture, préservation des sites, du patrimoine bâti et du paysage, lutte contre le bruit, accueil d'entreprises, reconversion d'anciens sites industriels, etc. La nécessaire coordination des multiples intérêts en présence est une des principales missions de la politique d'aménagement du territoire.

Des Collectivités Territoriales

Les collectivités territoriales sont : les sections communales, les communes, et les départements. Dans les Etats modernes, elles ont des compétences étendues en matière d'aménagement du territoire et en gouvernance locale des principaux secteurs tels que la Sécurité publique, l'Education, la Justice, l'Infrastructure, l'Assainissement, la Culture, la Récréation et le Loisir, l'Eau potable etc. Pour les exercer, elles sont dotées de pouvoirs de décision et de moyens financiers. Les trois quarts (3/4) des investissements devraient être réalisés par les collectivités locales.

Nul ne doute que les mascarades électorales en série constituant une insulte au patriotisme, ne visent qu'à sélectionner des Présidents qui ne valent pas mieux que le papier du journal officiel « *Le Moniteur* » qui les proclame. Cependant, comme de la poudre révélant les empreintes digitales sur un verre, ou des scories montant à la surface d'une solution, le séisme du 12 Janvier 2010 a exposé les profondeurs abyssales du népotisme, de la corruption, et du capitalisme de connivence entretenue par l'inaptitude, l'incompétence des régimes et des « facilitateurs » de certaines ambassades et agences internationales.

De 1987 à 2017, cela fait déjà trente ans depuis que la constitution a été adoptée par un referendum. Aucune disposition n'a été prise pour établir les institutions locales. Le Présidentialisme semble plus compatible à la sauvegarde de certains intérêts. Seule l'échéance des élections Présidentielle semble préoccuper les agences internationales, et les ambassades. Il ne sert plus à rien de nommer les concepts en Haïti, pour parodier Albert Camus. Ces organisations parlent de [bonne] gouvernance, d'état de droit, de développement des Collectivités Territoriales tandis que dans la pratique elles encouragent des individus dont ils ont favorisé l'accession au pouvoir à s'écarter de ces principes sacrés. Le processus de décentralisation n'aboutira pas en un jour, ni en un quinquennat. Cela prendra d'abord des élections libres, équitables, transparentes et périodiques, des politiques et des politiques publiques, de nombreuses lois et beaucoup de discipline et de pratiques administratives.

Ils parlent de décentralisation depuis plus d'un quart de siècle, beaucoup d'experts et beaucoup de milliards de dollars [détournés] mais jamais de résultats. Quelle imposture ! Il est inacceptable que les maires se contentent d'extorquer les citoyens des communes [*commerçant, entrepreneurs et propriétaires*], ou de liquider les domaines de l'Etat. Il est urgent de stopper ces pratiques, et de réviser toutes appropriations de domaines durant ce dernier quart de siècle.

Tout en leur laissant l'autonomie et la latitude nécessaire à la prospection dans le but d'attirer l'investissement et de développer des moyens locaux de collecte d'impôts, les maires doivent être au bout de la chaine de gouvernance, en contribuant à la mise en œuvre des politiques publiques dont l'application affectent inévitablement les collectivités locales.

La proposition de révision constitutionnelle (réf. : 321.2.1) a déjà indiqué les moyens pour endiguer la corruption au niveau du gouvernement central. Les agences locales ou internationales qui prétendent aider à la modernisation des collectivités territoriales ne font que décentraliser la corruption, mais surtout renforcer, voire légitimer la corruption au niveau local. Il faut étendre le pouvoir des instances de contrôle et d'évaluation sur les collectivités territoriales. En d'autres termes, sous contrôle rigoureux du Sénat et de la Chambre des Députés ou des conseils territoriaux, les maires devraient être responsables en bout de chaînes des services publics de différents secteurs tels que la santé, l'éducation, la sécurité publique, l'environnement, etc. Par exemple un maire doit se sentir [et être tenu] responsable de l'échec scolaire dans sa commune, de l'insalubrité, de la criminalité etc. Des rapports indépendants doivent être en rendre compte, et l'opposition peut aussi s'en saisir à la plus prochaine campagne électorale.

Décentralisez, … pas l'incompétence, ni la corruption

Il importe de fournir aux citoyens d'une collectivité territoriale, de bonnes raisons pour choisir des représentations responsables, notamment des maires responsables. Etant donné qu'il n'y a pas de frontière entre les communes, un citoyen peut passer d'une commune à une autre. Un exode hors contrôle peut avoir des effets pervers (gentrification, ségrégation, etc.) sous l'effet de boucles rétroactives positives. Par exemple, les communes comptant une majorité de citoyens passifs ou peu informés, risquent d'élire des maires incompétents et corrompus. Conséquemment, ces communes risquent de demeurer très pauvres, au point de perdre leur autonomie. En vue de ne pas pénaliser les communes les plus efficientes, toute commune [*n'étant pas capable de subvenir à 50 % de leur besoin*] après deux ans de mandat d'un cartel est dirigées par un cartel de trois maires sur une liste de trois membres par poste proposé par le conseil départemental au Président [d'Haïti]. Aussi, les représentant des collectivités territoriales notamment les es maires et les députés doivent gagner un salaire de base, et un complément de salaire basé sur les recettes, jusqu'à l'épuisement de certaines limites.

Les employés ou agents des mairies ne sont pas des policiers et ne doivent jouer aucun rôle de police. Seule l'unité de police municipale qui doit faire partie intégrante de la Police Nationale [*suivant réforme de la police*] est chargée de maintenir l'ordre, en protégeant les vies et les biens. A l'instar de tous les élus et autres officiels de l'Etat, les maires doivent utiliser les ressources mise à leur disposition par les services de sécurité rapprochée -ministère de l'intérieur.

Tout officiel peut refuser la protection du service officiel de sécurité rapprochée, mais en aucun cas les membres du service officiel de sécurité ne peuvent partager leur responsabilité avec des groupes armés privés. Le recours à d'autres agences de sécurité rapprochée ne peut se faire qu'à la charge exclusive du citoyen ou de l'élu, en cas de litige, abus ou incident, celui-ci s'expose aux poursuites pénales au même titre que son ou ses agents de sécurité, sans préjudice des poursuites civiles par la ou les victimes.

Du Plan cadastral

Le plan cadastral a pour finalité de renseigner et de repérer les parcelles en tant qu'unités de la propriété foncière en les délimitant graphiquement par rapport aux parcelles voisines, en renseignant la présence éventuelle de bâtiments et en les identifiant à l'aide du numéro parcellaire. Une parcelle est une portion de terrain d'étendue variable et d'un seul tenant situé dans un même lieu qui présente une même nature de culture ou une même affectation et appartient à un même propriétaire, constituant ainsi l'unité cadastrale. Le plan cadastral est subdivisé en plusieurs entités administratives dont la commune semble souvent être le pivot.

Chaque commune doit être subdivisée en sections cadastrales, au sein desquelles l'identifiant parcellaire est unique. Une parcelle est donc clairement identifiée par le nom de la commune à laquelle elle appartient, par le nom de la section, ensuite par son numéro principal et éventuellement son numéro secondaire. Un identifiant parcellaire est unique pour chaque section.

Du domaine public

Un cas spécifique est celui des terrains jadis considérés comme non productifs, donc non soumis à l'impôt, mais constituant bien la propriété d'une ou de plusieurs personnes et profitant à une majorité, le domaine public.

Le domaine public qui se subdivise en propriété communale et en propriété étatique peut être défini grossièrement en tant qu'ensemble des biens immeubles que la personne publique propriétaire affecte à l'usage direct du public ou à un service public. Le domaine public comprend les biens qui appartiennent à une personne morale de droit public et qui lui sont rattachés, soit par détermination de la loi, soit par affectation à l'usage direct du public, soit par affectation à un service public.

Le domaine public est inaliénable, imprescriptible, et ne peut être ni donné en location, ni grevé de servitudes par opposition au domaine privé d'une personne publique qui est constitué par tous les biens appartenant à l'Etat ou à une Commune pour lesquels le critère du domaine public n'est pas applicable et qui, par conséquent, peut être aliéné et loué à des particuliers. Le domaine privé est par conséquent représenté sous forme parcellaire.

De la Toponymie

Outre les numéros de parcelles, le plan cadastral contient les noms de localité, les lieux-dits et les noms de rue. Toutes ces informations textuelles censées augmenter la lisibilité et le repérage d'objets sur le plan cadastral sont regroupées sous la catégorie des toponymes.

De l'identification des propriétés

Le concept d'accumulation de richesse est général perverti, mais il en garde dans une certaine mesure, un aspect très noble. Cependant comment accumuler ce qu'on ne peut pas protéger, et comment protéger ce qu'on a du mal à identifier. Les cyniques diraient que si le propriétaire lui-même n'est pas protégé, pendant qu'on a autant de mal à l'identifier, à quoi bon s'apitoyer sur le foncier ou l'immobilier ?

L'identification du citoyen a été considérée dans une autre rubrique, celle-là se consacre aux biens : fonciers et immobiliers, véhicule. Il importe d'identifier les biens fonciers et immobiliers, y compris dans les bidonvilles ou lieux les moins accessibles, grâce aux coordonnées géodésiques. Création de services liés aux nouvelles technologies et l'information et de la communication, favorisation de startup pour créer des applications (Apps) que peut utiliser des fournisseurs de service privés ou publics. Ceci permettrait à des employés des mairies d'identifier à pied ces propretés.

Office Nationale de l'identification des citoyens

L'identification du citoyen dans le pays demeure très problématique. De la carte d'identité fiscale qui semble avoir été plus ou moins pensée, à la nouvelle carte d'identité nationale qui reflète seulement les raisons qui l'ont vu naitre, l'incompétence et la corruption semble avoir bien marquer leur territoire. Quand un gouvernement prend des décisions à la volée, cela constitue un signe évident d'absence de politique et de contrôle. L'état civil de tout citoyen doit être enregistré et mis à jour de la naissance jusqu'au décès, incluant l'immigration et l'émigration. Ceci réclame l'élaboration de politiques publiques en matière de population, incluant des stratégies de contrôle de management, sans mentionner les lois cadres et organiques. Les collectivités territoriales tombent à plomb en ce sens, la notion d'officier d'état civil doit être modernisée.

Office Nationale de Gestion des Risques et Désastres

Pendant que d'autres programmes s'occupent de la prévention, ce programme se consacre essentiellement à l'analyse des risques et aux solutions de post-désastres. Des politiques publiques formellement établies permettent de réunir des unités de l'armés incluant les forces aérienne, maritimes, sans compter est unité médicale et d'ingénierie de l'armée d'Haïti.

Office Nationale de la surveillance du territoire

Il suffit d'entendre parler le Président, les ministres ou les parlementaires parler, sans compter des journalistes haïtiens parler de service d'intelligence pour se rendre à l'évidence qu'il se réfère à une bande de criminels ou une mafia plutôt qu'à un organisme chargé de la sureté intérieure. Mais tristement, la réalité ce qu'ils qualifient de service d'intelligence reflète exactement ce qu'ils ont décrit comme tel.

Lorsqu'à différents paliers du pouvoir les gens semblent ignorer absolument tout ignorer de ce qu'est un service d'intelligence, il n'est guère étonnant qu'Haïti se trouvent dans le peloton de tête des Etat déliquescent selon le dernier rapport de Fonds pour la Paix sur la fragilité des Etats. Le rôle des services d'intelligence dans un Etat moderne est d'anticiper, neutraliser, ou se préparer à faire face à toute menace d'autre Etats contres des intérêts nationaux ou locaux. Aujourd'hui les agents étrangers contrôlent tous les avenus du pouvoir en Haïti. Ils constituent le cerveau de l'Etat, et son intelligence aussi.

En 2015, un sénateur [d'Haïti] accuse publiquement un ministre de monter une cellule qui écoute les conversations téléphoniques des certains citoyens, ce qui aurait dû être un grave scandale est passé comme un fait divers dans les médias. Dans un état moderne, l'intimité d'un citoyen ne peut-être violée suivant la discrétion ou l'humeur d'un individu ou du gouvernement. S'il y a suffisamment d'indice pour estimer qu'un individu quelconque représente une menace pour l'État ou la société, la décision de le mettre sous surveillance électronique appartient à un juge, et la procédure doit être conforme aux politiques publiques en la matière, sans mentionner que dans un Etat moderne, le parlement surveille et contrôle toutes les institutions. Autrement dit, la condition initiale est l'élaboration de politique publique en matière de service d'intelligence.

Office nationale de sécurité rapprochée

La police n'est pas une agence de sécurité rapprochée encore moins de sécurité privée. La criminalité incluant le trafic de stupéfiant et le kidnapping ne connait pratiquement aucune limite en Haïti. Du Président [d'Haïti] aux maires en passant les parlementaires et membre du gouvernement, jusque dans les familles les plus aisées du pays, le crime, l'impunité est garantie, pourquoi s'en priver.

La protection des élus et des membres du gouvernement ne peut être remise en question, mais détourner les ressources de la police au profit exclusif de certains individus est inacceptable. L'élaboration de politique publique permettent de dissocier ces deux services s'avère nécessaire. La police peut arrêter n'importe quel véhicule ou convoi qu'elle estime suspect, vérifier l'identité des occupants, verbaliser ou mettre le conducteur en état d'arrestation le cas échéant.

Le statut de ces occupants importe peu : diplomates, officiels, juges, parlementaires etc. Le policier ne peut être l'objet d'aucune forme de représailles. Cependant, si pour des raisons d'Etat - *sérieusement* -, le policier peut recevoir une notification d'avance lui annonçant le passage du convoi ou du véhicule et ses signes distinctifs. Le policier s'abstiendra d'intervenir aussi si le véhicule ou le convoi est accompagné d'agent de la police circulant soi à moto ou voiture de police. Dans ce cas, l'agent de la police ne peut pas être à bord du véhicule ou du convoi.

SUITE :

Des Services de Sécurité Publique

Telle qu'elle est définie par la théorie du continuum nation-Etat, cette institution n'existe pas en Haïti à proprement parler. La notion d'ordre ou de sécurité en Haïti semble rimer avec abus ou répressions. Le problème est d'autant plus crucial que le gouvernement demeure le premier prédateur avéré de droits et de libertés. L'hégémonie du ministère de la justice à la fois sur les structures de justice et de sécurité reste problématique d'autant plus que les ministres [*successifs*] ont jusque-là été incapables d'assumer l'indépendance de leur fonction vis-à-vis du Président [d'Haïti]. Entre autres organismes, les services de sécurité publique incluent :

- Coordination des services d'urgence
- Office de Contrôle des Ports et Douanes
- Office de Contrôle de Circulation Routière
- Office de Contrôle de Circulation Maritime
- Office de Contrôle de Circulation Aérienne
  - Enregistrement des véhicules à moteurs
  - Inspection des véhicules à moteurs
  - Accréditation des Auto-écoles
  - Octroi de permis d'apprendre -- Examens
  - Octroi de permis de Conduire
  - Service d'incendie
- ETC.

3.2.2.3.2.2 : Viabilité

Un territoire bien aménagé et bien administré, dans l'ordre, la sécurité, et dans le respect scrupuleux des libertés individuelles, ne constitue que l'aspect émergé de la gouvernance des territoires. Ces aspects sont aussi brièvement présentés à la précédente rubrique (réf. :322.3.2.1).

En plus de l'infrastructure judiciaire, la gouvernance des territoires nécessite entre autres la conception d'un système cadastrale doté des dernières technologies de l'information et de la communication.

Contrairement à l'usage qui en a été fait jusque-là par la tyrannie, le continuum nation-Etat attribue au ministère de l'intérieur un rôle charnier ou transversale dans le processus de modernisation ; pour y parvenir il dispose d'un corps polyvalent de l'armée appelé la Gendarmerie Nationale.

Le ministère, en accord à des politiques publiques dument ratifiées par les deux principaux organes du parlement, mobilisera jusqu'à neuf dixième de l'effectif de l'armée, soit plus de quatre-vingt-dix mille (90,000) membres vers 2030-2045.

La majorité des membres de la Gendarmerie seront assignés à des taches dans des domaines tels que l'Education, la Santé, l'Agriculture, l'Infrastructure, etc. Compte tenu que chaque secteur devra rembourser le coût du service reçu, pour atteindre la modernisation des territoires, Haïti consacrera près de 6 % de son produit intérieur brut au département de l'Intérieur, soit 3.9 milliards de dollars, vers 2030-2045.

Note : Dans les sociétés modernes généralement, les affaires électorales sont d'abord locales. Le ministère de l'intérieur est chargé contribuer et de veiller à la réussite des élections à l'échelle nationale. Sur la base de politiques publiques dument établies, la gouvernance des élections est déléguée à un organisme indépendant : l'Office National de Coordination des Elections, alors que le Conseil Electoral exerce exclusivement le rôle de contrôle. Les élections [*non des mascarades*] figurent parmi les conditions initiales favorables à la reconstitution du continuum nation-Etat. La section consacrée aux élections (réf. : 3.2.2.4) s'avérant si étendue, pour en faciliter la lecture, elle a été placée au même niveau que celle traitant de l'Intérieur.

3.2.2.4 : Des Elections

Les élections libres, équitables, transparentes et périodiques constituent les fondements de la démocratie. La démocratie implique cependant beaucoup plus que des élections. Le pouvoir dont dispose les citoyens d'élire des décideurs, tout en préservant l'avantage de s'en débarrasser lorsque ceux-ci s'avèrent incompétents, corrompus, ou lorsqu'ils se défilent, constituent un mode de recours très fondamental et efficace contre toute velléité oppressive des autorités de l'Etat. Toute évaluation d'une démocratie doit inclure un examen exhaustif et attentif de son système électoral, et de son mode de fonctionnement. Comme les mots ne semblent plus avoir aucun sens en Haïti, lorsque les démagogues parlent d'élections, ils emploient généralement la même rengaine : « élections libres, honnêtes et démocratiques ».

Il importe néanmoins d'explorer la thématique et le vrai le sens du vote et des élections en Haïti. La répétition de mascarades électorales pendant une trentaine d'années est une tactique pour dissuader les votants, autrement dit, pour supprimer le vote. Les premières préoccupations concernent un puzzle théorique important à propos d'élections équitables : en premier lieu, pourquoi les gens devraient-ils se donner la peine de voter, étant donné qu'une seule voix n'a théoriquement que presque peu d'importance dans des élections où l'électorat est nombreux. Suivant cette hypothèse, l'exercice de vote peut paraître insignifiant, c'est-à-dire une perte de temps, puisqu'il consiste à faire quelque chose qui n'a pas d'effets pratiques. Les réponses à ces préoccupations aideraient à avoir une idée de certaines des conditions qui peuvent renforcer, ou saper la vitalité d'une politique électorale.

3.2.2.4.1 : Position du Problème

A l'instar de tout ce qui relève de la gouvernance ou des politiques publiques en Haïti, les élections – *une obligation en démocratie* - payent un lourd tribut à l'incompétence et à la corruption des décideurs. Depuis trente ans (1987-2017) que la nouvelle constitution a reçu le vote populaire, Il n'existe toujours aucune institution en charge des élections, ni politique formelle, et par conséquent aucune administration, aucune juridiction propre, ni loi organique, encore moins de politiques publiques.

En d'autres termes, malgré l'espoir des Haïtiens de voir émerger un nouvel ordre étatique, il n'existe à proprement parler toujours pas de politiques publiques dans le pays, et l'absence de gouvernance électorale n'en est qu'un symptôme. Les ingérences de l'ONU et de certaines agences telles que la Banque Mondiale et le Fond Monétaire International ou d'autres agences régionales telles que l'Organisation des Etat Américains, la *B*anque Inter Américaine de Développement ; sans mentionner plus d'un siècle d'occupation américaine - déclarée ou non - et l'arrogance intempestive de certains ambassadeurs incongrus, ne font que remuer chaque jour le couteau dans la plaie.

Ce vide laisse libre cours à la médiocrité caractérielle des officiels d'Haïti, où tout se fait à la dernière minute, sans aucune préparation et surtout sans penser aux conséquences. Par exemple, dans l'hypothèse où les élections se dérouleraient sans irrégularités, quel serait l'issue en cas d'une égalité au second tour des Présidentielles, ou plus de deux candidats se retrouvaient ex aequo en première position dans les résultats du premier tour des élections ?

En outre, ils gaspillent, ou détournent, des sommes énormes pour imprimer des bulletins de vote comme s'il s'agissait de billets de banques. Pourtant à la fin de la journée de vote ils s'en débarrassent aussi vite qu'ils peuvent afin de rendre impossible toute vérification. Personne ne semble en être indigné.

Lors des campagnes électorales, les citoyennes sont encouragées à voter sous prétexte que « *chaque vote compte* », mais cela est tout simplement faux. L'accumulation ou l'ensemble de vote dans un objectif déterminé compte, mais chaque vote unique en tant que tel n'a aucune importance en matière d'influence directe sur le résultat des élections. Voter en général requiert du temps et de l'effort. En Haïti particulièrement, voter requiert beaucoup de temps et beaucoup d'efforts, et les risques encourus sont multiples. Alors pourquoi des citoyens votent-ils ? Cette question parait ironique, car plus de 90 % des citoyens ne votent pas, à part de rares exceptions comme en novembre 1987 par exemple. Lors des élections de 2006, où la communauté internationale voulait projeter une apparence d'inclusion, ces mercenaires avaient forcé la note, gobant des millions de dollars pour l'instauration d'une nouvelle carte d'identité, alimentant même la rumeur que le vote était obligatoire. La tendance est pourtant à la suppression de la participation populaire effective ; la tuerie du 28 novembre 1987, n'ayant d'égal que la barbarie du groupe Etat Islamique, s'inscrit en réalité dans cette perspective macabre de suppression du vote par l'usage du terrorisme [*d'Etat*].

La thématique : élections libres, équitables, transparentes et périodiques, conduirait à se poser la question suivante : dans quelle mesure est-il permis de proprement parler d'élections en Haïti, au sens où cela se pratique dans les Etats modernes. Y-en-a-t-il eu dans le passé, ou peut-il y en avoir dans un proche futur. Durant les périodes de transition des régimes autoritaires vers la démocratie, la notion d'*élections libres, équitables, transparentes et périodiques* est souvent l'indicateur d'appréciation de l'évolution de la société en matière de modernisation. Dans certains pays, les élections s'organisent régulièrement, où un seul candidat reçoit 99 % des voix, la thématique d'élections libres et équitables, transparentes et périodiques, ne saurait être évoquée dans ces conditions. Garcia Marques parlerait plutôt de *démocrature*. Mais que signifie véritablement : *élections libres et équitables* ? Les moyens pour détourner une élection ne manquent pas. Toutes les élections tenues jusqu'à date en Haïti n'ont été que des mascarades, incluant le remplissage des boîtes de scrutin, le truquage les résultats, la dissuasion de voter par l'intimidation, la violence, ou tout simplement par l'exclusion des listes électorales.

Quand Washington devient le Port-au-Prince de Moscou

Les élections américaines de 2016 ont vu naître ce que certains penseurs qualifient de l'ère « post-vérité », où des électeurs généralement peu informés ont été manipulés grâce à une campagne savamment orchestrée par une puissance étrangère dans le but d'influencer les élections. C'est apparemment le cas typique du voleur volé

Il convient en passant de jeter un coup d'œil sur la surprenante défaite d'Hilary Clinton aux élections américaines du 8 novembre 2016. Le 7 novembre 2016, Edward Snowden, l'ancien employé de la NSA (de l'anglais : National Security Agency) qui a fait défection en 2013, indique dans un tweet, que c'était le moment ou jamais de voter pour un troisième parti sans remords. Il a par la suite été vilipendé pour cette annonce, on lui impute la défection de nombreux votes qui auraient pu permettre à Clinton de remporter les élections. Il s'est défendu en citant un article du journal New-

York Times déclarant qu'Hilary Clinton avait plus de 93 % de chance de gagner les élections, alors d'autre fustige la fiabilité des sondages. Ce qui semble échapper à beaucoup d'analystes dans ce dossier d'élection est que le votant ou le sondé est à la fois observateur et observé. Cette relation circulaire a été amplement expliquée dans une des sections précédentes, pas la peine d'y revenir.

Il est temps de revenir à la notion d'utilité ou non du vote. En effet, non seulement Mme. Clinton a obtenu plus de 2.5 million de voix sur le plan national, il existe des citoyens de bonne foi dans certains Etats comme Wisconsin, Michigan, Pennsylvanie etc. qui estiment avoir rempli leur part de contrat, alors que Clinton a malgré tout perdu ces Etats vitaux pour le parti Démocrate. Si ces électeurs ne trouvent pas de réponse à leurs désarrois, ils risquent de se désintéresser définitivement de la question des élections.

L'étape fondamentale du vote repose sur l'organisation. Contrairement à une forêt, un arbre seul, même géant, au milieu de nulle part résiste mal aux rafales. De l'autre côté, ils sont riches et violents, ils achètent le pouvoir ou ils le prennent de force i.e. par la violence, ils redoutent tout mouvement populaire organisé et déterminé. L'élection de Barack Obama en 2008 et 2012 aurait pu en être un exemple. L'organisation, le nombre, et la détermination constituent une condition sine qua non mais pas suffisante. Les populistes sont généralement médiocres mais nombre d'entre eux sont d'habiles prédateurs. Les objectifs doivent être suffisamment détaillés et intelligibles qu'aucun écart ne passe inaperçu. Autrement dit, l'organisation doit être bien imbu des objectifs des différentes stratégies possibles.

En dépit de tout, il reste encore beaucoup à dire, il convient cependant d'en mentionner un autre aspect des options disponibles aux électeurs. Celui qui se présente à un comptoir pour prendre son déjeuner, et qui découvre au menu un sandwich aux œufs ou un au beurre de cacahouètes ; s'il souffre d'allergies très sévères à la fois eux œufs et aux arachides, il ne peut pas se résigner, la prochaine il doit se préparer lui-même son sandwich. Ainsi de plus en plus, les groupes organisés se choisissent eux-mêmes leurs candidats dans un échantillon beaucoup plus large ; une opération que les américains désignent par le terme : « draft ».

Même s'il est pénible d'admettre qu'il n'y a jamais eu d'élections libres et régulières en Haïti, il est pratiquement impossible de ne pas reconnaître que depuis l'acte [terrorisme] du 28 novembre 1987, la mascarade électorale d'avril 1997 n'a été que le précurseur d'une suite ininterrompue de mascarades électorales. Elles sont tantôt l'œuvre de bandes opportunistes exploitant les hésitations de la pègre locale décriée par l'opinion internationale comme en 1990. Elles sont tantôt l'œuvre de cette pègre locale bénéficiant de l'obédience d'un tyran - ou d'un « leader bien-aimé » à la Corée du Nord - comme en 2000, et en 2010 ; ou tantôt l'œuvre de la Triade sous la houlette de Washington en vue de maintenir Haïti sous la férule d'un tyran afin de mater ou d'anticiper toute révolte populaire, piller les ressources minières, et refouler tout ce qui serait de nature à leur rappeler la révolution de 1804, comme en 2006, 2010, 2015, et 2016.

Toute cette immixtion arbitraire n'est possible que grâce à la paresse, la naïveté ou la nonchalance de certains Haïtiens. Puisqu'il s'agit d'élection, il ne devrait échapper à personne que la notion de responsabilité semble dépouillée de toute forme de sanction. Les conseillers électoraux disposent – ironiquement - d'un triple pouvoir. Ils interprètent la loi, une attribution qui relève du judiciaire. Ils exécutent et sont supposer veiller à l'exécution de la loi, cette attribution relève de l'exécutif. Ils s'érigent en tribunal spéciale et rendent des jugements contre lesquels il n'existe aucun recours, cette attribution relève du judicaire. Quelle serait autrement la définition de « pouvoir absolu » ?

En dépit de toute cette concentration de pouvoir, le conseil électoral ne paraît avoir aucun souci voire aucune obligation de résultat. Ils ont tous les pouvoirs, mais n'assument la moindre responsabilité. Trente ans de gabegie, de corruption avérée, et de mascarade électorale, abstraction faite des années antérieures, pas la moindre sanction, ni même des explications. En 2015, lors d'interviews publics le Président du Conseil Electoral a déclaré que les résultats d'élections publiés en 2011 ont été manipulés, et qu'il y a collaboré pour préserver les intérêts de l'Etat. Quel Etat ? Haïti ?

Mythes ou pièges ?

Au-delà de toute autre considération, il convient d'adresser et de détruire quelques mythes qui semblent hanter certains à propos des élections en Haïti :

1. Nombre de citoyens se demande avec perplexité ou naïveté pourquoi les résultats des élections ne peuvent pas être connus le soir même des élections. Il existe à cela plusieurs réponses possibles :

   Lorsqu'un pays est relégué au rang d'Etat en déliquescence, si la méthode pour déterminer les indicateurs est transparente - en effet, elle l'est -, cela signifie que ce pays n'a aucune gouvernance. Tout ce qui est normal, ou de simples formalités dans un Etat propre, devient cauchemardesque, voire impossible dans un Etat déliquescent comme Haïti. Les décideurs n'en sont pas capables.

La deuxième réponse cependant n'exclut pas la première, à part les élections de 1990 mentionnées précédemment, la Triade ne peut plus se permettre le luxe de publier des résultats électoraux, principalement Présidentiels échappant à son contrôle. En 2010, malgré les efforts du Président d'alors pour détourner les résultats des élections Présidentiel en faveur de son cartel, il s'est fait humilier par ses maîtres - depuis Washington DC - qui sans doute en avaient assez de lui, ils le trouvaient trop médiocre et corrompu. Les publications de Wikileaks en disent long.

En réalité, avec un peu de coordination, et un téléphone cellulaire (voire satellitaire) pour chaque responsable de bureau de vote, les résultats seraient connus moins d'une heure après la fermeture du dernier bureau de vote.

Indépendamment du conseil électoral, d'autres instances internationales telles que les différents groupes d'observateurs électoraux de l'OEA, de l'Union Européenne, du PNUD, etc., et des différentes factions de la société civile dont l'UNO, le RNDH, etc., sont probablement à même de se procurer les moyens de collecter les résultats dans chaque bureau de vote et de connaître les résultats moins d'une heure après la clôture des élections. S'il existait de vrais partis politiques en Haïti, ils auraient été eux aussi en mesure d'obtenir les résultats le soir même des élections.

Le blâme va aussi à la presse haïtienne, à travers ses organisations comme l'ANMH dont les membres devraient disposer de correspondant à travers tout le pays. Les médias haïtiens manquent de moyens, cela se sait. A l'instar des coupes du monde de football, les soirs d'élections pourraient aussi rapporter gros financièrement grâce à l'audimat. Cela leur fournirait les moyens pour s'organiser et mettre en place un système de coordination de leurs ressources à travers le territoire et recueillir les résultats et les acheminer vers un centre qui aurait permis aux médias de publier les résultats des élections moins d'une heure après le vote.

Cette démarche n'est pas si différente de celle des médias américains. Comme ces derniers sont riches, ils peuvent en effet se permettre le luxe de jouer la concurrence et de disposer de leurs propres centres de traitement de données alloués aux élections. Soucieux de leur réputation, des médias comme AP, CNN, FOX, MSNBC, etc., cherchent à être le premier à produire des résultats, tout en s'assurant de ne pas se tromper.

En Haïti cependant, les médias sont si faibles qu'ils se plient à une mesure du conseil électoral les enjoignant de s'abstenir de publier tout résultat, une violation fragrante de la constitution qui garantit la liberté d'information.

Il importe cependant de ne pas confondre publication des résultats et régularité des élections, cette dernière relève strictement de la gouvernance des élections. Cependant, gouvernance ou pas, la tenue d'élections exige au minimum une forme d'administration, c'est-à-dire des procédures et des règles de conduite. La débâcle électorale en Haïti semble ainsi révéler une totale ignorance des principes les plus élémentaires en matière d'administration ou de management.

2. La constitution de 1987 exige des élections au moins tous les deux ans. On avance souvent le problème de coût en guise de prétexte mal fabriqué pour éviter les élections. Les élections ne devraient pas être plus fastidieuses que les sessions du baccalauréat alors que chaque année le pays en organise aux moins deux. Pourquoi serait-il impossible de tenir des élections tous les deux ans en Haïti ?

Le coût des élections ne devrait subir aucune inflation injustifiable, alors que la qualité des élections baisse vertigineusement tant sur le plan de la logistique, du management des opérations d'inscription et de votes, sans mentionner la publication de résultats contesté indistinctement par toutes les entités, y compris des conseillers électoraux, certains dénoncent immédiatement tandis que d'autres patientent. Seule la corruption - *et à un degré moindre l'incompétence* - pourrait expliquer cette inflation exponentielle du coût de ces élections.

3. Encore un autre piège enchanté à propos des élections que beaucoup semble enclin à accepter, une histoire d'harmonisation des mandats.

Certains proposeraient par exemple un mandat plat ou uniforme de 5 ans. Ils disent viser la stabilité du pays, serait-ce une reproduction - ou un remake - de 1957 ? Ainsi tout le monde dormirait tranquillement, jusqu'au moment où l'on décide de ne réaliser aucune élection pendant trente ou cinquante ans. Certaines ambassades en rêvent.

Avec cette histoire d'harmonisation, le pays risque de se retrouver paralyser voire encore plus vulnérable, parce que tous les élus seraient en campagnes en même temps dans le but de se faire réélire. Sans compter que, le pays risque de subir tous les cinq ans d'une avalanche de novices, ce qui risque d'avoir de sérieux impacts sur la reconstitution du continuum nation-Etat attendu depuis au moins trente ans déjà. Le projet d'harmonisation des mandats équivaudrait à se faire amputer des jambes afin de mieux se reposer.

Le drame ici, ce ne sont pas les prédateurs. Ils ne veulent que la suppression du vote populaire. Ils s'arrangent cependant pour faire endosser leur plan macabre par des citoyens qui semblent s'y prêter de bonne foi, soit parce qu'ils sont paresseux, incapables de se dépasser, ou qu'ils n'osent résister aux offres mirobolantes et immédiates. Ainsi médusés par des intérêts mesquins, incapables de penser, ils se font berner plus aisément que des bambins. Ils semblent se donner tête baissée dans un second piège qui se prépare et qui risque de provoquer une éruption de violence encore plus catastrophique que celle qu'a connu le centre-ville de Port-au-Prince dans les nuits qui ont suivi la déportation du Président le 29 février 2004, il suffira d'un détonateur comme celui débouchant sur la timide révolte qui a conduit quelques individus désabusés - *ou manipulés* - à saccager l'Hôtel Montana après les mascarades de 2006.

4.   Ce piège porte déjà un nom, on l'appelle : vote numérique.

Comme à l'accoutumé ce plan macabre se met en place avec le support de firmes ou techniciens haïtiens généralement sans compétence ni qualité en la matière, et pétri de corruption ; et de firmes ou de techniciens étrangers qui n'ont que faire des intérêts d'Haïti. Certains membres du Conseil électoral (2015) ont confié que le projet était déjà à un stade très avancé. Ce qui rend le danger encore plus imminent est l'attitude de certains politiciens ou de directeurs d'opinion qui dans des émissions et à des de très grande écoute, implorant (le ciel) pour voir enfin ce qu'ils appellent le « vote électronique ». Il ne sert plus à rien - de nommer les choses - en Haïti. Toutes les notions et tous les concepts sont galvaudés : constitution, démocratie, état de droit, éducation universelle etc. Cette attitude de crapaud bouilli de ces cartels de privilégiés met les masses dans la pénible situation d'utiliser la méthode atomique afin de stopper ou renverser certains programmes néfastes.

Aussi importe-t-il de mettre en garde la nation, et particulièrement les politiciens et directeurs d'opinion contre tout système dit de vote numérique dans les conditions actuelles, sans prendre le temps de poser le problème proprement et de manière holistique. Le vote numérique tel qu'il se mijote ou se complote en Haïti, est le moyen le plus efface de blanchir les mascarades électorales qui s'en viennent. Dans les pays modernes, l'introduction de la technologie en matière de gouvernance garantit généralement la transparence, alors que depuis deux décennies ils parlent de gouvernance numérique en Haïti sans produire le moindre impact favorable. Autrement dit, l'opacité qui s'installera à partir du vote numérique ne doit surprendre personne, et le catastrophe qui en résultera ne doit pas les surprendre non plus.

3.2.2.4.2 : Métaheuristique

La finalité des Elections consiste à réaliser des élections libres, équitables, transparentes et périodiques, tous les deux ans.

Modélisation

La tenue d'élections libres, équitables, transparentes et périodiques constitue un indicateur suffisamment fiable de modernisation. Les mascarades électorales qui se répètent en Haïti depuis ces trente dernières années, abstraction faite des années antérieures, ne visent qu'à perpétuer de la tyrannie. Autrement dit le système électoral ne correspond guère au model convenable à l'institution ou l'entretien de la démocratie.

La constitution n'est sans doute pas l'unique contrainte entravant la mise en place d'un système électorale efficient. Cependant, la section de cet ouvrage consacré à la proposition de révision constitutionnelle (réf. : 321.2.1) contient en autres, une ébauche du projet de révision (réf. : 321.2.1.2) ; ce modèle reflète objectifs poursuivis par le continuum nation-Etat dans le domaine des élections.

La proposition de révision constitutionnelle nécessite l'adjonction de lois organiques et de politiques publiques instituant la notion de droit et de responsabilité en matière d'élection en Haïti.

3.2.2.4.2.1 : Conditions initiales

Si briser la spirale d'incompétence et de corruption, par la tenue d'élections libres, équitables, transparentes, périodiques et à moindre coût, s'apparente à la quadrature du cercle, ce n'est guère un mirage. Ceci demeure vrai aux confinements des modèles réductionnistes. En changeant de paradigme, l'espace-état du système haïtien évolue, ce qui était fiction devient possible. Cette faisabilité a été mise en exergue dans la conception, l'élaboration, et le développement d'un projet consacré intégralement à la gouvernance des élections intitulé : Le Projet d'Election Cybernétique. Il aspire à des Elections Zéro-Fraude (EZF) dont certains détails sont présentés plus loin. Le concept d'Elections Zéro-Fraude n'est qu'une formalité ordinaire grâce à la théorie du continuum nation-Etat et des toutes les dernières technologies de l'information et de la communication.

L'Etat se tourne en dérision depuis ces dernières décennies, par une sorte d'imposture qui prend le nom de gouvernance numérique. Il importe cependant de préciser que le thème dominant en cybernétique reste la gouvernance, la technologie n'en est qu'un accessoire.

Cette rubrique ne présente qu'un extrait de l'ébauche du projet de gouvernance des Elections. Autrement dit, seulement quelques aspects du projet y figurent. Les détails du projet de gouvernance des Elections, seront publiés sous peu.

De la légitimité du vote obligatoire

Les élections, même les Présidentielles, semblent attirer de moins en moins de votants en Haïti. Les dernières élections de 2016 auraient réuni près d'un dixième de l'électorat. La corruption aidant, le coût des élections ne cesse pourtant de grimper. Ainsi le nombre réduit de votant pose un premier problème qui est le coût par personne.

Certains, se trompant apparemment de bonne foi, s'empressent de recommander un vote obligatoire. Ils ne se rendent sans doute pas compte que voter n'est même pas encore un droit en Haïti. Sans endosser cette idée de rendre le vote obligatoire, il importe de reconnaître que dans ces conditions, un vote obligatoire invite à punir ou sanctionner des citoyens qui subissent déjà une exclusion sans merci.

De la Politique Electorale

Près d'une centaine de candidats à la présidence pour une dizaine de millions d'habitants et 27,750 km^2 n'est nullement un signe de vitalité d'une éventuelle démocratie, ce n'est non plus l'horreur dont certains semblent vouloir indiquer. Il est tout simplement contre-productif. Ce phénomène est une conséquence directe de l'incompétence, non seulement des régimes successifs, mais aussi de la Communauté Internationale, et d'autres entités locales incluant le parlement, les partis politiques, et le cartel des négociants ; sans vouloir délégitimer ceux qui pensent que cela participe aussi du plan de déstabilisation du pays par une frange de la communauté internationale.

En 2004, l'Organisation des Nations Unies s'est vu confier la mission de stabiliser Haïti, ce subterfuge ressemble plutôt à un aveu d'échec de la part de Washington, de Paris, et d'Ottawa, etc… L'Organisation des nations unies leur sert de nébuleuse, elle permet de dissimuler l'incompétence de certains, et le dessein inavouable d'autres, face à Haïti. Plus de dix ans après, loin de tout effort apparent de promouvoir ou de privilégier la conception et la mise en place de programmes sous-tendus par des politiques publiques, les chars d'assaut, les hélicoptères incluant d'autres équipements militaires de la MINUSTAH, et un cartel de sinécures [i.e. le core group] semblent être la seule réponse.

Il n'y aura jamais d'élections libres, équitables, transparentes et périodiques en Haïti. En dehors des principes du continuum nation-Etat, la gouvernance des élections restera ainsi une utopie. Certains articles de la proposition de révision constitutionnelle adressent la cruciale problématique des élections. Comme il a été démontré dans le précédent chapitre, la condition initiale détermine la trajectoire qu'épouse la solution du problème. Par exemple, l'article Article 31.1 de la proposition de révision constitutionnelle recommande que pour enregistrer ses candidates, un parti doit compter au minimum un nombre d'adhérents équivalent à dix pour cent (10 %) des votes exprimés aux dernières élections Présidentielles, ou cent mille (100,000) selon le cas le plus favorable pour le parti ou le groupement politique concerné. L'Article 29 et suivants, traitant des Pétitions dans la proposition de loi de révision constitutionnelle, stipule que tout groupe réunissant l'adhésion d'un nombre d'électeurs équivalant au moins à cinquante pour cent (50 %) des voix obtenues par un élu, peut provoquer des élections anticipées [*ou de rappel*] dans les limites fixées par la loi.

Sans nulle intention d'exonérer les périodes antécédentes, il importe de noter que de 1996 à 2016, l'entité dénommée Conseil Electoral [*provisoire*] présente deux caractéristiques constantes : l'incompétence, et la corruption. Conformément aux articles 191 et suivants de la proposition de révision constitutionnelle, et comme cela se pratique dans les Etats modernes, les élections devraient impliquer au moins deux entités : le Conseil Electoral qui est uniquement une instance de contrôle [*non un tribunal*], et l'Office National des Elections qui fait office de coordination des élections.

Le Conseil Electoral (CE)

Le Conseil Electoral serait [*faute de mieux*] l'équivalent de la Commission Electorale Fédérale (FEC) des Etats-Unis. Ses prérogatives sont de veiller particulièrement à l'application de la constitution, des lois, et des politiques publiques relatives aux élections. Les délibérations ou décisions du Conseil Electoral peuvent faire l'objet de recours devant les tribunaux ordinaires.

Le Conseil agit de manière proactive pour s'assurer que la constitution et les lois [d'Haïti] sont respectées et proprement appliquées, depuis l'inscription des partis politiques et des candidats jusqu'à la résolution des contentieux, et la publication de résultats électoraux. Le Conseil ne doit assurer aucune charge financière ou administrative, cette fonction est exclusivement réservée à l'Office de Coordination Electorale. La Conseil n'assume aucune responsabilité dans les opérations électorales, il délibère et l'Office Nationale de Coordination Electorale exécute. En cas de jugement rendu par une juridiction compétente, l'Office Nationale de Coordination Electorale est contraint de mettre en exécution toute décision de justice, contre laquelle il n'existe aucun recours ou quand les recours sont épuisés.

L'Office National de Coordination des Elections (ONCE)

L'Office National de Coordination des Elections est chargé de coordonner les opérations électorales sur tout le territoire. Reste à la loi le droit d'établir l'organisation et le fonctionnement de l'Office

National de Coordination des Elections. Les clauses et termes de collaboration entre l'ONCE et les Collectivités Territoriales doivent être clairement établis non simplement par la loi électorale, mais par de vrais programmes sous-tendus par des politiques publiques. L'apport de l'ONCE aux opérations électorales doit être d'ordre administratif et technique. Il reposera sur la gouvernance, incluant la logistique, les technologies de l'information.

3.2.2.4.2.2 : De la gouvernance des élections

Le vote cybernétique demeure l'un des pivots de la Gouvernance des Elections. Il est la concrétisation du projet intitulé Elections Zéro-Fraude ; il est présenté en détail dans la compagne d'information et de promotion précédemment mentionnée. Le projet Elections Zéro-Fraude n'est qu'une application de la théorie du continuum nation-Etat. Théorie formelle de gouvernance, l'application scrupuleuse et rigoureuse de de la cybernétique garantit des élections zéro-fraude, c'est-à-dire libres, équitables, transparentes, périodiques, et à moindre coût. Ce projet offre une plate-forme complète permettant de réaliser les élections régulières tous les deux ans, incluant les rappels, aussi bien que les primaires, conformément aux propositions de révisions constitutionnelles (réf. :321.2.1).

La cybernétique est la théorie générale de la régulation, du contrôle et de la communication à l'intérieure des systèmes. Il n'y pas de contrôle sans communication, et toute communication repose sur l'échange et le traitement d'informations, d'où l'apport incommensurable de la théorie de l'information et des nouvelles technologies de l'information et de la communication. Ces élections peuvent se réaliser à moindre coût, et avec un coût marginal proche de zéro.

Systèmes de Contrôle de Management Intégré

A. Listes Territoriales

Les listes territoriales permettent sont indispensables à la gouvernance des élections à tous les niveaux, des élections territoriales jusqu'au Présidentielles, en passant par les législatives. Dans un cadre ordinaire, elles peuvent sembler moins indispensables aux Présidentielles, mais en matière de gouvernance, elles s'avèrent nécessaires.

La création intempestive voire abusive de divisions territoriales, sans le moindre souci de gouvernance, fragilise toute conception de gestion des listes territoriales, ou toute tentative de gouvernance électorale. Si Haïti était condamnée à ne connaître que le type de Président qu'elle a eu au cours de ce dernier demi-siècle - fessant abstraction des années antérieure -, il faudrait tout simplement bannir la création de nouvelles divisions territoriales.

Le mappage initial établissant les codes postaux d'Haïti, suivant la norme ISO 3166-2, a été chambardé par la création d'un nouveau département en 2003, sans tenir comptes des circonscriptions et communes récemment crées. En dépit de tout, les codes postaux d'Haïti constituent le meilleur socle disponible pour l'instauration du management des listes territoriales dans le cadre de la gouvernance des élections.

B. Listes Electorales

De nombreux individus en Haïti ne disposent même pas d'acte de naissance, c'est-à-dire du document de base, le plus élémentaire permettant d'identifier un citoyen au 21e siècle. Ce problème si crucial n'a jamais été proprement adressé, les consultants [ou experts] de la Communauté Internationale préfèrent des palliatifs, cela fait partie de leur fonds de commerce. Les détails d'une proposition de solution viable visant à identifier les citoyens à la naissance, sont présenter da la rubrique intitulée « De la Santé ».

A propos du système d'identification actuellement en vigueur, il est impérieux d'entreprendre un audit et une évaluation complète du système. La décision d'introduire sans transparence ni justification une nouvelle Carte d'Identification Nationale (CIN) pendant la transition 2004-2007, alors qu'il en existait déjà une comportant un Numéro d'Identification Fiscale (NIF), parait tinter d'incompétence et de corruption. A côté des commissions et des pots-de-vin qui ont motivé cette démarche bâclée, il importe de souligner l'intérêt de Washington dont la sécurité était menacée par le trafic de passeport auquel se livrait le gouvernement d'Haïti. Il s'est avéré que les plus fidèles clients de ce juteux trafic, savourent décapiter ceux qu'ils qualifient d'infidèles. Cependant quel que soit les préoccupations de Washington, cette ingérence est inacceptable et injustifiable, mais s'explique parce qu'il existe de moins en moins des interlocuteurs   dignes de respect et de confiance au sein du gouvernement d'Haïti.

Le système d'identification doit être intelligemment repensé en vue d'exploiter toutes les opportunités offertes par les nouvelles technologies de l'information et de la communication. Cependant, les élections ne sauraient être une oasis dans le désert de la tyrannie et de l'anti-gouvernance. Il importe de concevoir, d'élaborer et de mettre en place des politiques publiques en matière électorale. Autrement dit, contrairement aux pratiques de ces trente dernières années, faisant abstraction d'années antérieures, Haïti doit se doter d'une gouvernance électorale, dans toute l'acception du concept.

La gouvernance électorale favorise la stratégie de Contrôle de Gestion des Listes Electorales. Ces programmes constituent à la fois le cœur et l'électrocardiographe des élections. Il en est le cœur parce qu'il pompe le sang dans tous les organes du système électoral. Il en est aussi l'électrocardiographe c'est un système fiable et transparent dont disposent les parties, les candidats, la presse et les observateurs, pour vérifier, évaluer, et faire des projections. Il importe de mentionner que le statut d'observateur ne peut plus être l'affaire de certaines d'associations locales ou internationales, ou d'individus qui sont de connivence avec les spoliateurs des élections, et qui sont généralement les premiers à justifier les fraudes. La liste électorale sera publique, et accessible à tous. Le vote demeure confidentiel, mais le fait de savoir qui a voté ou non doit être du domaine public. Ainsi il sera plus aisé de faire des sondages ou des projections reflétant la réalité et les tendances.

La situation où la liste électorale est attachée à un Bureau de Vote a été trop souvent dénoncée par certains électeurs qui n'ont pas pu voter, parce que ne sachant pas où se trouve leur Bureau de Vote, ou qu'il a été changé mystérieusement peu avant le jour du vote. En vue d'éliminer toute confusion regrettable, ou toute pratique déloyale visant à dissuader certains électeurs, il importe de penser les élections de façon holistique, c'est-à-dire suivant les principes du continuum nation-Etat.

C. Partis Politiques

Les partis politiques - comme il convient de les désigner - reflètent la mentalité de rente qui hante les âmes en Haïti. La problématique des partis politiques a été considérée dans la rubrique intitulée : De l'idéologie et des partis politiques. Aucune forme de Gouvernance Electorale ne saurait négliger la conception, l'élaboration, et la mise en place de politique publique en ce qui a trait aux partis politiques. La technologie ne peu nullement se substituer aux politiques publiques, elle ne peut qu'en faciliter la gouvernance. Ainsi, le système de Contrôle de Gestion des Partis Politiques doit, conformément aux articles figurant dans la proposition de révision constitutionnelle notamment l'article 31.1, faisant état de l'inscription des partis, et compte tenu de l'apport du système de Contrôle de Gestion des Listes Electorales, offre le cadre technologique nécessaire pour non seulement traiter et maintenir les listes d'adhérents soumis par le partis, mais aussi rendre possible des élections primaires pour les parties cultivant la pratique, et qui en font la requête.

D. Mandats

En vue de maintenir la tenue d'élections tous les deux suivant les termes constitutionnels, il faut d'abord corriger la tactique de l'entonnoir ou la politique de fait accomplie qui se développe. Malgré ses faiblesses, la constitution demeure le seul objet de ralliement de ces trente dernières années. Si les citoyens qui aspirent à la démocratie en Haïti ne se secouent pas, ils risquent de voir la constitution s'évaporer littéralement, ils ne s'en rendront compte que lorsqu'ils se réveilleront de la torpeur. La pente sera plus raide, la lutte non violente pour la démocratie aura reculé d'un moins un siècle.

Dans l'euphorie de l'après 7 février 1986, il fallait laisser passer la constitution en guise apaisement (*Arthur Neville Chamberlain*). Il n'existe pratiquement aucun doute que les technocrates tapissant les officines des ambassades ou agences internationales de Port-au-Prince préparaient une autre coction pour Haïti. La première démarche a été de verser de l'arsenic dans le thé constitutionnel. Une tactique presque similaire a été utilisée par les républicains contre la loi sur la santé d'Obama (*Affordable Care Act*). Ne pouvant faire le poids face à la majorité des démocrates, les législateurs ont provoqué le débat comme s'il voulait en faire une meilleure loi, puis l'ont empoisonné d'articles qui rendront la loi plus difficile à appliquer, pour voter finalement contre la loi qu'ils viennent de modifier. Plus tard avec une majorité confortable à la chambre des députés (*Congress*) les républicains utiliseront ces mêmes articles pour dénoncer la loi, et aussi rappeler qu'ils ne l'avaient pas voté. « [...] *Démocratie, l'expérience des autres* », dirait Jean L. Dominique.

La Triade qui ne cesse d'opposer ses intérêts particuliers à ceux de la majorité semble être sur le point de mettre K.O. la constitution de 1987, garant de quelques rares des minces conquêtes de 1986. Désigné par son prédécesseur, celui qui est devenu Président d'Haïti (1996-2001) par procuration déclara durant son investiture : « ...mon souci premier sera de restaurer l'autorité de l'État. ». Quelques instants plus tard, il se contredit, en se croissant pour homologue, le secrétaire d'Etat américain (1997-2001) qui n'est que l'équivalent du ministre des affaires étrangères en Haïti. Après s'être révélé le Président le plus inconséquent d'Haïti, il s'était retrouvé encore Président (2006-2011). Il désigne la constitution comme source de l'instabilité. Il trouvait anormal, parlant du Premier ministre, de n'être pas en droit de limoger quelqu'un qu'il a nommé. A l'aube du 21e siècle, même un Hermite ne saurait ignorer le principe de l'indépendance des pouvoirs. Mettre à exécutions leurs vœux, le Président et ses complices ont littéralement saboté la constitution (2010-2011).

Dédaigné par Washington qui le considérait comme un schizophrène-gauchiste, cet individu semblait remplir toutes les cases pour se soumettre à une alliance morganatique avec la Triade. Après la tragédie de janvier 2010 toute l'attention du monde se tournait vers Haïti, la mise à nue de la corruption et de l'inaptitude de cet individu et de ses proches gênait quelque peu Washington qui venait juste d'avoir un leader afro-américain (Obama 2009-2017). Etre un tyran ne semblait pas suffire à cet individu, après quelques essais qu'il jugeait avoir réussi, il paraissait convaincu de pouvoir établir un régime totalitaire sur fond de populisme, en éliminant tous les verrous constitutionnels juste avant l'installation de son protégé en mai 2011.

Bien imbu du projet de ses individus de s'accrocher au pouvoir par tous les moyens, Washington demeurait perplexe. L'émergence d'un pouvoir totalitaire avec un schizophrène-gauchiste, n'était pas de nature à rassurer Washington qui devait surtout prendre en compte d'autres paramètres comme l'implication avérée du pouvoir et d'une frange des classes privilégiées dans le trafic des armes et de stupéfiant, de blanchiment d'argent, et plus préoccupant encore la plausible exploitation des vulnérabilités de ces réseaux par les groupes terroristes. Pour Washington, le plan du Président et de sa bande représentait quelque peu une menace pour la sécurité des Etats-Unis. Sans aucun détour, piétinant même les principes les plus élémentaires caractérisant le nouvel ordre international, le locataire de l'imposant immeuble du boulevard 15 octobre a dû recourir à une tactique qu'il convient désormais de qualifier d'option nucléaire ; un événement inédit dans les annales électorales d'Haïti.

En effet, quelques heures seulement après la publication des résultats par le conseil électoral (2011), le proconsul de Tabarre les rejetait et en exigeait d'autres. Dans tout Etat souverain, cet ambassadeur aurait été immédiatement convoqué et sommé de s'excuser publiquement ou de quitter le pays sans délai. Ceux qui jouent aux échecs comme s'ils jouaient au poker ne sont pas différents des chimpanzés, ils font de la grimace comme indiqué plus haut. Pour tout joueur d'échec les coups sont calculés à l'avance. Lorsque le second tour des Présidentielles de 2006 a été éliminé, ceux que Lénine appelait des « idiots utiles » y voyaient une victoire, alors que l'objectif des pourfendeurs d'Haïti a été surtout d'éliminer un interlocuteur trop coriace, autrement dit éduqué et éclairé, qui ne manquerait pas d'inculquer quelques leçons à ces diplomates indélicats.

Mécontent de son lynchage par un adversaire trop puissant, la publication de fausses révisions constitutionnelles dans le Moniteur, journal officiel de l'Etat par le Président d'Haïti (2006-2011) et ses associés, révèle plusieurs éléments d'information. Le plan totalitaire en passant par un coup constitutionnel était imminent. Des éléments essentiels du texte de la fausse révision auraient été rétractés sans prendre le soin remettre le texte en ordre avant sa publication. Malgré la dénonciation officielle de certains sénateurs pour le moins courageux, aucune enquête n'a été diligenter pour fixer les responsabilités et punir les truands.

Des individus sans titre ni qualité ont retouché le supposé texte de révision constitutionnelle. A part quelques patriotes irréductibles, le forfait passe comme si tout a été prévu. La réponse nonchalante face à ce crime de lèse-patrie hors pair vérifie la thèse du régime (2006-2011) qui planifiait après avoir scellé le pouvoir d'ignorer les grognes, acheter le silence de certains meneurs, intimider violemment ou réduire au silence ultime les irréductibles. C'était sans compter que le danger venait d'en haut, c'est-à-dire de leur propre maître qui les dédaignait pire que du déchet radioactif. C'est en ce sens que l'option nucléaire a été appliquée contre le candidat du clan aux Présidentielles de 2016. Le professeur et recteur d'université constituait sans doute la meilleure chance d'un retour au pouvoir du schizophrène-gauchiste vomi par Washington.

Il importe de noter que l'éviction du régime (2006-2011) ne signifiait nullement un retour à la morale ; les traîtres son légion et travaillent avec beaucoup de zèle en vue s'attirer la sympathie des maîtres. Les consignes sont claires, contrairement à la constitution, ils ne veulent que des mascarades électorales générales, c'est-à-dire qui incluent les Présidentielles, avec un seul tour où ils peuvent tout décider d'un revers de main. Ils veulent renforcer le pouvoir du Président et maintenir le parlement et la justice comme caisse de résonnance du Président [d'Haïti] en vue de garantir la signature expresse de certain contrats commerciaux ou accord bilatéraux. Les supporteurs de ce plan sont extrêmement violents, pour les mettre en déroute, il faut beaucoup de détermination à l'instar de l'armée indigène, à une différence près : « *démocratie ou la guerre* » plutôt que « *liberté ou la mort* ».

La politique de l'entonnoir se précise déjà. Tout a été orchestré avec beaucoup de malice pour aboutir à des élections quasi générales après 2017. Deux tiers du sénat se constituent pour 6 ans. Dans la mesure où le Président [d'Haïti] dispose d'une majorité au sénat il va la garder le plus longtemps possible, autrement dit il y a très peu de chances que des d'élections se tiennent à temps pour remplacer le tiers du sénat qui doit partir sous peu, jusqu'aux prochaines Présidentielles et la boucle serait sous peu bouclée.

Il faut des élections régulières tous les deux ans, autrement dit, les sessions électorales sont des biennales.

- o **Elections de Classe A**
  - ▪ Les Législatives
    - ✓ 1/3 du Sénat
    - ✓ La Chambre des Députés

- Les Territoriales
  o **Elections de classe B**
    - Les Législatives
      - ✓ 1/3 du Sénat
      - ✓ La Chambre des Députés
    - Les Présidentielles

E. Bureaux de Votes

Les bureaux de votes sont le plus souvent aménagés à l'intérieur des écoles ou tout bâtiment approprié, désigné suivant la loi électorale. La gouvernance des élections relève des politiques publiques, l'une des implications de ce principe exige par exemple que le bureau de vote soit accessible aux personnes handicapées. Les études de Charles Stewart de la MIT révèlent un électeur passe en moyenne 11 à 17 minutes à l'isoloir dépendamment des critères tels qu'affiliation politique, classe social, niveau d'éducation etc.

Au-delà de l'inexistence de politiques publiques en Haïti, la faiblesse des collectivités territoriales constitue un défi incontournable à la gestion des bureaux de votes. Considérant le taux élevé de l'analphabétisme, et de l'analphabétisme fonctionnel, il faudrait sans doute ajouter une marge de sécurité de plus de 15 % à la borne supérieure de l'intervalle de Stewart.

Inscrivant les élections dans le cadre de la gouvernance, cela implique la mise en place de politiques publique en la matière. A l'instar des Etats modernes, le maire ou le conseil municipal doit être RESPONSABLE de l'organisation des élections dans sa commune. Le mappage entre les codes postaux et sections communales permet de mieux dimensionner les bureaux de vote. S'il faut vingt (20) minutes par électeur, si la journée de vote dure dix (10) heures, cela nécessite un isoloir pour trente (30) électeurs.

F. Finances

Le budget est la traduction en valeur monétaire des différentes hypothèses concernant l'environnement, l'activité, l'exploitation, les investissements et les plans d'action envisagés au cours d'une période déterminée, en général une année, correspondant à un exercice comptable. Un Budget représente à la fois la liberté en fournissant les moyens d'atteindre ses objectifs, et la contrainte en fixant des restrictions dans les dépenses. Comme tout acte de souveraineté, les élections, aussi bien que l'armée et la police ont un coût, que les comptables ne pourront pas toujours saisir, car le rapport ou retour sur investissement ne figure dans aucun livre de comptabilité.

La corruption et l'incompétence des régimes, l'immoralité et l'appétit insatiable des cartels économiques alimentent l'ingérence des ambassades dans les élections haïtiennes. Ils pratiquent outrancièrement la politique brutale de la carotte ou du bâton. L'appétit conjugué des agents du gouvernement et ceux des ambassades ou d'autres agences établies en Haïti provoque une inflation exponentielle du coup des élections alors ces dernières se tiennent dans une ambiance de chaos et de fraude avérés.

G. Logistique

La logistique s'occupe de tout ce qui a trait à la planification, l'exécution et le contrôle des marchés publics, le transport, le transfert et les déploiements de personnels, de ressources matérielles et d'autres pour atteindre les objectifs de campagne, plan, projet ou stratégie. Elle peut être définie comme la gestion de l'inventaire en mouvement et au repos. Il comprend les mouvements entrants et sortants et est un concept plus large que la gestion de la distribution (distributique) qui n'inclut pas les activités telles que les prévisions et les marchés publics.

L'absence de gouvernance, couplée à la situation de précarité ambiante, ne semble laisser aucune opportunité à la technique. Les agents de l'administration publique à tous les échelons sont trop préoccupés à se servir. Les frontières et le rapport entre superviseurs et supervisés ne sont guère définis. Quand il ne se pose pas en un prédateur contre qui il n'existe aucun recours, tétanisé de peur face aux menaces de sorcellerie, le superviseur est souvent réduit à une cinquième roue.

L'institution de la gouvernance et l'établissement d'instances de contrôle en appui aux politiques publiques, offrent des méthodes objectives et robustes pour assurer la logistique. Par exemple le déploiement de caméras sans fil dans tous les sites, incluant les garages ou parkings, connectés à des data center et des centres de surveillance éloignés, ainsi que des unités de radio fréquence et de positionnent géospatial sur tout matériel et particulière les véhicules publics qui sont généralement abusés par ceux qui en ont la charge.

L'agent qui fait l'objet d'un premier avertissement sur la base d'un relevé objectif du centre éloigné de surveillance sera moins enclin à continuer des pratiques qui peuvent lui valoir des sanctions plus sévères pouvant même entrainer la cessation.

H. Ressources Humaines

La Gestion des ressources humaines requiert l'habilité à conduire des analyses d'emploi et d'élaborer les annonce d'embauche, planifier les besoins en personnel, le recruter les personnes les mieux qualifiées pour les postes, orienter et la former, gérer les salaires et traitements, offrir des programme d'incitation, évaluer le rendement, régler les différends et communiquer avec tous les employés à tous les niveaux ; sans oublier une connaissance approfondie de l'industrie, du leadership et des techniques de négociation efficace.

L'inexorable dégradation de l'éducation au cours de ce dernier demi-siècle accélère l'enlisement de la situation des ressources humaine déjà fragile dans une précarité presqu'irréversible. Cette carence de ressource affecte tous les niveaux de l'administration publique, des politiques aux fonctionnaires les plus ordinaires. Lorsque des décideurs refusant de reconnaitre leur échec se contentent de rejeter le blâme sur des collaborateurs de rang moins élevés, cette attitude renseigne abondamment sur leur caractère ; telle a été l'attitude de nombreux membres du Conseil Electoral et du gouvernement après la débâcle des élections Présidentielles de 2015.

Contrairement à certains types d'emplois comme dans les camps de sous-traitance ou dans les chantiers etc., il ne serait pas étonnant que la productivité ou le rapport travail temps soit très faible en Haïti, principalement dans l'administration publique. L'absence de gouvernance et de politique publique qui crée cet Etat déliquescent est la preuve qu'au plus haut niveau la productivité est nulle. Ces faits ne cessent malheureusement d'alimenter la position de certains ignorants ou racistes qui assimilent l'individu afro-américain (afro-caribéen compris) à un paresseux.

L'objectif fondamental consiste à relever la productivité. Etant donné que la productivité est le rapport du travail au temps, il importe d'établir des méthodes objectives d'évaluation du travail et du temps. Des taches indispensables, déterminées sur la base d'objectifs irréductibles, dans le cadre de plans stratégiques cohérents, constituent une méthode suffisamment robuste de contrôle ou d'évaluation du travail. Beaucoup d'ingénieurs et de scientifiques grimacent chaque fois qu'ils se réfèrent au modèle du système impérial adopté par les américains depuis 1824 (*The United States Customary System*), qui régit le quotidien tout citoyen aux Etats-Unis. Cependant, la vie de tous les jours n'arrive pas à se défaire du système international (SI) dont le noyau est le mètre-kilogramme-seconde ou MKS. « *Time is of the essence* », dit-on souvent dans l'arène du capitalisme. La gestion de tâches sur une base horaire demeure de loin la plus efficace, aussi la plus petite unité de mesure recommandée est l'heure plutôt que le jour, la semaine ou le mois.

Le code du travail actuel est obsolète, la nécessité de politique publique en matière de travail s'impose. En ce qui a trait à l'administration publique, chaque fonctionnaire doit pouvoir user de son temps de travail comme d'un budget. Au début de chaque période fiscale, un calendrier de travail est élaboré, mentionnant les fêtes nationales qui sont régulièrement payés, ainsi ceux qui doivent y travailler reçoivent le double de leur paye ou ce que fixe la loi en la matière. Il va sans dire que dans un cadre ainsi déterminé, un Président [d'Haïti] ne saurait décréter des jours de congé comme bon lui semble. Le fonctionnaire dispose d'un certain nombre de jours (en heure) qu'il utilise à sa discrétion, et d'un nombre d'heures de congé maladie et de vacances calculé sur la base d'un pourcentage de chaque heure de travail fournie. Le fonctionnaire frustré est le pire des cauchemars, il n'existe à ce jour pas de formule raisonnable capable de rendre heureux un fonctionnaire, cependant, la gestion des ressources humaines a au moins le mérite d'essayer. La réussite des élections en dépend.

I. Candidats

Le candidat est le premier client en matière d'élections dans un Etat. Le client est l'individu ou la partie qui reçoit ou consomme un produit ou un service d'un fournisseur. Le client régulier a le choix entre différents fournisseurs, ce qui donne lieu à la concurrence permettant souvent au client de bénéficier d'un meilleur produit ou service. Le candidat ne dispose pas du levier de la concurrence, les organes de l'Etat disposent de monopole dans beaucoup de domaine. Les candidats ne peuvent y échapper que s'ils s'organisent d'abord entre eux et sein de partis politiques robustes, et s'ils peuvent mobiliser le maximum de citoyens ou sympathisants à leur cause, en vue d'exiger, suggérer ou de proposer la mise en œuvre de politiques publiques.

L'absence de politiques publiques, dans tous les domaines, et en matière d'élection particulièrement ne relève nullement du hasard. Elle reflète l'absence de gouvernance, de vision, ou d'objectifs plus ou moins rationnels, dans un enchevêtrement de systèmes et d'intérêts particulier où ceux qui croient commander ne sont que des assimilés. Dans ce vide de leadership, les prédateurs pullulent, les partis et associations politiques satisfont à une culture de rente.

Dans les Etats modernes, les avantages que procure la concurrence entre les prestataires de biens et de services dans le secteur privé se retrouvent au niveau des organes de l'Etat grâce à la démocratie et l'Etat de droit. Ce qui implique, la transparence, la reddition de comptes, et si nécessaire, l'éviction des leaders incompétents ou corrompus. Il n'est guère nécessaire de connaître ou de visiter d'autres Etats pour se rendre compte que depuis la phase des inscriptions jusqu'à la proclamation des résultats des élections, que les candidats sont traités avec beaucoup de dédain. Il importe de se demander pourquoi cela persiste-t-il ? Il importe aussi de noter que non seulement ils ne sont pas respectés, ils ne se respectent pas, et respectent pas leurs mandants non plus. Ce serait l'équilibre parfait de la boucle du non-respect. Serait-ce le début de la banalisation du mal ?

La gestion des candidats rencontre les notions gouvernance et de politiques publique en matière électorale. Elle tient compte de la nécessité d'avoir un Conseil Electoral qui ne se confond guère avec l'Office de Coordination des Elections, qui jouit de l'autorité de faire appliquer et respecter les lois déterminant la conduite des politiques publiques.

J. Primaires

Le modèle électoral américain demeure un des plus originaux dans le monde. Ces élections se tiennent régulièrement tous les deux ans et comportent deux segments : les élections primaires et les générales. Pour en faire une succincte présentation ; les primaires sont des élections à l'intérieur des parties, reproduisant presqu'à l'identique le model général, et de plus en plus couteux. Elles sont nécessaires chaque fois que deux ou plus souhaiteraient représenter leur partie aux générales. Cela est pareil à tous niveau, Député, Sénateur, Maire, gouverneur, Président, d'une circonscription à un Etat, ou d'une Etat au Fédéral. Parce que l'Exécutif Fédéral traite des questions international, il ne fait aucun doute que les pays étrangers prêtent beaucoup d'attention aux primaires des Présidentielles.

Chacun des deux partis politiques les plus importants, le Parti démocrate et le Parti républicain, annonce son candidat pour l'élection Présidentielle lors de sa convention nationale, auxquelles assiste un certain nombre de délégués, choisis selon les règles établies par le parti, souvent en harmonisation avec les branches locales des deux partis. Les leaders des parties constituent généralement les délégués, on distingue deux types : engagés (de l'anglais : *pledged*), et libres (de l'anglais : *unpledged*). Les premiers représentent les comités locaux du parti, et doivent voter lors de la convention, pour un candidat sur la base du scrutin. Les seconds, aussi appelés super délégués (de l'anglais : *superdelegates*), sont soit des dirigeants du parti, soit des élus ; membres du congrès, sénateurs, gouverneurs etc., et votent pour le candidat de leur choix. De plus en plus, les Etats modernes organisent des primaires, comme la France, le Canada etc. Il leur prendra certainement du temps pour atteindre le niveau de sophistication des primaires américaines, les observateurs admettent cependant à l'unanimité que la prépondérance risque de compromettre ce bel exercice de démocratie.

Le carnaval électoral qui a eu lieu en 2015 avec près d'une centaine de candidats à la présidence en Haïti reflète fidèle l'absence de gouvernance et l'état de déliquescence de l'Etat. Les partis poussent et disparaissent comme des bactéries, ils ne sont pas organisés et ne dispose d'aucune ressource, quelle qu'elle soit. Certains prétendent réaliser des primaires comme s'il s'agissait d'un jeu de billes. La seule loi semble être celle de la jungle, pas de règlements ni de procédures, objectivement définis.

L'état d'avancement de l'organisation des partis politiques, reflète tout un processus d'évolution ayant bénéfice d'un environnement propice, qui lui aussi est un produit de l'évolution sociale. Sans gouvernance, ce processus risquerait de prendre des siècles voire des millénaires en Haïti. Vers 2050 avant Jésus-Christ, Il a fallu vingt (20) ans pour construire La pyramide de Khéops, Il a fallu un (1) an pour construire l'immeuble Empire State de New York, c'était déjà en 1931. La cybernétique procure des connaissances qui couplées aux progrès technologiques actuels permettent le contrôle du temps dans la poursuite des objectifs sans en compromettre nullement la qualité.

K. Votes

En démocratie, les délibérations et les élections sont sans doute les formes les plus courantes et les plus légitimes de prise de décision. Dans les assemblées la décision est souvent délibérative, elle est déterminée ou influencée par des analyses et des considérations minutieuses des codes de lois, des principes de traités, voire de la morale. Le vote constitue l'expression formelle du choix ou de la décision d'un individu. Le vote populaire doit s'exercer dans des élections libres et régulières, où des électeurs choisissent leurs dirigeants pour une période déterminée. Dans une démocratie directe, le vote est la méthode par laquelle l'électorat prend directement des décisions, transformer le régime politique, modifier des codes des lois ou en adopter d'autres, etc.

Dans certains Etats modernes, voter constitue un droit inaliénable, dans d'autres, l'abstention non justifiée (le jour du vote) est traitée comme une infraction qui, dès lors, implique une sanction répressive. Voter (c'est-à-dire l'action en soi) n'est guère un secret, cependant, pour empêcher que les électeurs ne soient intimidés et dans le but protéger la vie privée des citoyens ; voter (ou l'acte, dans le sens de choisir un candidat parmi d'autres) demeure dans la pratique un acte privé, dont l'électeur, et seulement l'électeur a le droit de vulgariser.

L'état de déliquescence de l'Etat d'Haïti rend extrêmement périlleux tout effort d'y instaurer la gouvernance. Dans le cadre d'un Etat, Il n'existe nulle gouvernance sans politiques, et sans programmes cohérents sous-tendus par des politiques publiques. Si voter est un droit, il implique indubitablement des devoirs, voire des contraintes. En matière de politique publique, la notion de droit est essentielle, le citoyen s'use pour s'assurer qu'il n'y ait aucun manquement à la qualité du service qui lui est dû Ainsi, les conflits ne se règlent plus dans la violence mais dans les tribunaux.

La stratégie de contrôle de management des votes s'inscrit dans la dynamique de la gouvernance des élections, incluant le programme de Vote Cybernétique. Le choix de l'électeur demeure confidentiel. Il sera désormais possible de savoir qui a voté ou non, dans le cadre de politique publique en matière d'élections, ces informations peuvent non seulement aider à des contrôles ou investigations post-élections, mais surtout à des études pouvant contribuer à l'amélioration du service et politiques publiques.

L. Juridiction

Une juridiction désigne une instance dont la finalité est de rendre la justice et trancher les litiges qui lui sont soumis ou déférés. C'est un tribunal, en tant que service public. Le terme s'utilise souvent pour les juridictions spéciales comme le Conseil Electoral charger de veiller au respect de la constitution et des lois en matière d'élections, ou Le Tribunal de Police qui dans certains Etats est la juridiction qui traite les infractions au Code de la Route [*avec ou sans accident*]. Au sens large, une juridiction désigne aussi l'ensemble des tribunaux de même ordre, de même nature ou de même degré hiérarchique.

Le Conseil Electoral haïtien semble designer à la fois l'organisme qui élabore la loi électorale, qui veille à ce qu'elle soit respectée, qui coordonne et d'organise les élections, qui reçoit et juge à tous les degrés jusqu'en dernier ressort des faits qui lui sont reprochés, sans mentionner qu'il se comporte toujours arbitrairement. Seul un Etat dégoulinant est capable de produire une telle énormité. Cela ne semble pourtant gêner aucun Président,

Premier ministre, ni aucun des ministres, sans compter les autres élus. Mais les ambassades et les agences internationales [*chérissant tant Haïti*] qui se donnent pour finalité de maintenir une stabilité qui n'existe pas, semble paradoxalement s'y complaire.

3.2.2.3.2.2 : Viabilité

La tenue d'élections libres, équitables, transparentes et périodiques, nécessite, entre autres, l'attribution aux collectivités territoriales de responsabilités assorties de poursuites pénales pour tout manquement ou négligence.

Les édifices municipaux et les complexes d'enseignement public constituent l'infrastructure rigide de base des élections dans les territoires.

A l'instar des édifices [*briques et mortier*], les ressources humaines dont nécessitent les élections proviennent essentiellement de l'Administration publique, sans supplément de salaire, sur la base d'arrangement de l'horaire d'une façon favorable à l'employé. Les élections se tenant le dimanche, l'employé peut recevoir en contrepartie deux ou trois jours de semaine contre un jour de week-end, dans la période de son choix.

En plus des infrastructures disponibles dans les territoires, le système électoral dispose aussi de ses propres organes, incluant des infrastructures souples et rigides qui lui sont totalement consacrées.

La tenue d'élections efficientes nécessite un système logistique adéquat, incluant des ressources humaines, des moyens de transport en toute sureté, des ressources technologiques et des systèmes d'informations robustes et intelligents. Le ministère de l'Intérieur dispose, dans la Gendarmerie Nationale, des meilleurs experts en logistique et en sureté.

Dans le modèle du continuum nation-Etat, les acteurs sont rigoureusement tenus de rendre compte des ressources de l'Etat qui leur ont été confiées. Il incombe ainsi aux responsables de budget de ventiler l'ensemble des ressources du système des élections, et de préciser leur provenance, compte tenu des ressources mentionnées ci-dessus.

Pour réaliser des élections libres, équitables, transparentes et périodiques, les principaux organismes du système électoral nécessitent un budget propre de près de 0.05 % du produit intérieur brut viable, soit 32 millions de dollars vers 2030-2045, compte tenu de l'important apport logistique du ministère de l'Intérieur, des Collectivités Territoriales, et de diverses autres instances.

3.2.2.5 : De la Défense

Dans les sociétés modernes, les Forces Armées [*militaires*] demeurent sous l'obédience du Pouvoir Exécutif, et sous l'œil inquisiteur du Pouvoir Législatif afin de prévenir tout abus, et de préserver et protéger du coup les ressources militaires. Le pourvoir législatif est le garant d'un usage rationnel de l'armée. L'une des responsabilités du Ministère de la Défense est de veiller à ce que l'armée dispose des ressources nécessaires pour prévenir la guerre, défendre et sauvegarder la sécurité nationale, le cas échéant. La dissuasion demeure la meilleure garantie contre des adversaires supposés rationnels ; ces agressions proviennent généralement d'autres Etats cherchant à s'en prendre à des intérêts vitaux par quelque moyen que ce soit. La dissuasion nucléaire reste la garantie ultime de la sécurité et de l'indépendance d'un Etat contre de potentielles agressions.

Le Ministère de la défense doit être proactif. Les informations recueillies par des services de renseignements favorisent l'anticipation et permettent de mieux comprendre les nouveaux conflits, leur évolution internationale, et d'orienter les ressources et les moyens de défense et de sécurité nationale. Le renseignement constitue la première ligne de défense, il permet d'appréhender la complexité des situations et d'anticiper les crises dans cet environnement mondiale de plus en plus complexe, voir chaotique. L'anticipation se traduit généralement par des actions préventives sur les causes des conflits, ou dans certains cas sur les crises pour éviter leur aggravation. Le ministère de la défense repose sur deux piliers fondamentaux : les services de renseignements, et les forces armées. Dans un cas comme dans l'autre, les opérations restent de nature strictement militaire, ce qui ramène à une seule et même institution qui ne saurait être autre que l'armée.

« L'armée c'est la nation », disait Bonaparte. La finalité première de l'armée est d'assurer la sécurité de l'État, la défense de ses intérêts et la protection de la population et du territoire contre des menaces extérieures. Elle peut également recevoir des missions de maintien de paix, dans un cadre international. Elle participe également à la mise en œuvre d'autres politiques publiques : politique étrangère, sécurité intérieure, sécurité civile, instruction publique, santé publique, sauvegarde maritime, protection de l'environnement etc. Dans certains cas, elle regroupe des forces spécialement dédiées à des missions de sécurité intérieure ou de police ; elle comprend alors des forces de gendarmerie ou des forces paramilitaires.

3.2.2.5.1 : Position du problème

Après le départ des occupants [*1934*], l'Armée d'Haïti a été chargée de maintenir l'ordre. Quelle ironie ?   En 2015 le gouverneur républicain du Texas - *28ᵉ Etat américain* -, dénonce des entrainements pourtant réguliers de l'armée américaine, comme une tentative d'occupation ou d'invasion et appelle les citoyens à la résistance armée. Une armée face à sa propre population finit toujours mal. Après le départ des troupes américaines d'Haïti, il a fallu seulement une trentaine d'années à un sociopathe pour décoder le message : *« maintenir l'ordre »*. Il a su se débarrasser des récalcitrants, et récompenser les fidèles avant d'établir une tyrannie sanguinaire et rétrograde qui a duré trente (30) ans.

Après la révolte populaire ayant abouti au 7 Février 1986, comme des fauves échappés d'un zoo, les militaires se sont rués sur la population. Soldats le jour, cambrioleurs et bandits la nuit. Le trafic de la drogue semble faire sauter tous les verrous, leur appétit débordait. Piégés ou non, incapables de penser rationnellement, les radicaux n'ont su se contenir. Effrayés par la réputation presque légendaire de l'intégrité de Gérard Gourgues, ils ont préféré massacrer les votants qui paraissaient déterminer à rompre avec la tyrannie. Pressés de donner une certaine apparence à l'opinion internationale, ils ont ensuite organisé une mascarade électorale, et ont sélectionné Leslie F. Manigat, apparemment, le plus inoffensif des candidats selon eux. Manigat n'avait pas de base populaire, et les faiseurs de roi d'Haïti, [*la Triade*], n'avaient nulle garantie de pouvoir en faire une marionnette. Ils n'avaient pas tort. Le nouveau Président semblait prendre sa tâche trop au sérieux. Pour les radicaux, c'était inacceptable. Un autre coup, encore un général, et la vase des coups continuait, enfonçant le pays dans la crasse.

Après l'échauffourée en plein jour entre le corps des Léopards [*abandonné par son commandant*], et les casernes Dessalines fidèles à leur général-Président, les analystes de Washington et probablement ceux de Santo-Domingo aussi, ont sans doute été pris de panique. Et pendant qu'ils réfléchissaient …

En décembre 1990, avec la présence massive de la presse et de nombreux observateurs internationaux, comme toute réédition du massacre de novembre 1987 aurait pu conduire les généraux sans scrupule devant le tribunal international de la Haie, sous la pression populaire ils ont dû laisser passer le prêtre devenu politicien. Bien que le mouvement populaire qui supporte le moine défroqué compte de nombreux individus très respectés, ce despote arriéré, coincé et incompétent s'est plutôt choisi un autre rétrograde comme Premier ministre. Le 30 septembre 1991, le régime est renversé. Un autre général, soutenu par d'autres militaires à l'esprit aussi exigu que le canon de leur fusil, usurpe encore le pouvoir.

Le continuum nation-Etat se fonde sur la constitution et des lois corroborant explicitement des politiques et des politiques publiques viables élaborées par des citoyens compétents et intègres œuvrant dans des institutions organiquement établies. Les Forces Armées d'Haïti ont été la proie de la corruption et de l'incompétence, à l'instar des autres institutions. Ayant eu le monopole de la force brute, l'armée a été exploitée et manipulée par des groupes radicaux pour le moins irrationnels. Dépourvues d'intellectuels ou de leaders responsables, elles dérivaient dangereusement jusqu'à se transformer en bandes de truands, voire de terroristes.

Des généraux paresseux, incompétents et corrompus qui s'attribuent des grades à l'instar de l'Ecole des Fans de Jacques Martin, des trafiquants de stupéfiant munis de DCA, de chars d'assaut, d'avions et d'autres vaisseaux de guerre ; de quoi enlever le sommeil à leurs voisins de l'Est, sans mentionner [l'oncle Sam,] le colosse. Les groupes terroristes les plus redoutés disposant d'énormes moyens financiers utilisent de plus en plus les réseaux de trafic de stupéfiant pour atteindre leurs objectifs, sans éveiller de soupçons. Vue l'obédience des militaires haïtiens aux trafiquants, les analystes du département d'Etat Américain (de l'anglais : *State Department*) redoutaient surtout l'émergence de groupes terroristes et fondamentalistes religieux ayant en leur possession toute cette terrifiante machine de guerre.

En automne 1994 l'ex-Président américain Carter, a entrepris quelques démarches en vue de faire comprendre aux radicaux de l'armé et des couches privilégiées de l'époque, les véritables dangers auxquels ils s'exposaient en tentant de défier les injonctions du jeune et nouveau commandant en chef des Etats-Unis d'Amérique, William J. Clinton en quête d'opportunité de faire valoir sa détermination qui a été mise en doute par ses adversaires [*évidemment plus expérimentés*] durant la campagne électorale. Les pourparlers auraient fait avorter un plan de décimer les vilains ainsi que les installations et l'artillerie militaires de l'Armée d'Haïti. L'unique aspect positif de ce dénouement, a été l'évitement des dommages collatéraux massifs, car le démentiellement s'est plutôt effectué avec moins de fracas avec le débarquement des Marines américains en octobre 1994.

3.2.2.5.2 : Métaheuristique

La finalité de la Défense consiste à moderniser le secteur, garantir la défense et la sécurité nationales, et préserver l'état de droit. Comme indiqué dans la section consacrée à l'état de droit (réf. : 3.2.1), il n'existe nul Etat moderne en dehors de l'état de droit qui constitue le fondement du continuum nation-Etat. Cependant, même dans les Etats modernes, lorsque ces derniers sont en proie aux guerres touchant leur territoire ou leurs frontières ou lorsqu'ils confrontent des menaces existentielles ou directes, l'état de droit en pâti. C'est en ce sens que la garantie de défense et de sécurité nationales préserve l'état de droit, lorsqu'il est établi.

Modélisation

L'armée constitue le principal organisme de défense. La stratégie de défense ne se confinent point aux frontières, ni dans l'espace aérien limitrophe, ni dans les eaux territoriales. A l'instar de l'organisme humain, ou des systèmes informatiques, la défense s'implante au cœur du système.

L'observation de ces trente dernières années, abstraction faite des années antérieures, révèle un déficit accru de confiance dans le gouvernement, dû à une carence de citoyens fiables ou de patriotes. En Haïti aujourd'hui, il peut-être en effet difficile de déterminer le degré d'allégeance d'un citoyen à la patrie. Dans le continuum nation-Etat, l'armée étant avant tout une pépinière de citoyens aguerris, disciplinés, compétents et près à faire le sacrifice de leur vie au nom de la patrie, comment douter alors de leur sincérité, même quand ils passent au civil.

Même dans le cas, jadis le plus improbable, d'un Président américain suspect de compromission avec une puissance ennemie des Etats-Unis, malgré les tergiversations d'un parlement partisan acquis à la cause du Président, la manche inexpugnable reste les agences de sécurité dont la CIA, le FBI et d'autres. On les appelle à juste titre l'Etat ou le pouvoir profond (de l'anglais : *deep State*).

Après plusieurs décennies d'errements et de sottises, la tâche des hommes et femmes en uniformes s'étend au-delà de la défense classique, car ils doivent s'atteler à reconstituer le continuum nation-Etat en œuvrant dans des domaines tels que : l'éducation, la santé, l'agriculture, la gouvernance des territoires etc.

3.2.2.5.2.1 : Conditions initiales

L'édification des Forces Armées d'Haïti est indispensable à la reconstitution du continuum nation-Etat. Aucune justification, voire aucune explication plausible ou rationnelle contre l'existence d'une armée moderne en Haïti n'a été avancée jusque-là. Il ne fait aucun doute que les membres des Forces Armées d'Haïti n'étaient pas dignes des responsabilités qui étaient les leurs. Pour se débarrasser des truands de l'armée, l'abolition ou le démantèlement de l'institution militaire n'a pas été la solution appropriée. A l'instar de l'armée, tous les organismes publics du pays seraient régis par des truands ; de l'exécutif au législatif en passant par les pouvoirs locaux, et judiciaire.

Le projet d'une armée moderne s'inscrit dans le cadre d'une Etat moderne. Tant que la tyrannie persiste, tant que l'Etat demeure aussi inefficace et improductif, toute opposition à la constitution d'une armée moderne n'est que l'expression de l'ignorance ou la résurgence d'un vieux complot contre la patrie. La communauté internationale n'est pas dupe, en 2004 ils ont sans doute réalisé que 1994 a été une erreur. Les missions de l'ONU coûtent cher, trop cher, et leur population respective demande de plus en plus d'attention. Aux Etats-Unis et en Europe, certains populistes semblent s'en approprier. Ainsi de moins en moins de fonds seront disponibles pour d'autres pays. Cependant, que les citoyens rationnels et avisés d'Haïti ne s'y trompent pas, il en existe deux options : une armée moderne, ou une force brute de répression, au service exclusif de la tyrannie. S'ils ne décident pas, ils auront tacitement entériné la seconde, qui de toute évidence est déjà en chantier.

En revanche, l'émergence d'une armée en Haïti moderne nécessite la prise en compte du contexte géopolitique ; ce processus constitue la manche la plus délicate. Abstraction faites des périodes antérieures, plus d'un quart de siècle de dérives sans l'émergence de leadership moderne, même dans les rangs des couches privilégiées, renvoie le signal d'un Etat en déliquescence. Le très proche voisin de l'Est ainsi que le colosse nord-américain s'en inquiètent à juste titre. L'émergence de leadership moderne en Haïti ne saurait sous-estimer ou négliger l'effort diplomatique nécessaire voire indispensable en vue de réaffirmer sa place sur l'échiquier des nations. La diplomatie haïtienne est malheureusement en lambeau, elle n'est que l'ombre d'elle-même. Il faut à cet effet des leaders non-seulement crédibles mais éclairés et perspicaces. Le réservoir de citoyens répondant à ces critères se tarit, il faut agir vite, mais il faut surtout les convaincre de sortir du confort de leur retraite ; le plus dur pour eux sera sans doute de refouler leur dégout de la politique des sagouins.

En dépit de sérieuses réserves, la théorie du continuum nation-Etat supporte le rapport de la Commission Citoyenne Nationale de Réflexion sur les Forces Armées d'Haïti du 25 janvier 2006. Ce rapport demeure une base acceptable pour entamer des réflexions plus étendues suivant une approche holistique. Haïti nécessite une armée professionnelle de plus de cent mille (100,000) membres actifs incluant les forces conventionnelles de la marine, de l'aviation et de l'infanterie, de renseignement, et des unités spéciales capables de pénétrer les lignes ennemies. Si Haïti veut la paix, elle doit préparer la guerre. Toute démarche de modernisation sociale et économique d'Haïti n'est que leurre, si elle ne se base pas sur des garnisons [militaires] très pointues dans des disciplines telles que la science de l'éducation, l'ingénierie d'ouvrages d'infrastructure, la santé publique et de médecine, l'agriculture et l'environnement, les nouvelles technologies de l'information, etc.

Suite indicative mais non exhaustive de conditions initiales

Cette section présente une suite indicative mais non exhaustive d'organismes, de programmes sous-tendus par des politiques publiques devant constituer l'ossature de la politique de défense et de la gouvernance du secteur :

Des Services de Sécurité Nationale et de Défense

Des détracteurs reprochaient aux Forces Armées d'Haïti de gober environ 40 % du budget [d'Haïti]. Le ratio du Budget de la mission des Nations Unies par rapport au budget d'Haïti (2015-16) reflète pourtant des proportions similaires. La MINUSTAH se révèle aussi inefficace que les FADH, leurs membres sont tout aussi corrompus et incompétents, et les cas de violation de droits humains sont légions. Alors que les FADH étaient tenues en laisse par la Triade, le jeu de la contradiction d'intérêts entre les Etats constituant la

MINUSTAH, a sans doute rendu assez de bien à Haïti. Serait-ce superflu de rappeler que ce dernier membre de phase vient du personnage Figaro de la pièce satirique de   Pierre-Augustin Caron de Beaumarchais, intitulée « Le barbier de Séville », acte I, scène 2 : « *Je me crus trop heureux d'en être oublié, persuadé qu'un grand nous fait assez de bien quand il ne nous fait pas de mal.* »

Les dépenses militaires des Etats-Unis pour l'année 2015 s'élevaient à 598.49 milliards de dollars, soit 53.754 % du Budget fédéral, alors que seulement 12 % seulement du budget va à l'éduction et à la santé. Pour des raisons de sécurité, les détails des dépenses militaires ne sont génialement pas révélés au public. L'excès en tout, nuit, dit l'adage. De l'érudit à l'individu usant du sens commun, la conclusion est quasi unanime : l'attitude compulsive des Etats-Unis en matière de défense ne semble pas être un modèle viable, voire idéal. Les raisons de cette frénésie sont en partie d'ordre historique, à mesure que les années se défilent, l'enjeu devient plutôt industriel, où de puissants groupes lobbyistes - *représentant les marchands d'armes* - conduisent la parade.

Pour analyser les dépenses militaires sur une base régulière, certaines institutions telles que l'Institut International de Recherche pour la Paix basé à Stockholm (de l'anglais : *Stockholm International Peace Research Institute*), la CIA, la banque Mondiale etc., dispose de base de données longitudinales permettent de comparer les dépenses par pays.

Les menaces provenant généralement des frontières, pour de multiples raisons, les frontières terrestres sont surtout les plus vulnérables : échauffourées entre groupes vivant près des frontières, annexions de territoire en quête de ressources telles qu'eau, gaz, ou autres mines etc. Haïti correspond malheureusement à ce profil, et la menace provient précisément de son voisin de l'Est c'est-à-dire la République dominicaine. L'équilibre est le principe qui gouverne l'Univers. Il n'est pas synonyme d'équité ; il ne se décrète pas, il ne s'invente pas, il s'impose. La République dominicaine dispose d'un arsenal militaire d'une vingtaine de milliards de dollars. Pour l'année 2015, les dépenses militaires de la République dominicaine ont atteint quatre cent cinquante-quatre (454) millions de dollars, représentant 5 % du leur Budget national. De l'avais de nombreux analystes du milieu de la défense, les chiffres de la République dominicaine en matière de défense sont dans la norme, voire au-dessus de la norme [2 %].

En passant, rapporté au budget d'Haïti [*2015*], le montant des dépenses militaires dominicaines représenterait le même pourcentage qu'Haïti connaissait en matière de dépenses militaires par rapport à son propre budget national dans les années quatre-vingt. La commission interaméricaine des droits de l'homme a fait état dans son rapport annuel [*septembre 1989*] d'une allocation à l'armée de 35 % du budget national [d'Haïti], tandis que l'éduction, la santé et l'agriculture n'en recevaient que respectivement 13 %, 10 % et 7 %. Un quart de siècle plus tard sans pourtant la présence des Forces Armées d'Haïti, les allocations budgétaires de ces ministères n'ont pas beaucoup changées ; elles affichent respectivement 17.3 %, 5.4 % et 9.7 % en 2015.

Haïti ne peut plus se permettre le luxe d'une nouvelle armée de truands, comme elle ne peut pas non plus se permettre une armée de porcelaine, c'est-à-dire une armée logée, nourrie, blanchie dans l'attente d'une guerre qui n'aurait peut-être pas lieu. Ceci serait tout à fait contre-productif et n'aboutirait jamais à la reconstitution du continuum nation-Etat. L'innovation serait la condition la plus favorable pour atteindre ses objectifs dans l'espace d'une génération. Toute proportion gardée l'armée d'Haïti doit être aussi efficace que celle d'Israël. Que les sceptiques se ressaisissent, deux siècles d'hostilité larvée, de propagande et de harcèlement de toute sorte contre le pays ont sans doute érodé la confiance ou le moral des Haïtiens, qu'ils se rappellent pourtant que les généraux français Leclerc et Rochambeau en ont eu plein la gueule. Le lecteur est prié de bien vouloir pardonner cette vulgarité qui ne semble guère nécessaire.

Une armée au service de la modernisation sociale et économique

A propos d'innovation, l'armée d'Haïti doit être une armée non seulement efficace sur plan de la défense et de la sécurité nationale, mais aussi une armée au service de la sécurité publique, de la modernisation sociale, et de la modernisation économique. Les ressources humaines dont le pays a urgemment besoin ne sont pas disponibles. La discipline et l'organisation militaire constituent une méthode favorable à la mobilisation, à la formation et à la répartition équitable de ressources humaines qualifiées dans tous les coins du territoire.

Le désengagement doit se faire progressivement à mesure que des ressources civiles deviennent plus abondantes, disponibles et prêtes à prendre la relève. Plusieurs scénarii sont agités. Vue l'exiguïté ou la pauvreté de l'économie d'Haïti, l'édification de l'armée constitue le cadre de pilotage idéal [*stress test*] de reconstitution du continuum nation-Etat qui préconise que l'individu ou le citoyen s'identifie naturellement et sans contrainte à l'Etat ; si l'Etat est menacé, l'individu se sent tout aussi menacé ; il le défend, et vice versa. Sous l'égide d'un leadership moderne et éclairé, sur la base d'engagement clair de l'Etat à travers des programmes sous-tendus par des politiques publiques savamment articulés, la mobilisation rapide d'une armée de cent mille (100 000) recrues à travers les dix départements géographiques demeure amplement réaliste.

Dans la théorie de l'évolution des systèmes complexes adaptifs, il existe généralement une infinité de solutions aux problèmes, il existe cependant une solution unique correspondant à des conditions initiales définies à la poursuite d'objectifs précis et bien déterminés. Le principal problème qui se pose à Haïti au cours de ce dernier quart de siècle ; abstraction faites des années antérieures ; n'est pas la croissance en soi, mais la taille rachitique de son économie. Avec plus de 60 % de la population vivant en dessous du seuil de pauvreté, Haïti doit atteindre un niveau de produit intérieur brut (PIB) supérieur à dix fois son PIB actuel au cours d'une génération ou deux. Sans ressource minières ou pétrolifères en quantité suffisante, à l'instar de la Chine, de l'Inde, de la Corée du Sud etc., Haïti doit compter avec ses ressources les plus abondantes : les ressources humaines.

L'économie repose sur un principe fondamental impliquant une croissance [*certaine*] de la productivité, un marché, et des transactions. La notion d'état de droit comme indispensable au développent de l'économie moderne a déjà été abordée dans les précédentes rubriques, cette rubrique met l'emphase sur un des corolaires de l'état de droit : la sécurité des vies et des biens. Dans ce contexte, la sécurité ne se résume pas à la force ou à la coercition, mais à la notion de service publics à travers des programmes sous-tendus par des politiques publiques savamment articulés.

Seul l'établissement d'un leadership moderne, éclairé, peut-être de nature à rassurer de jeunes bacheliers de moins de 30 ans ou de jeunes diplômés de moins de 40 ans à s'investir librement, en même temps qu'ils investissent dans une entreprise [*le continuum nation-Etat*] dans laquelle ils se reconnaissent sans contrainte aucune. Cet investissement peut prendre la forme d'un programme de salaire différé (ex : plus ou moins 50 % du salaire) sur dix (10) minimum respectivement pour les moins de 30 ans, et de cinq (5) minimum pour les plus âgés, soit une dette intérieure de plus de cent milliards (10×10^{10}) de gourdes dès le premier quinquennat.

La dynamique de marché

Il ne fait aucun doute que la seule confiance en l'Etat ne suffira, non seulement convaincre ces jeunes gens à consentir de tels sacrifices, mais aussi à maintenir leur avoir sous forme d'épargne ou d'investissement plus diversifiés dans le pays. L'incitation prend la forme d'avantages fiscaux en plus de taux d'intérêt alléchant, sans compter l'élimination des barrières à la création de nouvelles entreprises et des régulations très strictes à l'importation d'articles dont la production est encouragée localement, tout en facilitant l'importation d'articles nécessaires à la modernisation de la productivité.

Les retombés de telles politiques publiques sont multiples. Les récipiendaires des universités publiques et des académies militaires pourront rapidement répondre aux besoins urgents dans les domaines de l'instruction publique, de la santé publique, de la sécurité publique, de l'aménagement du territoire, etc. Ceux des écoles navales et de marines peuvent après une dizaine d'années de service dans l'aviation ou la marine, joindre des entreprises de transport et de logistique ou en créer les leurs. En plus de son apport économique direct pour ce qui est de l'emploi et de croissance économique, cette mobilité garantie par la logistique et le transport aérien et maritime favorisera le cabotage, le décloisonnement des marchés ou du commerce à l'intérieur du pays. Cette mobilité favorisera sans nul doute l'aménagement du territoire, la décentralisation tant prêchée par certains, les élections, mais aussi et surtout la gestion des catastrophes naturelles et autres.

L'un des challenges risquant de saboter de tels efforts de modernisation serait la pratique que l'on désigne en créole par « *bourik travay pou chwal galonen* ». Tout doit être mis en œuvre pour s'assurer que ceux qui ont consenti des sacrifices ne se voient écarter quand arrive le moment des récoltes. Beaucoup d'Haïtiens se montrent méfiants, sceptiques quant on leur parle de sacrifice au nom de la patrie. Ils n'ont pas tort, c'est justement pour cela que les signaux d'engagement et de rédemption doivent être claire et sans ambiguïté aucune. « *Chat échaudé craint l'eau froide* », dit l'adage.

Dans un premier temps, ces individus qui ont consenti de ne percevoir qu'une partie de leur salaire au profit de l'Etat font l'objet de programmes sous-tendus par des politiques publiques tendant non seulement à les protéger et à les rassurer, mais d'en convaincre ou attirer davantage. Sur la base de leurs créances, ils peuvent acquérir des prêts auprès de banques à des taux qui en aucun cas ne peuvent être supérieurs au taux qu'ils engrangent ; d'où la nécessité de réformer, entre autres, la banque centrale. Ils peuvent à terme revendre leur créance à d'autres sociétés à un taux qui leur est favorable.

D'abord, des dispositions de politiques publiques doivent inciter ces créanciers de l'Etat à investir en créant directement des sociétés dans des domaines divers. Mais l'état de droit comporte aussi ses règles qui favorisent le modèle capitalistique. Par exemple, quiconque doit pouvoir disposer en toute liberté de son avoir. Ces mêmes dispositions de politiques publiques peuvent aussi stimuler le marché afin de permettre à ces créanciers d'engranger le maximum de bénéfice.

Par exemple, lors de certaines concessions à des sociétés ou groupes privés (mines, technologies, services, etc.) l'Etat se réserve le droit d'en octroyer une portion exclusivement à des sociétés ou groupes, qui sont formés par ces créanciers, ou qui ont acheté leurs créances. Par exemple, une société peut offrir 10 % supplémentaire au rachat de créances, sachant que le taux de retour sur investissement dans ce secteur convoité est de 20 % ou plus. La dynamique de marché peut aussi faire monter les enchères.

Des enrôlées pointus pour une armée polyvalente

Les nouvelles recrues doivent détenir au minimum d'un diplôme ou certificat de fin d'études secondaires. Après des tests médicaux les habilitant à travailler sous pression, ces recrues sont soumises à une formation militaire intensive, et une formation non seulement intellectuelle mais très ciblée et très pointue dès la première année, puis répartie suivant leur compétence et de manière équitable sur toute l'étendue du territoire [d'Haïti] grâce à un système de gouvernance par le contrôle de management intégré des ressources humaines, des tâches, des objectifs, et de la performance.

Chaque département sera doté d'une garnison polyvalente incluant notamment des unités préposées à la sécurité publique, à l'environnement, à l'aménagement du territoire et au génie rural, à l'enseignement public, à la santé publique etc. ; en aucun cas, ces officiers et soldats ne seront assignés à des tâches de police proprement dites. Ces programmes augurent une étape décisive vers l'établissement de la politique du plein emploi qui sera reprise en détail dans la rubrique consacrée à l'économie.

L'armée est subordonnée à l'autorité civile. Par exemple, le ministre de l'intérieur, de l'éducation ou de la santé publique pour n'en citer que ceux-là peuvent soumettre au ministère de la défense [*par le truchement du conseil des ministres*] une requête de déploiement d'unités techniques militaires dans le cadre d'appuis aux politiques publiques, si la requête est jugée bien fondé et approuvé par délibération du conseil des ministres. Il incombe au ministère de la défense d'assurer les suites nécessaires. L'évaluation de ces opérations nécessite des systèmes d'information pointus, toutes les données ainsi recueillies doivent être disponibles à tout requérant incluant la presse, les universités et centres de recherches ; sauf dans les cas où ces divulgations risquent d'affecter la sécurité nationale.

Les Services de Sécurité Nationale, de Défense, et d'Appui aux politiques publiques de Sécurité publique, de Modernisation Sociale et de Modernisation Economique, dépendent du déploiement ou de la distribution des garnisons militaires sur toute l'étendue du territoire [d'Haïti], mais aussi et particulièrement de leur discipline, leur formation, leur patriotisme et leur sens du sacrifice.

Les Forces Armées d'Haïti comprennent trois (3) grandes catégories de forces, abstraction faite de la police militaire tout aussi indispensable à la modernisation de l'armée, mais qui sera détaillé ultérieurement dans une prochaine édition :

- Les Forces Terrestres : L'Armée de Terre
- Les Forces Navales : La Marine Nationale
- Les Forces Aériennes : L'armée de l'Air
- La Gendarmerie Nationale (a/s : Ministère de l'Intérieur)

En dépit du risque de paraitre redondant, voire trop précautionneux selon certains, il n'y a de cesse de rappeler que l'armée ne peut entreprendre aucune activité sans la requête expresse approuvée par délibération du conseil des ministres sur la base formelle de politiques publique ratifiées dans les mêmes termes par les deux chambres du parlement. Toute assignation de militaires au service public se fait par le biais de La Gendarmerie Nationale. Celle-ci est un corps polyvalent de l'armée commandé par un général d'armé. Lorsqu'elle n'est pas déployée elle reste sous contrôle de l'état-major de l'armé, sous la tutelle du ministre de la Défense. Déployée, la Gendarmerie Nationale, avec son commandant, passe sous tutelle du ministre de l'Intérieur.

L'Université d'Etat d'Haïti (UEH) reflétant la déliquescence de l'Etat, nécessite une [*radicale*] réforme. Parallèlement à cette réforme, dans le but d'inciter la concurrence en matière d'offre universitaire et promouvoir l'excellence académique et la recherche, le ministère de la défense [*au nom du conseil des ministre*] grâce à la coopération d'Etats amis comme la France, la Belgique, le Suisse le Canada et les Etats-Unis etc., se charge de présenter et de mettre en œuvre les programmes d'Académies Militaires offrant presque toutes les disciplines disponibles dans les universités classiques des pays modernes. Import-il de mentionner [*une fois de plus*] que, vu le coût de la formation et de la maintenance d'une armée, Haïti ne saurait se payer le luxe de créer une armée de porcelaine. L'armée d'Haïti doit être une armée d'élites dans toute l'acception du terme. Les soldats et officiers doivent être physiquement agiles et intellectuellement pointus. Les cycles de formation s'étendent des programmes courts, jusqu'aux programmes doctoraux, répartis initialement sur différents campus à travers le territoire. L'objectif est d'implanter un complexe [*militaro*] universitaire par département. Il en faudrait ainsi une dizaine. Les recrues de l'Académie Militaire sont d'abords des soldats ou des combattants. Pour renforcer ou assurer la disponibilité service public dans tous les territoires, la Gendarmerie nécessite des experts dans des domaines divers :

- Infrastructure : Architecture, Génie civile, Génie électrique, Génie mécanique, Génie informatique etc. ;

- Santé : Médecine, Odontologie, Pharmacie etc. ;

- Education : Science sociales, Science de la terre, Science physique, technologie, Mathématiques, Linguistiques etc. ;

- Agriculture : Halieutique, Elevage, Agriculture, Agro-industrie etc. ;

- Etc.

Le Gendarmerie disposera entre autres des compétences suivantes :

Brigades de Sécurité Nationale

- Communication et Analyse d'information
- Contrôle de Classification des Dossiers Publics
- Contrôle de Gestion d'accès aux Dossier Publics
- Cyber Sécurité et Vidéo surveillance
- Contrôle de la navigation Routière
- Contrôle de la navigation Maritime
- Contrôle de la navigation Aérienne
- Investigation Financière
- Lutte Contre le Narcotrafic
- Lutte Contre le Terrorisme
- Unité de Sécurité Rapprochée
- Unité de Protection de témoins

Brigades de Sécurité Publique

- Contrôle de Gestion des Alertes ou Appels d'Urgence

- Lutte Contre l'Incendie (Pompier)

- Transport Sanitaire (Ambulance)

- Appui Logistique à la Police Nationale

Brigades d'appui aux politiques publiques :

- Corps du génie et d'appui aux publiques publique d'infrastructure

- Corps de Communication et d'appui aux politiques publiques de technologie de l'information

- Corps Médical et d'Appui aux politiques publiques de santé
- Corps de l'instruction publique et d'appui aux politiques publiques d'éducation
- Corps de l'agriculture et d'appui aux politiques publiques d'agriculture et de l'environnement.
- Etc.

<u>Prospectives :</u> Le niveau minimum d'instruction pour intégrer les forces armées d'Haïti doit être le diplôme d'études secondaires I (DES1). La promotion dans l'armée se fait suivant une combinaison pondérée incluant : expérience, performance, niveau d'étude et éducation continue.

Les raisons sont multiples : instruction rapide par des manuels imprimés ou digitaux, les chances de gravir les échelons ne doivent dépendre que de l'aptitude de l'individu, etc.

La hiérarchie se divise en trois : le tiers des sergents, le tiers des lieutenants et le tiers des commandants. Par exemple le, même s'il n'est pas exigible à l'enrôlement, le DES2 peut figurer parmi les prérequis nécessaires pour l'inscription au programme de formation [*continue*] nécessaire pour atteindre le troisième tiers de la hiérarchie militaire.

3.2.2.5.2.2 : Viabilité

L'intuition de la Sécurité nationale et de la préservation de l'état de droit nécessitent une armée nombreuse, moderne, efficiente, innovatrice et presqu'incomparable à aucune autre au monde.

Cet objectif nécessite une infrastructure rigide - *briques et mortier* - dont une dizaine d'universités publiques et d'académies militaires.

Il en faut aussi des équipements militaires et technologiques, des artilleries des munitions, des véhicules et des chars d'assauts, des avions, des hélicoptères, des navires etc.

La guerre que doit mener cette armée étant celle de la reconstitution du continuum nation-Etat, il ne subsiste aucun doute que ses corps seront extrêmement sollicités, autrement dit, la logistique doit être sans faille.

La défense nécessite aux moins cent mille membres actifs. La dizaine d'universités publiques et d'académies militaires dont l'effectif global est près d'un demi-million - *à raison de 50,000 par campus* - prodiguera à l'armé le luxe de sélectionner les meilleures des meilleures têtes du pays dont elle a aussi besoin pour conduire des recherches stratégiques et pointues dans des domaines tels que la mathématique, la biologie, la physique etc.

Pour assurer l'institution de la sécurité nationale et la préservation de l'état de droit, Haïti consacrera à la Défense aux moins 5 % de son produit intérieur brut, soit 3.2 milliards de dollars, vers 2030-2015.

Note :

Les dépenses militaires publiés par le SIPRI sont conformes à la définition de l'OTAN, elles comprennent toutes les dépenses courantes et capitales pour les forces armées, y compris les forces de maintien de la paix ; ministères de la défense et d'autres organismes gouvernementaux engagés dans des projets de défense ; forces paramilitaires, si ceux-ci sont jugés être formés et équipés pour les opérations militaires ; et les activités spatiales militaires. Ces dépenses comprennent le personnel militaire et civil, y compris les pensions de retraite du personnel militaire et des services sociaux pour le personnel ; opération et maintenance ; approvisionnement ; recherche et développement militaire ; et l'aide militaire [*dans les dépenses militaires du pays donateur*].

Sont exclues les actuelles dépenses de défense et civiles pour les activités militaires antérieures, telles que des prestations, la démobilisation, la conversion, et la destruction des anciens combattants des armes. Cette définition ne peut pas être appliquée pour tous les pays, cependant, puisque cela nécessiterait des informations beaucoup plus détaillées que ce qui est disponible sur ce qui est inclus dans les budgets militaires et hors budget des postes de dépenses militaires. Par exemple, les budgets militaires peuvent ou non couvrir la défense civile, les réserves et les forces auxiliaires, la police et les forces paramilitaires, les forces à double usage tels que police militaire et civile, les subventions militaires en nature, aux pensions des militaires et des cotisations sociales payées par une partie du gouvernement à un autre.

3.2.2.6 : De l'Administration

Le terme « administration » comporte deux segments d'origines latines, un préfix « *ad* » (qui signifie : *pour, à*) et un radical « *ministratio* » (qui signifie : *service*). L'administration, dans sa définition fonctionnelle, est l'action d'administrer, d'organiser, de gérer, des biens ou des affaires, que ce soit dans le domaine public ou privé. Sans majuscule, l'administration désigne un organe ou un service public ; avec une majuscule, l'Administration désigne l'organisation chargée de gérer et de diriger les affaires publiques en suivant les politiques publiques établies sous les directives des pouvoirs politiques. Dans certains contextes, l'administration publique désigne une discipline académique.

Les pouvoirs politiques constituent généralement la partie visible de l'Etat. Ils sont éphémères, alors que l'Administration publique est pérenne. Autrement dit, les temporalités diffèrent. L'Administration publique est à la fois omniprésente et omnipotente, mais dans les limites de la légitimité. Sa continuité s'associe à celle de l'Etat. D'un gouvernement à l'autre, des changements remarquables s'opèrent au sein des pouvoirs politiques, mais l'Administration publique n'abdiquent jamais, elle a ses règles, elle fonctionne suivant les politiques publiques élaborées et mises en œuvre par les pouvoirs politiques conformément à la constitution et aux lois [d'Haïti]. La temporalité des élections et la temporalité à moyen et long terme des politiques publiques rythment le processus d'évolution de l'Administrations publique.

Contrairement au secteur privé, l'Administration publique assure des services considérés comme utiles à la société sans aucun souci de rentabilité à court ou à moyen terme. Il n'existe point de service public gratuit comme il n'en existe guère de service public non rentable. La rentabilité des services réside dans les objectifs. Ils peuvent être non rentables par nature ou parce qu'on considère qu'ils ne doivent pas être entièrement ou uniquement fondés sur le principe de rentabilité directe. Autrement dit, l'intérêt général a un périmètre variable et dépend de la définition qu'en donnent les citoyens et les pouvoirs politiques à un moment précis.

Le ministère de l'Administration supporte les administrations publiques dans l'accomplissement de leurs objectifs communs qui est de fournir aux citoyens des services les plus adaptés, les plus efficaces, et les plus efficients c'est-à-dire à moindre coût. Autrement dit, de la Présidence aux Collectivités territoriales en passant par les autres instances du gouvernement ou de l'Etat, le ministère de l'Administration fournit des services de soutien à tous les autres ministères et organismes de l'Etat pour la coordination et l'évaluation des programmes sous-tendus par des politiques publiques dans le cadre d'un environnement administratif évolué et moderne tout en garantissant la transparence et la participation effective des citoyens.

Ce Ministère fournit également une orientation stratégique favorisant l'établissement de structure administrative normée et cohérente, apportant des solutions à une variété de questions administratives. Il est responsable de la mise en œuvre de décisions politiques affectant l'organisation et la prestation de services administrés et appuyés par l'Etat dans le strict cadre de l'état de droit.

De la fonction publique

La fonction publique constitue l'un des moyens dont dispose l'Administration pour atteindre les objectifs poursuivis. La fonction publique, au sens strict, comprend l'ensemble des agents occupant les emplois civils - *temporaires ou permanents* - de l'Etat, des collectivités territoriales, de certains établissements publics commerciaux. De façon générale, aussi bien que dans la théorie du continuum nation-Etat, la notion de *fonctionnaire* désigne toutes les personnes travaillant pour les pouvoirs publics. Il peut aussi comprendre tous les agents dont la rémunération est liée aux deniers publics, y compris les contractuels. Cette définition se débarrasse du carcan du décret du 17 mai 2005, permettant ainsi une meilleure classification du domaine.

Les catégories de fonctionnaires

La théorie du continuum nation-Etat distingue six catégories de fonctionnaires. Les fonctionnaires de pouvoir, les fonctionnaires Exécutifs, les Fonctionnaires Exécutifs Organiques, les Fonctionnaires de la Sécurité, les Fonctionnaires publics [*ordinaires*], et les Fonctionnaires territoriaux.

- Les fonctionnaires de pouvoir regroupent les fonctionnaires politiques, et les fonctionnaires judiciaires. Le premier groupe est constitué essentiellement des politiques tels que les élus (le Président, les parlementaires) et les membres du gouvernement, le deuxième est constitué exclusivement des juges.

- Les fonctionnaires Exécutifs sont des administrateurs publics réguliers au rang desquels figurent les Secrétaires généraux, les Secrétaires généraux Adjoints, les Directeurs généraux et les Directeurs généraux adjoints.

- Les Fonctionnaires Exécutifs Organiques sont des leaders ou des administrateurs publics particuliers dont la fonction dépend strictement de lois organiques particulières telles que celles créant ou régulant les organismes indépendants, ministères publics, la police, l'armée etc…

- Les Fonctionnaires de la Sécurité regroupent les membres des organismes ou des services de sécurité d'une façon générale, et des forces de police ou des forces armées en particulier.
- Les Fonctionnaires publics [*ordinaires*] regroupent les membres réguliers des différents organismes de l'Etat, n'appartenant pas aux catégories susmentionnées.
- Les Fonctionnaires Territoriaux regroupent les élus locaux, d'une part, et les fonctionnaires publics territoriaux regroupant les membres réguliers des différents organismes locaux.
- Les Fonctionnaires Contractuels se déterminent suivant qu'ils appartiennent à l'une des six premières catégories. Ils se divisent en : Fonctionnaires Contractuels Politiques et en Fonctionnaire publics à Durée Déterminée. Les Fonctionnaires Contractuels Politiques font partie des cabinets et des secrétariats privés des élus ou des membres du gouvernement. Il va sans dire que les Fonctionnaires publics à Durée Déterminée, sont des employés temporaires quelques soit la catégorie à laquelle ils appartiennent.

1. **Fonctionnaires de pouvoirs**
   1.1. Fonctionnaires Politiques
      1.1.1. Elus
         1.1.1.1.　Président
         1.1.1.2.　Parlementaires
            1.1.1.2.1.　Sénateurs
            1.1.1.2.2.　Députés
      1.1.2. Membres du gouvernement
         1.1.2.1.　Premier ministre
         1.1.2.2.　Ministres
         1.1.2.3.　Secrétaires d'Etats
   1.2. Fonctionnaires Judiciaires
      1.2.1. Juges

2. Fonctionnaires Exécutifs

2.1. Secrétaires généraux

2.2. Secrétaires généraux Adjoints

2.3. Directeurs généraux

2.4. Directeurs généraux adjoints

3. Fonctionnaires Exécutifs Organiques

4. Fonctionnaires de la Sécurité

4.1. Fonctionnaires de Sécurité Nationale et de défense

4.2. Fonctionnaires de Sécurité Publique et de Police

5. Fonctionnaires Publics [ordinaires]

5.1. Fonctionnaires ordinaires du Législatif

5.2. Fonctionnaires ordinaires du Judiciaire

5.3. Fonctionnaires ordinaires de L'Exécutif

5.4. Fonctionnaires ordinaires Commerciaux

5.5. Fonctionnaires ordinaires Indépendants

6. Fonctionnaires Territoriaux

6.1.1. Fonctionnaires Politiques Territoriaux

    6.1.1.1.   Maires

    6.1.1.2.   Conseillers des Sections Communales

    6.1.1.3.   Conseillers départementaux

6.1.2. Fonctionnaires publics Territoriaux

7. Fonctionnaires Publics Contractuels

Les fonctionnaires de pouvoirs et les administrateurs publics, représente les tiers supérieurs de la fonction publique. Ces fonctionnaires sont généralement élus ou nommés pour une période déterminité ou limitée. La catégorie de fonctionnaires publics [*ordinaires*] comprend les agents contractuels (contrat à durée déterminée ou CDD) et les agents ordinaires (contrat à durée indéterminée ou CDI), ils sont aussi le droit de s'organiser et de se joindre aux syndicats. Des lois organiques et des politiques publiques déterminent le fonctionnement des syndicats.

3.2.2.6.1 : Position du problème

A proprement parler, il n'existe pas un ministère de l'Administration en Haïti ; l'un des ministères qui lui semble proche serait l'actuel ministère de l'Economie et des Finances, mais celui-ci agit trop souvent comme une caisse de résonnance de la présidence, où le ministre se comporte généralement comme une marionnette dont le Président tire les ficelles. Dans le cadre de cette révision structurelle, l'Administration publique comporte désormais un ensemble d'organismes dont la responsabilité incombe à leur titulaire respectif : la Présidence, la Primature, l'ensemble des ministères et leurs agences territoriales, les organismes indépendants, et les Collectivités territoriales, etc.

L'organisation des Nations unies (ONU) déclare vouloir renforcer la capacité les gouvernements des pays dits en développement et des pays en transition économique, qui en font la requête, à mener à bien l'analyse et la formulation de politiques, et la gestion du développement socio-économique, dont les infrastructures nécessaires pour le développement de leurs ressources institutionnelles et humaines, de même que la mise en œuvre des engagements pertinents discutés lors des principales conférences des Nations Unies.

Les Nation unies se vantent d'accorder une attention particulière au renforcement des systèmes et institutions de gouvernance, ainsi qu'à la restructuration administrative, la réforme des services civils, au développement des ressources humaines et à la formation de l'Administration publique, l'amélioration des performances du secteur public, au rehaussement de l'interaction des secteurs public et privé, la promotion de l'innovation en matière de management, l'amélioration de stratégie de contrôle de management des programmes de développement. Il en est de même du renforcement des capacités juridiques du gouvernement et du cadre réglementaire, de la mobilisation des ressources, de l'administration des revenus, de la gestion financière, de la transparence et la responsabilité à travers la dispensation de services consultatifs, d'une assistance technique et de la mise en valeur des ressources humaines.

Les deux paragraphes qui précèdent son tirés presqu'in extenso du site officiel des Nations Unies. Si tel a été l'agenda pour Haïti, après plus d'un quart de siècle d'intervention dont un tiers passé sous la férule des nations unies, comment interpréter leur performance exécrable ? La corruption avérée de ces agents internationaux en est une chose, mais l'incompétence affichée s'avère problématique. Autrement dit, sont-ils prêts à concéder ou avouer l'énormité de leur incompétence, où s'efforcent-ils de cautionner ou d'alimenter la thèse qu'Haïti, à l'instar de très nombreux pays africains reste une entité chaotique ingouvernable ? Et pourquoi ? Autrement dit, quels seraient les dessous d'une telle manipulation ou d'un tel complot ? Seraient-ils en train de préparer l'opinion publique internationale à l'avènement d'un événement inédit. Quels en sont les commanditaires ?

3.2.2.6.2 : Métaheuristique

La finalité de l'Administration consiste à moderniser le secteur, garantir l'efficience de l'Administration et de la Fonction publiques. L'Administration et la Fonction publique sont efficientes dans la mesure où elles sont modernes. La notion d'efficience implique la performance et l'efficacité au moindre coût. Point besoin de préciser l'étendu de la brèche à colmater dans ce domaine. En fait il ne s'agit point de colmatage, il convient plutôt de jeter un pont car l'écart entre réalité et l'efficience s'apparente davantage à un abysse ; l'incompétence et la corruption constituant les caractéristiques dominant l'Administration haïtienne.

Modélisation

Trois décades durant, abstraction faite des années antérieures, des charlatans [*de tout poil*] prétendent œuvrer à rendre l'Administration publique haïtienne performante. Après avoir servie de cobaye à l'affreux plan d'ajustement structurel, l'Administration se trouve davantage gangrénée par l'incompétence et par la corruption. Ce délabrement programmé semble renforcer l'idée que les Haïtiens sont inaptes à l'ordre et la discipline, c'est-à-dire incapable d'établir ou d'observer la loi. Les Haïtiens arguent-ils ont une paire de chromosomes en plus. Quel est le mammifère morphologiquement et anatomiquement le plus proche des humains, et qui en possède 24 paires de chromosome ? Le chimpanzé.

Dans les Etat modernes, l'Administration publique repose sur des politiques publiques dans l'espace fini de l'état de droit. Conformément aux principes du continuum nation-Etat, il n'existe point de secteurs ni de domaines isolés. Ainsi, l'indépendance des pouvoirs, autant qu'un budget national soumis à des règles strictes en matière de politiques publiques constituent entre autres, l'environnement influençant le nouveau modèle d'Administration.

3.2.2.6.2.1 : Conditions initiales

Depuis la débâcle du programme d'ajustement structurelle dont Haïti ne s'en est jamais remise, nombre de propositions ont été avancées pour tenter de redresser la situation, mais l'administration demeure si longtemps en comas que même en cas de réveil, il faudra s'attendre à des lésions cérébrales quasi irréversibles. Il lui faudra implanter un cerveau neuf, dont seul l'application scrupuleuse de la théorie du continuum nation-Etat, méthode ultime de gouvernance, est en mesure de compenser.

Compte tenu des recommandations faites en termes de révision constitutionnelle, de politiques publiques, de méthodes de décentralisation, de participation, d'évaluation et de rectification systématique et continue ; compte tenu des algorithmes complexes des systèmes informatiques adaptifs, la révision ou la création de certaines institutions s'avère impératif pour une orientation harmonieuse des politiques publiques relative à la gouvernance.

Suite indicative mais non exhaustive de conditions initiales

Cette section présente une suite indicative mais non exhaustive d'organismes, de programmes sous-tendus par des politiques publiques devant constituer l'ossature de la politique d'administration et de la gouvernance du secteur :

De l'Administration Publique

Du Président [*d'Haïti*] aux parlementaires en passant par les conseillers des collectivités territoriales, les élus sont une exigence de la démocratie. « *The nature of the beast* » (c'est-à-dire : la nature de la bête), comme disent les Américains, est qu'en Haïti, ces élus sont souvent, dans le meilleur des cas illettrés, quand ils ne sont pas tout simplement des truands notoires ou des individus à la réputation sulfureuse.

L'état de droit établit des soupapes de sécurité pour protéger la démocratie contre elle-même, ainsi même lorsqu'un sociopathe arrive à tromper la naïveté ou l'insouciance de certains électeurs, il se heurte contre des institutions fiables et inébranlables au service du continuum nation-Etat. Ces institutions se déclinent sous deux ordres. Il y a d'abord la garantie de l'indépendance et de l'égalité des pouvoirs (législatif, exécutif et judiciaire). Il y a l'intégrité de l'administration publique dans son acception la plus étendue, incluant les collectivités territoriales.

Les élus ou les fonctionnaires de pouvoirs ne sont que la partie la plus visible de l'Administration publique. Ce sont les techniciens et cadres de tous les jours qui accomplissent la majorité des tâches et fonctions publiques. Ils sont les fonctionnaires et administrateurs publics, et leur tâche n'est pas toujours aisée. Ils doivent réaliser la mise en œuvre de politiques publiques dans des conditions souvent douloureuses en vue de faire face aux défis de la société. Ils conseillent les représentants élus, des forces et faiblesses des politiques, des programmes sous-tendus par des politiques publiques. Un administrateur public gère les organismes publics, établit les budgets, et élabore des politiques.

Le décret du 17 mai 2005 traitant de l'organisation et de l'Administration, ainsi que les considérant qui y sont mentionnés cristallisent l'ignorance et paresse d'individus parvenu au timon des affaires de l'Etat sans avoir jamais vu de près un gouvernement ou d'une Administration qui fonctionne. Ils se limitent à créer des [lois] et ne semblent posséder aucune notion de politique publique ou de gouvernance proprement dite. Leurs tuteurs étrangers les observent et s'en moquent ; les câbles diplomatiques publiées sur le site Web de Wikileaks, ne laissent aucun doute quant au dédain de ces agents étrangers pour leurs interlocuteurs haïtiens.

Aux Etats-Unis, le terme anglais de « *government* » ou gouvernement symbolise la pérennité de l'Administration publique dans son acception la plus étendue, alors que l'administration tend généralement à désigner les termes de service du Président des

Etats-Unis à la tête du gouvernement, d'où les vocables tels que : l'administration Bush, l'Administration Obama etc...

L'Administration publique peut être prise sous l'angle fonctionnel ou sous l'angle organique. Sur le plan fonctionnel l'administration publique désigne l'ensemble des activités dont le but est de répondre aux besoins d'intérêt général de la population (ordre public, bonne marche des services publics...), tels qu'ils sont définis à un moment donné par l'opinion publique et les pouvoirs politiques. Prise sous l'angle organique l'Administration publique désigne l'ensemble des personnes morales telles que l'État, les collectivités territoriales, les établissements publics, etc. ; et des personnes physiques telles que les officiels, les fonctionnaires, contractuels, etc... qui accomplissent ces activités.

La gouvernance est un tissu de politique, autant qu'une politique est un tissu de politiques publiques. Le service public se dispense par le truchement des programmes sous-tendus par des politiques publiques ; les organes de l'Administration publique en constituent un support indispensable.

L'Administration Publique désigne l'ensemble des Organes, Institutions et Services Publics créés par la Constitution et les lois :

1. L'Administration d'État
   1.1. L'Administration Centrale
       1.1.1. Les organes du Pouvoir Exécutif
       1.1.2. Les Services de Sécurité Nationale et de Défense
       1.1.3. Les Services de Sécurité Publique et de Police
       1.1.4. Les Etablissement Publics Commerciaux
   1.2. Les organes du Pouvoir Législatif
   1.3. Les organes du Pouvoir Judiciaire
   1.4. Les Organismes Publics Indépendant

2. L'Administration Territoriale

Profil organique type des organismes publics

A part les organes fondamentaux des principaux pouvoirs, les organismes de sécurité et certains Etablissements publics indépendants, les agences de l'Administration publique répondent une charte organisationnelle presque standard :

1. Politique

   1.1. Secrétariat privé

   1.2. Cabinet privé

2. Secrétariat Général

   2.1. Etudes Stratégiques

   2.2. Politique publique

   2.3. Projet de Loi

   2.4. Budget

   2.5. Finances

3. Coordination

   3.1. Coordination Interministérielle

   3.2. Relations publiques

   3.3. Programme

   3.4. Logistique

   3.5. Archives

4. Ressources Humaines

   4.1. Procédures de recrutement

   4.2. Système de paie

   4.3. Contrôle des présences

4.4. Compte épargne-temps (*timesheet*)

4.5. Contrôle de Performance

5. Technologies de l'Information

    5.1. Administration de Systèmes

    5.2. Collections de données

    5.3. Gouvernance de données

    5.4. Analyse et Statistique

    5.5. Data center

    5.6. Infrastructure technologique

6. Coordination territoriale

    6.1. Département

    6.2. Commune

    6.3. Section

La conception et la mise en œuvre de politiques publiques appropriées nécessitent non seulement des études stratégiques, mais une révision de la charte organisationnelle et opérationnelle de chaque entité de l'Administration publique. Sont présentés dans ce chapitre, seulement les organes relevant du contrôle ou des attributions du Ministère de l'Administration.

De l'Office Nationale des Ressources Humaines

La déliquescence de l'Etat et implicitement celle de l'Administration publique, y compris l'inefficience de l'actuelle *Cour Supérieure des Comptes et du Contentieux Administratif* résulte de l'absence de gouvernance. La gouvernance étant fondamentalement un tissu de politiques, alors que toute politique est un tissu de politiques publiques. Il va sans dire que l'absence de politiques et de politiques publiques en Haïti attestent de l'absence de gouvernance. Pour les tenants de l'anti-gouvernance, la seule mention de « politique publique » constitue une menace.

Du Président [d'Haïti] aux conseillers des sections communales, chaque poste dans l'Administration publique doit être préalablement répertorié et catalogué. Les nominations et révocations arbitraires sont bannies. Le répertoire des emplois-types favorise la mise en œuvre d'une gestion prévisionnelle des emplois et des compétences, en vue de :

- Assurer la visibilité des métiers exercés au sein des périmètres et les valoriser ;

- Promouvoir les parcours professionnels des agents en identifiant des compétences voisines entre métiers ;

- Enrichir les entretiens professionnels et les professionnaliser ;

- Faciliter la rédaction des fiches de poste ;

- Identifier les besoins de formation ;

- Etc…

SUITE :

- Coordination intersectorielle de la politique d'Administration
- Politique de Marchés publics
- Politique de Retraite Universelle
- Politique d'Assurance Santé Universelle
- Etc.

3.2.2.6.2.2 : Viabilité

L'infrastructure rigide que nécessite l'Administration publique pour atteindre l'efficience implique aussi celle des organismes dans les différents autres domaines dont la Sante, l'Intérieur, l'Education, Les Finances etc. Il en est de même de la logistique et des ressources humaines.

Il n'en demeure pas moins vrai que l'Administration nécessite son infrastructure propre, elle dispense divers services aux autres organismes de l'Etat, incluant les ressources humaines (classification, négociation syndicale, paie, retraite, assurances santé etc.) et la logistique.

Pour réussir une Administration publique efficiente, Haïti y consacrera au moins 1 % de son produit intérieur brut, soit 619 millions de dollars, vers 2030-2045.

3.2.3 : De la modernisation sociale

D'après la banque mondiale, le développement social se concentre sur la nécessité de placer les populations au premier plan des processus de développement. En prêtant l'oreille aux doléances des pauvres, il va sans dire que la pauvreté n'est pas seulement une question de revenus : la pauvreté est aussi synonyme de vulnérabilité, d'exclusion, d'isolement, d'impuissance, d'exposition à la violence et à toute forme d'escroquerie dû à l'impunité et l'irresponsabilité institutionnelle. La promotion du développement social vise donc à favoriser l'inclusion, la cohésion, la résilience et la responsabilisation en tant que principes opérationnels d'un développement socialement durable. Les conditions initiales à l'inclusion passent par l'émancipation dans un environnement sanitaire adéquat, l'accès à l'éducation de qualité.

Quoique rachitique et fermé, ce point de vue de la banque mondiale à propos du développement social constitue un socle acceptable. La modernisation économique est tributaire de la modernisation sociale. Comme dans toute forme d'évolution, cette relation évolue pour devenir circulaire - à l'instar du dilemme de l'œuf et de la poule.

3.2.3.1 : De la Santé

Le Ministère de la Santé est chargé d'élaborer et de conduire la stratégie ou la politique de santé de l'Etat. En collaboration avec d'autres départements ministériels et d'autres instances, après approbation par délibération du conseil des ministres et des organes délibérants du pouvoir législatif, il élabore et met en œuvre les politiques publiques permettant d'atteindre les objectifs poursuivis. Il collecte, traite et produit des données ou des informations fiables permettant d'évaluer ou de mesurer l'efficacité des politiques publiques, de les réviser ou de les amender, le cas échéant.

Même les professionnels évoluant dans le secteur de la santé ont du mal à définir avec précision le concept de santé publique. Il a été souvent désigné comme la profession invisible parce qu'il est rare d'en entendre parler jusqu'au moment où un désastre se produit, mettant alors les experts en santé publique sous les feux de la rampe. L'Organisation mondiale de la Santé a repris en 1952 une définition de la santé publique formulée en 1920 par le professeur américain Charles-Edward Amory Winslow, ainsi :

> « *La santé publique est la science et l'art de prévenir les maladies, de prolonger le vie et d'améliorer la santé et la vitalité mentales et physiques des individus par le moyen d'une action collective concertée visant à assainir le milieu, à lutter contre les maladies qui présentent un importance sociale, à enseigner à l'individu les règles d'hygiène personnelle, à organiser des services médicaux et infirmiers en vue du diagnostic précoce et du traitement préventif des maladies, ainsi qu'à mettre en œuvre des mesures sociales propres à assurer à chaque membre de la collectivité un niveau de vie compatible avec le maintien de la santé,*

*l'objet final étant de permettre à chaque individu de jouir
de son droit inné à la santé et à la longévité.»*

La première Conférence internationale pour la promotion de la
santé, réunie à Ottawa le 21 novembre 1986 indique dans sa charte
que la santé exige un certain nombre de conditions et de ressources
préalables. L'individu devant pouvoir notamment :

- Se loger ;
- Accéder à l'éducation ;
- Se nourrir convenablement ;
- Disposer d'un certain revenu ;
- Bénéficier d'un écosystème stable,
- Compter sur un apport durable de ressources ;
- Avoir droit à la justice sociale et à un traitement équitable

Toujours d'après l'Organisation mondiale de la Santé (OMS), les
grandes fonctions de la santé publique sont les suivantes :

- Contrôle de la situation sanitaire ;
- Surveillance épidémiologique ;
- Élaboration de politiques et planification en matière de Santé Publique ;
- Gestion stratégique des systèmes et services de santé pour améliorer la Santé ;
- Règlementation et mesures coercitives pour protéger la Santé Publique ;
- Développement et planification des ressources humaines dans le domaine de la Santé Publique ;
- Promotion de la Santé participation et droit de regard des citoyens ;
- Assurance de la qualité des services de santé ;

- Recherche, développement et mise en œuvre de solutions en matière de Santé Publique.

La définition du professeur Winslow, d'un côté, les grandes fonctions de la santé publique établies par l'OMS, de l'autre, en passant par la première Conférence internationale pour la promotion de la santé, semblent se converger vers la justification des principes fondamentaux de la théorie du continuum nation-Etat. En d'autres termes, il serait aberrant de croire pouvoir développer ou promouvoir la santé en continuant à ignorer l'éducation, la justice, la sécurité publique, l'aménagement du territoire, l'agriculture, pour n'en citer que ceux-là.

3.2.3.1.1 : Position du problème

Dans un document officiel, étalé sur deux douzaines de pages, intitulé : « *Politique Nationale de Sante* », publié en juillet 2012, le régime (2011-2016) énonçait ainsi sa vision :

> « *Au cours des 25 prochaines années, dans un contexte de développement socio-économique articulé et dynamique, le système de santé haïtien évolue et la morbi-mortalité diminue significativement. Les haïtiens et les haïtiennes ont un accès équitable aux services et soins de qualité définis dans le Paquet Essentiel de Services, ajusté au besoin, tenant compte des changements dans le profil épidémiologique et démographique.* »

L'état de déliquescence avérée d'Haïti n'est sans doute pas une fatalité, mais ses conséquences n'en demeurent pas moins fatales. Il existe des Etats modernes, stables et prospères qui ne sont pourtant dotés d'aucune constitution formelle ou écrite. Ces Etats peuvent sans doute se passer de politique publique formelle tout en dispensant des services de qualité à leur population, suivant l'articulation de la politique ou de la vision de leurs leaders.

Dans un Etat déliquescent, tel qu'Haïti, où la constitution et les lois sont bafouées impunément, la formalité, la rigueur et la discipline [*non une profession de foi*] s'imposent, elles sont ainsi nécessaires, voire plus indispensables qu'ailleurs. Toute politique cohérente de santé doit se traduire en lois et en des programmes sous-tendus par des politiques publiques savamment articulées et ratifiées dans les mêmes termes par les deux organes du pouvoir législatif. Dans le cas contraire, toute soi-disant vision ou politique portée sur 25, voire 100 ans n'est que chimère. Les politiques publiques permettent entre autres, d'établir ou de confirmer certains droits ou services auxquels les citoyens ont droit, de réguler, de contrôler et d'évaluer les services publics, et surtout de favoriser de fixer les responsabilités en cas de fraude ou de négligence.

Un « banal » génocide

Les agences internationales, tenant les cordons de la bourse, mènent la danse. Elles font danser les politiques et des leaders de la société civile. Elles semblent se substituer au gouvernement, mais rejettent toute responsabilité dans la déliquescence d'Haïti. Selon le diplomate Frédéric Tissot, l'invasion d'Haïti par les ONG, *plus de 360 environ*, constitue la deuxième catastrophe humanitaire après le séisme de 2010. Le constat est unanime, Haïti est un échec, mais personne ne voudrait en assumer la responsabilité. Au cours de ces trente dernière années, abstraction faite des années antérieures, la valse de successions de régimes morbides sous la houlette de la communauté internationale aurait réussi le miracle de transformer la misère en choléra. « Qui a dit choléra ? », crierait le martyr haïtien Jean L. Dominique. « Prennent-ils les enfants du bon Dieu pour des canards sauvages ? »

Dans l'Atlas global du personnel de santé publié par l'OMS en 2010, Haïti figure dans le peloton de queue avec un score exécrable de 4/10,000. Le ratio minimum recommandé en termes de personnel de santé par 10,000 habitants est de l'ordre de 23/10,000. Sans mentionner que le ratio minimum pour arriver à une couverture sanitaire universelle est de 34.5/10,000. Selon les plus récentes publications de l'OMS, Haïti compte moins d'un médecin pour 10,000 habitants soit 0.25.

Dans son rapport, *Health Fact Scheet*, publié en mars 2017 l'Agence Américaine de Développement a noté seulement 6 professionnels de santé seraient disponibles pour 10,000 habitants en Haïti. Autrement dit, après plus de cent ans d'ingérence, ou de tutelle, le second Etat le plus vieux du nouveau monde accuse le palmarès le plus sombre du monde en dans le domaine de la Santé.

La problématique de la population

Les scientifiques, principalement ceux des sciences sociales, semblent moins enclins à accepter pour universelle l'idée de mathématiciens ayant vécu à près d'un siècle d'écart, tels que le britannique Lord Kelvin et l'américain William Edwards Deming qui stipulent que tout ce qui n'est pas mesurable, n'est ni gérable ni contrôlable. Les esprits semblent cependant s'accorder qu'en matière de gouvernance, principalement dans le domaine des services publics que la dispensation équitable du service ou le développement des secteurs n'est qu'une utopie tant que l'Etat ne soit en mesure d'identifier ses citoyens, résultant en partie de l'absence de stratégie et de politiques publiques en matière de santé.

Le meilleur moyen d'identifier les nationaux revient à les enregistrer à la naissance, cette tâche, autant que l'enregistrement des décès incombent d'emblée au ministère de la Santé avant de tomber dans l'escarcelle du ministère de l'Intérieur. L'enregistrement des autres citoyens revient aux autorités des consulats et des ports d'entrée, par l'intermédiaire du service de l'immigration, cette tâche incombe légitimement au ministère de l'Intérieur, elle implique dans certains cas celui de l'Extérieur. La réalité est immanquable, personne ne sait avec certitude qui est haïtien ou qui ne l'est pas, les institutions sont à l'image de l'Etat, totalement déliquescente, la constitution et les lois alimentent le doute sur la question, c'est peut-être un choix délibéré de certains malins.

Un Président [d'Haïti] accusé par le parlement de détenir une nationalité étrangère a dû appeler à la rescousse l'ambassadeur américain en Haïti, Kenneth Merten (2009-2012), celui qui aurait favorisé son avènement au pouvoir. Des milliers d'Haïtiens vivant dans la tourmente en territoire voisin ne disposent d'aucune pièce pouvant établir leur citoyenneté.

Tandis que le passeport Haïtien semblait se vendre au plus offrant, craignant que des militants fanatiques d'Al-Qaïda ou de l'Etat Islamique puissent se payer une citoyenneté [haïtienne] dans le but d'entrer aux Etats-Unis, une nouvelle carte d'identité aurait été imposée à Haïti (2004-2006) alors qu'il en existait déjà une, et l'émission de nouveaux passeports haïtiens semble se faire sous stricte surveillance d'agences extranationales.

Contrairement aux Etats modernes, le personnel de santé [haïtien] ne dispose d'aucune instance indépendante de régulation et de déontologie. Les charlatans pullulent dans toutes les branches et causeraient de victimes, même le Président [d'Haïti, *comme en Avril 2012*] n'en est pas exempt. Ajouté à cela, l'état déliquescent de l'éducation laisse une Université d'Etat qui n'est que l'ombre de ce qu'elle a été même un demi-siècle plutôt en termes de qualité d'enseignement, même si l'offre s'élargit tant sur le plan transversal avec de nouvelles disciplines que longitudinal avec l'ajout de cycles de mastère et de doctorat. Au-delà des médecins, la chaîne des travailleurs médicaux s'étend aux infirmières et auxiliaires médicaux. Ces deux dernières catégories ne semblent pas bénéficier des considérations auxquelles ont droit leurs homologues des sociétés plus ou moins modernes par exemple.

Les officines du libéralisme triomphant agitent souvent l'idée que les sociétés publiques sont généralement moins efficientes que celles du privé. Il parait de toute évidence que le privé haïtien leur a fait mentir, car il n'existe en Haïti aucun centre hospitalier privé dont le capitalisme pourrait s'enorgueillir. En l'absence de politiques publiques, l'esprit exigu ou rachitique des leaders du secteur privé haïtien influence de tout son poids les activités du secteur, telles que des services hospitaliers la production et de la distribution de produits pharmaceutiques, des laboratoires médicaux échappant à tout contrôle, sans mentionner les compagnies d'assurance qui souvent se forment aussi rapidement que des parasites, à la faveur de leurs accointances au pouvoir, sur le dos des agents de l'Administration publique.

3.2.3.1.2 : Métaheuristique

La finalité de la Santé consiste à moderniser le secteur, garantir la santé de la population en général, garantir en particulier la qualité de vie des familles sans discrimination aucune.

Modélisation

Selon l'Organisation Mondiale de la Santé (OMS), la Couverture Sanitaire Universelle doit garantir l'accès aux services de santé à tous les individus sans encourir de difficultés financières. Les modèles de Couverture Sanitaire Universelle a été établi depuis 1948. Si près de trois quarts (3/4) de siècle plus tard, un système de santé n'arrive pas pu assurer le minimum, voire la Couverture Sanitaire Universelle, il est donc évident qu'il n'a pas été conçu à cette fin.

Le nouveau modèle de Couverture Sanitaire Universelle d'Haïti doit évoluer en fonction des contraintes qui ne sont certainement pas propres à Haïti, mais rares pour ne pas impossible dans les pays modernes. Ces contraintes sont malheureusement nombreuses : près de deux tiers de la population vit en dessous du seuil de pauvreté, autrement dit, dans la misère ; un taux analphabétisme de près de 50 % ; pas d'aménagement territorial ; inadéquation de l'approvisionnement énergétique et de l'eau courante, voire potable ; dangerosité des routes principales, etc. Il n'incombe pas au ministère de la santé de résoudre ces contraintes. Suivant les principes fondamentaux du continuum nation-Etat toutes ses composantes doivent travailler en synergie. L'innovation reste le meilleur recours dans de telles conditions, mais à très court terme.

En dépit des actions héroïques des membres de l'organisation humanitaire Médecins sans frontières (MSF), il serait fort difficile d'indiquer avec certitude une alternative au rôle fondamentale de l'armée américaine via le commandement des États-Unis pour l'Afrique (AFCOM) dans la lutte contre l'Ebola en Afrique de l'Ouest (2013-2016). C'est l'un des multiples exemples corroborant le rôle crucial que doit jouer l'armé dans la modernisation d'Haïti.

Il arrive en effet que la formation de professionnels de santé nécessite d'abord des universités qui peuvent aussi se construire et être entièrement pourvu en moins d'une année. Le temps nécessaire à l'acquisition de ces connaissances reste par contre incompressible, il prend en moyenne 5 ans pour former des professionnels dans le domaine de la santé, incluant, médecins, pharmaciens, dentistes, radiologues, infirmières, pour n'en citer que ceux-là.

3.2.3.1.2.1 : Conditions initiales

La découverte de la pénicilline a changé énormément le monde de la médecine. Avec son développement, les infections qui étaient auparavant sévères et souvent mortelles, telles que l'endocardite bactérienne, la méningite bactérienne et la pneumonie à pneumocoque, sont désormais aisément curables. De la Seconde Guerre mondiale aux guerres qui se livrent encore aujourd'hui, telles qu'en Irak et en Syrie, les soldats ont subi des blessures qui auraient été mortelles sans la pénicilline, et d'autres antibiotiques qui ont été développés par la suite.

Est-il possible d'imaginer ce que serait le monde sans la découverte de la pénicilline en 1928 par le chercheur écossais, Sir Alexander Fleming. En moins d'un siècle la santé compte pour plus de dix pour cent (10 %) de l'économie mondiale, aux Etats-Unis seulement elle représente dix-huit (18 %) du Produit Intérieur Brut (PIB). Que serait l'économie sans les ressources humaines, que serait ces dernières sans la santé ; point besoin d'être un devin pour prédire la récursivité qui s'ensuit. En effet, la santé constitue un secteur non seulement transversal, il est tout aussi omniprésent ; tous les secteurs en dépendent.

Suite indicative mais non exhaustive de conditions initiales

Cette section présente une suite indicative mais non exhaustive d'organismes, de programmes sous-tendus par des politiques publiques devant constituer l'ossature de la politique de Santé et de la gouvernance du secteur :

Population et modernisation

Aucun chimiste ou physicien moderne ne saurait tenir, voire évoluer sans connaître le tableau périodique des éléments, parfois appelé table de Mendeleïev ou classification périodique des éléments, qui représente tous les éléments chimiques que l'on a trouvé [*ou supposé pour certains*], classé par numéro atomique du plus petit au plus grand et organisés en fonction de leur configuration électronique, et donc de leurs propriétés chimiques respectives. Aussi, s'avère-t-il pratiquement inconcevable qu'en plein 21ᵉ siècle un ministère de la santé puisse être même minimalement efficient sans des études démographiques et des recherches très pointues en population dans l'objectif de susciter, animer et développer les réflexions sur la gestion des risques et les problèmes liés aux interrelations entre le concept population et celui de la modernisation, sur les aspects démographiques des services publics et de la dynamique de marchés.

Il s'impose d'emblée, la nomination d'un secrétaire d'Etat à la population dont la priorité est de définir et développer la stratégie du sous-secteur qui demeure transversal aux autres secteurs, et de concevoir, élaborer, conduire et produire des informations fiables permettant d'évaluer la politique de l'Etat en matière de population.

Il s'avère impérieux que l'Etat par l'intermédiaire du ministère de la santé dispose d'information exhaustive et détaillée de chaque naissance ainsi que de chaque décès. C'est-à-dire que ces informations doivent être recueillies en temps réel et à la source suivant la définition et les prescriptions des lois d'orientation dans le secteur. La planification des services publics en dépend, autant que la modernisation économique et sociale.

Contrôle de qualité

En Haïti le service public n'existe guère, alors pourquoi perdre du temps concernant la qualité se demandent perplexes certains. La qualité demeure le standard en matière de services publics. Autrement dit, sans qualité, le service n'existe pas encore. Il n'existe point de meilleur moment de mettre l'emphase sur la qualité que lorsqu'il n'y pas de service. Les régimes tyranniques qui jonchent l'histoire d'Haïti à ce jour ont toujours projeté une notion démagogique, populiste des services publics. Dans les sociétés modernes, les politiques publiques procurent des droits, ainsi les services publics constituent un droit, non un privilège.

Hôpital Universitaire

Le développement de la santé se trouve intimement liés aux recherches scientifiques ou médicales. Les universités demeurent encore le lieu privilégié pour initier et conduire des recherches de très grande qualité et à moindre coût. Il faut dans les prochains quinquennats, la constitution d'une dizaine de centres universitaires, incluant logements et diverses autres activités économiques dans le cadre harmonieux de l'aménagement du territoire. Ces campus d'une capacité d'accueil d'une cinquantaine de milliers étudiants chacun seraient distribués suivant l'ensemble du territoire du pays. Conséquemment chacun des départements géographiques doit héberger un hôpital universitaire digne de ce nom et s'étendant sur une dizaine d'hectares. Ces centres hospitaliers universitaires seraient dotés d'annexe déconcentrés pour assurer certains services de proximités : soins médicaux primaires, vaccinations, soins et examens prénataux etc.

Epidémiologie

Les dictionnaires Larousse définissent ainsi l'épidémiologie : Science qui étudie, au sein de populations, la fréquence et la répartition des problèmes de santé dans le temps et dans l'espace, ainsi que le rôle des facteurs qui les déterminent.

Les études épidémiologies constituent un volet indispensable en matière de santé publique. Avant, l'épidémiologie ne s'intéressait qu'aux maladies infectieuses et épidémiques, avec l'apparition d'études sur les maladies non transmissibles, l'épidémiologie est considérée comme une discipline à part entière de la médecine. La méthodologie épidémiologique s'est même élargie à d'autres domaines, même en dehors de la médecine. L'unique caractéristique de l'épidémiologie est sa focalisation sur un groupe de personnes plutôt que sur un individu isolé.

- ✓ L'épidémiologie peut aider à découvrir l'étiologie ou la cause d'une maladie.
- ✓ La méthode épidémiologique peut aider à trouver la source de l'agent pathogène.
- ✓ L'épidémiologie peut aider à comprendre comment la maladie est transmise.
- ✓ L'épidémiologie peut découvrir quel individu risque de devenir malade.
- ✓ L'épidémiologie peut dévoiler l'exposition spécifique qui a causé directement la maladie.

L'hécatombe provoquée par le choléra, et plus récemment la psychose de peur crée par l'épidémie de chikungunya, sans mentionner l'ascension d'incidence relative aux maladies non transmissibles comme les maladies cérébro-vasculaires, les insuffisances rénales etc., sont autant de signes annonciateurs de jours plus sombres.

Santé et modernisation économique

La problématique de l'interrelation entre la santé et la modernisation économique se présente sous trois angles :

- La pauvreté est un frein à la santé, car les personnes vulnérables et défavorisées accèdent plus difficilement aux soins, et tombent davantage malades ou meurent plus jeunes que les personnes qui occupent une position sociale plus privilégiée. Dans le but cesser cette injustice, il est impérieux de dispenser un service public de santé équitablement accessible à tous, mais avec le souci particulier d'atteindre les plus vulnérables, y compris l'installation de centres de proximité pour les soins médicaux primaires. Cette approche s'offre comme un coussin de sécurité aux éléments des couches dominantes vivant plus que jamais dans une ère caractérisée par l'opulence et la connaissance, et par conséquent devraient être plus sensible qu'avant aux problèmes sanitaires.

- L'accès à la santé favorise la modernisation de la force de travail, tant sur le plan de la qualité physique que sur le plan de la qualité intellectuelle ou technique. La santé se trouve ainsi au cœur du processus de modernisation économique et social. Il n'y a de richesses que d'hommes. Mais des hommes valides, travaillant mieux, parce que mieux soignés et mieux préparés. « *Mens sana in corpore sano* », est une citation extraite de la dixième Satire de Juvénal qui se traduit ainsi : « *un esprit sain dans un corps sain* ».

- La santé, tout en révélant être à la fois un art et une science se révèle un produit ou un service économique très demandé ou consommé et orienté surtout vers l'extérieur, spécialement les

Haïtiens de premières ou de générations descendantes. D'innombrables Haïtiens ayant atteint l'âge de retraite rêve de finir leurs jours paisiblement en Haïti. Ce rêve s'envole en cauchemar pour de multiples raisons, les autres raisons ne relevant pas directement de la santé ont été prises en compte dans les rubriques consacrées à leur secteur respectif, comme l'insécurité par exemple. Conformément au paradigme cybernétique, aucun secteur n'est négligé. Dans la mesure où tous les secteurs sont effectivement pris en charges par des techniciens qualifiés et compétents, il importe de mettre l'emphase sur l'opportunité d'attirer ces retraités, de l'ouvrier à celui qui a appartenu aux classes moyenne (*supérieures*) des Etats-Unis ou d'autres pays. Ces individus qui sont généralement des grands parents disposent de revenu mensuel sure et en devises fortes pouvant aller de mille ($1,000) à cinq mille ($5,000) dollars américains. Cette forme de retour au bercail, peut aussi encourager les parents ou les nouveaux parents à laisser leurs enfants en Haïti comme c'était le cas il y a un peu après cinquante, dans l'espoir qu'ils auraient une meilleure éducation.

Rappels divers :

- o Coordination intersectorielle de la politique de santé
- o Enregistrement automatique des naissances, et des décès
- o Régulation de construction d'infrastructure sanitaire
- o Régulation des centres sanitaires et hospitaliers
- o Construction d'infrastructure sanitaire
- o Régulation de l'industrie pharmaceutique

- o Régulation des agences et établissements de distribution de produit pharmaceutiques
- o Croissance de l'offre de produits et de services sanitaires
- o Régulation du personnel sanitaire
- o Service Médico-Légal
- o Contrôle Sanitaire des lieux publics
- o Contrôle des Produits Alimentaires
- o Contrôle Produits Pharmaceutiques
- o Contrôle des Infection sexuellement transmissibles
- o Institut du Bien-être social et recherche
- o Sécurité Sociale
- o Assurance Retraite
- o Assurances Chômage
- o Etc.

3.2.3.1.2.2 : Viabilité

La théorie du continuum nation-Etat préconise l'émergence d'une société moderne où les libertés individuelles sont sacro-saintes, et d'une économie viable. Après l'analyse des différents modèles existant dans les pays de l'OCDE, à l'instar de la défense et de la justice, la santé et l'éducation relèvent des attributions régaliennes. Ainsi l'Etat se désigne le principal prestataire d'assurance et de soin santé. Les centres hospitaliers privés et les assurances privées doivent pouvoir exister en toute liberté, mais sous contrôle régulier des agences publiques préposées à cet effet, car la santé de tout individu, riches et moins riches demeure la responsabilité de l'Etat. Il devient donc impérieux d'élaborer des politiques publiques de santé pour s'assurer de la gouvernance du système. En d'autres termes, le gouvernement et le parlement doivent s'atteler à de nombreuses heures de préparation, de discussion et de délibération, en vue de mettre en place de formelles politiques publiques de santé. A titre d'exemple, les plus récentes politiques publiques de santé aux Etats-Unis, sont supportées par la loi sur les soins de santé abordables (de l'anglais : Affordable Care Act) que certains appelle « ObamaCare », qui repose sur plus de trente mille (30,000) pages.

Pour atteindre le seuil standard de quantité de lits d'hôpitaux recommandé par rapport à la population, il manquerait encore à Haïti près de quarante mille (40,000) lits supplémentaires, soit environ quatre-vingts (80) hôpitaux de la taille de l'Hôpital de l'Université D'Etat d'Haïti (HUEH).

Un centre hospitalier [*universitaire*] répondant aux normes internationales peut se construire et être entièrement pourvu en l'espace d'une année. En un quinquennat, il serait possible d'en construire au moins un par département, compte tenu qu'il est fait mention d'un complexe universitaire par département dans les sections consacrées à la défense et à l'éducation.

La construction d'une dizaine de centres hospitaliers universitaires d'une capacité de cinq cents (500) lits, coûterait près d'un milliard de dollars. A titre d'exemple, des dizaines de milliards de dollars ont été engloutis au nom d'Haïti, durant ce dernier quart siècle.

Compte tenu de sa population, Haïti aurait aussi besoin de près de trente (30) mille professionnels de santé supplémentaires pour atteindre l'effectif minium recommandé.

Pour instituer la couverture sanitaire universelle, Haïti doit consacrer à la Sante, au moins 5 % de son produit intérieur brut, soit environ 3.2 milliards de dollars, vers 2030-2045. Cette proposition suppose que le système, incluant infrastructure et personnel de santé permettant d'assurer la couverture sanitaire universelle, est déjà effectif.

3.2.3.2 : De l'Education

Le Ministère de l'éducation est l'instance chargée d'élaborer et de conduire, et d'évaluer la stratégie ou la politique d'Education de l'Etat. Au sens évolué du concept, éduquer c'est cultiver le caractère et le sens de l'intégrité ; faire émerger l'esprit d'apprentissage, de curiosité et d'émerveillement, le désir de savoir, et la soif de connaissances. Autant que la guerre dépend de la vaillance des soldats, l'éducation dépend in fine de la compétence des enseignants, ainsi s'avère-il impérieux de mettre l'emphase sur ces indispensables ressources, avant que le rêve d'éduction en Haïti ne se transforme en cauchemar.

Au sens effectif et strict du terme, « éducation » vient du latin *éducatio* qui signifie élevage. Les premiers éducateurs étaient littéralement des éleveurs de bêtes et de plantes. « Education » dérive ainsi de deux verbes à connotation première très terre-à-terre : *educare* qui signifie nourrir (*un enfant*), cultiver (*un jardin*), et élever (*des animaux*) ; puis *educere* qui signifie faire sortir de (*port d'attache*), élever (*un édifice*), diriger, conduire (*quelqu'un*), mettre en marche (*une armée*), mettre au monde (*un enfant*).

Le dictionnaire Webster définit l'éducation comme le processus d'instruction ou d'enseignement. Eduquer permet de développer les connaissances, les compétences, ou le caractère. A partir de ces définitions, il s'avère plus rassurant de reprendre que le but de l'éducation est de développer les connaissances, les compétences, ou le caractère d'un individu. La connaissance, selon certains, pourrait désigner un ensemble d'informations existant au-delà, c'est-à-dire distinct ou indépendant, hormis le processus de développement de la pensée. Cependant, d'autres recherches portent à croire que la connaissance réside dans l'esprit et se développe au fur et à mesure qu'une personne accumule de l'expérience, ou cultive la pensée, comme un athlète cultive ses muscles. Autrement dit, la connaissance est cumulative.

3.2.3.2.1 : Position du problème

Lorsque deux siècles après l'indépendance, le régime (2006-2011) liquidant les entreprises de l'Etat et dilapidant les fonds publics, accepte de gober le programme dit « Education pour Tous » (EPT) supporté par des agences internationales, dont la Banque Mondiale, un programme de scolarisation aux attentes si faibles, qu'il est difficile de douter que ses promoteurs ne soient rien que des comédiens, pour parodier Graham Green. Malgré tout, la farce se poursuit. Leurs successeurs qui sont tout aussi incompétents et corrompus, récupèrent la mascarade et la baptise Programme de Scolarisation Universelle Obligatoire et Gratuit (PSUGO). Cette salade de mots frisant le pléonasme s'avère insipide et insignifiante, elle n'exhale que la pestilence de l'imposture. Les os d'Albert Camus doivent vibrer dans sa tombe ; lui qui disait : « *Mal nommer un objet c'est ajouter au malheur de ce monde, car le mensonge est justement la grande misère humaine, c'est pourquoi la grande tâche humaine correspondante sera de ne pas servir le mensonge.* »

Comment alors s'étonner qu'en 2016, le Président [d'Haïti], son épouse, son Premier ministre, son ministre de l'éducation et tant d'autres, se félicitent et se mobilisent à l'occasion de l'inauguration des bâtiments d'un lycée (Alexandre Pétion) fondé en 1816, relogé et reconstruit en 1910, déjà un siècle. Ces individus se comportent comme des primates enchantés sous la baguette des dompteurs étrangers. Ils ne semblent avoir aucun sens de l'histoire. Les américains ne manquent jamais l'occasion de mentionner que leur nation est exceptionnelle. Ils n'ont pas tort de le marteler ainsi, mais quelle nation ne se croit pas exceptionnelle ? Objectivement, combien de fois un groupe d'esclaves se sont dressés contre leurs oppresseurs, et contre la volonté des puissances mondiales pour créer une nation ?

Il est insultant, voire déprimant de constater que les politiciens haïtiens ne se contentent pas d'accueillir mais adoptent le deuxième de la série des Objectifs du Millénaire des Nation Unies, en guise de programmes d'éducation sous-tendus par des stratégies et des politiques publiques. Il est important de noter que malgré des objectifs ridiculement dérisoires, même après trois quinquennats, les résultats tardent encore. Les objectifs du Millénaires ont été reconduits en 2015, donnant corps à la définition d'Einstein à la notion d'insanité. Haïti a participé à la création de toutes ces organisations internationales, qui en tant que puissance régionale, *en son temps* ; elle a contribué à l'indépendance d'autres Etats de la région ; ses ressources humaines ont aidé à l'avancement de nombreux Etats de tous les continents du globe ; elle n'aurait jamais dû être la cible de ces programmes improductifs. Mais, encore lui faut-il de vraies élites et des leaders responsables.

Les résultats des examens du bac pour la session ordinaire 2015-2016 rendus publics par le ministère de l'Education montrent que moins de cinquante mille, soit précisément 45962, candidats admis sur un peu plus de cent cinquante mille, soit 166,662 participants, accusant ainsi un taux de réussite de 27,58 %. Ces résultats calamiteux cachent malgré tout, le faible taux d'Haïtiens ayant fréquenté l'école, et le faible taux d'Haïtiens ayant atteint les classes secondaires.

Selon l'UNICEF plus de la moitié des Haïtiens sont illettrés, et seulement 2 % des Haïtiens ont achevés leurs études secondaires. Mais la réalité serait plus maussade, car si plus de la moitié des Haïtiens sont des analphabètes, plus de 91 % seraient des illettrés, parmi eux, certains de ceux qui ont complété des études dites supérieures (ils sont parfois : enseignants, médecin, ingénieurs, agronomes, etc.) Ces révélations dénotent surtout l'ampleur de la déliquescence de l'Ecole ou de l'Education en Haïti.

3.2.3.2.2 : Métaheuristique

La finalité de l'Education consiste moderniser le secteur, garantir la qualité de l'éducation en général, et garantir en particulier un système d'enseignement public allant des maternelles jusqu'aux cycles postdoctoraux des universités, disponible à tous sans discrimination aucune et dans tous les territoires.

L'enseignement public comprend l'enseignement maternel, primaire, et secondaire qui en constitue le premier tiers. L'enseignement vocationnel, post-secondaire, et l'enseignement supérieur en constituent respectivement les autres tiers. En plus d'une éducation de qualité, le premier tiers implique des programmes de scolarisation universelle sous-tendus par des politiques publiques.

Modélisation

L'échec du système éducatif haïtien représente le cas typique d'un système dont la conception ne correspond nullement aux objectifs déclarés. Lorsque le service était destiné à quelques privilégies, la qualité ou la performance paraissait appréciable dans tous les domaines, et était comparable au reste du monde. Soumis aux exigences de l'enseignement public, le système se sature rapidement. Le choc entre démagogie et démocratie exacerbe les contradictions entre objectifs déclarés et objectifs poursuivis. Dans les envolées populistes, l'éducation est un droit, alors que le système de privilège n'a pas évolué. L'affluence incontrôlée engendre l'inconfort, l'encombrement, voire le chaos. Il en résulte une qualité ou une performance si exécrable, que l'accès ou la quantité devient sans considération aucune.

Toute proportion gardée, des multiples contraintes impactant la réalisation d'une couverture sanitaire universelle dans le domaine de la santé impactent aussi la réalisation de l'Enseignement public et d'une éducation de qualité en Haïti. D'autant plus que ces domaines sont inextricablement connectés conformément aux principes du continuum nation-Etat.

Dans certains cas et après amendements nécessaires de lois et programmes publics sous-tendus par des politiques publiques d'éducation, le complexe des secondaires peut éventuellement accueillir une section vocationnelle et post-secondaire. Il reste cependant préférable que tout enseignement professionnel, *court, moyen ou étendu*, soit dispensé par les universités publiques, qualité oblige,

Pour accéder au cercle d'économies dites développées au cours du prochain demi-siècle, Haïti a besoin aussi d'une dizaine d'universités publiques supplémentaires, d'une capacité d'accueil de cinquante (50) mille étudiants et chercheurs dans des filières telles que :

✓ Les Sciences mathématiques et physiques ;

✓ Les Science Sociales et politiques ;

✓ Les Sciences Naturelles ;

✓ L'ingénierie et la Technologie ;

✓ L'art

✓ Le sport

✓ Etc.

3.2.3.2.2.1 : Conditions initiales

Les cycles de transformation de l'économie moderne semblent se raccourcir sous le poids du développement technologique. L'émancipation de la science et de la technologie est tributaire de l'éducation, elle en fait ainsi une condition initiale à la modernisation économique. Dans les sociétés modernes, l'éducation constitue fondamentalement un service public, elle doit être disponible, et accessible à tous.

Le processus d'élaboration et de mise en œuvre d'une politique d'éducation constitue une étape primordiale vers la gouvernance du secteur. Il des d'abord impérieux de bien clarifier les concepts. Au gré des écoles de pensée, les définitions concurrentes s'avèrent nombreuses et variées. Une politique peut être une, voire un groupe de décisions, explicites ou implicites, imprimant les directives visant à orienter des décisions futures, engager ou retarder l'action publique, ou orienter la mise en œuvre de décisions antérieures. L'élaboration de la politique d'éducation constitue la première étape du cycle de planification, les acteurs impliqués doivent maîtriser, si non apprécier l'art de formuler les politiques avant qu'ils puissent prétendre en concevoir la mise en œuvre et les procédures d'évaluation de manière efficiente.

Suite indicative mais non exhaustive de conditions initiales

Cette section présente une suite indicative mais non exhaustive d'organismes, de programmes sous-tendus par des politiques publiques devant constituer l'ossature de la politique d'éducation, et de la gouvernance du secteur :

Un Enseignement Public de qualité

Le slogan « *production nationale* » sert de litanie aux politiciens haïtiens désireux d'étaler leur savoir en économie ; le concept de « *croissance de la productivité* » doit sans doute leur paraître étrange. Dans un rapport publié en 2017, la Banque Mondiale stipule que la disparité de la croissance de la productivité entre les pays de l'OCDE et certains autres, s'explique davantage par la qualité de l'instruction et de l'apprentissage que par le nombre moyen d'années de scolarité ou de scolarisation. Une stratégie d'éducation axée sur la modernisation devrait se concentrer non seulement sur l'accès de plus d'enfants à l'école, comme le deuxième objectif du millénaire est souvent interprété, mais aussi sur le maintien ou l'amélioration de la qualité de la scolarité.

La tâche à accomplir est imposante. Selon une enquête de la PISA, ou le *Programme International pour le Suivi des Acquis des Elèves*, les disparités dans l'enseignement secondaire entre les pays dits en développement et ceux de l'OCDE s'avèrent encore plus importantes quand non seulement la scolarisation mais aussi les acquis d'apprentissage sont pris en compte. Les choses ne sont pas beaucoup mieux au niveau primaire. De récentes enquêtes au Ghana et en Zambie, ont montré que moins de 60 % des jeunes filles ayant suivi six années d'école primaire peuvent lire une phrase dans leur propre langue.

En Haïti, du programme dénommé Ecole Pour Tous (EPT) au Programme de Scolarisation Universelle Gratuite et Obligatoire (PSUGO), abstraction faite des années antérieures, le traitement réservé à l'éduction en Haïti constitue une insulte. Haïti est le deuxième plus vieux Etat du continent, elle savait mieux faire, elle mérite bien mieux. Sous la fallacieux prétexte d'accroître le nombre d'enfants ayant accès à l'école, il se pratique une démolition systématique de l'éduction en Haïti. La garantie d'une instruction de qualité doit figurer en tête des priorités dans la stratégie de modernisation du secteur. Il est absurde de prétendre envoyer des enfants à l'école sans se soucier de la qualité d'instruction ou d'enseignement qu'ils reçoivent.

Du multilinguisme

Le préscolaire, *ou les maternelles*, généralement destinés aux enfants ayant entre 3 et 5 ans, fait déjà parti du cursus scolaire dans les sociétés modernes, des programmes d'éducation sous-tendus par des politiques publiques s'intéresse maintenant à la tranche allant de zéro à trois ans. Il n'existe absolument aucune excuse pour qu'Haïti ignore les enfants en âge de fréquenter les maternelles, alors qu'ils feignent de promouvoir l'éducation.

L'inclusion des maternelles dans le cursus scolaire offrirait un double avantage à Haïti. D'abord sur plan de la géopolitique, pour être compétitif, le citoyen haïtien doit maitriser en plus du créole et du français au moins deux langues étrangère, notamment l'anglais et l'espagnol. L'apprentissage des langues s'acquiert d'autant plus facilement que l'enfant est jeune (3-10 ans). En ce sens l'acquisition des quatre langues serait possible avant l'arrivée dans les classes secondaires. Le deuxième atout ; l'apprentissage des langues étrangères dès les maternelles contribue au développement des facultés cognitives chez l'enfant, conduisant ainsi à de meilleures chances de réussite scolaire. Sans mentionner que plus l'enfant réussi, moins il a de chance d'abandonner l'école, donc un meilleur taux de rétention.

De l'infrastructure scolaire

La notion d'école peut référer à l'infrastructure scolaire, telle qu'un établissement ou un complexe « *fait de briques et de mortier* », la notion d'école peut aussi désigner l'ensemble des enseignants et élèves, un courant de pensée, ou une institution d'enseignement spécialisée. Cette rubrique adresse la notion d'école sous ses aspects les plus fondamentaux : stratégies et politiques publiques, institutions et programmes, infrastructures et logistiques.

Stratégie et politiques publiques

En vertu du principe de la théorie du continuum nation-Etat, l'éduction ne se développe de manière efficiente qu'en synergie avec les autres secteurs, notamment la santé, l'agriculture, l'économie etc. A l'instar des autres secteurs, l'éducation dans une société, mieux, qu'une opération militaire classée top secret, mieux qu'un programme spatial, doit être planifiés dans les moindres détails. Des lois organiques et des lois cadres en déterminent la régulation et l'évolution. Autrement dit, l'éducation étant régie par des politiques publiques, celles-ci doivent être vulgarisées et connues de tous ; incluant les acteurs impliqués et toutes les agences intéressées. Ainsi il ne peut être permis au conseil des ministres, voire au Président d'annuler un examen officiel sans débats, sans justification, et surtout sans une révision formelle et préalable par le parlement des politiques publiques.

Institutions et programmes

Le programme « *l'école pour tous* » est apparemment taillée sur mesure pour les enfants (exclus) des pays dont les groupes privilégiés n'ont pas de scrupule. Les politiques haïtiens : Président, ministres, sénateurs, etc. ou tous ceux-là qui voudraient faire la promotion de ce programme, qu'ils y envoient leurs enfants, et seulement leurs enfants. Ils circulent dans des véhicules de luxe sans être gênés par l'insalubrité, ils s'enferment dans des tours d'ivoire au cœur même des bidonvilles et s'imaginent qu'il est tout à fait normal que des enfants s'entassent dans des taudis, ou se réunissent sous des arbres en guise de salles de classes modernes équipées et bien aérées pour mieux apprendre.

Environ un siècle plutôt, un complexe scolaire public haïtien ressemblait au lycée Alexandre Pétion (1906), ou au complexe du lycée Toussaint Louverture fondé en 1946. Ces immeubles ont malheureusement été endommagés par le séisme de janvier 2010. Le faste entourant la réhabilitation de ces complexes, par un gouvernement cherchant à en tirer crédit, rappelle la déliquescence d'un Etat en mal de réalisation dans le domaine de l'infrastructure scolaire. Echec pitoyable des technocrates d'agences gouvernementales et internationales sous la couverture du second thème des objectifs du millénaire de l'organisation des nations unies.

En 2020, un cinquième du 21e siècle se sera déjà écoulée, les critères de qualifications pour les infrastructures scolaires ont considérablement évolué dans le monde moderne. Les complexes scolaires sont aménagés dans des espaces contigus. Pour des raisons pratiques, ils peuvent contenir des compartiments distincts tels que Maternelles, Primaires, et Secondaires, pouvant contenir jusqu'à mille cinq cents (1500) élèves chacun, en observant les normes de sécurité dans le domaine. L'enseignement supérieur et technique fait l'objet d'une autre rubrique, celle-ci étant réservée aux premiers segments de l'éducation classique.

Toute commune dont la population en âge scolaire est suffisamment nombreuse pour occuper jusqu'à 80 % d'un complexe doit en être doté d'un. Les complexes scolaires à grande capacité d'accueil présentent des avantages multiples :

Sécurité

Il est plus aisé, c'est-à-dire avec beaucoup moins de ressource et de manière efficiente, de maintenir des conditions de sécurité constante et adéquate autour d'un périmètre défini. Les parents n'ayant plus de crainte de déposer leurs enfants dans un périmètre stérile, la circulation piétonne ou motorisée demeure fluide dans un tel espace.

Cohésion sociale

Il est très rare que des espèces qui sont habituées à vivre ensemble s'entretuent comme cela se fait en Haïti. Les crocodiles restent des prédateurs intraitables, pourtant ils évoluent paisiblement avec des rhinocéros avec lesquels ils ont grandi dans le même lac vaseux. La cohésion sociale est une condition initiale à la modernisation d'Haïti. Se retrouver ensemble tous les jours pendant aux moins dix mois de l'année, prendre ensemble les repas du jour, jouer et s'amuser ainsi depuis l'âge de 3 ans ne peut que resserrer ces liens indispensables à la reconstitution du continuum nation-Etat, et la cohésion sociale qui fait défaut en Haïti.

Efficience

D'autres grands avantages qu'offre l'édification de complexes scolaires à grand effectif se rapportent surtout à la notion d'efficience, c'est-à-dire de l'efficacité à moindre coût. La concentration élèves facilite l'installation d'infrastructure sportive répondant aux normes internationales et offrant une meilleure exposition des athlètes haïtiens aux compétitions mondiales ou régionales, sans compter les retombés économiques.

La culture sportive et les activités physiques de manière générale constituent une des composantes des programmes d'instruction, il y va de la santé des enfants, de la fierté nationale lors de compétition internationales telles que les jeux olympiques, la coupe du monde football etc., et le dernier intérêt mais non le moindre concerne l'économie. En Belgique par exemple où vit une population faisant à peu près la taille de celle d'Haïti, la valeur ajoutée du sport est de plus de 3 milliards de dollars, et près de 72,000 emplois directs.

Les complexes éducatifs peuvent aussi servir aux activités communautaires, conférences, concert, réunion de syndicats etc. Ils peuvent aussi réquisitionner comme centre de vote. L'un des importants critères que doivent remplir les complexes scolaires, est la capacité de résister aux menaces régionales connues telles : tremblement de terres, ouragans et autres intempéries. Ainsi, ils servent d'abris aux habitant déplace soit en prévision d'un ouragan, ou après l'avènement d'une catastrophe quelconque ; un séisme par exemple.

Du personnel enseignant

La concentration élèves facilite l'installation de laboratoires de physique, de chimie, informatique etc. Les enseignants des secondaires comme ceux des maternelles et des primaires, bénéficient d'un emploi fixe avec tous les avantages nécessaires pour qu'ils puissent donner le meilleur d'eux même et en toute sincérité. L'enseignant n'est pas contraint de laisser son cours quinze (15) minutes avant l'heure par qu'il doit se rend à un autre établissement où son prochain cours ne débute qu'après une quinzaine de minute de retard.

Le métier d'enseignant se dévalorise de plus en plus, reflétant le peu ou le manque d'intérêt pour l'éducation en Haïti. L'instruction acquise en maternelles et surtout en primaires constitue le socle ou la fondation sur laquelle reposent les cycles supérieurs d'instruction. Le taux d'abandon élevé reflète le niveau inadéquat des enseignants des maternelles et des primaires. Dans les sociétés modernes, ces enseignants doivent au moins boucler un cycle universitaire de 4 ans, la majorité des enseignants titulaires sont détenteurs d'un grade de master ou de doctorat. Seul des enseignants de qualité peuvent dispenser une instruction de qualité.

Enseignement Privé

La diversité demeure l'un des principes fondamentaux de l'univers observable. Dans une société, la diversité est omniprésente, elle guide ou influence chaque décision individuelle, familiale ou sociale. En biologie, la diversité est un produit de l'évolution. Dans une société moderne, c'est-à-dire où règne l'état de droit, la diversité participe des principes fondamentaux de l'état de droit : égalité entre tous les individus sans exclusive, respect absolu des libertés individuelles.

Il incombe aux pouvoir publics de concevoir la politique d'éducation de l'Etat. L'enseignement public renferme les programmes indispensables à la mise en œuvre et l'évaluation de stratégies ou de la politique d'éducation. En vertu de l'état de droit, il est loisible à un parent de décider pour quelque raison que soit de se pas placer son enfant dans une école publique, les pouvoir publics ont cependant l'obligation de s'assurer du respect scrupuleusement des droits de tout enfant de recevoir une éducation de qualité. La performance voire l'efficience du système public doit servir de modèle aux écoles privé, ces dernières sont des écoles qui ne sont pas administrées par l'Etat et qui sont financées, en tout ou en partie grâce aux frais de scolarité qu'elle exige à ses élèves. Cependant, si des fonds publics y sont acceptés, elles devront aussi introduire certaines règles observées par les écoles publiques, comme la laïcité par exemple. La plupart des écoles privées offrent des bourses d'étude qui permettent de rendre la fréquentation plus abordable pour des étudiants possédant un talent quelconque, généralement au niveau académique ou sportif.

Rappels divers

o   Coordination intersectorielle de l'éducation

o   Régulation des infrastructures scolaires

o   Accréditation des écoles

o   Construction d'infrastructure scolaire

o   Accréditation des enseignants

o   Accréditation des ouvrages d'enseignement

o   Minimum requis pour être enseignant : licence, i.e. 4 ans d'études supérieures en sciences de l'Education

o   Augmenter l'offre de l'Enseignement Supérieur en science de l'éducation (génie, médecine et instruction scolaire)

o   Accommodations pour les handicapés

o   Examen physique (médical)

o   Vaccination

o   Nutrition

o   Instruction

> o   Mathématiques
>
> o   Sciences
>
> o   Technologies
>
> o   Langues
>
> o   Civisme
>
> o   Art
>
> o   Sports

o   Hébergements pour les sans-abris (enfants)

o   Performance des écoles

o   Performance des enseignants

o   Ouvrages d'enseignement

o   Inscriptions

o   Présences

o   Discipline

o   Evaluations

- Enseignement Maternel
- Enseignement Primaire
- Enseignement Secondaire
- Enseignement Vocationnel et Post-Secondaire
- Division de l'enseignement Supérieur
  - Programme de Diplômes ou de Certifications (1-2 Ans)
  - Programmes de Licences   (4-5 Ans)
  - Programmes de mastère   (6-7 Ans)
  - Programme de Doctorat   (8-10 Ans)
  - Programme de Formation Continue (7-90 Jours)
  - Recherches
- Etc.

3.2.3.1.2.2 : Viabilité

Pour satisfaire la demande au niveau de l'instruction publique, allant des maternelles aux terminales, Haïti nécessite plus de deux mille zones ou centres scolaires supplémentaires, entièrement équipés, incluant un complexe distinct de bâtiments suivant le niveau scolaire : les classes maternelles, les primaires, et les secondaires. Chaque complexe sera muni de : cafétéria, espace et équipement sportifs et récréatifs. Chaque zone ou centre scolaire a une capacité d'environ trois (3) mille élèves.

L'institution d'un système d'enseignement public dispensant une éducation de qualité sur toute l'étendue du territoire nécessite plus de trente (30) mille enseignants. Ainsi, sur la base de politiques publiques d'éducation chaque enseignant doit compléter un programme d'enseignement supérieur et avoir décroché au moins une licence. D'où la nécessité de créer de larges campus dédiés aux universités publiques.

Haïti consacrera au moins 15 % de son produit intérieur brut en Education, soit 9.3 milliard de dollars, vers 2030-2045. Cet effort est réparti comme suit :

- Au moins 10 % de son produit intérieur brut, soit ainsi un budget de 6.4 milliard de dollars consacré aux premiers tiers l'enseignement public, incluant : les maternelles ; les primaires les secondaires ; les vocationnelles et post-secondaires.

- Au moins 5 % de son produit intérieur brut, à l'enseignement supérieur public, portant ainsi son budget à 3.2 milliard de dollars.

3.2.3.3 : De la Culture

Le ministère de la culture est l'instance chargée de concevoir, élaborer, conduire et évaluer la politique de l'Etat en matière de culture. Sa finalité consiste à promouvoir et développer la culture. Ce processus implique l'éducation, des écoles maternelles aux écoles des beaux-arts en passant par les secondaires et les techniques, mais ne s'y limite pas. Le secteur de la culture charrie un poids économique très considérable. La production culturelle peut constituer jusqu'à cinq pour cent (5 %) du Produit Intérieur Brut (PIB) d'un pays. Le champs d'action du ministère de la culture inclut de manière non exhaustive: les beaux-arts (*l'architecture, la peinture, la sculpture et la gravure*), la littérature, la musique, la danse, les fêtes foraines, le mode et la haute couture, les jeux vidéo ou graphiques, le cinéma, le théâtre, de l'opéra, les arts décoratifs, les monuments historiques, les centres culturels et les écoles correspondantes, les médias publics et le secteur audio-visuel en général et les archives, les langues locales ou nationales etc.

3.2.3.3.1 : Position du problème

Après l'effondrement du bloc soviétique, qui a semblé surprendre plus d'un, et précipiter la fin de l'intense période de guerre froide, certain comme Francis Fukuyama parlaient de la *Fin de l'Histoire*, alors que d'autres comme Samuel Philip Huntington parlait plutôt du *Choc des Civilisations*, ou des cultures. La culture d'un peuple détermine ses valeurs et celles-ci déterminent qu'il importe de défendre ou de mourir pour. Le choc des cultures n'est pas nouveau, et ne disparaitra pas de but en blanc. Le choc survient généralement entre un groupe ethnique qui considère que sa culture s'impose comme un modèle universel de facto, contre un autre groupe ethnique dont il considère la culture comme inférieure. Haïti a été la scène du choc entre les indiens et l'occident chrétien il y plus qu'un demi-millénaire, où les indiens ont été décimés. Puis ce fut le choc [*des titans*] entre les chrétiens occidentaux et les Haïtiens, où les prédateurs finissent la tête sur le ventre. La liberté a toujours été du nombre de ces valeurs pour les Haïtiens, la bravoure et la détermination qui leur ont valu la victoire dans la guerre de l'indépendance en est le plus illustre exemple.

La culture d'un peuple demeure le dernier rempart contre l'aliénation et l'obscurantisme Les prédateurs ou les fossoyeurs de la patrie en sont bien conscients, ils s'en prennent systématique à toute ce qui touche à la culture. Le créole et le vodou qui continuent de résister aux assauts persistants des ennemis de la patrie haïtienne, restent des obstacles redoutables.

A part Frank Etienne qui semble avoir compris l'envergure et la responsabilité du ministère de la culture, mais qui n'a malheureusement eu l'opportunité de mettre sa vision au service du ministère, il est pénible de constater que le ministère de la culture n'a jamais existé véritablement. Apparemment les ministres n'ont pas saisi toute la dimension du secteur, leur finalité a été de le développer. La culture se trouve trop souvent réduite au carnaval. Le carnaval à lui seul constitue un microcosme reflétant l'incompétence et la corruption, la caractéristique propre à tous les gouvernements haïtiens de ce dernier demi-siècle, abstraction faite des années antérieures.

Ce n'est nullement un hasard si le ministère de la communication n'y figure pas. Il a été noté un aller venir entre certains ministères comme la culture, la communication, l'information et le tourisme. Cette instabilité au plus haut niveau de l'administration est symptomatique d'un laxisme certain ou de la paresse des politiciens, des bureaucrates, ou des technocrates peuplant les officines des ambassades ou des agences internationales œuvrant en Haïti. Si en plus de la Constitution et des autres lois [d'Haïti], les institutions sont régies par des lois organiques et programmes cohérents sous-tendus par des politiques publiques, cette valse d'inconsistance et de médiocrité sur fonds de népotisme n'aurait pas lieu.

Dans le labyrinthe du cerveau des politiciens haïtiens, le ministre de la communication se réduit au grade de panégyrique [*ou de porte-parole*] du Président [d'Haïti]. Chaque organisme devrait être doté non seulement d'un porte-parole mais d'un service de presse ou de relation publique, y compris la présidence et la Primature. Le ministère de l'information lorsqu'il en existe un, confine la notion d'information à la censure, des manœuvres d'intimidation ou de terrorisme contre les médias, sans noter l'arrestation, la torture, voire l'exécution ou l'assassinat de journalistes. Lorsqu'il ne constitue que le moyen de récompenser des proches ou sympathisants du pouvoir, le ministère du tourisme, dans l'absence de politique publique en la matière, ne s'occupe que d'intérêts strictement particuliers ou privés. Il est d'autant plus triste de noter que ces derniers temps surtout qu'une meute de conseillers est lâchée par le gouvernement (2011-16) dans le but de saturer les émissions de grade écoute.

Beaucoup d'organismes en Haïti sont dépourvus de loi organique, même ceux parmi les plus ancien qui en ont une, semble préférer l'arbitraire. Il importe de dénoncer la perversion de l'office des archives nationales dont de la vocation en ferait un pilier important dans le domaine la culture, pourtant elle a été réduite à un comptoir de vente et de trafic d'actes de naissance, d'extraits ou autres. Contrairement aux exigences les plus élémentaires en termes d'Administration publique ou de gouvernance, un seul individu a été maintenu à la tête de l'organisme depuis plus d'un quart de siècle, malgré l'incompétence et la corruption avérées.

3.2.3.3.2 : Métaheuristique

La finalité de la Culture consiste à moderniser le secteur, garantir la qualité de la production culturelle. Un œuvre d'art n'a de valeur qui pour celui qui peut en apprécier la qualité, autrement tout n'est que spéculation et trafic. Il y a lieu de moderniser la Culture et d'en faire un secteur économique vibrant, compétitif, et porteur de croissance et d'emploi de qualité. L'on peut élever à plus d'un cinquième du produit intérieur brut, l'ensemble des activités économiques liées à la Culture, telles que l'industrie créative, la communication et l'audiovisuel, le sport, le carnaval, les champêtres, le tourisme etc.

Modélisation

De nombreux Etats voudraient sans doute s'inventer une histoire aussi rocambolesque, voire aussi épique que celle d'Haïti. S'il existe un Etat vraiment exceptionnel, il s'appelle Haïti. La culture haïtienne est aussi le produit de son histoire glorieuse, le témoin de son présent macabre et le catalyseur de son futur innovant. Autrement dit, la culture haïtienne doit s'émanciper, explorer bien au-delà du carcan folklorique, s'accaparer du savoir et du savoir-faire moderne dans le but de se préserver, de se projeter, voire conquérir des marchés qui lui sont jusque-là inconnus.

Quand les décideurs parlent d'investissement en Haïti ou de tourisme particulièrement, ils se focalisent sur l'étranger. « *Ben ouais…* » Comme diraient les Québécois, ils ne peuvent pas ignorer de la paupérisation dont ils sont certainement les co-responsables. La France reçoit plus d'un visiteur étranger par habitant, soit environ 83 millions de touristes. En dépit de cette performance, le tourisme interne ou domestique représente 70 % du chiffre d'affaire dans le secteur. Le tourisme français en générale représente près de 10 % de son produit intérieur brut, et absorbe près de 11 % de la force de travail disponible.

3.2.3.3.2.1 : Conditions initiales

Etant un secteur transversal, la culture surplombe entre autres la communication et l'information, elle contribue énormément au développement du tourisme. Cependant, relevant fondamentalement du commerce, le tourisme tombe sous contrôle du ministère de l'Economie et se développera mieux comme une secrétairerie d'Etat (*Voir la rubrique intitulée : De l'Economie*).

Suite indicative mais non exhaustive de conditions initiales

Cette section présente une suite indicative mais non exhaustive d'organismes, de programmes sous-tendus par des politiques publiques devant constituer l'ossature de la politique culturelle, et de la gouvernance du secteur :

Des stratégies ou des politiques publiques attendent d'être conçues ou élaborées par le ministère de la culture. L'un des cas les plus urgents se trouve être les médias publics. Dans les sociétés éclairées ou mieux évolués les médias publics attirent généralement les meilleures têtes en matière de journalisme qui en aucun cas n'accepteraient de marchander l'objectivité, qui sont toujours en quête des meilleurs spécialistes dans différents domaines afin de mieux éclairer et éduquer leur auditoire. C'est par exemple le cas la Radio France Internationale (RFI), France Télévision, la Voix de l'Amérique (VOA), Radio Canada, la British Broadcasting Corporation (BBC), la National Public Radio (NPR) etc. Le niveau sans cesse dégradant affiché par les médias publics en Haïti dénote non seulement la médiocrité du gouvernement, mais aussi celle des couches privilégiées. Il importe toutefois de souligner que même sous le régime duvaliérien, bien que médias publics aient été une tribune de propagandes, ils comptaient néanmoins un noyau de spécialistes qui fournissaient un certain service de la société, que ce soit dans le domaine de l'éducation, de la psychologie, de la psychiatrie ou de la santé en générale, de l'agriculture, du sport, des activités physiques, de la peinture, de la musique, des livres et de la lecture etc.

En parlant d'audiovisuel, l'intérêt se fait aussi sentir pour un Conseil National de l'Audiovisuel qui s'occupera entres autre de la classification (à *ne pas confondre avec la censure*) des contenues de Films, Vidéos, Musiques, Emissions audiovisuels etc. Les classifications suivantes sont données uniquement à titre d'illustration :

- Tout public
- Jeunes et Adolescents (+12 ans)
- Requérant la vigilance des parents
- Adultes (+18 ans)
- A ne diffuser qu'entre minuit – 6 :00am
- Etc.

Autre sous-secteur important de la vie nationale tombant sous le contrôle du ministère de la culture se trouve être le carnaval. Aucune logique ne saurait empêcher la comparaison entre le carnaval de Rio, de la Nouvelle Orléans ou celui de Venise, cependant pour couper court aux pleurnicheries de ceux qui se cherchent toujours des excuses pour se prélasser dans la médiocrité et la crasse, il parait préférable de regarder du côté de Port of Spain.

Trinidad dont la capitale est Port of Spain, est aussi un minuscule État des caraïbes. Il a une superficie 5 fois moindre que celle d'Haïti et sa population est seulement un dixième (1/10) de celle d'Haïti, mais le rapport des chiffres en faveur d'Haïti s'arrête là, car le produit intérieur brut (PIB) du Trinidad est quatre fois supérieur à celui d'Haïti. Alors que Haïti ne dispose pas politique publique appropriée même dans les secteurs les plus vitaux comme la santé, l'éducation ou l'environnement, il se trouve que le Trinidad dispose d'une politique en matière de carnaval, et leur dernière loi sur le carnaval remonte à 1991. Haïti n'attend toujours que quelques jours avent le mardi gras pour former à la va vite un comité sur la base exclusive de clientélisme et non de compétence, le Trinidad dispose d'une commission permanente du carnaval. Dans son plan stratégique 2014-2018, la commission vise à faire du carnaval une industrie, en plus d'être un festival. Il est aberrant que le carnaval haïtien demeure une occasion pour que les proches du Président [d'Haïti] détournent des fonds qui auraient pu déjà servir à la santé ou l'éducation, plutôt de rapporter des millions que l'Etat aurait pu investir ces secteurs et d'autres.

Politique linguistique

L'héritage de la langue française étant extrêmement étendu, il serait contreproductif d'exclure le français comme [une] langue officielle, il convient d'explorer les moyens de faire du créole [Haïtien] langue nationale ou langue première juste avant le français langue seconde, tout en assurant la promotion et l'intégration de l'anglais et de l'espagnol comme langue troisième.

Il importe surtout de travailler au développement de dictionnaires encyclopédiques et de grammaires académiques du créole.

Conseil National de l'Audiovisuel

Conseil National des Media Publics

- o   Radio Nationale
- o   Télévision Nationale

- ○ Quotidien national
- ○ Le moniteur

Office National d'Arts

- ○ Bibliothèques
- ○ Discothèques
- ○ Musés
- ○ Edifices et Monuments

Office National du Folklore et de la Recréation

- ○ Carnaval
- ○ Plages publiques
- ○ Places publiques
- ○ Parcs publics
- ○ Fêtes champêtres

Office National des Archives

3.2.3.3.2.2 : Viabilité

La diversité et la richesse culturelle d'Haïti englobent, en plus de son patrimoine historique, l'exotisme de ses sites et monuments, le terroir, l'art plastique dans toute sa splendeur, le folklore, le carnaval etc. En plus des monuments et lieux historiques parcs, des places, des musées, etc., les centres modernes de loisirs et de spectacle rentrent dans l'infrastructure nécessaire au développent de la culture. La numérisation des médias favorise un contrôle efficient de l'exploitation de la propriété intellectuelle.

Le développement de la Culture n'évolue nullement en vase clos. Elle contribue et profite considérable du développement des autres domaines, dont la Santé, l'Agriculture, l'Infrastructure etc. Par exemple, la qualité de l'éducation, sans mentionner l'apprentissage de l'espagnol et de l'anglais dès les classes primaires, l'utilisation efficiente de la police et de la gendarmerie pour dissuader les frotteurs de troubles afin de d'assurer et de préserver la sécurité dans les parcs, les rues, et autres lieux publics constitue autant d'apport indirect en ressources de tout type dont bénéficie le développement de la Culture.

Plus de 12 millions de visiteurs étrangers séjourneront annuellement en Haïti, vers 2030-2045. Considérant une empreinte d'un millier de dollars en moyenne par visiteur, génèreraient près de 12 milliards de dollars par chaque année. La culture, incluant l'industrie créative, la communication et l'audiovisuel, le sport, le tourisme, représenteront ainsi un cinquième du produit intérieur brut et absorbera environ un dixième de la population active.

Haïti consacrera près de 0.1 % de son produit intérieur brut à la gouvernance de la Culture, soit environ 64 millions de dollars, vers 2030-2045, compte non tenu des secteurs favorisant la culture comme l'éducation, la sécurité publique, la justice, l'agriculture, pour n'en citer que ceux-là.

3.2.3.4 : De l'Agriculture

Le ministère de l'agriculture est l'instance chargé de définir la stratégie du secteur et de concevoir, élaborer, conduire et évaluer la politique de l'Etat en matière d'agriculture. Le terme agriculture vient du latin ager/*agri* et *cultura*. *Ager* signifie champ et *cultura* signifie culture. En économie, l'agriculture est définie comme le secteur d'activité dont la fonction est de produire un revenu financier à partir de l'exploitation de la terre, de la forêt, de la mer, des lacs et des rivières, de l'animal de ferme et de l'animal sauvage. Les techniques agricoles modernes se divisent 3 trois grandes sphères :

- La géoponie ou culture géoponique qui demeure la forme traditionnelle et surtout la plus rependue, est la culture à partir du sol.

- L'aéroponie ou culture aéroponique est la technique la plus récente, moins rependu, mais très prometteuse. Aéroponie signifie étymologiquement "travail dans l'air" (dérivé du terme grec *aero - ponos*) et correspond à une technique de culture sans substrat. Les racines de la plante se développent dans l'air et se retrouvent aspergées, voire brumisées par une solution nutritive.

- L'hydroponie ou culture hydroponique est une technique d'agriculture hors-sol est la culture de plantes réalisée sur un substrat neutre et inerte. Ce substrat est régulièrement irrigué d'un courant de solution qui apporte des sels minéraux et des nutriments essentiels à la plante.

Dans la pratique, cet exercice est pondéré par la disponibilité des ressources et les composantes de l'environnement biophysique et humain. La production et la distribution dans ce domaine sont intimement liées à l'économie politique dans un environnement global. L'agriculture est la branche de la science englobant les aspects fondamentaux de toutes les sciences, elle touche à l'étude de cultures agricoles et à leur gestion, y compris la gestion du sol, mais ne s'y limite pas. L'agriculture moderne compte de multiples branches dont :

- L'agronomie et d'autres disciplines connexes dont la pédologie, l'entomologie, la pathologie et la microbiologie, la chimie s'occupe de la production des différentes variétés de cultures destinées à nourrir les populations ou à nourrir le bétail, celles destinés à la production industrielle comme les fibres, les huiles, de sucre, de carburant etc.

- L'Horticulture s'occupe de la production de fleurs, des fruits, des végétales, des plantes ornementales, des épices, des condiments etc.

- La foresterie ou la Sylviculture s'occupe de la culture à grande échelle des arbres vivaces destinés à la production du bois, des planches, du caoutchouc et autres matières premières pour l'industrie.

- L'élevage est une pratique agricole qui consiste à élever et croiser des animaux dans le but de produire de la nourriture pour les humains, des fumiers et aussi pour produire de la force de travail supplémentaire, pour extraire l'eau par exemple. Son développement repose sur d'autres disciplines connexes dont la science et médecine vétérinaire.

- L'Halieutique s'occupe de tout ce qui se rapport à la science de l'exploitation et de gestion des ressources vivantes aquatiques, qu'il s'agisse de milieu marin ou d'eau douce. Sa sphère d'action inclut, de manière non exhaustive, les pratiques suivantes : pêche, aquaculture, biologie marine, aires marines protégées, sport aquatique etc.

- Le Génie Agricole s'occupe de la machinerie et équipements agricoles nécessaires à la préparation des champs, de la semence, du processus de récolte et de post récolte, des travaux de préservation du sol et de l'eau, de l'irrigation et de la bioénergie.
- L'Economie Domestique s'occupe de l'application et de l'utilisation des produits agricoles dans des conditions optimales afin d'assurer la sécurité alimentaire.

3.2.3.4.1 : Position du Problème

D'après les informations publiées par la centrale de renseignements des Etats-Unis (CIA), l'agriculture constitue moins d'un quart du produit intérieur brut (PIB) d'Haïti. Il ne serait nullement surprenant que les petits de Saint-Louis Gonzague et de Saint-Rose de Lima, voire ceux des écoles publiques de Tertulien Guilbaud et d'Argentine Bellegarde ressassent encore qu'Haïti est un pays essentiellement agricole.

L'agriculture, spécialement la branche consacrée à la production de denrées alimentaires est réputée être un grand consommateur de ressources environnementale, en particulier l'eau douce et divers nutriments contenus dans le sol arable. Autrement dit, une modernisation harmonieuse ou durable basée sur l'agriculture requiert aussi des efforts soutenus afin d'entretenir l'environnement de la même façon qu'une famille entretien son compte d'épargne en vue d'assouvir les besoins quotidiens et futurs. Ainsi la dégradation accélérée de l'environnent constitue l'un des obstacles les plus préoccupants auxquels doit faire face le développement de l'agriculture en Haïti.

Le pays compte seulement 3.6 % de forêts contre 40.8 % en République dominicaine dont la superficie est le double d'Haïti.

Occupant seulement 1/3 d'une petite île, la disponibilité en eau douce devrait être une très sérieuse préoccupation pour l'Etat d'Haïti, considérant que le développement économique des voisins dominicains se ferait au détriment de la réserve en eau douce de l'île même si Haïti détient un certain avantage pour le moment. Cet avantage devrait cependant susciter quelque précaution, surtout à la lumière de la situation autour du plateau de Golan entre l'Israël et La Syrie sans compter le Liban qui ne cesse d'en revendiquer une portion, bien que selon le droit international le plateau appartient à la Syrie.

L'incompétence, la corruption et leur corollaire qui est l'anti-gouvernance constituent un inconvénient majeur au développement de l'agriculture. Il en résulte la déliquescence avérée de l'Etat, d'où cette anarchie sur le plan cadastral et l'absence de stratégie ou de politique publique en la matière. Les vies et les biens ne sont pas respectés voire protégés. Dans les sociétés modernes ou plus évoluées le crédit s'avère moins disponible dans le secteur de l'agriculture que dans les autres, les compagnies d'assurance ne se bousculent pas non plus pour servir le secteur, même les Etats-Unis n'en sont pas exempts. Les raisons évoquées sont souvent liées aux conditions météorologiques telles que les intempéries : sècheresse, inondation etc. En Haïti, aux menaces météorologiques, s'ajoutent des menaces conjoncturelles et structurelles.

L'injustice, l'arbitraire, et l'insécurité qui n'épargnent ni vies et ni biens ou propriétés privées, rentrent dans le cadre de menaces conjoncturelles qui peuvent être adressées ou résolues à court ou moyen terme. Les menaces structurelles sont d'ordre intersectoriel, social et global c'est-à-dire liés à la géopolitique dont la géoéconomie est une discipline connexe. Contrairement aux pratiques peu orthodoxes des couches dominantes, de certaines ambassades et agences internationales tentant de légitimer l'incompétence et la corruption en guise de gouvernance en Haïti, surmonter ces menaces requiert l'implication ou l'engagement soutenu d'experts de tous les domaines ou d'ingénieurs dans la RES publica, soit par voie individuelle directe, à partir des partis politiques, ou par l'intermédiaire de THINK tanks.

3.2.3.4.2 : Métaheuristique

La finalité de l'Agriculture consiste à moderniser le secteur, garantir l'autosuffisance et la sécurité alimentaires, et que la qualité de la production.

L'autosuffisance alimentaire désigne la satisfaction de tous les besoins alimentaires par la production nationale. Elle permet de réserver les devises à l'achat d'autres marchandises ne pouvant être produites sur place et de préserver les pays des fluctuations du commerce international et des incontrôlables variations de prix des denrées agricoles. Elle permet également de garantir que le pays dispose de suffisamment d'aliments pour nourrir sa population.

Modélisation

En dépit de la misère résultant en partie de l'absence ou du faible niveau d'éducation de la population, la gestion des ressources en eau, incluant l'identification, la préservation et la régénération des sources, constitue la plus immédiate des priorités de la politique d'Agriculture.

Cette démarche implique, entre autres, la conception et l'implémentation de systèmes de collecte des eaux de pluie et de ruissellement ; la préservation, le curage, le captage des sources et cours d'eau ; la construction de citernes, de lacs collinaires et autres lacs artificiels ; favorisant l'approvisionnement de systèmes d'irrigation, d'adduction d'eau potable, etc.

L'autosuffisance alimentaire nécessite notamment un système d'infrastructure hiérarchisée, dont divers types de routes, de tramway, de gares routières, de port et d'aéroport, indispensable au transport public de masse, incluant le cabotage et les échanges internationales, favorise l'acheminement des denrées aux points de vente ou de transformation, aussi bien que l'élimination de gaspillage.

L'autosuffisance alimentaire ne se réalisera pas sans l'agro-industrie ou l'industrie de la production et de la transformation, et de la préservation des denrées agricole, incluant entre autres la production d'engrais et de fertilisants, désigne l'infrastructure agricole favorisant la sécurité alimentaire.

3.2.3.4.2.1 : Conditions initiales

Dans les conditions actuelles d'Haïti, la constitution et développement des forces armées autant que le développement de l'agriculture peut constituer un acte de guerre tant sur le plan de la géopolitique que sur celui de la géo économie. Dans le cadre du paradigme cybernétique que préconise cet ouvrage, le développement de l'agriculture ne se fera pas sans le développement des forces armées, entre autres conditions. Prière de consulter plus haut, la rubrique consacrée à l'armée. Même non déclarée, cette guerre suscitera une riposte non moins directe voire violente que les guerres ouvertes. Aucun de ceux qui ont été propulsés au timon de l'Etat au cours de ces dernières décennies n'a pas eu suffisamment d'élévation pour cerner en les enjeux.

L'aménagement du territoire demeure une des conditions préemptives au développement de l'agriculture, au même titre que le plan cadastral. Le développement du secteur requiert également l'engagement et du génie de l'agriculture, du corps de génie militaire sous l'obédience du ministère de la défense, du ministère de l'infrastructure pour en garantir le rendement et l'efficacité.

Suite indicative mais non exhaustive de conditions initiales

Cette section présente une suite indicative mais non exhaustive d'organismes, de programmes sous-tendus par des politiques publiques devant constituer l'ossature de la politique d'Agriculture, et de la gouvernance de secteur :

L'environnement

Au début des années 1920 l'économiste Arthur Cecil Pigou a développé principe pollueur-payeur. Ce principe découlant de l'éthique de responsabilité, qui consiste à faire prendre en compte par chaque acteur économique les externalités négatives de son activité. Contrairement à une certaine perception, l'agriculture pollue, surtout lorsqu'elle implique une machinerie lourde consommant des tonnes de carburant et dégageant autant de CO_2, ou lorsqu'il implique l'épandage d'énorme quantité de produit chimiques polluant non seulement l'air mais aussi les cours d'eau détruisant ainsi certaines espèces très utiles de la faune locale. L'agriculture biologique *-qui doit être pratiquée en Haïti-*, si elle ne pollue pas, est cependant un très grand consommateur des ressources environnementales, notamment beaucoup d'eau douce.

La collaboration entre l'agriculture et l'environnement forme un cercle vertueux, quand l'environnement est dégradé l'agriculture en souffre. A côté de l'absence de stratégie et de politique publique dans le secteur, les raisons de la dégradation de l'environnement en Haïti sont énormes. Les déchets plastic, le déboisement, l'ensablement des lits des cours d'eau, la transformation de la baie de Port-au-Prince en marécage, l'extinction des oiseaux, des papillons n'en est qu'un aspect. La gestion de l'environnement doit être placée sous contrôle du ministère de l'agriculture. La création d'un poste de secrétaire d'Etat à l'environnement (plutôt qu'un ministère bidon) appuyé par les ministres d'Etat de l'Economie et de la Santé voir de l'Education servirait mieux la cause de l'environnement.

La sécurité alimentaire

Depuis la déclaration universelle pour l'élimination définitive de la faim et de la malnutrition adoptée le 16 novembre 1974 par la Conférence mondiale de l'alimentation convoquée par l'Organisation des Nations Unies en application de la résolution 3180 (XXVIII) de l'Assemblée générale en date du 17 décembre 1973 ; et que l'Assemblée générale a faite sienne dans sa résolution 3348 (XXIX) du 17 décembre 1974, ou en est-on à près d'un demi-siècle plus tard ? Les objectifs du millénaire qu'ils ont dû reconduire, sont un avoue d'échec. Tous ceux qui s'imaginent que la solution aux graves problèmes que confronte Haïti, viendra de l'extérieur ou de ces agences internationales, ne songent qu'à leurs intérêts propres et immédiats, non ceux de la patrie.

Au sommet de Rome en 1996, ils s'étaient entendu que la sécurité alimentaire existe lorsque tous les êtres humains ont, à tout moment, un accès physique et économique à une nourriture suffisante, saine et nutritive leur permettant de satisfaire leurs besoins énergétiques et leurs préférences alimentaires pour mener une vie saine et active. La modernisation du pays, incluant le développement de plusieurs secteurs fondamentaux requiert l'établissement de la sécurité alimentaire. L'économie qui dépend de la production, donc de travailleurs sains et qualifiés. L'éduction qui requiert des individus physiquement et mentalement sains pour la diffusion de l'instruction et du savoir. La sante qui demeure plus efficace lorsqu'elle se base la prévention qui requiert au minimum certaine condition physique garanti par une saine alimentation. La liste s'étend finalement à tous les secteurs sans distinctions, de la défense à la justice en passant par l'infrastructure pour revenir à l'agriculture. C'est la quadrature du cercle. C'est aussi la cause de l'échec du paradigme réductionniste. La solution demeure le paradigme cybernétique.

Génie de l'agriculture

Sous prétexte de créer des emplois, certaines de ces agences internationales (*probablement nostalgiques de la période esclavagiste*) créent des activités dites à haute intensité de main d'œuvre, où les dirigeants se payent entre cent (100) et cinq cents (500) dollars américains l'heure, pendant que les infortunés sont payés quelques centimes, sans que le traitement ne soit pas trop différent qu'il a été à l'époque de la corvée.

L'inconvénient majeur avec les travaux dits à haute intensité de main d'œuvre, c'est non seulement la qualité, mais la productivité. L'ironie est que la productivité ou l'efficacité n'en a jamais été le mobile. La mécanisation dans le secteur de l'agriculture peut garantir une optimisation des ressources et du rendement. D'un côté comme de l'autre de l'île, la taille des populations de rapprochent, cependant le côté Est, c'est-à-dire la République dominicaine dispose de deux fois plus d'espace. Pour assurer sa sécuritaire alimentaire, Haïti doit compter sur un rendement hautement efficace. Ceci requiert non seulement des équipements, mais aussi et surtout de des ingénieurs et techniciens pour l'étude et la conduite de travaux de captage d'eau pluvieuse ou souterraines, ainsi qu'une meilleure gestion des sources et des étendu d'eau douce comme les lacs, les fleuves et les rivières, sans compter les ouvrages d'art et autres travaux d'irrigation de drainage etc.

Rappels divers :

- Sécurité Alimentaire
- Production Agricole
- Production Animale
- Production halieutique
- Culture Aquatique
- Agro-Industrie
- Génie de l'Agriculture
- Reboisement
- Médecine Vétérinaire et Recherches
- Développement Agricole et Recherches
- Gestion et Contrôle de qualité
- Climatologie
- Ressources en Eau douce
- Cours d'Eau et Océan

3.2.3.4.2.1 : Viabilité

Conformément aux principes du continuum nation-Etat, il n'existe nul domaine isolé, ils sont interdépendants, toute action sur l'un influe sur le comportement de tous les autres. Ils sont, pour utiliser le langage de la mathématique, équipotents. Par exemple la politique Agricole dépend de la gouvernance des territoires dont l'aménagement territoriale constitue l'une des premières priorités, la régulation du transport et la règlementation du commerce, la construction de marchés modernes, favorisant la préservation des trottoirs, des rues et des zones industrielles et commerciales contre l'improvisation ou la prolifération intempestive des marchés.

Comme indiqué dans la section traitant de l'Infrastructure (réf. : 324.2.2), il doit être possible de relier deux communes d'Haïti, quelles qu'elles soient, en moins de trois (3) heures, dépendamment des moyens de locomotion, camions, tramway, avion, navire etc. L'écoulement de marchandises ou de denrées agricoles serait plus aisé, garantissant ainsi l'efficience de l'Agriculture.

Développement des filières de sciences natures, notamment les sciences de la terre et de l'environnement dans les universités publiques. La discipline, la disponibilité, et la productivité des ressources humaines de l'armée [*via la gendarmerie*] s'avèrent indispensables à la modernisation de l'agriculture.

Pour atteindre les objectifs poursuivis, Haïti consacrera près de 2 % de son produit intérieur brut, c'est-à-dire environ 1.3 milliard de dollars d'investissement public dans la gouvernance de l'Agriculture, vers 2030-2045.

3.2.4 : De la modernisation économique

L'économiste français François Perroux, pense que le développement est « une combinaison des changements mentaux et sociaux d'une société qui la rendent apte à faire cumuler progressivement et durablement son Produit Intérieur Brut ». Alors que selon le professeur Douglass Cecil North, prix Nobel d'économie en 1993, le développement économique consiste au passage d'un ensemble d'institutions archaïques à des institutions modernes capables d'œuvrer au bien-être de la population.

De son côté, la Banque Mondiale présente le développement comme une combinaison des caractéristiques suivantes : une croissance auto entretenue et durable, des changements structurels dans les modes de production, c'est-à-dire la réduction de la dépendance par rapport aux matières premières et la production des biens et services, un rattrapage technologique, une modernisation sociale politique et institutionnelle, et une amélioration significative de la condition humaine.

Dans ce cadre doctrinal, les concepts combinés de modernisation sociale et de modernisation économique semblent s'accorder à toutes les exigences du concept de développement durable ou soutenable.

En 1987 la Commission mondiale sur l'environnement et le développement de l'Organisation des Nations unies, présidée par la Norvégienne Gro Harlem Brundtland, publie le rapport intitulé : Notre avenir à tous (de l'anglais : *Our Common Future*) qui plus tard donne lieu au Sommet de la Terre de 1992. De cet événement est née l'expression anglaise « *sustainable development* » qui pourrait se traduire en français par « développement durable », ou

« développement soutenable » pour les puristes de la langue française.

D'après le rapport Brundtland : Le développement durable ou soutenable est un développement qui répond aux besoins du présent sans compromettre la capacité des générations futures de répondre aux leurs. Deux concepts sont inhérents à cette notion : le concept de « besoins », et plus particulièrement des besoins essentiels des plus démunis, à qui il convient d'accorder la plus grande priorité, et l'idée des limitations que l'état de nos techniques et de notre organisation sociale impose sur la capacité de l'environnement à répondre aux besoins actuels et à venir.

3.2.4.1 : Des Finances

Le concept de finances publiques traite des techniques de budgétisation des recettes et des dépenses du secteur ou des organismes publics. Les finances publiques constituent un secteur important de la finance et de l'économie. Elles sont à l'origine du pouvoir politique. Ainsi, toute réforme de l'Etat implique la réforme des finances publiques.

Dans les sociétés modernes, le droit public financier procure la légitimité nécessaire au pouvoir financier. Il ne saurait exister de pouvoir politique sans le pouvoir de prélever ou de collecter des impôts, et sans le pouvoir d'utiliser librement ces ressources. Autrement dit sans le pouvoir financier, aucun pouvoir politique ne peut exister. Ce cadre juridique repose à la fois sur le droit fiscal, le droit budgétaire, et le droit de la comptabilité publique. Contrairement aux pratiques qui ont cours en Haïti, le parlement constitue le véritable pouvoir en matière de finances publiques dans une démocratie.

La finalité du ministère des Finances ou du Trésor est d'élaborer, et de diriger les politiques publiques en matière financières, budgétaire et fiscale. Il doit également favoriser la modernisation économique en élaborant et en proposant des mesures d'aide financière et d'incitation fiscale afin de stimuler et de soutenir le développement et la croissance de l'économie, de l'investissement, et de l'emploi. Il participe à l'élaboration et à la mise en œuvre de la politique de l'Etat dans le domaine de la finance.

Un fois ratifié par le parlement, le budget passe sous contrôle du département de l'Administration pour les suites nécessaires. Le ministère des Finance est une instance régulation et de « police » financière. Il veille au respect scrupuleux des politiques publiques budgétaires. Autrement dit, ses attributions relève plus de régulation et de contrôle que d'exécution. Entre autres attributions, le ministère des Finances se focalise sur :

- ✓ La préparation de la politique budgétaire
- ✓ La politique et la législation fiscale
- ✓ Les impôts
- ✓ Les douanes et droits indirects

3.2.4.1.1 : Position du Problème

Le ministère des finances est en tout état de fait l'une des agences les moins efficaces d'Haïti. Près de soixante-dix pour cent (70 %) du budget dépend de gouvernements étrangers. Etranges opportunités. Il ne fait aucun doute que beaucoup d'Etats dans le monde souhaiteraient recevoir un si large appui budgétaire. L'Israël par exemple reçoit des milliards du trésor américain tous les ans, cependant les résultats sont évidents.

L'Israël demeure une démocratie, même si certains contestent cette assertion. Il est néanmoins regrettable que des braconniers religieux et des politiciens corrompus - *dont ce pétulant Premier ministre* - se liguent pour pervertir la seule et unique démocratie qui existe au Proche-Orient. En revanche, l'on est unanime à reconnaitre que l'Israël a les forces armées et de police les plus efficaces du monde, et il n'est pas non plus en reste dans aucun autre domaine dont l'éducation, la santé, l'industrie etc.

Les sommes colossales d'argent gobées en Haïti sous couvert d'appui budgétaire et autres, sont souvent l'argent des contribuables et travailleurs américains ou autres. Il est immoral de s'en user de manière aussi irresponsable. A cause de la crise économique qui ne cesse de hanter certaines factions de la société américaine, certain pensent déjà à couper l'aide internationale à l'exception de celle accordée à l'Israël mais pour des raisons purement politiciennes. Quel est éventuellement l'impact sur Haïti une fois cette aide est coupée, considérant que les prédateurs ne s'embarrasseront pas de scrupule pour assouvir leur appétit glouton sur les recettes actuelles, ou ponctionner davantage les revenus des plus vulnérables. Les citoyens de bonne foi ne demandent qu'à croire que cet appui budgétaire n'est pas systématiquement détourné par le gouvernement et ses complices, politiciens ou commerçants, voire ambassadeurs accrédités en Haïti. Mais la bonne foi ne suffit car cette équation semble être impossible à balancer.

3.2.4.1.2 : Métaheuristique

La finalité des Finances consiste à moderniser le secteur, garantir l'équité fiscale. Les citoyens étant égaux devant la loi fiscale, l'impôt est donc universel. Aucun individu ne peut bénéficier d'une exemption ou d'un privilège fiscal qui ne soit accessible à toute personne qui réunisse les conditions nécessaires.

Modélisation

L'exclusion constitue une caractéristique fondamentale entre les sociétés archaïques et les sociétés modernes. Cette observation permet de souligner l'incompatibilité existant entre le système d'exclusion et celui d'équité fiscale. L'équité fiscale repose essentiellement sur l'efficacité. Les recettes fiscales d'Haïti se rangent autour de 12 % de son produit intérieur brut, il va sans dire que le nouveau modèle fiscal devra surmonter un barrage énorme.

Les kleptocrates et les ploutocrates ont institutionnalisé la corruption, et les couches privilégiées - *tels des crapauds bouillis* - semblent s'y complaire, elles assimilent l'évasion fiscale à une extension de leurs privilèges. Quant à la grande majorité de la population, tel un requin transpercé par un harpon, peu informé, elle ne comprend pas ce qui lui arrive. Elle s'agite et elle souffre, mais la libérer de ce harpon sans se faire déchiqueter constitue aussi un challenge.

3.2.4.1.2.1 : Conditions initiales

La politique de réforme des finances publiques lorgne l'institution d'une Administration saine et efficiente. Autrement dit, elle doit s'assurer que cette Administration soit à la fois efficace et moins coûteuse. Les réformes de finances publiques constituent ainsi une réponse appropriée à la méfiance dont fait face l'État en général, et les bureaucraties publiques en particulier.

La recherche de compétitivité et de performance, comme arguments de justification de réformes, s'articule ici à une double exigence de l'action publique, la transparence d'une part, et l'efficacité accrue d'autre part. Ces politiques de réformes questionnent le rôle de l'État et des administrations publiques qui est mis en jeu à travers le recours à de nouveaux instruments de l'action publique. Ainsi c'est d'une part, les rapports entre politique et management, d'autre part, les valeurs et principes publics tels que l'égalité, la continuité et la neutralité des services et agents publics, qui sont en jeu. Ces réformes favorisent un espace de luttes sociales et des formes de régulation de la politique qui affectent en profondeur les relations politiques, administratives et sociales. La prégnance des enjeux offre l'occasion d'explorer la pluralité de ces relations, de ces interactions, des rapports de pouvoir et conflits politiques, sociaux, bureaucratiques, et d'interroger les processus de changement et les modes de légitimation à l'œuvre.

Budget

Un système de classification budgétaire constitue un cadre normatif de management courant et de contrôle d'exécution budgétaire, il favorise la formulation des politiques publiques et leur analyse, la responsabilisation des divers acteurs, l'information du Parlement et des citoyens, et constitue ainsi la base de l'autorisation budgétaire.

Une bonne classification budgétaire est nécessaire pour « une meilleure gestion des ressources, une plus grande transparence et, plus généralement, une plus grande responsabilisation des pouvoirs publics en matière de gestion budgétaire ». Elle doit fournir des informations claires à toutes les étapes du cycle budgétaire - *formulation budgétaire, exécution, suivi et évaluation* - en classifiant les opérations budgétaires selon leur nature économique et tout autre critère nécessaire à la gestion ou à l'analyse du budget.

Le budget est préparé sous l'autorité du Ministère des finances selon une procédure qui associe les différents départements ministériels, conformément à un calendrier préalablement défini, et aux nouvelles lois organiques ou de politiques publiques proposées dans cet essai.

Recettes publiques

Les recettes publiques sont celles de l'ensemble des administrations publiques. Elles servent à financer les dépenses publiques et favorisent ainsi la mise en œuvre de la politique des pouvoirs publics. Elles exercent aussi une influence directe sur les comportements des ménages et des entreprises et sont également utilisées comme des instruments spécifiques d'intervention ou d'action publique, quelle que soit le secteur considéré, les principes du continuum nation-Nation prévalent, autrement dit tout action en un point affecte l'ensemble du système : état de droit, souveraineté, modernisation sociale et modernisation économique.

Dans certains pays modernes, les recettes fiscales représentent environ 50 % du Produit Intérieur Brut (PIB). Ces recettes désignent celles provenant des impôts sur le revenu et les bénéfices, des cotisations de sécurité sociale, des taxes prélevées sur les biens et les services, des prélèvements sur les salaires, des impôts sur le patrimoine et des droits de mutation, ainsi que d'autres impôts et taxes. Les recettes fiscales totales en pourcentage du PIB indiquent la part de production d'un pays qui est prélevée par l'État sous forme d'impôts. Elles peuvent donc être considérées comme un indicateur du contrôle exercé par l'État sur les ressources produites par l'économie. En revanche, la pression fiscale correspond au montant total des recettes fiscales recouvrées, exprimé en pourcentage du PIB.

L'analyse des recettes publiques s'intéresse en particulier aux prélèvements obligatoires considérés dans leur ensemble, aux techniques d'imposition, aux principales caractéristiques des impôts de l'Etat et à la question de translation et d'incidence fiscale. Deux considérations cruciales émergent à la lumière de l'analyse des recettes publiques d'Haïti. Quelle est la véracité du produit intérieur brut (PIB) publiée par la CIA (Central Intelligence Agency) et d'autres agences internationales concernant Haïti, si ce PIB reflète la réalité, les pouvoirs publics ne devraient avoir aucune peine à faire passer les recettes fiscales à près de trois (3) milliards de dollars américains. Si par contre les recettes fiscales reflètent la réalité économique du pays, alors le PIB haïtien serait à peu près de quatre milliards de dollars (USD 4 000 000 000.00) ; dans ce cas, il se révèle que le Produit Intérieur Brut (PIB) affichée pour Haïti a sans doute été manipulé ; ainsi, s'avère-il pertinent de s'interroger sur les motifs de cette propagande. Alors à qui profite le crime, la question subsiste. Haïti demeure le pays le plus pauvre l'hémisphère, et l'un des plus pauvres du monde. La litanie est bien connue de tous, certaines agences bilatérales ou internationales ne manquent jamais une occasion de se féliciter de leurs bienfaits à Haïti. Ne pouvant point masquer la réalité catastrophique du second plus vieil Etat du nouveau monde, il n'en reste que la manipulation du principal indicateur économique.

Dépenses

La dépense obéit à un certain nombre de règles qui constituent les quatre étapes de la dépense : engagement, liquidation, ordonnancement et paiement. Une large majorité des dépenses publiques s'effectue par le biais de la passation des marchés publics qui contrairement aux pratiques haïtiennes doivent respecter les règles strictes de mise en concurrence.

D'après un document publié en février 2014 par un THINK TANK français l'Institut Montaigne, sur les dépenses publiques, Antoine Imbert, maître de conférences en finances publiques indique qu'un niveau de dépenses publiques élevé n'est pas nécessairement un problème en soi, si les recettes publiques permettent de couvrir ces dépenses sans recours à l'endettement public et sans peser sur la croissance du pays. Dans le cas de la France, poursuit-il, les dépenses publiques sont financées pour une part importante par l'endettement, alors même que le niveau de prélèvements obligatoires est l'un des plus élevés de l'OCDE (à 45,3 % du PIB en 2012, soit 913 milliards d'euros, contre environ 34 % en moyenne dans les pays de l'OCDE).

Apparemment les 17 pays les plus endetté du monde - *par rapport à leur PIB* - sont membre de l'OCDE à quelques rares exceptions près. Le porte fanon du groupe se trouve être le Japon dont la dette s'élève à près de 250 % de son PIB. La plupart des Etat de l'OCDE ont mis du temps à atteindre leur niveau actuel de développement. Certains de ces Etats n'ont été que des ruines il y a un peu moins d'un siècle. Quant au japon, il demeure l'unique pays à avoir vécu l'enfer des bombes atomiques. Il va sans dire que le second Etat le plus vieux du continent a manqué le train de la modernisation, ironiquement, Haïti semble avoir été ponctuelle, elle s'est malheureusement présentée à la mauvaise gare, celle du train de l'obscurantisme, ce train est toujours disponible mais Haïti hésite encore. Comme tout retardataire, les choix qui s'offrent à Haïti ne sont pas nombreux, elle peut abandonner son itinéraire, prendre un train qui l'éloignerait davantage de son itinéraire, ou s'armer de courage et de discipline et partir à la rencontre du train à la plus prochaine gare.

La troisième option s'avère la plus difficile, la plus pénible, mais la seule qui permettrait de rattraper le train. La mise en œuvre de la théorie du continuum nation-Etat se heurte au rachitisme de l'économie, et à l'archaïsme de la société en générale et des couches privilégiées d'Haïti en particulier. L'économie haïtienne nécessite des investissements énormes pour stimuler son développement. Ces investissements peuvent être d'ordre privé ou public, mais dans les deux cas, ils nécessitent un cadre préalable de gouvernance.

Quel que soient l'effort entrepris pour instaurer ce cadre de gouvernance, inévitablement l'investissement public doit précéder le privé. L'économie est exsangue, tout investissement public implique l'endettement. Dans tous les secteurs, la soif d'investissement est énorme, autrement dit pour émerger du marécage de la misère, Haïti n'a d'autre choix que de s'endetter. Cependant, sans gouvernance, endettement rime avec enlisement.

Suite indicative mais non exhaustive de conditions initiales

Voici une suite indicative mais non exhaustive d'organismes, de programmes sous-tendus par des politiques publiques qui doivent constituer l'ossature de la politique des Finances et de la modernisation du secteur :

Impôt sur le revenu

- ✓ Politique Fiscale
  - ▪ Tarifs
  - ▪ Déductions d'impôt sur des bases transparentes
    Exemple : déduction relative à ma masse salariale pour tout nouvel emploi crée afin de stimuler l'emploi.

Impôt (propriété privée)

- ✓ Foncier
- ✓ Immobilier
- ✓ Sur les Véhicules à Moteur

Taxe sur services publics

- ✓ Ports et Douanes
- ✓ Circulation Routière
- ✓ Circulation Maritime
- ✓ Circulation Aérienne
- ✓ Véhicules à moteurs
- ✓ Inspection des véhicules à moteurs
- ✓ Accréditation des Auto-écoles
- ✓ Octroi de permis d'apprendre (Examens)
- ✓ Octroi de permis de Conduire
- ✓ Etc.

3.2.4.1.2.1 : Viabilité

L'état de droit, c'est-à-dire l'application juste et équitable des lois, favorise le respect volontaire de la loi fiscale, ce qui réduit ainsi le coût de management ou d'administration de l'impôt.

La diversité des sources des points de collecte complique davantage la problématique de tout système d'imposition. Les structures rigides des ports et des aéroports, incluant les postes frontaliers nécessitent des équipements et des systèmes d'information robustes permettent d'atteindre les objectifs poursuivis.

Les ressources humaines sont particulièrement cruciales dans le domaine des Finances, car la nature même de leur tâche les expose à la tentation. Cet aspect de leur mission complique le profile nécessaire de tout officier des Finances ; au-delà de l'intégrité, il leur faut aussi beaucoup de discipline. La gendarmerie étant le médium institutionnel permettant aux ressources militaires de remplir des tâches civiles, le ministère de l'Intérieur devient ainsi l'allié de celui des Finances.

Pour atteindre les objectifs poursuivis, Haïti y consacrera au moins 1 % de son produit intérieur brut dans la gouvernance des Finances, soit près de 644 millions de dollars, vers 2030-2045.

3.2.4.2 : De l'Infrastructure

La notion d'infrastructure désigne le système physique de base de l'Etat dont dépendent les fonctionnalités fondamentales telles que l'état de droit, la souveraineté, la modernisation sociale, et la modernisation économique. Autrement dit, elle constitue ainsi la base de développement de tous les secteurs dont la justice, la défense, l'éducation, la santé, le transport, la communication, le sport, l'énergie, l'industrie, le commerce, etc. Certaines écoles distinguent deux types d'infrastructure : l'infrastructure rigide (de l'anglais : *hard*) et l'infrastructure souple (de l'anglais : *soft*). Quel qu'en soit le type, les infrastructures constituent des systèmes d'investissements à coût élevé, dont la rentabilité ne laisse aucun doute et qui génèrent un très grand nombre d'emploi, moyennant une politique ou un plan stratégique adéquat. Les investissements en infrastructure sont vitaux pour le développement économique et la prospérité d'un pays. Les programmes d'investissement dans de nouvelles infrastructures, dans la maintenance ou la restauration de certaines infrastructures peuvent être financés par le secteur public, le privé ou par le biais de partenariats mixtes. Comme indiqué plus haut, la notion d'infrastructure est très étendue, cette rubrique se focalise sur l'aspect rigide de l'infrastructure, et l'on distingue ainsi :

- L'infrastructure de transport notamment les routes, les ouvrages d'arts, les voies ferrées, les tunnels, les canaux, les ports, les aéroports, etc.

- L'infrastructure hydraulique notamment les systèmes d'adduction d'eau, y compris le captage à partir des cours d'eau ou des eaux souterraines, le captage des eaux de pluies, le stockage et distribution d'eau courante, l'évacuation des eaux usées, les lacs artificiels, les barrages, les digues, les jetées etc.

- L'infrastructure minière et énergétique incluant les systèmes de forage, de concassage et convoyage ; la production, le stockage, le transport, et la distribution de l'électricité, du gaz, etc.

- L'infrastructure urbaine et industrielle notamment les bâtiments résidentiels et industriels, la collecte et les installations de stockage et de traitement des déchets ménagers et industriels.

- L'infrastructure technologique supportée par les nouvelles technologies de l'information et de la communication, y compris les réseaux de transport par câbles ou par ondes, notamment la radio et la télé diffusion, la téléphonie, l'Internet, etc.

Le Ministère des Infrastructures est l'instance chargée de la conception, de la coordination, de la mise en œuvre, et du suivi de la politique de l'Etat en matière d'infrastructure. Ses attributions sont entre autres les suivantes :

- L'élaboration des normes de construction
- L'accréditation des firmes de construction
- La réalisation des infrastructures publiques et de leurs équipements
- Le contrôle de la qualité des matériaux et la garantie des infrastructures et constructions civiles
- L'entretien des archives des infrastructures et constructions civiles
- L'appui technique aux différents départements Ministériels pour la conception, le suivi et le contrôle des infrastructures
- Le contrôle de gestion des financements et de la réalisation des infrastructures publiques

- L'entretien du patrimoine national ainsi que de sa protection

3.2.4.2.1 : Position du Problème

L'on éprouverait énormément de peine à reconnaître ou à accepter que la disparition de plus de trois cent mille (300 000) personnes en janvier 2010 n'a pas été un simple concours de circonstance ou un fatal accident, mais la réalité bouscule brutalement ces sentiments lorsque l'on sait que dans un intervalle de seulement quelques jours, la République du Chile a essuyé un séisme 100 fois plus violent suivi d'un tsunami qui a causé cinq cents (500) morts [de trop]. Abstraction faites des périodes antérieurs, ceux qui manipulent ou dominent le pouvoir en Haïti depuis 1915 portent l'entière responsabilité de l'hécatombe de ce 12 janvier. Ils s'arrangent toujours pour supporter ou maintenir au pouvoir des individus malpropres, aussi incompétents que corrompus qui se montrent plus enclins à accomplir lueurs sales besognes.

Même après le désastre, ils ont encore manqué une occasion d'expier ces centaines de milliers de cadavres, d'amputés, d'orphelins et de tant d'autres victimes. Ils auraient pu transformer cette infortune en opportunité, mais l'évidence est qu'une horde de prédateurs se pressent pour s'enrichir du malheur des autres. Aide humanitaire, trafic humain ou de trousses alimentaires [kit], qui dit mieux ? La nouvelle imposture à un nom : construction parasismique ou antisismique. L'actuel ministère des travaux publics, transport et communication (*TPTC*) aurait dû en avoir le contrôle. Hélas !

L'omniprésence de la faillite

Même aux heures de pointe, dans l'Etat de Rhode Island, aux Etats-Unis, il prend moins d'un quart d'heure pour se rendre du centre-ville de la capitale, Providence à une autre ville, Warwick, située à plus de quarante (40) kms vers l'ouest. Aux heures de pointe de la période scolaire, avant janvier 2010 déjà, des parents accompagnés de leurs enfants-écoliers devaient mettre près de deux heures ou plus pour franchir moins de cinq (5) kilomètres, allant par exemple de la zone de Turgeau au centre de Delmas ou au bas de Pétion-Ville. Quel en est le coût en termes de consommation d'essence, d'épuisement de pièces - *disques et câble d'embarillage, freins etc.* -, du rendement scolaire des enfants, de la productivité et de la santé des parents et des autres usagers de ces tronçons (fatigue, stress, problème de vessie, infections urinaires etc.), et qu'en est-il surtout de l'environnement ?

Le secteur des constructions civiles et de télécommunication semble être parmi les secteurs les plus affecté par l'incompétence et la corruption qui consume l'Etat et anéanti tout développement en Haïti. Le constat est sans appel. En matière d'urbanisme, il n'existe absolument aucune politique publique propre, encore moins d'infrastructure urbanistique appropriée. Le réseau routier est non seulement limité mais totalement inefficient ; la disponibilité tout à fait insignifiante de l'énergie électrique est révélatrice de l'incapacité des groupes privilégiés à réfléchir et à innover. S'il en était besoin, l'exploitation outrancière et la prolifération non contrôlée des tours d'antennes confirment cette paresse qui se précise comme traits caractériels de ces cartels aux visées rachitiques et monopolistiques.

3.2.4.2.2 : Métaheuristique

La finalité de l'Infrastructure consiste à moderniser le secteur, garantir la qualité de toutes les infrastructures en général, et garantir en particulier la qualité de tout édifice ou immeuble, public ou privé, industriel ou résidentiel. Il y a lieu d'œuvrer à l'édification et à la garantie de qualité de toutes les infrastructures nécessaires à la modernisation des territoires. Cette proposition implique entre autres l'élaboration et la mise en place de toutes les normes de construction, et la ratification par les deux organes du parlement de politiques publiques régulant les constructions ou l'infrastructure d'une manière générale.

Modélisation

L'infrastructure de base nécessaire à la modernisation des territoires incluent les systèmes de navigation et de communications terrestres, maritimes et aériennes ; les systèmes de télécommunications filaires et sans fil ; les systèmes de collecte, de traitements d'eau, de distribution d'eau potable, d'évacuation des eaux usées ; les systèmes de production et de distribution énergétique, etc.

Il convient de réduire à moins de deux heures le temps nécessaire pour passer de n'importe quel territoire du pays à un autre. Le développent de l'armée favorisera l'émergence de nouveaux corps professionnels liés à navigation aérienne ou maritimes, contribuant ainsi au développement de nouvelles entreprises ou activités économiques. Les villes de Port-au-Prince et du Cap-Haitien sont distantes de moins de 150 kms, le relief n'y est peut-être pas trop clément, mais si un véhicule ordinaire ne peut pas joindre les deux villes en moins de trois (3) heures, même si Haïti possédait la plus grande réserve de pétrole, il aurait fallu tout reconsidérer, c'est-à-dire tout démolir et tout reconstruire conformément aux normes urbanistiques modernes.

Les nouvelles technologies de l'information et de la communication ne peuvent contribuer à la modernisation sans un support de télécommunication robuste et efficiente. Les services de télécommunication doivent être disponibles à un coup favorable à tous, et l'Internet doit être particulièrement libre dans toutes les écoles ou universités publiques. L'innovation et la création de nouveaux produits et outils technologiques en bénéficieraient énormément.

Le tarissement des ressources en eau alarme certains experts étrangers, mais ne semble guère préoccuper les décideurs haïtiens. Le plus longtemps que perdure cette dégradation, plus difficile s'annonce toute éventuelle chance de récupération.

Dans le domaine de l'Energie, l'éducation et l'innovation peuvent se révéler payantes. L'une des priorités est de réduire la dépendance d'Haïti en matière énergétique. Il convient d'exploitent les énergies renouvelables et de développer les technologies et équipements qui rendent l'exploitation la plus efficiente possible, tels que la conception et la production de nouveaux capteurs héliothermiques ou éoliens, de nouveaux moteurs, de nouveaux transformateurs, de nouvelles batteries etc. L'exploitation des énergies dites renouvelables se révèle très coûteuse sur le plan environnemental, le recyclage peut en atténuer le coût à condition que les équipements soient produits en Haïti, il n'y point d'avenir dans l'importation et la commercialisation de panneaux solaires.

3.2.4.2.2.1 : Conditions initiales

L'infrastructure est l'équivalent de l'épine dorsale de l'Etat. Haïti présente toutes les caractéristiques d'un Etat archaïque et retardé. Quelque pénible que puisse être la catastrophe de janvier 2010, la meilleure issue était de la transformer en opportunité. Les travaux entrepris sous le vocable de « reconstruction » ne relèvent que de l'imposture.

Au cours des prochains quinquennats, plus de cinquante milliards de dollars sont nécessaires pour mettre Haïti sur la carte des pays aux infrastructures urbanistiques modernes. Il va sans dire que l'infrastructure est plutôt d'ordre intersectoriel, comme le sont évidemment tous les autres secteurs du continuum nation-Etat.

La problématique de la circulation routière notamment dans la zone métropolitaine de Port-au-Prince permet de mieux illustrer l'aspect intersectoriel du concept. Conformément aux études stratégiques et aux politiques publiques appropriées en la matière, l'un des programmes les plus pressant doit requérir indubitablement un réaménagement complet du territoire et des zones métropolitaines en particulier. Fini les saupoudrages, il y a près d'un siècle de retard à rattraper. Ainsi nécessite-t-il :

■ La reprise intégrale des principales artères de la zone métropolitaine de la capitale, doubler ou tripler leur gabarit, avec reboisement longitudinal et trottoirs accommodés aux conditions des personnes handicapées, sans négliger les marchés, les places publics et lacs artificiels le cas échéant pour absorber les eaux usées après traitements, ainsi que les eaux pluvieuses ou de ruissellement.

■ La décentralisation effective de l'Administration et des services publics, en renforçant de manière effective et efficiente la gouvernance locale - *collectivités territoriales* -, sans oublier les services/paiements online ou par téléphone (de l'anglais : *voice-to-data*). Ceci réduira à la fois le flot des employés et des contribuables vers le centre-ville de Port-au-Prince.

■ La création de lycées modernes - *incluant cours et terrains de Jeu, Parking etc.*-, qui dispensent un enseignement - *maternelles, primaires, secondaires* - de qualité comparables aux écoles les mieux placées dans le monde - *France, Corée du Sud, etc.* - diminuerait de plus quatre-vingts pour cent le flot du trafic routier aux heures de pointe dans la zone métropolitaine.

Suite indicative mais non exhaustive de conditions initiales

Présentation d'une suite indicative mais non exhaustive d'organismes, de programmes sous-tendus par des politiques publiques devant constituer l'ossature de la politique économique, et de la gouvernance du secteur :

- Police d'assurance
- Politiques publiques en la matière, garantie, assurance :
- Termes et responsabilités des firmes de constructions en termes de garanties (10, 20, 30, 50 ans ...)
- Termes et responsabilité des compagnies d'assurances
- Infrastructure urbaine et industrielle
  - ✓ Hydraulique
  - ✓ Mines
  - ✓ Energies
  - ✓ Transport de masse
  - ✓ Ports et Navigation Maritime
  - ✓ Aéroport et Navigation Aériennes
  - ✓ Communication et Technologique de l'Information
- Equipements

Autrement dit, les routes, les ponts, les centrales de production et de distribution du courant électrique, les systèmes de production, de traitement et de diffusion d'informations, les systèmes de collecte, de traitement et de distribution d'eau, les centres de réserves stratégiques – gaz, eau, nourriture etc. – constituent autant d'exemples d'infrastructure.

3.2.4.2.2.2 : Viabilité

Au-delà des infrastructures de base nécessaire à la modernisation des territoires, la gouvernance de l'Infrastructure, compte tenu des autres domaines dont la gouvernance des territoires, peut générer des dizaines, voire des centaines de milliards de dollars d'activités économiques au cours du prochain demi-siècle. L'immobilier est l'un des secteurs auquel la gouvernance de l'Infrastructure sera le plus favorable. La production d'acier, de ciments, et d'autres matériaux de construction. La production de machines servant à la fabrication d'agglomérés, ainsi que la production d'agglomérés conformément aux normes établies par les pouvoirs publics. Sans compter le développement de l'industrie des assurances et d'autres activités financières liés aux transactions immobilières, dont les achats, les ventes, et les prêts hypothécaires, etc.

L'immobilier chinois s'estime à près de 45 % du produit intérieur brut de la Chine en 2015. Ce modèle ne serait peut-être pas idéal pour un territoire aussi limité que celui d'Haïti, mais la modernisation du marché mobilier peut constituer un puissant moteur de propulsion de l'économie. Ce secteur ne compte pas moins d'une dizaine de branches d'activités : urbanisme, construction, ingénierie, architecture, investissement, expertise, promotion immobilière, commercialisation, gestion de l'immobilier.

La gouvernance du secteur implique la mise en œuvre de politiques publiques qui sous-tendent les régulations suivantes. Aucun professionnel du bâtiment - *la plomberie, l'électricité etc.* -, ne peut entreprendre d'activités sans un certificat formel des pouvoirs publics ; tous les propriétaires disposent d'un certificat-livret précisant la date de construction et tous les détails confirmant que l'immeuble est conforme aux normes établies par l'autorité publique ; les quartiers et les trottoirs ne risquent plus de se transformer en marchés ou en poubelle à ciel ouvert à moyen ou à long termes. Les rues sont propres et en sécurité.

Dans ces conditions, compte tenu de l'affluence des expatriés haïtiens et d'autres investisseurs étrangers que ce marché ne manquera pas d'attirer, le patrimoine immobilier haïtien devra représenter aux moins 100 % du produit intérieur brut d'Haïti. Soit plus de soixante-quatre (64) milliards de dollars vers 2030-2045.

« *Le Chili compte, per capita, plus de sismologues et d'ingénieurs sismiques de renommée mondiale que partout ailleurs* », selon Brian E. Tucker, Président de GeoHazards International qui est une organisation à but non lucratif basée à Palo Alto, en Californie. Il n'est guère surprenant que le produit intérieur brut per capita du Chile se projette à 15,365 dollars vers 2020. L'octroi de contrats suspects à des firmes étrangères au lendemain de janvier 2010 en Haïti a montré ses limites. Pour atteindre les objectifs poursuivis en Infrastructure, au moins 1/5 des diplômés des universités publiques, doivent être des ingénieurs, ainsi plus de 20,000 ingénieurs sortirons de ces universités chaque année, vers 2030-2045.

Pour atteindre les objectifs poursuivis, Haïti consacrera au moins 1 % de son produit intérieur brut à la gouvernance de l'Infrastructure, soit 644 millions de dollars, vers 2030-2045.

3.2.4.3 : De l'Economie

Le ministère de l'Economie élabore et conduit la stratégie ou la politique économique de l'Etat. En collaboration avec d'autres départements ministériels et des groupes d'intérêts, il propose, élabore, et met en œuvre des politiques publiques qui favorisent la régulation ou la gouvernance de l'Economie. Les politiques publiques nécessitent l'approbation du conseil des ministres, et des organes délibérants du pouvoir législatif. Il incombe à ce département ministériel de favoriser et de soutenir la modernisation économique par l'innovation, l'exportation, la création d'emplois de qualité, et la croissance de productivité durable et soutenue.

Les compétences du ministère de l'Economie touchent aux régulations et à la gouvernance du commerce, notamment la gouvernance monétaire, la gouvernance fiscale, la gouvernance financière, et la gouvernance des services d'assurance, etc. S'y ajoutent le développement durable. Mais en général, l'orientation des stratégies économiques, des études, des analyses, et des évaluations de politiques publiques ou de programmes, lui incombe. Il en est de même de la prospection et de la prévision économique, incluant la promotion de l'image et des avantages comparatifs d'Haïti auprès de potentiels investisseurs et partenaires par la planification, la persuasion, la mobilisation, et la participation.

3.2.4.3.1 : Position du problème

Il va sans dire que le ministère de l'Economie, dont la finalité est indiquée plus haut, n'existe pas encore en Haïti. L'anti-gouvernance ambiante n'épargne aucun domaine, à commencer par l'économie qui constitue pourtant l'un des piliers fondamentaux du continuum nation-Etat.

En trente ans, la monnaie haïtienne (la Gourde) a perdu près de neuf cents pour cent (900 %) de sa valeur. Le taux de chômage s'estime à plus de cinquante pour cent (50 %). Près de soixante-dix pour cent du budget repose sur l'aide étrangère, autrement dit : l'aumône. L'économie d'Haïti s'évalue à près d'un dixième de celle du voisin de l'Est, c'est-à-dire de la République Dominicaine.

Sans aucune politique appropriée encore moins de politiques publiques sur le plan monétaire, ces paresseux se confortent dans des pratiques stériles qui consistent à déverser régulièrement sur le marché, des dollars américains qui sont immédiatement siphonnés par ceux-là qui sont aux commandes. Ces dollars n'ont jamais d'effet positif sur le cours de la gourde, voire sur l'économie.

La modernisation d'Haïti implique l'accomplissement d'un continuum nation-Etat viable ou économiquement autonome. La République dominicaine est encore très loin du modernisme, elle demeure une Etat toujours archaïque. Cependant, pour une population pratiquement égale, son économie est près de dix fois celle d'Haïti. Autrement dit, le label de « *pays pauvre* » attribué à Haïti relèverait de l'euphémisme. La soi-disant économie haïtienne se révèle totalement improductive.

Existe-t-il une économie en Haïti ?

Il existe dans le vernaculaire haïtien, une expression pour le moins vulgaire qui désigne généralement un individu improductif. Cette expression dont n'usent point les individus policés, s'utilise dans certains milieux pour motiver ou fouetter parfois l'orgueil d'un écolier dont le rendement académique est désastreux : « …*ki manje sèlman pou madan Viktò* », autrement dit, celui qui ne produit rien ou dont le rendement est nul, zéro, et qui ne suscite presque plus d'espoir. Pour ceux qui sont moins familiers au vernaculaire haïtien, l'expression « *madan Viktò* » désigne des latrines ; elles sont un endroit aménagé de telle sorte qu'un être humain puisse s'y soulager de ses déjections corporelles, notamment par la défécation.

La majorité des Haïtiens ne disposent même pas de latrines, pour se soulager, ils se contentent de s'accroupir dans un coin de jardin. Même quand ceux des couches privilégiées qui disposeraient de toilettes d'ivoire incrustées d'or et de diamant, l'exercice se résume au contrôle des sphincters, c'est-à-dire des mouvements alternés de contraction et de relâchement musculaires. Le soulagent physiologique qui en résulte est absolument le même pour les deux groupes d'individus.

Pour tout autre besoin de nature à stimuler l'intellect, tel qu'une foire ou un salon scientifique ou technologique, un somptueux concert philarmonique, un majestueux spectacle artistique ou théâtral, ces individus privilégiés d'Haïti doivent traverser la frontière ou l'océan pour se rendre dans un autre pays. L'économie d'un pays reflète généralement la culture des couches privilégiées. Le chef-d'œuvre américain dénommé « Hamilton », une comédie musicale dont les tickets en revente avoisinent des milliers de dollars n'aurait jamais été possible sans le financement préalable du projet à hauteur de plusieurs millions de dollars par des entrepreneurs ou des investisseurs rationnels, éclairés et propres. Il en est de même des projets futuristes - *voire utopiques pour les esprits exigus* - de l'ingénieur et inventeur Elon Musk.

Une ville-dortoir ou cité-dortoir désigne une zone urbaine dotée un marché du travail réduit et constituée essentiellement de logements destinés à accueillir la main d'œuvre d'un bassin d'emploi. La situation d'Haïti est malheureusement plus dramatique. Haïti semble désigner un espace où en dehors du commerce et de la sale politique, les individus des couches privilégiées se bornent uniquement à des activités physiologiques de base. L'on se voit malheureusement contraint d'inventer un nouveau terme pour mieux peindre cette obscure réalité haïtienne : « féconomie ». Ce néologisme résulte d'une contraction des termes « fèces » et « économie », et il n'a pas été inventé par le psychologue Abraham Maslow. Existerait-il de terme plus propres capables de traduire cette réalité caractérielle des couches privilégiées d'Haïti ?

Ces individus semblent confondre privilèges et respect, ils n'en ont pratiquement aucun, même les plus nantis. Ils n'ont aucun agenda rationnel, dans le cas contraire ils auraient favorisé la création et le développement d'un enseignement public de qualité, d'universités, de centres de recherches, de THINK tanks, et d'industries de pointe. Auraient-ils ainsi favorisé la formation de professeurs, d'ingénieurs, de médecins et d'autres scientifiques à la pointe du savoir. Auraient-ils ainsi favorisé le développement de centre de loisirs ou de divertissements tels que des amphithéâtres sportifs et artistiques destinés à la promotion sociale et économique du sport et de l'art et de la culture en général. Auraient-ils favorisé l'établissement d'infrastructures de transport de masse et de centres hospitaliers modernes si indispensables et qui leur font défaut dans les situations d'urgence.

En mathématiques, les théorèmes n'admettent généralement aucune exception, les axiomes semblent en prendre soin. Il est admis cependant que dans la réalité courante, des exceptions confirment les règles. En d'autres termes, le comportement d'ensemble des couches privilégiées ne reflète guère celui de chacun des individus indistinctement. Il incombe à ces derniers de se manifester et de faire valoir leur point de vue. Tout mutisme de leur part peut s'avérer favorable à l'émergence ou à l'avènement du chaos. Ils n'ont donc nul choix que d'agir, sinon ils finiront dans l'opprobre.

3.2.4.3.2 : Métaheuristique

La finalité de l'Economie consiste à moderniser le secteur, garantir la productivité, la compétitivité, et la croissance économique. La modernisation de l'économie implique la création d'emploi de qualité dans un Etat viable.

L'Organisation mondial de la santé établit le seuil de viabilité, c'est-à-dire la capacité de survie du fœtus dans un environnement extra-utérin, à 22 semaines d'aménorrhée ou à un poids de 500 grammes. Toute proportion gardée, Il semble pertinent d'établir une analogie entre l'économie d'un Etat et la gestation du fœtus. La classification des Etats ne tient généralement compte que de leur économie. Les critères descriptifs ne sont généralement pas évidents, cependant, même de façon non officielle, certains experts tentent d'avancer des critères quantitatifs fondés sur des indicateurs économiques, tels que le produit intérieur brut (PIB) ou le revenu national brut (RNB).

Modélisation

Les agences internationales se montrent encore timides à endosser officiellement de nouveaux critères. En théorie de l'information, l'information s'obtient après séparation du bruit. Deux groupes d'économies semblent émerger de la classification fondée sur des indicateurs économiques : les économies dites émergentes et celles dites développées dont le seuil de produit intérieur brut per capita respectif est de 12,000 et de 30,000 dollars, à parité pourvoir d'achat.

A l'instar d'un fœtus humain, le continuum nation-Etat devient viable partir d'un seuil de produit intérieur brut per capita établi à douze mille (12,000) dollars, à parité pourvoir d'achat. La viabilité du continuum nation-Etat est indispensable à son évolution ou à son développement harmonieux, elle permet ainsi de maintenir ou de préserver la cohésion du système. A ce stade de viabilité, l'économie peut ainsi évoluer sans assistance humanitaire, voire sans l'aide internationale.

3.2.4.3.2.1 : Conditions initiales

L'on n'a même pas eu le temps de digérer le cliché d'Etats dits émergents, dont les noms anglais forment le sigle BRICS - *qui respectivement désigne le Brésil, la Russie, l'Inde, la Chine et l'Afrique du Sud* -, que l'on se voit servir un autre encore plus indigeste qui tient plus d'un slogan que d'une politique : « *Haïti pays émergent en 2030* ». Par ailleurs, l'Afrique du Sud - *de son non anglais South mie* – ne semble plus remplit les conditions pour se maintenir dans ce groupe qui devient désormais BRIC.

« *Conférence nationale* », « *Nouveau contrat social* », « *Etats généraux* » sont autant de signes manifestes d'un malaise certain, qui en même temps témoignent de l'incapacité de ces braconniers qui peuplent les couches privilégiées d'Haïti, ils ne possèdent nul système de pensée ou de valeur. « *Don't worry,* » comme disent les Américains, « *help is on the way* ». La théorie du continuum nation-Etat ne s'embarrasse point de la langue de bois. Le temps n'est plus à la ruse, on dit sans ambages ce que l'on pense, on s'ouvre aux critiques sensées, on s'organise, on développe des stratégies, et l'on en fait des politiques publiques.

L'économie du savoir

L'économiste Autrichien Fritz Machlup est peut-être le premier théoricien de l'économie du savoir. C'est en 1962 qu'il publie son étude qui mesure la production et la distribution du savoir aux Etats-Unis. Dans un article co-écrit, deux chercheurs de l'université de Massachusetts à Dartmouth, Godwin Ariguzo et Angappa Gunasekaran, étudient l'ascension des États-Unis, de l'économie de service à l'économie du savoir, et en font un modèle fondamental. Selon le Bureau d'Economie et d'Analyse (BEA) du département du commerce américain, les États-Unis deviennent une économie de services - *i.e. la majorité du produit intérieur brut constituée par les services* - à la fin des années cinquante, beaucoup plus tôt qu'on ne le pense d'ailleurs, dont 211,2 milliards de dollars du PIB en services, et 200 milliard du PIB en biens. Aujourd'hui, les services représentent plus de 70 % du PIB total des États-Unis soit 13,06 billions de dollars sur 18,65 billions de dollars.

La production du savoir se réalise par un secteur d'activité spécialisé, à partir d'une fonction de production combinant travail qualifié et capital. Le marché du savoir se base essentiellement sur l'échange d'information. Cette conception insiste sur trois propriétés qui font de la connaissance un bien économique particulier, tant dans l'usage que dans la production, en comparaison des biens tangibles.

Parce que la connaissance est difficilement contrôlable ; elle tend à se diffuser et à être utilisée par d'autres agents que celui qui en a assuré la production, sans que ce dernier en soit rétribué. Le savoir est donc à l'origine d'externalités positives puisque sa production a un impact positif sur des tiers, sans compensation de leur part. Tout se passe comme dans le cas d'un apiculteur qui profite, sans le rétribuer, du travail de celui qui entretient le verger voisin, dans lequel ses abeilles vont butiner.

Dans son ouvrage « *The Zero Marginal Cost Society* », l'auteur du best-seller du New York Times, Jeremy Rifkin, décrit comment l'émergence de l'Internet des objets (de l'anglais : *Internet of things*) nous propulse vers une époque de biens et de services presque libres, précipitant la montée fulgurante d'un « *Commons collaboratif global* » et l'éclipse du capitalisme. La connaissance est ainsi un bien non rival au sens où elle ne se dégrade ni se détruit à cause de l'usage ; le théorème de Pythagore peut être utilisé à l'infini sans perdre ses qualités. Par conséquent, le prix d'une connaissance ne peut pas être fixé comme celui de la plupart des biens. Enfin, la connaissance est cumulative ; la production de nouveaux savoirs repose largement sur les savoirs existants si bien que les progrès de la connaissance sont d'autant plus rapides que celle-ci est largement diffusée. Ces trois propriétés, qui donnent au savoir les caractéristiques d'un bien public, sont à l'origine de ce que l'on appelle le dilemme de la connaissance. Conformément aux nouvelles théories de la croissance, les activités de production de connaissance ont un rendement social particulièrement élevé et sont un fondement déterminant de la croissance économique. De ce point de vue, il faut encourager la diffusion du savoir de manière à garantir son exploitation optimale, il est donc préférable d'attribuer au savoir un prix nul. D'un autre côté, le rendement privé est plus faible que le rendement social. Les agents privés ne seront incités à prendre en charge la production de connaissances nouvelles que s'ils peuvent exclure les autres agents de l'usage ou bien vendre les savoirs dont ils sont à l'origine à un prix qui couvre au moins les coûts de production. Ce dilemme, entre l'objectif d'assurer à l'échelle de la société un usage efficient de la connaissance, une fois celle-ci produite, et l'objectif de fournir une motivation idéale au producteur privé, justifie l'intervention publique dans le financement de l'éducation et de la recherche et dans la conception d'un système de protection de la propriété intellectuelle.

La destruction créatrice désigne le mécanisme incessant d'innovation où de nouvelles formes de production remplacent les anciennes. Cette théorie a été créée par l'économiste Joseph Schumpeter (1942), qui le considère comme inhérent au capitalisme. Les temps changent, les connaissances évoluent et la technologie aussi, de nouvelles méthodes de production, et de nouveau besoins émergent. Le capitalisme n'a pas de patrie, les cols bleus traditionnels des Etats-Unis (notamment les caucasien-américains des classes populaires) l'ont appris à leurs dépens. Ils se trouvent maintenant la proie de démagogues qui leur promettent un retour vers 1950, ils assistent festoyer les prédateurs sans se rendre compte qu'ils sont le dindon de la farce. Cela prouve s'il en était besoin qu'ils ne sont pas prêts pour le 21e siècle. Un tour guidé dans les camps de la sous-traitance en Haïti leur permettrait sans doute de se faire une meilleure idée de la réalité. Que seraient-ils prêts à sacrifier pour rapatrier ces « emplois » ? Ce qu'ils ignorent sans doute est que dans quelques décennies ces misérables Haïtiens connaîtront le même sort face à l'hégémonie de la robotique et l'émergence de la fabrication additive.

Comme en mathématiques, « posons » que les ouvriers de la sous-traitance vivent bien et heureux en Haïti, c'est-à-dire qu'ils ont au moins, un habitat convenable avec eau potable courante, électricité etc., une police d'assurance santé pour leur famille, leurs enfants vont régulièrement à l'école ou à l'université. Ceci étant considéré comme acquis, quelles sont alors, les perspectives de la sous-traitance à l'horizon 2050 par exemple.

La technologie d'impression tridimensionnelle - *imprimante 3D* -, aussi désignée par « fabrication additive », est assez répandue Aujourd'hui. Ce qui peut être cependant moins connu est que la firme Local Motors fondée en 2007, dont le siège social est établi à Phoenix, Arizona aux Etats-Unis, a déjà conçu une automobile dont la production se fait par une imprimante 3D. La preuve de concept ou POC (de l'anglais : *proof of concept*) - ou encore démonstration de faisabilité, ne laisse plus aucun doute, ils travaillent déjà à la production en masse de leur model de véhicule. Dans une interview accordée à Chris Hayes (MSNBC, nov. 2016) le cinéaste Michael Moore indique que les usines de production - fonctionnant 24/24 – ne seront gardées avant longtemps que par deux êtres : un homme et un chien. L'homme pour nourrir le chien, et le chien pour empêcher à l'homme de toucher aux machines. M. More paraphrasait sans doute l'économiste américain, Jeremy Rifkin, pour qui la fabrication additive annonce la troisième révolution industrielle qui viendra mettre fin à l'ère de la chaine de production.

Une imprimante 3D peut non seulement imprimer ses propres pièces de rechanges, mais aussi une version intégrale d'elle-même. Un ouvrier produit en moyenne 12 pièces de vêtement par jour (8 heures). La machine peut produire le tissu en même temps que le vêtement. Quand [*non pas si*] les machines deviennent si performantes que leur productivité soit de l'ordre de cent, voire mille fois celle d'un ouvrier, faudra-il abolir l'arithmétique de sorte que les capitalistes n'en soient pas informés ? Le capitalisme n'a pas de patrie, il est vrai, son objectif c'est le profit dont la base est la productivité. Ils partiraient même si l'esclavage était rétabli en Haïti. L'esclave ne serait pas rentable pour les mêmes raisons que les tracteurs ont remplacés les charrues dans les champs agricoles en Allemagne par exemple.

En d'autres termes, l'idée d'une économie reposant sur de « la main d'œuvre à bon marché » se révèle aussi insensé que ceux qui en assure la promotion, même s'ils en tirent momentanément et personnellement profit, l'héritage s'annonce plutôt catastrophique. La « main d'œuvre à bon marché » évolue suivant une boucle dite positive - en théorie des systèmes -, plus on en exploite, plus elle on en crée, sans parler de la concentration qui se développe à proximité des lieux d'attraction ; cité soleil en est un exemple typique. A ceux qui ont vécu le déferlement de violence terrorisant Port-au-Prince en 2004 ; bien qu'il en existe déjà trop, Il suffit seulement d'imaginer les conséquences de la colonisation de plusieurs autres agglomérations comme Cité Soleil un peu partout, à Limonade et dans d'autres régions du pays.

Avec la monté jubilante des néoconservateurs aux Etats-Unis, il est probable que de moins en moins d'attention et de ressources soient accordées à l'instruction publique, ainsi le déclin de l'enseignement public risque de s'accentuer. Dans un contexte de vieillissement rapide de la population des pays de l'OCDE, *parmi les plus industrialisés et les plus riches*, Haïti doit développer une économie basée sur le savoir, notamment des connaissances favorisant l'innovation, la recherche et le développement technologie. Au lieu de main d'œuvre à bon marché, Haïti pourrait ainsi exporter le savoir vers ce marché de plus de deux cents milliards de dollars, rien qu'aux Etats-Unis, générant au passage plus d'un million d'emplois de qualité dans le pays.

Développement de l'économie

Suivant la logique de « *la productivité totale des facteurs* », les États-Unis sont officiellement devenus une économie du savoir, où la majorité des exportations totales de services sont fondés sur le développement du savoir, vers la fin de 1997 ou au début de 1998. A la fin de 1997, 50.74 % de toutes les exportations de services des États-Unis consistaient en services basés sur le savoir. Aujourd'hui, les exportations de services fondés sur le savoir représentent 64,6 % du total des exportations de services des États-Unis en 2011. La diffusion de l'Internet est le déclencheur immédiat de la transition des États vers une économie de stade quaternaire.

Suivant les meilleures recherches disponibles, l'établissement de l'économie du savoir des États-Unis serait dû à l'interaction synergique de cinq composantes dont l'infrastructure des technologies de l'information et des communications, l'innovation ouverte, l'éducation, la gestion du savoir et la créativité. Certes, d'autres facteurs contribuent à l'ascension des États-Unis, de l'économie de service à celle du savoir. Ils jouissent d'un avantage concurrentiel certain sur le marché mondial, pour le maintenir cependant, il leur faut maintenir une éducation publique de qualité et un système d'enseignement supérieur capable non seulement de générer des diplômés, mais le savoir et les compétences requises pour favoriser l'innovation.

Il était un fois ... Singapore

Sans approuver la méthode peu orthodoxe de son leader Lee Kuan Yew - *de son sobriquet LKY* - qui s'est maintenu au pouvoir pendant trois décades, il importe cependant de souligner qu'en un demi-siècle seulement le Singapore s'est hissé au premier quartile de la liste des plus grandes économies du monde, ce pays a atteint presque le sommet dans le domaine de l'éducation, il est l'un des pays les plus sûrs du globe. Haïti compte deux fois la population du Singapore, pour une superficie quarante fois plus grande à la sienne, pendant que l'économie du Singapore fait cent soixante-dix (170) fois la taille de l'économie haïtienne. Par ailleurs, pendant cette même période Haïti était sous la férule d'une dictature rétrograde voir obscurantiste qui s'est maintenu pendant trente ans au pouvoir, suivi de quelques petits apprentis tyrans tout aussi obscurantistes qui n'ont pas fait long feu, ne laissant derrière eux qu'un pays en lambeaux.

Alors que les organisations internationales s'accrochent à la « *je te tiens, tu me tiens par la barbichette* », l'intelligentsia doit à tout prix s'en affranchir. Haïti est un pays pauvre et archaïque. Les instances qui en sont responsables demeurent les régimes successifs, résultats d'une alliance morganatique entre les politiciens c'est-à-dire les kleptocrates, les radicaux de l'oligarchie ou les ploutocrates, et des agences internationales, y compris des ambassades. Ces opérateurs utilisent à la fois l'économie en guise de carotte et la politique en guise de bâton pour maintenir leur monopole et anéantir les structures régaliennes de l'Etat.

Au-delà de son économie rachitique et archaïque, quelles sont les caractéristiques d'un Etat dit retardé ou sous-développé :

- Faiblesse des structures régaliennes ;
- Tyrannie des groupes dominants ;
- Dégradation de l'environnement ;
- Faible taux d'alphabétisation ;
- Taux élevé de mortalité ;
- Faible espérance de vie ;
- Distribution irrégulière de la richesse ;
- Urbanisation à outrance ;
- Faible investissement de capitaux ;
- Faible développement technologique ;
- Industries à forte intensité de main-d'œuvre ;
- Bas salaires.

Il va sans dire que pour passer à une économie moderne il faut renverser la tendance du tableau précédent. L'objectif doit être au de décupler, au minimum, le PIB actuel, au cours des dix, voire des cinq prochains quinquennats. Ceci n'est que chimère, tant que le gouvernement se soumet à la tyrannie de ces agences internationales dont le Fond monétaire international (FMI) et de la Banque mondiale (BM). La Corée du Sud a été la risée de ces technocrates, le Singapore ne s'est pas laissé intimidée non plus. Après plus d'un demi-siècle de comportement obséquieux envers les agences de Bretton Woods, Haïti demeure plus archaïque, et plus misérable qu'elle ne l'a jamais été.

Eléments de modernisation

Implication déterminée de l'intelligentsia dans la RES publica, y compris ceux ou les descendants de ceux qui ont dû quitter Haïti, notamment à partir de la deuxième moitié du 20e siècle. Conscientiser ou mobiliser la population en vue de récolter son adhésion active au mouvement de reconstitution du continuum nation-Etat, nécessite une campagne sincère, directe c'est-à-dire sans raccourcis et de manière tout à fait contraire aux pratiques populistes.

Renforcement drastique des instances de contrôle au niveau de la constitution, et mise en œuvre de politiques publiques sous-tendues par des lois organiques et des lois cadres ainsi que la mise en place des institutions ou organismes publics, notamment les forces armées d'Haïti. L'armée reste à moyen et long terme, la solution la plus efficience pour assurer la présence effective de l'Etat sur toute l'étendue territoire, c'est-à-dire à travers toutes les sections communales sans exclusives. En plus de la défense du territoire et de la sureté de l'Etat dont la coordination est assurée par le ministère de la défense, par délibération du conseil des ministres, des divisions de l'armée peuvent être transférées sous la coordination du ministère de l'intérieur, en vue de contribuer au renforcement de l'action publique du dit ministère ou d'autre ministères qui en auraient fait la requête ; toujours par le truchement du conseil des ministres.

Ainsi, des divisions de l'armée peuvent être chargées d'appuyer la police en vue de garantir la sécurité dans les zones trop longtemps abandonnées aux criminels. Aussi des divisions militaires opérant sous la coordination du ministre de l'intérieur peuvent contribuer au renforcement de l'action publique dans des secteurs tels que :

- o La protection de l'environnement, incluant la flore, la faune, les cours d'eau et les littoraux - les eaux maritimes territoriales étant déjà couvertes par le ministère de la défense -.
- o L'éducation
- o La Santé
- o L'infrastructure
- o Etc.

Banque Centrale

Les pouvoirs publics doivent s'assurer non seulement de la disponibilité des billets de Banque, mais aussi des pièces de monnaie, y compris des pièces d'un (1) centime.

Le Produit Intérieur Brut du pays est inférieur à Dix mille milliards de centimes (¢10 000 000 000 000). La non disponibilité des pièces d'un (1) centime ne semble déranger personne. Combien de centaines de milliards de gourdes auraient ainsi été injustement appropriés au détriment des contribuables et des clients ?

Création directe d'emplois

Secteur public : Au cours du premier demi-siècle suivant la modernisation, jusqu'à un demi-million (500 000.00) d'emplois de qualité seront créés dans le secteur public avec la garantie que tout agent (militaire ou civil) de secteur public doit être au moins deux fois plus productifs que ceux du privé ou de n'importe quel autre pays. Ainsi contrairement au lamentable plan d'ajustement structurel (PAS) des années quatre-vingt ayant dévasté le pays, à mesure que le secteur privé se développe, il n'aura de meilleurs choix que d'attirer les ressources hautement qualifiées qui leur seront disponibles localement.

- ✓ Force Armée d'Haïti
- ✓ Justice
- ✓ Police
- ✓ Cadastre
- ✓ Education
- ✓ Santé
- ✓ Assainissement
- ✓ Environnant
- ✓ Infrastructure
- ✓ Technologie

Secteur privé : Au cours d'un demi-siècle de stabilité, de croissance de la productivité, de sécurité publique garantie mue par la modernisation du pays le secteur privé peut créer plus de deux millions (2 000 000.00) d'emplois de qualité, dont plus des trois quarts sont des emplois à durée indéterminé.

- ✓ Agriculture
  - o Sécurité alimentaire
- ✓ Tourisme et Divertissement

- o   Restauration, Hébergement, Bar etc.
- ✓   Marché Financier (général)
  - o   Marché bousier
  - o   Autres produits financiers
- ✓   Marché Immobilier (+ finance)
  - o   Prêts hypothécaires
  - o   Assurances
  - o   Construction (logements, complexes industriels)
  - o   Productions diverses
    - ▪   Ciments, Acier, Blocs, Briques …
    - ▪   Fenêtres, verres,
    - ▪   Machines à bloc (pondeuses)
    - ▪   Autres services immobiliers
- ✓   Infrastructure
  - o   Routes/Ports/Aéroports/Ponts
  - o   Tramway (voies ferrées)
  - o   Ecoles, Tribunaux, Hôpitaux, etc.
  - o   Eaux courantes/Usées/Lacs artificiels
  - o   Electricité, Télécommunication
- ✓   Technologie de l'Information
- ✓   Industrie Textile
  - o   Vêtements, Sous-vêtements, Chaussures etc.
- ✓   Industrie/Manufacture
  - o   Innovation /Technologie
  - o   Aéronautique
- ✓   Sports
- ✓   Transport
  - o   Routier
  - o   Rapide (TGV)
  - o   Maritime

o Aérien

Suite indicative mais non exhaustive de conditions initiales

Voici une suite indicative mais non exhaustive d'organismes, de programmes sous-tendus par des politiques publiques devant constituer l'ossature de la politique économique, et de la gouvernance du secteur :

- Commerce ;
- Emploi ;
- Innovation ;
- Industrie ;
- Tourisme ;
- Syndicalisme ;
- Sports professionnels ;
- Production Culturelle ;
- Jeux / Casino /Loterie.

3.2.4.3.2.1 : Viabilité

Selon l'expert américain Ray Dalio, trois grandes forces actionnent la machine de l'économie, abstraction faite des doctrines et de certaines théories. Il y a le cycle économique classique, un cycle à court terme de la dette qui dure habituellement entre 5 et 10 ans. Il y a ensuite le cycle de la dette à long terme, et il y a la croissance durable et soutenue de la productivité. Deux leviers fondamentaux permettent d'agir sur ces éléments : les politiques monétaires et les politiques fiscales. La prime de risque des différents actifs fluctue au gré des changements de politiques monétaires et fiscales afin de véhiculer l'effet de richesse.

Le continuum nation-Etat préconise la création abondante de richesse, par la disponibilité équitable d'opportunités, sur la base de la diffusion sans contrainte des connaissances, ouvrant ainsi la voie à un enrichissement du savoir, voire l'émergence de nouveaux savoir et savoir-faire.

Dans leurs discours sur la motivation, les gourous recommandent la transformation du désavantage en opportunité. La déliquescence d'Haïti semble refléter l'état misérable de ses couches privilégiées dont les besoins se confinent dans le premier échelon c'est-à-dire dans la base de la pyramide établie par le psychologue Abraham Maslow en 1940. Vers 2030-2045 Haïti doit combler un écart de plusieurs dizaines de milliard de dollar en termes de produit intérieur brut pour atteindre une économie viable. Même les détracteurs les plus insensés ne peuvent scander leur classique propagande « *contre la redistribution de richesse* » ; il n'y a que de la misère en Haïti. Il n'y a rien à distribuer, tout est à créer. Cette opportunité favorise ainsi l'effort de reconstitution du continuum nation-Etat.

Si l'économie était une œuvre symphonique, le gouvernement serait un orchestre philharmonique. Membre à part entière de l'orchestre, le ministère de l'économie serait le compositeur préparant la partition distribuée aux différents groupes à instruments à cordes, à vent, ou de percussion. Le Premier ministre ferait office de chef d'orchestre. En d'autres termes, pour atteindre les objectifs poursuivis, le ministère de l'Economie dépends de la réussite des ministères œuvrant dans tous les autres domaines dont l'état de droit, l'Education, l'Agriculture, etc. Pour y parvenir cette agence nécessite une infrastructure technologie robuste de pointe permettant de collecter des données de tous les coins du territoire, et de tous les points du globe présentant un intérêt quelconque.

Les études économiques nécessitent des ressources humaines extrêmement qualifiés non seulement dans les sciences sociales dites qualitative ou de description, mais aussi et surtout dans les sciences quantitatives reposant essentiellement sur la mathématique, les statistiques, et l'informatique etc. Pour atteindre les objectifs poursuivis, Haïti consacrera au moins 1 % de son produit intérieur brut dans la gouvernance de l'Economie, soit environ 644 millions de dollars, vers 2030-2045.

QUATRIEME PARTIE

De la Gouvernance

Depuis près d'un demi-siècle, les théories de gouvernance font irruption dans plusieurs disciplines de sciences sociales et politiques, sur l'instigation d'universitaires et de chercheurs majoritairement anglo-saxons. Il n'en existe pas de théorie dominante, mais plutôt de multiples théories avec différents objectifs et perspectives. Le concept de gouvernance est ainsi devenu l'un des vocables de sciences sociales les plus fréquemment utilisés dans le monde.

La gouvernance désigne l'art ou la manière de gouverner. Le verbe gouverner est issu du latin « *gubernare* » emprunté du grec « *kubernan* », qui signifie diriger un navire, piloter ou gouverner. Selon la Banque Mondiale, la [*bonne*] gouvernance se caractérise par :

a) La [*bonne*] gestion du secteur public, impliquant l'efficacité, l'efficience et l'économie,

b) La responsabilité, l'échange et la libre circulation de l'information, impliquant la transparence,

c) Un cadre juridique favorable au développement, impliquant la justice, le respect des droits de l'homme et des libertés.

Des pays dits retardés

La diplomatie repose fondamentalement sur la courtoisie, la réciprocité ou la cordialité entre les interlocuteurs. Il n'est nullement surprenant que les institutions internationales préfèrent le vocable de « *pays en développement* » à celui de « *pays sous-développés* » introduit le 20 janvier 1949, par le Président américain Harry Truman dans son discours sur l'état de l'Union.

« *Et pourtant elle tourne* » aurait murmuré Galilée après avoir renié ces convictions scientifiques pour échapper au courroux de l'inquisition.

Incapable de se réfugier continuellement derrière des clichés, ces institutions internationales inventent un vocable supplémentaire non moins offensant de « *pays moins avancés* », le concept de « *pays en voie de développement* » ne présenterait qu'une demi-vérité face à la situation abjecte de certains pays tels qu'Haïti. Au concept de « *pays moins avancés* » ou PMA, le sous-entendu semble naturellement être celui de « *pays retardés* ».

Le concept de « *bonne gouvernance* » semble supplanter celui de « gouvernance », ainsi la notion de « *mauvaise gouvernance* » ne demeure que sous-entendue. Les astrophysiciens ne s'embarrassent guère de qualificatifs « *bon* » ou « *mauvais* » pour désigner les particules. Ils en distinguent cependant des particules et des antiparticules. En politique, il serait plus sensé, plus approprié, voire productif d'utiliser les notions de gouvernance et d'anti-gouvernance, plutôt que celles de bonne et de mauvaise gouvernance.

Berceau de l'humanité…

Au-delà de notion de conscience qui serait l'apanage des humains, s'ajoute la théorie de l'auto-détermination crée par les psychologues Edward Deci et Richard Ryan. La psychologie s'intéresse primordialement à l'individu. En termes de collectivité, le concept d'auto-détermination désigne le droit fondamental de tout peuple de décider librement de son propre statut politique, et d'assurer librement son propre développement culturel, économique et social. Il est tout d'abord consacré par la déclaration d'indépendance des Etats-Unis (1776), puis par la déclaration des droits de l'homme en France (1789). Cependant, le principe d'auto-détermination ne sera établi dans toute sa splendeur que par la révolution d'Haïti (1804). Le principe d'auto-détermination est désormais incorporé dans la Charte des Nations Unies (1945).

En 1776 avec la révolution américaine, en 1789 avec la révolution française, et en 1804 avec la révolution haïtienne, des héros avaient brisé le cercle de l'horreur. Personne ne saurait prédire avec précision l'émergence d'un héros, du leadership, de l'auto-détermination, ou du courage, etc. Ces sentiments exigent l'inhibition de l'instinct. En Haïti, l'horreur s'invente une nouvelle identité : l'anti-gouvernance. Briser le cercle vicieux de l'anti-gouvernance dans lequel certains ont tendance à se maintenir soit par paresse ou par ignorance, implique une rupture de l'ordre établi. Il y a toujours un ordre, en effet.

Le continuum nation-Etat, est un système complexe adaptif, sa gouvernance est par conséquent sujette à de multiples complexités. La cybernétique, modèle formel de gouvernance, se définit comme la théorie générale de la régulation, du contrôle, et de la communication à l'intérieur des systèmes (complexes). Toute régulation et tout contrôle requiert de l'autorité. L'autorité doit être légitime. Elle doit être en tout point strictement proportionnel à la responsabilité, si cet équilibre est rompu, il y a inévitablement abus dans un sens ou dans l'autre. Conformément à la théorie de l'évolution des systèmes complexes adaptifs, l'espace-état est très étendu, les transformations s'opèrent en synergie, et se produisent en vitesse et en nombre. La gouvernance de tels systèmes requiert un échange d'information en temps réel, d'où l'opportunité de la théorie de l'information.

De la théorie à la technologie de l'information

A ce jour, plus de trois milliards de personnes utilisent l'Internet dans le monde ; c'est plus de quarante pour cent de la population mondiale. Qu'en est-il de l'internet de l'objet (de l'anglais : *internet of things*). Qu'en est-il de « *dark Internet* » que certaines traductions françaises désignent par l'internet profond. Sur le plan industriel, l'internet de l'objet est déjà la norme, sur le plan personnel et domestique cette technologie semble déjà s'imposer. Sans jeu de mots, l'internet de l'objet aurait dû être l'objet de toutes les préoccupations par rapport à l'internet profond. « *dark Internet* » est à l'Internet ce que de matière noire est à l'Univers.

Les experts de la police fédérale des Etats-Unis (FBI) ou de certaines agences de sécurité menant la lutte contre la cybercriminalité aux Etats-Unis sont si impuissants face à l'ingéniosité des Hackers et notamment de groupes très populaires tel *Anonymous*, qu'ils n'osent accorder aucune interview sans prendre la précaution de se cacher l'identité, c'est à travers ce prisme de précautions qu'il faut comprendre l'ampleur de la menace. Pour l'instant toute l'attention se focalise sur la menace contre les infrastructures industrielles et étatiques qui est souvent conduite pour le compte d'autres Etats.

Il n'est déjà pas aisé pour un individu de rendre publique les méfaits d'une attaque dont il a été la cible, sur le plan industriel et étatique la divulgation en cas d'attaque cybernétique semble se confiner dans un cercle de plus en plus restreint. Dans certains pays modernes, au nom de la liberté d'information ou du droit à l'information, les organismes publics se voient parfois contrains de divulguer des informations pourvu qu'elles ne risquent pas d'affecter la sécurité ou certains intérêts de l'Etat. Mais le voile jeté par les organisations industrielles privées ne semble bouger d'un iota.

Il a été révélé par exemple sans plus de précision, que le système informatique de la chaine de contrôle de qualité d'une industrie a - par suite d'une attaque informatique - laissé passer plus de quatre-vingt-cinq pour cent (85 %) de produits dont la qualité était en dessous de la norme fixée initialement par la compagnie. Ce qui a provoqué une érosion de la confiance dont jouissait la marque auprès des consommateurs, alors que parallèlement une compagnie rivale, installée dans un pays étranger, s'est arrangée pour lui ravir sa place. Conséquemment des centaines de gens ont perdu leur emploi sans compter les pertes d'investissements boursiers.

Dans la même veine de menaces liées à l'internet des choses. Il paraîtrait sans doute assez effrayant d'apprendre qu'un hacker peut prendre le contrôle d'un véhicule branché, circulant sur une autoroute - *ou highway* -, en poussant par exemple la vitesse au maximum, et en neutralisant toute manœuvre à laquelle le conducteur serait tenté de recourir pour stopper le véhicule. Comment comparer cette frayeur à l'idée qu'un avion de ligne, transportant des dizaines de passagers, dont l'altitude serait augmentée virtuellement de seulement 30 centimètres. Ainsi l'indicateur sur lequel se base le pilote dans sa prise de décision serait distinct de la réalité. Vue qu'il sera pratiquement difficile voire impossible pour le pilote de s'en rendre compte au moment de l'atterrissage, la suite des évènements ne laisse plus aucune place à l'imagination.

L'analyse de la menace paraît plus élaborée sur le plan étatique. Elle reflète mieux la nature des enjeux. Une des mesures annoncées à la fin du siècle précédent par Washington qui montre toute leur impuissance face à la cyber-menace est celle de riposter par des moyens conventionnels i.e. strictement militaires en cas d'une cyberattaque d'envergure. Le terme « hacker » mentionné plus tôt réfère à ces génies parfois aux pieds nus, ou à ces ingénieurs militaro-civiles diplômés des grandes écoles. Leurs motifs vont de la simple curiosité juvénile aux plus sensibles intérêts d'Etat. D'un côté comme de l'autre, aucun réseau de communication, y compris l'Internet et les systèmes d'information qui s'y sont reliés ne semble connaitre de limites pour ces hackers.

Les réseaux de nouvelles technologies de l'information et de la communication permettent de contrôler tous les systèmes de communication mondiaux, y compris les satellites militaro-civiles, les systèmes de traitement et de prévisions météorologiques, les systèmes de traitement et d'adduction d'eau, les systèmes de production et de distribution énergétique - gaz, électricité etc.-, les systèmes de transport en général et le transport aérien en particulier, le système de gouvernance de secteurs tels que la santé, l'éducation, les finances etc.

Les réseaux informatiques sont ainsi devenus la cible privilégiée des services secrets pour la cueillette d'information tant sur le plan industriel que sur le plan militaire ou de la défense. En

2016, la Russie une puissance rivale des Etats-Unis, a utilisé des informations collectées grâce aux piratages informatiques pour manipuler les élections Présidentielles américaines et favoriser leur poulain au détriment de sa redoutable rivale. Il n'existe aucun doute que les Etats-Unis disposent d'énormes moyens technologiques et de redoutables ressources humaines tant civiles que militaires pour affronter la menace. Dans certains quartiers populeux de Port-au-Prince, lorsqu'à la faveur de la nuit, un truand pénètre ou tente de pénétrer par effraction dans une maison, aux premières lueurs du lendemain, tout en ignorant qui pourrait en être l'auteur, la matriarche offensée se met à lancer des invectives à gorge déployée espérant que le cabrioleur recevra le message qui en fait n'est qu'un tas de vaines menaces. Etonnamment la réaction du gouvernement américain au lendemain de l'attaque russe a été similaire à celle de la bonne dame susmentionnée des bidonvilles de Port-au-Prince. Ce qui semble retenir les puissances nucléaires reste le principe de von Neumann préconisant la destruction mutuelle assurée en cas d'une agression ou d'une attaque à l'arme nucléaire entre les Américains et les Russes. Cet équilibre « de la terreur » est aussi applicable dans le domaine des nouvelles technologies de l'information et de la communication.

Si en dépit de la menace ou de l'imminence d'une fatale cyberattaque, les Etats-Unis, plutôt que de se couper de l'Internet, semblent en effet se préparer à la guerre conventionnelle, c'est-à-dire là où ils se savent avoir des avantages certains, cela traduit tout simplement l'importance de l'Internet et des technologies de l'information dans l'économie moderne, au même titre que l'électricité, les réseaux routiers etc.

Ni Claude Shannon ni la théorie de la communication n'a pas inventé la communication, autant que ni Francis Crick, ni James

D. Watson, ni la chimie, ni la biologie moléculaire n'a inventé l'acide désoxyribonucléique (ADN). En termes de traitement de l'information, les technologies de l'information sont à la gouvernance des Etats ce que l'ADN est à l'organisme vivant. Il y a environ deux siècles, il aurait fallu plusieurs semaines pour transmettre un message de Pékin ou de Moscou à Washington, aujourd'hui un tel exercice se fait pratiquement en temps réel, aussi bien que les réponses ou les prises de décision y afférentes.

La transmission de l'information se fait désormais à une vitesse tendant vers celle de la lumière. Des recherches sont en cours pour exploiter le délai de propagation des ondes sismiques à travers l'écorce terrestre par rapport à la propagation de la lumière à travers une fibre optique par exemple. La propagation des ondes sismiques dépend des couches en présence, en générale cette vitesse ne dépasse pas les quatorze kilomètres par seconde (14 km/s), tandis que la lumière peut atteindre plus de deux cent mille kilomètres par seconde (200,000 km/s) dans une fibre optique. Une fraction de seconde d'alerte avant l'impact d'un séisme, peut aider à la sauvegarde de centaine de milliers voire de millions de vies.

4.1 : Des politiques publiques

Ce mercredi 24 août 2016, il est huit heures du matin à Providence, Rhode Island, Etats-Unis. Une femme se faufile vers la place Kennedy qui est la gare centrale où s'acheminent tous les autobus. Toutes les villes de Rhode Island y sont desservies, sans compter d'importantes villes américaines dont Boston, Massachussetts, ou New York, New York, etc. Un conducteur dont l'esprit est probablement ailleurs pilote un autobus dont la hauteur fait plus de deux fois celle d'un piéton. Dans la mêlée, la tragédie survient, la femme est tuée sur le coup. L'évènement se produit au centre névralgique de l'économie de Rhode Island. La zone comporte plus de caméras ou CCTV (de l'anglais : *closed-circuit television camera*) que de lampadaires.

Dans moins d'une minute, le lieu est infesté d'officiers de police, et devient automatiquement un laboratoire en plein air. Une police scientifique qui compte de vrais scientifiques dans ses rangs. Le rapport d'enquête sera passé au peigne fin par les avocats et experts de la compagnie de transport, par les avocats et experts de la compagnie d'assurance couvrant la compagnie de transport, par les avocats et experts du syndicat auquel est affilié ce conducteur, par les avocats et experts défendant la victime, et par les avocats et experts de la municipalité en question, pour n'en citer que ceux-là. Le rapport peut éventuellement comporter des failles relevant de la négligence ou de l'incompétence des policiers ayant conduit l'enquête. Le cas échéant, le badge et le pistolet de ces policiers sont confisqués, les avocats et experts du syndicat de police auquel ils sont affiliés se mêlent aussi de la valse des contre-expertises.

Dans un autre registre, au printemps de chaque année, les parents de Rhode Island dont les enfants atteignent l'âge de trois ans, reçoivent non seulement des appels, mais aussi des courriers les informant et les invitant à venir inscrire leurs enfants pour les classes de maternelles qui ne commencent pourtant qu'en début d'automne. Il incombe aux districts scolaires concernés de s'assurer que tous les parents soient sensibilisés à propos de l'éducation de leurs enfants. Ceux qui ne parlent pas l'anglais sont assistés d'un interprète maîtrisant à la fois leur culture et leur langue maternelle. Aucun handicap, quelle que soit sa sévérité ne peut en aucun cas constituer une raison pour écarter ou priver un enfant de ses droits. Le cas échéant, suivant l'avis d'experts, les dispositions spéciales que requiert son cas doivent être aménagées. Les parents insatisfaits ou mécontents de leur traitement, jugés injustes par exemple, sont encouragés à porter plainte contre l'Administration ou l'institution concernée. Un tel processus peut, le cas échéant, aboutir jusqu'à la cour suprême des Etats-Unis.

En outre, tout citoyen dont les conditions nécessiteraient une intervention médicale urgente peut se rendre au centre hospitalier le plus proche, ou appeler immédiatement le numéro des services d'urgence (911). Dans la seconde qui suit, une ambulance équipée de matériel adéquat et de personnel capable de prodigués les premiers soins lui est dépêchée. A toutes fins utiles, un tel convoi comporte également une unité de pompier et une patrouille de police. Alors que l'unité d'ambulance et de pompier peuvent être sur les lieux entre 3 et 10 minutes, la patrouille de police arrive parfois sur les lieux dans quelques secondes seulement. Qu'il dispose d'une police d'assurance-santé ou non, quelle que soit sa situation économique, le patient est accueilli sans conditions préalables, et les soins nécessaires lui sont prodigués immédiatement ; car toute aggravation ou décès survenu dans ce cas risquerait de coûter des millions à la commune, à l'hôpital, ou à d'autres individus et agences concernés.

Les faits susmentionnés, constituent avant tout des exemples de services publics. Des exemples similaires sont légions. Autrement dit, Il prendrait sans doute des milliers de pages pour les citer. Le service public touche différents domaines : justice, éducation, infrastructure, sécurité publique, audio-visuel, sport, commerce, tourisme, marché de l'immobilier, innovations, recherches, investissement, travail, impôt etc. Un service public désigne le service fourni aux citoyens par le gouvernement via ses agences ou offices. Le service public peut aussi désigner l'agence ou l'office du gouvernement qui dispense le service.

Métaphoriquement, le service public est un fruit mûr. La production de fruits résulte du processus le plus complexe qui soit que constitue le cycle biologique ; animale ou végétale. La germination d'un pépin produit un arbuste qui nécessite un certain temps pour atteindre la maturité. Ainsi, suivant une parfaite chorégraphie, à chaque printemps s'exerce une valse naturelle, constante et régulière entre bourgeons, fleurs, pétales, pollen, abeilles, fruits, consommation, et recyclage. Si le cadre de l'abstraction ou de la métaphore parait déjà complexe et difficile à appréhender, la réalité du système qui sous-tend l'effort de conception, de mise en œuvre, de management, et d'évaluation du service public n'en demeure pas moins complexe. Ce système se décline en deux mots : « politique publique ».

Des origines du concept de politique publique

Les auteurs et chercheurs associent généralement le concept de politique publique aux Etats nord-américains comme à ceux de l'Europe, ou de l'Organisation de Coopération et de Développement Economiques (OCDE) d'une façon plus générale. Quels en sont les fondements ?

Avant ce regard sur l'analyse des politiques publiques, quelques précisions s'imposent. Il est fort probable que les prochaines pages soient assimilées à du chauvinisme américain. Une telle méprise serait tout à fait regrettable, mais ne peut nullement influencer le cours de cet essai. Car il n'existe aucune honte à aimer, rechercher, voire imiter ou adopter ce qui est bon, bien et beau. Les Allemands jouissent des meilleures réputations pour leurs automobiles, les Français le sont pour leur fromage, les Anglais le sont pour leur thé, les Italiens le sont pour leur spaghetti, les Suisses pour leurs montres, pour n'en citer que ceux-là. Les Américains sont reconnus pour leur modèle politique, abstraction faite du fédéralisme, sans néanmoins déplorer la perversion de ce beau modèle politique par des politiciens véreux ou des populistes qui exploitent la faiblesse d'individus bornés, peu ou mal informés, et souvent désabusés.

Circulez ... la démocratie n'est pas pour vous !

Les agents de la communauté internationale se couvrent de ridicule, au même titre que les politiciens haïtiens qui se laissent embarquer pour l'Afrique du Sud ou le Rwanda pour « apprendre la démocratie ». Ignorerait-on ce proverbe haïtien : « *Chyen pa chèche zo devan pòt tayè* » ?

L'on reproche généralement aux Américains de n'avoir pas su produire le cadre socio-économique optimal ou idéal. La pertinence de ce reproche semble tenir si, faisant abstraction de toute autre considération, l'on mesure par exemple le système politique américain à l'aune du rapport d'indice sur le développement humain publié par le Programme des Nations Unis pour le Développement. Dans ce rapport, il est évident, les Etats-Unis occupent le plancher du groupe des dix premières nations. Que faut-il en déduire ? Autrement dit, pourquoi les Américains ne sont-ils tout simplement pas le leader en termes de développement humain, ou pourquoi ne figurent-ils pas parmi les cinq (5) premiers ?

La réponse est la fois simple et compliquée. La visée eugénique des Etats-Unis, l'impérialisme proprement dit, leur coûte énormément. Ils se sont constitués le gendarme du continent pendant plus d'un siècle, et se veulent gendarme du monde depuis plus d'un demi-siècle. Le souci des politiciens américains - *à ne jamais confondre avec le peuple américain* - n'a jamais été d'aider à l'avancement des autres Etats du continent dont ils partent le nom. Dans le cas contraire, ils doivent être extrêmement médiocres à en juger par les résultats. Ils semblent surtout se préoccuper de l'avancement et de la stabilisation des pays européens, tout en contribuant, volontairement ou par ignorance, à la déstabilisation et à la paupérisation de certains pays de la sous-région, dont Haïti.

Majoritairement de souche européenne, les élites américaines semblent s'y complaire. Les citoyens des classes moyennes, seuls en font les frais, ils en sont les valeureux soldats qui vont à la guerre et reviennent estropiés, mentalement et physiquement mutilés ; ils en sont aussi les premiers à se retrouver au chômage quand les élites délocalisent leurs usines et manufactures vers des territoires ou les ouvriers n'ont pratiquement aucun droit. En Haïti par exemple, des néo-esclaves gagnent quelques centimes de l'heure contre une quinzaine de dollars que coûterait un ouvrier américain.

En plus des considérations d'ordre géopolitique, il existe aussi des conditions d'ordre strictement interne ou domestique. Il est pratiquement impossible d'énumérer toutes les tares qui semblent influencer défavorablement la qualité de vie d'un citoyen américain par rapport à un citoyen danois ou norvégien par exemple. Il convient seulement d'en retenir trois des plus remarquables qui sont : le péché originel, l'immigration, et l'autonomie relative des Etats de l'union.

1. Le péché originel

Dans l'acte d'indépendance des Etats-Unis, il se lit : « *Nous tenons pour évidentes par elles-mêmes les vérités suivantes : tous les hommes sont créés égaux ; ils sont dotés par le créateur de certains droits inaliénables ; parmi ces droits se trouvent la vie, la liberté et la recherche du bonheur...* ». Cependant, la décision de maintenir l'esclavage lors des réunions subséquentes devant conduire à l'élaboration de la constitution des Etats-Unis traduit l'étroitesse d'esprit d'un groupe d'individus totalement consumés par des intérêts mesquins. Ce qui en partie leur aurait valu plus tard la guerre de sécession. Ils en sont arrivés à éviter la sécession, mais pas la guerre qui a causé plus de six cent mille (600,000.00) morts, sans compter l'assassinat du Président Lincoln.

Vers 1831-1832, deux illustres politologues français, Alexis de Tocqueville et Auguste de Beaumont visitent les Etats-Unis dans le but d'étudier ou d'explorer en profondeur le fonctionnement du système politique américain. Ils indiquent dans leurs observations que l'esclavage et le trainement accordé généralement aux afro-américains sont tout-à-fait inappropriés, en dépit de leur admiration pour le système américain dans son aspect structurel. En d'autres termes, l'esclavage agit comme du sable dans le moteur du merveilleux système politique des Etats-Unis. L'extrait suivant, tiré du livre de Gustave de Beaumont intitulé « *Marie ou l'esclavage aux Etats-Unis* » traduit l'ignorance de cette classe d'Américains, dont les vestiges semblent encore vivaces.

« *... La première fois que j'entrai dans un théâtre, aux États-Unis, je fus surpris du soin avec lequel les spectateurs de couleur blanche étaient distingués* *du public à figure noire. À la première galerie étaient les blancs ; à la seconde, les mulâtres ; à la troisième, les nègres. Un Américain près duquel j'étais placé me fit observer que la dignité du sang blanc exigeait ces classifications. Cependant mes yeux s'étant portés sur la galerie des mulâtres, j'y aperçus une jeune femme d'une éclatante beauté, et dont le teint, d'une parfaite blancheur, annonçait le plus pur-sang d'Europe. Entrant dans tous les préjugés de mon voisin, je lui demandai comment une femme d'origine anglaise était assez dénuée de pudeur pour se mêler à des Africaines.*

-- Cette femme, me répondit-il, est de couleur.

-- Comment ? De couleur ! Elle est plus blanche qu'un lis.

-- Elle est de couleur, reprit-il froidement ; la tradition du pays établit son origine, et tout le monde sait qu'elle compte un mulâtre parmi ses aïeux.

Il prononça ces paroles sans plus d'explications, comme on dit une vérité qui, pour être comprise, n'a besoin que d'être énoncée.

Au même instant je distinguai dans la galerie des blancs un visage à moitié noir. Je demandai l'explication de ce nouveau phénomène ; l'Américain me répondit : La personne qui attire en ce moment votre attention est de couleur blanche.

-- Comment ? Blanche ! Son teint est celui des mulâtres.

-- Elle est blanche, répliqua-t-il ; la tradition du pays constate que le sang qui coule dans ses veines est espagnol. »

2. L'immigration

A par les autochtones, et les afro-américains qui y ont été amenés de force, les Américains sont un peuple d'immigrants. Le système politique des Etats-Unis semble être victime de son succès et de la gestion médiocre de leurs relations avec certains autres Etats du continent. Depuis plus d'un siècle, ils favorisent et soutiennent dans la région, des régimes brutaux et féroces, corrompus et rétrogrades. Ils y créent ainsi deux mondes aux caractéristiques complètement opposées. En mécanique comme en biologie, il en résulterait une osmose. En géopolitique, il en résulte l'exode. S'il a été relativement aisé d'endiguer le flot de « boat people » haïtiens, l'interminable frontière des Etats-Unis avec le Mexique (*3.021 km*) qui attirant des flots d'immigrant de toute l'Amérique latine, parait plus difficile à contrôler. A ce flot d'immigrants s'ajoutent ceux de l'Afrique et de l'Asie, sans compter que les migrants européens continuent en avion, la traversé de l'atlantique.

Une immigration aussi massive et aussi diverse constitue en elle-même un choc de culture qui semble se dissiper relativement sans heurt aux Etats-Unis. Cette assimilation apparente ou profonde, ou cette intégration, parait sans doute possible uniquement ou seulement aux Etats-Unis. Les Américains en ont le mérite. Il suffit d'observer le désarroi que le récent flot de réfugiés a causé en Europe, pour mieux apprécier la justesse du système américain.

Cependant, en dessous de ce calme se joue un drame réel. En plus du fardeau historique né de l'exclusion des afro-américains, personne n'est en mesure de chiffrer, voire de contrôler le flux d'immigrants clandestins arrivant par la frontière sud. Lorsque des responsables américains le chiffre ainsi en anglais : *« between five and eleven millions »*, en français facile cela signifie tout simplement : *« je n'en sais rien »*. Les problèmes sociaux sont pris en compte par des politiques publiques qui elles-mêmes sont tributaires du budget, comment établir de budget adéquat pour un phénomène quasi insaisissable ?

3. L'autonomie des Etats de l'union

La relation entre le gouvernement fédéral et les gouvernements des différent Etats américains qui constituent l'union demeure sans doute la plus insaisissable de toute. Certains couples se séparent ou divorcent au bout de quelques mois seulement. L'union soviétique s'effondre après soixante-neuf ans. Après seulement vingt-trois ans, le referendum britannique de 2016 - dit BrExit - ébranle sévèrement et fragilise   l'union européenne. Alors que l'union fédérale américaine tient depuis près de trois siècles.

Pour mieux en apprécier l'exploit, l'on doit vraiment explorer et tenir compte de tous les éléments du modèle politique américain. Cela ne signifie nullement que tout se fait absolument sans heurt. Par exemple, les politiques susceptibles d'influencer l'indice de développement humain ne relèvent souvent pas de la juridiction du gouvernement fédéral.

« Toute politique est locale » dit Tip O'Nell, ancien Président de la chambre des députés des Etats-Unis (*house speaker 1977-87*).

En effet, chaque Etat dispose de sa propre constitution et de ses propres lois, principalement dans les domaines très sensibles de la justice, de l'éducation, et de la police, pour n'en citer que ceux-là. Monsieur Obama, quarante-quatrième (44e) Président des Etats-Unis et ses collègues démocrates auraient pu être animés des meilleures intentions pour adresser et résoudre certains problèmes sociaux aux Etats-Unis. Cependant, dans l'après-midi même de l'investiture du premier Président afro-américain, des leaders républicains réunis dans un restaurant de Washington font le serment de saboter son mandat.

Ils y ont réussi, en s'opposant à toute démarche du Président. D'innombrables projets, ou nominations de directeurs d'institutions diverses, de juges fédéraux, même d'un juge de la cour suprême lui sont refusés par la majorité de républicain qui contrôlent le sénat américain. Les décisions de M. Obama font systématiquement l'objet d'un harcèlement judiciaire sans précédent. Ses détracteurs persistent jusqu'au verdict de la cour suprême, avant de recourir à des manœuvres politiques quand ils n'obtiennent pas de verdict favorable. Par exemple, des Etats gouvernés par des républicains boudent la politique d'assurance-santé (Obama care) ratifiée pendant les deux premières années où les démocrates disposaient de la majorité au parlement des Etats-Unis.

La corruption aux Etats-Unis à un non : lobbying. Les lobbyistes influencent autant les républicains que les démocrates. Les plus pernicieux semblent plus favorables aux républicains qui se qualifient eux-mêmes de conservateurs. Les néoconservateurs vivent presque dans une capsule temporelle, une chaîne de télévisions dénommée « Fox News » semble se donner pour mission de les maintenir en dehors de toute réalité grâce à une approche populiste tendant vers l'obscurantisme. Compte tenu de la croissance démographique favorisant la diversité ethnique et culturelle, l'importance des néoconservateurs sur l'échiquier politique semble vouer à un avenir pas trop certain. Conscient de cette perspective grimaçante, certains idéologues du néo-conservatisme se remuent les méninges pour éviter de perdre la face. A cet effet, tous les moyens sont pratiqués, telle la suppression du vote par des lois intempestives.

Les germes menaçant de perturber dangereusement le système politique américain et de provoquer une violente déflagration sociale semblent avoir été plantés dans la religion, notamment le christianisme ou le protestantisme proprement dit. Les chrétiens américains sont généralement très influents dans le Sud ou dans le Centre-Ouest notamment. Ce sont majoritairement de euro-américains, fermiers ou ouvriers ils sont généralement peu éduqués, peu instruits et surtout très mal informés ; ils exhibent un narcissisme outrancier inspiré des propagandes chrétiennes, cette exiguïté ou simplicité d'esprit les rend facilement malléables. Des politiciens qui se qualifient eux-mêmes et avec beaucoup de fierté de conservateurs ne s'en privent guère. Certains de ces politiciens feraient frémir Adolf Hitler dans sa culotte.

Sous de prétextes religieux, il se pratique des invasions de la vie privée dans le but de maintenir une certaine croissance démographique dans leur population cible :

- L'adoption de lois contre l'avortement, ou contre l'homosexualité, etc.

- L'entretiennent de l'angoisse en alimentant la peur, la haine et un sentiment d'insécurité à partir de situation que les néoconservateurs provoquent ou créent eux-mêmes grâce par exemple l'apologie d'un capitalisme sans foi ni loi.

- A tout cela, s'ajoute la pratique de la peine de mort qui constitue un épineux problème moral pour une société qui se veut moderne.

  George Junius Stinney Jr n'a que DIX ans lorsqu'il est condamné à mort. Il est exécuté le 16 juin 1944, à l'âge de QUATORZE ans. Fiers de leur sale besogne les jurés mettent seulement DIX minutes pour leur délibération. Au moment de son exécution, l'enfant pleure comme le ferait tout gamin de son âge. L'on découvre plus tard qu'ils ont en fait tué un enfant tout à fait innocent.

  Même dans le cas d'un vrai criminel, il est moralement et absolument abject de tuer un individu emprisonné et dont on a le contrôle.

Les tares susmentionnées ne sont pas l'apanage des républicains, les néoconservateurs se trouvent dans les deux camps. Mais les républicains semblent cependant se lancer dans une course vers le bas que beaucoup de démocrates semblent avoir du mal à tenir. Ceci n'est finalement qu'un survol des problèmes qui semblent ronger timidement, ou qui influencent l'harmonisation sociale ou le bienêtre des citoyens américains ; abstraction faite des authentiques clivages ethniques, culturels ou religieux. A travers ce prisme, se projettent ainsi les conditions qui impactent la performance des Etats-Unis dans le rapport d'indice sur le développement humain, en dépit de toutes les qualités de son modèle politique.

4.2 : Du modèle politique américain

Avant de vanter les mérites du modèle américain, il convient de rappeler en toute objectivité que d'autres Etats, en dehors des géants nord-américains et des pays de l'Europe, arrivent aussi à développer et appliquer des politiques publiques appropriées à leurs problèmes. Les américains cependant en ont fait un art, une science, et une discipline académique et intellectuelle. Comme ils l'ont fait pour d'autres disciplines telles que la mathématique, la physique, la biologie etc., les universités et les centres de recherche ont investi d'énormes ressources dans le développement des sciences politiques et de l'analyse de politiques publiques en particulier.

Politique publique formelle ou informelle

L'œuvre satirique de Jean de Molière intitulée « *Le bougeais gentilhomme* » caractérise quelque peu la différence entre la rigueur et l'intérêt des intellectuels et universitaires américains en la matière d'un côté, et de l'autre, la réalité de certaines sociétés si policées qu'elles puissent se payer le luxe d'entretenir des politiques qui ne sont souvent d'aucune recommandation formelle ou publique. En voici un extrait du dialogue entre monsieur Jourdain et le maître de philosophie :

Monsieur Jourdain : *Non, non, point de vers.*

Maître de philosophie : *Vous ne voulez que de la prose ?*

Monsieur Jourdain : *Non, je ne veux ni prose ni vers.*

Maître de philosophie : *Il faut bien que ce soit l'un, ou l'autre.*

Monsieur Jourdain : *Pourquoi ?*

Maître de philosophie : *Par la raison, Monsieur, qu'il n'y a pour s'exprimer que la prose, ou les vers.*

Monsieur Jourdain : *Il n'y a que la prose ou les vers ?*

Maître de philosophie : *Non, Monsieur : tout ce qui n'est point prose est vers ; et tout ce qui n'est point vers est prose.*

Monsieur Jourdain : *Et comme l'on parle qu'est-ce que c'est donc que cela ?*

Maître de philosophie : *De la prose.*

Monsieur Jourdain : *Quoi ? Quand je dis : « Nicole, apportez-moi mes pantoufles, et me donnez mon bonnet de nuit », c'est de la prose ?*

Maître de philosophie : *Oui, Monsieur.*

Monsieur Jourdain : *Par ma foi ! Il y a plus de quarante ans que je dis de la prose sans que j'en susse rien, et je vous suis le plus obligé du monde de m'avoir appris cela. Je voudrais donc lui mettre dans un billet : Belle Marquise, vos beaux yeux me font mourir d'amour ; mais je voudrais que cela fût mis d'une manière galante, que cela fût tourné gentiment.*

De l'analyse de politiques publiques

Il est temps d'en venir aux principales raisons qui font les mérites du système politique américain, en termes d'analyse de politiques publiques. Intrinsèquement, il est robuste, équilibré, en dépit de l'âge relativement jeune des Etats-Unis, comparé à ceux de l'Europe et de l'Asie, et il a surtout fait ses preuves. Il va sans dire que l'union ou la confédération des différents Etats est une condition particulière des Etats-Unis, ce qui n'est nullement indispensable à l'adaptation de son system politique dans d'autres sociétés. N'en déplaise à ceux qui disent vouloir faire d'Haïti une confédération, Haïti n'est un minuscule territoire de 21,750 km², c'est-à-dire deux fois moins que le territoire de son voisin de l'Est qui est la République dominicaine. L'ossature du modèle américain est constituée par l'indépendance et l'égalité des pouvoirs, autrement dit par l'institution de l'état de droit ou du modernisme.

La vie courante de tout citoyen, aux Etats-Unis, évolue au rythme des politiques publiques. La cybernétique et l'analyse des politiques publiques ont des ancêtres communs, des principes communs et des théories communes. La massification des données disponibles sur le sujet permet de confirmer que le « new deal » a largement influencé l'avènement de l'analyse des politiques publiques.

Du « New Deal »

Le 4 mars 1933, à l'apogée de la grande dépression, Franklin Delano Roosevelt que les américains désignent plutôt par ses initiales (FDR), prononce son premier discours d'investiture devant plus de cent mille (100.000) personnes au Capitol Plaza de Washington. « *Tout d'abord,* » dit-il, « *laissez-moi affirmer ma ferme conviction que la seule chose que nous ayons à craindre est la crainte elle-même.* » Il indique vouloir agir rapidement pour faire face aux sombres réalités du moment, et promet en même temps aux américains de mener la guerre contre la situation d'urgence, comme si « *nous étions en fait envahis par un ennemi étranger* », dit-il. Le nouvel élu semble rassurer les américains par son discours. Ils qui y voient un leader courageux, disposé à prendre des mesures audacieuses pour attaquer et résoudre les problèmes que confronte la nation.

Dès le lendemain de son investiture, informé de la faillite imminente des banques américaines, Roosevelt ordonne la fermeture des banques pendant quatre jours pour endiguer le flot massif de clients réclament leur argent. Quatre jours plus tard, c'est-à-dire le 9 mars, le parlement américain adopte la loi REBA qui traite de l'urgence bancaire (de l'anglais : *Roosevelt's Emergency Banking Act*). Cette loi réorganise les banques et ferme celles qui sont jugées insolvables. Dans son premier entretien radiophonique diffusé trois jours plus tard, le Président exhorte les Américains à placer leur épargne dans les banques. A la fin du mois, près de trois quarts des banques rétablissent leurs services.

La campagne de Roosevelt visant à mettre fin à la grande dépression ne fait que commencer. Il demande aussitôt au parlement de franchir la première étape des démarches pour mettre fin à la prohibition, *une des questions les plus controversées des années 1920*, en rendant légal une fois de plus le commerce et la consommation de la bière. A la fin de l'année, le congrès ratifie la 21e Amendement de la constitution des Etats-Unis qui met ainsi fin à toute prohibition de marchandise.

En mai, le nouveau Président signe la loi dénommée «*Tennessee Valley Authority Act* ». Cette loi permet au gouvernement fédéral des Etats-Unis de construire des barrages le long de la rivière Tennessee permettant de contrôler les inondations, de générer de l'énergie hydroélectrique à meilleur coût pour la population régionale, sans compter la production industrielle de fertilisant et le développement de l'économie d'une façon générale. Au cours du même mois, le parlement américain adopte un projet de loi subventionnant les producteurs de blé, de tabac, de maïs, et d'autres produits agricoles et laitiers, en vue de stopper ou de réduire les excédents agricoles et de mieux contrôler les prix. La loi sur la récupération industrielle (de l'anglais : *the National Recovery Industrial Act)* adoptée en juin 1933 garantit aux travailleurs le droit de se syndiquer et de négocier collectivement des salaires plus élevés ainsi que de meilleures conditions de travail ; elle suspend également certaines lois *antitrust* et établit le nouvel Office des Travaux Publics (de l'anglais : *Public Works Administration*), financé par le gouvernement fédéral.

Dans les cent (100) premiers jours de son administration, outre la loi sur l'agriculture (de l'anglais : *Agricultural Adjustment Act)*, la loi sur la Tennessee (de l'anglais : *Tennessee Valley Authority Act*), et celle sur la récupération industrielle (de l'anglais : *National Recovery Industrial Act*), Roosevelt obtient aussi l'adoption d'une douzaine de lois, toutes aussi importantes, y compris le projet loi sur le système bancaire de *Glass Steagall* et a loi sur les prêts immobiliers (de l'anglais : *Home Owners' Loan Act*). Face à une collection aussi hétéroclite de lois et de projets de loi, presque chaque Américain semble en mesure d'identifier une raison de se réjouir ou de se retenir. Il ne semble subsister néanmoins aucun doute que les mesures adoptées par FDR respectent les actions vigoureuses et directes promises dans son discours d'investiture.

Malgré tous les efforts du Président Roosevelt et de son Administration, la dépression persiste. L'économie nationale s'essouffle, le chômage perdure, la colère et le désespoir grandissent de plus en plus. Ainsi, au printemps de 1935, Roosevelt lance une deuxième série, encore plus agressive de programmes fédéraux, que certains appellent le second « new deal ».

En Avril, il crée l'Office du Travail pour le Progrès WPA (de l'anglais : *Works Progress Administration)* afin de fournir des emplois à ceux qui se trouvent encore au chômage. En vertu du respect de l'ordre capitalistique, les projets WPA ne sont pas autorisés à concurrencer le secteur privé. Ainsi, ils se limitent à des travaux de construction tels que des bureaux de poste, des ponts, des écoles, des routes et des parcs publics. Le WPA fournit également du travail aux artistes, aux écrivains, aux musiciens, aux réalisateurs, et aux managers de théâtres. En Juillet 1935, la loi sur le travail (de l'anglais : *National Labor Relations Act*), aussi connu comme la loi Wagner, crée le Conseil du Travail (de l'anglais : *National Labor Relations Board)* afin de superviser les élections syndicales et empêcher aux entreprises de traiter injustement leurs travailleurs. En août, FDR signe la loi sur la sécurité sociale de 1935, qui garantit la pension à des millions d'Américains, met en place un système d'assurance-chômage et institutionnalise l'aide du gouvernement fédéral aux enfants nécessiteux et aux personnes handicapées.

En 1936, FDR rentre en campagne pour réclamer un second mandat. « *...Les forces de l'argent organisé sont unanimes dans leur haine pour moi et je me réjouis de leur haine* », déclare-t-il face à une délirante foule rugissant au Madison Square Garden, « *Je devrais vous l'avoir dit, dans ma première administration, les forces de l'égoïsme et de la soif de pouvoir ont rencontré leur égal, je voudrais aussi vous dire que dans ma deuxième administration ces forces rencontreront leur maître.* ». Après avoir parcouru un assez long chemin renforçant sa répudiation de toute politique basée sur les classes, FDR promet un combat beaucoup plus agressif contre les ceux qui ont profité des Américains ordinaires pendant les pénibles expériences de la période de dépression. Il remporte ainsi les élections pour un autre mandat avec une écrasante majorité.

Alors que la grande dépression perdure, les travailleurs se montrent de plus en plus combatifs. En décembre 1936, par exemple, le syndicat des travailleurs de l'automobile (*United Auto Workers*) entame une grève dans une usine de *Général Motors* (GM) à Flint, Michigan qui dure quarante-quatre (44) jours et s'étend à quelque cent cinquante mille (150,000) travailleurs dans trente-cinq (35) villes. En 1937, au grand dam de la plupart des chefs d'entreprises, quelque huit millions de travailleurs rejoignent les rangs des syndicats, et revendiquent vigoureusement leurs droits.

Entre-temps, le *new deal* semble confronter un revers politique après l'autre. La majorité conservatrice de la *Cour Suprême* des Etats-Unis casse les initiatives de réforme telles que la NRA ou la *National Recovery Administration*, et la AAA ou la *Agricultural Adjustment Administration* parce qu'elles représenteraient une extension inconstitutionnelle de l'autorité fédérale. En 1937, pour protéger ses programmes contre d'autres ingérences, M. Roosevelt annonce un plan d'ajouter suffisamment de juges libéraux à la Cour et neutraliser ainsi les conservateurs « obstructionnistes ». Le bourrage de la cour n'aura pas lieu cependant, car peu de temps après avoir eu vent du plan, les juges conservateurs se mettent à voter en faveur des projets du New Deal. Mais en termes de relations publiques, l'épisode semble avoir causé beaucoup de dommages à l'Administration, et fourni des munitions à de nombreux adversaires de Roosevelt au parlement américain. Au cours de la même année, alors que le gouvernement réduise les dépenses de relance, l'économie glisse à nouveau vers la récession. En dépit de la justification palpable du New Deal, à cause de la grogne anti-Roosevelt, il devient malheureusement difficile à M. Roosevelt de faire adopter de nouveaux programmes.

Le 7 Décembre 1941, les Japonais bombardent Pearl Harbor, et les États-Unis rentrent officiellement dans la Seconde Guerre mondiale. L'effort de guerre stimule davantage l'industrie américaine et met ainsi définitivement fin à la grande dépression.

De 1933 à 1941, les programmes et les politiques de M. Roosevelt font beaucoup plus que d'ajuster simplement les taux d'intérêt, de bricoler par des subventions agricoles, ou de développer des programmes de création d'emplois à court terme. Il se crée une toute nouvelle, si non, une fragile coalition politique qui comprend les ouvriers euro-américains dits col bleu, les Afro-Américains, les progressistes et les intellectuels. De l'avis de certains sociologues, ces groupes partagent rarement les mêmes intérêts. Ils n'en reviennent pas. Le new deal de FDR prouve s'il en était besoin qu'un Etat moderne, proactif où tout est régulé sur la base de politiques publiques formelles favorise chaque individu en particulier, les familles, l'économie et la nation en général. Leur coalition assemblée par FDR semble se dissiper au fil du temps, mais les programmes du New Deal qui les unissent tels que la sécurité sociale, l'assurance chômage, et les subventions agricoles fédérales, par exemple, sont encore en application à ce jour.

Du plan Marshall

L'Europe en sort totalement dévastée des années de conflit qui ont culminé à la seconde guerre mondiale. Des millions de personnes ont péri, autant finissent blessées ou mutilés. En Angleterre, en France, en Allemagne, en Italie, en Pologne, en Belgique et ailleurs les centres industriels et résidentiels sont en ruines. Une grande partie de l'Europe est au bord de la famine, la production agricole est anéantie par la guerre, et les infrastructures de transport sont en ruines. Les États-Unis demeurent alors la seule grande puissance dans le monde dont les infrastructures de production émergent de la guerre dans un état pratiquement favorable ou renforcé.

De 1945 à 1947, les États-Unis contribuaient déjà à la reprise économique européenne grâce à l'aide financière directe, sans mentionner l'aide militaire octroyée à la Grèce et à la Turquie. L'Organisation des nations unies nouvellement formée se chargent de l'assistance humanitaire. Si les alliés ont remporté la seconde guerre mondiale, l'architecte de cette victoire est le général de l'armée George Catlett Marshall, Jr. En janvier 1947, le Président américain Harry Truman le nomme au poste de Secrétaire d'Etat américain. C'est un titre similaire à celui de Chancelier ou du Ministre des affaires étrangères. Dans son journal du 8 Janvier 1947, Truman écrit :

« Marshall est le plus grand homme de la Seconde Guerre mondiale. Il s'est arrangé pour s'entendre avec Roosevelt, le Parlement, Churchill, la marine et les chefs d'état-major, et vient de réaliser aussi un grand exploit en Chine. Quand je lui ai proposé d'être mon envoyé spécial en Chine, il a simplement répondu : « Oui, Monsieur le Président, j'y vais. » Aucune réplique, tout ce qui compte pour lui c'est l'action patriotique. Si quelqu'un méritait bien de s'en dérober et de réclamer un peu de repos, ce serait lui. Grâce à lui, nous disposons maintenant d'un vrai Département d'Etat. »

George Marshall et le plan

Seize nations, dont l'Allemagne, font partie du plan. Ils élaborent le programme d'aide dont ils ont besoin, Etat par Etat, avec l'assistance administrative et technique fournie par l'Administration de la Coopération Economique (CEA) des États-Unis. Les nations européennes reçoivent près de treize (13) milliards de dollars d'aide qui initialement a lieu sous forme de livraisons de nourriture, d'agrafes, de carburant et de machinerie par les États-Unis, puis sous forme d'investissements dans l'infrastructure industrielle européenne. Le financement du Plan Marshall prend fin en 1951.

Le plan Marshall a énormément contribué à la reprise économique des pays européens alliés des Etats-Unis. De 1948 à 1952 la croissance économique européenne augmente à un rythme sans précédent. Les relations commerciales favorisent la formation de l'alliance de l'Atlantique Nord. L'avènement plus tard de l'union européenne est rendu possible grâce à la prospérité économique menée par les industries du charbon et de l'acier.

L'heure du bilan

La Fondation Marshall dispose aujourd'hui encore d'un document quasi unique en son genre qui compte trois mille sept cents (3,700) pages. L'on y trouve tout ce qui a trait au programme de la récupération économique de l'Europe, notamment l'adresse faite au parlement par le Président Harry Truman en la circonstance, l'ensemble des lois, programmes, rapports, dépenses, l'audition du général Marshall et d'autres responsables américains. L'exercice n'est point banal, le document reflète les séances d'auditions conduites par le comité du congrès en charges des affaires étrangères et qui se fixe pour obligation de s'assurer que l'argent et toute autre ressource américaine, alloués à ce programme de politique étrangère aient été utilités conformément aux principes et normes administratifs.

Tout ceci contraste bien avec la réalité d'Haïti. Plus de dix ans après la ratification de l'accord *Petro Caribe*, il n'a jamais existé aucune politique publique régulant sa mise en œuvre. En dépit de nombreux scandales de corruption avérée et de détournement de fonds publics, la caravane se faufile dans les dédales de la tyrannie.

La politique de plein emploi aux Etats-Unis

Dans la théorie de l'évolution des systèmes complexes adaptatifs, les mutations s'opèrent en cascades. « *On ne se beigne jamais deux fois dans le même fleuve* », dit Héraclite. En dépit de la robustesse du système américain son talon d'Achille reste les politiciens, notamment ceux qui se disent conservateurs. L'expression américaine « *the nature of the beast* » semble traduire les péripéties endurées par le Président Harry Truman qui vise à faire adopter le projet de loi sur le plein emploi par le parlement, avant de voir sa démarche finalement rejetée et vilipendée.

Le plein emploi désigne l'état d'une économie où toute individu qualifié qui désire travailler puisse trouver un emploi aux taux de rémunération en vigueur. Toutefois, cela ne signifie guère cent pour cent (100 %) de taux d'emploi. Il subsiste toujours une certaine marge de chômage frictionnel, compte non tenu des facteurs saisonniers.

Le projet de loi sur le plein emploi de 1946 cherche alors à renforcer et consolider les gains ou acquis de l'économie américaine qui résultent des dépenses massives de l'Administration FDR pendant la seconde guerre mondiale. Epousant la théorie de l'économiste britannique John Maynard Keynes qui préconisait que des dépenses publiques intensives étaient nécessaires pour mettre fin à la dépression économique, Harry S. Truman propose en 1945, un programme en 21 points visant à stimuler l'économie américaine. Le plan prévoit la législation du plein emploi, une augmentation du salaire minimum, et de meilleures prestations en termes d'allocation chômage et de sécurité sociale, ainsi que l'assistance au logement. Selon Truman, ce projet de loi éviterait au pays de tomber à nouveau dans la dépression, parce qu'il anticipe des mesures correctives telles que des réductions d'impôt et des programmes de dépenses publiques en fonction de l'évolution des indicateurs économiques.

Le projet de loi sur le plein emploi ainsi proposé remporte le soutien massif des ouvriers ainsi que des politiciens libéraux, mais les patrons d'industrie s'y opposent farouchement. L'Association Nationale des Manufacturiers considère le projet de loi comme une mesure socialiste. En outre, indiquent-ils l'intervention gouvernementale menacerait la libre entreprise. Pour apaiser la communauté des affaires, le parlement supprime plusieurs éléments clés du projet de loi avant de finalement adopter une version sévèrement tronquée de la législation proposée initialement par Truman. La loi sur le plein emploi, qui n'en est plus une, adoptée par le parlement en 1946 crée le Club des Conseillers Economiques dont la tâche est de conseiller le Président, mais rien de cela n'inclut l'autorisation d'une intervention gouvernementale pour maintenir le plein emploi lorsque les indicateurs économiques signalent une récession. Loin d'octroyer au gouvernement le rôle important que Truman veuille, le parlement ne lui laisse qu'un rôle modeste, voire très modeste, dans la planification économique du pays.

A la lumière de tout ceci, vaudrait-il toujours la peine de considérer le modèle politique américain pour Haïti ?

La réponse reste emphatiquement positive. En effet, les plus précieux éléments tels que les pierres et les métaux précieux, le gaz, etc., se recueillent souvent dans la boue et au milieu de scories dont il faut se débarrasser. Il faudra ainsi récupérer le meilleur du système américain, mais aussi le meilleur des Etats de l'OCDE qui carambolent dans le peloton des dix premiers du rapport d'indice sur le développement humain.

Haïti n'a peut-être pas le moyen de devenir l'Etat le plus riche ou le plus puissant du monde, ni même de la région. Sa population et son territoire sans mentionner ses ressources naturelles sont trop limités. Néanmoins, Haïti peut devenir le meilleur Etat du monde en termes d'état de droit ou de modernisme grâce à la théorie du continuum nation-Etat.

4.3 : De l'analyse des politiques publiques

Les prochains paragraphes présentent brièvement une vue générale mais assez saisissable de ce qu'il convient d'appeler une politique (de l'anglais : *policy*). Une politique est souvent simplement associée une législation et à une régulation, mais en réalité, elle comporte une grande variété d'activités. Elle se présente généralement sous la forme de déclarations générales concernant des priorités, des mécanismes de régulation ou des lignes directrices, des procédures et des normes à atteindre. Elle expose, dans un contexte particulier, une stratégie ou une trajectoire distincte de l'action la plus appropriée pour la poursuite des objectifs souhaités, et favorise la transparence dans les prises de décision.

Politique publique

D'une manière générale une politique est ce que le gouvernement choisit de le faire, ou de ne pas faire. En d'autres termes, elle indique une décision prise par le gouvernement d'agir ou de ne pas agir en vue de résoudre un problème. Dans un Etat moderne, une politique publique est l'implémentation en termes de législation, d'une politique ou d'une stratégie qui découle d'une politique. En d'autres termes, une politique publique est un système de loi tutélaire. Une fois n'est pas coutume dit-on, mais nous en avons inventé la boutade suivant à propos du concept : « elle n'est point politique si elle n'est pas publique, elle n'est point publique sil elle n'est pas politique. »

Une politique publique est un plan directeur guidant une série d'actions connexes dans un domaine déterminé. Elle s'intéresse rarement à un problème isolé. Elle agit généralement sur en ensemble de problèmes enchevêtrés, et porte sur un plus ou moins long terme. Une politique publique sert de guide ou de marche à suivre aux gouvernements, elle fournit aux pouvoirs de contrôle ou de juridiction (parlement, justice) et aux citoyens des données assez exhaustives en vue de favoriser la reddition des comptes et déterminer les responsabilités. Le cycle de création de politique se développe suivant un processus d'optimisation qui gauge différentes solutions répondant aux différents aspects de toute une série de problèmes.

Une politique comporte généralement trois instances principales dont la définition du problème, l'énoncé des objectifs à atteindre, et les instruments de politique permettant de résoudre le problème et d'atteindre les objectifs fixés. Une Politique peut être formelle ou informelle. Une politique formelle peut prendre la forme d'un document de politique planifiée et élaborée. C'est-à-dire une stratégie qui a été préalablement discutée, écrite, examinée, approuvée et publiée par un organisme d'élaboration et de contrôle des politiques. Par exemple, un plan national du gouvernement sur l'aménagement du territoire.

Une politique informelle réfère à des pratiques ad hoc, elle présente plutôt un profil très générique. Elle est généralement non publique mais nettement reconnaissable, compréhensible et ne laisse absolument aucun doute au sein de l'organisme en question qu'il existe bien un plan d'action qui doit être suivie ou qui est en cours. Autrement dit, même si cette politique informelle n'est pas rendue intelligible ou explicite par écrit, elle doit avoir le mérite d'exister au moins dans la pratique.

Il n'existe aucune relation binaire entre une politique formelle ou publique et une politique informelle, c'est-à-dire, l'absence de politique publique n'implique nullement l'existence de politique informelle. Surtout dans le cas certainement d'un Etat déliquescent comme Haïti où la gouvernance n'existe point.

Autrement dit, l'inexistence de politiques publiques ne saurait en aucun cas servir de subterfuges à certains pour prétendre qu'il existe une quelconque politique informelle en Haïti où l'anti-gouvernance règne dans toute sa stupeur et dans toute sa plénitude.

De l'élaboration des politiques publiques

Les politiques émanent de ceux qui ont l'autorité légitime d'imposer des directives normatives à l'action publique. Elles sont élaborées par des élus qui agissent de concert avec les conseillers des niveaux plus élevés de l'Administration publique. Les ministres sont au rang des officiels - *élus indirects ou* - qui siègent au sommet du gouvernement. Ils ont le droit d'articuler les politiques et de les soumettre au parlement qui peut les rejeter, les amender ou les adopter. Les fonctionnaires sont alors tenus de mettre en œuvre les politiques ou les stratégies suivant des programmes définis et contrôlés par des politiques publiques.

De l'infrastructure politique

Une infrastructure politique est un vaste ensemble de politiques régissant les actions des groupes et des organismes de l'Etat. Le large éventail de politiques constitue un tissu - *ou un web* – dont la dynamique ou le processus d'interaction engendre de nouveaux développements de politiques, aussi bien que la révision ou l'amendement de politiques déjà en cours. Ainsi, conformément aux principes du continuum nation-Etat, la présence ou l'absence d'une politique affecte toute l'infrastructure politique.

Du cycle de vie des politiques publiques

L'élaboration des politiques publiques désigne un processus itératif parsemé de boucles rétroactives. Ce processus n'est en aucun cas linéaire. Une politique publique résulte de certaines étapes fondamentales, dont :

1. L'émergence d'un problème qui nécessite l'attention à la fois du public et des décideurs politiques.

2. L'inscription du problème dans l'agenda du gouvernement en vue d'en trouver une solution.

3. La formulation de différentes alternatives permettant de résoudre le problème.

4. L'adoption de la proposition de politique publique qui se révèle la plus efficiente, et sa soumission au parlement pour les suites nécessaires. : révision, ratification, etc…

5. La mise en œuvre de la politique publique dotée de systèmes informatiques complexes destinés au control de management des processus, et à la collecte, au traitement et à l'analyse de données.

6. L'évaluation périodique des objectifs, et attribution des responsabilités s'il y a lieu : auditions, enquêtes criminelles, jugements, etc.

7. L'évaluation et la révision de la politique publique s'il y a lieu, et le processus recommence dès le point deux (2).

En réalité, le processus de développement d'une politique publique peut s'avérer moins ordonnée que ce qui précède. Cependant l'idée d'un « cycle de développement » facilite une réflexion plus organisée sur l'analyse des politiques publiques d'une façon générale.

De la participation au développement des politiques publiques

Le cycle politique implique une variété d'entités aussi importantes les unes que les autres dans le processus politique. A travers leur implication active, voire proactive dans les différentes étapes, les individus ou les organismes qui collaborent dans le processus politique sont tous des acteurs. Le gouvernement est souvent considéré comme la seule entité impliquée dans l'élaboration des politiques. En effet, le gouvernement détient les rennes du processus décisionnel ultime, et le pouvoir de financement, néanmoins la précieuse et nécessaire participation des nombreux autres acteurs n'en demeure pas moins crucial dans le processus d'analyse des politiques publiques.

La participation s'opère souvent à travers un réseau sur lequel le gouvernement se fonde pour atteindre des objectifs souvent complexes des politiques publiques, par exemple :

- Les pouvoirs publics qui exercent un contrôle certain du comportement social ; c'est un pouvoir de coercition.

- Le Gouvernement qui détient le privilège de l'initiative en matière de politique publique, est un lieu d'exercice du pouvoir, il constitue un groupe restreint mais investi d'énormes pouvoirs décisionnels.

- Les fonctionnaires qui disposent de la connaissance ou du savoir technique, des conseils de politique générale, ou des prestataires de services.

- Les partis politiques qui développent souvent des relations en échange d'appui politique.

- Les médias qui fournissent l'information au public, suscitent l'intérêt, forment ou façonnent l'opinion publique.

- Les groupes d'intérêt qui cherchent à faire avancer les intérêts de leurs membres, peuvent se doter de moyen politique ou économique très puissant, et ainsi influencer l'orientation du réseau politique.

- Le système judiciaire qui interprète les lois, et agit en toute indépendance et impartialité.
- Le public qui élit les législateurs, le chef de l'Etat, et les décideurs locaux, se fait des opinions, s'adhère à des groupes d'intérêt et autres coalitions, repose sur les médias comme source d'information et d'analyse.

Des instruments de politique

Les instruments de politique désignent les techniques dont dispose le gouvernement pour accomplir les objectifs de sa politique. Il est crucial de s'assurer en premier lieu de l'établissement convenable et approprié du binôme (problème, stratégie), s'impliquent alors les instruments ou les outils nécessaires permettant d'atteindre les objectifs poursuivis, dont les dépenses, les régulations, les partenariats, les échanges d'informations, la fiscalité, les licences, la dispensation directe de services, ne rien faire, les contrats, les subventions, l'autorité, etc. Les instruments de politique permettent en principe de répondre aux priorités suivantes :

- Assurer un changement du comportement individuel
- Réaliser les conditions sociales, politiques ou économiques
- Fournir les services à la population

Le gouvernement détermine choix des instruments de politique en examinant des actions antérieures telles que des instruments de politique utilisés dans le passé par le gouvernement ou par ceux qui le précède. Il doit aussi adresser d'autres formes de contraintes dont les pressions financières, sociales, culturelles et internationales. Néanmoins, l'infrastructure politique reste sans doute la plus énorme des contraintes dont il faut inévitablement affronter. La détermination des instruments de politique varie généralement suivant les considérations suivantes :

- Ne rien faire : décider de ne pas intervenir. Il peut n'y avoir aucun problème, aussi bien que des contraintes financières ou d'autres précédents, qui justifient la décision du gouvernement de ne pas agir. Le problème dans ce cas peut être tout simplement autocorrectif.
- L'information : influencer les individus par le transfert des connaissances, la communication et la persuasion morale. Le comportement est basé sur la connaissance, les croyances et les valeurs. Sans nécessairement donner dans la propagande, c'est le moins coercitif des instruments,
- Les dépenses : l'argent constitue un instrument direct de concrétisation d'objectifs. Les dépenses peuvent prendre la forme de subventions, de contributions, de coupons ou de bons, etc.
- La régulation : les pouvoirs publics ont le droit de commander, d'autoriser ou d'interdire. C'est l'instrument ou l'outil le plus largement utilisé. Les régulations déterminent les normes, les comportements acceptables ou les limites d'activités ou d'actions.
- Action publique (sociologie) : fournir un service direct dans des domaines tels que l'éducation, la collecte d'ordures, les parcs et loisirs, etc. pour atteindre les objectifs, plutôt que de compter uniquement sur l'apport indirect des citoyens ou des organismes.

Les instruments de politiques dont fait choix le gouvernement est en effet influencés par :

- La légitimité et la transparence : les instruments de politique financière et de régulation sont limités dans un nouvel environnement de gouvernance, spécialement en cas d'augmentation ou d'extension dans les réseaux politiques.

- L'influence internationale : la politique environnementale, la fiscalité et la politique fiscale sont désormais soumis à la pression internationale.

Dans une économie de marché, l'industrie joue un rôle prépondérant. L'emphase se porte ainsi sur les instruments de politiques alternatives, ou sur les instruments politiques qui complètent la conduite traditionnelle de commandement ou de contrôle de la législation :

✓ La régulation industrielle (*benchmarking*) permet l'établissement de normes ou de standard dans le domaine industriel.

✓ La co-régulation permet une autonomie considérable de l'industrie selon des paramètres bien précis, définis dans un cadre législatif. Elle permet également une plus grande flexibilité et d'efficacité au sein du système, tout en offrant les mêmes niveaux de protection par des moyens plus traditionnels de régulation.

✓ Les Codes de conduite volontaires permettent d'établir des normes de conduite spécifiques sur la façon dont une industrie traite avec ses clients. Les entreprises acceptent volontairement de respecter ces normes en souscrivant au code. Habituellement, des sanctions s'appliquent à l'encontre des entreprises qui ne respectent pas le code. Le contrevenant peut payer une amende, ou être expulsé d'une association de l'industrie, être contraint d'annoncer publiquement qu'il a violé le code et d'expliquer ce qu'il compte faire en vue régler une plainte pendante par exemple.

✓ Les accords négociés encouragent la participation.

4.4 : Position du problème

Les principes de la théorie de l'évolution des systèmes complexes adaptifs indiquent que la situation d'Haïti tend vers une complexité. Lorsque divers agents d'un système s'ajustent de manière autonome en fonction de leur entropie propre, le comportement global du système relève de la théorie du chaos. Pour des curieux qui ont vu le film « *Jurassic Park* » à sa sortie en 1993 et qui sans doute n'ont pas manqué le dernier épisode de la trilogie qui est sorti en 2015, ils ont au moins une fois entendu parler de système complexe et de la théorie du chaos. Pour ceux qui probablement n'ont pas été suffisamment curieux pour s'y intéresser, cette rubrique leur en offre l'opportunité (réf. : 1.4). En tout cas, ce film offre une occasion de plus de revoir le sujet, même superficiellement.

Une brève incursion dans « Jurassic Park »

En effet, Michael Crichton est l'auteur du roman qui a été adapté pour la production du film dont le personnage central est le docteur Ian Malcolm joué par l'acteur Jeff Goldblum. Il y décrit ainsi la théorie du chaos :

« La physique a eu énormément de succès dans l'étude de certains types de comportements : planètes en orbite, vaisseau spatial allant sur la lune, pendules, ressorts et billes de roulement, etc. Les études du mouvement régulier des objets peuvent se satisfaire des équations linéaires, et les mathématiciens arrivent facilement à résoudre ces équations. Ils le font en fait depuis des centaines d'années.

Il existe néanmoins un autre type de comportement dont la physique semble avoir beaucoup de mal à appréhender. Tout ce qui relève de la turbulence, par exemple. L'eau sortant d'un robinet, l'air se déplaçant sur une aile d'avion, la météo. Le sang circulant à travers le cœur. L'étude d'événements associés à des turbulences requiert l'usage d'équations non linéaires. Ces équations sont en principe très difficiles à résoudre, en fait, ils sont généralement impossibles à résoudre. Donc, la physique n'est jamais parvenue à appréhender ou maitriser toute cette classe d'événements, depuis plus d'une dizaine d'années. L'une des toutes nouvelles théories dans ce domaine s'appelle : la théorie du chaos. »

Gouvernance et théorie du chaos

Les premières tentatives de créer des modèles informatiques de l'atmosphère, du temps ou du climat datent à peu près des années soixante (1960). Le système météorologique demeure complexe, les turbulences émergent de l'interaction entre l'atmosphère de la terre, la terre elle-même, la lune et le soleil, etc. Le comportement de ce grand système complexe ne cesse de défier la logique. Alors, il reste toujours impossible de prévoir naturellement le temps, c'est-à-dire grâce à la logique. En dépit de toutes les recherches entreprises dans le domaine, ce que les chercheurs ont appris à partir de modèles informatiques est que, même s'ils arrivent à comprendre le système, ils ne sont toujours pas en mesure de prédire son comportement. Autrement dit, la prévision météorologique est absolument impossible. La raison en est que le comportement du système est tributaire du phénomène dénommé « conditions initiales ».

L'on utilise un canon pour lancer un obus d'un poids bien déterminé, à une vitesse donnée, et un angle d'inclinaison précis. Si on lance un second obus ayant le même poids, à la même vitesse et suivant le même angle d'inclinaison, que se passerait-t-il ? Les deux obus atterriraient à peu près au même endroit. C'est la dynamique linéaire. Néanmoins, considérons un système météorologique doté d'une certaine température, une certaine vitesse du vent, une certaine humidité ; reprise dans des conditions similaires, c'est-à-dire avec la même température, le même vent et la même humidité, le second système ne se comportera pas forcément comme le premier. En effet, le second système risque de dériver rapidement et de devenir très différent du premier. Cette imprédictibilité est une caractéristique de la dynamique non linéaire, car ces systèmes sont sensibles aux conditions initiales, de minuscules différences amplifiées et qui atteignent des proportions totalement démesurées. Dans le jargon de la théorie du chaos, on parle souvent de « l'effet papillon ». Par exemple, un papillon qui bat des ailes à Pékin et provoque un ouragan à Port-au-Prince.

Le chaos n'est pas seulement aléatoire et imprévisible. Dans la complexité, il existe effectivement des régularités cachées qui constituent la variété du comportement d'un système. Le chaos est ainsi devenu une théorie très étendue qui permet de tout étudier, du marché boursier aux émeutes, jusqu'aux ondes cérébrales lors d'une crise épileptique. En fait, dans tout système complexe où règnent la confusion et l'imprévisibilité, il en existe toujours un ordre sous-jacent. Cet ordre sous-jacent se caractérise essentiellement par le mouvement du système à l'intérieur d'un référentiel donné (espace moment, espace état, etc.).

La théorie du chaos enseigne deux principes fondamentaux. Tout d'abord, que les systèmes complexes comme la météo ont un ordre sous-jacent. En outre, des systèmes simples peuvent produire un comportement complexe. Par exemple, au contact d'une table de billard, la boule de billard se met à caramboler sur sa surface. En théorie, c'est un système assez simple, un système presque newtonien ou évoluant dans un référentiel galiléen. Comme il est possible de connaître la force appliquée à la balle, et la masse de la celle-ci, il est possible calculer l'angle suivant lequel elle va heurter les bordures, il est donc possible de prédire le comportement futur de la balle. En théorie, il est même possible de prédire le comportement de la balle très loin dans le futur, pendant qu'elle continue de rebondir d'un côté à l'autre ; il est aussi possible de prédire où elle finira sa course plusieurs heures à partir d'un moment t_0.

Mais en réalité, il se trouve qu'une telle prédiction peut ne pas possible au-delà de quelques secondes dans le futur. Parce que l'effet des imperfections à la surface de la balle et l'effet de minuscules d'entailles dans le bois de la surface de la table s'amplifient et créent l'émergence de micro évènements. La succession de ces événements ne tardent pas à rendre tout à fait obsolètes et inutiles les minutieux calculs susmentionnés. Il se trouve donc que ce système simple d'une boule sur une table de billard peut adopter un comportement imprévisible.

Analogiquement, même si Haïti constituait un système calme plat, linéaire et régulier, la succession et l'amplification de micro évènements auraient pu engendrer la situation aux allures imprévisibles voire chaotique qu'elle affiche.

4.4.1 : De l'anti-gouvernance

L'anti-gouvernance est par définition une complexité. C'est-à-dire un événement, une turbulence qui a émergé d'un système tout aussi complexe que le tissu social [haïtien] en interaction avec des agents étrangers. Tout système est un système à l'intérieur d'un autre. Le système de rang plus élevé dans la hiérarchie agit comme un environnement externe pour les systèmes subordonnés. L'Etat, la gouvernance ou l'anti-gouvernance reste l'émanation de la société, celle-ci en détient donc la prédominance hiérarchique. C'est ainsi que la rupture vient toujours de la société ou de ses héros.

L'état actuel de la connaissance ou du savoir indique que tous les éléments qui composent l'univers - *observable* - découlent de l'hydrogène (H) et de l'hélium (He), respectivement premier et second élément du tableau périodique proposé par le chimiste russe

Dimitri Mendeleïev. L'hélium est l'élément le plus léger et le plus abondant de l'univers après l'hydrogène. L'hydrogène et de l'hélium servent de combustibles aux étoiles, cette combustion favorise la création d'élément plus lourds qui se dispersent en suite dans l'univers lorsque des étoiles explosent. Analogiquement, toute proportion gardée, la déliquescence avérée de l'Etat, résultante de tous les maux d'Haïti, dérive essentiellement de deux caractéristiques ou comportements qui sont : l'incompétence et la corruption.

Les organismes de l'Etat se composant d'individus, ce sont donc les individus, politiciens et autres agents, qui sont incompétents et corrompus. Considérons par exemple, un plan cartésien, où l'axe des abscisses représenterait l'incompétence, et où l'axe des ordonnées représenterait la corruption ; tous les élus et membres du gouvernement ou des pouvoirs, pour n'en citer que les chefs, figureraient au premier cadran. Toute exception, car il en existe, ne peut que confirmer la précédente assertion.

L'analyse longitudinale de ces données révèlerait sans doute une nette croissance des abscisses ainsi que des ordonnées, période après période. Autrement dit, les élus ou les fonctionnaires appartenant aux trois premières catégories de la fonction publique (réf. :3.2.2.6) sont de plus en plus incompétents, et de plus en plus corrompus. Mieux vaut s'en tenir à cet exercice abstrait, car la réalité risque de se révéler encore plus abjecte. Les diplomates et journalistes américains en savent mieux, ils qualifient les individus des couches privilégiées d'Haïti de « moralement répugnants ».

L'anti-gouvernance favorise l'arbitraire, le despotisme, l'obscurantisme, l'exclusion, etc. A l'instar de la gouvernance, l'anti-gouvernance constitue aussi un système, il en est de même de la corruption et l'incompétence. Tout système complexe adaptatif dispose de la propriété de se reproduire, l'anti-gouvernance n'échappe point à la règle. Dans le cas général comme dans le contexte du continuum nation-Etat, un système est une entité ayant certaines caractéristiques telles qu'une identité, une structure, un ou des comportements, une ou des fonctions et chacune de ces propriétés présente à tout instant un état, ou un statut.

Dans le cadre de la gouvernance d'un Etat, les programmes sous-tendus par des politiques publiques, les secteurs et leurs institutions etc., constituent aussi des systèmes. Par exemple le nom et la finalité d'un organisme constituent son identité, son comportement est déterminé par son rôle effectif dans la société en termes de transformation, alors que son état ou son statut est déterminé par la position actuelle ou par la performance effective de l'organisme en question.

L'identité du système est pratiquement immuable, alors que son comportement et son état entretiennent une relation circulaire. L'état du système affecte son comportement autant que son comportement affecte son état. Il se développe ainsi entre ces deux instances une boucle de rétroaction ou de feedback. La boucle de rétroaction peut être positive ou négative. Dans l'anti-gouvernance par exemple, il se développe une boucle de rétroaction positive dont l'effet favorise une amplification ou dégradation continuelle de tout état enregistré.

L'anti-gouvernance et l'éducation ne Haïti

Par exemple le ministère de l'Education, en tant que système ou organisme est doté d'une finalité qui consiste à moderniser le secteur de l'éducation et à garantir en particulier un système d'enseignement public de qualité allant des maternelles jusqu'aux cycles postdoctoraux des universités, disponible à tous sans discrimination aucune et dans tous les territoires. Néanmoins, ce département ministériel est aujourd'hui déliquescent, - *état actuel du système* -, par son comportement [présent] qui se borne à une scolarisation morbide, - *au lieu d'un enseignement de qualité* -, officiellement endossé et vulgarisé par des programmes tels que l'Education Pour Tous (EPT), et le Programme de Scolarisation Universelle Gratuite et Obligatoire (PSUGO), est contraint de sombrer ou de s'enliser davantage dans la déliquescence. Autrement dit, à mesure que l'organisme devienne déliquescent, le comportement actuel ne produit en tout logique que des agents médiocres qui deviennent à leur tour, professeurs, directeurs, et ministres. La dégradation de l'éducation ne peut que s'amplifier. Ainsi, à mesure que la boucle de rétroaction positive agisse, l'état de l'organisme s'éloigne de la référence ou de tout état favorable.

Afin d'aider le lecteur à mieux appréhender cette dynamique de transformation, où le comportement et l'état du système s'affectent mutuellement par le biais de boucles de rétroactions positives, considérerons le cas strictement individuel suivant. L'individu qui jouit d'une bonne santé physique et mentale, *état du système*, est plus apte à se maintenir en santé par des exercices physiques réguliers, *comportement du système*, ce qui en retour lui permet de se maintenir en santé et la boucle se poursuit. En revanche, l'individu malade ou ayant une santé précaire est ainsi moins apte à s'adonner à des exercices réguliers, ce qui en retour affecte davantage ses conditions de santé, autrement dit, à mesure que la santé physique ou mentale de l'individu se dégrade, le phénomène va en s'amplifiant.

L'émergence d'une intelligentsia

Alliés naturels des radicaux ploutocrates, les agences de la communauté internationale s'enlisent inexorablement dans le marécage de l'incompétence et de la corruption, et les moyens pour s'en sortir semblent tout à fait dérisoires. En dépit de tout, l'on doit cependant éviter de jeter le bébé et l'eau du bain. Les dépenses consenties par l'une et l'autre de ces agences sont relativement considérables. Ces sommes proviennent de prélèvements opérés sur les revenues des citoyens d'autres Etats étrangers. Le sacrifice consenti par certains cadres et consultants, éloignés de leur famille et de leur terre natale, n'est nullement négligeable. Néanmoins, malgré tous ces efforts Haïti est désigné comme le seul pays moins avancé (PMA) de la région. L'un des pays les plus archaïques du globe, Haïti est aussi désigné « entité chaotique ingouvernable » alors qu'il ne connait ni guerre ni conflits armés.

L'effort de modernisation d'Haïti nécessite l'émergence d'une intelligentsia nationale dotée de pensées, de courage, et de ressources nécessaires pour ramener l'ordre au chaos. C'est-à-dire capable d'innover, de changer de pratique ou de méthode, d'instituer la gouvernance et de faire luire à nouveau la perle des Antilles avec et pour tous ceux qui le veulent. « On ne peut pas répéter sans cesse les mêmes sottises et s'attendre à des résultats différents », dirait Albert Einstein. L'intelligentsia doit se faire valoir et proposer un nouveau paradigme et un partenariat productif et ouvert pour accomplir les objectifs fondamentaux du continuum nation-Etat.

Le jugement de Salomon

Alors que deux femmes se disputent la maternité d'un bébé, Salomon (970-931 avant J.C.) propose de trancher le bébé équitablement à l'aide d'une épée et d'en remettre une part à chacune d'elle. Sans hésiter une des femmes se désiste pour en préserver l'enfant, percevant ce comportement digne d'une vraie maman, Salomon ordonne alors que le bébé lui soit remis. A l'instar de la théorie du jugement de Salomon, les élites vraies et les pays qui sont les vrais amis d'Haïti ne manqueront sans doute pas de supporter l'effort de reconstitution du continuum nation-Etat.

Une vraie élite

L'orientation de la gouvernance reflète la vision des élites ou ceux qui détiennent à la fois le pouvoir et l'autorité. Elle reflète à la fois leur discernement dans les prises de décisions, aussi bien que l'importance ou le traitement réservé à la participation des autres, sans mentionner surtout la régulation de l'action publique et le respect de la reddition de comptes. Une nation s'avère ainsi trop nombreuse pour prendre efficacement des décisions. Elle s'organise à cet effet et crée une entité, les citoyens ou les individus délèguent ou transfèrent volontairement et de manière responsable une partie de leur pouvoir de décision à cette entité. Au sein d'une entreprise structurée c'est au conseil de direction qu'incombent de telles responsabilités. Dans le cadre d'un Etat moderne, il se crée différents paliers de responsabilité généralement assumée par des élus directs ou indirects. Cette chaîne de responsabilité s'étend des élus locaux au Président en passant par les parlementaires.

Dans la pratique la gouvernance ne suit pas un parcours linéaire. Les interruptions, les chambardements sont légions. Les causes peuvent être internes ou externes. Les conditions qui ont favorisé la création de l'Etat d'Haïti en ont aussi fait un Etat aux moyens très limités. Parce qu'Haïti a administré une raclée sans précédent à l'ordre impérialiste dont l'économie reposait sur le trafic et l'esclavage des Africains. En guise de revanche, le jeune Etat a été harcelé et constamment menacé dans le but de l'isoler et d'éviter la propagation de la flamme de « *liberté ou la mort* » qui galvanisait Dessalines, ses généraux, et l'ensemble des Haïtiens.

Ajoutées à cela, les luttes intestines, l'indiscipline des uns, l'instinct prédateur des autres fragilisent de plus en plus le jeune Etat. Haïti est un Etat faible parce qu'on l'a affaibli, pauvre parce qu'on l'a appauvri. L'institution de la gouvernance en Haïti nécessite une approche holistique, c'est-à-dire une politique ou une stratégie qui favorise une infrastructure ou un tissu de politiques publiques cohérentes inspirées de modèles qui ont déjà passé les tests. En plus de finalité ou d'objectifs, un système est aussi doté d'agents ou d'acteurs responsables et pourvus des rôles intelligiblement définis. La gouvernance d'un Etat moderne ne se confie point sur la base de réussite personnelle de professionnels ou de négociants, ni suivant leur accumulation de richesse. La gouvernance se confie aux patriotes intègres et compétents qui pensent, qui comprennent, et qui savent ce que c'est que la gouvernance.

Les dents de l'impérialisme

Incapable de se contenir, l'impérialisme a frappé très fort en 1915. Pendant toute la période de guerre froide, l'Amérique latine a été mise sous coupe réglée, après le camouflet infligé aux prédateurs par les révolutionnaires cubains, une campagne toute particulière semble avoir été réservée à l'Etat historiquement le plus rebelle de région, voire du monde, c'est-à-dire Haïti. Terrorisme d'Etat, torture, exécutions sommaires aucun moyen ne semblait trop cruel ou odieux pour dissuader ou terroriser les Haïtiens et surtout les intellectuels.

L'Etat rebelle

Les agresseurs n'ont sans doute pas eu l'avantage de lire James C. Scott dans son ouvrage intitulé « *L'art de ne pas être gouverné* », paru, *peut-être trop tard,* aux éditions « *Yale University Press* ». Son ouvrage est consacré à la résistance légendaire des régions montagneuses d'Asie du Sud-Est, mais pour ceux qui connaissent bien l'histoire d'Haïti, des indiens au nègres marrons, le rapprochement n'est pas trop difficile.

La Triade a précipité le départ de Duvalier dans le but de couper cours à la révolte populaire et de sauvegarder ses intérêts et littéralement parlant les têtes de ses proches. Malgré tout, après les évènements de février 1986, le pays était prêt pour un *nouveau départ*. Il est pénible de constater que plus d'un quart de siècle et des dizaines de milliards de dollars plus tard, le pays occupe les déciles les plus défavorables dans tous les rapports régionaux ou mondiaux de performance. Ce, quelque soient les indices considérés. Le désastre est signé, *plus d'un siècle d'occupation*, et la valse des vautours continue. L'anti-gouvernance n'est pas un accident, ni une fatalité, elle est une conséquence directe de la corruption et de l'incompétence des principaux acteurs locaux et étrangers opérant en Haïti.

Certaines contradictions internes font parfois émerger des informations que l'on tente de dissimuler pendant des décennies. Ainsi émergent les publications de Wikileaks, les coup-de-gueules ou de l'exaspération de certains diplomates dont Brian Dean Curran, ex-ambassadeur américain en Haïti (2001-2003), Ricardo Sientenfus, ex-représentant spécial de l'Organisation des Etats Américains (OEA), les investigations et reportages de média américains dont la National Public Radio (NPR) sur les malversations avérées au sein de la Croix-Rouge et d'autres agences américaines installées en Haïti. Sans oublier les révélations scandaleuses des e-mails d'un Secrétaire d'Etat américain en dépit des efforts pour étouffer ou cacher l'ampleur de la corruption et les abus des principales institutions américaines et internationales opérant en Haïti.

4.4.2 : Du mal radical

Le 12 janvier 2010, le pays est secoué par un séisme de magnitude 7.0 à l'échelle du moment magnétique d'après les révisions de l'Institut Américain des Etudes Géologiques (sigle anglais : USGS). Quelques jours plus tard, c'est-à-dire le 27 février 2010, un autre séisme de magnitude 8.8 secoue violemment le Chili. Le séisme qui a frappé le Chili, est au moins cinq cents (500) fois, plus puissant que celui d'Haïti. Au Chili, le séisme sera suivi d'un tsunami de plus de deux (2) mètres de haut. On a compté cinq cent vingt-cinq (525) morts au Chile et près de trois cent mille (300,000) en Haïti. Autrement dit Haïti a connu environ six cents (600) fois plus de morts que le Chili. Le séisme en soit n'est pas fatal, comment expliquer néanmoins un dénombrement aussi élevé de victimes en Haïti ?

Certains plaident que l'épicentre du séisme était deux fois plus proche des terres dans le cas d'Haïti. C'est vrai. Mais, c'est en partie pour cela qu'il n'y a pas eu de tsunami en Haïti. A Cité Soleil seulement, vivent plus de deux cent mille (200,000) individus. Quel aurait été le bilan en termes de vie humaines dans le cas d'un tsunami de deux mètres ou plus balayant la côte ouest d'Haïti, de Léogane à Cabaret en passant par Matissant et le centre-ville de Port-au-Prince, sans compter La Saline et la Croix-des-Bossales, en plein après-midi ?

D'autre stipulent que les régions frappées en Haïti sont plus peuplées que celles du Chili. Vraiment ! Autrement dit les notions de *politiques publiques* ou *d'aménagement du territoire* relèveraient de la fatalité pour les arrière-petits-enfants du général Jean Jacques

Dessalines. En réalité, les chiffres parlent pour eux-mêmes. Près d'un demi-million d'édifices ont été affectés au Chili contre moins de trois cent mille en Haïti où près de la moitié des édifices affectés ont été détruits tels des châteaux de sable, sans laisser aucune chance de survie aux occupants. Ont ainsi péri, tous ceux qui auraient pourtant suivi les consignes telles que s'accrocher à une colonne, ou s'abriter sous un linteau ou sous une table par exemple.

Le Président d'alors, seul individu à avoir bouclé deux mandats depuis 1986, sans mentionner qu'il a aussi été une fois Premier ministre, n'avait absolument aucun plan, aucune réponse. Il s'est contenté, *à quelques mots près*, de se présenter aux chaines de télévisions américaines et autres tel un vulgaire inconscient dont aucune épithète ne semble assez fort pour le caractériser : inconséquent, irresponsable, insignifiant, etc. Tout haïtien avisé savait combien son gouvernement était nul et corrompu, mais dans une circonstance aussi catastrophique où les projecteurs du monde étaient dirigés vers le pays, ils auraient pu se retenir en ayant au moins la décence de ne pas offrir ce cirque retransmis souvent en direct.

Peu de temps après le séisme qui a frappé le Chili, les chaînes de télévisions américaines ont retransmettaient en direct pendant plusieurs jours les opérations de sauvetage d'un groupe de trente-trois (33) mineurs restés coincés dans une galerie souterraine. La NASA, certaines universités, ainsi que d'autres centres spécialisés à travers le monde ont offert leur concours et y ont dépêché des ingénieurs et d'autres spécialistes. Les experts étrangers ont certainement été bien reçus, mais le Chili ne semble marchander ni sa souveraineté ni sa fierté. Des experts et des ingénieurs chiliens dirigeaient et coordonnaient toutes les opérations.

Conscient de ses propres risques sismiques, le Chili compte plus de sismologues de renommée mondiale et d'ingénieurs spécialistes de tremblement de terre per capita que nulle autre Etat dans le monde. Alors qu'en Haïti, il n'existe toujours pas de politique publique qui vise la régulation et le contrôle de la construction ou de l'infrastructure. Tout individu haïtien qui ne se sent pas indigné après ces révélations ; doit sans doute se demander s'il n'est pas le candidat idéal de la théorie du crapaud bouilli (réf. : 4.4.3).

Après le séisme, en dépit de l'inaptitude d'un chef d'Etat et d'un gouvernement totalement incompétent et irresponsable, Haïti espérait un sursaut de raison des groupes privilégiés et des individus les plus influents, qui en réalité tiennent les rênes du pouvoir. Il y avait lieu de transformer cette infortune en opportunité, et d'orienter le pays vers la modernisation. Au contraire, le constat a été pénible mais sans aucune surprise, ils se sont comportés exactement comme des scorpions :

-- *Mais pourquoi scorpion m'as-tu piqué ton incapacité à nager vas te condamner à une mort certaine.*

-- *Tu m'excuseras grenouille mais c'est dans ma nature !*

En effet, le mal semble être dans leur nature, ils n'y peuvent rien. Si l'Etat s'effrite, si la faune et la flore locales dépérissent, si les cours d'eau se transforment en marres boueuses ou ensablées, si les villes sont sales, infectes et dépourvu de la moindre infrastructure urbanistique, si l'insécurité s'érige en mode de vie, si les frontières ne sont pas contrôlées, si les trafiquants et criminels de tout acabit y font la loi, ce n'est peut-être pas un choix délibéré ni de la méchanceté, c'est sans doute tout ce qu'ils peuvent produire. Ils n'y sont sans doute pour rien, s'il n'y a aucune politique de santé ni centres hospitaliers adéquats, s'il n'y aucune politique d'éducation ni universités, ni recherches scientifiques, s'il n'a pas d'eau courante ni électricité. C'est tout ce qu'ils connaissent. Pardon. Hannah

Arendt évoquerait sans doute « *la banalisation du mal* », ou selon Emmanuel Kant « *le mal radical* ».

Du despotisme, ou du péché originel d'Haïti

Certains ne cessent de marteler le slogan : *« Nous voulons un autre Haïti. »*, ou simplement : *« Un autre Haïti est possible »*, sans jamais prendre le temps de définir cet autre Haïti. Au lendemain du 7 février 1986, un ouragan d'optimisme s'est abattu sur Haïti. La précédente métaphore peut paraître contradictoire pour certains, ou pessimiste pour d'autres. Si cette dualité de la perception domine, alors le message aura été transmis.

A l'instar des Juifs après la libération des camps de concentration nazi, Jean Dominique s'époumonait : « [...] *plus jamais !* ». Assimilant les atrocités du régime duvaliérien à la Shoah, sa voix semble résonner encore. Il n'a pas su comprendre combien il était seul ; mais le 3 avril 2000, on le lui a fait comprendre. Dorénavant, Il est plus que jamais seul, à part un sulfureux journaliste qui semble en faire son fonds de commerce. *« Suivez-mon regard »*, comme aimait le répéter Jean.

Le 29 mars 1987, une constitution est adoptée par un référendum populaire. Haïti n'a sans doute jamais été aussi proche de s'orienter dans le sens de la modernisation. Le 29 novembre 1987, Haïti semble être sur le point de revendiquer son droit à l'auto-détermination, mais quand la Triade panique, les forces armées d'Haïti exécutent. Des individus armés uniquement de leur bulletin de vote sont massacrés, charcutés par des terroristes. Le groupe Etat Islamique n'aurait pas fait mieux. Trente ans plus tard cette constitution n'est toujours pas appliquée. Mais, le 16 décembre 1990, l'espoir semblait renaître, c'était plutôt une illusion, un leurre. Au lieu d'en profiter pour redresser magistralement et dignement la barque, la Triade en a plutôt fait une horreur d'abord le 30 septembre 1991, puis le 29 février 2004. Le narco trafic et d'autres crimes semblent très florissants. Les vilains de Port-au-Prince et de Washington réalisent avec stupeur que le monstre qu'ils ont nourri pour leur servir, leur paraissait trop vorace, ils ont dû l'euthanasier en deux occasions.

Ceux-là qui feignent de promouvoir un nouveau contrat social, les adeptes du dialogue national, ou de la conférence nationale semblent ignorer que le référendum constitutionnel de 1987 avait mobilisé plus de soixante pour cent (60 %) de la population et récolté plus de quatre-vingt-dix pour cent (90 %) d'adhésion populaire. La constitution est le contrat social par excellence. Le référendum a entériné les travaux de l'assemblée constituante qui peut être considérée comme une forme de conférence nationale. Les prédateurs ont inventé une nouvelle trappe, ils la baptisent : « états généraux sectoriels. »

Le mal haïtien est très profond et surtout très vieux, il semble remonter à la fondation de l'Etat. La République d'Haïti créée après le 18 novembre 1803, telle que consignée dans l'acte de l'indépendance le 1er janvier 1804 a expiré dès le 20 mai 1805 avec la promulgation de la constitution qui institua de préférence une monarchie. Ainsi, après chaque crise, nait un autre Haïti pourtant identique à la précédente. De 1915 à 2015, c'est la même rengaine. L'autre Haïti, ou le nouvel Haïti doit être un Haïti moderne, ou il ne sera pas. La reconstitution du continuum nation-Etat en est la solution.

4.4.3 : De la théorie du crapaud bouilli

La théorie du crapaud bouilli relate une fiction concernant le comportement d'une grenouille placée dans un récipient contenant de l'eau dont ont fait augmenter la température progressivement à raison d'un dixième de degré (1/10) par minute. Si l'on plonge subitement une grenouille dans de l'eau chaude, elle s'échappe d'un bond ; alors que si on la plonge dans de l'eau à température ambiante et qu'on porte très lentement et progressivement l'eau à ébullition, la grenouille s'engourdit ou s'habitue à la température jusqu'à finir ébouillantée.

Cette théorie permet de secouer la conscience, et de mettre en garde contre toute accoutumance ou toute habituation susceptible conduire à ne pas réagir à temps à une situation pourtant grave. Elle insinue que, lorsqu'un changement s'effectue d'une manière suffisamment lente, il échappe à la conscience et ne suscite ni réaction, ni opposition, ni révolte. Les phénomènes d'adaptation qui sont généralement favorables à l'évolution de l'individu ou des sociétés, se révèlent dans certains cas très nocifs.

Néanmoins, même la fiction ne peut échapper à l'observation et à la rigueur scientifique. En 1869, le physiologiste allemand Friedrich Goltz, s'est livré à certaines expériences sur la sensibilité nerveuse. Il indique qu'une grenouille décérébrée restait inerte lorsque la température de son eau augmentait dangereusement, tandis qu'une grenouille intacte cherchait à s'échapper dès la température atteignait vingt-cinq degrés Celsius.

4.4.4 : De l'analyse des menaces

L'événement du 12 Janvier 2010 a révélé une défaillance triptyque, celle du passé, celle du présent, et celle du futur. Il n'existait aucune politique anticipant l'avènement d'une telle catastrophe, telle que l'aménagement du territoire, l'urbanisation, les politiques publiques en matière de construction, et les politiques publiques en matière de sécurité nationale. Il n'existait non plus aucune unité de marine, d'aviation, d'infanterie ou de génie militaire. Conséquemment, il n'y a eu aucune réponse, aucune diligence, aucun service même minimal de l'Etat pendant et après le séisme. Pour certaines familles, ces 35 secondes ont été le pire de tout ce qui pourrait arriver. Dans de telle circonstance, personne ne saurait leur tenir rigueur, il en existe cependant des pires situations qu'un séisme. Certaines populations vivent des semaines, des mois, voire des années d'intenses bombardements   pendant que la presse internationale dénonce, pendant que les organismes internationaux font la navette entre Genève, Bruxelles, Washington etc., le calvaire de ces familles semble interminable.

En octobre 1962, Kennedy et Khrouchtchev étaient sur pieds de guerre, parce que Washington percevait l'installation de missiles soviétiques à cuba comme une menace directe contre les Etats-Unis. Sans les photographies aériennes qui avaient permis de découvrir les installations à temps, seulement quelques jours supplémentaires auraient changé la donne. En septembre 2007, l'Israël a détruit totalement une centrale nucléaire en construction en Syrie. Ayant compris la menace, l'Iran enfoui ses installations à plusieurs mètres sous terre. Automatiquement, la menace devient plus grande pour les israéliens, ils ont obtenu des Etats-Unis et ont aussi développé des bombes capables de pénétrer plusieurs mètres sous terre. Ils n'attendent la permission de personne, ni même de leur allié Américain, ils se défendent. « *Qui veut la paix prépare la guerre.* », dit l'adage.

« *J'ai jeté le gant à un petit peuple sans honneur et il ne l'a pas ramassé* » déclare Rafael Leonidas Trujillo après la tuerie ou le massacre de persil ayant couté la vie à plusieurs milliers d'Haïtiens en Dominicaine. Grâce à l'intervention de Franklin D. Roosvelt, Sténio Vincent empoche honteusement une vingtaine dollar pour chaque Haïtien tué. Etonnement, en jetant un coup d'œil sur le jugement très tardif concernant l'affaire de médicaments empoisonnés au diéthylène glycol, l'on constaterait que ce prix par tête d'Haïtien tué n'a pas beaucoup évolué en près d'un siècle.

Le 26 septembre 2013, la Cour constitutionnelle de Saint-Domingue a décidé que « *les enfants nés dans le pays de parents étrangers en transit n'ont pas la nationalité dominicaine* ». En réalité ce jugement concerne notamment plus d'un quart de million de descendants d'Haïtiens. En dépit de l'indignation et de la grogne internationale, une délégation haïtienne de plus haut niveau accepte honteusement de rencontrer une délégation dominicaine de moindre importance. En de telles occasions, on a l'impression d'entendre les dominicains répéter les mêmes invectives de Trujillo à l'égard des Haïtiens. Alors que d'autres Haïtiens ne peuvent s'empêcher de penser à Churchill qui au retour de Neville Chamberlain après la signature du pacte de Munich avec Adolf Hitler, déclare : « *Vous aviez le choix en la guerre et la honte, vous avez choisi la honte, maintenant vous aurez la guerre.* »

Il est cependant de la responsabilité de l'Etat d'anticiper les crises, de les évaluer, de les prévenir, et d'intervenir promptement et efficacement le cas échéant. Quelles sont en Haïti, les institutions qui analysent, évaluent et planifient les réponses ou les solutions aux menaces telles que les catastrophes naturelles, les catastrophes provoquées, voire les agressions armées d'un autre Etat ? Lorsqu'un un Etat A perçoit un autre Etat B comme une menace, quelles qu'en soient les raisons, l'Etat B se trouve dans l'obligation de considérer l'Etat A comme une menace encore plus imminente. Une agression n'est pas toujours armée. Néanmoins les Etats se procurent les moyens d'identifier et d'analyser toute forme d'agression, car une agression non-armée peut-être un prélude à une agression armée.

4.5 : Métaheuristique

Dans « *Black Reconstruction in America* », un livre magistral publié en 1935, le professeur américain William Edward Burghardt (W.E.) Du Bois écrit : « *s'il existe quelque chose à part un gouvernement de nègres médiocres et corrompus qu'ils [...] redoutent le plus c'est un gouvernement de nègres intègres et compétents.* » En dépit de l'épais écran de controverse et de confusion masquant les dernières élections présidentielles américaines de 2016, elles semblent corroborer de l'assertion de W.E. Du Bois. En effet, des sociologues et des intellectuels américains encore vivants avait prévu l'avènement d'un épouvantail - *ou d'un Chaloska* – qui viendrait banaliser, défaire, voire saboter toute réalisation de l'administration plus ou moins transparente et éclairée d'Obama.

Tout lecteur qui se ne doute que le précédent paragraphe a un lien quelconque avec la déliquescence d'Haïti, peut se référer au PROLOGUE du livre (paragraphe intitulé : *la traite des diplomates*), ou à la CINQUIEME PARTIE (section 5.4.2.1-F).

Emergence de stratégies efficientes

L'innovation, la recherche, l'élaboration de standards, de normes et de politiques publiques nécessitent la collaboration si non l'engagement de l'intelligentsia. Toute velléité de continuer avec les mêmes pratiques en Haïti, et d'en espérer des résultats différents, dénote le degré d'aliénation des tenants du système. La gouvernance ne s'opère jamais dans un vacuum. Sur la base de politique cohérente, des stratégies sont définies, aboutissant ainsi à des politiques publiques dans toute l'acception du concept. Les politiques publiques sont des algorithmes - *au sens leibnizien du terme* - ; elles gouvernent la poursuite des objectifs qui supportent la finalité du continuum nation-Etat.

Modélisation

Dans l'ouvrage « *Essai philosophique sur les probabilités* », Pierre-Simon Laplace émet la théorie suivante désormais connue sous le nom du « *démon de Laplace* » :

> « *L'état présent de l'univers est l'effet de son état antérieur et cause de son état futur. Une intelligence qui, à un instant donné, connaîtrait toutes les forces dont la nature est animée et la situation respective des êtres qui la composent, si d'ailleurs elle était suffisamment vaste pour soumettre ces données à l'analyse, embrasserait dans la même formule les mouvements des plus grands corps de l'univers et ceux du plus léger atome ; rien ne serait incertain pour elle, et l'avenir, comme le passé, serait présent à ses yeux.* »

Hors des frontières de la philosophie ou de la métaphysique, la théorie de Laplace restera peut-être encore coincée dans le labyrinthe de l'épistémologie, tribunal de première instance - *métaphoriquement parlant* - de la pensée scientifique. Dans le souci d'éviter toute confusion aux lecteurs, il importe de noter que le paragraphe précédent ne constitue nullement l'apologie du déterminisme, mais un simple détour vers une transition plus prosaïque, du paradigme réductionniste au paradigme cybernétique. Le paradigme cybernétique tient principalement du model organique dont sont dotés les systèmes biologiques. Néanmoins, l'élément fondamental de tout système biologique complexe est l'acide désoxyribonucléique nucléique (ADN).

L'acide désoxyribonucléique (ADN) est un composé chimique qui contient les instructions nécessaires au développement et au fonctionnement des presque tous les organismes vivants. La molécule d'ADN est constituée de deux brins antiparallèles, enroulés l'un autour de l'autre, formant une double hélice, dont la longueur dépasse des milliers de fois la largeur.

Chaque brin d'ADN est composé de quatre unités chimiques appelées bases nucléiques qui constituent l'alphabet génétique, telles que : l'adénine [A], la thymine [T], la guanine [G] et la cytosine [C]. L'appairage des brins obéit à un arrangement très spécifique. Une base A s'apparie toujours avec une T, une C s'apparie toujours avec une G. L'ordre d'appariement entre les bases A, T, C et G détermine la signification de l'information codée dans cette partie de la molécule d'ADN, comme l'ordre des lettres détermine la signification d'un mot.

L'ensemble complet des molécules d'ADN constitue son génome. Pratiquement chaque cellule du corps contient une copie complète d'environ 3 milliards de paires de brins d'ADN, qui composent le génome humain.

Grâce à ce langage composé de quatre lettres, l'ADN contient les informations nécessaires à la construction de l'ensemble du corps humain. Un gène désigne traditionnellement l'unité de l'ADN qui porte les instructions pour la fabrication d'une protéine spécifique ou un ensemble de protéines. Chacun des vingt à vingt-cinq mille gènes du génome humain codifie une moyenne de trois protéines.

A partir des 23 paires de chromosomes que compte le noyau d'une cellule humaine, les gènes orientent la production des protéines à l'aide d'enzymes et de molécules messagères. Ainsi, une enzyme copie l'information de l'ADN d'un gène dans une molécule appelée l'acide ribonucléique messager (ARNm). L'ARNm se déplace hors du noyau au cytoplasme de la cellule, où l'ARNm est lu par une machine moléculaire minuscule appelée un ribosome. Ces informations sont alors utilisées pour relier ensemble les petites molécules appelées acides aminés dans le bon ordre pour former une protéine spécifique.

Le Modèle de Gouvernance	
Organisme Humain	**Continuum Nation-Etat**
Intelligence	Gouvernance
	Méta-Gouvernance
Systèmes	Pouvoirs constitutionnels
	Pouvoir judiciaire
	Pouvoir législatif
	Pouvoir exécutif
Organes	Domaines/Secteurs publics (Ex : Santé, Education, etc.)
Tissus	Organismes publics
Cellules	Individu (Ressources humaines)
[ADN]	[Politique publique]
	Régulation
	La Constitution
	Lois organiques
	Normes internationales
	Codes de lois ordinaires
	++ Civil, Pénal, etc.
	Jurisprudence
	Contrôle
	Programmes
	Juridictions
	Communication
	Management/Administration
	Technologies de l'information et de la communication
	Recherches et Analyses
	Evaluation
	Révision et Ajustement

fig. 4.1. Le Modèle de Gouvernance

L'organisme humain est un modèle biologique cohérent et complet, mais surtout complexe. Ses propriétés en font le système idéal d'émulation de la gouvernance des Etats. Le tableau de la figure 4.1 présente une abstraction et une comparaison des deux modèles.

Conditions initiales

En matière de gouvernance toute la responsabilité incombe à l'exécutif. Il est responsable de ce qu'il a fait, et de tout ce qu'il n'a pas fait. L'initiative lui appartient, l'échec aussi. Le régime politique institué par la constitution de 1987, reconnait le Président et le gouvernement incluant le Premier ministre comme les deux instances formant l'exécutif. La proposition de révision constitutionnelle (réf : 321.2.1) contient divers articles adressant l'inconsistance et certaine fois le flou laissant libre cours à d'énormes abus de pouvoir.

Du conseil des ministres

Le conseil des ministres est un organe mentionné une dizaine de fois dans la constitution de 1987. Néanmoins, il n'en existe aucune définition intelligible, encore moins de politiques publiques relatives à sa gouvernance. La section III du Décret portant Organisation de l'Administration Centrale de l'Etat paru en mai 2005 dans le journal officiel « Le Moniteur » révèle que soixante-dix-sept mots seulement (déterminants et prépositions inclus) sont consacrés à la définition de la notion de « conseil des ministres ». Ladite section III comporte uniquement trois articles, dont un qui constitue en lui-même une absurdité : « *L'organisation et le fonctionnement du Conseil des Ministres sont fixés par Arrêté pris en Conseil des Ministres* ». Vive la tyrannie !

Le Conseil des ministres constitue une assemblée délibérante du pouvoir exécutif. C'est une formation collégiale réunissant l'ensemble des ministres, le Premier ministre, et le Président [d'Haïti]. Le manque de caractère des ministres et la nonchalance de la société et du parlement enlèvent à cette tribune toute la puissance que la constitution semble lui conférer, laissant libre cours au Président [d'Haïti] qui en profite et agit en véritable tyran.

Les principaux organes du pouvoir exécutif sont ainsi représentés au conseil des ministres :

- La Présidence
- La Primature
- Les Départements Ministériels

De la Présidence et du Ministère de la Présidence

La présidence se définit de plusieurs façons. Elle symbolise souvent la fonction de Président, lieu de résidence officielle du Président, ou la durée pendant laquelle la fonction de Président est exercée, etc. Dans le contexte moderne néanmoins, la notion de présidence réfère aux organismes (ressources humaines, immeubles, équipement, etc.) chargé d'assister ou de conseiller directement le Président [d'Haïti].

Sur le plan politique, la présidence présente le profil organique suivant :

- Le secrétariat général de la Présidence ;
- Le secrétariat privé du Président ;
- Le cabinet du Président.

Des lois organiques et des politiques publiques déterminent l'organisation, le fonctionnement de la présidence, y compris les différents offices susmentionnés, les qualifications et les traitements de leurs membres.

Du Secrétariat Général de la Présidence

Le Secrétariat Général de la Présidence est un des organes du pouvoir Exécutif, et aussi le principal organe de la Présidence. Bien qu'il n'existe pas de ministère de la présidence à proprement parler, dans le souci d'harmoniser les relations entre les différents organes du pouvoir exécutif, le secrétaire général de la présidence fait office de ministre de la présidence. A la différence d'un ministre régulier, il ne dispose pas cabinet privé. Il coordonne la convocation du conseil des ministres, il y assiste mais ne participes pas aux délibérations. Il est assisté d'un Secrétaire Général Adjoint qui fait office de Secrétaire Général temporaire ou par intérim en cas d'indisponibilité du Secrétaire Général. Ils sont des fonctionnaires exécutifs, mais les membres permanents du Secrétariat Général de la Présidence sont des fonctionnaires publics ordinaires.

Du Secrétariat Privé du Président [d'Haïti]

Les membres du Secrétariat privé du Président [d'Haïti] se chargent de la correspondance du Président, de son agenda, de ses discours etc. Ils sont choisis directement par le Président et font partie des contractuels de l'Administration publique. Leur contrat ne peut excéder la date de fin de mandat du Président. La transmission de dossiers - *tels que documents imprimés ou numériques, e-mail, sms, etc.*-, aux archives du Secrétariat Général de la Présidence s'opère au dernier trimestre du mandat Présidentiel ou du leur.

Du Cabinet du Président [d'Haïti]

Les membres du Cabinet du Président [d'Haïti] se chargent de conseiller le Président, dans des domaines tels que l'Economie, les Relations Internationales, La Sécurité Nationale, etc. Ils sont choisis directement par le Président et font partie des contractuels de l'Administration publique. Leur contrat ne peut excéder la date de fin de mandat du Président. La transmission de dossiers - *tels que documents imprimés ou numériques, e-mail, sms, etc.*-, aux archives du

Secrétariat Général de la Présidence s'opère au dernier trimestre du mandat Présidentiel ou du leur.

De la Primature et du Ministère de la Gouvernance

La Primature est au Premier ministre ce que la Présidence est au Président. Autrement dit, la Primature symbolise la fonction de Premier ministre, le lieu de résidence du Premier ministre, ou la durée pendant laquelle la fonction de Premier ministre est exercée, etc. Dans le contexte moderne néanmoins, la notion de Primature réfère aux organismes (ressources humaines, immeubles, équipement, etc.) chargé d'assister ou de conseiller directement le Premier ministre.

En sa qualité de chef du Gouvernement, le Premier ministre coordonne l'action du Gouvernement. Il définit la politique générale de l'Etat en accord avec le Président [d'Haïti]. Il doit également assurer la coordination de l'action gouvernementale et éviter, par son arbitrage, que différents ministres prennent des initiatives allant dans des sens opposés.

Il n'est pas le supérieur hiérarchique des autres ministres. Il ne peut jamais leur imposer de décisions qu'ils ne voudraient pas assumer, mais peut en accords avec le Président leur demander démissionner en cas de faute grave, le cas échéant si le ministre concerné n'obtempère pas, le conseil des ministres achemine le dossier au parlement pour les suites nécessaires. Vu l'ampleur de la corruption et de l'immoralité qui la rend possible, cette procédure vise à protéger tout ministre intègre qui décide d'affronter ses collègues jugés corrompus. Ainsi à la lumière des informations reçues et après investigation, le parlement peut décider de mettre en branle la haute cours justice contre tous les fautifs, y compris le président [d'Haïti] le cas échéant.

Ce rôle de direction de l'action gouvernementale est facilité par divers instruments politiques. Dans le strict respect de la Constitution et des lois [d'Haïti], et au nom du Gouvernement, le Premier ministre dispose de l'Administration ou de la Fonction publique. Il assure l'exécution des lois et exerce le pouvoir réglementaire, sous réserve de la signature des ordonnances et décrets délibérés en Conseil des ministres par le chef de l'État. Il peut, de manière exceptionnelle remplacer le Président à la présidence du Conseil des ministres.

Il est aussi responsable de la défense nationale, même si, souvent, les grandes orientations sont ordonnées par le Président [d'Haïti].

Sur le plan politique, la Primature présente le profil organique suivant :

- Le secrétariat général de la Primature
- Le secrétariat Privé du Premier ministre
- Le cabinet du Privé du Premier ministre

Des lois organiques et des politiques publiques déterminent l'organisation et le fonctionnement de la Primature - *y compris les différents offices susmentionnés* -, les qualifications et les traitements de leurs membres.

Du secrétariat général de la Primature

Le Secrétariat Général de la Primature est un des organes du pouvoir Exécutif, et aussi le principal organe de la Primature. Bien qu'il n'existe pas de ministère de la gouvernance à proprement parler, dans le souci d'harmoniser les relations entre les différents organes du pouvoir exécutif, le secrétaire général de la Primature fait office de ministre de la gouvernance, mais sans portefeuille. A la différence d'un ministre régulier, il ne dispose pas cabinet privé.

A l'instigation du Premier ministre, il veille à la coordination de la gouvernance. Il assiste au conseil des ministres, mais ne participes pas aux délibérations. Il est assisté d'un Secrétaire Général Adjoint qui fait office de Secrétaire Général temporaire ou par intérim en cas d'indisponibilité du Secrétaire Général. Ils sont des fonctionnaires exécutifs, mais les membres permanents du Secrétariat Général de la Primature sont des fonctionnaires publics ordinaires.

Du secrétariat Privé du Premier ministre

Les membres du Secrétariat Privé du Premier ministre se chargent de la correspondance du Premier ministre, de son agenda, de ses discours etc. Ils sont choisis directement par le Premier ministre et font partie des contractuels de l'Administration publique, leur contrat ne peut excéder la date de fin de mandat du Premier ministre. La transmission de dossiers - *tels que documents imprimés ou numériques, e-mail, sms, etc.*-, aux archives du Secrétariat Général de la Primature s'opère au dernier trimestre du mandat du Premier ministre ou du leur.

Des lois organiques et des politiques publiques déterminent l'organisation, le fonctionnement du Secrétariat Privé du Premier ministre, y compris les qualifications et les traitements de ses membres.

Du cabinet du Premier ministre

Les membres du Cabinet du Premier ministre se chargent de conseiller le Premier ministre, dans des domaines tels que l'Economie, les Relations Internationales, La Sécurité Nationale etc... Ils sont choisis directement par le Premier ministre et font partie des contractuels de l'Administration publique, leur contrat ne peut excéder la date de fin de mandat du Premier ministre, la transmission de dossiers - *tels que documents imprimés ou numériques, e-mail, sms, etc.*-, aux archives du Secrétariat Général de la Primature s'opère au dernier trimestre du mandat du Premier ministre ou du leur.

Des lois organiques et des politiques publiques déterminent l'organisation, le fonctionnement du Cabinet du Premier ministre, y compris les qualifications et les traitements de ses membres.

Des Départements Ministériels

Un Département Ministériel est chargé d'élaborer et de conduire la stratégie ou la politique de l'Etat dans le ou les domaines dont la charge lui incombe. En collaboration avec d'autres Départements Ministériels et d'autres instances, après délibération du Conseil des ministres et des organes délibérants du pouvoir législatif, il élabore, et met en œuvre les politiques publiques qui permettront d'atteindre les objectifs poursuivis. Il collecte, traite et produit des données ou des informations fiables permettant d'évaluer ou de mesurer l'efficacité des politiques publiques, de les réviser ou de les amender, s'il y a lieu.

Le gouvernement se compose du Premier ministre, des ministres et des secrétaires d'Etat. Suivant la constitution de 1987, le Gouvernement conduit la politique de la Nation. Compte-tenu de l'immensité de l'effort requis pour une éventuelle institution de la gouvernance en Haïti, tout Premier ministre qui octroie un portefeuille ministériel prouve, s'il en était besoin, qu'il n'est point à la hauteur de la tâche qui lui incombe.

Le Premier ministre et les ministres sont responsables solidairement tant des actes du Président [d'Haïti] qu'ils contresignent, ainsi que de ceux de leurs ministères. A ce jour, certains ministères semblent encore dépourvus de constitution organique, encore moins de stratégie et de programmes sous-tendus par des politiques publiques. Apparemment le terme « responsabilité » semble avoir été rayé du vocabulaire des politiques haïtiens, il y a belle lurette. Bafouant mêmes les principes les plus élémentaires en matière d'administration, ces irresponsables créent des ministères comme ils créent leurs partis politiques, ils croient que la gouvernance a été inventée par le « *blanc* » dans le but de les rendre misérables.

Sur le plan politique, les départements ministériels comportent un profil organique homogène :

- Le secrétariat général du ministère,
- Le secrétariat privé du ministre, et
- Le cabinet du ministre.

Des lois organiques et des politiques publiques déterminent l'organisation, le fonctionnement de chaque ministère, y compris les différents offices susmentionnés, les qualifications et les traitements de leurs membres.

Du secrétariat général du ministère

Le Secrétariat Général du ministère est l'organe chargé de la coordination tous les services du ministère. Il est dirigé par le Secrétaire Général qui fait office de ministre temporaire ou par intérim en cas d'indisponibilité du ministre. Les membres réguliers ou permanents du Secrétariat Général du ministère, incluant le Secrétaire Général sont des fonctionnaires exécutifs.

Du secrétariat privé du ministre

Les membres du Secrétariat Privé du Ministre se chargent de la correspondance du Ministre, de son agenda, de ses discours etc. Ils sont choisis directement par le ministre et font partie des contractuels de l'Administration publique. Leur contrat ne peut excéder la date de fin de mandat du ministre. La transmission de dossiers - *tels que documents imprimés ou numériques, e-mail, sms, etc.*-, aux archives du Secrétariat Général du ministère s'opère au dernier trimestre du mandat du ministre ou du leur.

Du cabinet du ministre

Les membres du Cabinet du Ministre se chargent de conseiller le ministre, dans des domaines relatifs à son secteur, mais aussi sur le plan juridique et de la communication. Ils sont choisis directement par le ministre et font partie des contractuels de l'Administration publique. Leur contrat ne peut excéder la date de fin de mandat du ministre. La transmission de dossiers - *tels que documents imprimés ou numériques, e-mail, sms, etc.*-, aux archives du Secrétariat Général du ministère s'opère au dernier trimestre du mandat du ministre ou du leur.

Viabilité

Il est temps que l'imposture cesse en Haïti. Le deuxième Etat indépendant du nouveau monde a été une inspiration pour tant d'autres, sa déliquescence est souvent prise en exemple pour fustiger ou dissuader certains peuples de faire valoir leur droit à l'auto détermination. Haïti se trouve dans l'obligation de se ressaisir, d'abord pour lui-même, mais aussi pour tous les peuples et pour toutes les communautés du monde qui y voyaient un exemple de courage et dignité. Ce qui semble réalisable aujourd'hui, le sera moins dans une cinquantaine d'années encore. Selon la mythologie égyptienne maintenue par Grecs et par les Romains, « *le phénix renait toujours de ses cendres* ». Qu'en est-il alors, si le vent a eu le temps d'emporter ses cendres ?

Les intellectuels et professionnels formés en Haïti ont brillé à travers le monde, ils ont été accueillis dans les caraïbes, en Amérique du Nord, en Europe, en Asie et en Afrique à titre de professeurs, de chercheurs ou d'experts dans des domaines divers. L'effort de reconstitution du continuum nation-Etat requiert un inventaire de ces ressources humaines, où qu'elles soient. Il convient non seulement de les séduire, de les attirer, de les retenir grâce à des politiques publiques en termes de mitigation de risque, en vue de développer dans un court délai un réservoir de savoir, vers qui se tourner non seulement dans les moments cruciaux, mais aussi dans la perspective d'anticiper, d'identifier, et de prévenir les crises et les turbulences dans la mesure du possible. La création de l'Institut de Cybernétique, et d'autres centres du même genre s'impose comme une condition initiale à l'institution de la gouvernance en Haïti, la théorie du continuum nation-Etat en constitue le cadre de référence.

En en vertu des principes de la cybernétique, ou de la théorie de l'évolution des systèmes complexes adaptifs, la gouvernance est liée à l'existence d'un espace dynamique et continu d'information. La gouvernance est un tissu de politiques ou de stratégies, et toute politique est un tissu de politiques publiques. La politique publique incorpore les trois fonctions fondamentales de la gouvernance telles que la régulation, le contrôle, et la communication. Chaque politique publique constitue un système à part entière. Comme tout système complexe adaptif, les politiques publiques évoluent. Grâce à l'analyse des politiques publiques, au cours des cycles réguliers d'application, des instances compétentes de l'Etat ou de la société incluant notamment les THINK Tanks se chargent de récolter la masse d'information générée par l'application des politiques publiques et d'en décider des réformes nécessaires pour le cycle subséquent.

Cet ouvrage manquera à sa vocation si un seul des lecteurs garde l'idée d'un rejet absolu de la pensé réductionniste ou de la pensée linéaire. En physique on assimile la pensée linéaire à l'ère newtonienne, et la pensée complexe à l'ère post newtonienne ou de la relativité générale. Albert Einstein a fourni des réponses qui sans doute échappaient à Isaac Newton, tout en bénéficiant des réponses qu'avait apportées Isaac Newton. Pour un lettré, Il parait tout à fait ordinaire de lire un texte sans prêter la moindre attention aux lettres, voire à certains mots ; néanmoins avant de parvenir à ce stade, n'a-t-il pas été pénible d'apprendre l'alphabet et plus tard les mots ? La pensé linéaire demeure non seulement accessible, il sert souvent à véhiculer le savoir, et à représenter ou à expliquer certaines complexités.

Contrairement au paradigme réductionniste, le paradigme cybernétique préconise une approche plutôt holistique ou systémique. Ce modèle fonctionne depuis des milliards d'années, abstraction faite des limites de la connaissance actuelle quant aux origines de l'existence.

Les problèmes que confronte Haïti sont connus des experts et des citoyens avisés, de multiples propositions ont été agitées en toute bonne foi pourtant, néanmoins le mal persiste. Il est venu le temps de changer de paradigme, fini les tâtonnements, fini les approximations, fini les impostures. Le paradigme cybernétique favorise les conditions nécessaires qui vont permettre de reconstituer le continuum nation-Etat.

Comme indiqué dans la rubrique qui traite de la sanctification de la constitution (réf. : 321.2.2.3), le plus vieil Etat du continent n'a connu qu'une seule constitution après deux siècles. Cependant, compte tenu du fait que certains Etats modernes bien que rares ne disposent même pas d'une constitution formellement écrite, il convient de penser au-delà de la constitution. Ainsi, chaque entité de l'Etat doit être pourvue et régie par des lois organiques ou des politiques publiques, afin de préserver la constitution des turpitudes sociopolitiques.

Chacun des espaces propres du continuum nation-Etat, dont l'état de droit, la souveraineté nationale, la modernisation sociale et la modernisation économique a déjà fait l'objet d'autres sections de cet ouvrage. Dans le but de rendre le reste de ce segment plus intelligible, l'emphase est mise surtout sur les éléments clés du modèle le déploiement organique des politiques publiques. Car les lois organiques et les politiques publiques permettent de préciser les conditions d'application de la Constitution et des politiques ou des stratégies.

Le continuum nation-Etat étant un système, à ce titre chacune de ses entités en constitue aussi un système. Le budget, les élections, le Secrétariat Général de la Présidence, le Secrétariat Général de la Primature, les différents secteurs (tels que la Défense, la Santé, la Justice, l'Education, etc.) généralement représentés par leur département ministériel respectif, ainsi que les juridictions et les divisions territoriales, les directions, les services, les programmes, les activités, etc. constituent donc tous des systèmes.

La forme générique et sommaire de l'organigramme suivant cache mal la nécessité d'un prochain livre dont il ne sera que l'unique objet.

1. Définir la stratégie de régulation, de contrôle, et de communication à l'intérieur du continuum nation-Etat.

2. Définir la stratégie de régulation, de contrôle, et de communication à l'intérieur des différents secteurs.

   2.1. Définir la stratégie de régulation, de contrôle, et de communication à l'intérieur des différents services ou programmes.

      2.1.1. Définir la stratégie de régulation, de contrôle, et de communication à l'intérieur de chaque activité ou objectif.

3. Elaborer la loi de révision constitutionnelle ou d'amendement garantissant la consolidation du continuum nation-Etat, et préserver la pérennité de la constitution.

4. Elaborer les lois organiques ou les politiques publiques qui garantissent la modernisation des différents secteurs, et qui formalisent les différents organismes de l'Administration tels que les ministères, les secrétaireries d'Etat, les directions générales, les offices déconcentrés, etc.

5. Elaborer les lois organiques ou les politiques publiques qui orientent le control de management des différents secteurs.

   5.1. Plan Stratégique

   5.2. Budget

   5.3. Stratégie de financement

   5.4. Application

   5.5. Etc.

6. Mettre en œuvre la Gouvernance des différents secteurs

   6.1. Administration

   6.2. Ressources Humaines

   6.3. Infrastructure

   6.4. Juridiction

   6.5. Technologie de l'Information et de la Communication

      6.5.1. Infrastructure technologique

         ✓ Data Center

- ✓ Serveur de noms (dns)
- ✓ Serveur Web
- ✓ Serveur de messagerie numérique : e-mail, blog, etc.
- ✓ Serveur d'Application
- ✓ Serveur de base de données

6.5.2. Modélisation des systèmes de données

6.5.3. Analytique et prise de décision

- ✓ Collection de données
- ✓ Intégration de données
- ✓ Traitement des données
  - ▪ Data Warehouse
  - ▪ Big Data
  - ▪ Statistiques
  - ▪ Distribution et Visualisation

6.5.4. Systèmes de Contrôle de Management

- ✓ Activité et fonctionnalité
- ✓ Procédure
- ✓ Intégration
- ✓ Evaluation
- ✓ Décision

Le modèle cybernétique est aussi simple que complexe, il est holistique. Néanmoins, il est universel. Il s'inspire de la nature ou des vieux systèmes naturels tels que l'univers et ses systèmes stellaires. En outre, il n'est point besoin de quitter la planète bleue pour observer des systèmes biologiques aussi complexes que variés dont on en trouve jusque-là que sur la terre. Bien que, contrairement aux dogmes judéo-chrétiens, on garde pourtant l'espoir qu'il en existe d'autres, si non une infinité d'autres. « *Observe un grain de sable et tu percevras l'univers* » convoie un l'adage oriental.

Le principe fondamental de la systémique préconise que « chaque partie d'un système est un reflet du tout », comme chaque cellule de l'organisme comporte dans son ADN des clones intangibles de l'ensemble. « *Je tiens impossible de connaître les parties sans connaître le tout, non plus de connaître le tout sans connaître les parties* » écrit Pascal.

CINQUIEME PARTIE

De l'Institut de Cybernétique

Les ambassades des pays dits amis et les agences internationales ou non gouvernementales gardent depuis des lustres leurs crocs bien enfoncés dans la nuque d'une nation exsangue qui n'a plus la force de se défendre. Elles se lamentent de bilans de plus en plus désastreux, elles n'en assument néanmoins aucun. Fidèles à leur instinct de féroces crocodiles, elles versent des larmes mais ne lâchent pas leur proie. Supprimer l'ingérence de ces agences internationales, se défaire de la tyrannie des ambassades, et rompre avec la pratique contre-productive des organisations non gouvernementales (ONG) stériles et corrompues risque sans doute d'être pénible à court terme mais non moins nécessaire. Ces agents agissent comme des parasites, dans le meilleur des cas. Au pire, ils se déploient tels des virus qui s'introduisent dans l'organisme ou dans un système, ils s'en accaparent du mécanisme de défense, et se font reproduire profusément par leur hôte dans le but de mieux le contrôler et le détruire de l'intérieur.

« Que faire », dirait Lénine

D'Aristote à Pasteur, jusqu'à l'avènement merveilleux du développement de la biologie moléculaire, la notion de génération spontanée ne cesse d'alimenter les conversations scientifiques voire philosophiques. Abstraction faite des origines de l'univers ou de l'existence, toute génération nécessite certaines conditions initiales. L'état de déliquescence établi dans le rapport d'Indice de Fragilité des Etats (2016) démontre une absence de gouvernance, signe aberrent mais manifeste du règne de l'anti-gouvernance (réf. :4.4.1).

Les conditions favorables à l'émergence de la modernisation d'Haïti tardent encore et l'on ne semble disposer d'aucun système de pensée cohérent, ce qui est souvent l'apanage de l'intelligentsia, des universités, et des THINK tanks. Ces institutions devront s'investissent dans la conception et dans le développement de stratégies cohérentes et établir une masse critique de savoirs et de compétences. Il en faut pour cela, l'acquisition de ressources humaines des quatre coins du globe. Une certaine préférence s'accorderait néanmoins aux savants et aux ingénieurs haïtiens ou d'origines haïtiennes. Toute stabilité ou toute croissance de production de savoirs et de compétences ne se consolident que par la rétention et l'accumulation de savoirs et de compétences déjà acquises.

Durant ce dernier demi-siècle siècle, près de cinquante milliards de dollars ont été gaspillés ou engloutis au nom du « *développement* » en Haïti. Le dogme néo-libéral et son programme d'ajustement structurel (PAS) a lamentablement échoué. L'Administration publique a été dépouillée de ces principales ressources humaines les plus qualifiées que les gouvernements successifs ont été trop contents de remplacer pas des partisans souvent illettrés et inaptes à l'emploi. Aujourd'hui, Haïti accuse un retard d'une cinquantaine d'années au moins. L'on ne peut guère changer le passé, on peut néanmoins en apprendre beaucoup.

Plusieurs décennies de palabre, de conseils, voire de dictats, d'injonctions, ou d'intimidations venant de consultants ou d'experts de presque toutes les capitales et de toutes les agences mondiales, pourtant le deuxième Etat du continent figure parmi les plus misérables de la planète. Ces organisations internationales s'assimilent au temps, et les fonctionnaires locaux à l'horloge. On ne remplace que l'horloge, pas le temps, doivent-elles imaginer. Que faire alors ?

Il n'est jamais aisé de passer des propositions aux concrétisations. La théorie du continuum nation-Etat franchit donc les frontières de l'observation, de l'analyse, et de la critique pour proposer une instance dont l'une des priorités est du curer la société de son fatalisme, de la nonchalance des couches privilégiées, de l'immoralité des politiciens, et de l'imposture des prédateurs qui peuplent les officines des ambassades et des agences internationales.

De l'Institut

L'Institut de Cybernétique et de Recherche est un laboratoire d'idées à l'instar des THINK Tanks américains et européens notamment, dont la *Brookings Institution* aux Etats-Unis ou le *Centre National de la Recherche Scientifique (CNRS)* en France, pour ne citer que ceux-là. Compte tenu de la déliquescence de l'Etat haïtien, l'Institut ne peut pas se contenter d'analyser les situations et d'en proposer des solutions. L'institut accompagne et assiste ses partenaires dans le développement de stratégies l'élaboration de politiques publiques. Il conçoit, construit et déploie des systèmes d'information basés sur des algorithmes complexes, intelligents, robustes, et dotés d'interfaces ergonomiques qui permettent d'assurer le contrôle de management intégrée de processus. L'avènement de l'Institut est une onde de choc dans une société en léthargie. Il propose une alternative sûre à la spirale de désagrégation de l'Etat. Cette dégradation a connu une accélération notable au cours de ce dernier demi-siècle. Le pays va mal, et le mal est très sévère.

L'Institut de Cybernétique et de Recherche n'entend replacer ni concurrencer aucune autre institution locale, quelle qu'elle soit. Le rôle de l'Institut est de produire du savoir et de le mettre au service de la société. Il n'est ni tout à fait gouvernemental, ni privé. C'est une institution indépendante à but non-lucratif qui entend regrouper des ingénieurs et des spécialistes d'horizons divers. Autrement dit, l'Institut n'a pas de concurrents, il n'a que des partenaires. Il est la passerelle qui garantit et coordonne la participation à la « *res publica* ». L'Institut entend maintenir son impartialité sans compromis aucun par rapport aux faits et à la vérité. La gouvernance de l'Institut est assurée par un conseil composé des représentants des partenaires notamment le gouvernement, et des directeurs de l'Institut.

Après des décennies d'errements et de galvaudage de ressources, l'Institut vient à point nommé pour ramener de l'ordre au chaos. Il entend se pourvoir de l'expertise et de toute la compétence nécessaire pour atteindre ses objectifs. L'un des buts de l'Institut est de consolider l'assistance technique et les ressources affectées à la modernisation de l'Etat, de revoir et d'évaluer les différentes étapes, et de coordonner tous les efforts pour une reconstitution réussie du continuum nation-Etat grâce à la théorie conceptuelle et formelle de gouvernance qui en porte le nom.

Théorie générale de la régulation, du contrôle et de la communication à l'intérieur des systèmes, la cybernétique s'applique mieux aux systèmes complexes adaptifs comme la gouvernance des Sociétés ou des Etats. Cette étude comporte un ensemble d'analyses et d'informations scrupuleusement préparées et soumises à l'appréciation des instances étatiques et non-étatiques, des partenaires et amis d'Haïti qui voudraient rompre avec la spirale de l'anti-gouvernance.

Autant que la réforme constitutionnelle, l'Institut est une condition initiale au processus de reconstitution du continuum nation-Etat, autrement dit une condition nécessaire mais pas suffisante. L'Institut constitue en soi une démarche extrêmement laborieuse, il fait l'objet d'une campagne qui lui est essentiellement consacrée. Le site web dont la gestion de contrôle est assurée par des serveurs d'applications informatiques dotées doté d'algorithmes complexes et intelligents permet de recueillir la participation de tous. Un nouvel ouvrage est aussi consacré à cette campagne dont l'objectif est d'élaborer et mettre en place des exemples, c'est-à-dire des modèles de politiques publiques dans toute l'acception du terme et nécessitant des lois organiques, des loi-cadre ou des lois d'orientation, des programmes, des instances juridictionnelles, ainsi que des standards d'évaluations, de transparence, de reddition de comptes, de sanctions, et de révisions, etc.

Ce chapitre du livre n'est donc qu'une présentation sommaire de l'Institut. Il établit également le cadre de référence pour la planification opérationnelle et technique des différents programmes de l'Institut dont un plan financier, un plan d'organisation, un plan opérationnel et un calendrier d'exécution pour chaque programme ou projet.

L'Institut de Cybernétique et de Recherche s'inspire à la fois de la singulière simplicité et de l'infinie complexité de la mathématique, de l'appétit compulsif de la statistique pour les données, de l'inextricable intrigue de la théorie des jeux, et de l'implacable insolence de la science et des sciences sociales particulièrement. Il allie la puissance de la technologie du numérique à l'ingénierie des systèmes pour une parfaite harmonie de la cybernétique, de la théorie de l'évolution des systèmes complexes adaptifs, et de la théorie de l'information. L'institut est un produit de la théorie du continuum nation-Etat qui est un modèle conceptuel formel de gouvernance.

Abstraction

Ce chapitre ne présente qu'un extrait du projet constituant l'Institut de Cybernétique et de Recherche. Autrement dit, seulement quelques aspects du projet y figurent. Le projet intégral qui crée le premier CRITICAL THINK TANK d'Haïti est l'objet d'une publication distincte et prochaine.

Finalité

Faire d'Haïti le meilleur Etat du monde.

Stratégie

Etablir un nouveau consortium d'entités locales ou internationales réunissant différents silos de compétences ou de ressources pour une mise en œuvre efficiente de la théorie du continuum nation-Etat. Analyser les situations ou les problèmes afin d'en déduire la stratégie de gouvernance et de politiques publics appropriés. Elaborer, développer et déployer des algorithmes complexes de régulation et des algorithmes de Contrôle de Management Intégrée de Processus basés sur l'application scrupuleuse de la cybernétique et de la théorie de l'évolution des systèmes complexes adaptifs.

Priorités

L'Institut s'inspire des systèmes politiques des Etats les plus modernes dont ceux de l'OCDE, mais particulièrement le modèle politique des Etats-Unis d'Amérique. Il s'inspire également de documents de recherches, de rapports et études stratégiques publiés par les instituts ou organismes de politique et de développement internationaux dont le Fonds monétaire internationale ou la Banque mondiale. Paradoxe ? Non. Le venin qui tue aide aussi à produire l'antidote, d'autant plus que les ressources et les moyens dont disposent ces agences sont immenses. Haïti en a besoin.

L'opinion nationale et mondiale reconnait qu'après plus d'un siècle d'ingérence en Haïti, le bilan de ces agences est lamentable. Echec ou Complot ? L'Institut les prend au mot. Il serait contreproductif de ne pas présumer de leur bonne foi, autrement dit il est à espérer qu'elles se mettent avec l'Institut, en faveur de la modernisation d'Haïti, ou pour la reconstitution du continuum nation-Etat. Il n'existe dans la pratique aucune stratégie sans plan de contingence, mais dans ce cadre particulier, et en gage de bonne foi, l'optimisme prévaut.

Dépendamment de leur orientation idéologique ou théologique, des contraintes géopolitiques ou stratégiques voire budgétaires, la plupart de ces agences ciblent souvent des secteurs spécifiques où elles décident d'investir ou d'intervenir. L'Institut maintient son approche holistique, inclusive et étendue. Ses programmes ont une portée transversale, et leur impact sur chaque est prévisible et quantifiable tout en tenant compte de la non linéarité, rendant plus aisée la tâche d'identification et de justification de l'action de ces agences. Dans l'intérêt de l'Institut et de celui de ses partenaires, des rapports analytiques des programmes indiquent les retombés et le coût par secteur, permet aux agences de financer des programmes sans s'écarter de leur promesse de financement ou d'engagement envers le pays. L'Institut comporte ainsi quatre entités principales :

- La Gouvernance Cybernétique
- L'Infrastructure Technologique
- L'Assurance Information
- La Recherche & Prospection

5.1 : De la Gouvernance Cybernétique

Modélisation des systèmes, conception et développement d'algorithmes complexes et intelligents constituant les systèmes d'information favorisant l'institution d'instances de régulation, de contrôle et de communication, pour l'optimisation des ressources et la réalisation d'objectifs liés à des politiques publiques favorables à la reconstitution du continuum nation-Etat.

5.1.1 : Résumé

Le concept de Gouvernance Cybernétique que des grammairiens appelleraient une tautologie, est équivalent au concept de Gouvernance Totale. Ici, le vocable de Gouvernance Cybernétique est une figure de style, une contraction se référant à l'*application scrupuleuse de la* **Cybernétique** *en tant que système formel de* **Gouvernance**. Théorie générale de la régulation, du contrôle et de la communication à l'intérieur des systèmes complexes, la cybernétique est intimement liée à la théorie de l'information ainsi, son développement a été largement influencé par l'informatique et toutes les nouvelles technologies de l'information et de la communication. A la fin du siècle dernier, la cybernétique a enfin pris forme comme une science de nature mathématico-physique dans le but spécifique d'étudier ce que l'on appelle – *les systèmes cybernétiques* - qui sont une abstraction d'un point de vue spécifique des systèmes complexes étudiés par un large éventail de sciences naturelles, techniques et sociales.

La gouvernance cybernétique garantit la qualité des services publics, et favorise la prospection, l'efficacité, la transparence, la participation ou le leadership communautaire, le travail mobile grâce aux écrans portables et intelligent, l'amélioration continue grâce à l'innovation, etc. La gouvernance cybernétique repose sur l'utilisation de la technologie pour faciliter et appuyer une meilleure planification et la prise de décision grâce aux systèmes de Contrôle de Management Intégré. En d'autres termes, elle permet d'améliorer le processus de modernisation en transformant la façon dont les services publics sont dispensés. La gouvernance numérique n'est qu'un aspect de la gouvernance cybernétique.

Stratégie

Construire le consensus nécessaire autour de la Gouvernance Cybernétique. Cette démarche comporte différentes étapes, dont la conception, le développement et le déploiement des systèmes assurant la régulation, le contrôle et la communication au sein du continuum nation-Etat. La gouvernance cybernétique permet de juguler la corruption, contrôler la productivité, augmenter rapidement exponentiellement les recettes fiscales sans créer de nouvelles taxes. Prioriser l'investissement public dans des secteurs fondamentaux tels que l'éducation, la santé, la justice, etc. Placer ainsi le pays dans le quartile le plus favorable des principaux rapports mondiaux dont les indices de Perceptions de la Corruption et du Développement Humain, pour n'en citer que ceux-là.

5.1.2 : Priorités

Cette division sert de cadre de référence à la planification opérationnelle et technique des différents programmes de l'Institut, dont le plan financier, le plan d'organisation, le plan opérationnel et technique, et le calendrier d'exécution pour chaque programme ou projet. Ceci va sans dire que la liste des priorités ci-dessous ne saurait être qu'approximative. Des facteurs comme les contraintes budgétaires, le consensus entre les différents partenaires, ou l'avancement des études peuvent influencer la liste des priorités.

Phase Initiale

5.1.2.1 : Systèmes de contrôle de Management Intégré

La première phase c'est-à-dire la phase initiale d'implémentation de la Gouvernance Cybernétique se circonscrit au premier quinquennat. Elle réunit les priorités dont l'implémentation demeure un prérequis par rapport à d'autres. Des contraintes budgétaires, le consensus au niveau des différents partenaires, ainsi que l'avancement des études peuvent en influencer le contenu.

A. Modèles Nationaux de Données

Les péripéties endurées par les institutions dans le domaine des systèmes cohérent de données pour les applications décisionnelles, la conformité réglementaire, l'engouement croissant pour l'Architecture Orientée Service (SOA) (de l'anglais : *Service Oriented Architecture*) et le Logiciel en tant que Service (SaaS) (de l'anglais : *Software as a Service*), ont suscité beaucoup d'intérêt pour les systèmes de contrôle de Gestion des Données de Référence (MDM) (de l'anglais : *Enterprise Master Data Management*). Le MDM inclut notamment les systèmes dits opérationnels et ceux dits analytiques (de l'anglais : *Operational Master Data Management* ; *Analytical Master Data Management*). Master Data Management désigne la technologie, incluant les outils et le processus nécessaires pour concevoir et maintenir des listes uniformes, fiables, et précises des bases de données.

Dans de nombreux cas, le mode de gestion des institutions doit subir des changements fondamentaux pour l'implantation de Master Data fiable, précis, cohérent, toutefois les réticences les plus robustes face au MDM sont plus politiques que techniques. Certains détracteurs, pour des raisons inavouables mettent toujours en avant le prétexte de la confidentialité pour faire dérailler tout projet d'intégration et de gestion de données. Pour les plus sceptiques soulignons qu'il existe de nombreuses techniques de protection d'identité et de confidentialité. Certains Etats ont adopté diverses politiques publiques en la matière. L'Institut, bien imbu des faiblesses du pays dans le domaine, propose des politiques publiques appropriées notamment l'application de toutes les techniques nécessaires pour garantir d'emblée l'identité et la confidentialité.

Objectifs

Vers la fin du premier quinquennat, achever la conception, le développement et le déploiement du système de Control de Gestion du Modèle National de Données, incluant les données référentielles, opérationnelles, analytiques, compte tenu du profile et des spécificités de chaque secteur, incluant entre autres : l'éducation, la santé, la justice, l'administration et la Fonction Publiques, etc.

B. Services de Données et Application distribuées

L'architecture orientée services (SOA) désigne le recours aux services Web pour envoyer et recevoir des données. Ces services ont l'avantage général d'être faiblement couplés au lieu d'être codés de manière irréversible d'une application à une autre. Une relation faiblement couplée implique que n'importe quel client créé sur n'importe quelle plateforme peut se connecter à n'importe quel service, aussi longtemps que les contrats essentiels sont respectés.

Fiables, robustes et sécurisés les services des données et d'applications distribuées constituent le socle ou l'épine dorsale de l'infrastructure informatique de la gouvernance cybernétique. Il requiert entre autres les services Internet incluant les serveurs de non de domaines, de serveurs et des portails web, des serveurs de courriers numériques et de fichiers, sans oublier notamment les services transactionnelles, multidimensionnelles de base de données, etc.

Objectifs

Vers la fin du premier quinquennat, achever la conception, le développement et le déploiement du Service National de Données dont le but fondamental est d'alimenter le processus de Contrôle de Gestion Intégrée des objectifs de la gouvernance, ce service est même temps disponible aux partenaires et toutes autres institutions ou chercheurs désireux de créer d'autres services à partir de valeurs ajoutées à ces données, dans le plus strict respect de la confidentialité, et de la sécurité de tous.

C. Collecte et Intégration de Données

Sur la base des réalisations **5.1.2.1.1** et **5.1.2.1.2**, l'un des projets charniers de la gouvernance cybernétique est la collecte journalière ou périodique et l'intégration de données de toutes les agences et partenaires du secteur public. La collecte ou l'extraction peut être automatique et directe ou semi-automatique. La première implique l'extraction de base de données à base de données, la seconde l'entremise d'un préposé chargé de soumettre les données à partir d'un fichier numérique au format prédéfini depuis un agent logiciel léger installé sur un micro computer ou une tablette.

Après la collecte ou l'extraction vient la phase de l'intégration. La technique se note (ETL) (de l'anglais : *Extract, Transform and Load*). Il en existe de nombreux systèmes ou logiciels pour la conception, le développement et le déploiement de systèmes ETL complexes. L'un des plus populaires est celui de Microsoft appelé *SQL Server Integration Services* (SSIS).

Objectifs

Vers la fin du premier quinquennat, achever le la conception, le développement et le déploiement du système de Contrôle de Management Intégré de collecte et d'Intégration de Données à partir d'agences et partenaires du secteur public. La collecte comprend les informations géographique, géologique et climatologique pour la constitution de base de données opérationnelles et de systèmes dérivés de données tels que les *Operational Data Store* (ODS), les *Data Warehouse*, les *DataMarts*, les *Cubes*, et l'établissement formel des bases du premier système Big Data d'Haïti.

D. Authentification à Signature Unique

Les Portails de services numériques demeurent un moyen très peu couteux pour assurer la transparence et garantir l'accès à l'information. L'accessibilité requiert néanmoins une authentification sécurisée et contrôlée. L'Authentification à Signature Unique (SSO) (de l'anglais : *Single Sign-On*) désigne entre autres le processus d'authentification des utilisateurs et des sessions, où il n'est requis qu'un nom, unique à chaque utilisateur, et un mot de passe afin d'accéder à plusieurs services d'application ou de données dans le plus strict respect des niveaux de permission ou de sécurité à chaque application et élément de données, dépendamment de son poste, rang et responsabilités. En d'autres termes, le processus authentifie l'utilisateur pour toutes les applications dont il dispose de droit d'accès quelconque, éliminant ainsi les étapes subséquentes, en les rendant tout à fait transparent chaque fois que l'utilisateur change d'application au cours d'une session de travail.

Objectifs

Vers la fin du premier quinquennat, achever le déploiement du système d'Authentification à Signature Unique permettant par exemple au Premier ministre en une seule session de vérifier l'état de présence du personnel de la Primature et celui de la douane de PAP, ou de comparer les recettes du mois dernier à celles du même mois pour l'an dernier. Alors qu'en comparaison le chef de personnel de la Primature devra se contenter de l'état de présence de son personnel et autres informations utiles à sa tâche et son rang. Le même service est disponible au citoyen vérifiant le statut de sa demande de passeport ou de quitus fiscale à la DGI, par exemple.

E. Identification du Citoyen

Un système d'identification fiable ne favorise pas seulement l'exercice des droits civiques, il est un outil d'évaluation, de régulation et de dispensation de services publics : santé, éducation, sécurité sociale etc. L'administration du service public dépend de l'implémentation d'une politique fiscale bien articulée, favorisant l'élargissement de l'assiette fiscale et une collecte équitable des impôts. Ce système rétablit la confiance et stimule la croissance. La disponibilité de données longitudinales couplées à des algorithmes de définition d'indicateur de solvabilité par exemple, favorise le commerce en général, comme l'accès au crédit à des taux abordables.

Sur un autre plan, la démocratie ou l'état de droit demeure le socle du continuum nation-Etat. Si elle ne se limite guère à la tenue d'élections, les élections libres, transparentes et régulières sont cependant indispensables à la démocratie. Un système d'identification robuste et fiable demeure une impérieuse exigence pour la tenue d'élections, qui sont la forme de participation citoyenne la plus persuasive en démocratie.

En plus des services susmentionnés, l'administration électorale, les partis politique, les observateurs et organismes de droits humains, les électeurs eux-mêmes ainsi que le secteur privé disposent d'un portail numérique robuste et sécurisé - *web, applications et téléphonie intégrée* - doté d'interfaces structurées et facile à utiliser pour administrer les élections, vérifier à tout moment les registres électoraux, organiser des primaires sûres d'une part, et d'autre part établir en toute transparence la solvabilité des débiteurs potentiel par à la collecte et l'analyse des activité de prêts et de paiements similairement au système de notation des Américains. Tout ceci dans la plus grande transparence et en dans le respect scrupuleux de la confidentialité et de l'intimité du concerné.

Objectifs

Vers la fin du premier quinquennat, achever le déploiement du système de Contrôle et de Gestion de l'Identité et l'intégrer au Service National de Données pour une meilleure prise en charge de la population. Imaginer par exemple que tout centre hospitalier puisse enregistrer une déclaration de naissance sur un laptop, une tablette, ou un téléphone cellulaire, comportant une version légère du SCGI, imprimer l'acte de naissance et poster le moment venu toutes les données au via le service national de données et d'application.

F. Visualisation Analytique

Visualisation Interactive de Rapports

Un Concentrateur de données (en anglais : Data Hub) désigne un ensemble de données provenant de sources multiples, organisées pour la distribution, le partage et souvent subdivisé et réparti en fonction des clients. Cette distribution des données est généralement sous la forme d'une architecture étoilée ou en maille. Elle comprend l'intégration de données transactionnelles et de collection. Le concentrateur de données fournit les informations sous différent format, incluant des Data Warehouse, Datamarts et Cubes pour l'analytique et tout type de rapports utiles aux responsables d'institutions : chef de l'Etat, chef de gouvernement, groupes de contrôle etc. en fonction de leur niveau de privilège aux systèmes. Différentes suites de logiciels sont disponibles sur le marché, parmi les plus populaires on compte l'éditeur Microsoft avec Visual Studio, *SQL Server Analysis Services* (SSAS), *SQL Server reporting Services* (SSRS) etc.

Objectifs

Vers la fin du premier quinquennat, achever la conception, le développement, et le déploiement du système national de Contrôle de Gestion Intégrée de visualisation de données.

G. Elections

La Constitution votée massivement par la population en 1987 a peu ou presque pas d'impact positif sur la promotion de la démocratie en Haïti, parce que les exigences minimales pour la démocratie qui sont la régularité et l'équité des élections manquent toujours à l'appel. Puisque l'excuse primaire citée afin d'éviter la tenue régulière d'élection est le coût, le système d'élections cybernétique (Cyber-Election) garantit des élections régulières avec un coût marginal presque nul. D'autre part étant donné que le système de vote cybernétique assure une transparence qui n'est fournie par aucun autre système, les citoyens et les électeurs en particulier peuvent s'inscrire, suivre, et maintenir leur inscription à partie d'un portail web structuré et convivial, et d'un système d'assistance publique en ligne, incluant l'intégration téléphonie-informatique pour palier la fracture numérique et le taux élevé d'analphabétisme. Les partis politiques, la presse et les institutions de contrôle (chien-de-garde) peuvent également surveiller les inscriptions et les opérations de vote avant et après chaque élection. Tout en garantissant la confidentialité du scrutin, chaque vote est enregistré à la fois en ligne et sur papier. L'impression du vote sur papier doit comporter au moins deux exemplaires, un pour le dossier personnel de l'électeur et l'autre pour la boîte de vote physiques. Le résultat des élections peut être connu publiquement juste quelques heures après les élections. Le système est également à la disposition de partis politiques pour réaliser en toute transparence leurs primaires ou autres élections internes.

H. Sondages et Enquêtes

Exercice ordinaire dans d'autres pays comme les Etats-Unis, la France etc. la publication de sondage dans le pays heurte souvent les sensibilités. Les raisons sont d'ordre multiple, cependant la transparence semble en être la pierre d'achoppement. Fort de ce constat, le système de Contrôle de Gestion Intégrée des Sondages et Enquêtes est un système distribué et intégré de sondages longitudinaux couplé à un système d'intégration téléphonique. Un sondage peut être réalisé simultanément avec la participation de volontaires et d'institutions crédibles, les médias ou autres organisations de la société. Les données brutes recueillies peuvent être vérifiés en toute transparence et indépendance par n'importe quelle organisation ayant participé ou non à la réalisation du sondage.

Objectifs

Vers la fin du premier quinquennat, achever la conception, le développement et le déploiement du système de Contrôle de

Gestion Intégrée des Sondages et Enquêtes pour des sondages et enquêtes indépendantes et longitudinales dans le plus strict respect de la confidentialité des participants.

I. Pétitions citoyennes

La démocratie moderne requiert la participation. Les élections libres et régulières constituent la forme la plus traditionnelle et la plus élémentaire de participation. Il existe dans certains pays comme les Etats-Unis particulièrement une forme plus active et plus dynamique de participation qui est la pétition.

Le système de Contrôle de Gestion Intégrée des Pétitions est un système distribué et intégré de collecte et de traitements de pétitions, couplé à un système d'intégration téléphonique. Les révisions constitutionnelles concertant les pétitions et toute politique publique y afférant débordent le cadre spécifique de cette rubrique. Le système assure cependant que les données brutes recueillies soient vérifiables en toute transparence et indépendance par n'importe quelle organisation ayant participé ou non à la pétition.

Objectifs

Vers la fin du quinquennat, achever la conception, le développement et le déploiement du système de Contrôle de Gestion Intégrée des Pétitions dans le plus strict respect de la constitution et des politiques publiques en la matière.

Phases Ultérieures

5.1.2.2 : Systèmes de contrôle de Management Intégré

Entre autres priorités pour les phases ultérieures, l'Institut préconise le développement d'un plan stratégique multi quinquennales, car il n'y aucun doute que le pays ne dispose ni de ressources financières voire de ressources humaines adéquates pour accomplir le travail nécessaire au cours d'un quinquennat. Aussi bien que pour la première phase, l'énoncé des priorités suivantes demeurent préliminaires. Il ne serait pas non plus superflu de rappeler que chacune des priorités fait l'objet d'un programme ou d'un projet à part entière que des documents d'études et de projets viendront corroborer. Les objectifs et les enjeux évoluent à mesure que les études se précisent.

A. Comptabilité Publique Unifiée

La charte de compte unifiée favorise la collecte des données et une analyse transversale des opérations comptables grâce à des bases de données robustes et des algorithmes complexes et intelligents. L'analytique préconise des systèmes d'aide à la décision et facilite l'évaluation et à l'élaboration des budgets. En plus d'une charte des comptes unifiés et appliquée par toutes les institutions publiques du pays, les transactions comptables découlant des opérations journalières doivent être postées régulièrement à partir d'autres systèmes de contrôle de gestion.

Objectifs

Vers la fin du premier quinquennat, achever l'élaboration de la charte des comptes unifiés et son intégration grâce aux Modèles Nationaux de Données.

B. Divisions Administratives et Territoriales

La décentralisation demeure une étape essentielle dans la stratégie de développement. L'absence de politique et de lois cadres pour l'implémentation de cette exigence pourtant constitutionnelle ramène le problème sur l'un des axes du mal dont souffre le pays ; l'axe de l'incompétence. Les collectivités territoriales constituent le squelette ou l'infrastructure de toute politique de Contrôle de Gestion Intégrée des divisions administrative et territoriales. La création intempestive de nouvelle communes, circonscription ou de département renvoi un signal déprimant exposant l'inaptitude des couches dominantes à conduire le pays. Les Forces Armées d'Haïti et l'Eglise Catholique sont passées maitres dans le domaine des divisions administratives et territoriales, bien que la modernisation n'ait jamais été leur priorité.

Objectifs

Vers la fin du quinquennat, achever la conception, le développement et le déploiement du Système de Control de Gestion des Divisions Administratives et Territoriales pour évaluer et dispenser le service public d'une manière efficace et contrôlée, en harmonie avec d'autre systèmes (5.1.2.2.3), garantie une communication fluide et efficace et contrôlé du sommet vers la base et vice-versa.

C. Communication

La communication est un concept parmi tant d'autre qui se trouvent être galvaudés en dans le pays. Certain se trompe de bonne foi (c'est l'ignorance), d'autres choisissent délibérément le pervertir (c'est la corruption). La communication n'est pas l'invasion des médias sociaux, ni la propagande. La communication relève fondamentalement de la théorie de l'information - selon Claude Shannon- La transparence demeure un produit de la communication, cependant, plusieurs décennies de despotisme d'un côté et de méfiance de l'autre s'avèrent difficiles à surmonter voire ignorer.

Pour encourager la participation et susciter graduellement la confiance, un effort permanant soutenu par une campagne de vulgarisation et de sensibilisation par le truchement des media publics, et d'autres en fonction des ressources disponibles est nécessaire. La communication demeure inhérente à la stratégie sous-tendant l'application des politiques en passant par les étapes intermédiaires de planification, jusqu'aux étapes d'évaluation, de correction ou de rectification. Aussi s'avère-t-il nécessaire que l'intégralité du processus soit assurée en particulier par la disponibilité sur un portail numérique - web, applications et téléphonie intégrée - doté d'interfaces structurées et facile à utiliser, y compris des « *Live Chat Rooms* » et des blogs, exposant en détail toutes les étapes incluant un suivi interactif.

Objectifs

Vers la fin du quinquennat, achever le déploiement du système Intégré de gestion de la communication à l'intérieur du continuum nation-Etat dans le but de maintenir la communication :

- A l'intérieur du pouvoir exécutif entre gouvernement dont la présidence, la Primature, les collectivités territoriales et autres instances et opérateurs de l'Administration publique.
- A l'intérieur du pouvoir législatif entre le parlement et les instances et opérateurs de l'Administration publique.
- A l'intérieur du pouvoir judiciaire entre la justice et les instances et opérateurs de l'Administration publique.

- Entre les différents pouvoirs de l'Etat dont l'Exécutif, le Législatif et le Judiciaire.
- Entre les différents pouvoirs de l'Etat et les organisations non-gouvernementales, bilatérales, internationale et de la société civile.
- Entre les différents pouvoirs de l'Etat et les citoyens.
- Entre les organisations de la société civile et les différents pouvoirs de l'Etat.

D. Législations et Politiques Publiques

Fondamentalement, la gouvernance cybernétique préconise la conception et la conduite de politiques, dans le même ordre d'idées, l'absence de politiques ou l'application de politiques impropres ne relève que de la forfaiture. D'où la nécessité d'inventorier de manière exhaustive toutes les politiques, lois ou décrets en vigueur, suivi d'une évaluation rigoureuse et toute révision ou proposition de révision nécessaires. Un portail numérique - web, applications et téléphonie intégrée - doté d'interfaces structurées et facile à utiliser expose le cycle de vie des politiques et la gestion qu'on en fait, où tout individu qu'il soit un profane ou un expert peut interagir et participer à toutes les étapes du processus d'application de la gouvernance cybernétique.

Objectifs

Vers la fin du quinquennat, achever la conception le développement et le déploiement du système de Contrôle de Gestion Intégrée des Législations et Politiques Publiques exposant le cycle de vie de toutes les lois en vigueurs, incluant la constitution, lois cadres et organiques et les politiques

E. Demandes de Services

L'action gouvernementale à travers le flux du processus de services doit être soumis à des exerces de contrôle objectif. La reddition de comptes bénéficierait de la transparence et la participation qui sont deux exigences fondamentales de la gouvernance cybernétique. Le portail public de Contrôle de Gestion Intégrée des Demandes de Services - *Helpdesk* - offre aux citoyens la possibilité de suivre le traitement de leurs demandes de services de la soumission à la livraison. Des logiciels de type tableau-de-bord présente un cycle de vie navigable des différentes demandes avec tous les détails nécessaires, tout en garantissant la confidentialité. Les bureaux de supervision, chefs d'institutions et de gouvernement, ainsi que des groupes indépendants dits chien-de-garde disposent d'accès contrôlé et sécurisé aux systèmes [grâce au SSO]. Un seuil s'établi en fonction des ressources disponibles, afin d'aider à gérer le processus en envoyant des alertes signalant des demandes de services dont le délai d'attente dépasse le seuil. En raison du faible taux d'alphabétisation en Haïti, les demandes automatiques de service par un système d'intégration téléphonique - *Voice-to-data* - est également fourni. À la fin de chaque processus de demande, les utilisateurs auront la possibilité de remplir un sondage, soit sur le web ou par téléphone (*Voice-to-data*).

Objectifs

Vers la fin du quinquennat achever la conception, le déploiement et déploiement du système de Contrôle de Gestion Intégrée des demandes de services pour un service efficace et optimal.

F. Audits

Tel qu'il est susmentionné, l'incompétence et la corruption constituent l'axe du mal qui dévore le pays. Faut-il cependant mentionner que l'impunité en est un corolaire. La transparence exige la reddition des comptes. En cas de violation le ou les responsables sont identifiés et sanctionnés, conformément aux principes de l'Etat de droit. L'établissement et le respect scrupuleux des procédures, couplé à la saisie immédiate ou automatique de données pour toute opération favorise la réalisation des audits ou des enquêtes immédiates ou automatiques si non dans un délai extrêmement réduit.

Objectifs

Vers la fin du quinquennat, achever la conception, le développement et le déploiement du système de Contrôle de Gestion Intégrée d'Audit pour s'assurer que les chefs de gouvernement et d'institutions publiques, les instances de contrôle comme le parlement, l'Autorité de Contrôle Administratif et Judiciaire des politiques publiques, et la justice en général disposent d'un système efficace pour rompre avec le slogan « *l'enquête se poursuit* ».

G. Marchés Publics

Le concept du continuum nation-Etat susmentionné se réfère à un modèle mathématique où tous les points sont interdépendants. L'attribution dans l'ombre de plusieurs centaines de millions de dollars surtout à des Sociétés non établies dans le pays et employant des individus également non établis dans le pays, entraine non seulement des dépenses non justifiées, mais un manque à gagner en termes de réduction de chômage, de taxe sur la masse salariale, et d'impôt sur le revenu etc. Ainsi, les conséquences en termes de service à la population sont sans appel. C'est sans doute une école, un centre hospitalier, ou un pont qui ne sera construit, et la liste pourrait s'allonger indéfiniment.

Ce système dispose, entre autres, d'un portail numérique où des sociétés dûment enregistrées au ministère du commerce qui sont en règle avec le fisc, et les lois peuvent s'enregistrer librement. Toute offre doit être postée sur le portail et notification doit être envoyée automatiquement aux firmes suivant le domaine pour lequel elles ont été enregistrées. Les plis sont visibles seulement à la date et l'heure mentionnées sur le site. Tous les soumissionnaires ont accès à toutes les soumissions en même temps que les décideurs. Une évaluation préliminaire automatique est faite par le système à partir d'une grille établie à l'avance par une commission. Chaque membre soumet sont évaluation électroniquement. Si par exemple la firme qui gagne le verdict numérique tombe pour le vote de la commission, elle peut faire appel, auquel cas les avocats des deux firmes en question peuvent s'entendre ou faire valoir leur cas devant une autre commission.

Objectifs

Vers la fin du quinquennat, achever la conception, le développement, et le déploiement du système Contrôle de Gestion Intégrée des Marchés Publics pour garantir une optimisation des dépenses publiques en s'assurant que les contrats octroyés par l'Etat se fait dans des conditions favorables à tous et en toute transparence.

H. Ressources Humaines et Productivité

L'absentéisme et la sinécure ont un impact considérable sur la productivité, cependant le Contrôle de Gestion Intégrée des ressources humaines préconise d'abord et surtout la satisfaction des agents de la fonction publique dans le contexte post programme d'ajustement structurel incluant les départs volontaires, sans mentionner le mode de recrutement qui s'en est suivi. Ce système est un outil efficace qui entre autres, permet d'une part de collecter l'heure d'arriver et de départ de chacun. La motivation d'absence ou de retard peut par exemple être accessible par un superviseur pendant une très courte fenêtre, le calcul de la paye se fait automatiquement sur la base exclusive de la collecte de présence. Un portail Electronique dispose de Dashboard permettant aux superviseurs de vérifier la présence de leur staff suivant leur niveau d'accès. Ce même Dashboard permet aussi au staff de lire leurs e-mails. Sur la base de lois cadres et organiques, des politiques répondant aux objectifs de modernisation économique et sociale, des périodes de congé de vacances, maladie ou autres seront prises en comptes. Sur la base des données accumulées dans le plus strict respect de la confidentialité, des algorithmes complexes et intelligents détermineront des indices de performance qui doivent motiver ou influencer toute décision, qu'elle soit favorable ou non à l'individu concerné.

Objectifs

Vers la fin du quinquennat, achever la conception, le développement et le déploiement du système de Contrôle de Gestion Intégrée des Ressources Humaines et de la Productivité pour une administration publique efficace.

I. Budget et Trésor Publics

Le budget renseigne entre autres sur la stratégie et l'orientation de l'administration de l'Etat. Il est l'émanation de l'exécutif et du législatif qui a le dernier mot, ce qui n'est toujours pas bien compris dans le pays. Depuis l'adoption de la constitution de 1987, le pays dispose rarement d'un budget régulier, d'où la nécessité de lois cadre et organiques ainsi qu'une politique budgétaire garantissant le Contrôle de Gestion Intégrée du budget.

Objectifs

Vers la fin du quinquennat, achever la conception, le développement et le déploiement Contrôle de Gestion du Budget, et du Trésor Publics.

J. Recettes Publiques

Ce système comporte entre autres l'application de la politique fiscale. L'uniformisation de la collecte ou de la perception d'impôt ou de frais a un double effet. Elle sape à la base les détournements, diminue le harcèlement du contribuable qui en revanche devient plus enclin à s'acquitter de ses obligations fiscales. La modernisation de la politique fiscale et système de perception réduit aussi le cout de perception.

Objectifs

Vers la fin du quinquennat, achever la conception, le développement et le déploiement du Système de Régulation et de Contrôle de Gestion Intégrée des Recettes Publiques permettant ainsi d'augmenter les recettes fiscales sans augmenter la pression fiscale.

K. Dépenses Publiques

L'idée d'une charte des comptes unifiée n'est certainement pas nouvelle, mais son application en est tout autrement. En plus du budget national chaque institution est dotée de son propre budget. Strictement lié aux Trésor et au Budget, ce système permet un processus de décaissement à divers paliers impliquant notamment les Divisions d'Inspection Générale des ministères. Le processus inclut entre autres la saisie de la requête par un superviseur, son acceptation par un officier des comptes, et l'impression du chèque par un superviseur en charge des finances.

Objectifs

Vers la fin du quinquennat, achever la conception, le développement et le déploiement du Système de Régulation et de Contrôle de Gestion Intégrée des Dépenses Publiques permettant ainsi de contrôler la corruption et de maintenir l'équilibre budgétaire.

L. Documents Electroniques Certifiés

L'octroi de documents de base et aussi fondamentaux que le certificat de naissance, de décès ou de mariage, relevant des services publics, sans oublier le permis de conduire, l'enregistrement de véhicule, permis de construire et autres documents essentiels consomme énormément de temps et de ressources et doivent avoir des répercussions sur la productivité globale dans le pays. D'autre part les pratiques de coût exorbitant relevant du marché noir nourrissent le cycle de la corruption. En général, les plus démunis sont les premières victimes raison de la corruption et des inégalités de toute sorte. Les systèmes de Régulation et de Contrôle de Gestion Intégrée de documents numériques certifiés présente entre autres solutions, la distribution de document en ligne, rapide et fiable, avec un coût marginal pratiquement nul, tout se fait de la manière la plus efficace et transparente possible. Le code QR du document permet l'authentification instantanée du document.

Objectifs

Vers la fin du quinquennat, achever la conception, le développement et le déploiement du Système de Régulation et de Contrôle de Gestion Intégrée de documents numériques certifiés permettant de contrôler le cout des services de production et de livraison de documents ou de certificats.

M. Evaluations et Examens Scolaires

Le système Contrôle de Gestion Intégrée des Evaluations et Examens permet entre autres aux institutions de s'acquitter du processus de recrutement de la police ou du personnel public ou autre par concours, en toute transparence, et des résultats dont personne ne peut changer incognito. Une autre application du système demeure la modernisation des examens officiels à tous les niveaux de l'enseignement primaire, secondaire et postsecondaire. En raison de la rare distribution de l'électricité dans de nombreux endroits dans le pays, le système dispose de fonctionnalités qui permettent de convertir et d'imprimer n'importe quelle session d'examen, ainsi que le modèle de correction en format PDF. Chaque document imprimé aura un numéro d'identification unique, l'identité du candidat ou de la personne devant subir l'examen, l'identification comportera entre autres un code QR et l'horodatage –voir aussi 5.1.2.2.12 -.

Objectifs

Vers la fin du quinquennat, achever la conception, le développement et le déploiement du Système de Contrôle de Gestion Intégrée des Evaluations et Examens permettant de contrôler l'efficacité et la régularité de toute forme d'évaluation ou d'examens dans la transparence et dans le plus strict respect de la confidentialité.

N. Indices de Performance

La situation qui prévaut en Haïti s'apparente à un cirque de mauvais goût où un groupe qui est chassé ou qui est obligé de quitter le pouvoir en raison de la corruption ou de l'incompétence devient automatiquement la solution de rechange ou l'alternative face à son successeur. Les revues de performance ou de rendement sont généralement connues par le biais de rapport sommaire publié par certaines agences internationales. Le système de Contrôle de Gestion Intégrée des Indices et Bulletins de Performance dispose entre autres d'un portail numérique présente un bulletin individuel pour chaque organisme de l'État des ministères, hôpitaux, écoles publiques, et des fonctionnaires appartenant aux trois premières catégories qu'ils soient nommés ou élus, y compris les ministres, les juges, maires et les enseignants ou les médecins des écoles et hôpitaux publics. La méthodologie et les algorithmes sont transparents, les données recueillies sont vérifiables grâce à des applications structurées et conviviales, dans le strict respect des règles de confidentialité. La mise en application de ce projet risque de se heurter à certaines barrières car les pratiques de corruption ont souvent la vie dure.

Objectifs

Vers la fin du quinquennat, achever la conception, le développement et le déploiement du système de Contrôle de Gestion Intégrée des Indices pour assurer le contrôle et l'évaluation de la performance des institutions, des élues et autres responsables de la fonction publique soit par secteurs ou branche de pouvoir comme l'exécutif, le législatif et le judiciaire, ou par division administrative ou territoriale, accordant aussi aux chercheurs, étudiants et journalistes une plate-forme numérique leur permettant de produire des rapports, et autres d'outils divers pour l'analytique.

O. Prospectives

Les détails de ces programmes débordent le cadre de cette publication. Ils visent la gouvernance des principaux secteurs suivants :

- Education
- Santé
- Justice
- Commerce
- Sécurité
- Défense
- Affaires Etrangères
- Affaires Sociales
- Agriculture
- Environnent
- Infrastructure
- Etc.

5.2 : Cloud Computing

Instauration du cloud computing, par le déploiement du cloud public dans le pays, garantissant la robustesse, la distribution, la sécurité, le déploiement rapide et sur demande de puissance de traitement et de stockage

5.2.1 : Résumé

Le Cloud Computing désigne le modèle informatique permettant l'accès au réseau omniprésent, commode, à la carte et instantanément d'un réservoir partagé de ressources informatiques configurables (réseaux, serveurs, stockage, applications et services) qui peuvent être rapidement configurés et livrés avec une interaction minimale ou effort de gestion du fournisseur de service. Faute de mieux, l'anglicisme CLOUD COMPUTING passe légalement en France, bien que certains puristes tentent toujours des traductions, dont : informatique dématérialisée.

Cette infrastructure comporte un ensemble de matériel et de logiciel sur lequel repose les cinq caractéristiques essentielles du cloud computing. Le cloud peut être considéré comme contenant à la fois une couche physique et une couche d'abstraction. La couche physique comprend les ressources matérielles nécessaires pour prendre en charge les services cloud fournis, et comprend généralement les serveurs, le stockage et les composantes de réseau. La couche abstraction se compose du logiciel déployé sur la couche physique, ainsi se manifestent les caractéristiques essentielles du cloud computing. Conceptuellement, la couche d'abstraction se trouve au-dessus de la couche physique.

Le cloud computing est très récent en Haïti, il demeure strictement privé ou distillé par des fournisseurs étrangers ou des sous-contractant locaux à partir de sites d'outre-mer ou éloignés.

L'implication de l'Institut dans le cloud computing révolutionne le secteur. L'Institut préconise l'instauration du cloud public à partir de sites primaires localement hébergé et des sites secondaires ou de secours à la fois dans le pays et outre-mer. Le cloud computing favorise le développement de contenu dans la zone HT, particulièrement utile pour toute politique de contrôle de sécurité et de performance de l'Internet. La disponibilité de contenue utile favorise l'accès et la création de nouveau services, ce qui favorise du coup l'innovation et l'émergence de nouvelles connaissances, de nouveau métiers ou de nouvelles activités économiques. L'informatique demeure le troisième secteur mondial le plus rentable après le pétrole et la drogue. Aussi. L'informatique contribue à elle seule entre 1 et 3 points au baromètre de la croissance économique.

Stratégie

Construire le consensus nécessaire autour du cloud computing local. Cette démarche comporte différentes étapes dont la conception, le développement et le déploiement de deux centres de traitement de données - data center -, et le déploiement du premier public cloud dans le pays, incluant les services tels que l'Infrastructure en tant que service, la Plate-forme en tant que service, et le Logiciel tant que service, offriront une capacité initiale de plus de cent mille (10,000) machines virtuelles connectées pour développer, tester, déployer et héberger les systèmes d'information indispensables au traitement et à la gestion de l'avalanche de données inhérentes à la gouvernance cybernétique.

5.2.2 : Priorités

Cette division sert de cadre de référence pour la planification opérationnelle et technique des différents programmes de l'Institut, incluant un plan financier, un plan d'organisation, un plan opérationnel et technique, et un calendrier de d'exécution pour chaque programme ou projet relevant de la Cloud Computing. Ceci va sans dire que la liste des priorités ci-dessous ne saurait être qu'approximative. Certains facteurs comme les contraintes budgétaires, le consensus au niveau des différents partenaires, ainsi l'avancement des études peuvent influencer la liste des priorités.

5.2.2.1 : Phase Initiale

La première phase d'implémentation du Cloud Computting se circonscrit au premier quinquennat. Elle réunit les priorités dont l'implémentation demeure un prérequis par rapport à d'autres. Des contraintes budgétaires, le consensus au niveau des différents partenaires, ainsi que l'avancement des études peuvent en influencer le contenu.

A. Infrastructure en tant que service

Infrastructure en tant que service (IaaS) (de l'anglais : *Infrastructure as a Service*) désigne la capacité offerte au consommateur de se pourvoir ou de s'approvisionner en puissance de traitement, de stockage, de réseaux et d'autres ressources informatiques fondamentales où le consommateur peut déployer et exécuter des logiciels à sa guise, incluant des Systèmes et Applications. Le consommateur ne gère pas ou ne contrôle pas l'infrastructure sous-jacente, mais contrôle les systèmes d'exploitation, le stockage et les applications déployées ; et éventuellement un contrôle limité des composants de réseau sélectionnés (par exemple, le système pare-feu d'hôte).

Objectifs

Vers la fin du quinquennat achever le déploiement du service cloud appelé : Infrastructure en tant que service, accordant aux consommateurs des ressources informatiques fondamentaux pour déployer et exécuter les logiciels répondant à leurs besoins ou à leurs préférences.

B. Plate-forme en tant que service

Plate-forme en tant que service (PaaS) (de l'anglais : *Platform as a Service*) désigne le privilège offert au consommateur de déployer sur le cloud des applications acquises où créées à l'aide de langages de programmation, des bibliothèques, des services et des outils pris en charge par le fournisseur.

Le consommateur ne gère pas ou ne contrôlent pas l'infrastructure sous-jacente du cloud, y compris le réseau, les serveurs, Systèmes d'exploitation ou de stockage, mais a le contrôle des applications déployées et les paramètres de configuration de l'environnement d'hébergement d'applications.

Objectifs

Vers la fin du quinquennat achever le déploiement du service cloud appelé : *Platform as a Service* (PaaS) accordant aux consommateurs le privilège de déployer sur le cloud des plateformes informatique répondant à leurs préférences et à leurs besoins.

C. Logiciel en tant que service

Logiciel en tant que service (SaaS) (de l'anglais : *Software as a Service*) désigne la capacité offerte au consommateur d'utiliser les Applications disponibles sur une infrastructure cloud. Ces applications sont accessibles à partir de différents périphériques clients ou d'interfaces de clients légers, par exemple un navigateur Web (ex : la messagerie numérique), ou une interface de programmes ou logiciels très sophistiqués. Le consommateur ne gère ni ne contrôle l'infrastructure cloud sous-jacente, notamment le réseau, les serveurs, les systèmes d'exploitation, voire certains paramétrages d'application individuelles, à l'exception peut-être d'un nombre limité de Configuration de l'application.

Objectifs

Vers la fin du quinquennat achever le déploiement du service cloud appelé : Logiciel en tant que service (SaaS) (de l'anglais : *Software as a Service*) offrant la possibilité aux consommateurs d'utiliser des applications d'un fournisseur quelconque.

5.3: Assurance Information

Institution de services d'Assurance Information dans le pays, garantissant l'authenticité, la confidentialité, la pérennité, et la récupération instantanée après désastre de données ou de systèmes d'information.

5.3.1 : Résumé

Dans de nombreux domaines, l'information demeure l'une des rares entités après la vie, qui ne s'achète et dont la perte demeure irréversible, à une différence près : l'information peut être copiée à l'identique ou sauvegarder autant de fois que nécessaire. L'Assurance Information (de l'anglais : *Information Assurance*) dont l'Assurance Données (de l'anglais : *Data Assurance*) en est un sous-produit, est un concept désignant les étapes impliquées dans la protection des systèmes d'information. L'Assurance Données que l'on confond souvent avec l'Assurance Information se trouve par ailleurs à la base c'est-à-dire, la toute dernière étape du cheminement de la « Information Assurance ». Si Data Assurance est le Terminal, Information Assurance transporte les wagons. Bien qu'il soit recommandé aux institutions qui en ont la possibilité d'héberger leur propre système de sauvegarde et restauration de données, cependant la solution de centre de données et sa composante informatique « public cloud » fournie par l'Institut demeure l'épine dorsale de toute politique d'assurance donnée incluant des options de récupération après sinistre. L'Assurance Information assure la protection intégrale des systèmes d'Information. Certains termes sont communément associés à la définition de l'assurance information, ils reflètent les tâches sous-tendant le plan d'assurance information.

- Intégrité : L'intégrité consiste à s'assurer qu'un système d'information reste indemne et sans souillure. Information Assurance prend des mesures pour maintenir l'intégrité, par exemple avoir un logiciel antivirus en place afin que les données ne soient pas modifiées ou détruites et d'avoir des politiques en place afin que les utilisateurs sachent comment utiliser correctement leur système afin de réduire au minimum l'infiltration des codes malveillants.

- Disponibilité : Disponibilité est la facette d'Information Assurance où l'information doit être disponible pour une utilisation par ceux qui sont autorisés à y accéder. Protéger la disponibilité peut impliquer de protection contre les programmes malveillants, les pirates et toute autre menace qui pourrait bloquer l'accès au système d'information.

- Authentification : L'authentification consiste à s'assurer que les utilisateurs sont qui ils prétendent être. Méthodes utilisées pour l'authentification sont des noms d'utilisateur, mots de passe, biométrie, jetons et autres dispositifs. L'authentification est également utilisée par d'autres moyens, non seulement pour identifier les utilisateurs, mais aussi pour identifier les périphériques, les messages, incluant données et métadonnées.

- Confidentialité : Information Assurance consiste à garantir la confidentialité des informations. Cela signifie que seuls ceux autorisés à afficher les informations ont y ont accès. L'Informations doit rester confidentielle en toute circonstance et d'un point à l'autre, c'est le cas par exemple, dans les institutions militaires, où l'information est classée où seules les personnes jouissant d'un certain niveau de confiance et de sécurité peuvent accéder à des informations hautement confidentielles.

- Non-répudiation : Le pilier définitif est la non-répudiation. Cela signifie qu'une personne ne peut nier après avoir tenté ou entreprise une action car les preuves abonderaient.

Le concept Information Assurance désigne un domaine en pleine croissance, son rôle est de plus en plus critique. Il demeure une des spécialités des technologies de l'Information, tout spécialiste de l'Assurance Information doit avoir une connaissance approfondie des technologies de l'Information et comment les systèmes d'information fonctionnent, interagissent et sont interconnectés. Avec toutes les menaces qui sont maintenant courantes dans le monde des technologies de l'Information, comme les virus, vers, « *phishing* », ingénierie sociale, vol d'identité et plus, une protection appropriée contre ces menaces est en effet nécessaire.

Stratégie

Construire le consensus nécessaire autour de l'Assurance Information dont la démarche comporte différentes étapes : la conception, le développement et le déploiement des systèmes et outils nécessaires à l'instauration de services d'Assurance Information dans le pays, l'authentification et l'accès sécurisé et contrôlé aux systèmes d'information, ainsi que la stabilité, l'efficacité, la sauvegarde, l'archivage et la récupération rapide et intégrale des données et systèmes d'information en cas de désastre.

5.3.2 : Priorités

Ce chapitre sert de cadre de référence pour la planification opérationnelle et technique des différents programmes de l'Institut, incluant un plan financier, un plan d'organisation, un plan opérationnel et technique, et un calendrier de d'exécution pour chaque programme ou projet relevant de l'Assurance Information. Ceci va sans dire que la liste des priorités ci-dessous ne saurait être qu'approximative. Certains facteurs comme les contraintes budgétaires, le consensus au niveau des différents partenaires, ainsi que l'avancement des études peuvent influencer la liste des priorités.

Phase Initiale

5.3.2.1 : Systèmes de contrôle de Management Intégré

La première ou la phase initiale d'implémentation de l'Assurance Information se circonscrit au premier quinquennat. Elle réunit les priorités dont l'implémentation demeure un prérequis par rapport à d'autres. Des contraintes budgétaires, le consensus au niveau des différents partenaires, ainsi que l'avancement des études peuvent en influencer le contenu.

A. Services Internet

Firewall

Le système pare-feu – *de l'anglais firewall* - repose sur une approche d'avant-garde, dynamique et présente une interface cohérente et convivial assurant le contrôle intégral efficace d'application incluant toutes les nouvelles générations, ainsi que le l'authentification des utilisateurs. Il surpasse les pares-feux traditionnels en intégrant un appareil/pare-feu puissant de nouvelle génération avec la sécurité du contenu évolutif du cloud. Alors que l'appareil est optimisé pour les tâches de bande passante sensibles telles que transfert de paquet et routage, couche 7 application contrôle, prévention des intrusions (IPS), les services DNS/DHCP et connectivité VPN, le cloud ce composant gère les tâches axées sur le processeur comme l'analyse antivirus, le filtrage de contenu et les rapports.

B. Cryptographie

En plus de toutes les mesure et technique de sécurité visant à préserver la confidentialité tout en facilitant la circulation de l'information et permettre aux décideurs de prendre des décisions avisées, le cryptage de données garantie un palier supplémentaire mais indispensable en matière de sécurité de l'information. Il s'intègre à un cadre de sécurité modulaire, qui intègre des solutions de sécurité construite à cet effet, *best-of-breed*, hautement évolutive pour protéger les utilisateurs, les réseaux, les applications et les Centres de données. Les composantes tels que la sécurité web et email, la sécurité des applications web et accès à distance sécurisé s'intègrent avec le pare-feu et peuvent être gérées de façon centralisée pour le contrôle et la visibilité agrégée. Jumelé avec interfaces utilisateur cohérente et des workflows administratifs communs, cette approche offre une posture de sécurité globale, une administration simplifiée et une architecture hautement évolutive

C. Trafic Web

Le Contrôle de Gestion du trafic Web permet aux institutions de bénéficier d'applications en ligne et sans exposition aux malwares et virus propagés par le web, sans affecter la productivité des utilisateurs et pour éviter toute utilisation inappropriée de la bande passante. Grâce à l'avènement du cloud computing, le service de sécurité Web fournit une option pratique pour déployer la technologie de sécurité web puissant pour les organisations qui cherchent à tirer parti de l'évolutivité et la flexibilité du cloud. Idéal pour la sauvegarde des utilisateurs sur et en dehors du réseau, la solution associe la protection de logiciels espions, logiciels malveillants et de virus avec une politique puissante et un moteur de production de reports et d'analytique... Ces fonctionnalités avancées s'assurent que les organisations s'adaptent aux nouvelles exigences comme règlement de réseaux sociaux filtrage et visibilité dans le trafic crypté SSL.

D. Secure Sockets Layer / Virtual Private Network

Les Réseau Privé Virtuel (VPN) (de l'anglais : *Virtual Private Network*) couplés à la connexion sécurisée à l'Internet (SSL) (de l'anglais : *Secure Sockets Layer*) permet aux utilisateurs d'établir une connexion sécurisée à distance au réseau intranet. De l'administrateur de base de données, à l'administrateur de systèmes, ou du programmeur au chef du personnel, les professionnels modernes exigent un moyen rapide, souple, fiable et entièrement sécurisé pour se connecter à des applications d'entreprise internes, des informations et des ressources réseau. Ils veulent le faire de n'importe où dans le monde, c'est-à-dire à tout moment, depuis n'importe quel dispositif approprié. Le VPN/SSL fournit la sécurité et connectivité pour un tel accès, via un navigateur web, ou un appareil mobile.

Objectifs

Vers la fin du quinquennat, achever la conception, le développement ou l'acquisition, et le déploiement des systèmes de Contrôle de Gestion de Menaces et des Services Internet, garantissant les services d'Assurance Information dans toute l'acception du terme.

E. Messagerie numérique

Ce système inclus entre autres un le Contrôle de Gestion des Spam (Spam Firewall), c'est la sécurisation avancée de la messagerie numérique avec la commodité et l'évolutivité du cloud, ce Service offre une alternative très abordable aux logiciels et solutions de rechange basé sur le matériel. Le service gère le trafic de courrier entrant et sortant pour protéger les organisations contre les fuites de données et de menaces véhiculées. Comme pour toute solution

SaaS, les organisations peuvent exploiter le service de Security pour crypter les messages, récupérer et stoker automatiquement ou instantanément les Courriels cas d'indisponibilité des serveurs réguliers de la messagerie numérique.

Objectifs

Vers la fin du quinquennat, achever la conception, le développement ou l'acquisition, et le déploiement des systèmes de Contrôle de Gestion de la messagerie numérique, garantissant entres autres services d'Assurance Information, la transparence.

F. Sauvegarde et Archivage de Données

Ce système de sauvegarde est une solution complète, cloud-intégrée pour la protection des environnements physiques et virtuels qui inclut les logiciels, le matériel et de réplication hors site. La Solution de sauvegarde est simple à déployer, facile à gérer et offre de stockage illimité sur le cloud. Compte tenu de l'approche multiplateformes sous-tendant l'intégration, la synchronisation au niveau des services copie et de partage de fichiers, les organisations peuvent se passer de multiples solutions de sauvegarde provenant de fournisseurs divers donc d'intégration moins facile, en adoptant une solution intégrée de sauvegarde tout-en-un, facile à gérer et configurer. Le service de sauvegarde prend en charge la réplication c'est-à-dire d'un appareil ou d'un site à l'autre en ce qui concerne la protection des données à l'intérieur d'un cloud privé, et le transfert sécurisé dans le cas du cloud public.

L'information occupe une place prépondérante dans la gouvernance et fondamentale dans la cybernétique. D'où cette abondance de courrier numérique, de documents, et de données de toutes sorte. Comme dans tout système, en absence de fluidité l'abondance produit l'encombrement, gâchis d'information et de ressource. Ce système est idéal pour les institutions qui cherchent à réduire leurs besoins ou optimiser le stockage de courrier numérique et de stimuler la productivité des utilisateurs avec un accès à une base de données via une interface conviviale leur permettant de consulter directement n'importe quel email envoyés ou reçus, par mobile ou PC. En plus de ces avantages et de son efficacité, le système fournit également une plate-forme très robuste, efficace, mais simple de recherche à l'aide de mots clés référant à un sujet, un récipient, ou expéditeur, ou une date. Le système Mail Cube est parfaitement intégré au système de *Data Warehouse*, de visualisation de données et d'analytique.

Objectifs

Vers la fin du quinquennat, achever la conception, le développement ou l'acquisition, et le déploiement des systèmes de Contrôle de Gestion, de Sauvegarde et d'archivage de Données, garantissant entres autres services d'Assurance Information, la transparence, la navigation et l'archivage de données.

G. Déploiement d'Applications et Performance

Entre autres fonctionnalités, le système *Load Balancing* assure l'équilibrage des charges, il est idéal pour les institutions qui recherchant une solution performante, efficace et très abordable de gestion et de sécurisation des flux. Incluant une gamme de matériel et de modèles virtuelles, le système de Contrôle de Gestion de Déploiement d'applications et de performance accorde le maximum de flexibilité aux institutions qui cherchent à construire des infrastructures informatiques hautement sécurisée et évolutive. Le rendement demeure invariable qu'il s'agisse d'un site privé de centre de données ou du cloud.

Objectifs

Vers la fin du quinquennat, achever la conception, le développement ou l'acquisition, et le déploiement des systèmes Contrôle de Gestion de Menaces et des Services Internet, garantissant les services d'Assurance Information dans toute l'acception du terme.

5.4 : Recherche & Prospection

Institution de la pratique et de la culture de recherches et de prospections ou d'innovations en tant que moteur de la modernisation d'Haïti.

5.4.1 : Résumé

Une souris, qui se cache à la vue d'un chat pénétrant dans une pièce, répond à un événement qui ne s'est pas encore produit. Elle anticipe ainsi une rencontre qui lui serait fatale, et cette habilité dont jouit la souris est une des merveilles de l'évolution. Les humains aussi disposent de cette faculté. Ils jouiraient cependant de capacités très étendues leur permettant de se projeter dans l'avenir bien au-delà des limites de tout autre animal. Si la rétrospection se réfère à la capacité de se reporter dans le passé et de revivre une expérience, la prospection se réfère à l'habilité des humains de se projeter dans l'avenir et de simuler des expériences. Le prodigieux Albert Einstein, ne disait-il pas que l'imagination l'emportait sur la connaissance ?

La pratique et la culture de recherches, de prospections, ou d'innovations entretenues par la curiosité et le pragmatisme sont avant tout la matrice de l'Institut. La parution de la rubrique Recherche et Prospection en queue de liste des priorités de l'Institut, ne reflète ou n'influence nullement son importance. Compte tenu de certaines restrictions sur le plan strictement budgétaire, l'Institut devra faire des choix stratégiques en orientant ces recherches suivant ses priorités. Cependant, certains champs de recherches s'avèrent incompressibles, voire incontournables. La recherche et la prospection constituent des préalables à la gouvernance cybernétique.

Manifeste pour la modernisation d'Haïti

De l'Institut de Cybernétique

Depuis plus de deux décades, certaines agences internationales établies à Port-au-Prince prétendent promouvoir la gouvernance numérique en Haïti. C'est une imposture à nulle autre pareille, et mêmes les plus naïfs ont du mal à avaler ce mensonge. La gouvernance numérique ne saurait se substituer à la gouvernance, celle-ci nécessite entre autres des politiques publiques reposant à leur tour sur des principes d'administration. Ces agences internationales ont causé énormément de mal à Haïti. Sous leur férule, Haïti est devenue un Etat déliquescent (*failed state*), il n'y existe plus aucune forme d'administration.

En vertu des principes de la théorie du continuum nation-Etat, les efforts de recherche et de prospection de l'Institut visent avant tout la gouvernance ; l'informatique, la cybernétique, la théorie de l'évolution des systèmes complexes adaptatifs restent les domaines de prédilection de l'Institut. C'est l'informatique au service de la recherche orientée politique (publique). La Recherche orientée politique vise à expliquer ou comprendre les différents aspects ou étapes du processus d'élaboration des politiques publiques et d'identification des conditions initiales. Elle renseigne sur les différentes étapes du processus politique, c'est-à-dire avant l'élaboration de la politique, la mise en œuvre de la politique, et l'évaluation. Elle se préoccupe également de la manière dont les problèmes sont posés et définis, les conditions initiales, le langage et le style dans lequel la politique est formulée, la prise de décisions et la manière dont la politique est mise en œuvre, évaluée et mise-à-jour.

Une part considérable de la recherche et de la prospection sera dévolue à l'informatique et aux nouvelles technologies de l'information et de la communication. La Cybernétique étant la science des systèmes ; en termes simplifiés, les systèmes sont gérés par le biais de boucles dites de rétroaction, ou boucles de contrôle. Il n'y a ni gouvernance, ni système contrôle sans profusion de données ou d'informations. Or, l'abondance génère encombrement et chaos, ce qui serait totalement contre-productif dans le cadre de la finalité de l'Institut. En vue de maintenir la fluidité indispensable au bon fonctionnement des systèmes, la maîtrise des nouvelles technologies de l'information et de la communication (NTIC) s'avère indispensable.

Dans la partie occidentale de l'île d'Hispaniola, de nombreuses organisations, y compris le gouvernement, les banques et les compagnies privées sont connectées au NET, mais sans pas la moindre existence de politique approprié à propos de l'Internet, de ses atouts et de ses exigences. Les normes dans une société et la recherche doivent être menées de pair avec les universités et centres de recherches. Pari audacieux car en Haïti, l'éducation en générale et l'université en particulier sont traitées comme des plantes sauvages dans une pelouse : ciblage, puis destruction.

L'un des appendices des différentes activités de l'Institut convergera vers un imposant réservoir de données couplé à des systèmes de visualisation et d'analytique pour les moins doués en manipulation de base de données, mais aussi des extraits et téléchargement de millions voir de milliards d'enregistrement dédiés aux universités et centre de recherches de partout. L'Institut s'engage à réunir l'expertise nécessaire pour rendre ces données totalement anonymes, garantissant la confidentialité de toute personne physique ou morale. L'avènement du *Big Data* en est ainsi garanti, car le développement intempestif d'Apps s'avère ridicule si l'information à consommer n'est pas disponible. Les enjeux du « big data » sont nombreux. Par exemple, seulement en termes de Produit Intérieur Brut (PIB), les retombées peuvent être de l'ordre de dizaines de milliards de dollars.

Stratégies

Construire le consensus nécessaire autour de la Recherche et de la Prospection, incubateur du système de pensée et du système de valeur favorisant la théorie du continuum nation-Etat. Ceci implique le renforcement et la décentralisation de la prospection, de la recherche dans les domaines tels que les études stratégique, l'informatique, la mathématique, la statique, la conception d'algorithmes et de systèmes de la régulation, du contrôle et de la communication au sein du continuum nation-Etat.

5.4.2 : Priorités

Ce document sert de cadre de référence pour la planification opérationnelle et technique des différents programmes de l'Institut, incluant un plan financier, un plan d'organisation, un plan opérationnel et technique, et un calendrier de d'exécution pour chaque programme ou projet relevant de la Recherche et de la Prospection. Ceci va sans dire que la liste des priorités ci-dessous ne saurait être qu'approximative. Certains facteurs comme les contraintes budgétaires, le consensus au niveau des différents partenaires, ainsi que l'avancement des études peuvent influencer la liste des priorités.

Phase Initiale

5.4.2.1 : Programmes d'Etudes Stratégiques

La première ou la phase initiale d'implémentation de la Recherche et de la Prospection se circonscrit au premier quinquennat. Elle réunit les priorités dont l'implémentation demeure un prérequis par rapport à d'autres. Des contraintes budgétaires, le consensus au niveau des différents partenaires, ainsi que l'avancement des études peuvent en influencer le contenu.

SYSTEMIQUE

A. Audit de l'Administration publique

Dans un pays où l'opacité est la règle, la transparence ne va jamais émerger sans des actions manifestement soutenues et visant une révision intégrale ou un renversement du statu quo.

Objectifs

Vers la fin de la première période du quinquennat produire les documents d'études préalables à la conception, au développement, et au déploiement du server d'application doté d'algorithmes robustes et intelligents dédié au control de gestion d'audit de l'Administration publique.

B. Plan Stratégique multi-quinquennal

L'idée, voire l'annonce de plan quinquennal ou d'autres plans portants sur un très long terme, n'est pas inédite sur le tiers occidental d'Ile d'Haïti, mais l'Institut y instaure un ordre nouveau. Les moyens ou les outils de régulation et de communication sont inhérents à ce processus. L'état d'avancement et les chances de succès sont mesurables à tout moment, chaque jour contrairement aux pratiques de slogans et de projets morbides dont l'échec est inexorable et peu surprenant ; les exemples abondent :

- Santé pour tous en l'an 2000 – OMS
- Education pour tous en 2015 – UNESCO
- Objectifs du Millénaire pour le Développement -- PNUD
- Restaurer l'autorité de l'Etat – Président d'Haïti (1998-2001)
- Projet politique de 25 ans -- Président d'Haïti (2006-2011)
- Etat émergeant en 2030 -- Premier ministre d'Haïti (2012-2014)
- Etc.

Objectifs

Vers la fin du quinquennat achever l'élaboration du plan stratégique de reconstitution du continuum nation-Etat sur les cinq prochaines quinquennales, c'est-à-dire sur le prochain quart de siècle.

C. Les révisions constitutionnelles

Feu le professeur Leslie Manigat dit que la constitution [de 1987] est d'application difficile. Ne serait-il néanmoins plus juste de reconnaître que la démocratie ou l'état de droit est d'application difficile ? En 2007, un président qui a bénéficié de deux mandats entiers, à qui incombe-il la noble tâche de s'assurer de la bonne marche du pays, déclare que la constitution constitue la source des maux du pays.

Depuis sa promulgation il y a plus d'un quart de siècle, aucun des régimes n'a à aucun moment tenté de suivre la constitution. Après plus de deux-siècles de persévérance, dont une guerre civile, la constitution des Etats-Unis demeure la source d'innombrables conflits internes. Elle a subi nombre d'amendements, elle permet au parlement de paralyser le gouvernement d'Obama pendant huit ans. Pourtant, personne n'a jamais tenté de l'éliminer ou la remplacer.

Au risque que cela puisse paraître répétitif, voire confus pour certains, il importe de rappeler autant de fois que l'occasion s'y prête que le pays n'a pas un problème de constitution à proprement parler, certains Etats arrivent à se moderniser – en instituant l'état de droit - et se développer sans disposer d'une constitution formellement écrite. Cependant vue le niveau archaïque des organismes haïtiens ; le manque de caractère, de compétence et d'autorités de certains supposés responsables, l'autorégulation spontanée risque de s'avérer extrêmement onéreuse voire languissante. La honte est un sentiment révolutionnaire, disait Karl Marx. Mais, la situation d'Haïti est honteuse, embarrassante pour tout haïtien. La constitution est appelée à subir des amendements, la tâche incombe aux individus intègres et éclairés de guider la société. Il nécessite la mise en œuvre de moyens et de mécanismes de régulation et de contrôle, dans le cadre de l'état de droit, comme le préconise l'Institut.

Objectifs

Vers la fin de la première période du quinquennat produire les documents d'études des principales propositions de révisions constitutionnelles, leur raison d'être et les enjeux, incluant non seulement l'analyse des opportunités manquées, mais aussi celle de l'effet corrosif de l'existant et des dommages structurels inhérents.

D. Réforme des lois et décrets en vigueur

Autant qu'il n'existe pas à proprement parler un problème de constitution dans le pays ; autant qu'il arrive que personne n'entende respecter l'ordre ; autant faut-il des moyens et des mécanismes de contrôle, dans le cadre de l'état de droit, il est venu le temps d'inventorier et d'examiner les différents lois et décrets en vigueur en vue de moderniser ceux qui peuvent l'être et d'en abroger d'autres. La réforme des lois présente entre autres un double avantage : rendre les lois plus efface en renforçant les sanctions (peines et amandes), et augmenter dans une certaine mesure les recettes de l'Etat.

Objectifs

Vers la fin de la première période du quinquennat produire les documents d'études préalables à la conception, au développement, et au déploiement du server d'application doté d'algorithmes robustes et intelligents dédié au control de gestion des lois ordinaires.

E. Conception, élaboration de Politiques Publiques

La politique publique est au continuum nation-Etat, ce que l'ADN est à l'organisme humain par exemple. L'irrégularité des décisions, généralement intempestives, sans compter leur inefficacité, est un signe évident que les pratiques de gouvernance dans le pays ne reposent sur aucune politique rationnelle.

Réforme des lois organiques et des organismes publics

Il ne serait guère surprenant de découvrit que nombre d'institutions du pays n'ont pas de lois organiques, ceux qui en avaient ou qui en ont encore semble fonctionner sans égard aux normes qui devrait les régir. L'un des moyens de contrôle de la bonne marche du pays serait de s'assurer que les institutions s'acquittent pleinement de leurs obligations, mais aussi qu'elles n'outrepassent pas leurs limites ou attributions légales. Les lois organiques régulières pourraient non seulement aider à contenir de tels excès mais aussi ouvrir la voix plus aisément à toute personne civile ou morale qui en serait victime de chercher justice. C'est qu'il conviendrait d'appeler le service public.

Objectifs

Vers la fin du quinquennat produire les documents d'études préalables à la conception, au développement, au déploiement de servers d'application doté d'algorithmes robuste et intelligents dédié au control de gestion de la nomenclature et de la régulation des organismes publics ; inscrire l'action publique dans un cadre formel de politique publique.

F. Sécurité nationale et modernisation

Les individus qui se succède au pouvoir en Haïti depuis les années quatre-vingt, abstraction faites des années antérieures, n'ont aucun brin de patriotisme. Le triomphe des cacocrates est indéniable sur ce plan. Leslie F. Manigat en est non seulement une exception, mais aussi l'incarnation de ce que redoutent les *« faiseurs de rois »* d'Haïti. A qui profite le crime ?

L'inconséquence des kleptocrates a valu à Haïti le statut d'Etat déliquescent. Ce qui semble avoir été pendant longtemps, le vœu des politiciens véreux des Etas voisins les plus proches d'Haïti. Dans les deux cas suivants, il importe de préciser qu'il n'existe pratiquement aucune animosité entre les deux peuples, et les preuves sont légions. Cependant, les politiciens, au contraire, semblent avoir retenu la proposition de Machiavel : *« divise et règne »*.

Le premier, les Etats-Unis, qui reste encore la plus grande puissance mondiale, mais dont l'économie reposait sur l'esclavage au moment où Haïti a proclamé l'abolition de l'esclavage tout en contribuant activement à l'éradication de ce mal dans les territoires voisins. En dépit de la modernisation des Etats-Unis, l'esclavage a laissé des séquelles profondes que des populistes exploitent encore pour assouvir leur appétit de pouvoir. Et un Haïti pestilentiel et une Afrique chaotique leur permet de valider des assertions telles que : « *l'esclavage était profitable à certains, car il les a sortis d'Afrique* » ou, « *vu la situation infrahumaine des Haïtiens, ils auraient mieux fait d'attendre d'être affranchis par leur maitres plutôt de les décapiter pour avoir la liberté* ». Autrement dit, le complot pour assurer l'avènement et la succession de délinquants au pouvoir en Haïti semble payant pour certains. Ces derniers vilipendent la révolution de 1804 et toute la réalisation qui s'en est suivi jusqu'à la première moitié du 20ᵉ siècle, en assimilant la déliquescence Haïti et l'état misérable de nombreux pays Africains à l'atavisme.

Le second, la République dominicaine, partageant l'île avec Haïti, est son voisin le plus immédiat. La République dominicaine a obtenu son indépendance officielle face à Haïti, le 27 février 1844, elle n'a été reconnue par Haïti que le 9 novembre 1874, sous le gouvernement de Michel Domingue. Contrairement à la position de certain zélés haïtiens, il n'existe aucun doute que les craintes de la République dominicaine vis-à-vis d'Haïti sont justifiables, certains aspects sont cependant exploités à des fins politiques par des groupes très puissant dont les moindres activités auraient dû être répertoriées et catalogués et analysés pour les suites nécessaires, si Haïti était un Etat souverain et gouverné par des responsables. La débandade des forces armées d'Haïti est une apparente victoire pour le voisin de l'Est. Haïti doit se hisser à la hauteur de ses responsabilités historiques, c'est de ce moment dont rêvent les dominicains éclairés, sachant que seule un Haïti moderne et prospère peut contribuer à l'avancement d'une République dominicaine moderne et prospère.

Les programmes d'études géoponiques doivent adresser en premier lieux certaines de priorités les plus cruciales pour la modernisation d'Haïti. Parmi ces priorités figures la maitrise de la diplomatie et les relations internationales, l'institution des forces armées d'Haïti, compte tenu des différents détails indiqués dans la rubrique consacrée à la défense (réf. : 3.2.2.5).

Objectifs

Vers la fin du quinquennat produire le dossier d'études stratégiques et de géopolitique nécessaires à la formulation de politiques dans les secteurs des relations internationales, de la défense et de l'intérieur, sans mentionner l'intrication des différents secteurs du continuum nation-Etat.

G. Nationalité Multiple et Modernisation d'Haïti

Quel Etat est incapable de confirmer la nationalité de son Président ? En 2012, aucune instance haïtienne n'a été en mesure de se prononcer sur la nationalité du Président, il a fallu l'intercession d'un proconsul dont la crédibilité est aussi fine que les cheveux, et le doute n'a jamais été dissipé. Ainsi, le conseil électoral exige des candidats un certificat de nationalité délivré par le service de l'immigration, ce même office qui maladroitement avait lancé une opération de destruction par incinération de documents d'archives lors du drame susmentionné.

Des agences nord-américaines relèvent que plus de quatre-vingts pour cent (80 %) des Haïtiens détenant au minimum une licence, vivent hors du pays. Il ne serait pas surprenant que plus de la majorité de ces diplômés ont d'une double nationalité. Comme d'habitude, au lieu de structurer les institutions et d'élaborer des politique propres, un organisme bancal est créé, c'est le cas par exemple du Ministère des Haïtiens Vivant à l'Etranger. Dans le cadre de politique appropriée, le pays à tout à gagner à intégrer tout individu possédant à la fois la nationalité haïtienne et une ou plusieurs autres. Les ressources manquent.

Objectifs

Vers la fin du quinquennat produire le dossier d'études stratégiques et de géopolitique nécessaires à la formulation de politiques publiques en matière de la citoyenneté ou la nationalité multiple.

TECHNOLOGIE DE L'INFORMATION

H. Gouvernance et Technologies de l'Information

Ces études se portent d'abord sur les technologies de l'information et sur la régulation ou la gouvernance du secteur, avant d'entamer l'autre volet portant sur l'apport de la technologie de l'information à la gouvernance. Sans en avoir l'air, cette dernière proposition annonce des besoins énormes auxquels l'Institut doit apporter des réponses.

Comme indiqué précédemment l'action publique doit désormais s'inscrire dans le cadre formel des politiques publiques. Si non les régimes en mal de réalisation peuvent continuer à promulguer des lois qui finiront dans un tiroir. Par exemple au lieu de parler de loi sur la signature numérique, il importe de penser de vrais programmes sous-tendus par des politiques publiques visant à réguler le secteur.

Objectifs

Vers la fin du quinquennat produire le dossier d'études stratégiques préalables à la formulation de politiques publiques dans le secteur de la technologie de l'information.

I. Prospection: Big Data, Data Mining

L'exploration ou la prospection de données (de l'anglais : *data mining*) désigne la pratique de la recherche automatique d'énormes réservoirs de données pour découvrir les caractéristiques et les tendances qui vont au-delà de ce que peuvent procurer l'analyse simple. Le data mining utilise des algorithmes mathématiques complexes pour segmenter les données et d'évaluer la probabilité d'événements futurs. Le data mining peut être considérée littéralement comme un projet miniature de système moderne d'exploration de données à très grande échelle appelé « Big Data ». Toutefois, ces systèmes d'extraction et d'exploration de données peuvent être privés c'est-à-dire être la propriété d'une institution particulière, pas nécessairement dans un but lucratif direct, c'est par exemple l'un des objectifs de l'Institut.

Il importe de noter que de multiples méthodes et différentes stratégies peuvent servir à recueillir ou collecter ces données. La collecte de données peut se faire grâce aux conduites d'enquêtes, ou en fournissant des applications gratuites ou toutes sortes d'incitation à des individus ou des organisations qui accepteraient de partager leurs données en vertu de la règle de confidentialité stricte et de préservation de l'identité.

L'équivalent dans la langue de française de la notion « big data » (méga données, grosses données, etc.) n'est très flatteur, l'anglicisme semble préférable. Le big data désigne généralement des systèmes de données extrêmement volumineux, de haute vitesse et de haute-gamme informationnel qui exigent des formes rentables et novatrices de traitement pour la perspicacité accrue et au processus décisionnel de l'information. Les données contenues dans ces bases de données ne sont pas toujours identifiables, en plus les données publiées seront généralement compilées en agrégats, en vertu de règles strictes, ex : exclusion de tout groupe de dix unités ou moins, aucune des données hébergées ne peut être extraite sans l'accord express du propriétaire. D'où la nécessité de véritables politiques publiques dans le secteur des technologies de l'information.

Même le lecteur le moins avisé a dû sans douter noter le titre principal de cette rubrique (prospection) car les notions de data mining et big data ne sont que secondaires. S'agissant de prospection, fondée seulement en 1994, la firme américaine Amazon vaut 292.6 milliard de dollars, et a un chiffre d'affaire de 107.01 milliards de dollars. En seulement cinq années, la compagnie de taxi en ligne UBER vaut 68 milliards de dollars, c'est-à-dire plus que les compagnies de constructions d'automobiles tels que General Motors, Ford et Honda, pour n'en citer que ceux-là. La plateforme location et de réservation de logements en ligne AirBnB vaut déjà 30 milliards de dollars, soit quatre (4) fois le Produit Intérieur Brut d'Haïti. Cet échantillon de compagnies pourrait s'allonger davantage car beaucoup n'y figure pas, dont Google par exemple. Ces compagnies ont été créés et existent encore grâce à l'Internet, le data mining et le big data. L'une des sources non négligeables alimentant le fonctionnant de ces compagnies vient des systèmes d'information géographique.

Les systèmes informatiques permettant, à partir de diverses sources, de rassembler et d'organiser, de gérer, d'analyser et de combiner, d'élaborer et de présenter des informations localisées géographiquement, contribuant notamment à la gestion de l'espace. Pour ceux qui connaissent plus ou moins ce pays, la problématique du cadastre va sans dire. L'Institut ne compte pas se lancer sur le marché d'arpentage en soi, il peut cependant fournir des outils et solutions aux organismes, y compris les organisations non gouvernementales, universités et centres de recherche. Plus l'Institut s'associera avec d'autres organisations de collecter des données, plus qu'il sera indispensable aux organisations qui sont à la recherche de ces données.

Calcul statistique et graphique

L'institut compte investir dans le développement de ressources humaines qualifiées notamment en mathématique, en statistique et en informatique. S'appuyant sur sa capacité d'ingénierie logicielle, l'Institut compte développer et offrir des solutions State-of-the-art dans divers domaines, y compris des statistiques et des interfaces pour l'Analytique. Institut fournit des solutions et de l'accompagnement technique aux organismes tant privées et gouvernementaux. Il maintient aussi son engagement à s'associer à tous les types d'organisations, y compris les organisations non gouvernementales, des universités et des centres de recherche.

Objectifs

Vers la fin de la première année du quinquennat, produire le dossier d'études stratégiques préalable à l'avènement du big data en Haïti.

J. Accueil, Rétention, et développement de Ressources

Dans une dizaine d'années seulement, un quart du vingt-et-unième siècle n'appartiendra qu'au passé alors que le plus vieil Etat de l'hémisphère compte encore plus de cinquante pour cent d'illettrés. Loin de s'en préoccuper, les régimes et leurs alliés continue le démentiellement du système éducatif haïtien.

Les pays de l'OCDE peinent à trouver localement les ressources humaines dont ils ont besoin, que dire d'un Etat ou seulement deux pour cent de la population finissent les études secondaires, compte non tenu du standard international. Autrement dit, Haïti ne dispose pas des ressources humaines nécessaires à sa modernisation. En plus des rares ressources locales, il est impératif d'en rapatrier d'autres, de toutes nationalités et dans tous les domaines. L'important sera non seulement de retenir les compétences disponibles, mais de créer de véritables universités et centres de cherches, afin d'en produire.

Objectifs

Vers la fin du premier quinquennat, rallier le support des principaux partenaires d'Haïti pour la création de véritables universités et centres de recherche, incluant des écoles militaires polytechniques.

Epilogue

Tant qu'Haïti cesse d'exister, les spoliateurs se régaleront, et de nombreux peuples et communautés à travers le monde en pâtiront. Haïti existait jadis. Deuxième Etat souverain de l'hémisphère, Haïti fut le leader de la région. Certains peuples d'Amérique latine lui en sont toujours reconnaissants. Même les plus ingrats ne doivent leur indépendance qu'aux valeureux Haïtiens de la glorieuse époque. Jusqu'à la seconde moitié du 20ᵉ siècle, Haïti a été à tous les rendez-vous internationaux. L'admiration que lui témoignent des peuples africains, et des communautés afro-américaines d'Amérique du nord est très sincère. La notion de condition initiale de la théorie du chaos est mieux connue sous le nom « d'effet papillon » ; c'est un phénomène qui génère une chaîne d'événements qui se suivent les uns les autres et dont le précédent influe sur le suivant. Selon ce principe, si Haïti n'avait jamais existé, l'on n'aurait sans doute pas eu Martin Luther King ni Nelson Mandela ; et le premier Président afro-américain des Etats-Unis aurait pu être plutôt encore esclave. Ce dernier a pourtant visité le monde, ignorant le berceau de [sa] liberté. Faut-il lui en vouloir après tout ? Lorsque le Président et le Premier ministre d'Haïti se montrent si heureux de se rendre aux bureaux du ministre américain des affaires étrangères [*Secretary of State*], tout afro-américain imbu du rôle d'Haïti dans l'histoire du nouveau monde doit se sentir humilié, voire trahi. Donc Obama se sent trahi par ces Haïtiens qui sans aucune gêne ne cessent de trahir Haïti.

Le défi de la modernisation d'Haïti

Le 12 septembre 1962, au stade du campus de l'université RICE, John Fitzgerald Kennedy s'exprime en ces termes : « *Nous choisissons d'aller sur la lune au cours de cette décennie et d'accomplir tant d'autres choses, non pas parce que c'est facile, mais justement parce que c'est difficile, parce que cet objectif servira à organiser et à mesurer le meilleur de notre énergie et de notre savoir-faire, parce que ce défi est celui que nous sommes disposés à relever, que nous ne voulons pas reporter, et que nous sommes disposés à remporter... »*

La modernisation d'Haïti constitue un défi non moins rocambolesque que celui remporté deux siècles plutôt par les fondateurs de la patrie, c'est-à-dire la création de l'Etat. A l'instar des héros de l'indépendance, les Haïtiens d'aujourd'hui doivent relever ce nouveau défi qui est de léguer un Etat moderne aux générations futures, et surtout afin de redonner espoir aux autres peuples ou communautés qui jadis prenaient Haïti pour modèle mais qui aujourd'hui comme Haïti, sombrent dans l'obscurantisme et dans l'archaïsme.

Aux élites responsables

Aux nantis, ceux qui détiennent le savoir ou l'avoir, qui investissent ou qui s'investissent dans l'innovation ou dans la modernisation d'Haïti. Ceux qui aspirent à un Etat moderne, compétitif et efficient, où tout individu dispose d'enseignement de qualité allant des maternelles jusqu'aux cycles postdoctoraux des universités, de couverture sanitaire universelle, et d'emploi de qualité. Ceux qui aspirent à un territoire bien aménagé, dont la flore, la faune et les cours d'eaux sont protégés, dont les villes et les littoraux sont propres, éclairés, et dotés d'infrastructures conformes aux normes urbanistiques modernes telles que : l'industrialisation et le logement de masse dans des conditions décentes et sécuritaires, la disponibilité de l'énergie, de l'eau courante, du transport de masse, de la collecte, de l'évacuation et le traitement des eaux, des déchets, et d'autres résidus. Ceux qui rêvent avant tout d'un Etat souverain, où règne l'état de droit, et où les élections sont libres, équitables et régulières. En d'autres termes, tous ceux qui croient qu'Haïti peut non seulement devenir un Etat moderne mieux que les Etats-Unis par exemple, mais aussi le meilleur pays de toute la surface du globe.

Je pense ainsi à ces patriotes intellectuels qui refusent de plier l'échine, dont certains ont été emprisonnés, torturés, exilés, exécutés ou assassinés dans le but d'en terroriser d'autres. Je pense aussi à ces agents rationnels du système économique qui subissent la tyrannie des truands, des trafiquants, et des politiciens, et qui à tort ou à raison pâtissent de la réputation radioactive de leurs pairs privilégiés.

Les obstacles qui jalonnent votre chemin sont nombreux. Ignorés, incompris et malaimés, vous semblez perdre toute confiance en vous-mêmes. Je vous adresse ces mots d'un prodigieux artiste américain parti trop tôt : « *Vive la rose qui a grandi dans le béton sans que personne ne s'en soucie. Ne vous demandez pas pourquoi la rose a-t-elle des pétales endommagés, alors que vous devriez au contraire célébrer sa vivacité, sa ténacité…* »

Aux pessimistes impénitents

Au préalable le titre de la présente rubrique a été plutôt : « *Aux sceptiques impénitents.* » Il a été remplacé dans le but de préserver certaines nuances sémantiques voire ontologiques. Dans une analyse des différentes étapes du doute sceptique, le philosophe roumain Emil Michel Cioran les compare à la négation qu'il considère comme le concept central du pessimisme. Sur le plan ontologique et épistémologique, le scepticisme n'est alors pas une pratique à elle seule, mais comme le fondement du pessimisme. Le pessimisme est une philosophie du sujet alors que le scepticisme est un doute de l'être. Du scepticisme au pessimisme s'intercale un spectre d'idée et de comportements aussi vaste que la gamme de couleur dans le spectre électromagnétique, ou aussi nombreux qu'il y a de valeurs qui existent entre zéro (0) et un (1) dans l'ensemble des réels $\mathbb{R}$ par exemple. Autrement dit : l'infini.

Tout est dans la mesure cependant. Des sentiments comme le doute, la méfiance, le manque de confiance en soi, ou le complexe d'infériorité, altérés ou subjugués parfois par des émotions totalement inverses semblent rythmer le quotidien haïtien. Le premier groupe de sentiments ou d'émotions rend très difficile toute forme d'organisation effective, alors que le deuxième en fait des proies faciles, et les prédateurs ne s'en privent pas. S'il faut convenir que beaucoup d'autres peuples présentent ces mêmes tares, il importe de noter qu'Haïti a été et demeure un Etat exceptionnel. Deuxième Etat du nouveau monde, le premier fondé par des esclaves devenu soldats, Haïti est le premier Etat à répudier et abolir l'esclavage sans considération aucune.

Haïti peut devenir non seulement un meilleur Etat que les Etats-Unis, mais le meilleur du globe. Contrairement à ce que pensent certains américains, ce n'est pas Abraham Lincoln qui a affranchi les Haïtiens. Il revient aux fiers Haïtiens de décider si Haïti va constituer à se comporter comme la Gambie, la Corée du Nord ou l'Arabie Saoudite, plutôt que la Norvège, l'Allemagne ou le Danemark, pour n'en citer que ceux-là.

Aux damnés de la patrie

Aux déshérités qui souffrent sans se plaindre, qui croupissent en silence dans des conditions infrahumaines au nom de la foi, de l'ignorance, de la fierté ou d'une certaine dignité. A tous ceux-là qui à l'instar de la théorie du bouc émissaire, se flagellent, se culpabilisent ; je leur dirais, parodiant Jacques Roumain, que ce n'est pas Dieu qui abandonne le peuple, c'est le peuple qui abandonne la patrie à ses fossoyeurs.

Nous sommes un paradoxe, nous sommes des victimes expiatoires et une relique vivante à la fois. Nous sommes le clou qui dépasse sur lequel on tape. Nous avons inspiré les révolutionnaires les plus redoutables du monde. On s'acharne contre Haïti parce que nous demeurons défiants et redoutables. Nous avons inventé l'humanité, on essaye de l'occulter pour nous en priver le mérite, et pour continuer à subjuguer d'autres peuples, ou d'autres communautés.

Après la révolution de 1804, toutes les puissances mondiales, impérialistes, et esclavagistes, se sont liguées pour nous anéantir. Deux siècles plus tard, il subsiste une crainte obsessionnelle, voire irrationnelle d'Haïti. La guerre est asymétrique, les armes sont inégales, mais la patrie demeure défiante et résiliente. L'armée indigène a été la première à surmonter et vaincre l'esclavage pour fonder un nouvel Etat. Il incombe aux dignes héritiers de ses soldats de s'armer pour éradiquer la tyrannie, la misère, la pauvreté, l'obscurantisme…

Aux optimistes irrationnels

Celui qui n'est riche que dans son imagination n'est qu'un misérable, face à un sans-abri. En 2011, Haïti passe d'un Président insignifiant et inconséquent à un autre. Celui-ci ne cesse de clamer comme il est riche, illettré, il fait de l'avoir son étalon ou le seul moyen de se jauger ou se mesurer à ses détracteurs. Pourtant comme ces prédécesseurs il a profité de son accession à la présidence pour subir une intervention chirurgicale avec apparemment beaucoup de retard. Comble d'ironie, quelques jours plus tard, suite à des complications, ce richissime imaginaire est transporté en catastrophe en Floride à bord d'un avion commercial entre deux sièges, comme un réfugié humanitaire sous le regard perplexe des passagers. L'usage d'un avion de ligne, tout à fait contre-indiqué dans un cas pareil, confirme le misérabilisme de la santé publique dans le pays où même le Président n'est pas à l'abri des charlatans.

Malheureusement, ces individus sont légions dans le pays. Ils grossissent les rangs des kleptocrates après chaque vague électorale. Par leur arrogance, ils tentent de cacher leur précarité et leur angoisse face à l'incertitude du futur. Les postes sont attribués et révoqués comme sur un convoyeur en vue de s'assurer que chaque proche ou ami bénéficie de la manne gouvernementale dans le laps de temps du mandat Présidentiel. Cette pratique de roulement est pire que la chaise musicale, ces agents politiques se succèdent sans réalisation aucune. Ainsi, le trésor public constitue la seule caisse d'assistance sociale et de retraite destinée au profit exclusif des politiques et de leur proches, ils font tout pour préserver ces privilèges, au détriment même de l'Etat qu'ils sont censés servir. Les fonds de pension de la TELECO et des FAD'H ont été dilapidés- *le cas de l'ONA est encore courant* - sans qu'aucun des truands ne soit inculpé, voire jugé ou condamné.

A part ces parasites qui vivent exclusivement au détriment du trésor public, il existe aussi en Haïti, quelque cas épars d'opulence presqu'ostentatoire. Malheureusement, ils doivent se faufiler tous les matins et tous les soirs à travers des rues cahoteuses, mal tracées et insalubres. Ils se croient en sécurité mais en réalité ils demeurent très vulnérables. Ils se croient privilégiés mais leur condition est très précaire car le service ou l'infrastructure d'urgence médicale qui pourrait leur sauver la vie en cas d'une crise fulgurante n'existe même pas.

En seraient-ils conscients ? Pour certains d'entre eux, la réponse est catégoriquement positive, il leur manquerait sans doute des interlocuteurs crédibles et rationnels. Aussi, est-il sans doute temps que l'intelligentsia c'est-à-dire les citoyens modernes et les plus éclairés s'organisent et leur tendent la main tachant de dissiper tout doute quant à leur bonne foi. Il faudra compter sur eux comme les Etats-Unis ont pu compter sur Andrew Carnegie, JP Morgan, William Larimer [Larry] Mellon Jr, pour n'en citer que ceux-là. Ces individus ont favorisé ce que l'on appelle encore l'âge d'or des Etats-Unis (de l'anglais : gilden age).

L'assistance, l'aumône ou la charité n'élève pas une nation. Une nation créée depuis plus de deux-cents ans ne devrait pas compter sur le programme de Objectifs du Millénaires des Nation Unis pour lui construire des latrines, installer des pompes à bras de quelques litres par minute, ou soigner ses enfants atteint de Kwashiorkor. La première école de médecine de Port-au-Prince a été créée en 1830, et le Lycée A. Pétion a été construit en 1816. Après deux siècles, aucune réalisation dans le domaine de l'éducation n'est comparable à celles-là. Au cours de ce dernier quart de siècle, près de cinquante (50) milliards de dollars ont été gaspillés, le pays va de mal en pis, pas une seule université, le pays est dépourvu d'infrastructure adéquate dans tous les domaines. Depuis 1986 des étudiants de l'Université d'Etat d'Haïti (UEH) réclament la construction et l'établissement d'un campus à la Croix-des-Bouquets, comble d'ironie on y a construit une prison. Vive l'aide !

Il existe une légende tenace qui voudrait que les autruches se cachent leur tête dans le sable pour se croire à l'abri d'un danger qu'ainsi elles ne voient plus. Ils sont légion ceux qui pratiquent cette politique en Haïti. Ceux-ci préfèrent répéter qu'Haïti a atteint le fond et n'a donc d'autre choix que de rebondir, ils se trompent, car c'est le règne de la bêtise. La différence entre le génie et la bêtise, c'est que le génie a des limites, disait Robert Byrne. L'on pourrait tenter une autre analogie pour expliquer comment le pays ne rebondira pas de lui-même. L'américain Edwin Hubble a été le premier à réaliser en 1920 que l'univers n'est pas statique, indiquant que l'expansion de l'espace connait des accélérations depuis le Big Bang, il y a environ 13.7 milliards d'années. L'espace s'étire à un taux de 74.3 plus ou moins 2.1 kilomètres par second par mégaparsec ; un mégaparsec mesure environ 3 millions d'années lumières. Autrement dit, le rebondissement attendu serait aussi probable qu'un hypothétique rebondissement de l'univers et par ricochet de la voix lacté, du système solaire, et finalement de la terre incluant Haïti. Ce rebondissement s'il est plausible résulterait plutôt en une totale destruction de l'univers ou en un autre big bang.

La richesse ne garantit par la gouvernance, mais la gouvernance peut générer la richesse. Les acteurs les plus influents de la politique haïtienne semblent privilégier le contraire. Toute avalanche de richesse dans ces conditions risque d'enfoncer le pays dans le chaos. L'effet de la richesse provenant du trafic ou du transit du narcotique est suffisamment lourd et tangible. Le narco trafic est l'une des causes qui ont conduit au démantèlement des Forces Armées d'Haïti (F'ADH). Le venin de ce trafic a déjà médusé la police nationale, il rend la justice inefficace, et le parlement n'est qu'un sanctuaire pour des trafiquants en quête d'immunité, alors que l'exécutif, y compris le Président joue le rôle de garde-manger.

Le sénateur américain de l'Arizona John McCain qui a perdu des Présidentielles de 2008 face à son collègue Barak Obama, ironiquement présente la Russie « *comme une station d'essence déguisée en Etat* ». Que dirait-t-il alors d'Haïti, si les sources concordantes et persistantes faisant état de réserves de pétrole et d'autres ressources dans le sous-sol d'Haïti se confirment ? Si ces révélations sont avérées, lorsque les exploitations auront lieu, Haïti risque d'être un désastre humanitaire et écologique aux conséquences incalculables que le séisme de janvier 2010 et le choléra réunis auront du mal à rivaliser. Autant que le narco trafic, la richesse générée par ces exploitations serviront à soudoyer les individus au pouvoir en vue de prévenir toute action de la justice, accélérant ainsi la descente aux enfers des Haïtiens.

Il existe encore un autre fléau, mais personne n'en parle. C'est le terrorisme qui menace de jeter Haïti dans le gouffre. Le trafic de narcotique a prouvé que les instances du pouvoir sont extrêmement perméables. Pendant la période de guerre froide, une anecdote veut qu'un agent secret parlant français par exemple se transporte en Allemagne pour appeler un correspondant en Union Soviétique déroutant ainsi la personne qui est chargé d'écouter la conversation en URSS. Il ne fait aucun doute que les groupes terroristes internationaux sont de plus en plus riches. Utilisant la tactique précédente, ils utilisent souvent les narco trafiquants pour attendre certains objectifs sans éveiller de soupçons. Considérant la proximité d'Haïti à de grand centre d'intérêts occidentaux, il suffit de relier les points entre narcotique et terrorisme internationaux pour que de paisibles haïtiens connaissent l'enfer quotidien des palestiniens, des yéménites ou des syriens sur qui pleuvent des missiles et autres bombes en guise de représailles des Etats voisins et de leurs alliés s'estimant victimes ou menacés.

Aux templiers de l'inconscience

Ces aliénés se réjouissent dans l'indignité, dans l'ignorance, et dans l'arrogance, qui se complaisent dans l'insalubrité, se déambulent dans la boue infecte, le fatras ; sans eau courante, sans électricité, sans services de secours, sans services sanitaires, etc. Politiciens, trafiquants, négociants, ou lumpen-intellectuels, ignorant la misère et la souffrance des autres au nom de certains intérêts immédiats et précaires, ils sont leurs propres fossoyeurs.

Lorsque vers 1697 à Saint-Domingue, des aliénés sacrifiaient, mutilaient l'existence de nombreuses générations d'hommes, de femmes, et d'enfants, aussi intelligents et aussi sensibles qu'eux, et aspirant au même bonheur qu'eux, ils ne se doutaient nullement que par leur inconséquence ils planifiaient, près d'un siècle plus tard, la destruction ou le malheur et la décapitation des leurs.

En théorie des jeux, les acteurs sont réputés rationnels ; ils ne prennent jamais de décisions contre leurs propres intérêts. L'absence de pensée et l'incapacité de résister à des intérêts immédiats et précaires conduisent généralement au désastre. Le concept d'allié objectif désigne le dilemme où un acteur doit agir en faveur d'un autre, envers qui il peut ou ne pas avoir d'affinité.

Certains semblent confronter ce dilemme. Puissent-ils léguer à leurs petits-enfants et à leurs arrière-petits-enfants une patrie où ils peuvent s'épanouir en toute quiétude. Mais ceci n'est qu'utopie, tant que tous les enfants d'Haïti, sans exclusive aucune, ne bénéficient des mêmes opportunités. Si cette situation délétère perdure, le brutal réveil qui se profile ne sera favorable à personne, bien ou mal veillant. Pour en changer le cours, les plus avisés sont contraints d'initier le dialogue.

ANNEXE

Bibliographie

Les notions et les concepts sont généralement galvaudés en Haïti. Les vocables n'ont presque plus de sens et les spoliateurs linguistiques semblent souvent agir de bonne foi, ils sont simplement ignorants ou paresseux. Lors d'émissions radiodiffusées souvent très écoutées, des auditeurs même avisés subissent une telle flagellation du tympan et de l'intelligence qu'ils se mettent souvent à répéter sans y penser, les mêmes insanités sous couvert de concepts travestis ou totalement vidés de leur sens : modernisation, démocratie, état de droit, politique publique, légitimité, intellectuel, universitaire etc. L'exercice de la pensée critique ou de la pensée complexe ne peut nullement se confiner dans un simple lexique. Autrement dit, ces modèles élaborés de pensée débordent le cadre élémentaire de « Petits dictionnaires », pour s'étendre aux grands dictionnaires encyclopédiques. Une encyclopédie est un ouvrage dont le but est d'exposer et de couvrir l'ensemble des champs du savoir ou des connaissances, ou une partie déterminée de ceux-ci.

A part la théorie du continuum nation-Etat qui est essentiellement une création de l'auteur, cet essai ne cherche point à réinventer la roue. Cet essai s'inspire ou reprend des notions, des concepts, et des définitions établis, et disponibles dans les grands dictionnaires ou les encyclopédies. Il s'inspire également de théories et de savoirs scientifiques qui sont de notoriété publique. Il est l'aboutissement de dizaines années d'observation, d'expérience et de recherche. Pour se faire une idée du travail sous-tendant cet essai, il importe de rappeler que le contenu de chaque page a nécessité ou exigé au moins cinq cents pages de lecture. Les sources sont aussi diverses que variées, incluant notamment des publications traditionnelles telles que les journaux, les revues, les essais et les traités scientifiques ; ainsi que des publications numériques ou multimédia dont notamment des sites internet officiellement authentifies des universités, des centres de recherches, des THINK Tanks, et des agences internationales tant gouvernementales que non-gouvernementales. Autrement dit, même lorsqu'une définition y est reprise in extenso, elle ne peut l'être après de multiples consultations qui peuvent la corroborer ou la réfuter.

Ainsi, considérant le rôle pivot de la mathématique dans le développement de la pensée, de la technologie, de la science, et du savoir en général, il s'avère judicieux voire indispensable d'en appréhender l'histoire, l'application, voire l'appropriation par l'éducation. Plusieurs ouvrages écrits, en français, en anglais, et en espagnol, dont certains vieux de plus d'un siècle ont été consultés de fond en comble afin de s'assurer que cette section consacrée à la mathématique soit la plus didactique possible. C'est surtout sur la base de la diversité des ouvrages consultés qu'il a été possible de sélectionner certains contenus en toute confiance. L'apport inestimable mais souvent sous-estimé de la mathématique aux sociétés est mis en exergue dans une étude réalisée par la firme Deloitte indiquant que la mathématique compte pour plus d'un quart de l'économie du Royaume Uni qui est la sixième économie mondiale avec un PIB nominal de 2 848 milliards de dollars. L'on notera en passant que Deloitte dont le revenu est à peu près le PIB de l'état américain de Rhode Island (55 milliards de dollars), est basée à New-York et constitue le plus important cabinet d'audit et de conseil au monde devant PricewaterhouseCoopers, Ernst & Young et KPMG.

La règle d'or qui fonde l'humanité stipule : « *ne fais pas aux autres ce que tu ne voudrais pas qu'on te fasse* ». Le lecteur notera ainsi que cet ouvrage ne contient point de note en bas de page [*ou footnote*]. Ceci est un choix délibéré de l'auteur qui lui-même déteste les notes en bas de page qui souvent cassent ou perturbent le rythme du lecteur. Pour y remédier cependant, lorsque ceci est nécessaire un luxe de détail est incorporé à l'argumentation, offrant ainsi au lecteur un contenu non linéaire, polyvalent et didactique. Les références mentionnées ci-dessous ne reflètent qu'une portion très infime de l'ensemble des ouvrages ou publications ayant influencé ou contribué à la documentation de cet essai. De l'invention de l'imprimerie par Johannes Gutenberg à celle du web par Tim Berners-Lee, l'édition littéraire autant que la relation lecteur-auteur ont sans nul doute beaucoup évolué. Le blog d'auteur dont la publication coïncide avec celle de l'ouvrage, offre au lecteur une opportunité d'échanger avec l'auteur et d'approfondir sa pensée. Le blog procure également la liste d'ouvrages ne figurant pas ci-dessous.

Quelques Articles et Publications Traditionnels

Alford, Ryan (2017). Permanent State of Emergency. Canada: McGill-Queen's Press, Political Science, 333 p.

ALINSKY, Saul D. (1946). Reveille for Radicals, Etats-Unis:University of Chicago Press, 228p.

ALINSKY, Saul D. (1971). RULES FOR RADICALS, Etats-Unis: VINTAGE BOOKS EDITION, 257p.

APPIAH, Anthony Kwame (2005). The ethics of identity. Etats-Unis : Princeton University Press, 373 p.

ASH, Robert. B. (1965). Information Theory. Etats-Unis : Dover Publications, Inc, 339 p.

Battail, Gérard (1997) Théorie de l'Information. Application aux techniques de communication. France : Elsevier-Masson, 396 p.

BEAL, Marie-Pierre. (1993). Codage Symbolique. France : Masson, p 203.

Béal, Sylvain; Gabuthy, Yannick (2018), Théorie des jeux coopératifs et non coopératifs, Belgique: De Boeck Superieur,400p.

BEER, Stafford (1972). The Managerial Cybernetics of Organization: BRAIN OF THE FIRM. Etats-Unis: JOHN WILEY & SONS, 347 p.

BERGER, Gaston (1957).De la prospective, France : l'Harmatan

BOUCHER, Claude & Jean Pierre Sagnet (1985).Calcul Différentiel & Intégral TOME1, 278p.

BOUCHER, Claude & Jean Pierre Sagnet.(1985).Calcul Différentiel & Intégral TOME2, 278p.

Bouquiaux, Laurence (1994), L'harmonie et le chaos: le rationalisme leibnizien et la nouvelle science, Belgium: Peeters, 324p.

Brender, Anton. (1980). Analyse cybernétique de l'intermédiation financière. France: Institut de sciences mathématiques et économiques appliquées, 214 p.

Briggs, John - Peat, F. David (1991), Un miroir turbulent: guide illustré de la théorie du chaos, France : InterÉditions, 223p.

Brown, Vincent (2008). The Reaper's Garden: Death and Power in the World of Atlantic Slavery. Etats-Unis Harvard University Press, 368p.

Bruce-Jones, Eddie (2016), Race in the Shadow of Law, Etats-Unis: Routledge, - Law - 196 p.

BUCK-MORSS, Susan (2009). Hegel, Haiti, and Universal History. Etats-Unis: University of Pittsburgh Press, 177 p.

CAJORI, Florian (1909). A HISTORY OF MATHEMATICS. Royaume-Uni : MACMILLAN & CO., Ltd., 604 p.

CAMUS, Albert (1938). LE MALENTENDU ; CALIGULA. France : Gallimard, 229 p.

COMMISSARIAT GENERAL DU PLAN (2002). La France dans l'économie du savoir. France : La Documentation française, 286 p.

Coron, Jean-Michel (2007). Control and Nonlinearity. Etats-Unis: AMS, 426 p.

Coron, Jean-Michel (2007). Global asymptotic stabilization for controllable systems without drift Math. Control Signals Systems, 5(3):295312, 1992.

Coron,Jean-Michel. (2007). Control and Nonlinearity.Etats-Unis:AMS, 246 p.

Crochemore, M., Hancart, C. et Lecroq, T. (2007) Algorithms on strings, Etats-Unis: Cambridge University Press, 377 p.

da COSTA, Emilia Viotti (1954). Crowns of Glory, Tears of Blood: The Demerara Slave Rebellion of 1823.Etats-Unis: Oxford University Press, 378p.

DARCET, JEAN (1967). ÉTAPES DE LA PROSPECTIVE. France : PRESSES UNIVERSITAIRES DE France, 129 p.

DARWIN, Charles (1921). L'Origine des espèces. France: Editions Alfred Costes, 604 p.

De BEAUMONT, Gustave (1840). Marie ou L'esclavage aux États-Unis/Tableau de mœurs américaines. France : Librairie de Charles Gosselin, 392 p.

De TOCQUEVILLE, Alexis (1835). DEMOCRACY IN AMERICA TOME I. Etats-Unis : Saunders and Otley, 154 p.

De TOCQUEVILLE, Alexis (1840). DEMOCRACY IN AMERICA TOME II. Etats-Unis: Saunders and Otley, 159 p.

Delorme, Robert. (2006).*Seconde cybernétique et complexité: Rencontres avec Heinz von Foerster*. France: Editions L'Harmattan, 170 p.

DESCARTES, René (1637). A DISCOURSE ON METHOD. Royaume-Uni : Oxford University Press, 84 p.

DÍAZ, María Elena (2001). The Virgin, the King, and the Royal Slaves of El Cobre, 1670–1780: Negotiating Freedom in Colonial Cuba, 1670-1780. Etats-Unis: Stanford University Press, 440 p.

DUBOIS, Laurent (2004). A Colony of Citizens: Revolution and Slave Emancipation in the French Caribbean, 1787–1804. Etats-Unis: Chapel Hill / University of North Carolina Press, 452 p.

Eber, Nicolas (2013), Théorie des jeux, France : Dunod, 128p.

FISCHER, Frank; MILLER, Gerald J., et SIDNAY Mara S. (2007). PUBLIC POLICY ANALYSIS: Theory, Politics, and Methods. Etats-Unis: CRC PRESS, 642 p.

FUKUYAMA, Francis (1992). The End Of History and the Last Man. Etats-Unis: THE FREE PRESS, 418p.

Gauthier, Yvon. (1992). La logique interne des théories physiques. Canada: Ed. Fides, 167p.

GIRARD, René (1982). Le bouc émissaire. France: GRASSET, 313 p.

GOODWIN-GILL, GUY S. Max (2006). ÉLECTIONS LIBRES ET RÉGULIÈRES. France : Presse Union interparlementaire, 249 p.

GUJARATI, Damodar N. (2004). ECONOMETRICS. Etats-Unis: The McGraw Hill, 1002 p.

Günther,Gotthard. (2008). La conscience des machines: Une métaphysique de la cybernétique - Suivi de Cognition et Volition. France:Editions L'Harmattan, 306 p.

HALL, Jeffrey C. & DUNLAP, Jay C. (1995). Advances in Genetics. Etats-Unis: Academic Press, 322 p.

HANSEN, Bruce E. (2000,). ECONOMETRICS. Etats-Unis: University of Wisconsin, 378 p.

Hatch, Mary Jo; Cunliffe, Ann L. (2009), Théorie des organisations, Belgique : De Boeck Supérieur ,439p.

HOBBES, Thomas (1651). LEVIATHAN or the Matter, Forme and Power of A Commonwealth Ecclesiastical and civil TOME I. Royaume-Uni: Andrew Crooke, 143 p.

HOBBES, Thomas (1651). LEVIATHAN or the Matter, Forme and Power of A Commonwealth Ecclesiastical and civil TOME II. Royaume-Uni: Andrew Crooke, 163 p.

HODGKIN, Luke (2005). A history of Mathematics. Etats-Unis: Oxford University Press Inc., 281 p.

Hunt, Alfred N. (2006). Haiti's Influence on Antebellum America: Slumbering Volcano in the Caribbean. Etats-Unis: LSU Press, 216 p.

JAMES, Cyril Lionel Robert (1938). The black Jacobins. TOUSSAINT L'OUVERTURE AND THE SAN DOMINGO REVOLUTION. Etats-Unis: Vintage Books, 426 p.

Kelsen, Hans (1945), General Theory of Law and State, Etats-unis: Harvard University Press 516p.

KEYNES, John Maynard (1936). Théorie générale de l'emploi, de l'intérêt et de la monnaie. France: Éditions Payot, 107 p.

KLIR, George J. (1991). Facets of Systems Science. Etats-Unis: Kluwer Academic/Plenum Publisher, 233 p.

KRANTZ, Steven G. (2006). An Episodic History of Mathematics. Etats-Unis : MAA PRESS., 483 p.

Krasovskii,N.N. & Subbotin,A.I.(2011).Game-Theoretical Control Problems. Etats-Unis: Springer, 517 p.

L'Observateur de L'OCDE (1962-2014). L'OCDE en chiffres. France : LES ÉDITIONS de L'OCDE, 92 p.

L'Observatoire de l'administration publique (2009). Méthodes d'évaluation des Programmes. Canada : l'École nationale d'administration publique du Québec, 130 p.

Lafontaine,Céline. (2016). L'Empire cybernétique. Des machines à penser à la pensée machine. France : Le Seuil, 240 p.

Lagauzere, Damien (2017), Sociologie et théorie du chaos, France : L'Harmattan, 242p.

Lee, Ernest B. et MARKUS, Lawrence (1967). Foundations of optimal control theory. Etats-Unis : John Wiley & Sons Inc. 576p.

Lengereau, Éric (2001), L'Etat et l'Architecture, France : Picard, 559p.

Les Dictionnaire du Savoir Moderne/Les MATHEMATIQUES (1973). France : presses des Petits-Fils de Léonard Danel, 544p.

LIONS, J.-L. (1968). Contrôle optimal de systèmes gouvernés par des équations aux dérivées partielles. Etats-Unis : Dunod, 92 p.

M. Burrows & D. J. Wheeler (1994). A block sorting lossless data compression algorithm. Etats-Unis : University of California / Tech. Rep.124, 18 p.

Manneville, Paul (2004), Instabilités, chaos et turbulence, Editions Ecole Polytechnique, 346p.

Ministère de la fonction publique, de la réforme de l'Etat (2004). Lexique Administratif. France : Dictionnaires Le Robert, 203 p.

MINISTERE DES TRAVAUX PUBLICS (2006). Méthodes d'évaluation des Programmes. Canada : Edition Secrétariat du Conseil du Trésor, 129 p.

MINTZ, Sidney W. (1995). Sweetness and Power: The Place of Sugar in Modern History. Etats-Unis : (University of Michigan) / Viking, 274 p.

Morin, Edgar (1977), La méthode, Volume 3, France : Seuil, 243p.

Morin, Edgar (1980), La méthode, Volume 2, France : Seuil,471p.

Morin, Edgar (2005), COMPRENDRE LA COMPLEXITÉ, France : L'Harmattan, 270p.

Morin, Edgar (2008), La méthode, Volume 1, France : Seuil, 2462 p.

MURRAY, James D.(2001). Mathematical Biology.Etats-Unis:Springer, 551p.

PETERS, R.S. (1967). The concept of Education. Etats-Unis: INTERNATIONAL LIBRARY OF THE. Routledge, 167 p.

PIKETTI, Thomas (2013). Le capital au XXIe siècle. France : SEUIL, 870 p.

Raju Jan Singh; Mary Barton-Dock (2013). Haïti : Des opportunités pour tous. Etats-Unis : Banque Mondiale, 127 p.

Randy James Holland, Stephen R. McAllister, Jeffrey M. Shaman, Jeffrey Sutton (2015), State Constitutional Law, Etats-Unis : West Academic Publishing, 1053p

Ravelomanana, Mamy Raoul (2000), Théorie des jeux et macroéconomie, 284p.

Reichl, Linda (2004), The Transition to Chaos: Conservative Classical Systems and Quantum Manifestations, Allemagne : Springer, 675p.

RIFKIN, Jeremy (1995). The end of work. Etats-Unis : Editions G. P. Putnam's Sons, 350 p.

Robinet, André. (1973). Le défi cybernétique : l'automate et la pensée. France : Gallimard, 232p.

ROCHER, Guy. (2014). LE SAVANT ET LE POLITIQUE. Canada : Les Presses de l'Université de Montréal, 483 p.

ROSEN, Leonard (2013), La Théorie du Chaos, France : Cherche Midi, 386p.

Ruyer, Raymond. (Flammarion). La cybernétique et l'origine de l'information.France: Flammarion,253 p.

SCHMIDT-NOWARA,Christopher (1999). Empire and Antislavery: Spain, Cuba, and Puerto Rico, 1833–1874. Etats-Unis : University of Pittsburgh Press, 240 p.

Schöffer, Nicolas. (1969). La ville cybernétique, Etats-Unis : Art Book Magazine Distribution, 175 p.

SEIBT, Peter (2007) Algorithmic Information Theory: Mathematics of Digital Information Processing. Etats-Unis: Springer Science & Business Media, 443 p.

SERRET, Joseph A. (1886). Calcul Intégral et Integral TOME 2. France: GAUTHIER-VILLARS, IMPRIMEUR-LIBRAIRE, 734 p.

SERRET, Joseph A. (1886). Calcul Intégral et Integral. France : GAUTHIER-VILLARS, IMPRIMEUR-LIBRAIRE, 734 p.

Stahl, Friedrich Julius (2009), The Doctrine of State and the Principles of State Law, Hollande: WordBridge Publishing, 509p.

STERMAN, John D. (2006). Business Dynamics: Systems Thinking and Modeling for a Complex World. Etats-Unis McGraw-Hill, 982 p.

Teubner, Gunther (1988), Autopoietic Law: A New Approach to Law and Society, Allemagne: De Gruyter, 380p.

U.S. Department of Justice (2008). THE FBI. Etats-Unis U.S. Government Printing Office, 124 p.

UFR de mathématique et d'informatique : Université Louis Pasteur (2004). HISTOIRE DES MATHÉMATIQUES. France : Les Editions Gallimard, 177 p.

Vidyasagar, M. (2002). Nonlinear Systems Analysis. Etats-Unis : SIAM, 498p.

Weber, Max (1921). LE SAVANT ET LE POLITIQUE. France : Union Générale d'Éditions, 186 p.

WEINER, Tim (2007). Legacy of ashes, Etats-Unis Les Editions Doubleday, 702 p.

Wilden, Anthony (2013), System and Structure, Grande Bretagne: Routledge, 664p.

WILLIAMS, Eric Eustace (1944). Capitalism and Slavery. Etats-Unis: Chapel Hill / University of North Carolina Press, 285 p.

World Trade Organization (2012). A Practical Guide to Trade Policy Analysis. Suisse: World Trade Organisation Presse, 232 p.

ZANNETOS, Zenon S. & WILCOX, Jarrod W. (1969). The Management Process, Management Information and Control Systems, and Cybernetics. Etats-Unis : Massachusetts Institut of Technology, 66p.

Quelques Articles et Publications Numérisés

ALHADEFF-JONES, Michel (2008). Trois Générations de Théories de la Complexité: Nuances&Ambiguïtés. France: Université de Paris 8, 29p.

ALLISON, Graham T. et ZELIKOWV, Philip D. (1999). L'essence de la décision. Le modèle de l'acteur rationnel. France : Rationalités et Relations Internationales. (Vol. 1)

BARKER, J. PAUL (2013). The Clash of Civilizations: Twenty Years On. Royaume-Uni : e-International Relations, 53 p.

Birgit Mampe,Angela D. Friederici,Anne Christophe, et Kathleen Wermke (2009). Newborns' Cry MelodyIs Shaped by Their Native Language. Etat-Unis: Current Biology.

Bourguignon, Erika E. (1952). Class Structure & Acculturation In Haiti1. Etats-Unis: Department Of Sociology, Ohio State University: The Ohio Journal of Science 52(6), P 317-320.

BOUVIER, Jacques (2011). Eléments fondamentaux de droit administratif. Belgique : Erap-gsob, 80p.

CHAN, Serena (2001). Complex Adaptive Systems. Etats-Unis: ESD.83 Research Seminar in Engineering Systems, 9 p.

CORON, Jean-Michel (1992). Global asymptotic stabilization for controllable systems without drift. Etats-Unis: Mathematics of Control, Signals, and Systems, p 295-312

Daniel T. Gilbert; Timothy D. Wilson (2007). Prospection: Experiencing the Future. www.sciencemag.org: SCIENCE VOL 317 7 SEPTEMBER 2007, p 1352-1354.

FARAZMAND, Ali (2013). Governance in the Age of Globalization: Challenges and Opportunities for South and Southeast Asia. Etats-Unis: Public Organization Review, Volume 13, p 349-363.

FRIEDMAN, Avner (2010). What Is Mathematical Biology and How Useful Is It? Etats-Unis : Notices of the AMS, Volume 57, Number 7, p 851-857

GACOGNE, Valérie (2006). Les modèles de dynamique des systèmes. France: complexio, 9 p.

HEYLIGHEN, Francis et JOSLYN, Cliff (2001). Cybernetics and Second-Order. Etats-Unis: Encyclopedia of Physical Science & Technology Academic Press, Vol 4, p 155-170.

Hördur V. Haraldsson (2000). System Analysis. Suede: LUMES, Lund University, 33 p.

Huntington, Samuel P. (1993). The Clash of Civilizations? Etats-Unis: Foreign Affairs, Vol. 72, No. 3 (Summer, 1993), p. 22-49.

ICFAI Center for Management Research (2006). Principles of Management Control Systems. Inde: ICFAI University, 308 p.

KAUFFMAN, Louis H. (2000). Laws of Form: An Exploration in Mathematics and Foundations. Etats-Unis: University of Illinois at Chicago,

LaSalle, J. P (1960). The time optimal control problem. In Contributions to the theory of nonlinear oscillations. Etats-Unis : Princeton Univ. Press, Vol. V, pages 1-24.

MILIEU, Richard et Gaddy, G. Dale (1976). Administering the Protectorates: The U.S. Occupation of Haiti and the Dominican Republic. Revista/Review Interamericana, p 101-145.

Nelson J. Groom and Colin P. Britcher (1994). Second International Symposium on Magnetic Suspension Technology. Etats-Unis : NASA Conference Publication 3247, 446 p.

NICOLAS, Gisin (2008). L'intrication : une réalité venue d'ailleurs, Suisse : Campus No.92/Le Magazine Scientifique de UniGe, 2 p.

Nuances et Ambiguïtés MacPherson, LtCol R. T (1987) Register Of
John H. Russell, Jr. Personal Papers. Etats-Unis : History & Museum -
Headquaters, U.S. Marines Corps, 58 p.

PEGUERO Valentina (1998). Teaching the Haitian Revolution. Etats-
Unis : The History Teacher, Vol. 32, No. 1 (Nov., 1998), pp. 33-41

Proulx, S. (2003). Heinz von Foerster (1911-2002). Le père de la
seconde cybernétique. Canada: Université du Quebec, 9 p.

Rand, William Et Stonedahl, Forrest (2001). The El Farol Bar Problem
And Computational Effort. Etats-Unis : Northwestern University

REEBS, Stéphan Pensée critique. Canada : Département de biologie
Université de Moncton, www.unregardscientifique.com, 39 p.

ROBINSON, Mark (2015). From Old Public Administration to the
New Public Service. Singapore: UNDP Global Centre for Public Service
Excellence, 20 p.

SCHRODINGER, Erwin (1944). What is life? The Physical Aspect of
the Living Cell. Irlande: Dublin Institute for Advanced Studies, 33 p.

Shah, Anwar (2005). Public Services Delivery. US: World Bank, 219p.

SHINBROT Troy (1992). Chaos in a double pendulum; Institute for
Physical Science and Technology and Department of Physics. Etats-
Unis: Am. J. Phys., Vol. 60, No.6, p. 490-499.

UNESCO (1970). Trends in legal learning international. France: Social
science Journal. Vol. XXII, No. 3, 1970

WATSON, J. D., CRICK, F.H. (1953). Molecular Structure of Nucleic
Acids. Royaume-Uni: NATURE no. 4356, p 737-738

World Bank, (2006). Social Resilience and State Fragility in Haiti. World
Bank Report No. 36069, 100 p.

Yves Achdou, Francisco J. Buera, Jean-Michel Lasry, Pierre-Louis Lions
& Benjamin Moll (2014). Partial differential equation models in
macroeconomics. Royaume-Uni : The Royal Society.

Quelques sites web :

L'Académie Française : http://www.academie-francaise.fr

L'Encyclopédie Britannica : http://www.britannica.com

L'Encyclopédie Philosophique de L'Université Stanford : http://plato.stanford.edu

L'Encyclopédie Universalis : http://www.universalis.fr

L'Encyclopédie universelle, multilingue (Wikipédia) : http://www.wikipedia.com

L'Institut Cato : http://www.cato.org

L'Université Brown : http://www.brown.edu

La Banque Mondiale : http://www.worldbank.org

La Brookings Institution : http : //www.brookings.edu

La Central Intelligence Agency : http://www.cia.gov

La Direction de l'Information Légale et Administrative (France) : http://www.vie-publique.fr

La Librairie du Congrès Américain : http://www.loc.gov

La Plateforme Science Direct : http://www.sciencedirect.com

La Société Informatique IBM : http://www.ibm.com

La Société Informatique Microsoft : http://www.microsoft.com

La Société Informatique Oracle : http://www.oracle.com

Le Dictionnaire Le Larousse : http://www.larousse.fr

Le Fonds Monétaire International : http://www.imf.org

Le Dictionnaire Merriam-Webster : http://www.merriam-webster.com

L'Organisation de Coopération et de Développement Economiques : http://www.oecd.org

Biographie de l'auteur

Je m'appelle Jacques Fidel Achille, je suis né à Port-au-Prince le 25 juillet 1965. Je suis ingénieur mathématicien. Pour faire néanmoins la part des choses, je suis plutôt informaticien le jour, mais mathématicien toujours. Je vis aux Etats-Unis avec ma famille depuis le 5 juillet 2007. Je réside actuellement dans le minuscule mais magnifique Etat appelé Rhode Island qui héberge à la fois l'une des meilleures universités du monde qui est la « *Brown University* », et la plus prestigieuse école d'art du monde qui est le « *Rhode Island School of Design* » (RISD) aussi alma mater de Jacques Fidel Jr.

Très prisé par les touristes, Rhode Island est aussi célèbre pour ses compétitions maritimes et ses nombreux centres de recherches en diversité et biologie marines. Situé sur la côte nord-est des Etats-Unis, Il fait partie de la région appelée Nouvelle Angleterre (de l'anglais : *New England*), il se trouve à quelques minutes des universités Harvard et MIT, et à environ trois heures d'autres prestigieuses universités telles que Columbia, Princeton, Yale etc., sans mentionner que Rhode Island héberge aussi le quartier général de la Société Américaine de Mathématique dont je suis membre.

Je diffère mes études doctorales en mathématique pour me consacrer à des recherches plus étendues en mathématique et en cybernétique, notamment en théorie de l'évolution des systèmes complexes adaptifs. Une fois n'est pas coutume dit-on, mais j'ai déjà connu une situation presque du même ordre et tout aussi difficile, où j'avais choisi d'abandonner mes études post-graduées en *Population et Développement* à la Faculté des Sciences Humaines de l'Université d'Etat d'Haïti pour me consacrer à la transformation de ma petite entreprise en une firme moderne d'ingénierie informatique : COMPUTIS S.A.

Outre le grade d'ingénieur civil, je détiens également un grade de master en « Base de Données et Intégrations de Systèmes » de l'Université de Nice France et de la Faculté des Sciences de l'Université d'Etat d'Haïti. Ma carrière en informatique débute en octobre 1986 à COMPUTEC S.A., *« je vous parle d'un temps que les moins de vingt ans ne peuvent pas connaître »*, pour parodier Charles Aznavour dans sa chanson intitulée « *La Bohème* ». COMPUTEC n'existe plus. Une vingtaine d'années après, elle demeure non seulement la première mais la firme d'ingénierie informatique la plus avancée jamais établie en Haïti tant sur le plan de la technologie que sur le plan professionnel ou de la qualité de son personnel, elle représentait Data Général, un géant mondial de l'informatique des années soixante-dix et quatre-vingts.

Pendant longtemps, Data Général a occupé une position très prédominante dans le domaine des mainframes et des serveurs d'entreprises. Elle a créé une ligne de produits fiables et d'une qualité presqu'inégalée temporellement, tant dans le domaine du logiciel (de l'anglais : *software*) que dans celui du matériel (de l'anglais

: *hardware*). Certaines des inventions de Data General se retrouvent encore sur le marché, par exemple : la technologie *Clariion*.

Data Général est reprise par la EMC Corporation, une firme à très forte croissance et qui étend voracement son leadership dans le domaine des nouvelles technologies de l'information. Le fabricant d'équipement informatique DELL vient d'en faire récemment l'acquisition. La société EMC se base à Hopkinton aux Etats-Unis dans l'Etat de Massachussetts. Lors de rencontres tenues dans leurs locaux, je réalise combien mon expertise sur les systèmes de Data Général les fascine, ils ne tentent même pas de le dissimuler. Ce qui ne m'empêche d'exécuter ou d'honorer professionnellement ma mission dans le cadre d'une offre de marché au nom de l'Etat et du gouvernement de Rhode Island, car je devais recommander les systèmes les mieux convenables pour la construction des centres d'hébergement des serveurs informatiques (de l'anglais : *data center*) du nouveau système d'aide à la gouvernance.

Consécration d'un leadership

Lorsqu'en 1996 je fonde ma société d'ingénierie informatique, COMPUTEC S.A. n'était déjà pratiquement plus qu'une coquille. En compensation de plusieurs mois d'arriérés de salaire, j'obtiens alors tous les codes-source des programmes ainsi que les serveurs informatiques. Je consacre alors tous mes efforts et mes ressources dans la conception et le développement de progiciel industriel destiné au contrôle de gestion intégrée dans les entreprises.

Vers le milieu des années quatre-vingt-dix la COMPUTEC tombe sous le contrôle de Carole B. et Roger Savain, et de Robert [Bob] de Vastey. J'entretiens alors de francs rapports avec Bob qui se réfugie plus tard en Floride ou il s'éteint quelques jours après mon départ d'Haïti. Au dernier trimestre cette année 1996, le centre de formation en informatique situé à l'angle de l'avenue John Brown et de la rue Lamarre que Bob dirige, ne vaut déjà plus rien, c'est pourtant tout ce qui reste alors de la COMPUTEC. Suite à un violent accident, alité aux Etats-Unis, Bob me propose pour le remplacer. Dans un e-mail adressé en la circonstance à Carole, Bob en profite pour me couvrir d'éloges. Carole et Roger me contactent et me font part du message numérique susmentionné, je leur promets une réponse dans quelques jours, sachant bien que je ne puis dire simplement « non » après les louanges de Bob à mon égard. Je n'ai alors aucune raison de douter de sa sincérité, et je ne voudrais nullement l'embarrasser en refusant son offre. Après 3 jours, je leur présente un mémo d'une trentaine de pages définissant la vision, la finalité et les priorités de ma stratégie de gouvernance pour le centre de Formation de COMPUTEC.

Compte tenu du fait que le centre ne vaut pratiquement que zéro centime, j'entends surtout saisir cette opportunité de mettre ne valeur mes propres idées en termes de leadership et de gouvernance. Pour renforcer ma crédibilité, je réclame zéro salaire, et comme tout revenu j'aurais uniquement un certain pourcentage du bénéfice net du centre. Je confie ainsi toutes les opérations de caisses ou de finances à Carole et à une de ses protégés.

Mon intégrité constitue ma richesse ultime, c'est-à-dire mon bien le plus précieux, elle peut résister à toute sorte d'épreuves, y compris la privation ou la faim, voire la torture jusqu'à l'article de mort. Toutes les dispositions du contrat reflètent alors ma stratégie de gouvernance, et sont entre autres destinées à préserver mon intégrité. Sur la base de cet accord de partenariat conclu avec les propriétaires de COMPUTEC, j'accepte ainsi de prendre en charge le centre de formation.

Ma stratégie étant tellement intelligible et cohérente, j'arrive à la mettre en œuvre aisément, sans drame ni conflit. J'invente un nouveau centre doté de nouveaux programmes de formation. En d'autres termes, je réorganise complètement le centre et le revitalise en y introduisant notamment des programmes plus étendus et très pointus. Ainsi, grâce aux succès de ma gouvernance, le centre de formation devient viable et rentable, ce qui évidemment ne manque pas d'attiser certaines convoitises. Face aux intrigues, je tire ma révérence après trois années de forte croissance dans l'entreprise. C'est entre autres, cette fructueuse expérience qui m'enthousiasme et galvanise la conviction que mes idées valent la peine d'être formalisées et d'être divulguées.

Le savoir sans frontières

La COMPUTEC cesse pratiquement d'exister après mon départ. Le vide qu'elle laisse, reste toujours béant. Au bout d'une dizaines d'années de labeur, ma nouvelle firme COMPUTIS était sur le point de relever ce défi en 2007. Malheureusement, la déliquescence accélérée de l'Etat favorise entre autres l'essor presqu'inexorable du kidnapping. Craignant que mes enfants soient un jour victimes de telles horreurs, je quitte le pays en compagnie de ma famille le 5 juillet 2007.

En dépit d'une connaissance très limitée de l'anglais, je mets très peu de temps à intégrer le marché américain en qualité d'ingénieur ou d'expert en informatique. A ce titre, je contribue au développement et au management de projets très étendus et surtout très coûteux qui me seraient pratiquement inaccessibles, voire impossibles en Haïti. Je dispense mes services à de nombreuses firmes, tant dans le domaine de la santé, des télécommunications, du commerce numérique, que dans le domaine public notamment l'Etat de Rhode Island et le gouvernement fédéral des Etats-Unis.

L'idée du retour me prend à la gorge depuis l'hécatombe du 12 janvier 2010. Je comprends ainsi que le départ et le retour ne sont que les facettes d'une même médaille. Fallait-il partir pour mieux apprécier la nécessité de revenir. Mais dans quelles conditions ? Faudrait-il créer les conditions de mon retour ? Depuis dix ans, je vis dans une ville propre, éclairée, et en sécurité, où l'état de droit est la règle. Je suis en compagnie de voisins propres, éclairés et heureux. Je ne transige point. Haïti doit se moderniser, aucun sacrifice n'en est trop grand.

A mes mentors

J'ai eu très peu de contact avec mon père biologique. Les familles haïtiennes sont plus matriarcales qu'on ne le pense. Le matriarcat en soi ne constitue guère le problème, puisqu'il découlerait du comportement généralement instinctif des femelles qui sans doute favorise l'évolution des espèces : des reptiles jusqu'aux mammifères, en passant par les oiseaux. Tout le mal viendrait de l'insouciance ou de l'irresponsabilité paternelle. C'est sans doute l'une des séquelles les plus horribles de l'esclavage, cette perversion parentale semble encore plus cruciale, plus étendue, voire endémique dans certaines communautés américaines où les conséquences néfastes sur de nombreuses générations se révèlent incommensurables. L'auteur des essais « *The Souls of Black Folk* » et « *Talented Thenth* », le professeur et chercheur américain William Edward Burghardt Du Bois (1868-1963) dont le père Alfred Du Bois né et élevé en Haïti abandonne la mère alors qu'il n'a que deux ans, comprendrait sans doute mieux mes préoccupations.

Le professeur italien Cesare Lombroso apparemment plus raciste que scientifique y décèlerait plutôt de l'atavisme. Ce raisonnement demeure sans doute discutable. Il tiendrait compte des régions du monde, notamment d'Afrique où le phénomène connaît des proportions qui débordent le cadre familial. On y trouve des chefs d'Etat sans gêne qui s'enrichissent frénétiquement pendant que leur population opprimée et terrorisée manque de tout. Le chômage, la famine, l'analphabétisme, l'extrême morbidité, etc., semblent être le souci exclusif d'agences agissant en lieu et place du gouvernement, dont l'ONU, l'USAID, L'UE, pour n'en citer que celles-là.

En effet, tout ce que je suis est d'abord le produit de la détermination d'une mère célibataire. Il n'est donc pas surprenant que mes premiers modèles sont d'abord des femmes : ma mères, mes tentes, mes cousines, voire des voisines. J'ai cependant côtoyé et observé de nombreux autres modèles, je voudrais dire modèles masculins, proches et moins proches, qui m'ont profondément influencé et inspiré. Ils sont nombreux, certains sont des industriels et des investisseurs très connus et surtout très respectés. Ils me sont toujours et en tout lieu, accessibles ; je me garde cependant de les importuner.

Je me permets cependant de n'en citer que seulement trois. Ils n'ont malheureusement pas vécu assez longtemps pour me faire part de leurs inestimables commentaires à propos de nom premier livre. Ainsi, je voudrais nommer :

Rolland Roy

Témoin privilégié de mon arrivé en ce monde, il est deux fois mon parrain, selon les traditions de l'église catholique. Il m'a porté bébé sur les fonts baptismaux, et m'a accompagné à l'autel le jour de mes noces. Il n'y est donc pour rien si je demeure sans doute l'agnostique athée le plus intraitable qui ait jamais foulé le sol terrestre. Je lui dois cependant de porter le prénom de l'un des plus grands, si non du plus grand révolutionnaire et de loin le plus populaire du 20e siècle, Fidel Castro. Alors que tous mes proches m'appellent Jaco, il m'appelle généralement Jacques Fidel. Je comprendrai un peu plus tard son enthousiasme.

En guise d'hommage, permettez-moi cette candide digression

Après les études secondaires, tout semblait m'intéresser, sauf la mathématique, cette dernière m'apparaissait sans doute trop facile : présomption de folle jeunesse. Automne 1985, je débarque à l'Ecole Nationale des Arts, où je fais la connaissance une icône maintenant disparue Paulette Poujol Oriol. Trop tard, les cours ont déjà commencé. Alors je sollicite un statut d'auditeur régulier, ce qui apparemment n'existait pas dans l'établissement. Constatant mon enthousiasme, elle et son non moins légendaire collègue Michel Philippe Lerebours me proposent alors de subir sur place et à l'instant tous les examens du dernier concours d'admission. Le lecteur est prié de bien noter l'intraitable rigueur de ces responsables d'autrefois. Je voudrais bien savoir combien nous en reste-il encore ? S'il en reste.

Pour abréger l'histoire, laissez-moi vous dire que, non seulement j'ai accepté le challenge, je l'ai aussi réussi. Compte tenu de ma performance, pour être sûre de me retenir à l'ENARTS, madame Oriol me procure tout : les frais annuels, des cahiers, une serviette, une blouse, des revues, des livres, des plumes etc. En dépit de tout, je reste cependant turlupiné par son engouement aucunement dissimulé pour mon prénom « *[…] moi, je t'appellerai Fidel !* », me dit-elle sur un ton résolu et apparemment irrévocable. Aujourd'hui mes parents m'appellent toujours Jaco, mes condisciples des classes primaires et secondaires m'appellent encore Achille, tandis que toute le monde m'appelle Fidel.

Revenons à mon cher parrain.

Ce diplomate émérite est un homme d'une culture incommensurable, l'avoir pour interlocuteur, vaudrait sans doute autant que d'être disciple-d'un-jour de Socrate. Il exhale de la sagesse, de l'intelligence, et un sens de profond et sincère respect de son vis-à-vis.

Quelle meilleure façon de lui dire merci en effet que de passer fièrement mon prénom à mes deux fils : Jacques Fidel et Christian Fidel. Si j'en avais douze, cela n'aurait sans doute rien changé. Ce qui en revanche me gêne encore aux Etats-Unis, c'est de rencontrer mes collègues dans les ascenseurs, ils sont des dizaines voire des centaines, ils se souviennent tous indistinctement de mon prénom Fidel, tandis que j'ignore toujours le leur. C'est le grand désavantage d'avoir un visage différent de tous les autres et un prénom qu'ils retiennent tous comme s'il était le leur.

Georges Fidélia

Intellectuel et athée, ce penseur impénitent intègre la jeunesse duvaliérienne avant de réaliser très vite, à l'avènement du tyran, que celui qu'il supporte n'est qu'un sociopathe, un prédateur. Il choisit alors l'exil dans le but de préserver son intégrité. Dans ses périples il rencontre et accompagne le mathématicien révolutionnaire chinois Mao Tsé-toung, il séjourne et vit aussi en Afrique et en Europe avant de rentrer en Haïti grâce à quelques ouvertures consenties par le régime duvaliérien dans les années quatre-vingt.

Je fais sa connaissance quand son fils Georgy et moi devenons bons camarades. Malgré les dizaines d'années qui nous séparent et tout le respect que lui voue, nos très sérieuses et profondes conversations semblent briser toute barrière générationnelle. Je m'invite régulièrement chez lui, surtout en fin de semaine. Il me reçoit toujours avec la même courtoisie, je me suis toujours senti aussi bien reçu par tous les autres membres de la famille notamment son épouse Rogère, sa fille Nayou et ses deux fils Goergy et Janjan. Rogère cuisine à l'africaine, je m'en régale toujours goulûment. Certains jours j'y arrive vers dix heures et n'en repars que vers vingt-deux heures. Après une douzaine d'heures de discussion, il prend toujours le soin de me raccompagner jusqu'à mon véhicule, preuve s'il en était besoin de la franchise et de la sincérité de notre relation.

La chambre que j'occupe, me confie-il à ma grande surprise, est exactement celle qu'occupait son camarade Edner Backer qui est aussi mon cousin et mon aîné de quelques décades, que je n'ai jamais connu malheureusement. C'est dans cette même chambre, ajoute-t-il, « *que se planifiait la deuxième révolution haïtienne.* » Mais en cette période de guerre froide, la géopolitique semble avoir été plus favorable aux régimes populistes, totalitaires ou obscurantistes qu'aux révolutions sociales.

Cependant, je n'en reviens toujours pas de l'appel de mon ami Georgy qui m'informe après le décès de son père que ce dernier « *avait voulu que je j'adresse quelques propos à ses obsèques.* » Sans fausse modestie, je dois avouer que recevoir des compliments ne m'est pas du tout étranger, et j'en suis toujours reconnaissant. Néanmoins, quand celui que je considère comme un guide me témoigne son affection jusqu'au-delà de son vivant, alors les mots se taisent, la pesanteur n'existe plus, la réalité devient fiction, tout semble flotter. Je vis quasiment ce phénomène contraire au « *Big bang* » que les astrophysiciens appellent le « *Big rip* ».

Alphonse Saint-Louis

Avec le recul du temps et notamment après une dizaine d'années d'expérience dans le domaine de l'éduction aux Etats-Unis, après autant d'années de collaboration avec des ingénieurs et autres professionnels venus de les tous coins du globe, j'ai suffisamment de données à ma disposition pour avancer que j'ai eu l'opportunité de fréquenter en Haïti des écoles qui se mesurent aux meilleures écoles du monde. Aujourd'hui, cela m'indigne et m'exaspère d'autant plus de constater l'acharnement avec lequel on tente d'annihiler l'éducation dans mon pays Haïti. C'est de l'obscurantisme naissant ou en gestation.

Très doué en mathématique et en physique, arrivé en classe de rhétorique je commence à douter des cours de chimie et de physiologie qui me sont jusque-là dispensés. Je suis en section C qui porte beaucoup sur les math et sur la science, la chimie me préoccupe donc au premier chef. Afin d'en avoir l'esprit tranquille, je me procure alors à prix fort le livre de chimie minérale d'Alphonse Saint-Louis, qui me permet de préparer et de réussir les épreuves de baccalauréat première partie. L'année suivante, je me procure le livre de chimie organique de même auteur. Les deux ouvrages sont si didactiques que je me passe totalement de mes cours réguliers de chimie.

Je compare avec fierté l'auteur des ouvrages de chimie « *A. Saint-Louis* » et les co-auteurs des fameux ouvrages de physique « *Eve et Peschard* ». Ainsi, à l'instar d'Eve Georges et Peschard Marcel, je présume qu'Alphonse Saint-Louis avait longtemps disparu. C'était avant de rencontrer quelques années plus tard, sa fille Mijanielle qui n'est plus une Saint-Louis d'ailleurs. Autrement dit, j'en fais d'une pierre deux coups. En plus de mon épouse, je découvre aussi le père qui me m'a toujours manqué. Je fais sa connaissance sans lui cacher que je ne le croyais plus vivant. On en rit. Il se tisse spontanément entre nous énormément d'affection et de respect mutuels jusqu'à son dernier soupir, c'est-à-dire pendant plus d'un quart de siècle. Il est de ces Haïtiens qui sont de plus en plus rares. Fier, intègre, imprégné de culture et de savoir, polyglotte, il se passionne aussi de la bonne musique et lit surtout sans cesse.

Fervent patriote, il ne me cache jamais son indignation ou sa profonde tristesse face à la perte des valeurs, et face à la suprématie de la médiocrité, de l'incompétence, et de la corruption, qui tendent à s'ériger en règle. Il a préparé des milliers d'Haïtiens étalés sur plusieurs générations, tant dans les lycées, les écoles privées, l'académie miliaire, qu'à l'Ecole Normale Supérieure. Arrivés au timon de l'Etat, ces mêmes individus participent parfois sans vergogne et sans réserve à l'œuvre de destruction de la patrie.

Dans l'avion qui nous conduit à Miami pour ses consultations médicales, il me remercie sans cesse alors que c'est moi qui en mon nom et au nom du pays tout entier, voudrais le remercier. Lui qui toute sa vie s'est évertué à rester en dehors des échauffourées politiques, m'exhorte pourtant pour la première fois en vingt-cinq ans à ne pas céder. Je reçois ses paroles comme un soldat recevait jadis la bénédiction du Pape avant de partir en guerre. Il rend l'âme seulement quelques jours plus tard. La bataille a déjà commencé, la gagner nécessiterait des millions de soldats, sinon elle risque de s'avérer éreintante et sanglante, voire chaotique.

Ma doctrine

On pense souvent se connaître. Néanmoins, il n'est pas donné à tous de se connaître, cette faculté peut être altérée par des défaillances physiques ou psychiques. Cela va sans dire que connaître quelqu'un d'autre que soit peut aussi s'avérer utopique. L'homme demeure le produit de sa pensée, c'est-à-dire de son système de pensée et de valeur. En politique, la pensé d'un individu détermine sa doctrine qui constitue un exposé formel et cohérent d'idées résultant de son système de pensée et de son système de valeur. Tout individu jouissant d'un minimum de conditions physiques est en principe doté de la faculté de penser. Autrement dit, tout individu peut avoir des pensées qui relèvent généralement du domaine sensible et qui peuvent aboutir parfois à des opinions, ou à des croyances religieuses, politiques ou autres.

La doctrine - ou les idées - d'un individu traduit l'aboutissement du long périple de la pensée individuelle en passant du domaine sensible au domaine intelligible. Platon oppose ce qui devient, c'est-à-dire ce qui est accessible aux sens ou qui est matériel, à ce qui est et qui pour lui ne peut être que l'intelligible, c'est-à-dire ce que l'on atteint par l'intellection. Une doctrine doit être rigoureuse et cohérente, la perfection n'est pas exigée. « *Tout système de pensée est forcément incomplet, sinon il serait inconsistant* », selon K. Gödel. Comme la doctrine définie du coup l'individu, une doctrine ne peut qu'être acceptée ou rejetée, toute révision ou modification relève uniquement du concerné. L'âge, l'expérience, ou l'accès à de nouveaux savoirs peut conduire quelqu'un à rejeter ou à réviser sa propre doctrine. L'avantage de la pensée est qu'elle peut servir de guide à son auteur pour mieux s'orienter et contrôler ses actions. Elle peut en même temps permettre à d'autres de mieux connaître et apprécier l'évolution de l'individu en question.

Les Etats n'ont généralement pas de doctrine définie. Les doctrines sont généralement l'apanage des leaders et des penseurs. Un Etat [ou une nation] peut adopter la doctrine de son fondateur ou d'un leader en qui il [ou elle] se reconnait. Etant généralement une pensée d'ordre politique adressant des questions de souveraineté, de justice, d'économie etc., certaines doctrines sont mieux connues que d'autres. On parle certaines fois de la doctrine de Lénine, de Churchill, etc. Mais on semble vouloir occulter la doctrine de Jean-Jacques Dessalines, général en chef de l'Armée Indigène et fondateur de l'Etat d'Haïti. L'essentiel de la doctrine de Dessalines peut être rétabli à travers des idées consignées dans la déclaration de l'indépendance et dans la constitution de 1805. Le poète Félix Morisseau-Leroy nous le rend en des termes qui lui sont propres :

« *Tou sa Desalin fè bon*

Youn jou Desalin va leve

W a tande nan tout lanmè Karayib

Y ap rele kote l

Desalin pran lèzam

Arete l

Lè a, w a tande vwa l kon loray

Tout nèg koupe tèt boule kay

W a tande nnan tout Lamerik

Y ap rele: rete l

Vwa Desalin deja an radyo

Koupe tèt boule kay

Nan tout « Harlem » Desalin ap mete lòd

W a tande: bare Desalin

Jouk « Dakar »

Jouk « Johannesburg »

W a tande: kote Desalin pase?

Koupe tèt boule kay

Desalin pa bezwen labsout

Pa bezwen padon Bondye

Okontrè: Desalin se bra Bondye

Desalin, se jistis Bondye

Pa bezwen Patè Nostè Monseyè

Ni eskiz nèg yo vle mande blan yo

Desalin pa bezwen

Pou tou sa l fè m di: papa Desalin, mèsi

Pou tou sa l pral fè

M di: mèsi, papa Desalin »

« Dieu est mort ! Dieu demeure mort ! Et nous l'avons tué ! Comment nous consolerons-nous, nous assassins entre les assassins ? » écrit Nietzsche dans Le Gai Savoir. Morisseau-Leroy nous apprend cependant que Dessalines n'est pas mort, même si nous l'avons trahi et assassiné.

L'assassinat de Dessalines participe de la volonté de saboter l'union d'Haïti, et d'empêcher toute reconstitution du continuum nation-Etat. Ainsi, chaque fois que l'on déroge à la doctrine du père de la patrie, assassins entre les assassins, on l'assassine une fois de trop. Contrairement à l'attitude « *pito nou lèd nou la* » qui semble caractériser les politiciens haïtiens contemporains, il est utile de rappeler que « *Liberté ou la Mort* » demeure la devise de la déclaration d'Indépendance d'Haïti. L'Amiral Killick (1902) et le Commandant Péralte [Charlemagne] (1919) figurent parmi les derniers héros qui ont honoré cette devise.

Toutefois, le temps de Dessalines est désormais révolu. L'existence en est ainsi faite, l'évolution, la transformation y est inhérente, voire inéluctable. Les sociétés modernes ne se soumettent plus aux ordres d'un monarque, d'un chef suprême, ou d'un commandant en chef. Elles se choisissent des élus aux pouvoirs limités et assujettis à la constitution et aux lois tutélaires. Le moment est ainsi venu de fonder la première république [haïtienne], d'actualiser la doctrine de Dessalines au 21e siècle. Point besoin néanmoins de « *nouveau contrat social* » ni de « *conférence nationale* » et encore moins « *d'états généraux sectoriels* ». Ce travail primordial a été accompli à l'Archaie, à la Crète-à-Pierrot, à Vertières, etc. Les principes fondamentaux de liberté, d'égalité et de fraternité de Dessalines se matérialisent et se cristallisent tant dans l'esprit que dans l'énoncé du continuum individu-nation et à fortiori dans le concept du continuum nation-Etat dont la finalité se décline en le sous-espace système suivant :

- L'état de droit ;
- La souveraineté nationale ;
- La modernisation sociale ;
- La modernisation économique.

Mes derniers mots

Stefan Zweig, l'un des écrivains les plus prolifiques et les plus populaires de son temps dont les nazis brûlent les œuvres, se donne pourtant le temps d'écrire ses derniers mots, avant de s'en aller le 22 février 1942. Ce juif Autrichien se voit contraint à l'exil, il passe de Londres à New York avant de se retirer finalement à Petrópolis, Rio de Janeiro. Après l'attaque le 7 décembre 1941 de Pearl Harbor par les Japonais, il perd tout espoir de voir stopper la conquête du monde par les nazis. Ainsi dans son ouvrage intitulé « l'Echec », Il décrit l'histoire d'un avocat autrichien arrêté à Vienne, et soumis à d'insoutenables tortures mentales par la Gestapo. L'homme est enfermé dans une chambre d'hôtel, isolé de toute interaction humaine, privé de livres, de stylos, de papier et de cigarettes, et condamné à passer des semaines à regarder quatre murs nus : « *Il n'y avait rien à faire, rien à entendre, rien à voir, le néant était partout ... un vide totalement intemporel et sans dimension.* »

A l'instar de Stefan Zweig, « l'exil » ne me cause aucune privation matérielle, ni désenchantement ; l'objectif fondamental qui a été d'offrir à mes enfants un environnement propice à leur épanouissement s'accomplit. Cependant, contrairement à Zweig, je demeure optimiste, mais soucieux. Je voudrais préserver ma patrie d'un nouveau torrent de sang. Car si le statu quo persiste, l'hécatombe est inéluctable. A l'instar du cri de ralliement de 1803 : « liberté ou la mort », lorsqu'aura retenti le cri de « *démocratie ou la mort* », aucune conciliation ne sera possible. Pour éviter d'en arriver là, construisons cette démocratie aujourd'hui, et ensemble.

Ce ton péremptoire froisse sans doute quelques sensibilités. Je ne voudrais guère me comparer à l'intrépide Giordano Bruno, mais s'il plait à quelques âmes de m'attribuer l'épithète d'insolent, je ne m'en soucierai point. Oui, mon discours risque de mécontenter certains et de plaire à d'autres. Ainsi, m'importe-il de préciser qu'il n'existe nulle intention de mécontenter ou de plaire à quiconque. Ma position reflète objectivement et en toute humilité la vérité, compte tenu de l'état actuel du savoir et des progrès scientifiques. La théorie du continuum nation-Etat est l'aboutissement de plus de quarante ans d'observations, de réflexions, d'analyses, et de recherches de solutions pertinentes et durables aux phénomènes observés.

Silence, ils tuent !

Dans le livre premier de la trilogie en latin intitulée « De Cive », c'est-à-dire « Le citoyen ou les fondements de la politique » publié à Paris en 1642, Thomas Hobbes est l'un des philosophes, dont Sigmund Freud, à reprendre le proverbe : « *homo homini lupus* ». Malheureusement ce proverbe paraît plus vrai aujourd'hui qu'il ne l'était quelques siècles plutôt. Car, en dehors des catastrophes naturelles, l'homme semble constituer la pire menace contre l'humanité.

Je ne suis pas un politicien, je n'ai nulle intention d'en devenir un. Je suis un penseur critique mû par un système cohérent de pensé et de valeur. Je ne dis jamais que je suis un intellectuel, c'est un jugement que je délaisse au l'entendement de mes lecteurs et critiques. Je dis néanmoins que je voudrais être un intellectuel. La différence entre le politicien et l'intellectuel est gigantesque, voire irréconciliable. Le politicien agit sans état d'âme, il est corruptible et prêt à tout pour assouvir des intérêts mesquins. L'intellectuel n'a ni maître ni dieu, la vérité est sa seule boussole. Il n'hésite pas à se dresser seul contre tous et est toujours prêt à en assumer les conséquences quelles qu'elles soient.

Ceux qui me sont proches s'inquiètent déjà pour moi. Ceux qui me connaissent moins peuvent croire que je suis naïf ; ils se trompent en effet. Je ne suis point naïf. « *Avoir du courage* », disait Nelson Mandela, « *ne signifie point qu'on n'a pas peur, mais plutôt qu'on a surmonté ou conquis la peur* ».

L'exercice que je propose à mes compatriotes n'est pas facile, mais nécessaire et surtout juste. Réclamer des droits inaliénables que d'autres vous ravissent, se résume en un seul mot : « guerre ». Ceci était vrai pour la guerre de l'indépendance d'Haïti, il était vrai lors de la guerre de l'indépendance des Etats-Unis, Il était vrai le Jour-J du 6 juin 1942 en Normandie, et il était vrai pour l'Israël lors de la guerre des six-jours.

Depuis l'assassinat du père de la patrie Jean-Jacques Dessalines, la liste d'Haïtiens qui sont assassinés ou qui sont portés disparus simplement à cause de leurs idées ou de leur pensée ne cesse de s'allonger. Mes assassins ne savent sans doute pas encore que je sois leur prochaine cible. Mais ils ont sans doute déjà été engagés, ce sont toujours les mêmes car les commanditaires ne changent pas, ils changent de bras :

✓ En avril 1961, ils trucident un intellectuel, Jacques Stephen Alexis. « *Le soleil est mort, ils l'ont assassiné* », dirait Friedrich Nietzsche. Ils n'ont pas assez de courage pour le revendiquer mais ils le signent. Ils sont le pouvoir ; ils sont la Triade !

✓ Le 13 octobre 1987, ils suppriment un militant politique, Yves Volel. Ils n'ont pas assez de courage pour le revendiquer mais ils le signent. Ils sont le pouvoir ; ils sont la Triade !

✓ Le 11 septembre 1993, ils éteignent un entrepreneur, Antoine Izméry. Ils n'ont pas assez de courage pour le revendiquer mais ils le signent. Ils sont le pouvoir ; ils sont la Triade !

✓ Le 28 août 1994, ils tuent un prêtre catholique, Jean Marie Vincent. Ils n'ont pas assez de courage pour le revendiquer mais ils le signent. Ils sont le pouvoir ; ils sont la Triade !

✓ Le 3 avril 2000, ils assassinent un journaliste, Jean Léopold Dominique. Ils n'ont pas assez de courage pour le revendiquer mais ils le signent. Ils sont le pouvoir ; ils sont la Triade !

✓ Le 12 janvier 2009, ils effacent un administrateur public et coordonnateur de la Commission nationale de passation de marchés publics, Joseph François Robert Marcello. Ils n'ont pas assez de courage pour le revendiquer mais ils le signent. Ils sont le pouvoir ; ils sont la Triade !

✓ Le 12 janvier 2010, quelques instants seulement avant le séisme, ils abattent un professeur, Jean Anil Louis-Juste. Ils n'ont pas assez de courage pour le revendiquer mais ils le signent. Ils sont le pouvoir ; ils sont la Triade ! Les bouchers d'Al Qaeda ou de Daesh prennent au moins le temps de revendiquer leurs atrocités ; pas ceux-là.

A l'instar de ma tendre mère implorant la [sainte] vierge et égrenant son chapelet, je pourrais continuer à vous en citer des noms sans me lasser, car la liste est interminable. Tous ces meurtres lâches et insensés ne semblent néanmoins profiter à quiconque, encore moins au pays. Dans la jungle, les fauves ne tuent que pour assouvir leur instinct de survie. En Haïti, ces prédateurs commettent des cruautés qu'aucune raison ne saurait justifier ; ils sont donc bien pires que des bêtes féroces.

La politique de l'autruche

Dans la pièce Antigone de Sophocle on lit : « *Personne n'aime le messager porteur de mauvaises nouvelles* ». Des propositions similaires sont relevées dans des œuvres de Freud et de Shakespeare. Aussi, elles passent aisément dans le langage courant des américains : « *don't shoot the messenger* », ce qui signifie : « *ne tuez par le messager* ».

Les pharaons sacrifiaient les porteurs de mauvaises nouvelles dans le but de conjurer le mauvais sort. Néanmoins, casser le thermomètre, ne guérit point la fièvre qu'il indique. Ceux qui entendent continuer à pratiquer la politique de l'autruche, c'est-à-dire de s'enfoncer la tête dans le sable à l'approche du danger ; ils finiront tous sans tête ni queue.

En Haïti, comme dans toute société archaïque, l'escadron de la mort ne chôme pas. Je suis un penseur critique impénitent. Il va sans dire que je n'ai nulle intention d'abdiquer ou de me dérober ; « *Je ne suis pas assez brave pour cela* », dirait Nietzsche. Je fais ce que j'estime être de mon devoir envers la patrie : observer, penser, analyser, élaborer des théories et des stratégies pour initier le projet de modernisation d'Haïti. La Triade peut continuer de faire ce qu'elle sait faire de mieux : piller, tuer. Alors à vos armes, assassins !